All New

미드영어

American Drama
Expressions

표현사전 A-F

by E&C · 서성덕

MENTORS

미드전문 멘토스의
All New 미드영어 표현사전 A-F

2015년 6월 17일 1쇄 인쇄
2016년 3월 25일 2쇄 발행

지 은 이   E & C · 서성덕
발 행 인   Chris Suh
발 행 처   **MENT⦿RS**

경기도 성남시 분당구 분당로 53번길 12 313-1
TEL 031-604-0025 **FAX** 031-696-5221
www.mentors.co.kr
blog.naver.com/mentorsbook

등록일자   2005년 7월 27일
등록번호   제 2009-000027호
I S B N   978-89-91298-98-9
가   격   16,000원

미드 열풍 왜 안꺼지나?

폭풍처럼 몰아치던 대작위주의 미드 열풍은 이제는 춘추전국시대로 접어든 모습이다. 〈Friends〉를 시작으로 〈The Sex and the City〉, 〈Desperate Housewives〉 그리고 과학 수사물인 〈CSI〉 등의 다양한 미드들이 쓰나미처럼 우리에게 휘몰아쳤고, 이후 잠시 주춤하는 듯 싶더니 〈Prison Break〉와 〈Spartacus〉가 다시 세간의 화제가 되었었다. 이후 〈The Big Bang Theory〉, 〈Good Wife〉, 〈Breaking Bad〉, 〈Modern Family〉, 〈Walking Dead〉 그리고 〈Game of Thrones〉 등의 수작들이 다시 미드의 맥을 이어가면서 여전히 미드족을 즐겁게 해주고 있다.

이런 미드 열풍의 밑에 깔려 있는 원인은 3가지 정도로 볼 수 있다. 첫째, 케이블 TV나 스카이 라이프 등의 다채널 방송 변화가 더빙없이 '원음+자막'으로 많은 미드를 볼 수 있게 해주고 있다. 특히 미드만 전문으로 하는 OCN Series를 포함해 OCN, CGV, SKY Drama, AXN, FOX TV 그리고 SCREEN 등의 채널에서 계속 미드를 방영하기 때문에 언제라도 틀기만 하면 볼 수 있어 접근이 매우 용이해졌기 때문이다. 또 시험 위주의 영어공부에서 실제적인 영어회화의 필요성이 강조되는 현 사회에서 영화보다 짧고, 드라마의 특성상 계속 이어지는 재미와 살아 있는 영어와 함께 미국의 문화를 가까이 접할 수 있다는 점이 우리를 미드 앞으로 강하게 끌어당겼다. 마지막으로 미드를 전문으로 하는 카페에서 많은 이들이 열정적으로 미드에 대한 소식과 영어 이야기를 상호교환하는 즐거운 장이 생겼기 때문이다. 물론 누구든 쉽게 미드를 접할 수 있는 다운로드의 덕과 미드의 높은 퀄리티도 무시하면 안 될 것이다.^^

미드로 왜, 어떻게 영어공부를 해야 하나?

미드로 영어를 공부하면 좋다는 것을 알면서도 현실은 쉽지가 않다. 한국인을 위한 영어 드라마가 아닌 이상 빠른 속도의 영어 대화와 미국 문화에 대한 무지는 자꾸만 한글 자막을 보게 하고, 결국 시간 투자에 비해 영어실력의 향상 속도 또한 더딘 게 사실이다. 전작 『All NEW 미드영어 단숨에 따라잡기』에서 언급했듯이 많은 표현을 알아야 많이 들을 수 있고, 또 그런 상황을 반복해야만 미국에 가지 않고도 영어표현의 의미와 쓰임새의 감을 온몸으로 느낄 수 있다. 그래서 『All NEW 미드영어표현사전』에서는 가장 많이 쓰이는 표현을 위주로 가장 많은 미드문장을 담으려고 노력했다. 무려 1, 2, 3권 통틀어 거의 1,200페이지에 걸쳐 최대한 많은 표현과 설명 그리고 예문을 담았다.

하지만 마냥 미드만 본다고 해서 영어실력이 향상되지는 않는다. 일단 미드에 나오는 표현들을 많이 숙지하는 것이 최선이다. 이런 점에서 이번에 미드전문 출판사 멘토스가 출간하는 『All NEW 미드영어 표현사전』에 수록된 표현들을 최대한 숙지해야 한다. 이 책에 수록된 모든 표현과 예문은 미국 현지 Writers' Group이 미드 표현에 가장 근접하게 작성·변경한 것이며, 이 또한 모두 네이티브의 목소리로 녹음되어 있어 이 책을 여러 번 읽고, 듣다 보면 잘 들리지 않던 미드의 표현들이 조금씩 들리기 시작할 것이다.

물론 미드 표현에 근접하거나 일부 미드에서 나오는 문장들은 비문법적인 것이 많다. 주어도 빼먹고 혹은 be 동사도 빼먹고 발음도 각계각층의 사람들이 나오기 때문에 다양하고 또한 표현도 비일상적인 것도 나오고 그래서 미드는 반듯한 영어회화교재와 달리 미국 현장을 옮겨놓은 것이기 때문에 이 책 또한 그런 면들을 가능한 많이 반영하려고 노력하였다. 그렇기 때문에 문장이 좀 이상하고 발음이 좀 이상하다고 답답해 할 필요는 없다. 우선 들리는 것부터 하나 둘씩 늘려가면 된다. 그러면서 재미를 더 늘리면 서로 상호작용하면서 영어 리스닝과 스피킹이 팍팍 늘어날거라 확신한다. 원고를 다 쓰고 난 후의 소감은 '참 많이 담았지만, 참 많이 담지 못했다'는 느낌이다. 미드는 그냥 미국 생활 자체로 봐야 하기 때문이다. 두꺼운 본 책이 나오기까지 E&C와 더불어 골수 미드족으로 함께 끝까지 밤을 새워가며 큰 도움이 되어준 서성덕 님께 감사하다는 말을 드린다.

미드, 무엇이 있고 무엇을 어떻게 봐야 할까?

'미드'란 말을 쓰게 된 시기는 대략 2006년 이후이다. 그전까지는 〈Friends〉가 대히트를 치면서 시트콤이란 말을 썼다. 하지만 situation comedy의 약어인 시트콤으로는 〈CSI〉, 〈24〉 등의 다른 미국드라마들을 포함할 수가 없었다. 그래서 줄여쓰기를 좋아하는 요즘 사람들이 모든 미국드라마를 통칭해서 줄여 '미드'라고 부르기 시작한 것이다. 사실 〈미션 임파서블(제 5전선)〉, 〈왈가닥 루시〉, 〈맥가이버〉, 〈보난자〉 그리고 〈X-file〉 등 그전부터 많은 미국 히트 드라마들은 항상 있어 왔다. 그럼 이제부터 편의상 카테고리로 분류해 대표적으로 어떤 미드들이 있으며, 그 미드들이 어떤 이야기를 담고 있으며, 또한 영어공부에 어떤 도움이 되는지 정리해 보자.

드라마 & 시트콤 코메디

Friends

대표적인 건 뭐니뭐니 해도 〈프렌즈〉이다. 네이티브들과 대화를 나누다보면 처음엔 생긴 것도 참 다르고 사고방식도 많이 다르다 싶지만, 좀 더 대화하거나 생활하다보면 '아~ 똑같은 사람이구나, 우리랑 생각이 다르지 않구나'라는 생각이 불쑥불쑥 들게 된다. 3명의 여성(모니카, 레이첼, 피비)과 3명의 남성(챈들러, 로스, 조이)이 펼치는 우정과 사랑의 이야기는 우리 정서와 딱 맞아 떨어질 뿐만아니라 매우 코믹한 부분이 많아 지금까지도 많은 이들의 사랑을 받고 있다. 시즌 10까지 가면서도 지루하지 않고 재미있게 만들었다. 조크 때문에 다소 난해한 부분들이 있지만 영어 공부하기에 아주 적합한 미드임은 부정할 수 없다.

The Sex & the City

상류층 뉴욕 여성 4명의 삶을 다룬 스타일리스트한 미드로 남자와 여자의 사랑과 결혼에 대한 내용을 아주 진지하고, 아주 재미있고, 또한 아주 야하게 그린 잊을 수 없는 미드이다. 시즌 6으로 끝났지만 아쉬움과 미련 때문에 후속으로 영화판 1, 2를 만들어 역시 큰 성공을 거두었다. 하지만 개인적으로 후속은 그만 만들었으면 좋겠다는 생각이 든다. 마치 로미오와 줄리엣이 결혼한 후에 부부싸움하는 것을 보는 것만 같아서 말이다.

Desperate Housewives

갑자기 혜성같이 〈위기의 주부들〉이 등장하면서 미드 열풍을 이어간다. 〈위기의 주부들〉은 미국 중산층 부부들의 결혼생활과 가족들을 때로는 상당히 노멀하게, 때로는 상당히 엽기적으로 그린, 뭔가 한마디로 정의하기 힘든 미드로 많은 미드족의 인기를 얻고 있다. 이 드라마를 처음 기획하게 된 계기가 참 재미있었다. 한 엄마가 자식을 죽였다는 충격적인 기사를 보고 자기 엄마한테 이 이야기를 하게 된 기획자는 엄마한테 예상 외의 말을 듣는다. "나라고 그런 적이 없었겠냐!"라고. 제작자는 여기서 힌트를 얻어 주부들이 남편,자식들과 얼마나 힘들게 싸우며 가정을 꾸려나가는지를 보여주려고 〈위기의 주부들〉을 만들었다고 한다. 학습의 관점에서 보면 〈프렌즈〉나 〈섹스 앤 더 시티〉보다 훨씬 일상적이고 사실적이기 때문에 영어 듣기 공부에 아주 적합한 미드로 강추한다.

Big Bang Theory

영어공부하기에는 조금은 낙제점이지만 미드를 즐기기에는 최고의 작품이다. 주인공 괴짜 공학도 4명(레너드, 쉘든, 라지, 하워드)과 앞집의 페니, 버나넷, 에이미 등이 이야기를 끌고 가는, 인기 상한가의 시트콤이다. 신나게 웃을 수 있지만 어려운 단어나 대화가 좀 많이 나오는 게 단점이다. 하지만 즐겁게 웃으며 일부분의 영어만 익혀도 무리는 없다. 아무리 영어 배우기에 좋아도 재미가 없으면 '꽝'이기 때문이다.

Modern Family

〈빅뱅이론〉과 더불어 가장 인기있는 시트콤. 요즘 미국 가족들의 여러 일상들을 코믹하게 보여주며 장수하고 있는 드라마이다. 특히 일상회화를 다른 미드보다 많이 담고 있어 영어학습하는데 더할 나위없이 좋은 미드이다.

Shameless
오리지날은 영드로 미국에서 리메이크한 것으로 탄탄한 구성과 세상에 적응하기위해 노력하는 가난한 이들의 모습을 조금은 슬프게, 조금은 웃기게 그리고 조금은 야하게 볼 수 있는 수작이다. 대중적이지는 않지만 재미를 붙여볼 만하다.

Breaking Bad

이 시대 최고의 미드로 매니아들이 손꼽는 드라마. 바르게 살아온 한 화학선생님이 암에 걸린 후 남은 가족의 생계를 걱정한 끝에 한 제자와 최고급마약을 제조하여 판매를 시작한다는 스토리. 하지만 그는 부를 축적하게 되면서 '가족을 위해서'라는 말은 한낱 변명으로 변하고 더 많은 부를 모으기 위해 점점 사악한 인간이 되어 간다. 인간의 탐욕과 희생 등을 심도있게 다룬 수작드라마이다. 또한 1960년대 미국 광고업계 종사자를 칭하는 〈Mad Men〉 또한 뛰어난 작품성과 연기로 많이 이들의 사랑을 받고 있다.

House of Cards
케빈 스페이시의 출연으로 화제를 모은 정치드라마. 부인의 도움을 받아 상원의원에서 대통령이 되고 다시 연임을 하기 위해 벌어지는 미국 정계의 권력과 야망, 암투 등을 흥미진지하게 다룬 미드이다.

그밖에 미국에서 장수하는 〈How I Met Your Mother〉, 〈Two and a Half Men〉, 〈Scandal〉, 〈Orange is the New Black〉 등이 있다.

범죄 수사물 - 정통

Law & Order

범죄 수사물 하면 두 명의 제작자를 거론하지 않을 수 없다. 〈CSI〉의 제작자 Jerry Bruckheimer와 〈Law & Order〉의 제작자 Dick Wolf이다. 정말 많은 수작의 범죄물을 장기간 제작한 두 사람에게 경의를 표하지 않을 수 없다. 먼저 원조 〈Law & Order〉는 최장수 미드로 시즌 20까지 갔다. 우리나라에서는 〈범죄 수사대〉라는 제목으로 상영됐는데 상반부는 범인 체포, 후반부는 검사와 변호사의 치열한 공방 싸움으로 솔솔한 재미를 주었다. 스핀오프인 〈뉴욕 특수수사대〉는 〈CSI〉와는 전혀 다르게 인간의 심리를 역이용해 자백을 받거나 사건을 해결하는 긴장감 넘치는 수작 드라마이다.

Law & Order - Special Victims Units
〈성범죄 수사대, SVU〉란 제목으로 방영중인 〈Law & Order〉의 스핀오프 중 하나이다. 미국에서는 상당한 인기를 끌고 있는 작품으로 주로 성범죄 관련 범죄자를 체포하는 수사물이다. 특히 남자 수사관 엘리엇과 여자 수사관 벤슨의 연기가 돋보인다.

CSI
현직 범죄자들, 예비 범죄인들 그리고 평범하게 살려는 우리까지도 죄를 지으면 안 되겠다는 마음이 들게하는 무시무시한 드라마다. 여기서 제리 브룩하이머의 천재성을 엿볼 수 있다. 〈CSI〉는 '모든 것은 증거가 말해준다(follow the evidence)'라는 명대사 등이 나오는 신세대 최고의 범죄 수사물이다. 원조격인 〈CSI Las Vegas〉는 그리썸이 연극에 대한 열정으로 물러나고 반장이 계속 바뀌는 상황 속에서도 장수하고 있다. 〈CSI Las Vegas〉가 철저히 이성적으로 증거에 따라 과학적인 분석을 통해 범인을 잡는 반면, 스핀오프로 탄생된 〈CSI Miami〉는 호라시오 반장의 감성적인 호소력으로 그를 호반장으로 부를만큼 역시 큰 인기를 이어갔다. 다만 지나치게 감성과 액션에 의지하다 보니 점점 구성의 탄탄함이 떨어지는 것이 결점이다. 〈CSI〉의 세번째 스핀오프인 〈CSI New York〉은 아쉽게도 앞의 두 〈CSI〉와 별다른 차별화 없는 밋밋한 작품. 최근에는 〈Medium〉에서 뛰어난 연기력을 보여줬던 패트리샤 아퀘트 주연의 〈CSI CYBER〉가 CSI의 명목을 이어가고 있다.

Without A Trace & Cold Case

〈위드아웃 어 트레이스〉로 방영하는 제리 브룩하이머의 작품으로 멀론 반장을 중심으로 한 수사요원들의 탄탄한 연기력과 실종자를 역으로 찾는다는 발상이 특이한 범죄물이다. 실종된 이의 삶을 역추적하면서 주변 사람들조차 몰랐던 실종자의 고통과 고뇌가 밝혀지면서 우리의 삶이 얼마나 위장되고 슬픈가를 느끼게 하는 감동 드라마이다. 브룩하이머의 또 다른 작품인 〈Cold Case〉역시 여자 반장 릴리를 중심으로 곡소리 비슷한 오프닝의 시그널 음악처럼 과거에 해쇄되지 않은 사건을 현대의 새로운 과학수사기법을 통해 해결하는 좀 특이한 수사물이다. 범인을 찾는 과정에서 과거에는 알 수 없었던 사람들의 거짓과 진실이 드러나면서 애잔한 감동을 불러일으키는 드라마이다. 보너스로 20세기 초부터 중후반까지의 미국문화를 엿볼 수도 있는 작품이다.

Criminal Minds

범죄 수사물 중에서도 특이하게 연쇄살인범의 심리를 프로파일링해 범인을 찾는 FBI 수사물이다. 현재 최고의 인기 수사물로 〈CSI〉와는 정반대로 범인의 과거의 삶과 현재의 상황, 심리 등을 종합·분석하여 프로파일링해 범인을 좁혀 간다. 보통 범인을 잡으면 통쾌하고 권선징악이 떠오르게 마련이지만 〈Criminal Minds〉에서는 범인을 사살하거나 잡고나면 오히려 마음이 더 무거워진다. 동정해서가 아니라 범인이 저렇게 행동할 수 밖에 없는 상황이 너무 슬프기 때문이다. 부모 혹은 형제 등 주변 사람들과의 관계와 상황 때문에 자신도 어쩔 수 없이 저지른 범인의 행동에 맘이 무거워진다. 주변의 무관심 속에 외로움 때문에 목을 매 자살하는 우울증에 걸린 이들처럼, 범인들의 행동도 자신이 어쩔 수 없는 경우가 대부분이다. 다른 수사물의 동기가 치정, 돈, 질투 등인 반면 여기에 등장하는 범인들의 동기는 그렇게 태어난 죄와 그렇게 살려진 삶이기 때문에 더욱 더 슬프다. 하치너의 냉정한 리더쉽, 기디언에 이은 로시 그리고 모건, 프렌티스 또한 JJ와 가르시아의 연기가 볼만하다.

Flash Point

캐나다 경찰 특공대 SRU 팀의 활약을 그린 드라마. 수사보다 범죄, 테러, 자살시도 등 범죄자들의 범행현장에 투입돼 협상하고 제압하는데 초점이 맞춰져 있다. 긴박한 액션임에도 협상하면서 밝혀지는 범행동기, 숨겨진 진실 등이 눈물짓게 하는 휴머니즘을 갖춘 드라마.

Closer

브렌다의 넘치는 애교와 단것을 무척 좋아하는 모습에 웃음이 절로 나오지만 범인을 취조할 때는 두뇌회전이 압권인 〈Closer〉는 〈CSI〉류와는 또 다른 재미를 준다. 처음에는 〈실버수사대〉처럼 생각이 들 정도였지만 브렌다가 북치고 장구치고 하면서 극을 아주 재미있게 끌고 가는 미드이다.

Person of Interest

인터넷, 핸드폰, CCTV 등을 모두 모아 AI를 만들어 테러방지를 하게 된다. 이 기계를 만든 사람 중의 한명인 해롤드 핀치와 전직 CIA요원 존 리스가 힘을 합쳐 강력범죄 등을 예측하여 사전에 예방하는 수사물. 첨단기술의 발달로 인간의 일거수일투족을 감시할 수 있게 빅브라더의 등장이 현실화되는 요즘 우리의 본능적인 관심을 끌 수밖에 없는 드라마이다.

Stalker

범죄수사물의 영역을 넓힌 드라마. 처음에는 강력범죄만을 다루었으나 소재를 넓혀 성범죄수사, 실종수사, 그리고 연쇄살인 등을 전문적으로 다룬 드라마들이 나왔다. Stalker는 스토킹을 전담하는 수사관들의 이야기를 그린 드라마로 〈니키타〉로 유명해진 매기 큐가 주인공으로 나온다.

그밖에 폭발적 인기를 끌다가 시즌 3부터 곤두박질 친 〈프리즌 브레이크〉, 시체에서 뼈만 남았을 경우 이를 토대로 범죄자를 찾는 〈Bones〉, 증인을 보호하는 US Marshall의 활약을 그린 〈In Plain Sight〉, 그리고 과거 액션 미드를 리메이크한 〈하와이 파이브 오〉, 〈전격 Z작전 나이트 라이더〉 등이 있다. 또한 좀 특이한 범죄물로 살인 욕구를 채우기 위해 흉악범들을 연쇄살인하는 한 법의학 전문가의 이야기를 다룬 〈덱스터〉도 있다.

범죄 수사물 + α

Mentalist

정통 범죄수사물이라기 보다는 정식 수사요원 외에 외부 인물 한 명이 가세하여 사건을 풀어 가는 반정통(?) 수사물로 가장 인기있는 건 뭐니뭐니해도 〈멘탈리스트〉이다. 금발 제인(남자)의 날카로운 분석력을 통해서 사건을 해결하는 드라마로 역시 과학적인 방법보다는 고도의 심리전을 사용하는 흥미로운 미드로 많은 사람들의 호응을 받고 있다.

Castle

추리소설작가 캐슬과 여수사관 베켓이 벌이는 묘한 감정과 예리하게 범죄자를 쫓는 반 코믹 수사물로 부담없이 즐기기에 아주 재미난 미드이지만 갈수록 초반의 흡인력을 상실하고 있는 아쉬운 드라마.

Perception

한 정신분열증 천재교수가 제자였던 FBI 케이트 요원을 도와 사건을 해결하는 심리 수사물. 또한 좀 지나간 미드이지만 꿈을 통해 사건의 해결실마리를 찾는 영매 앨리슨 드보아의 이야기인 〈Medium〉 역시 잘 만들어진 수사물이다. 앨리슨 드보아 역의 패트리샤 아퀘트는 〈CSI CYBER〉에 출연 중이기도 하다.

Blacklist

특이하게도 범죄자를 통해 범죄인들을 잡는다는 기발한 소재의 드라마. 거물 범죄자인 레딩턴이 FBI에 자수하면서 자신이 정한 FBI요원 엘리자베스 킨과 함께 범죄를 하나씩 풀어나가는 기존 수사물과는 조금은 차원이 다른 수사물이다. 레딩턴의 역을 맡은 제임스 스페이더의 연기력에 빠지기만 해도 족한 미드이다.

Numbers

Ridley Scott 형제가 제작한 수사물로 모든 사건을 수(numbers)로 푸는 상당히 특이한 FBI 드라마이다. 역시 수사관의 동생인 천재가 협력한다.

Monk

강박증에 사로잡혀 정상적으로 경찰직을 수행하지 못해 사설탐정으로 활약하는, 뛰어난 기억력과 예리한 관찰력으로 남이 보지 못하는 것을 보는 능력으로 사건을 해결하는 해결사의 이야기다. 또한 가벼운 터치의 수사물로 제목대로 사이크(심령술사) 끼가 있는 주인공과 조수의 이야기인 〈사이크〉도 있다.

첩보물

24

드라마의 시간과 현실의 시간흐름이 동일하게 흘러가는 기발한 첩보물로, 〈CTU(Counter Terrorist Unit)〉의 주인공 잭 바우어가 테러범들과 펼치는 스릴만점의 미드. 아마 모든 미드 중에서 한 편을 보는 심리적인 시간이 가장 짧을 것이다. 그만큼 몰입하게 하는 강도가 무척 강렬하다. 잭 바우어의 명연기와 목소리의 긴박감 또한 명품이다.

NCIS(Naval Criminal Investigative Service)

우리나라 뿐만 아니라 미국에서도 상종가를 치고 있는 해군첩보 수사대로, 해군·해병대와 관련한 살인사건과 첩보사건을 해결하는 스토리로 전세계적인 인기를 끌고 있다. 먼저 주인공 깁스의 카리스마, 토니와 지바의 끊임없는 티격태격, 매번 당하는 데 일가견이 있는 프로비, 맥기 그리고 괴짜 천재 에비의 독특한 의상 등 많은 이들의 인기를 한몸에 받고 있는 미드이다. 그 인기에 힘입어 〈NCIS: LA〉 및 〈NCIS: NEW ORLEANS〉라는 스핀오프가 나왔다.

Homeland

알케에다 등의 테러집단들로부터 미국내 테러를 막는 것을 주 테마로 한 드라마. 클레어 데인즈과 데미안 루이스의 뛰어난 연기로 화제를 모은 〈Homeland〉, 놓치면 후회하는 드라마일 것이다. 특히 미국인들의 테러에 대한 강박증을 투영한 클레어 데인즈의 연기가 압권이다.

위의 두 작품 외에 세니퍼 가너를 내세운 〈엘리어스〉, 어설픈 척의 머리에 인터섹트가 내장되면서 예쁜 새라와 첩보활동을 하는, 이야기의 구성보다는 주인공 캐릭터로 장수하는 코믹첩보물 〈척〉, 또한 전직 CIA 요원의 좌충우돌을 그린 〈번노티스〉 등이 있다.

Good Wife

명감독 리들리 스콧의 작품으로 탄탄한 구성과 피터 플로릭, 알리샤 플로릭의 명연기 등으로 많은 각광을 받고 있는 미드이다. 파탄 직전의 가정과 일반 법정 사건들을 풀어가는 이중구조로, 역시 리들리 스콧이라는 말이 나올 만큼 수준 높은 드라마이다.

How to Get Away With Murder

신선한 형태, 속도감 그리고 반전에 반전을 거듭하는 수작 법정 스릴러. 로스쿨 교수이자 현직 변호사인 키팅 교수와 학생들이 사건을 해결하면서 벌어지는 일들을 그린 이야기로 한번 빠지면 못빠져나오는 중독성이 강한 드라마이다.

Boston Legal

법률회사 사람들과 그들을 둘러싼 사건들을 중심으로 펼쳐지는 약간은 코믹하고 약간은 야하고, 어떤 때는 웃기기도 하고 어떤 때는 인생의 애환이 느껴지는 수작이다.

Suits

대형로펌에서 가짜 하버드 출신 변호사의 활약을 다룬 〈Suits〉, 그리고 연기파 글렌 클로즈가 주인공으로 나오는 법정 드라마 〈Damages〉도 빼놓을 수 없는 작품이다.

또한 존 그리샴 원작을 미드화한 법정 스릴러 〈야망의 함정: The Firm〉, 보스턴을 무대로 변호사들의 일과 사랑을 다룬 〈앨리맥빌〉, 아쉽게 시즌 2에서 끝난 〈클로즈투홈〉, 〈샤크〉, 그리고 〈일라이 스톤〉 등이 있다.

Walking Dead

대표적인 좀비 드라마로 좀비의 잔인한 모습이나 흥미 위주의 액션이 아닌 좀비로 문명이 몰락한 디스토피아를 배경으로 살아남은 인간들을 통해 극한의 상황에서 생겨나는 갈등과 사랑, 우정, 일상에선 숨겨졌던 극단적인 모습 등을 그린 휴머니즘 드라마이다.

Orphan Black

현실에 근접한 SF라고 할 수 있는 복제인간에 대한 이야기로 참신한 아이디어와 흥미로운 드라마 전개로 많은 이들의 관심을 받고 있다. 특히 1인 7역을 소화하는 타티아나 마슬라니의 연기력이 돋보인다.

Fringe

우리가 도저히 이해할 수 없는 사건들을 전문적으로 파헤치는 FBI 요원 올리비아 던햄의 활약을 그린 수사물로 많은 흥미를 끌지만 〈X-file〉보다는 좀 난해하고, 시리즈가 계속 되면서 즐거리가 복잡해져 매니아층만 즐기는 듯한 인상을 풍긴다.

Heroes
초능력을 갖게 된 인물들이 활약하는 모습을 그린 드라마로 많은 인기를 끌었다.

Supernatural
퇴마사인 두 형제가 악마를 물리치는 이야기로 허접한 귀신들로 시작해서 시즌이 갈수록 스케일이 커지고 천사와 악마가 등장하는 등 시즌이 갈수록 흥미진진한 대표적인 초자연적 드라마이다.

Ghost Whisperer
우리나라의 〈전설의 고향〉과 비슷하게 억울하게 죽은 원혼을 볼 수 있는 고든(제니퍼 러브 휴잇)이 구천을 헤매는 영혼의 원혼을 풀어주고 천국에 보내주는 선행드라마이다.

그밖에 〈배틀스타 갤럭티카〉, 〈트루 블러드〉, 〈뱀파이어 다이어리〉, 〈데드존〉 그리고 〈페니 드레드풀〉 등 초자연적인 현상 및 SF을 다룬 미드는 꽤 많은 인기를 끌고 있다.

의학 드라마

House
원인 불명의 질병을 앓는 환자들을 진단하는 진단과 의사 닥터 하우스와 동료들의 이야기. 환자의 생명보단 병의 수수께끼를 푸는데 관심이 있고, 지독하게 이기적이며 신랄한 독설과 유머를 내뱉는 괴짜의사 하우스의 역을 맡은 Hugh Laurie의 연기가 압권이다. 최고의 의학 드라마로 꼭 챙겨봐야 하는 미드 중에 하나이다.

Grey Anatomy
한국계 산드라 오가 나와 우리의 관심을 끈 〈Grey Anatomy〉는 의료진의 활동 및 그들의 사랑과 열정을 그린 로맨스 드라마이다.

Nip/ Tuck
의학드라마 중 성형외과의사들의 이야기를 다룬·미드. 성형은 단순히 배경이고 가정의 갈등과 화해를 보여 주는 휴먼 드라마로 좀 야하다.

그밖에 의학드라마의 대명사인 〈ER〉이 있다.

고전물

Game of Thrones
판타지 소설 〈얼음과 불의 노래〉를 영상화한 미드. 〈왕좌의 게임〉은 7부까지 예정된 〈얼음과 불의 노래〉 1부의 제목. 시즌 1은 이름대로 판타지적 요소보다는 7왕국의 왕좌를 둘러싼 음모와 권력다툼의 정치물적 성격이 강하다. 입에서 불을 뿜어내는 용이 나오는 등 판타지성 드라마이지만 그보다는 인간들 사이의 갈등, 욕망, 배신 등이 잘 스며들어 있는 드라마의 성격이 강하다.

Spartacus
로마시대에 노예 신분 탈출을 시도한 실존 인물 스파르타쿠스를 주인공으로 한 드라마로, 줄거리의 구성 뿐만 아니라 그래픽한 검투사들의 잔인한 싸움 장면과 거침없는 노출로 세간의 화제가 된 미드이다.

그외 가벼운 판타지물인 〈레전드 오브 시커〉, 헨리 8세의 일대기를 그린 〈튜더스〉 그리고 르네상스 시대의 타락한 보르지아 가문에서 배출한 보르지아 교황의 타락과 부패를 그린 〈보르지아〉는 제레미 아이언스의 명연기가 돋보인다.

수퍼히어로

Daredevil

소재의 한계에 부딪힌 미국 미드산업계가 눈을 돌린 곳은 기존의 수퍼히어로들이다. 〈Daredevil〉은 그 중에서도 가장 돋보이는 작품으로 미국 마블코믹스 드라마. 앞이 보이지는 않지만 맨손으로 도시의 정의를 지키는 평범한 영웅 이야기로 많은 호평을 받고 있다. 특히 〈뉴욕특수수사대〉의 고렌형사 역을 한 빈센트 도노프리오가 연기한 Kingpin의 연기가 압권이다.

Agents of Shield

역시 마블코믹스의 드라마로 어벤져스 이후의 비밀기관 요원들의 활약상을 담은 작품이다. 그리고 스핀오프인 캡틴 아메리카의 짝사랑인 페기 카터가 단독으로 나와 쉴드에서 활약하는 내용의 드라마인 〈Agent of Carter〉 또한 볼만하다. 토니 스타크의 아버지였던 하워드 스타크의 발명품이 도난당하는데 이 도난당한 발명품을 찾는 이야기가 메인 스토리이다.

Gotham

이번에는 DC코믹스의 작품. 배트맨 프리퀄의 성격이 강한 드라마로 어린 시절의 브루스 이야기를 다루고 있다. 고든 형사와 악당들과의 싸움 속에서 브루스가 어떻게 성장하여 배트맨이 되는가를 보는 것도 흥미로운 감상법이다.

The Flash

연구소의 폭발사고로 초인간적인 수퍼히어로가 된 역시 DC코믹스의 작품으로 같은 회사의 작품을 미드로 만든 〈Arrow〉와 함께 많은 사람들의 주목을 끌고 있다.

그밖에 김윤진이 출연해서 화제를 모은 〈Lost〉, 〈Mistress〉 70년대 젊은이들의 모습을 코믹하게 그린 〈70's show〉, 정치 드라마 〈West Wing〉, 예전의 제5전선과 유사한 〈레버리지〉, 〈X-file〉의 데이빗 듀코브니가 출연하는 캘리포니아와 fornication의 합성어인 〈캘리포니케이션〉 등 미드의 종류와 작품은 다양하다. 앞으로도 계속 대작도 나오고 중작, 소작도 많이 나올 것이다. 개인의 선호도에 따라 차이가 있겠지만 거부감 없이 생소한 미드를 접하다 보면 의외로 재미를 느끼는 경우가 많다. 그때를 대비해서 가능한 미드에 많이 나오는 영어표현들에 친숙해지면 미드 보는 재미도 느끼고 영어실력도 쑥쑥 올라가는 보람찬 결과를 얻을 수 있을 것이다.

멘토스 미드영어 표현사전 보는 법

미드영어는 너무 방대해서 모두 다 담기는 불가능하다. 일상생활 뿐만아니라 과거의 유행어, 영국식 영어 등 네이티브조차 생소한 표현이 마구 나오기 때문이다. 『ALL NEW 미드영어표현사전』에서는 가능한 한 많이 나오는 표현을 중심으로, 키워드별로 최대한 많은 표현을 중요 표현과 설명을 곁들여 정리하였다. 미드에 재미를 붙이고 싶고 그러면서 영어실력 또한 향상되길 바라는 사람들에게 큰 도움이 될 것이라 확신한다.

키워드 사전이기는 하지만 단어 자체가 중요하지는 않기 때문에 조그맣게 표시하였다.

미드 표현 미드에 자주 나오는 표현들이다.

놓치면 원통한 미드 표현들 메인으로 뽑기에는 좀 약하지만, 미드 냄새가 진동하는 표현들을 간단한 예문과 함께 모아 정리하였다.

대표 표현 키워드를 중심으로 여러 중요 표현들 중에서 가장 많이 쓰이거나 미드적인 표현들이다.

미드 예문 가장 미드 냄새가 팍팍 나는 예문들을 수록하였다.

우리말 설명 공간이 부족했지만 가능한 왜 그런 의미를 갖게 되는지 그 이유를 논리적으로 설명해 이해를 도왔다.

More Expression 아쉽게 메인 표현에 들지 못한 표현들을 수록하였다.

***Supplements**
〈All NEW 미드영어표현사전〉에 새롭게 수록된 표현들.

CONTENTS

» aboard

 Nice to have you aboard, Michael. 마이클, 같이 하게 되어 잘 됐어.

Perfect. Problem solved. Welcome aboard.

완벽해. 문제 해결됐어. 함께 일하게 된 걸 환영해.

- A: I'm willing to try. B: Okay. Welcome aboard.
  A: 기꺼이 할래. B: 좋아. 동참을 환영해.

  Welcome aboard. Mr. House. You're right here in 2A.
  탑승을 환영합니다. 하우스 씨, 좌석은 바로 여기 2A 석입니다.

Nice to have you aboard, Michael.

마이클, 같이 하게 되어 잘 됐어.

- Good to have you aboard Tom! 같은 팀이 돼서 좋아, 톰!

  Glad to have you aboard this time. 이번에 같은 팀이 되어서 기뻐.

You should be aboard immediately.

즉시 탑승하세요.

- All ticketed passengers should be aboard for imminent
  departure. Thank you.
  표를 가진 모든 승객들은 즉시 출발을 위해 탑승해주세요. 감사합니다.

■ **Welcome aboard** 함께 일하게 된 걸 환영해, 귀국[귀향]을 축하해 'go aboard the plane, train'은 비행기나 기차에 탑승하는 것으로서 All aboard!는 기차, 버스, 배 등에서 "모두 탑승하세요."라는 의미

■ **have sb aboard** 역시 같은 배를 탄다는데서 유래하여 같은 팀으로 같이 일하게 되었다는 의미를 갖는 표현.

■ **aboard**는 통상적인 교통수단에 탑승하는 것을 의미하나 climb aboard는 턱이 높은 교통수단(예: 선박 등)에 올라탄다는 뉘앙스를 가진 표현

What was all that about? 이게 다 무슨 일이야?

That's about it.

그게 다야, 대강 그 정도야

- That's about it. I rarely think about the past.
  뭐 그래. 난 과거에 대해서는 거의 생각을 하지 않아.

  We checked it for a murder weapon, but that's about it.
  우린 살인무기를 찾으려고 그걸 조사했으나 그게 다였어.

앞에 나열한 후에 **That's about it**, 혹은 That's about the size of it이라고 하면 어떤 문제의 있는 그대로의 측면을 말하는 것으로 '뭐 그런 것이야.' '진상이 그렇다니까' 정도에 해당되는 표현이다.

It's not about that.

그게 문제가 아냐

- A: I didn't clean anything. B: It's not about that.
  A: 난 어떤 것도 치우지 않았어. B: 그게 문제가 아냐.

  No, no, not about that. About where she's going today.
  아니, 그게 아니라. 걔가 오늘 어디에 가는지 말이야.

It's not about that은 상대방이 포인트를 잘못 잡았을 때 바로잡아주는 표현.

This is about you ~ing

문제가 네가 …하는 거야

- This is about you stealing my money. 문제는 네가 내 돈을 훔친다는거야.
  This is about you spending more time with her.
  문제는 네가 걔하고 더 많은 시간을 보낸다는 거야.

This is about sb ~ing는 상대편이 문제의 핵심을 이해하지 못할 때 답답해하면서 요점을 간략하게 정리해주는 표현.

What's that about?

왜 그러는거야?, 도대체 무슨 일야?, 뭐에 관한거야?

- She always put a towel around her waist. I mean, what is that about? 걘 항상 허리춤에 수건을 두르고 있어. 도대체 왜 그러는거야?

  A: She lied right to my face. B: What's that about?
  A: 걔가 내 면전에서 거짓말을 했어. B: 어떤건데?

What's that about?은 '도대체 무슨 일이야?'라는 뜻으로 비슷한 표현으로 What's it about?, What's it all about? What's this all about? 등이며 과거 일을 물을 때는 What was (all) that about?(이게 다 무슨 일이야?)이라고 쓴다.

This is what it's all about.

그게 바로 그런 거야

- I'd like to know what this is all about. 이게 무슨 일인지 알고 싶어.
  I have no idea what that's all about. 난 그게 무슨 일인지 모르겠어.

This is what it's all about은 굳어진 표현으로 상대방에게 요약해서 설명해줄 때 사용하는 표현.

What about it?

그래서?, 어쩔 건데?

- A: We'd like to talk to you about your outfit. B: What about it?
  A: 네가 입은 옷에 대해 너랑 말하고 싶어. B: 뭐가 어때서?

What about it?는 뭘 알고 싶은데라는 말이며 what about+명사[~ing]는 '…은 어때?', '…하는 건 어때?'라는 표현.

I'm all about you.

난 너 뿐이야.

- It's all about you. 이건 모두 너를 위한거야.
  I am all about the dudes. 난 그 친구들 뿐이야.

I'm all about sb~는 내가 생각하는 것은 온통 sb에 대한 것이라는 사랑의 표현

» accuse

She accused me of having an affair. 걔는 내가 불륜을 했다고 비난했어.

How dare you accuse me of that.

어떻게 감히 네가 그걸로 날 비난할 수 있니?

- She accused me of having an affair. 걔는 내가 불륜을 했다고 비난했어.

  He did falsely accuse me of child abuse. 걘 내가 아동학대했다고 누명을 씌웠어.

Your honor, the defendant is accused of raping a girl.

판사님, 피고는 여자애를 강간한 혐의로 고소되었어요.

- Mike would not do what he's being accused of. Believe me.
  마이크는 고소당할 짓을 하지 않을 사람야. 정말야.

  Was he falsely accused of something? 걔가 뭔가로 억울하게 고소당했니?

■■■ (falsely) accuse A of B 'A가 B라고 (잘못) 비난하다'(고소하다)라는 의미. 일반적인 표현으로는 비난한다라는 뜻이지만 법적으로는 고소한다는 의미이다. be falsely accused하면 억울하게 누명쓰다라는 말.

■■■ be accused of는 주로 법적인 의미로 사용되는데 '…로 고발[고소]당하다' 라는 의미

» ace

That's my ace in the hole. 그건 내 비장의 무기야.

I think I aced it.

시험 잘 본 것 같아.

- You must have aced your exam today. 너 오늘 시험 무척 잘본게 분명해.

  I guess Seth's just aced his Brown interview.
  세스가 방금 브라운 대학 인터뷰를 잘한 것 같아.

  I serve and ace him. 내가 서브해서 걔가 받지 못했어.

I got aces. What do you got?

난 에이스들을 가졌어. 넌 뭘 가졌니?

- A: What do you got? B: I've got aces and eights, two pair.
  A: 넌 패가 뭐냐? B: 에이스와 8, 투페어야.

  I need to get aces to win the game. 게임에서 이기려면 에이스가 나와야 돼.

That's my ace in the hole.

그건 내 비장의 무기야.

- Wes Craven was your ace in the hole?
  웨스 크레이븐이 너의 비장의 무기니?

  Mr. Choo is ace in the hole in our team. 추신수가 우리 팀의 비장의 무기야.

■■■ ace 동사로 'A 플러스를 받다' 라는 뜻이지만 배구와 같은 구기에서 '상대방이 서브를 받지 못하게 하다' 라는 의미로도 사용된다.

■■■ ace는 포커의 에이스 패를 의미한다. ace 4장이면 ace four cards라고 표현하고 거의 최고로 높은 패

■■■ ace in the hole은 비장의 무기를 의미하며 have an ace up your sleeve도 비장의 카드, 성공의 비결이라는 의미

14

» ache

My loins ache for you. 내 몸이 널 그리워해.

I'm aching in the joints.
마디마디가 쑤신다.

- It's nothing. Sometimes my ears ache a little.
  아무 것도 아냐. 간혹 내 귀가 조금씩 쑤셔.

  I see the way Ben looks at you. It makes me ache, you know?
  벤이 널 어떻게 쳐다봤는지 알아. 그게 날 아프게 해, 알아?

I ached for you, pumpkin.
너무 그리웠어, 자기야.

- Oh, ravish me, Howard. My loins ache for you.
  날 만족시켜줘, 하워드. 내 몸이 널 그리워해.

  You ached to feel her naked body pressed up against yours.
  넌 그녀의 벗은 몸이 널 누르는 것을 몹시 느끼고 싶었지.

■ ache는 신체부위가 지속적으로 심하지 않게 아프다는 뉘앙스를 가지고 있다.

■ ache for[to do]는 '몹시 …하고 싶다' 라는 의미의 표현

MORE EXPRESSION

aches and pain 온몸이 쑤심

» act

Don't act innocent! 시침떼지마!

Don't act innocent!
시침 떼지마!

- Are we supposed to act appropriately? 우리 조심하게 행동해야 되는거야?
  You have to calm down. We need to act professional.
  침착해. 우린 프로답게 행동해야 해.

Don't act like it means nothing!
그게 아무것도 아닌 것처럼 행동하지마!

- Stop acting like you're all that. 잘난 척하지마.
  You're the patient. Not the doctor. Act like one. 넌 환자지 의사아냐. 확실히 해.

Get your act together.
기운차려.

- Let me get my act together. 정신 좀 차릴게.
  You gotta get your act together. 똑똑하게 굴어야 돼.

She caught me in the act trying to bury the body.
난 시체를 묻으려다가 걔한테 현장에서 들켰어.

- We're gonna have to catch them in the act for once.
  우린 걔들을 현장에서 단번에 잡아야만 해.

  And then the killer was caught in the act? 그런 다음 살인범이 현장에서 잡혔어?

■ act는 '행동하다.' '...인 척하다' 라는 의미로서 act 다음에는 형용사나 부사가 온다.

■ act like는 '...처럼 행동하다' 라는 뜻. 또한 acting은 배우가 하는 연기를 의미한다.

■ get one's act together는 '정신을 차리다,' '기운을 내다' 라는 의미의 구어체 표현

■ (catch~) in the act of는 '...하는 도중에 (잡다) 라는 의미로서 현장에서 잡히는 경우를 말한다.

This action is dismissed. 이 소송은 기각합니다.

You need to take action to restore balance.

넌 균형을 다시 잡기 위해 조치를 취해야만 해.

- I decided to take action and this time he answered.
  난 행동을 취하기로 했고 이번에는 걔가 반응을 했어.

  She took some drastic action. 걘 강경조치를 취했어.

> ■■ take action은 '어떤 조치를 취하다,' '행동을 취하다' 라는 의미로 take step과 같은 맥락의 표현.

You've gotta see this thing in action before you say "no way."

넌 '말도 안돼' 라고 말하기 전에 이게 실제 돌아가는 것을 보아야만 해.

- Jill, if the jury doesn't get to see me in action, they'll feel cheated. 질, 배심원들이 만약 내가 계획대로 움직이지 않는 걸 안다면 속았다고 느낄거야.

  I love watching you in action because the more you work, the less I have to. 난 네가 일하는 걸 보는게 좋아, 왜냐하면 네가 일을 더할수록 난 덜해도 되니까.

> ■■ see[watch] ~ in action은 '…가 계획[예정]대로 돌아가는 걸 확인하다' 는 의미로 see the players in action하면 선수들이 뛰는 것을 보다라는 표현.

Frozen for a moment, the man springs into action.

그 남자는 잠시 멈추었다가 갑자기 행동을 취했어.

- They spring into action when a black sedan pulls up alongside the curb. 검은 승용차가 도로변에 정차할 때 그들은 갑자기 행동을 취했어.

> ■■ put ~ into action은 계획했던 걸 실행하다라는 의미이며 spring[swing] into action은 비교적 조용히 있다가 갑자기 바로 실행한다는 표현이다.

I could consider the best course of action.

내가 제일 바람직한 행동방침을 생각해낼 수 있을 것 같아.

- Officer Thompson offered safety tips and a plan of action.
  톰슨 요원은 안전수칙에 대한 정보와 함께 행동계획에 대해 설명을 해줬어.

  The recommended course of action is to suppress it with drugs.
  추천받은 방침은 약으로 그걸 억제하는 것이야.

> ■■ course[plan] of action은 통상 행동 방침(계획)을 뜻하며 change course of action이면 '행동방향을 바꾸다' 라는 의미의 표현.

The squirrels are getting more action than you are.

다람쥐들이 너보다 더 재미를 보겠다.

- I am sorry your girlfriend gives me action in the pants.
  미안하지만 네 여친 때문에 내가 꼴리는데.

  I finally got some action with Julia! 드디어 줄리아와 섹스를 했어.

> ■■ get more action, get a lot of action, get any action 등의 표현에서 action은 섹스를 포함한 재미있는 일을 뜻한다.

This action is dismissed. Court is adjourned.

이 소송은 기각합니다. 폐정합니다.

- I can assure you their Cause of Action is totally baseless.
  분명히 장담하는데 그 사람들의 소송 사유는 전혀 근거가 없어요.

> ■■ action은 법적인 조치, 즉 소송을 의미하며 따라서 cause of action이면 소송의 사유가 된다.

You haven't filed a class action in five years.

넌 5년 동안 집단소송 한 건도 못했어.

- We're expanding this case to a class action suit. 이건을 집단소송으로 할거야.

  It's a class action involving thousands of plaintiffs, and it's complicated, Denny. 원고가 수천 명인 집단소송이잖아, 복잡하기도 해, 데니.

> ■■ class action (suit)은 여러 명이 동시에 한 건에 대해 소송을 제기한다는 의미에서 '집단소송' 이라는 법적인 용어가 된다.

We're seriously considering legal action.

우린 심각하게 법적소송을 고려중이야.

- He's brought an action against you in Family Court for derivative neglect. 걔는 가정법원에 너를 '방임죄'로 고소를 제기했어.

  They brought legal action against the tobacco companies forty years ago. 걔들은 40년 전에 담배회사들을 상대로 법적인 소송을 제기했어.

■ **bring legal action against~**는 '…에게 법적 소송을 제기한다'라는 의미이며 bring a civil action이면 민사소송을 제기한다는 말

Actions speak louder than words.

말보다 행동이 중요해.

- I want action not words. 난 말보다 행동을 원해.

  He was reported missing in action in Afghanistan.
  걔는 아프간에서 행불자로 보고되었어.

■ **action**은 행동을 의미하지만 전투행위라는 의미로도 쓰인다. 따라서 MIA(Missing in Action)하게 되면 '전투중 행불자'라는 용어가 된다.

» addict

 I'm not a sex addict! 난 섹스중독자가 아냐!

No! No! I am not a sex addict!

아냐, 난 섹스중독자가 아냐!

- The biological mother was a drug addict. 생모는 마약 중독자였어.

  He was a criminal and an addict, but he was only 18 years old.
  걔는 범죄자이자 중독자였으나 나이는 단지 18세였어.

■ **sex addict**는 섹스중독자, drug addict 마약중독자를 의미한다. 한편 바람직한(?) 일중독자의 경우에는 workaholic이라는 단어를 사용한다.

I'm not addicted to heroin.

난 마약 중독자가 아냐.

- Is it possible to be addicted to a person? 사람에게 중독된다는게 가능해?
  I think Patrick's addicted to me. 패트릭이 나한테 중독되어 있다고 생각해.

■ **be[get] addicted to**는 '…에 중독되다'이라는 뜻이며 addict oneself to도 '…에 빠지다,' '중독되다'라는 같은 의미의 표현이다.

I felt like I had finally kicked my addiction.

난 마침내 중독을 떨쳐버렸던 것 같았어.

- The secret addictions consume our souls. 은밀한 중독들은 우리 영혼을 파괴해.
  Sex is as much an addiction for me as booze. 섹스는 알콜만큼 중독성이 있어.

■ **kick one's addiction**은 중독을 떨쳐버리고 극복하다라는 의미. 참고 computer game addiction하면 컴퓨터 게임 중독, gambling addiction은 도박중독을 의미한다.

 놓치면 원통한 미드표현들

- **absolutely** 당연히(문장앞), 완전히(문중에서)
  Absolutely. No problem.
  당연해. 문제없어.

- **have an affair** 바람을 피우다
  He's not having an affair!
  걔는 바람을 피지 않아!

Court is adjourned. 휴정합니다.

Court is adjourned.
휴정하겠습니다.

* At this time you are dismissed. Court adjourned.
이제 돌아가셔도 됩니다. 휴정합니다.
We'll adjourn for lunch. Be back at 4:00. 점심 휴정하고 오후 4시 재개합니다.

> adjourn은 재판이나 회의 등이 연기되는 경우에 사용하며 be adjourned의 형태로 많이 쓰인다.

I'll rule on these tomorrow. Adjourned.
내일 판결을 내리죠. 휴정입니다.

* In that case, we're adjourned until 9:00 A.M. tomorrow morning.
이 사건과 관련 우린 내일 아침 9시까지 휴정합니다.
The defendant is free to go. We're adjourned. 피고는 가세요. 폐정합니다.

> Adjourned는 판사가 하는 말로서 '휴정[폐정]합니다' 라는 법정 용어.

Let's adjourn to the hall.
잠시 복도로 나갈까요.

* Let's adjourn to the room. 잠시 방으로 갑시다.
I know a cozy little photocopy machine we could adjourn to.
스티커 사진 찍을 아락하고 작은 장소를 아는데 거기로 갈까?

> adjourn to somewhere 은 하던 일을 마치고 잠시 쉬기 위해 다른 장소로 간다는 의미로 종종 유머스러운 뉘앙스를 갖는다.

 I hate to admit it, 인정하고 싶지는 않지만,

Okay, I admit it!
알았어. 내가 인정할게!

* Yeah, I admit it. I have a crush on you. 그래, 인정하지. 난 너한테 반했어.
Come on, admit it! All things considered, you had fun tonight.
인정해! 모든 상황을 고려해봐도, 오늘밤 재미있었잖아.

> I admit it은 거의 숙어적 표현으로 '내 인정할게' 라는 의미로 사용된다. Admit it!은 상대편에게 인정하기를 강구하는 표현.

You gotta admit that our relationship is over.
우리 관계가 끝난 걸 인정해야 돼.

* Thank you. I've got to admit, Emma does look cute.
고마워. 인정해, 엠마는 귀여워.
I was embarrassed to admit that I was seeing Big again.
내가 빅을 다시 만나고 있었다는 점을 인정하는 게 당황스러웠어.

> You gotta admit~은 '…을 인정해야 돼' 라는 뜻이며 I have to[must] admit~은 '난 …를 인정해야만 해' 라는 의미.

I hate to admit it, but I like your theory.
인정하고 싶지 않지만 네 이론이 맘에 들어.

* I hate to admit it but, I really screwed up. 인정하기 싫지만 난 정말 망쳤어.
I hate to admit it, but I wish they were all dead.
난 인정하고 싶지 않지만 걔들이 모두 죽었으면 좋겠어.

> I hate to admit~, but은 인정하고 싶지 않지만 어쩔 수 없이 인정할 수밖에 없는 상황에서 사용하는 표현.

He already admitted to one affair.

걔는 이미 한 번의 불륜을 인정했어.

- He admitted to taking her body and burying it. 걘 시체끌고가 매장한 걸 인정했어.

admit (to) ~ing 혹은 admit sth은 '…을 받아들이다,' '인정하다,' '자백하다' 라는 의미

» advance

You've made no advances. 넌 아무런 진전도 보이지 못했어.

Advance it to 8:27 P.M.

시간을 오후 8시 27분으로 돌려봐.

- He advances toward the car, his hands still in his pocket.
  걔는 손을 여전히 주머니에 넣고서 차를 향해서 가고 있어.

  Tony advances toward them again. 토니는 걔네들에게 다시 다가갔어.

advance는 '…를 앞으로 돌리다,' '앞으로 나아가다' 라는 뜻으로 예를 들면 CCTV 등에서 시간대를 앞으로 돌리라는 의미가 된다.

So in five years you've made no advances.

그래 5년이 지나도 너는 아무 진전도 보이지 않았어.

- It's another example of the great advances man has made.
  이건 인류가 이룬 위대한 발전의 또 다른 예이다.

advance는 명사로서 발전 또는 진척이라는 의미로 사용된 것이다.

Someone got an advance on their allowance.

누군가 수당 선불을 받았어.

- I was wondering, if I got a $100 advance in my salary?
  100 달러만 가불 좀 해줄래요?

  It was cash advance on a credit card. It's not cheap.
  그건 신용카드에서 현금서비스를 한거야. 서비스 비용이 싸지 않아.

advance는 명사로서 가불 또는 선불을 의미하며 동사로도 사용할 수 있다.

The guys make advances to her all the time.

남자들은 늘상 그 여자를 어떻게 해보려고 해.

- I thought you were making sexual advances in the workplace.
  네가 직장에서 성적으로 집적대고 있다고 생각했어.

  He created a hostile working environment with repeated, unwelcomed sexual advances.
  걘 반복적으로 불쾌하게 성적으로 집적대서 냉담한 근무환경을 조성했어.

make advances to sb '농짓거리하다' 라는 뜻으로 성적으로 접근을 시도한다는 뉘앙스 표현

I should apologize in advance.

내가 미리 사과해야겠구나.

- I'm sorry in advance if this is putting too much pressure on you, but can you close your business?
  압박을 너무 가하는 것 같아서 사전에 미리 미안하다고 말씀드리지만 사업을 그만둘 수 있나요?

I apologize in advance 는 뒤에 말할 내용이 상대에게 상처를 줄 수 있는 내용을 미리 양해를 구할 때 쓰는 표현

He says I have advanced lung cancer.

걔가 난 폐암후기라고 해.

- The cancer appears to be advanced. 암이 진행된 걸로 나타났어요.

  I happen to be a very advanced kisser. 난 키스의 대가야.

advanced는 병이 진전된 이라는 의미로 통상 '진전된,' '발전된' 이라는 의미를 갖는다.

advance one's career 승진하다
career advancement 경력상승
in advance 사전에, 미리
advanced notice 사전통보.

You got any advice for me? 나한테 해 줄 조언없어?

I need some advice from a professional.

난 프로로부터 자문이 좀 필요해.

- Hey you guys, I need some fashion advice. 야, 패션관련 조언이 필요해.
  He probably wants free legal advice. 걘 아마도 무료법률자문을 원할 걸.

▬ want[need] advice 혹은 seek advice는 조언을 필요로 하다, 조언을 구한다라는 의미로 advice 앞에 legal 등 다양한 형용사를 넣어 조언의 종류를 말할 수 있다.

Listen. You want my advice? Walk away.

이봐, 내 조언이 필요해? 그냥 가버려.

- Want my advice? Call dad. Go tell him to kick Andrew's ass.
  내 조언이 필요하니? 아버지에게 전화해서 앤드류를 혼내라고 말해.
  Piece of advice? 충고 하나 해드릴까요?

▬ You want my advice는 '내 조언이 필요해?' 라는 의미로 주어 you를 빼고 쓰기도 한다.

You got any advice for me?

나한테 조언해 줄거 없니?

- Honestly, I'm relieved to get his advice. 솔직히, 걔 조언받고 마음이 놓였어.

▬ get advice from은 '…로 부터 조언을 받다,' So, got any advice?는 '뭐, 조언해 줄 거 없 어?' 라는 표현

I'm not very good at giving advice.

난 조언을 하는데 서툴러.

- One guy gave me advice about my equity investments.
  한 친구가 내 자산투자에 대해서 조언을 해주었어.
  Can I give you a piece of advice? If you do get her, don't let her go. 조언을 해줄까? 그녀를 찾으면 절대 놓아주지마.

▬ give sb advice (about) 는 '…에게 (…에 대해) 조언을 해 주다' 라는 표현

Fine! Take their advice.

좋아! 걔들 조언을 받아들여.

- She made it a rule never to take advice from her friends again.
  걘 다시는 자기 친구들로부터 조언을 받지 않기로 했어.
  In any case, I'm not taking relationship advice from you.
  어쨌든, 너로부터 어떤 인간관계에 대한 조언도 받지 않을거야.

▬ take one's advice는 '… 의 조언을 받다' 라는 말로 take 대신에 follow를 써도 된다.

I'm going in. Any last minute advice?

나도 참여할게. 마지막으로 해줄 어떤 조언 있어?

- Thank you, dad. So really, any last-minute advice?
  아버지 고마워요. 정말로 마지막 조언 없으세요?
  She doesn't want to give me any last-minute advice.
  걘 내게 마지막 순간에도 조언을 해주기 싫어해.

▬ last-minute advice는 어떤 결정을 하기 직전 마지막 순간 또는 막바지에 해주는 조언을 의미한다.

I have advised my client not to speak further.

난 의뢰인에게 더 이상 말하지 말도록 조언했어.

- Did you advise her not to cooperate with the police?
  걔한테 경찰과 협조하지 말라고 조언했니?
  Our lawyer has advised me not to speak to the police.
  우리 변호사가 내게 경찰에게 말하지 말라고 했어.

▬ advise sth[sb]은 '…을 […에게] 조언하다,' advise sb (not) to do는 '…에게 …하도록 [하지말도록] 조언하다' 라는 의미의 표현.

We have to advise you of your rights.

우린 네 권리에 대해 조언을 해야만 해.

- It's my duty to advise you of your right to counsel.
  변호인에 대한 너의 권리가 있다고 조언하는게 내 의무야.

  I'm gonna advise you against that. 난 그걸 하지 말라고 네게 조언할거야.

Be advised, they have fired on police officers.

걔들이 경찰관에게 총격을 가했음을 주지하기 바랍니다.

- He's coming out. Be advised: Suspect is armed.
  밖으로 나오고 있음. 용의자가 무장하고 있음을 주지바람.

  We strongly advise that you don't hand over that money.
  그 돈을 넘기지 않는 것이 좋을 겁니다.

- advise sb of~는 '…에게 …를 조언하다' 라는 뜻이며 advise sb against!면 '…에게 … 하지 말도록 조언' 하는 것을 의미.

- be advised (that~)는 주 위에 that 이하를 알려줄 때 사용 하는 표현으로 '…을 잊지 마세 요' 또는 '…을 알고 계세요' 라는 의미이다. 당연히 능동형 advise that~은 that 이하에 대해 조언을 한다는 표현이다.

MORE EXPRESSION

My advice to you is to~
…에 대한 나의 조언은 …이다

» again

Oh, not again! 어휴, 또야!

Oh, no, not again!

어휴 또 그래!

- I will not have sex with you! Not again! 난 너랑 섹스하지 않을거야. 다시는!
  No one wants to see that. Oh, not again!
  아무도 그걸 보고 싶지 않아해. 정말, 다시는!

He'd fall in love with me all over again.

걔는 다시 나와 사랑에 빠질거야.

- No, we'll have to start all over again.
  아냐, 우린 처음부터 다시 시작해야만 할거야.

  If I had to do it all over again, I'd do the exact same thing.
  만약 내가 처음부터 다시 시작해야만 하더라도 난 똑같은 일을 할거야.

Well, then again, her mother died a year ago.

글쎄, 한편으로 걔 엄마가 1년 전에 돌아가셨어.

- But then again, we all knew your weakness for limos.
  그런데 우리 모두가 네가 리무진에 약하다는 점을 알고 있잖아.

This is going to happen again and again.

이런 일은 계속해서 반복적으로 생길거야.

- I've told you over and over again that school is so important.
  내가 너한테 학교가 중요하다고 골백번은 말했잖아.

  I kicked it hard and over and over and over again.
  난 그걸 세게 여러 번 차버렸어.

- No, not again은 '어휴 또 야!,' '어떻게 또 그럴 수 있어!' 라 는 표현이며 그냥 not again하면 '다시는 그렇지 않겠다' 는 다짐의 표현이다.

- all over again은 '처음부 터 다시' 새롭게 시작한다는 의미

- then[there] again은 앞 문장을 받아서 '그러나,' 또는 그 런데' 의 의미와 함께 앞의 문장 과 대비되는 표현으로 '또 한편으 로는' 이라는 뜻으로서 사용된다.

- over and over again, again and again, time and (time) again 등은 주로 부정적 인 문맥에서 사용되며 '매우 자 주,' '반복적으로 여러 번' 이라는 뜻을 갖는다.

MORE EXPRESSION

now and again 때때로

21

You're under the age of consent. 너 아직 합법적으로 성관계를 맺을 수 없어.

You're under the age of consent.
넌 합법적으로 성관계를 가질 수 있는 나이가 안됐어.

- All four girls are under the age of consent.
  4명 소녀가 모두 법적으로 성관계가 용인되는 나이가 아냐.

  In Iceland the age of consent is 14. 아이슬란드에서 법적승낙나이는 14세야.

■■■ age of consent는 합법적으로 섹스에 대해 여성이 승낙할 수 있는 나이로 미국은 16세이다.

She's our age.
걘 우리 또래야.

- Every guy our age loved that. 우리 또래의 모든 남자들은 그걸 좋아했어.

  Why can't you get a girlfriend your own age? 왜 또래의 여친을 안사귀어?

■■■ be (about) one's (own) age, 또는 (of) one's age는 '…와 나이가 같다,' '같은 나이의' 라는 표현이다.

Elizabeth is very mature for her age.
엘리자베스는 나이에 비해 아주 성숙해.

- I mean, your mom's tall, and you are a little short for your age.
  내말은 네 엄마는 키가 큰데 넌 나이에 비해 좀 작아.

  Betty was always old for her age. 베티는 나이에 비해 항상 늙어 보였어.

■■■ for one's age는 '…의 나이에 비해' 라는 의미로 하는 행동이나 가지고 있는 특징이 나이에 걸맞지 않을 때 사용하는 표현이다.

I haven't been on a date in ages.
난 오랫동안 데이트를 하지 못했어.

- I haven't had a cardiac case in ages. 난 오랫동안 심장병 환자를 맡지 않았어.

  Boy, this is great. I haven't had a vacation in ages.
  맙소사, 이거 너무 좋다. 난 오랫동안 휴가를 가지 못했어.

■■■ in ages는 '오랫동안' 이라는 뜻으로서 상당한 기간 동안이라는 의미로 for ages라고 해도 된다.

Claims hormones can reverse the aging process.
호르몬이 노화진행을 역행시킬 수 있다고 주장하고 있어.

- Do you consider aging a disease? 넌 노화가 병이라고 생각하니?

  You look fantastic. You haven't aged a day. 정말 멋져. 전혀 늙지 않았어.

■■■ aging은 늙어가는, 나이든, 노화, anti-aging은 노화방지(의). age는 동사로 '나이를 먹다' 라는 뜻으로도 쓰인다.

MORE EXPRESSION

Act your age! 나이 값 좀 해라!,
at age (숫자) …살에 = at the age of +숫자
age difference 나이차이

놓치면 원통한 미드표현들

- **be[get] agitated** 불안, 초조하여 가만 있질 못하다
  I am agitated
  마음이 조마조마해
  Did he seem upset or agitated when you saw him?
  걜 봤을 때 불안하고 초조해하는 것 같았어?

- **use an alias** 가명을 쓰다. alias는 가명, 특히 범죄자의 가명, 혹은 인터넷이나 이멜에 쓰는 가명을 의미하기도 한다.
  His e-mail alias is 'Apollo.'
  걔의 이메일 가명은 '아폴로' 야.
  I'll look at properties under an alias.
  난 가명으로 된 재산들을 검토해 볼거야.

The sushi doesn't agree with me. 초밥은 나하고 안맞아.

I didn't agree to that!

난 그거에 동의하지 않았어.

- I didn't agree with you, but at least I respected you.
  난 너와 동의하지는 않지만, 최소한 널 존중했어.

  I was kinda surprised that you agreed to go on a blind date.
  네가 소개팅에 나가기로 동의했다니 좀 놀랐어.

■■■ agree with sb는 '…와 동의하다,' agree on[about]은 '…라는 점에 동의하다,' agree to do는 '…하기로 동의하다,' 그리고 agree that~은 '…라는 사실에 동의하다' 라는 의미.

I couldn't agree with you more.

정말 네 말이 맞아.

- Couldn't agree more. 네 말이 백번 옳고 말구.
  I can't agree more with your plan. 네 계획에 전적으로 동감이야.

■■■ not agree~ more는 강조 표현으로, fully, totally, 120% 동의한다는 의미로 사용된다. I agree with you 100%, 혹은 I fully agree~ 라고 해도 된다.

Agreed. You look hot.

맞아, 너 섹시해.

- Agreed? With what I said before. 동의하니? 내가 이전에 말한거.
  Agreed. In which case, we share. 동의해. 어떤 경우라도 우리 나눌거야.
  I agree. The girl's just trying to protect me. 맞아. 걘 날 보호하려고 할뿐야.

■■■ Agreed하면 동의한다고 하는 것이고 Agreed?하면 상대방에게 동의하냐고 물어보는 한단어 문장. 또한 I agree는 단순하게 상대방의 의견이나 제안에 동의한다는 문장.

Let's just agree to disagree.

그냥 이견이 있음을 인정하자.

- Let's just agree to disagree on this matter.
  이 문제에 대해서 서로 의견이 다르다는걸 인정하자.

  Oh, I can see that, uh, we're just going to have to agree to disagree. 오, 알겠어. 우린 서로 의견이 다르다는 점을 인정해야 할 것 같아.

■■■ agree to disagree는 '이견이 있다고 인정하다' 라는 다소 수사학적, 외교적인 표현.

The sushi doesn't agree with me.

초밥은 나한테 안맞아.

- The beef doesn't agree with me now. 소고기가 지금 나한테는 안 좋아요.
  Indian food doesn't agree with me. Ironic, isn't it?
  (인도출신인) 내가 인도음식이 맞지 않아, 아이러니 하지 않니?

■■■ 음식+agree with sb하면 음식이 '…에게 맞지 않는다' 는 표현으로 우리한테는 좀 어색한 agree이지만 일상생활에서 잘 쓰이는 표현.

MORE EXPRESSION

come of age 성년이 되다
have an agreement 동의하다, 합의하다

놓치면 원통한 미드표현들

- **can[can't] afford + N** …을 (돈 주고) 살 여유가 있[대없다]

  How are you going to afford it?
  어떻게 감당하려고 그래?

  I can't afford it. 그럴 돈이 없어, 그럴 여유가 없어.

- **can[can't] afford to + V** …할 (물질적·정신적) 여유가 있다[없다]

  We can't afford to live here anymore.
  우린 여기에 더 이상 살 여유가 안 돼.

Let's not get ahead of ourselves. 너무 앞서가지 말자.

He is 2 years ahead of me in school.
걘 나보다 학교 2년 선배야.

- I'm gonna be one step ahead of you, every single time!
  난 모든 순간 너보다 한 발짝 앞서 있을 거야.

  Actually, they will be completed ahead of schedule.
  실은 걔네들은 일정보다 빨리 끝낼거야.

> ■ ahead of 앞에 숫자나 기간이 나오면 '…보다 (…만큼) 앞선' 이라는 표현이 된다.

Go ahead. Try a piece.
한 조각 먹어봐요.

- All right, you wanna win by cheating, go ahead.
  좋아, 부정으로 이기고 싶다는거지, 그래 해봐.

  But if there's something you wanna say you should go ahead and say it. 하지만 할 말이 있다면 어서 하는게 좋겠어.

> ■ go ahead (with)는 '…에 앞서가다' 라는 뜻도 있지만 '…을 시작하다,' '어서 하다' 라는 의미도 가지고 있다.

You want to talk? You go ahead and talk.
말하고 싶어? 어서 말해봐.

- Why don't you go ahead and start the briefing?
  어서 브리핑을 시작해봐.

  You go ahead and talk while I figure it out.
  내가 알아내는 동안 넌 어서 말이나 해봐.

> ■ go ahead and~는 '어서 …해라' 라는 의미로서 and 이하의 행동을 어서 시작해보라는 뉘앙스를 가진 표현

Well, let's not get ahead of the evidence.
글쎄, 증거보다 앞서가지 말자.

- We gotta do something to get ahead of him.
  우린 걔를 앞서기 위해 뭔가를 해야만 해.

  It's not gonna be easy to get ahead of him.
  걔보다 앞서기가 쉽지 않을 거야.

> ■ get[keep, stay] ahead (of)는 '…보다 앞서다' 라는 표현으로 get ahead of times는 시대에 앞서는 것을, get ahead of the evidence면 증거보다 앞서가는 것을 의미한다.

Let's not get ahead of ourselves.
너무 앞서서 생각하지 말자.

- I think we are getting a little ahead of ourselves here.
  지금 우리가 조금 앞서서 생각하는 것 같아.

  I don't want to get ahead of ourselves and start promising deadlines. 난 너무 앞서가서 기한까지 정하고 싶진 않아.

> ■ get ahead of ourselves 는 스스로를 앞서간다는, 즉 '너무 앞서 생각한다' 는 의미. 부정문이면 '자제심을 발휘한다' 는 표현이 된다.

I'm just ahead of the curve.
난 유행에 앞서가고 있어.

- And as always, Chuck's aiming to be ahead of the curves.
  항상 그렇듯이 척은 유행에 앞서가는 것을 목표로 하고 있어.

  We're way ahead of the game. 우린 상대보다 한참 앞서 있어.

> ■ ahead of the game [curves]는 어떤 시합에서 상대보다 앞서다 또는 어떤 추세에서 앞서간다는 의미이다.

MORE EXPRESSION

give sb the go-ahead =
get the go-ahead 앞서다
light years ahead (of its
time) 훨씬 (시대를) 앞선

Everything's up in the air. 아직 모든게 미정이야.

(You) Want to get some air?
바람 좀 쐴래?

- I got it. Go get some fresh air. 알았어. 가서 신선한 공기 좀 쐬라.
  I took a drive and got some fresh air.
  난 운전하면서 신선한 공기를 마셨어.

■ air는 공기, 바람을 뜻하는데 fresh air하면 신선한 공기로 get some fresh air하면 '바람을 쐬다,' 즉, '기분전환을 하다' 라는 뜻이 된다.

Everything's up in the air.
아직 모든 것이 미정이야.

- It's up in the air. 미결상태이다.
  I sensed that change is in the air. 난 변화가 임박했음을 감지했어.

■ be up in the air하면 '아직 생각중이다,' '미정이다' 라는 의미이며 한편 be in the air는 …이 곧 일어날 것 같은 상황을 뜻한다.

Jordan went on the air at 2:00.
조단은 2시에 방송에 나갔어.

- Let's get the description of the car on the air.
  방송에서 그 차에 대한 묘사를 얻어 보자.
  Your Honor, do you really want this problem aired out?
  재판장님, 이 문제가 방송을 타고 나가기를 진짜 원하시나요?

■ be on (the) air는 '방송 중'이라는 의미이며 반대로 be off air는 '방송이 끝났다' 라는 의미.

It's good to clear the air. Secrets cause cancer.
의혹을 푸는 것이 좋아. 비밀은 암을 유발시키거든.

- We thought it was time to clear the air. 이제 문제를 해결할 때라고 생각했어.
  I wanted to clear the air. I'm sorry. 상황을 좋게 할려고 했었어. 미안해.

■ clear the air는 논쟁이나 좋지 않은 상황을 끝내기 위해 '상황을 개선하다,' '오해를 풀다' 라는 의미의 표현.

Grace. I am walking on air.
그레이스. 난 기뻐서 공중에 떠 있는 것 같아.

- I'm just walking on air. Just the thought of suing you.
  난 넘 기뻐. 널 고소한다는 생각만으로도.
  But I felt like I was floating on air. 그러나 난 공중에 떠 있는 것처럼 느꼈어.

■ be walking[floating] on air는 '매우 기쁘다' 라는 뜻으로 마치 기뻐서 공중에 떠서 걷고 있는 것 같다는 뉘앙스.

Well, well, well, look who came up for air.
자, 봐라 누가 바람을 쐬러 나왔는지.

- A kiss so hot and so deep you never wanna come up for air.
  숨쉬기 싫을 정도로 짜릿하고 진한 키스지.
  You should get some sleep and eat a real meal and come up for air once in a while. 잠도 자고, 제대로 먹고 가끔 바람도 쐬어야지.

■ come up for air는 물속에 있다가 숨을 쉬기 위해 잠시 물 밖으로 나온다는 것으로 '한숨 놓다,' '바람을 쐬다' 라는 의미

MORE EXPRESSION

put on airs 뽐내다(give oneself airs)
hold[lift] ~ in the air
…를 공중에 올린다

I'm all over it. 잘 알고 있어.

It's all or nothing.

양단간의 결정이야.

* I want all of you. All or nothing. 난 너희들 모두를 원해, 전부 아니면 아무도 필요없어.
  Does it have to be all or nothing? 그건 양단간의 결정이어야만 하니?

■■■ all or nothing은 전부 아니면 아무 것도 아니라는 양단간의 결정이라는 의미.(used to say that unless something is done completely, something else will happen)

I'm all over it.

난 여기 푹 빠져 있어요. 잘 알고 있지.

* It's all over your face. 네 얼굴에 다 쓰여 있어.
  Your fingerprints were all over the gun. 네 지문이 그 총에 범벅이었어.
  He turns on the light. Blood is all over his hands.
  걔가 불을 켜자 걔의 손에 피가 범벅이었어.

■■■ be all over sth은 '…가 …의 도처에 있다,' '…가 널려있다'라는 의미의 표현. 참고로 be all over in one's face는 얼굴에 쓰여 있다.

It's all over the news.

뉴스에 계속 나와.

* It was all over the news. Everybody thinks she's dead.
  뉴스에 계속 나와서 다들 걔가 죽었다고 생각하고 있어.
  His face is all over the news. We've got him cornered.
  그 남자의 얼굴이 뉴스에 계속 나오고 있어. 우리가 코너에 몰아넣은거야.

■■■ be all over the news는 뉴스마다 계속 나온다는 말.

She was all over a guy, hot and heavy.

걔는 한 남자에게 뜨겁고 진하게 덤벼들었다.

* He wouldn't stop. He was all over me.
  걘 멈추지 않으려고 했고 온통 내게 덤벼들었어.

■■■ be all over sb는 '성적으로 덤벼들다' 참고로 be all over. '끝났다'라는 말.

I'm all in now.

난 완전히 녹초야.

* Hold on! I'm all in. 잠깐 기다려, 전부를 걸게.
  I just want you to know I'm in. I am all in. 나도 끼고 싶다는 걸 알아줘, 나할래.

■■■ be all in은 '아주 피곤한,' '지친'이란 뜻. 하지만 I'm in(나도 할래)의 강조형으로 I'm all in으로 쓰이기도 하고 또한 포커 게임에서 I am all in은 자신이 가진 판돈을 전부 건다는 의미로도 사용된다.

I did my job. I arrested him. He's all yours.

난 내 일을 했을 뿐이야. 난 걔를 체포했고 이제 걔는 네 관할이야.

* A: Ladies, may I sweep my bride away? B: She's all yours.
  A: 숙녀분들, 내 신부를 데려가도 될까요? B: 마음대로 하세요.
  We cleared 250 feet in every direction. It's all yours.
  우린 사방으로 250 피트 공간을 치웠어. 이제 네 책임이야.

■■■ sb's all yours는 'sb는 네가 원하는 대로 하라,' '…의 책임이다'라는 의미. 따라서 It's all yours라고 하면 '그건 네 책임이다'라는 의미가 된다.

I'm not going. That's all there is to it.

난 안가. 그게 다야.

* I've decided that I need you, and that's all there is to it.
  난 네가 필요하다고 결정했고 그리고 그게 다야.
  We're just gonna have to move. That's all there is to it.
  우린 이제 이사를 가야만 할거야. 그렇게만 하면 돼.

■■■ That's all there is to it는 '그게 다야,' '그렇게만 하면 돼'라는 의미. 참고로 That's all there is to say하면 '더 이상 할 말이 없다'라는 뜻이 된다.

It's all about the Benjamins.
돈이 제일 우선이다. (Benjamin은 100 달러짜리 지폐얼굴인 벤자민 프랭클린)

* Tonight is all about starting over. I trust you. And him.
모든 걸 새롭게 시작하는 날이야. 널 믿고, 걔도 믿어.

In this case, it's all about the girls. 이 사건에서 여자들이 제일 중요해.

be all about는 '…가 제일 중요하다' 라는 의미로 사용되는 구어체 표현.

You ready to do it all over again?
처음부터 다시 할 준비됐어?

* Um, we're going to have to do this all over again! 첨부터 다시 해야 할거야.

You're living your father's life all over again. 네 아버지 삶을 반복하고 있어.

all over again은 '처음부터 다시' 또는 '새삼스럽게' 라는 의미의 표현.

All I can do I say I did not rape her.
내가 오직 말할 수 있는 건 내가 걜 강간하지 않았다는거야.

* That's all I can do right now. People are watching.
그건 내가 지금 할 수 있는 전부야. 사람들이 지켜보고 있어.

All I can do now is not make any more mistakes.
내가 지금 할 수 있는 것은 더 이상 실수를 하지 않는 것 뿐이야.

all I can do는 내가 오직 할 수 있는 건이라는 의미의 표현

His face looks like he's not all there.
걔 얼굴은 정신이 없는 것처럼 보여.

* She's not all there, if you know what I mean.
걘 완전히 정신이 없어, 내가 뭘 말하는지 안다면 말야.

be not all there는 '정신이 없다,' '제정신이 아니다' 라는 의미.

Actually it's not all that easy to find.
실은 그건 그렇게 찾기 쉽지 않아.

* I want you to know that you and I are not all that different.
너와 내가 그렇게 많이 다르지 않다는 점을 알아줘.

I'm not all that interested in chasing after it.
난 그걸 추적하는데 그렇게 많은 관심을 가지고 있지는 않아.

'**not all that**+형용사' 형태는 not very와 같은 뜻으로 '아주 …하지는 않다' 라는 의미.

You've been lying all along.
넌 처음부터 끝까지 거짓말을 하고 있어.

* Anne owned the gun all along, and she killed the both of them.
앤은 처음부터 끝까지 총을 가지고 있었어 그걸로 그 2명을 죽였어.

Your client has been lying to us all along. Both to you and to me.
네 의뢰인은 우리한데 줄곧 거짓말을 하고 있어. 너하고 나한테 모두.

all along은 '처음부터 끝까지' 라는 표현으로 쉬지 않고 계속 …하고 있었다라는 의미.

all too는 주로 안좋은 상황의 문맥에서 '매우' 라는 뜻으로 all too well이면 '너무나도 잘' 이라는 의미

I don't think about you all too often.
난 너에 대해 그렇게 자주 생각하지는 않아.

* A: This isn't a serial killer? B: It's all too neat.
A: 연쇄살인범이지? B: 넘 깨끗해.

I think you guys are all too busy to come to my party.
너희들은 내 파티에 오기에 너무 바쁠 것 같아.

MORE EXPRESSION

all but 거의
Be all you can be. 능력을 최대한 발휘해라.
Not at all. 천만에요, 별말씀요.
all of+숫자 기껏해야~
*look all of 12 12살로 보여
where it's (all) at 핵심
all in all 모든 것을 고려해볼 때
Will that be all? 더 필요한건요?

I'm not allowed to do that. 난 그거 하면 안돼.

Allow me in.
좀 들어갈게요

- Will you allow me in to apologize? 사죄하려는데 들어가게 해줄래요?
  Allow me in to clean up the classroom. 들어가서 교실 청소하게 해줘요.
  Need your cigarette lit? Allow me. 라이터 필요해요? 여기요.

■■ Allow me '나한테 맡겨,' '제가 할게요(formal),' '다가가도 될까요' 등 뭔가 허락을 구할 때, 그리고 allow sb in[out]은 '…을 들여보내다,' '나가게 하다' 라는 의미.

This warrant allows us to search the premises.
이 영장으로 우리가 구내를 수색할 수가 있어.

- Then allow me to take advantage of your situation.
  그러면 내가 네 상황을 이용하게끔 해줘.
  I don't allow porn at home. 난 집에서 포르노를 허용하지 못해.

■■ allow sb to do는 '…가 …를 하도록 허용, 허락하다,' 그리고 allow sth이면 '…를 허용하다' 라는 표현

But I will not allow myself to be in this for you.
하지만 당신을 위해서 개입하지는 않을 겁니다.

- I allowed myself to feel sorry for her.
  난 걔한테 미안한 감정이 생기는 걸 받아들였어.
  Finally, I can allow myself to relax. 마침내, 난 시간을 내서 쉴 수 있어.
  Mindy allowed herself to buy some expensive clothes.
  민디는 평소와 달리 비싼 옷을 사기로 맘먹었어.

■■ allow oneself to do는 자신 스스로에게 …하는 것을 허용한다는 의미, 즉 긴장풀고 평소에 하지 않던 것을 해보다(relax and be able to do sth unusual)라는 의미로 사용된다.

I'm allowed to take stuff home to test it out.
난 그걸 집에 가져가서 시험해 보도록 허락받았어.

- It's okay, you're allowed one mistake. 좋아, 넌 한 개는 틀리는게 허용돼.
  Are you allowed to talk to me like that? 너 나한테 그렇게 말해도 되는거야?
  My lawyer says you are not allowed to talk to me.
  내 변호사가 말하길 넌 나한테 말걸면 안된데.

■■ be allowed to 는 수동태 로서 '…하도록 허락되다' 라는 의미. 반대는 be not allowed to.

I cannot allow for that.
난 그 가능성을 허용할 수가 없어.

- Why does God allow for all the suffering that goes on?
  왜 하나님은 모든 고통을 허용하실까?
  You rely too much on precedent, you never allow for the unexpected. 넌 지나치게 전례에 의존하고 있어서 예측불허한 상황을 고려치 않아.

■■ allow for는 어떤 가능성이나 문제 등을 허용한다는 의미로 고려하다, 가능케하다라는 뜻이다.

- **allegedly** 이른바, 전해진 바에 따르면
  Yeah, she was a minor, allegedly having an affair with a Mr. Martin.
  걔는 미성년이었는데 마틴씨와 섹스를 가졌다고 알려지고 있어.

- **alleged murder** 혐의자
  The only witness to this alleged murder is you. 이 살인 혐의의 유일한 증인은 당신이야.
  Your son's alleged suicide attempt.
  네 아들이 자살미수를 했다고 그래.

» alone

Just leave me alone. 그냥 나 좀 내버려 둬.

You're not alone.
너만 그런 게 아니야.

- Son, you're not alone, and you're not sick. 너 혼자도 아니고, 아프지도 않아.

  All I'm saying is that you're not alone, all right?
  내가 말하고 싶은 것은 네가 혼자가 아니라는거야, 알겠어?

> **not be alone**은 혼자만 그러는 것이 아니다라는 의미의 표현. '너만 …하는게 아니다' 라고 말하려면 not be alone in sth [~ing]이라고 하면 된다.

I don't want to go it alone.
난 혼자 하고 싶지 않아.

- A: I don't have a partner. B: Just go it alone.
  A: 난 파트너가 없어. B: 그럼 그냥 혼자 해.

  Some people want to go it alone. 일부 사람들은 혼자 힘으로 하고 싶어 해.

> **go it alone**은 '혼자 힘으로 하다' 라는 의미의 표현.

Just leave me alone!
제발 날 그냥 놔둬!

- I didn't mean to kill him. I just wanted him to leave me alone.
  난 걔를 죽일 생각은 없었어. 난 걔가 날 그냥 놔두기를 원했던거야.

  Don't leave me alone with him. 날 걔하고만 둘이 놔두지마.

> **leave ~ alone**은 '…을 그냥 놔두다' 라는 뜻이며 한편 stand alone은 '독립하다,' '혼자 떨어져 있다' 라는 의미의 표현.

She can barely take care of herself, let alone her kid.
걔는 자신의 애는 커녕 자신도 돌볼 수가 없었어.

- He won't be getting out of bed, let alone leaving the country.
  걔는 나라를 떠나기는커녕 잠자리에서 일어날 수가 없을거야.

  I couldn't afford my rent let alone pay a bunch of medical bills.
  난 의료비는 고사하고 집세도 낼 여유가 없었어.

> **let alone**은 '…하기는커녕' 이라는 표현으로 유명. 특히 let alone 다음에는 명사, ~ing 및 동사원형까지도 바로 이어온다는 점에 유의한다.

MORE EXPRESSION

all alone 혼자서

» annoy

It's annoying, isn't it? 정말 짜증난다, 그렇지 않아?

You annoy me sometimes.
너 때문에 가끔 짜증나.

- He annoys the customers as much as he annoys you?
  걔가 너를 괴롭히는 만큼 고객들도 괴롭히고 있니?

  Do you know how much it annoys me? 그게 얼마나 짜증나게 하는지 알아?

> **annoy sb**는 '…를 괴롭히다' 라는 의미로 신경을 거슬리거나 약간 화를 나게 한다는 뉘앙스를 가지고 있다.

She's annoyed by the way that Nick is acting.
걘 닉의 행동방식에 짜증이 났어.

- Robin got annoyed at everything he said. 로빈은 걔말하는 모든 것에 짜증났어.

  You know, mostly I'm annoyed that the whole thing happened.
  있잖아, 난 그 일 자체가 발생한데 대해 짜증이 나.

> **be annoyed at[with]**는 '…에 의해 짜증이 나다' 라는 뜻이 되며 be annoyed that~이면 that 이하에 대해 짜증이 난다는 표현.

Yeah, it's annoying, isn't it?

그래, 정말 짜증난다, 그렇지 않아?

- It's so annoying. **Does it bug you?** 정말 짜증이 나. 이것 때문에 괴롭니?
  I remember, she's annoying. 기억해. 걘 짜증나지.

■ It's annoying! 또는 How annoying! 하면 '짜증나네' 라는 구어체 표현이며 It's annoying that~ 이면 that 이하가 짜증이 난다는 이야기.

» answer

 I think I know the answer to that. 답을 알 것 같은데.

Get out of my chair. And the answer is no.

내 의자에서 꺼져. 그리고 답은 노야.

- Must be a bitch. **The answer is no.** 걔 미친 년임에 틀림이 없어. 대답은 노야.
  The answer is no. He didn't hurt anyone. 대답은 노야. 걘 누구도 안해쳤어.

■ The answer is no[yes] 는 '대답은 부정[긍정]이야' 라는 표현으로 구어체로 많이 사용된다.

That doesn't answer the question.

그건 대답이 되지 않아.

- Please **answer the question**, Doctor. 박사님, 질문에 답을 해주세요.
  Are you saying you think this was me? **Answer the question!**
  그게 나였다고 생각한다는 말야? 질문에 답해!

■ answer the question은 '질문에 답을 하다' 라는 표현.

I don't have the answer to that question.

그 문제를 해결할 방법이 없어.

- You believe that the Book **has all the answers.**
  넌 성서가 모든 해답을 가지고 있다고 믿지.
  Now I'm intrigued. So? **What's the answer?** 궁금해지네. 그래 어떻게 해야돼?

I think I know the answer to that.

그 문제에 대한 답을 알 것 같아요.

- You **know the answer to that.** 넌 그 문제에 대한 답을 알고 있지.
  I don't think I'm gonna **know the answer to** that for a while.
  난 잠시동안 그에 대한 답을 모른다고 생각했었어.

■ have the answer to는 '…에 대한 해답을 알다', give sb an answer to면 '…에게 …에 대한 답을 주다' 라는 표현. 또한 have all the answers는 단순히 모든 답을 알고 있다 혹은 현실상 그럴 수 없기 때문에 실제는 모르면서 아는 척을 한다는 의미로 쓰인다. 한편 What's the answer?는 '어쩌지?', '어떻게 해야 돼?' 라는 뜻

■ know the answer to~는 '…에 대한 답을 알다.'

Please answer the door.

누가 왔나 나가 봐라.

- Why didn't you **answer your cell phone.** 왜 핸드폰 안받았어?
  Will you please **answer the phone?** 전화 좀 받아 줄래?

■ answer the phone[a call]이면 '전화받다,' answer the door이면 '문을 열어주다' 라는 의미.

You should always answer for your words.

넌 네가 한 말에 대해 항상 책임을 져야 해.

- I can't **answer for my colleagues.** 난 내 동료들을 보증할 수 없어.
  She does **have a lot to answer for.** 걔는 책임을 질 일이 많아.

■ can answer for sb는 '…에 대해 책임을 지다' 또는 '…에 대해 장담하다, 보증하다' 라는 뜻으로 사용된다.

30

» any/ anyone/ anymore

Not anymore. 더 이상은 아냐.

That's not just any girl. You saw her.
걘 보통 여자애가 아냐. 너 봤잖아.

- She hooked me up with a tux! But not just any tux, Batman's tux! 걔가 턱시도를 나한테 입혔어. 보통 턱시도가 아니라 배트맨의 턱시도를.
  Well, he's not just any pool man. 저기, 걘 그냥 단순한 풀장 직원이 아냐.

> **not just any+sb[sth]**는 통상적이지 않고 뭔가 특별한 사람이나 사물이라는 의미를 가지고 있는 표현

Any injuries incurred here?
여기서 조금이라도 부상이 있었니?

- Any word from Dale? 데일한테서 뭔가 전언이 있니?
  Any blows exchanged? Physical contact? 치고받았어? 신체적 접촉은?

> **Any+명사?** '명사'가 조금이라도 있냐고 확인하는 표현

Is there any way I could see you naked?
너 벗은 모습을 볼 방법이 뭐 있을까?

- Is there any way to link these two? 이거 2개를 연결시킬 방법이 있니?
  Is there anyone else here who may have seen them? 여기 있는 분들 중 그들을 봤을 수도 있는 사람이 있나요?

> **Is there any way to~?** 는 '…할 방법이 없나요?' 라는 표현. 또한 **Is there anyone (else) who~?**는 '…한 사람이 있는지 물어보는 형태의 표현이다.

We're not in Kansas anymore.
우리는 엉뚱한 곳에 와 있는거야.

- I've got a feeling we're not in Kansas anymore. 우리가 다른 곳에 와있다는 생각이 들어.
  Looks like someone's not in Kansas anymore. 우리가 다른 곳에 온 것같아.

> **be not in Kansas anymore** 는 영화 오즈의 마법사에서 나오는 구절로 집이 아닌 다른 곳에 와있다라는 말.

MORE EXPRESSION

Not anymore. 지금은 아니야.

» anything

I will do anything for you. 너를 위해서라면 뭐든지 할게.

I didn't do anything to him.
난 걔한테 아무 짓도 안 했어.

- I would never do anything to hurt you. 난 널 해칠 짓은 결코 하지 않을거야.
  I don't want to do anything to screw it up with her. 난 걔와의 관계를 망칠 어떤 것도 하고 싶지 않아.

> **not do anything to sb** 은 '…에게 아무 짓도 하지 않다,' **not do anything to do~**하게 되면 '…할 아무 짓도 하지 않다' 라는 의미.

I didn't do anything wrong.
난 나쁜 짓은 하나도 하지 않았어.

- Mr. Locke didn't do anything wrong. He's my friend. 로크 씨는 나쁜 짓은 하나도 하지 않았어. 걘 내 친구야.
  My husband didn't do anything wrong. 내 남편은 어떤 잘못된 짓도 않았어.

> **not do anything wrong** 이면 '못된 짓, 나쁜 짓을 하지 않다' 라는 말.

Don't do anything I wouldn't do.

내가 안 할 것 같은 일은 너도 하지 마.(작별인사와 함께)

- Don't do anything I wouldn't do at the presentation.
발표회에서 문제일으키지 말고 잘해.

  Don't do anything I wouldn't do on our blind date.
소개팅에서 바보 같은 짓 하지마.

> don't do anything I wouldn't do는 내가 하지 않을 일은 하지마라라는 좀 어렵게 돌려서 말하는 것으로 '행동거지 조심해,' '바보 같은 짓은 하지마,' '문제일으키지마' 라는 말씀.

I'll do anything for you.

너한테 뭐든지 해줄게.

- I can't do anything for you, Rose. 로즈, 내가 널 위해 해 줄게 없어.

  I'd do anything for you, you know that. 널 위해서라면 뭔들 할게. 알잖아.

> will[could] do anything for sb는 '…에게 뭐든지, 뭔가를 해주다' 라는 의미의 표현

Is there anything I can do?

내가 할 수 있는 일이 뭐 있을까?

- Is there anything good on? (방송에서) 뭐 재밌는 거라도 해?

  So, I gotta get you a gift now. Is there anything you need?
그래. 이제 너한테 선물해줘야겠다. 너 뭐 필요한 거 있니?

> Is there anything (else)~? 는 다음에 anything을 꾸며주는 형용사가 오거나 혹은 주어+동사가 이어져 …한 혹은 …가 …할 거가 뭐 있는지 물어볼 때 사용하는 표현.

(Will there be) Anything else?

더 필요한 건 없나요?

- Thank you. Anything else? 고마워요. 필요하신게 더 있나요?

  A: Jim, could you put up the partition, please? B: Yes, sir. Anything else? A: 짐, 칸막이 좀 쳐줄 수 있니? B: 그래요. 또 다른 것은요?

> Anything else?는 특히 상점 등에서 더 필요한 것이 없냐고 점원이 고객에게 물어보는 표현. 물론 일반적인 상황에서도 쓰인다.

Anything you say to him will be considered testimony.

네가 걔한테 말하는 건 뭐든지 증언으로 간주될거야.

- Anything you say can and will be used against you in a court of law. 당신이 말하는 건 뭐든 법정에서 불리하게 사용될 수 있습니다.

  All right then, anything you say in the next thirty seconds is free, starting now. 알았어. 그럼 지금부터 30초간 자유발언시간을 줄게.

> Anything you say~는 '네가 말하는 뭐든지' 라는 의미. 한편, Anything you say가 단독으로 쓰이면 '시키는 대로 하죠,' '말씀만 하세요' 라는 뜻으로 상대방의 말에 기꺼이 따르겠다는 동의 의사를 표시할 수도 있다.

Anything goes.

뭐든지 돼.

- We live in time where almost anything goes. Don't we?
우린 거의 뭐든지 되는 시대에 살고 있어. 그렇지 않니?

  Yeah. But tonight, anything goes. 그래. 그런데 오늘밤은 뭐든지 돼.

> (~) anything goes면 뭐든지 된다는 의미의 표현.

He didn't have anything to do with it.

걘 그것과 전혀 관련이 없었어.

- It doesn't have anything to do with me. 난 모르는 일이야.

  Did it have anything to do with why you assaulted her mom?
이것이 네가 걔 엄마를 폭행한 이유랑 관계가 있었니?

> not have anything to do with sth[의문사절]~은 '…와 전혀 무관하다' 라는 의미의 표현.

Look, I don't have anything else to say.

이봐, 난 할 말이 전혀 없어.

- I didn't have anything else to do on a Saturday afternoon.
  난 토요일 오후에 할 일이 아무것도 없었어.

  Don't you have anything else to do? 너 특별히 할 일이 없니?

■ have anything else to+ 동사는 '…할 게 전혀 없다' 라는 표현.

Well, she is anything but cold.

저기, 걘 절대 냉정하지 않아.

- You don't worry about anything but growing my son in there.
  내 아들을 잘 키워주시는 것만 신경 써 주시면 돼요.

  That won't happen, he's not interested in anything but physics.
  그렇게 안될거야. 걘 물리학이외에는 관심이 없어.

■ anything but은 '…이외에 는 아무 것도' 라는 의미로 결코 (never)라는 의미도 가지고 있다. 참고로 nothing but은 '오직,' '단지 …일 뿐인' 이라는 의미.

You know, it's a skill like anything else.

있잖아, 그건 다른 것과 마찬가지로 하나의 기술이야.

- It's just like anything else, you just have to get used to it.
  이건 다른 것과 마찬가지야, 단지 넌 그냥 익숙해져야만 해.

  Like anything else, you just have to make it work for you.
  이건 다른 것과 마찬가지로 너한테 도움이 되도록 만들어야 해.

■ like anything else는 '여 타 다른 것과 마찬가지로' 라는 의 미의 표현이다.

It's not a career or anything but it's got me solvent.

무슨 거창한 직업은 아니지만 그래도 돈은 벌 수 있으니까.

- And you didn't think to call 911 or anything like that?
  그래서 911 같은 번호를 호출할 생각을 하지 못했어?

■ 명사+or anything?은 '뭐 그와 같은 것' 이라는 뜻으로 or anything like that, or anything else가 와도 같은 뜻이 된다.

He seemed fine. If anything, he was upbeat.

걔는 괜찮아. 오히려 걘 낙관적이었어.

- There's no rule, if anything, you owe me a table!
  그런 룰은 없어, 오히려 네가 내 테이블을 물어내야지!!

■ if anything은 '어느 편인 가 하면,' '오히려' 라는 의미로서 어느 한 쪽을 택해서 말하다면 이 라는 뉘앙스를 가지고 있다.

MORE EXPRESSION

not anything like[near] 전혀 다른
like[as] anything 몹시, 대단히

» anytime

She will be back anytime soon. 걘 조만간 돌아올거야.

A: Thank you, boss. B: Anytime.

A: 고마워요, 보스. B: 언제라도 부탁해.

- Jenny, this is my card. You call me anytime, okay?
  제니, 내 명함이야. 언제라도 전화해, 오케이?

  A: Thanks for taking me shopping. B: Oh, anytime.
  A: 쇼핑에 데려가줘서 고마워. B: 오, 언제라도 해줄게.

■ Anytime은 여러 가지 뜻을 가질 수 있는데 초대를 받았을 때 anytime이라고 답하면 '언제라 도' 라면서 호응하는 표현이 되며 Anytime you are ready하면 '너만 준비되면 언제든지' 라는 표 현이 된다.

I mean, we can get laid anytime we want.

내 말은 우린 원하면 언제라도 섹스를 할 수 있다는거야.

- You can come visit her **anytime you want**. 아무때라도 걜 방문할 수 있어.
  I can show them to Mike **anytime I like**.
  난 내가 원할 때 언제라도 그것들을 마이크에게 보여줄 수 있어.

■ **anytime sb want[like]**는 '···가 원하는[좋아하는] 시간에 언제라도'라는 의미의 표현.

I don't think he'll be back anytime soon.

걔가 조만간 돌아올 것으로 생각되지 않아.

- Peace of mind won't be coming **anytime soon**.
  마음의 평화가 조만간 올 것 같지가 않아.
  Cameron's dad isn't gonna go away **anytime soon**.
  카메론의 아버지가 금새 가진 않으실 모양이아.

■ **anytime soon**은 주로 부정문, 의문문에서 사용되면서 '곧', '조만간'이라는 뜻으로 사용된다.

» apology

I owe you an apology. 난 너한테 사과해야 해.

I owe you an apology.

난 너한테 사과해야 해.

- You **owe me an apology**. 너 나한테 사과해야 돼
  Do I **owe her an apology**? 내가 걔한테 사과해야 하는 건가?

■ **owe sb an apology**는 '···에게 사과를 빚지고 있다'는 의미로 '···에게 사과해야해'라고 해석된다.

I understand. Apology accepted.

이해해. 사과 받아줄게.

- A: I guess I was wrong. B: Oh, **apology accepted**.
  A: 내가 잘못했던 것 같아. B: 오, 사과 받아줄게.
  I'll **take that apology** any time. 사과는 언제든 받을게.

■ **accept an apology**나 **take that apology**는 사과를 수용하거나 받아주는 것을 의미하며 '**apology accepted**'하면 사과를 받아준다는 답변으로 자주 사용된다.

I just want to apologize for that.

내 사과할게.

- Would like to **apologize to you for** my behavior tonight.
  오늘밤 내 행동에 대해 너한테 사과하고 싶어.
  Hi. It's Rufus, Calling again to **apologize about** last night again.
  하이, 루퍼스야, 지난 밤 일로 다시 한 번 사과하고 싶어서 또 전화하는거야.

■ **apologize (to sb) for sth**은 '···에게 ···에 대해 사과하다'라는 뜻으로 to sb가 생략되면 We apologize for that처럼 단순하게 사용되기도 한다. 또한 **apologize about**은 '···에 대해서 사과하다'라는 의미.

You know what? I don't need an apology!

그거 알아? 나 사과는 필요없어!

- By the time I got home, I was sure he'd **left an apology** on my voice mail. 내가 집에 도착하면 걔가 사과 메시지를 남겨놓았을게 확실해.
  I'm **not making an apology**. 난 사과하지 않을거야.
  I'm arranging for your **public apology**. 네가 공개 사과할 준비를 할게.

■ **make an[no] apology for sth**처럼 apology는 다양한 동사와 결합하기도 하여 write an apology면 사과편지를 쓰다, leave an apology면 사과 메시지를 남기다, demand an apology하면 사과를 요구하다라는 의미. 한편 **public apology**는 '공개사과,' **letter of apology**는 '사과의 편지'라는 뜻.

She has an appetite for rap music. 걔는 랩음악을 좋아해.

She has an appetite for rap music.

걔는 랩 음악을 좋아해.

* Maybe they had an appetite for murder. 아마 걔들은 살인욕구를 가지고 있었어.
Girls have a strong appetite for talking much. 여자애들은 수다떠는걸 넘 좋아해.

> ■ have an appetite for는 가장 평이한 표현으로 …에 대한 취향이나 의욕을 가지고 있다는 의미로 '…을 좋아하다' 라고 해석된다.

I have a good appetite.

입맛이 돌아, 식욕이 왕성해.

* Looks like you got your appetite back. That's a good sign.
너 식욕이 돌아온 것 같구나. 그건 좋은 조짐이야.
I've got no appetite, I'm aching all over. 난 식욕이 전혀 없어. 온 몸이 쑤셔.

> ■ have[get] no appetite 는 '식욕이 없다' 라는 뜻이며 have a good appetite는 '식욕이 좋다' 라는 표현이다. 한편 get one's appetite back이면 '식욕을 되찾다' 라는 의미.

Jesus fucking Christ! Now I've lost my appetite.

빌어먹을! 이제 난 식욕을 잃어버렸어.

* Something disgusting that will take your appetite away.
뭔가 구역질나는 일이 네 식욕을 앗아갈거야.
The patient hasn't lost his appetite. 그 환자는 식욕을 잃어버리지 않았어.

> ■ lose one's appetite는 '식욕을 잃다' 라는 뜻이며 비슷한 표현으로 spoil[ruin] one's appetite는 '식욕을 망치다,' kill one's appetite는 '식욕을 죽이다' 등이 있다. 한편, take one's appetite away는 '식욕을 빼앗아 가다' 라는 의미가 된다.

That'll really work up your appetite for lunch.

그렇게 하면 점심 먹고 싶은 생각이 들거야.

* Boy, you must have really just worked up an appetite.
이것 참, 너희는 진짜 운동을 해서 식욕을 돋우야만 했었어.
All the activities certainly worked up our appetite.
모든 활동으로 분명히 우리 식욕이 늘어났어.

> ■ work up an appetite는 운동을 통해서 '식욕을 돋우다,' '불러일으키다' 라는 좋은 표현.

Side effects are weight gain and noticeable drop in sexual appetite.

부작용으로는 체중증가 및 뚜렷한 성욕감소가 있어.

* The hostages are suffering from high level of stress and loss of appetite. 인질들이 상당한 스트레스 및 식욕상실을 겪고 있어.
Regular exercises at the gym would cure your lack of appetite. 체육관에서 정기적으로 운동을 하면 너의 식욕부진을 치유할 수 있을거야.

> ■ drop of appetite는 식욕 감소, loss of appetite는 식욕상실, lack of appetite 식욕부진.

* **be angry with[at/about/over]** …에게 화나다
I don't think I have ever been this angry!
내가 이렇게 화난 적은 없는 것 같아!

* **make[get] sb angry** …을 화나게 하다
And it hurts me, and it makes me angry.
그런데 그것 때문에 내가 기분이 상하기도 하고 화가 나기도 해.

* **be arraigned (for)** 기소인정여부절차를 밟다
He's been arraigned on attempted murder charges. 걘 살인미수혐의로 기소됐어.

* **arraignment** 기소인정여부절차, 비난
The case is over. No arraignment necessary.
소송끝났어. 기소인정여부절차는 불필요해.

I have another appointment. 나 다른 약속이 있어.

The court will appoint you another guardian.
법원이 너한테 후견인을 한 명 더 지명할거야.

- It's a special task force appointed by the commissioner.
  그건 국장이 임명한 특별 TF 팀이야.
  I'll appoint a law guardian, pro bono. 내가 무료로 법률인을 지정해줄게.

> ■ appoint A B는 'A에게 B를 지명해주다,' be appointed by[as]는 '···로 지명되다' 라는 의미.

I'm calling to make an appointment with Dr. Burke.
난 버크 박사와 예약을 하려고 전화했어요.

- I'd like to set up an appointment. 난 예약을 하고 싶어요.
  I even had to schedule my own doctor's appointment once.
  난 한때 주치의와 약속 일정을 잡아야만 했었어.

> ■ make an appointment with[at]~는 '···와 약속을 잡다' 라는 표현으로 make 대신 set up을 써도 된다. 또한 schedule an appointment하면 '약속일정을 잡다' 라는 뜻.

I'm afraid I have another appointment.
난 다른 약속이 있는데 어쩌지.

- I have to go! I have a massage appointment. 나 가야돼. 마사지 예약있어.
  He has a dentist appointment at four o'clock. 걘 4시에 치과예약이 있어.

> ■ have an appointment는 '약속이 있다,' have another appointment하면 '또 다른 약속이 있다' 라는 뜻. appointment 앞에 각종 단어가 나와 massage [hair, dentist] appointment 등과 같이 약속의 종류를 말하기도 한다.

Don't fail to keep an appointment with doctors.
의사들하고 예약은 꼭 지켜라.

- She missed an important appointment because of her dementia.
  걘 치매 증상으로 중요한 약속을 지키지 못했어.
  I'm calling to confirm my appointment Saturday for a cut and color with John. 토요일 이발과 염색 예약을 존하고 했는데 확인하려고 전화하는 거에요.

> ■ confirm one's appointment는 '약속을 재확인하다,' keep an appointment는 '약속을 지키다,' miss an appointment는 '약속을 지키지 못하다' 라는 의미이다.

I really appreciate this. 정말 감사해요.

Thank you Richard, I appreciate the support.
리차드, 고마워, 지지해준데 감사해.

- I guess I have to appreciate your honesty.
  네 정직함에 고마움을 표시해야만 할 것 같아.
  I'm not indebted to anyone. No matter how much I appreciate what you did. 난 빚을 지고 살 순 없어. 물론 너한테 고마워하긴 하지만.

> ■ appreciate sth은 '···에 대해 감사하다' 라는 표현으로 appreciate뒤에 의문사절이 올 수도 있다.

I really appreciate this.

정말 고마워.

- Thanks for the offer. I really appreciate it. 제의 고마워. 정말로 감사해.
  I wanted her to know how much I appreciated it.
  내가 얼마나 감사하고 있는지 걔가 알았으면 했어.

appreciate it[this]은 앞에 나온 것에 대해 it나 that이라는 대명사로 받은 표현으로 굳어진 형태로 사용된다.

I so appreciate you coming tonight.

오늘 네가 여기 와줘서 정말로 감사해.

- Well, you know, I appreciate you giving it a shot.
  저 있잖아. 네가 시도해준데 대해 감사해.
  I really appreciate you spending this time with me.
  네가 나랑 시간을 보내준데 대해 너무 감사해.

appreciate sb ~ing는 '…가 …을 해준데 대해 감사하다'라는 의미로 뭐에 대해 감사하는지 함께 표현할 때 좋은 표현.

His genius is not only appreciated, but celebrated.

걔의 천재성은 인정을 받을 뿐만 아니라 축복을 받고 있어.

- I think the dean of admissions at Yale will actually appreciate my ability. 예일대 입학처장은 내 능력을 알아볼 수 있을거야.

appreciate는 감사하다는 의미와는 다르게 '…의 중요성이나 필요성을 이해하다', '깨닫다', '감상하다', '그 가치를 인정하다'라는 뜻으로도 쓰인다.

I'd appreciate it if we don't go through this again.

다시는 이 일을 겪지 않았으면 좋겠어.

- I'd appreciate if you didn't mention this to her.
  네가 이걸 걔한테 말하지 않았으면 고맙겠어.
  I would appreciate it if you left us alone. 우릴 좀 가만히 놔두면 고맙겠어.

I would appreciate it if you~는 '네가 …해주면 고맙겠어'라는 의미의 표현으로 다소 공식성을 띠고 있는 표현이다. 감사 표현이라기보다는 부탁하는 표현으로 if 다음에는 동사의 과거형이나 would, could 등이 온다. 단 살아있는 미드에서는 이런 룰도 가끔 깨지는 경우도 볼 수 있다.

» argue

Can't argue with that. 두말하면 잔소리지.

We argue about everything. And they saw us fighting.

우린 모든 것에 대해 다퉈. 걔들이 우리가 싸우는 것을 봤어.

- I don't wanna argue about this. I need time to think.
  더 이상 다투기 싫어. 생각 좀 해봐야겠어.
  We do not have time to argue about this.
  우린 이것에 대해 다툴 시간이 없어.

argue with[about, over]는 '…에 대해 말다툼을 하다'라는 의미의 표현

Can't argue with that.

두말하면 잔소리지.

- No one argue with that. 그건 확실해.
  I can't argue with you! All right? 네 말이 맞다고! 알았어?

can't argue with ~ '에 토를 달 수 없다'라는 관용적 표현으로 '물론이다'라는 뉘앙스를 가진다.

He'll argue that it was rough but consensual sex.

걘 거칠기는 했지만 합의에 의한 섹스였다고 주장할거야.

- Pam's attorney will argue that Caroline may have cut herself.
  팸 측 변호사는 캐롤린이 자해했을 가능성이 있다고 주장할거야.

  His lawyer will argue that they live in the same neighborhood.
  걔의 변호사는 자신들이 같은 동네에 살고 있다고 주장할거야.

■■■ argue that~ 은 that 이하를 '주장하다,' '논증하다' 라는 의미로 법률적인 의미로도 많이 쓰인다.

Clearly, I'm not gonna win this argument.

내가 이 논쟁에서 이길 수 없다는 것이 분명해.

- Karen, I'm not gonna have this argument with you again.
  카렌, 난 다시는 너랑 이런 논쟁을 하지 않을거야.

  Ms. Novak's arguments make sense to me.
  노박 씨의 주장은 내게 말이 되는 것 같아.

■■■ have an argument with 는 '…와 논쟁을 하다,' '다투다' 라는 의미. 또한 win[lose] an argument하면 '논쟁에서 이기다[지다]' 라는 뜻이 된다.

For the sake of argument, let's say that it's someone else.

토론을 위해서 이것이 다른 누군가라고 생각해보자.

- Okay, let's say just for the sake of argument, that someone else did.
  좋아, 단지 토론을 해본다는 의미에서 누군가 다른 사람이 했다고 해보자.

  So, for the sake of argument, let's say that he was framed.
  그래, 토론을 위해서 걔가 누명을 썼다고 가정해보자.

■■■ for the sake of argument 는 토론의 실마리를 만들기 위해서라는 말로 '토론을 위해서' 라고 해석할 수 있다. 주로 회의시간에 쓰는 말.

You're just being argumentative.

넌 단지 논쟁적이야.

- A: Objection, argumentative. B: Withdrawn.
  A: 이의를 제기합니다. 논쟁소지가 있습니다. B: 철회합니다.

  A: Objection, argumentative. B: I'll rephrase.
  A: 이의를 제기합니다. 논쟁을 불러일으킬 수 있습니다. B: 다시 표현하겠습니다.

■■■ argumentative는 '논쟁적인,' '논쟁을 위한' 이라는 뜻이며 법정에서 증인을 상대로 사실을 캐는 것 보다 증인에게 논쟁을 불러일으킬만한 질문을 할 때 상대편 변호인이 Objection, argumentative라고 말할 수 있다.

» arm

He's up in arms about this kid. 걘 이 아이한테 엄청 열받았어.

She had the kid in her arms.

걘 아이를 자기 팔로 안았어.

- Hold a real woman in your arms instead of some picture in your head. 네 머릿속으로 상상하는 대신 실제 여인을 안아봐.

  You don't know what it's like to hold your newborn baby in your arms. 네 팔로 갓 태어난 아이를 안는 것이 어떤 느낌인지 넌 모를거야.

■■■ hold[have] sb in one's arms 또는 take sb in one's arms은 '…을 팔로 부드럽게 잡다' 라는 의미의 표현으로 주로 사랑하는 여성이나 아이를 팔로 안는다는 뜻.

It's always been easier for me to keep people at arm's length.

난 사람들과 약간 거리를 두는 것이 항상 더 편해.

- I was always able to stay objective, to stay at arm's length.
  난 약간의 거리를 두면서 사물을 객관적으로 항상 볼 수가 있었어.

  Rachel leaves the apartment holding the newsletter at arm's length. 레이첼은 팔에 신문을 안고 아파트 밖으로 나가고 있어.

■■■ hold sth at arm's length는 팔 거리 정도를 둔다는 뉘앙스를 가지고 있어 '···과 적당한 거리를 둔다'라는 의미로 사용된다. hold 대신에 keep을 써도 된다. 물론 1차적인 의미로 팔에 안다, 들다라는 의미로도 쓰인다.

He's up in arms about his kid.

걔는 자기 애 땜에 열 받았어.

- Yesterday you were up in arms. Now, now you're ready to cave in? 어제 넌 반기를 들었어. 이제는 굴복할 준비가 되어 있니?

  She is up in arms about her daughter.
  걔는 자기 딸에 대해 분개하고 있어.

■■■ be up in arms (about)는 '무기(arms)를 들고 일어나다,' '반기를 들다,' '분개하다'라는 의미로 사용된다.

Tim and Jane welcomed you here with open arms.

팀과 제인은 기꺼운 마음으로 널 환영했어.

- I'll be standing right here with open arms.
  난 바로 여기서 기꺼운 마음으로 서있을거야.

  But you welcomed us into your home with open arms.
  그러나 넌 기꺼운 마음으로 우릴 너의 집에 초대해서 환영했어.

■■■ welcome[accept] sb with open arms는 '···를 기꺼운 맘으로 보다,' '받아들이다'라는 뜻으로 팔을 펴서 환영한다는 그림을 그려보면 된다.

You're not armed?

넌 무장하지 않았지?

- The armed guards stopped her. 무장한 경비들이 걔를 저지했어.

  We don't think he's armed, but he is very dangerous.
  우린 걔가 무장했다고 생각지는 않지만 걔는 아주 위험해.

  She came to bed armed with love. 걔는 사랑으로 무장한채 침대로 왔어.

  The armed robbers load up, head for the exits.
  무장강도는 짐을 싣고 출구를 향했어.

■■■ arm은 동사로 무장시키다라는 뜻을 가지고 있으며 armed robbery면 무장 강도, under arms면 '무장을 하고,' '전투태세를 하고'라는 의미가 된다.

MORE EXPRESSION

take[have, grab] sb by the arm ···의 팔을 잡고 데리고 가다

놓치면 원통한 미드표현들

- **have[get] ants in one's pants** 불안하거나 화
  나가 혹은 섹스하고 싶어 안절부절 못하다
  You got ants in your pants?
  왜 그렇게 안절부절 못하니?
  She used to say you had ants in your pants.
  네 엄마는 네가 안절부절 못했다고 말하곤 했어.

- **be antsy** 안달을 한다
  I'm getting kind of antsy.
  난 안달이 나서 못 견디겠어.
  What's wrong with you? You've been antsy all night. 왜 그래! 넌 밤새 안절부절 못하고 있어.

I can see you're aroused. 네가 흥분했다는 것을 알겠어.

He played along not to arouse suspicion.
의혹을 사지 않기 위해 갠 동조했어.

- I'm over my wrinkle fetish. You don't arouse me.
  난 더 이상 주름 때문에 흥분되진 않아. 당신을 봐도 아무렇지도 않다고.

  When I see a woman who arouses me, the whole world disappears except for her.
  날 흥분시키는 여자를 보면 그녀만 보여.

■ arouse suspicion은 '의심을 자아내다,' '의혹을 불러일으키다' 라는 의미. 그냥 arouse sb 하면 '성적으로 …흥분시키다' 라는 의미가 된다.

I was sexually aroused by Penny's friend Zack.
난 페니의 친구인 잭에게 성적으로 끌렸어.

- Do men really get aroused by stupidity?
  남자들은 정말 멍청함에 흥분돼?

  I contend that arousal implies consent.
  성적흥분한건 동의로 봐야 합니다.

■ get aroused by는 이성을 보고 혹은 일부는 동성을 보고 성적으로 흥분하다라는 표현. 또한 (sexual) arousal은 명사형으로 성적으로 흥분한 상태, 즉 성적자극, 성적흥분이라는 말.

You're under arrest. 당신을 체포합니다.

Authorities have arrested a suspect in a Brooklyn.
당국이 브루클린에서 혐의자를 체포했어.

- You've arrested the wrong man? What are you thinking?
  너 다른 사람을 체포했지? 무슨 생각으로 그런거야?

■ arrest sb for[on] charges [suspicion] of~면 '…를 …혐의로 체포하다' 라는 의미이며 have sb arrested하면 직접 체포하지는 않더라도 부하들 통해 '…를 체포하다' 라는 뜻.

On what grounds were you arrested, Mr. Kallah?
칼라 씨 무슨 혐의로 체포되었나요?

- I've been arrested a bunch of times, been busted with hookers. 난 여러 차례 체포되었지, 창녀들하고 같이 걸렸어.

  She got arrested for trespassing, bit a cop, and spent eight days in jail. 걔는 무단침입 및 경찰폭행으로 체포되어 8일간 감옥에서 보냈어.

■ be[get] arrested (for)는 '…혐의로 체포되다' 라는 뜻으로 수동태 형태로 많이 쓰이는 표현이다.

You're under arrest
당신을 체포합니다.

- I'm placing your daughter under arrest. 당신 딸을 체포합니다.

  FBI. Get dressed. You're under arrest for insider trading.
  FBI입니다. 옷 입으세요. 내부자 거래죄로 당신을 체포합니다.

  I'm on house arrest. It's a condition of my bail.
  난 가택연금 중이야. 보석의 조건이야.

■ be under arrest (for)는 '체포하다' 라는 뜻. place[put] sb under arrest는 '…를 체포하다' 라는 뜻으로 단순히 arrest라는 동사를 쓰는 것보다 좀 더 공식적인 표현이다. 한편, be under house arrest는 '가택연금당하다,' be on house arrest는 '가택연금 중이다' 라는 의미.

If there's cardiac arrest, we'll need nitroglycerin.

심장마비가 생기면 니트로글리세린이 필요하게 될거야.

- She's going into cardiac arrest due to an overdose of anesthesia.
  걔는 마취제 과다복용으로 심장마비가 올거야.

  He's in cardiac arrest. 걘 심장마비야.

■ get into cardiac arrest 면 '심장마비에 걸리다' 라는 표현으로 arrest 대신 failure를 사용해도 같은 뜻이 된다.

A

» as

 I might as well get used to it. 난 그거에 익숙해지는게 나을거야.

So as of Monday I'm being officially relocated.

그러면 월요일부로 난 공식적으로 전근가는거야.

- As of this moment I will never have to make coffee again.
  이 순간부터 난 다시는 커피를 타지 않을거야.

  Garcia, there are 8 new victims as of tonight.
  가르시아, 오늘밤 시점으로 8명의 새로운 희생자가 있어.

■ as of +시점~은 '…시점 부터' 라는 뜻으로 '…부로' 라고 해석된다.

Uh, ring as in engagement ring?

그러니까, 약혼반지와 같은 반지를 말하는 거지?

- In life, as in art, some endings are bittersweet.
  인생은 예술에서와 마찬가지로 일부 끝은 달콤 씁쓸한거야.

  Did she just say she was leaving? As in quitting?
  걔가 나갔단말이야? 그만두었단말야?

■ as in은 '명사+as in' 이면 in 이하에 나와 있는 '명사' 와 같 이라는 뜻이며 'as in+명사' 라고 하면 '명사' 에서와 마찬가지로 라는 뜻이 된다.

It's as if you don't think I'll punch you.

내가 널 때릴 수 있다는 생각을 못하고 있는 것 같아.

- He looks as if he has something else on his mind.
  걔는 뭔가 딴 생각을 하고 있는 것처럼 보여.

  I'm running out of food, and it's not as if I can go to the grocery store. 음식이 떨어지고 있고 식료품 가게도 갈 수 없는 것 같아.

■ as if[as though]는 '마치 …인 것처럼' 이라는 뜻이며 It's as if~하면 '…하는 것과 같다' 는 표현이 된다. 또한 it's not as if~는 '…라서 어째나' 라는 다소 놀라면서 하는 표현으로 문자 그대로 '…하는 것 같지 않다' 라는 뜻도 가지고 있다.

I waited until I got married, as did your father.

난 네 아버지와 마찬가지로 결혼할 때까지 기다렸어.

- My mother used to be a Christian Scientist, as did I.
  내가 그랬듯이, 한때 우리 어머니는 크리스천 사이언스 신자였어.

  Yes, you were very clear, as was everyone else at the table.
  응, 넌 테이블에 있던 모든 사람과 마찬가지로 매우 빛났어.

■ as did~ 또는 as was~는 '…와 마찬가지로' 라는 뜻으로 사용된다.

I might as well get used to it.

난 그것에 익숙해지는게 나을거야.

- I might as well just come out and say it. 그냥 당당히 말해버리는게 나을 것 같아.

  Would you like me to write her a little poem as well?
  내가 걔한테도 짧은 시를 써주기를 원하니?

■ might[may] as well은 '…하는 편이 좋을 것 같다' 는 기본표현. 또한 as well은 주로 문장의 맨 끝에 와서 '…와 마찬가지로' 또는 '…도' 라는 뜻으로 사용된다.

MORE EXPRESSION

as it were 말하자면, 이를테면
as it is 현 상황에서는, just as it is 있는 그대로
as for+사람, **as to+**의문사
…로서는 또는 …에 대해서는

41

You asked for it. 네가 자초한거야.

Let me ask you something.

뭐 좀 물어볼게.

- So I'm going to **ask you again**, just one more time.
  그래요, 단지 한 번만 더 물어볼게.

  I hate that I have to **ask you this**, but have you seen Serena?
  이걸 너한테 물어보기 싫지만 세레나를 본 적이 있니?

■ **ask sb (sth)**은 '…에게 … 를 묻다' 라는 기본적인 표현.

Can I just ask you a question?

질문 하나 해도 될까?

- You mind if I **ask you a few questions**? 질문 몇 개해도 괜찮겠어?

  Let me **ask you that question** another way.
  그 질문을 다른 식으로 해볼게.

■ **ask sb a question**은 '… 에게 질문을 하다' 라는 뜻으로 let me ask~ 또는 can I ask~ 라 는 단골 표현으로 주로 사용된다.

I need to ask you if you've ever seen this.

네가 이걸 본 적이 있는지 물어봐야겠어.

- We can only **ask you if** you recognize any of the men, Sarah.
  우린 네가 이 남자들 중 누구라도 알아볼 수 있는지 물어보는거야, 새라.

  Aren't you going to **ask me if** I want a beverage?
  내가 음료가 필요한지 안 물어볼거야?

■ **ask sb if ~**는 '…에게 … 인지 물어보다' 라는 뜻이며 I'll ask sb if~ 는 '…인지 …에게 물 어볼게' 라는 표현이 된다.

I am not asking you to lie.

난 네게 거짓말을 하라고 하는게 아냐.

- I'm **not asking you to** set me up. 만남을 주선해달라는 얘기가 아니야.

  I'm **not asking you to** go on a date with him!
  걔하고 데이트하라고 너한테 요청하는 게 아냐!

■ **ask sb to do**는 '…에게 …을 하도록 요청하다' 라는 표현 이다.

You asked for it.

자업자득야, 네가 자초한 일이잖아, 그런 일을 당해도 싸다.

- I broke my own rule. I **asked for it**. 내 자신의 규칙을 어겼어, 자업자득이었어.

  Nicole **asked for it**, and she got what she deserved.
  니콜이 자초했어, 자업자득한 셈이지.

■ **ask for**는 '…을 요청하다' 라는 평범한 뜻이지만 asked for it 하면 '…을 스스로 자초하다' 라 는 관용적 표현이 된다.

He asked me out.

걔가 데이트 신청했어.

- Are you **asking me out on a date**? 데이트 신청하는거야?

  When was the last time a man your age **asked you out**?
  네 나이 또래 남성이 너한테 데이트를 신청한 마지막 때가 언제였니?

  Wow! I cannot believe Mark **asked you out**.
  와! 마크가 너한테 데이트를 신청하다니 믿을 수가 없어.

■ **ask sb out (on a date)** 은 '…에게 데이트를 신청하다' 라 는 재미있는 표현이 된다.

Whatever you ask

뭐든 말만 해, 무슨 말이든 하기만 하세요, 다 들어드릴 테니까

- I will do whatever you ask. 뭐든지 할게요.

  Whatever you ask, Neil will refuse. 무슨 말을 하든, 닐은 반대할거야.

▬ whatever you ask는 상대방의 부탁요청에 뭐든지 다 들어주겠다는 충직한 표현. 또 한편으로는 무슨 말을 하든 …하지 않을거야라는 부정적인 표현으로도 쓰인다.

A: Oh my god, Where's Emma? B: Don't ask me, I was in there talking Jack!

A: 맙소사, 엠마가 어디있지? B: 묻지마, 난 거기서 잭하고 얘기하고 있었잖아!

- Don't ask me why, but I got a feeling there's a connection. 이유를 묻지마, 그런데 뭔가 관련이 있다는 감이 잡혀.

  A: Are you happy? B: Don't ask me that. A: 너 행복하니? B: 그걸 왜 물어.

▬ Don't ask me는 '나한테 묻지마,' '나도 몰라' 라는 뜻으로 전혀 답을 모를 때, 특히 답이 무엇이 되던 별로 신경을 쓰지 않을 경우에 사용된다.

Don't ask, you don't want to know.

묻지마, 별로 알고 싶지도 않을걸.

- A: And if you're wrong about this? B: Don't ask.
  A: 만약 네가 이게 틀린다면? B: 묻지마.

  A: Where was the badge B: Don't ask. A: 배지가 어디에 있었니? B: 묻지마.

▬ Don't ask는 '모르는 게 나아,' '묻지마, 다쳐' 라는 의미로서 대답하기 곤란한 질문일 때 주로 사용된다.

In the office, don't ask, don't tell.

사무실에서는 함구령이 내렸어.

- Apparently Lorelai has decided to invoke the 'don't ask, don't tell' rule. 로렐라이는 분명히 '묻지도 말하지도 말라' 는 규칙을 거론하기로 맘먹었어.

  You should keep that in mind in the military, that is 'don't ask don't tell policy.' 군에서는 '묻지도 말하지도 말라' 라는 원칙을 염두에 두어야 해.

▬ Don't ask, don't tell은 '묻지도 말고 말하지도 말라' 는 뜻으로서 함구령을 의미한다. 특히, 미국 군대에서 동성애자냐고 질문을 하지도 답변을 하지도 말라는 원칙을 담은 표어로 사용된다.

If you ask me, she liked the attention.

말하자면 걔는 주변의 관심받는 것을 좋아했어.

- If you ask me, he got exactly what he deserved.
  내 생각을 말한다면 걔는 정확히 자업자득한거야.

  If you ask me, trouble is coming. 내 생각에 힘든 시간이 올거야.

▬ if you ask me는 '내 생각은,' '내 생각을 말한다면,' '내 개인적인 의견을 말하자면' 이라는 뜻으로 사용되는 표현.

Ask away!

얼마든지 말해봐!

- A: I'm glad. Mom, I need to ask you a favor. B: Ask away.
  A: 기뻐요. 엄마, 부탁드릴게 있어요. B: 얼마든지 말해.

  A: Can I ask you something? B: Yeah. Ask away.
  A: 뭐 좀 물어봐도 돼요? B: 그럼. 얼마든지.

▬ ask away는 부탁할 것이 있으면 해버려라라는 뉘앙스를 갖는 표현으로 '얼마든지 물어봐' 라는 의미로 사용된다.

Is that too much to ask?

그게 내가 너무 많이 요구하는거야?

- I mean, just tell me what's going on! Is that too much to ask?
  내 말은 진행상황을 말해달라는 거야! 그게 무리한 요구야?

  Is it too much to ask for a little appreciation?
  약간의 감사표시를 해달라는 것이 지나치게 요구하는거니?

▬ Is that[it] too much to ask (for sth/ to do~/if~)?는 '…를 요구하는 것이 지나친거니?' 라는 표현으로 다소 수사적인 표현이다.

That's all I ask.
내가 바라는 건 그 뿐이야.

- Take me back Jill, that's all I ask. 질을 데려다줘. 바라는 건 그뿐이야.
  Visit your grandmother. That's all I ask.
  네 할머니를 방문하는거. 내가 바라는 건 그뿐이야.

All I ask for is a chance.
내가 원하는 건 기회밖에 없어.

- Nate, all I asked you to do was support me.
  네이트, 내가 원하는 것은 나를 지지해달라는 것뿐이야.
  All I ask is that they pray for me.
  내가 바라는 것은 걔들이 나를 위해 기도해달라는 것 밖에는 없어.

Who asked you?
누가 너한테 부탁했어?

- Who asked you to spend three hours on dinner?
  저녁 식사하는데 3시간이나 걸린다고 누가 말하든?
  Who asked you to, I don't even know why you're here.
  누가 너한테 오라고 부탁했는지 몰라도 네가 여기에 왜 왔는지 난 몰라.

I couldn't ask you to do that.
(고맙지만) 그러지 않으셔도 돼요

- I can't ask you to give that up. 그걸 포기하라고 말할 수 없지.
  A: I will go with you. B: I can't ask you to do that.
  A: 함께 갈게. B: 그러지 않아도 돼.

■■■ That's all I ask는 '자기가 바라는 것을 강조하기 위한 표현으로 다른 건 없고 단지 '난 이것만을 바랄 뿐이야' 라는 강조표현.

■■■ All I ask for is sth, 혹은 All I ask for is that S+V 또는 All I asked you to do is~는 '내가 원하는 것은 …하는 것뿐이다' 라는 표현. 또한 All I'm asking is for you to~하면 '내가 너한테 바라는 것은 …밖에 없어' 라는 뜻.

■■■ Who asked you?는 '누가 물어봤어?,' 즉 '난 관심없어' 라는 표현. 또한 관심없는 내용까지 말하려면 Who asked you to~?라고 해서 '누가 네게 …하고 부탁했니?' 라는 표현이 된다.

■■■ I couldn't ask you to do that은 고맙지만 그러지 않으셔도 돼요(That is very kind offer, but I would not ask you to do)라는 정중한 사양의 표현이 된다.

MORE EXPRESSION

Who's asking? 누구세요?
be one's for the asking 원하기만 하면 …의 것이다
(I) Couldn't ask for more 최고예요, 더 이상 바랄 게 없어요
What more could you ask for? 뭘 더 바랄 수 있겠는가?

놓치면 원통한 미드표현들

- **be the apple of one's eye** 매우 소중한 사람
  You're the apple of my eye.
  넌 정말 내게 소중한 사람이야.

- **Big Apple** 뉴욕   **Adam's apple** 목젖
  as American as apple pie 전형적인 미국인
  You are as American as apple pie.
  넌 전형적인 미국인이야.

Hey, honey. How's the Big Apple treating you? 자기야, 뉴욕 어땠어?
Uh, Sam, women don't have Adam's apples.
어, 샘, 여자는 목젖이 없어.

- **the apple doesn't fall far from the tree**
  아이는 부모를 닮는다
  Apple doesn't fall far from the tree, does it?
  아이가 부모 닮지 않겠어?

I'm gonna kick some ass. 혼 좀 내야겠어.

Look I'm sorry I've been such an ass.
이봐, 내가 그런 멍청이여서 미안해.

- You're an ass and a hypocrite. 넌 멍청이고 동시에 위선자야.
  I know they are trash cans, smart ass! 걔들이 쓰레기고 건방진 놈들이라는 걸 알아!

■ an ass는 멍청이 또는 바보거나 짜증나게 하는 사람을 의미하는 속어로서 미드에서 무지 많이 등장하는 단어이다. 또한 smart ass는 긍정적 의미로는 '수재,' 부정적 의미로는 '건방진 녀석'이라는 뜻이 된다.

I'm done making an ass of myself for you.
너를 위해 바보 같은 짓을 하는 거 이제는 끝이야.

- Oh, so watching your mother make an ass of herself was fun for you? 오, 그래 네 엄마가 바보 같은 행동을 하는 걸 보는 게 재미있나?

■ make an ass of oneself는 '스스로 바보 같은 짓을 하다'라는 의미로 사용된다.

Hey! Get your ass back here, Tribbiani!
헤이! 트리비아니, 이쪽으로 와봐!

- My God. Dick, get your ass in here. 맙소사. 딕, 이리로 와봐.
  Get your big ass out of my face! 내 앞에서 빨리 꺼져버려!

■ get[bring] your ass in here는 이쪽으로 오라는 표현으로 서둘러 떠나거나 어떤 특정 장소로 이동하라고 할 때의 강조형으로 쓰이나 예의가 바른 표현은 아니다.

Now please, get your ass in gear!
이제 좀, 잽싸게 움직여라!

- It's going to be a long ride to Arizona. Move your ass. 아리조나까지 오래 운전해야 할거야. 서둘러.
  We need to haul ass to get there on time. 제때 도착하려면 서둘러야 돼.

■ move your ass도 역시 '서둘러라'라는 표현이며 get one's ass[butt] in gear는 '잽싸게 움직이다'라는 다소 저속한 표현이다. 또한 haul ass는 '서둘러 이동하다'라는 표현으로 엉덩이를 분주히 움직이다라는 뉘앙스를 가지고 있다.

I'm gonna kick some ass.
혼 좀 내줘야겠어.

- And I realized the ass I should be kicking is yours. 그리고 난 내가 혼내줄 사람은 바로 너라는 걸 깨달았어.
  I wanted to see him get his ass kicked, not killed. 난 걔가 죽지는 말고 혼쭐이 나기를 원해.

■ kick (sb's) ass[butt]하면 '…를 혼내다,' '(경기 등에서) …를 물리치다'라는 의미. 이 표현을 써서 혼쭐나다라고 할 때는 get one's ass kicked라고 쓰면 된다.

I kicked ass in that meeting because of this suit.
그 회의에서 난 이 옷으로 강렬한 인상을 주었어.

- I have an idea, let's throw Leonard a kick ass birthday party. 좋은 생각이 있어, 레너드에게 인상적인 생일파티를 해주자.
  You've been kicking ass in this video game. 비디오 게임에서 아주 멋졌어.

■ kick ass[butt]는 '강렬한 인상을 주다,' '히트치다'라는 뜻으로, kick(-)ass하면 형용사로 사람이나 사물이 '인상적인,' '강렬한'이라는 뜻이다.

This guy has been kissing ass all his life.
이 친구는 평생 아첨만 하고 살아.

- And you're trying to kiss my ass. 그래 넌 나한테 아부하려는거지.
  Tornado passed through, is heading to Illinois. Kiss my ass, Chicago! 폭풍이 지나가서 일리노이로 향하고 있어. 빌어먹을, 시카고!

■ kiss sb's ass는 '…에게 아첨하다'라는 뜻이며 Kiss my ass!하면 '빌어먹을!,' '우라질!,' '설마'라는 의미로 사용된다.

Yeah, cover your ass and hide.

그래, 대책을 세우고 숨어.

- I was facing criminal charges. And lied to cover my ass.
  난 형사기소 당할거여서 다치지 않으려고 거짓말을 했어.

  I took this job to work with you, not cover your ass.
  난 네 뒷감당하기 위해서가 아니라 너랑 같이 일하려고 이 일을 택했어.

You saved my ass, Mike.

네가 날 구했어, 마이크.

- Man, those guys were hardcore. You really saved my ass.
  야, 저 친구들은 강경파들이야. 네가 진짜 날 구했어.

  You saved my ass. And I'm sorry if I didn't thank you adequately. 네가 날 구했어. 내가 충분히 감사표시를 못했다면 미안해.

Shove the medal up your fuckin' ass, all right?

그 빌어먹을 자네 메달은 엿이나 바꿔먹어, 알았어?

- Well, you're lucky I didn't shove the ring up your ass.
  저, 넌 운이 좋은 거야. 내가 널 엿 먹이지 않았어.

  Daddy, stick it up your ass. 아빠, 엿이나 먹어요.

You bet your ass I'm gonna fire you!

내가 널 해고할 거야, 장담해!

- You bet your ass I'm gonna do something about it.
  내가 뭔가 조치할거야, 장담해.

  A: Being a single parent's tough. B: You bet your ass it is.
  A: 편부모 노릇하기가 힘들어. B: 그래 정말 그렇지.

He's working his ass off.

그는 뼈 빠지게 일해.

- I spent the last decade working my ass off in Denver.
  난 지난 10년간 덴버에서 미친듯이 일했어.

  Look, go home. Take a day. You've been working your ass off.
  이봐, 집에 가. 하루 좀 쉬어. 정말 열심히 일했잖아.

I will break my ass for you, sweetheart.

여보, 난 당신을 위해서 내가 죽기 살기로 일할거야.

- I busted my ass to make this delicious Thanksgiving dinner.
  난 이 맛있는 추수감사절 저녁을 만드느라 죽어라 고생했어.

  They busted their asses on this project. 걘 이 일에 죽기살기로 달라붙었어.

My ass is dragging.

(힘들어서) 꼼짝도 못하겠어.

- I have been dragging my ass all day. 난 하루 종일 지쳐서 힘들었어.

  I've been dragging my ass all day, too, and you know what got me through it? 나도 종일 힘이 없는데 내가 뭐 땜에 그러는지 아니?

You've been on my ass all day.
종일 귀찮게 하는군.

be on one's ass+시간 은 '…시간 동안 귀찮게 하다' 라 는 표현이다.

- I'll be on your ass every hour of every day 'til Monday.
  난 월요일까지 매일 매시간 널 귀찮게 할거야.

You're sitting on your ass staring at the door.
넌 문을 쳐다보면서 아무것도 안하고 있네.

sit on one's ass 는 자기 엉덩이를 깔고 앉았다 라는 뉘 앙스로서 '아무것도 안한다,' '소 일하고 있다' 라는 의미의 표현.

- You can take a leave of absence if you want to, but you're not going to sit on your ass all day.
  넌 원하면 휴가를 받을 수 있지만 종일 아무 일도 안하고 있으면 안 돼.

  The new guy sat on his ass all day long. 새로운 친구가 온종일 앉아 있어.

It's my ass on the line.
내가 위험한 처지에 있어.

be one's ass on the line 는 '위험한 상황에 놓이다,' '위험 한 처지에 놓이게 되다' 라고 하려 면 put[get] one's on the line라 하면 된다.

- That's wrong. It's my ass on the line. 그건 아니야. 내가 위험에 처하게 돼.

  That's easy for you to say. It ain't your ass on the line.
  넌 말하기는 쉽지. 네가 위험한게 아니잖아.

She's kindda a pain in the ass, but maybe that's my type.
걘 좀 귀찮은 존재이지만 아마도 내가 좋아하는 타입이야.

be a pain in the ass [neck]는 '귀찮은 존재' 또는 '성 가신 존재' 라는 뜻.

- Jack can be a pain in the ass, but he thinks outside the box.
  잭은 귀찮은 존재이지만 걘 무척 창의적으로 생각해.

  He's an arrogant, washed-up, pain in the ass.
  개는 거만하고 쓸모가 없으며 귀찮은 존재야.

Samantha Jones, you're one hot piece of ass.
사만다 존스, 넌 섹시한 여자야.

piece of ass는 섹스 상대 로서의 여성이라는 뉘앙스를 갖고 있어 '섹시한 여자' 라는 뜻.

- First place they're gonna go is for a drink and a piece of ass.
  걔들이 갈 첫번째 장소는 술과 섹스할 여자가 있는 곳이야.

  I hear she's a real nice piece of ass. 걔가 진짜 괜찮은 섹스상대라고 들었어.

Parked across the street, laughing my ass off.
길 건너편에 차를 세웠다고, 웃기지마.

laugh my ass off는 '날 웃기지마' 라는 뜻으로 약어로 LMAO라고도 사용한다.

- My ass! 바보 같은 소리(상대방 말을 못 믿겠다는 뉘앙스)

  That book will fuckin' knock you on your ass.
  저 책을 읽으면 엉덩방아를 찧을 정도로 놀랄거야.

  You prayed on him until he killed himself. Steve Aaron, murderer. LMAO. 걔가 자살할 때까지 걜 위해 기도했다고, 스티브 애론, 이 살인자, 웃기지마라.

You're such an asshole!
넌 아주 멍청이야.

asshole은 '멍청한 녀석' 이라는 상대방을 비하하는 표현.

- She had decided all men were assholes. 걘 모든 남자는 멍청하고 단정했어.

  Quiet, asshole, I'll call the cops! 조용히 해, 멍청한 놈. 내가 경찰을 부를거야.

MORE EXPRESSION

be up to one's ass 어려움에 처하다

No signs of sexual assault. 성폭행 흔적은 없어.

Yeah, you're under arrest for assault.
그래, 넌 폭행죄로 체포야.

- He's been arrested for assault and probably drug violations, too.
  걘 폭행죄로 체포되었으며 아마도 마약관련 위법 혐의도 있어.

  His license was suspended when he got 11 months for assault.
  걔가 폭행죄로 11개월을 받았을 때 면허증도 취소되었어.

> ▆ for assault는 '폭행죄로' 라는 의미.

No signs of sexual assault.
성폭행 흔적은 없어.

- But there's no other sexual assault complaints in his file.
  그러나 걔 파일에는 어떤 다른 성폭행 고소내용은 없어.

  Until we find signs of sexual assault, we can't be sure it's him.
  성폭행 흔적을 찾을 때까지 범인이 걔라고 확신할 수는 없어.

> ▆ sexual assault는 '성폭행' 이라는 용어.

He was arrested but never charged with assault.
걔는 체포되었지만 결코 폭행죄로 고소당하지는 않았어.

- What, you gonna charge me with assault again?
  뭐라고, 네가 날 폭행죄로 다시 고소하겠다고?

  They were charged with assault and battery.
  걔들은 공갈 폭행죄로 고소당했어.

> ▆ charge sb with assault 는 '…를 폭행죄로 고소하다' 라는 의미이며 be charged with assault하면 '폭행죄로 고소당하다' 라는 표현이 된다.

You assaulted that man.
네가 그 사람을 공격했어.

- Hey! She assaulted me, demanded I deflower her.
  이봐요! 걔가 날 성폭행하고서 내가 자기 처녀성을 빼앗았다고 해요.

> ▆ assault sb는 '…를 공격하다' 라는 일반적인 내용으로 사용된다.

It won't cover attempted murder. 그렇게해서 살인미수가 은폐되지 않을거야.

Did Jill ever attempt suicide before?
질은 전에 자살을 시도했었니?

- Did you attempt to conceal your relationship with Miss Horn?
  넌 미스 혼과의 관계를 숨길려고 시도했니?

  What qualifies you to attempt to understand my mind?
  네가 무슨 자격으로 내 마음을 이해하려고 시도하니?

> ▆ attempt to do는 '…하려고 시도하다' 라는 뜻이며 attempt sth은 '…를 시도하다' 라는 의미. attempt를 명사로 사용해 make an attempt to하게 되면 같은 뜻이 된다.

He locked the door in an attempt to keep us out.

갠 우리를 못들어오게 하려고 문을 잠궜어.

- We're going through her checkbook, in an attempt to find out who she is. 우린 걔의 신원을 파악하려고 걔의 수표책을 점검할거야.

  I broke my heel tripping over a blind man in an attempt to avoid his dog. 난 시각장애인 안내견을 피하려고 하다가 시각장애인에 걸려 구두굽이 망가졌어.

■ in an attempt to는 '…하려는 시도로서' 또는 '…하려는 노력의 일환으로'라는 뜻이다.

There was an attempt on the eyewitness' life.

증인 목숨을 앗아가려는 시도가 있었어.

- She had her own man make an attempt on Spartacus. 걔는 자신의 심복을 이용해 스파르타쿠스 목숨을 앗아가려고 했어.

  We are worried that it was an attempt on the life of the boss. 보스 목숨을 노리는 시도가 있었다는 데 우린 걱정을 하고 있어.

■ make an attempt to+동사는 '…을 시도하다'이지만 make an attempt on~은 '…을 빼앗다,' '목숨을 앗아가려고 하다'라는 의미. be an attempt on one's life라고 써도 된다.

It certainly won't cover attempted murder.

그건 확실히 살인미수를 은폐하지는 못했어.

- We're talking about attempted murder here. 우린 지금 살인미수 건에 대해 얘기하고 있는거야.

  She's never been arrested before for attempted murder. 걔는 과거에 살인미수로 체포된 적이 결코 없었어.

■ attempted murder, attempted rape, attempted suicide와 같이 범죄내용 앞에 attempted가 들어가면 '미수'라는 뜻이 된다. 즉, 시도했으나 결과는 실패한 범죄라는 의미이다.

» attend

 We hear you're attending Chilton. 너 칠튼에 들어갔다며.

What school did Ania attend?

애니아는 어떤 학교 다녔어?

- Oh that's good. So, we hear you're attending Chilton. 잘됐구나. 그래 우리가 듣기론 네가 칠튼에 들어갔다던데.

  I really didn't want to attend the history class. 난 정말 역사수업시간을 듣고 싶지 않았어.

■ attend a school[class]는 '재학하다' 또는 '수업을 듣다'라는 표현이다.

You haven't been attending the trial.

넌 재판에 참석한 적이 없어.

- You think Ronnie wants to attend her own daughter's funeral? 넌 로니가 자신의 딸 장례식에 참석하고 싶을 거라고 생각하니?

  I was attending a party of my boyfriend's ex-girlfriend. 난 남친의 옛 여친의 파티에 참석을 하고 있었어.

■ attend+행사면 '…행사에 참석하다'라는 의미.

I need to attend to the children.

난 애들을 돌봐야 돼.

- Has the plumber attended to room four yet?
  배관공이 4호실 벌써 수리했어?

  I have a little family matter to attend to.
  난 신경을 써야할 집안의 작은 일이 있어.

■ attend to sb[sth]는 '···를 돕다' 또는 '···일에 신경을 쓰다' 라는 표현으로 일이나 용무를 처리하거나 식당이나 가게 등에서 고객을 돕는다는 의미로 많이 쓰인다.

Here's what the attending told me.

이게 바로 내 주치의가 내게 한 말이야.

- I'm Dr. Franks, attending. Have you located his family yet?
  난 주치의 프랭크 박사예요. 걔 가족을 아직 찾지 못했나요?

  Katie belongs to the new attending now, Dr. Shepherde.
  케이티는 이제 새 주치의 쉐퍼드 박사가 맡을거야.

■ attending은 참석이라는 의미도 있지만 명사로서 '주치의' 라는 의미로도 사용된다.

Parking attendant found her on the second level.

주차 요원이 걔를 2층에서 발견했어.

- He's been ignoring the flight attendants.
  걔는 항공승무원의 말을 무시하고 있었어.

  Which flight attendant gave her the pillow?
  어느 승무원이 걔한테 베개를 주었니?

■ attendant는 어떤 특정 장소에서 일하는 '직원' 이라는 뜻으로 parking attendant하면 주차 요원, flight attendant하면 비행기 승무원을 말한다.

I won't take attendance.

난 출석을 확인하지 않을거야.

- I checked Lisa's attendance.
  난 리사의 출석을 확인했어.

  This is not a tea party. Attendance is not optional.
  이건 티 파티가 아니야. 참석은 선택사항이 아니야.

■ attendance는 출석을 의미하는데 take attendance는 선생님이나 주최측에서 '출석을 확인하다,' be in attendance는 '참석 중이다' 라는 표현이다.

» attitude

You've got some attitude. 너 태도가 불량하구나.

What the fuck is with the attitude?

도대체 무슨 태도냐?

- Kay, first of all, this attitude is not helping.
  케이, 우선 이런 태도는 도움이 안돼.

  It's no attitude. 그런 태도는 안 돼.

  You need to check that attitude. 넌 태도가 글러먹었어.

  I don't like your attitude. 네 태도가 맘에 안들어.

  What is your attitude towards online dating?
  온라인 데이트에 대해 네 의견은 어때?

■ attitude는 태도나 의견을 뜻하는 명사로 품행, 자세 등도 의미한다.

You've got some attitude.

너 태도가 불량하구나.

- See? She's got the right attitude. Thank you very much.
  봤지? 걔는 올바른 태도를 지니고 있어. 정말 고마워.

  I know Jimmy. The guy's got an attitude. Cocky.
  지미 알지. 걘 성깔있어. 건방져.

  Where do you get this attitude?
  어디서 이런 태도를 배웠니?

■■■ get an attitude는 어떤 태도를 취하다라는 의미이지만 attitude가 '고집스러운 나쁜 태도' 라는 뉘앙스도 가지고 있다.

Oh, now you're gonna give me attitude!

아, 이제 네가 나한테 못되게 구네!

- Billie was being a pain as usual giving me attitude.
  빌리는 골칫거리였어, 여전히 나한테 못되게 굴면서말야.

  Diane has been giving me an attitude.
  다이안은 내게 못되게 굴었어.

■■■ give me an attitude에서 attitude는 위에서 말한대로 '고집 스러운 나쁜 태도' 를 의미한다.

You always have such a good attitude.

넌 항상 아주 태도가 좋아.

- It is important that we keep a positive attitude.
  우리가 긍정적인 태도를 유지하는 것은 중요해.

  The problem wasn't lack of effort or bad attitude.
  문제는 노력의 부족이나 나쁜 태도가 아니었어.

■■■ have a bad[good] attitude는 '나쁜[좋은] 태도를 가진다' 라는 의미이며 have a positive[negative] attitude하면 '긍정적[부정적] 태도를 가진다' 라 는 표현이 된다.

Nobody wins with that kind of attitude.

아무도 그런 식의 태도로는 승리할 수가 없지.

- Well, with that kind of an attitude, we're not gonna get anywhere. 그런 종류의 태도로는 우린 아무 것도 이룰 수가 없어.

  Don't come back with that kind of attitude!
  그런 태도라면 다시는 돌아오지마라!

■■■ with~ attitude는 '···태도 로는' 이라는 뜻이다.

MORE EXPRESSION

gung-ho attitude 용맹한 태도
can-do attitude 적극적인 태도
attitude problem 태도에 문제
가 있는 거

놓치면 원통한 미드표현들

- **Don't be arrogant.** 거만하게 행동하지마.
  Well, he's either careless or arrogant, maybe.
  글쎄, 걔는 주의가 부족하거나 아니면 아마도 거만한거지.
  You are all a bunch of arrogant surgeons.
  너희들은 거만한 외과의들이야.

- **fall[sound] asleep** 잠이 들다 *be asleep이면 잠이 들어 있는 상태를 말하고 half asleep이면 반쯤 잠들다라는 의미.
  Yeah, well, I fell asleep during sex.
  응, 그런데 난 섹스 도중에 잠 들었어.

They all pretend to fall asleep. 걔들은 전부 잠든 척을 해.
He always falls asleep with his TV blaring.
걘 항상 TV를 틀어놓고 잠이 들어.

- **My leg is asleep.** 다리가 저리다.
  One side of my butt is totally asleep.
  내 한 쪽 엉덩이는 완전히 무감각해.
  Parts of your brain are still asleep.
  너의 뇌 일부가 아직 죽어 있어.

The coroner is beginning an autopsy. 검시관이 부검을 시작할거야.

I think I missed something at the autopsy.
내가 부검에서 뭔가를 놓친 것 같아.

- An autopsy? Detective, Rex died of a heart attack.
  부검이라고? 형사양반, 렉스는 심장마비로 죽었어.

  Is it still illegal to perform an autopsy on a living person?
  살아있는 사람을 대상으로 부검을 실시하는 것이 아직도 불법이니?

When are they doing the autopsy?
걔들은 언제 부검을 실시할 거야?

- The coroner is beginning an autopsy.
  검시관이 부검을 시작할 거야.

■ autopsy는 부검을 의미하는데 살인사건이 주요 테마인 범죄미드에서는 당연히 많이 나오는 단어 중의 하나이다.

■ do the autopsy는 '부검을 하다,' begin an autopsy는 '부검을 시작하다' 라는 의미.

She's available for coitus? 걔와 성교할 수 있을까?

She'll be available in a week.
그 여자 일주일 후면 시간이 날거야.

- No one is available. Please leave a message.
  아무도 받을 수가 없네요. 메시지를 남겨주세요.

  There's no other team available. 어떤 다른 팀도 없어.

I really need to know what's available to me.
과연 내가 지금 뭘 가질 수 있는지 정말 알아야겠어.

- He's seeking intimacy with a woman unavailable to him.
  걔는 자신한테 맞지도 않는 여성과 깊은 관계를 원하고 있어.

  You're so available to me, and I'm so available to you.
  난 널 언제든지 만날 수 있고 너도 언제든지 날 만날 수 있어.

So she's available for coitus?
그래 걔와 성교를 할 수 있을까?

- Is your womb available for rental? 네 자궁을 좀 빌려도 될까?

  You're not available for video games during the week.
  넌 주중에는 비디오 게임을 할 시간이 없어.

■ be available는 '시간이 나다,' '…을 이용하다' 라는 의미로 Are you available?하면 '너 시간이 되니?' 라는 질문. 또한 '명사+available'는 그 명사를 이용할 수가 있다는 의미, 반대로 'no+명사+available' 하게 되면 그 명사를 이용할 수가 없다라는 부정적인 표현이 된다.

■ be available to sb는 '…에게 이용할 수 있다,' '…에게 시간이 되다' 라는 의미의 표현.

■ be available to do[for~]는 '…할 시간[여유가]이 있다' 라는 표현.

Makes additional federal funds available.

연방기금을 추가로 사용할 수 있게 될거야.

- Let's just hope she's willing to make herself available.
  걔가 스스로 시간을 낼 수 있도록 단지 희망해 보자.

  He made himself available to her as often as she liked.
  걔는 그녀가 원하는 만큼 자주 만나줬어.

■ make ~ available하면 '…를 이용하게 하다,' '사용하게 하다' 라는 의미가 된다.

He has every available cop in Ontario.

걔는 온타리오 주에 있는 모든 활용가능한 경찰들을 동원할 수 있어.

- Every available cop in the state is out looking for your daughter.
  이 주에 모든 활용가능한 경찰들이 네 딸을 찾고 있어.

■ every available~는 '모 든 이용한…,' '모든 활용가능한 …' 이라는 강조표현.

» awesome

You look awesome. 너 끝내준다.

Love it. You look awesome, by the way.

좋아. 어쨌든 너 굉장히 멋져 보여.

- A: OK. How are you doing? B: Awesome.
  A: 그래, 잘 지내? B: 아주 좋아.

  This explains why I was always so awesome at basketball.
  이래서 내가 농구할 때 항상 펄펄 뛰는거야.

■ awesome은 '멋있는,' '대 단한' 이라는 뜻으로 Awesome! 또는 That's awesome!은 '와우, 멋있다' 라는 감탄적 표현이 된다.

I'm in awe of how together you are these days.

요즘 너희들이 얼마나 잘 지내는지 놀라울 따름이야.

- Once again, I am in awe of the kidnapper's tactical brilliance.
  다시 한번, 유괴범들의 작전이 매우 뛰어나 놀라워.

■ be[stand] in awe of sb, hold sb in awe는 '…를 경외하 다' 라는 의미로 놀라움을 가지고 높게 평가하거나 놀랍다는 뉘앙스 를 갖는다.

» babe/ baby

 Don't be a baby. 철좀 들어라.

I'll see you at the gym, babe, bye.
자기야 체육관에서 봐, 잘가.

- Hey! Babe! Aren't you excited we're going on our honeymoon?
  야! 자기야! 신혼여행을 가는데 흥분되지 않아?

  Hey, babe. Why you home so early? 여보, 왜 이렇게 일찍 집에 온거야?

  This place is a real babe magnet. Wanna make out?
  이 곳은 정말 여심을 흔드는 곳이네. 우리 좀 할까?

Look, baby, you don't have to worry about me.
자기야, 나에 대해 걱정할 필요는 없어.

- Here, baby, let me fix your tie. 자기야, 넥타이를 고쳐줄게.

  Royal flush. Get naked, baby girl. Sexy! 로열 플러쉬. 벗어, 애기야, 섹시하네!

She had a baby.
걔가 애를 낳았어.

- She s having a baby. 걘 임신중이야.

  I mean, having a baby is a pretty big thing. 내말은 애갖는 건 간단치 않다는거야.

■ **babe**는 매력적인 여자 혹은 젊은 여자를 지칭하는 다소 자극적인 표현이며 hot babes하면 섹시녀들을 의미함. babe는 한편 배우자를 부르거나 애인을 부를 때 사용하기도 한다. 또한 babe magnet면 여자를 유혹하는 것 또는 매력적인 남자라는 의미.

■ **baby**는 애인 부를 때는 '자기야' 라는 뜻이 되며 혹 모르는 여자를 부를 때는 다소 무례한 표현이 될 수 있다.

■ **give birth to a baby, deliver a baby**는 '애를 낳다,' '분만하다' 라는 뜻이며 have a baby on the way, expect a baby면 '임신 중이야,' '출산예정 이다' 라는 의미로 쓰인다.

Sarah's a babysitter, not a certified nanny.

새라는 정식 보모가 아니라 애봐주는 애야.

- Jane's my babysitter until about a month ago.

  한 달 전쯤까지 제인은 내 보모였어.

  So you were babysittin' another kid that day?

  그래 넌 그날 다른 애를 보고 있었다고?

■ babysit, babysitter는 '애를 보는 사람,' '보모'를 의미하며 babysit은 '애를 보다' 라는 동사.

Don't be a baby.

어린애처럼 굴지마.

- You're behaving like the biggest baby. What's your problem?

  넌 다 큰 어린애같이 행동하고 있어, 뭐가 문제니?

  Shut up man, you cried like a baby. 야 입닥쳐, 넌 어린애처럼 울었잖아.

■ baby를 성인한테 사용하면 당연히 부정적인 의미로 사용된다. big baby하면 덩치만 큰 바보, like a baby면 단순히 어린이와 같다라는 의미로도 쓰인다.

I have to change the baby.

기저귀를 갈아야겠어.

- It's your baby. 그건 네가 할 일이야.

  The baby needs shoes. 행운을 빌어줘.

■ change the baby는 애를 바꾸는게 아니라 '기저귀를 갈다' 라는 뜻. 또한 be one's baby는 '…의 책임이다,' the baby needs shoes하면 행운을 빌어달라는 뜻의 표현이다.

» back

 I got your back. 내가 널 책임질게.

OK, so will he be back soon?

오케이, 그럼 걔가 금방 돌아올까?

- Don't worry, you're doing great. I'll be back soon.

  걱정하지마, 너 아주 잘 하고 있어. 곧 돌아올게.

  I'm gonna go get myself a drink. Be back in a moment.

  음료 한잔 가져올게. 금방 돌아올게.

■ I'll be back은 '다녀올게,' '금방 올게' 라는 말로 (I'll) Be back soon 또는 I'll be right back도 같은 뜻이 된다. 또한 I'll be back 다음에 in+시간명사를 넣어 금방, 혹은 구체적인 숫자를 넣어 돌아오는 시간을 말해주는 표현. 뒤에 in a second[sec], in a moment하면 바로 온다는 말이고, in an hour하면 한시간 후에 온다는 말씀.

He'll be back in court.

걘 법정으로 돌아올거야.

- Sooner or later, you'll be back here or dead.

  조만간 넌 여기에 오던가 아니면 죽을거야.

  By next semester, he'll be back in school getting straight 'A's.

  다음 학기까지, 걘 학교에 돌아와서 올 A 학점을 받을거야.

■ I'll be back 다음에 장소가 오는 경우로 '…에 돌아올거야' 라는 표현이 된다.

I'll be back to pick him up in an hour.

한 시간 내 걜 픽업하러 돌아올거야.

- I'll be back in an hour to check you again.

  널 다시 점검하기 위해 한 시간 내 다시 올게.

  I'll be back 8:00 sharp tomorrow morning to bring you to court.

  내일 아침 8시 정각에 널 법정에 데려가기 위해 돌아올게.

■ I'll be back to do[for~]은 '…하기 위해 돌아올거야' 라는 것으로 돌아오는 목적을 구체적으로 표현하는 문장이다.

B

But, honey, it goes back and forth.

그런데, 여보, 오락가락해.

- He's **back and forth** from the farm. 걔는 농장에서 이리저리 왔다 갔다 해.

  A mother held her new baby and very slowly rocked him **back and forth.** 한 엄마가 애를 안고 아주 천천히 흔들어 주고 있었어.

■ back and forth는 '이리 저리' 움직인다는 뜻으로 go back and forth면 '오락가락 하 다,' rock sb back and forth하 면 '…를 앞뒤로 흔들다' 라는 의 미가 된다.

Right back at ya.

나도 그래, 나도 동감이야.

- A: You're my friend! B: **Right back at ya!** A: 넌 내 친구야. B: 나도 그래.

  Right back at ya. I got a cell phone number for you.
  나도 그래. 너한테 핸드폰 번호를 알려줄게.

■ Right back at ya[you] 는 상대방의 말에 '나도 그래' 라 고 전적으로 동의하는 표현으로 'the same to you' 라는 말이다. 채팅용어로도 사용되는데 약어로 는 RBAY라 한다.

We go way back.

우리 알고 지낸지 오래됐어.

- Georgina and I **go way back.** We have a special bond.
  조지나와 난 알고 지낸지 오래 됐어. 우린 사이가 각별해.

  Oh, John and I **go way back.** He dated my daughter.
  오, 존과 난 알고 지낸지 꽤 돼. 걔가 내 딸하고 데이트했었지.

■ go way back은 '주어들 이 알고 지냈지 오래되었다' 라는 표현.

It was on the back of my mind.

머릿 속에는 맴돌고 있었어.

- But **in the back of your mind** you probably thought it was me.
  그러나 네 마음 속 한편에서는 아마도 그게 나라고 생각했겠지.

  I had it **in the back of my mind** for a while.
  난 한참동안 그게 내 마음 속에 걸렸어.

■ at[in, on] the back of one's mind는 '…의 마음 한 구 석에' 라는 의미.

Backs are against the wall.

어려운 상황에 처해 있어.

- Oh, I bet she's at her best **with her back against the wall.**
  오, 걔는 지금 어려운 처지에서 최선을 다하고 있을게 확실해.

  House uses his cane to push the dad **back against the wall.**
  하우스는 지팡이로 아버지를 벽 쪽으로 밀어붙였어.

■ have one's back against [to] the wall은 벽에 기대다라는 말로 비유적으로 '곤란한 상황에 처하다' 라는 뜻. with one's back against the wall하면 '어 려운 상황에 처해 있는' 이라는 의 미.

I got your back.

내가 네 뒤를 봐줄게.

- I've got your back, okay? You're not alone. 너 뒤를 봐줄게. 넌 혼자가 아냐.

  Don't sweat it. We **got your back.** 너무 속상해하지마. 우리가 널 책임질게.

■ get sb's back이면 '…의 뒤를 봐주다,' '도와주다,' '책임지 다' 라는 뜻으로 사용된다.

Get off my back.

귀찮게 굴지 말고 나 좀 내버려둬.

- I gotta **get her off my back.** She keeps asking me about this.
  난 걔를 떨쳐 내야 해. 걘 이걸 계속해서 나한테 묻고 있어.

  I wish I could figure out a way to **get Paris off my back.**
  패리스를 떨쳐낼 수 있는 방법을 찾아냈으면 좋겠어.

■ get off sb's back은 '…의 등에서 내려놓다라는 말에서 '… 를 괴롭히지 않다' 라는 뜻이 된다. 괴롭히는 인간을 표현하려면 get A off sb's back이라고 하면 되 고 이때는 A가 귀찮게 하는 것을 그만두게 하다라는 뜻이 된다.

He is on my back.

걔 등살에 못 살겠어.

- Why is everyone on my back about this?
  왜 다들 이 문제에 대해 나를 괴롭히는거야?

  Oh, you've been on my back all day!
  어, 하루 종일 날 괴롭히는구나!

B

be on sb's back 역시 '…를 괴롭히다' 라는 뜻으로 '…의 등살에 못 살겠어' 정도의 의미가 된다.

You went behind my back.

너 나 뒤통수쳤잖아.

- Don't go behind my back. 뒤통수치지마.
  It's my fault you thought you had to go behind my back.
  네가 내 뒤통수를 쳐야겠다고 생각한 것은 내 잘못이야.

go[be] behind one's back은 '…의 뒤통수를 치다' 라는 표현. 또한 say stuff behind one's back은 '…의 뒤에서 딴소리하다' 라는 뜻.

You know this building like the back of your hand.

넌 이 빌딩을 마치 네 손바닥처럼 잘 알고 있어.

- This guy knows the country roads like the back of his hand.
  이 친구는 지방 도로들을 아주 자세히 잘 알고 있어.

  I go way back with Milton. I know Milton like the back of my hand. 난 밀튼과 오래 전부터 아는 사이야. 난 밀튼을 속속들이 알고 있지.

know sth[sb] like the back of your hand는 어떤 장소 등을 아주 자세히 잘 알거나 어떤 사실에 대해 해박한 지식을 갖고 있다는 의미.

Don't turn your back on him.

걔한테 등을 돌리지마.

- So while you may chose to turn your back on her, I choose to turn my front on her.
  네가 그녀한테 등을 돌릴 수 있지만 한편 난 걔를 도와주기로 선택할거야.

turn one's back on~은 '…의 도움을 거절하다' 라는 뜻으로서 등을 돌리는 모습을 연상하면 된다.

Back me up.

도와줘.

- Why can't you back me up? 나 좀 도와주라?
  I'll come along too and I'll back you up. 나도 갈게. 그리고 널 도와줄게.
  Call the back up. 지원 병력을 요청해.

back up이 동사로 쓰이면 '지원하다,' '컴퓨터 백업하다,' '차량을 후진하다' 라는 등의 의미. 또한 명사로 back up하면 경찰들이 쓰는 말로 '지원병력' 혹은 단순히 '지원' 이라는 뜻으로도 쓰인다.

Would you back up?

좀 꺼져 줄래요?

- All right people! Let's back up! Give her some room here!
  여러분들! 잠시 물러서세요! 걔한테 길 좀 비켜주세요!

  I told you not to move! Back up! 움직이지 말라고 했지! 물러서!

back up의 미드에 자주나 오는 또다른 의미는 '뒤로 물러서다' 라는 의미.

Police! Back away from her!

경찰입니다! 저 여자로부터 물러서세요!

- Back away from the window! 창문에서 물러나세요!
  Castle, back away from the door! Get away!
  캐슬, 문에서 떨어져! 물러서란 말이야!

back away from은 '…로부터 물러서다' 라는 표현으로 from 뒤에는 사람이나 사물이 나올 수 있다.

57

(You) Back off!

비키시지!(꺼져, 비켜, 물러서)

- If she doesn't want to talk, you back off.
  만약 개가 말하고 싶지 않아 한다면 넌 좀 물러서.

  He's not gonna stop until you back off or you're dead.
  네가 꺼지지 않는다면 갠 중단하지 않을거야 그리고 넌 죽은 목숨이야.

Don't back out on me now!

이제 와서 나한테 발을 빼지마.

- They will get crazy if I try to back out on it.
  내가 그것에서 물러나려고 한다면 걔들이 미쳐버릴거야.

Stop being a back seat driver!

참견 좀. 그만해.

- He's a back-seat driver. 갠 오지랖이 넓어.

  She's in the back seat in the office. 걘 사무실에서 별로 중요하지 않은 사람이야.

■ back off 역시 '뒤로 물러서다' 라는 뜻으로 내가 할 테니 넌 그만두라는 뉘앙스를 가진다.

■ back out on sb[sth]은 '…한테서 발을 빼다,' '물러서다' 라는 의미.

■ back seat driver는 '참견 하는 사람' 이라는 뜻을 갖는데 운 전시 뒷좌석에서 운전자에게 이리 가라 저리가라고 참견한다는 의미 에서 생긴 표현이다. 한편, take a back seat하면 '중요하지 않은 자리에 있다' 라는 뜻.

MORE EXPRESSION

get in through the back
door 부정한 방법으로 뭔가 이루다
back-burner 뒤로 미루다
back-to-back 연이은
laid-back 느긋한

» bad

My bad. 내가 잘못했어.

(That's) My bad.

내가 잘못했어.

- It's my bad. I should have called her last night.
  내 잘못이야. 내가 지난 밤 개한테 전화했어야 했는데.

  I'm so sorry. That's my bad. My bad. 미안해. 내 잘못이야. 내 잘못.

Is this a bad time?

지금은 좋지 않은 시간이니?

- Have I come at a bad time? 내가 안 좋은 시간에 온거니?

  I know this is a bad time to bitch to the boss.
  지금이 보스에게 불평하기에 좋지 않은 때란 걸 알고 있어.

Oh, can I borrow this? My milk's gone bad.

오, 이것 좀 빌릴 수 있니? 내 우유가 상했어.

- Yeah, he killed a lady, a push-in robbery gone bad.
  그래, 걔가 한 여성을 살해했어, 소매치기 강도사건의 최악의 결과지.

  Meeting in the park went bad, didn't it? 공원만남이 잘 안됐지, 그렇지 않았어?

■ My bad는 구어체 표현으 로서 '내 잘못이야' 라는 뜻.

■ bad time은 시기적으로 좋 지 않은 시간이라는 의미.

■ go bad는 '…가 나빠지다' 라는 뜻으로 gone bad하면 '상 하다,' '악화되다' 라는 의미이고 go from bad to worse면 '설상 가상이다' 라는 표현이 된다.

I did a bad thing last night.

난 어제 밤 나쁜 짓을 저질렀어.

- You've never done a bad thing in your whole life.
  넌 평생 나쁜 짓을 결코 하지 않았지.

  What bad thing did you do? 너 무슨 나쁜 짓을 했니?

■ bad thing은 '나쁜 짓' 또는 '악행'이라는 문자 그대로의 의미를 가지고 있다.

That's not bad.

그리 나쁘지 않아.

- That's not bad. You might be on to something.
  그리 나쁘지 않아. 넌 뭔가 알고 있을지 몰라.

  He's actually not bad at all. 걘 사실상 전혀 나쁜 사람이 아냐.

  I am not that bad. 내가 그렇게 나쁜 사람은 아냐.

■ not that[so] bad는 '그렇게 나쁘지 않아'라는 뜻. 또한 (That's) Not bad는 '나쁘지 않네,' 즉 꽤 괜찮다라는 긍정의 의미로 생각보다 더 좋은 경우를 강조하려면 Not bad at all이라고 써도 된다.

That's too bad.

저런, 안됐네.(이를 어쩌나)

- Well, that's too bad. He's a nice guy. 글쎄, 안됐어. 걘 좋은 친구야.

  It's too bad he's not coming. 걔가 오지 못한다니 참 안됐네.

■ That's too bad는 아주 많이 쓰이는 표현으로서 어떤 안 좋은 일이 발생했을 때 하는 말로 '안됐어'라는 의미이다. It's too bad that~는 '…라니 참 안됐구나'라는 의미의 표현이다.

She's in a bad way.

걔는 중태야.

- My daughter's in a bad way right now. 내 딸은 지금 무척 불행해 있어.

  Some boobs that were big, but kind of in a bad way.
  가슴은 컸지만 좀 그랬어.

■ be in a bad way는 '매우 아프다' 또는 '불행하다'라는 구어체적 표현이다. 물론 in a bad way는 단독으로는 '안좋은 쪽으로,' '바람직하지 않게'라는 문구이다.

» bag

Want me to bag it for you? 봉투에 담을까요?

She brought me a doggie bag.

걔는 남은 음식을 싸왔어.

- She brought Bette a brown bag and a to-go cup of coffee.
  걘 베티에게 도시락과 테이크아웃 커피를 갖다 주었어.

  We can brown bag some sandwiches on our date.
  우린 데이트할 때 샌드위치를 싸갈 수 있어.

■ have a doggie bag은 식당에서 먹고 남은 음식을 포장해 가다라는 의미. 이런 포장은 주로 갈색종이봉투를 사용하기 때문에 brown bag하면 남은 음식포장 뿐만아니라 도시락 및 포장해서 음식을 가져오는 것을 뜻한다.

I got left holding the bag.

내가 다 뒤집어썼어.

- Wait, you're holding the bag? You moron, let go!
  잠깐, 네가 혼자서 뒤집어 쓸거야? 멍청이, 손떼!

  They were trying to leave Thornton holding the bag.
  걔들이 손톤에게 다 뒤집어씌우려고 시도했어.

■ leave~holding the bag은 '…한테 뒤집어 씌우다'라는 의미로 사용되며 hold the bag이면 '혼자서 뒤집어 쓰다'라는 의미가 된다.

Jennifer, pack your bags or I will.

제니퍼, 짐 싸 아니면 내가 쌀게.

- Come on. Unpack your bag. 자, 빨리 짐을 풀어.

  I packed my bag. I wanted him to take me with him.
  난 짐을 꾸렸어. 난 걔가 날 같이 데려가길 원했어.

■ pack one's bag은 '…의 짐을 싸다' 라는 뜻으로 싸움 후에 짐을 꾸려 살던 곳에서 떠나다다는 의미로도 사용된다.

Cat's out of the bag.

비밀이 밝혀졌어.

- We'll hate to let the cat out of the bag and then leave.
  우리는 비밀을 밝히고 떠나버리기는 싫어.

  Tom wasn't kidding when he threatened to let the cat out of the bag. 톰이 비밀을 폭로하겠다고 협박할 때 농담은 아니었어.

■ let the cat out of the bag이면 어떤 사실, 비밀 등을 폭로하다라는 뜻. 또한 Don't let the cat out of the bag하면 무심코 비밀을 말해버리는 일이 없도록 하라는 조심하라는 의미.

Well, it's already been bagged up.

그래, 이미 가방 속에 넣어졌어.

- In anticipation of their arrival, I've bagged some evidence.
  걔들이 도착할 것을 예상해서 증거 일부를 담았어.

  I want everything bagged and tagged! 다 봉투에 담고 표시해봐!

  Bag it separately. 분리해서 봉투에 담아.

■ bag (up)은 '…를 가방이나 봉투에 넣다' 라는 동사로 쓰인 경우. 특히 범죄미드에서 증거물을 봉투에 넣다고 할 때 많이 쓰인다. 또한 속어로 Bag it!하면 '닥쳐,' Bag your face!는 '입다물어,' 그리고 Bags I는 '내가 먼저할거야' 라는 의미.

My witness sandbagged me.

내 증인이 날 속였어.

- I know why you sandbagged Hellen in court.
  네가 법정에서 왜 헬렌을 속였는지 알아.

  The prosecution tried to sandbag the defense, Your Honor.
  판사님, 검찰 측이 피고를 속이려고 했습니다.

■ sandbag이 동사로 서투른 척을 하면서 상대를 속인다는 뜻을 가지고 있다. 또한 이런 사람들을 sandbagger라고 표현하기도 한다.

MORE EXPRESSION

Are you bagging z's? 너 지금 조는 거니?

a bag of bones 뼈만 앙상한

baggy 헐렁한 tight의 반대말

bags of+N 많은…

» bail

 She jumped bail. 걘 보석기간중에 달아났어.

You didn't post bail?

너, 보석금을 내지 않았니?

- Let's post bail and get her out of here. 보석금내고 걜 데리고 가자.

  I'll notify the judge that you intend to post bail.
  판사에게 네가 보석금을 낼 의도가 있다고 알릴게.

■ post bail, put up bail은 모두 '보석금을 내다' 라는 뜻이며 be held without bail은 보석 없이 구금되는 것을 의미한다.

He is released on bail.

걔는 보석으로 풀려났어.

- He'll be out on bail by tomorrow afternoon.
  걔가 내일 오후까지 보석으로 나오게 될거야.

  They won't release him on bail until they get the passport.
  그들이 여권을 확보하기 전까지 걔를 보석으로 풀어주지 않을거야.

■ be (out) on bail은 '보석으로 풀려나다' 라는 뜻이며 release (sb) on bail은 '…를 보석으로 풀어주다' 라는 의미.

He jumped bail. Does the girlfriend know anything?

개는 보석 기간 중에 달아났어. 여친이 뭐 좀 알고 있니?

- When I helped him, he was a suspect who jumped bail.
  내가 개를 도와주었을 때 개는 보석 중에 달아난 혐의자였어.

  You advised your client to jump bail, to flee the jurisdiction.
  당신은 의뢰인에게 보석기간중 도주하라고 했어요. 관할사법권에서 도망치라고요.

■ jump[skip] bail은 보석 중에 풀려나 재판에 오지 않다, 달아나다라는 의미이다.

I'll hear the people on bail.

보석 청문회를 열겁니다.

- May I be heard on bail, judge? 재판장님, 보석청문회를 신청해도 될까요?
  At this time we'd like to be heard on bail. 지금 보석청문회를 신청합니다.

■ bail hearing은 보석 청문회라는 말로 최가 아직 확정되지 않은 상태에서 보석여부를 결정하는 청문회를 열자고 변호사가 주장하는 경우.

He's gonna make bail in five minutes.

개는 5분 안에 보석이 될거야.

- Don't worry. We'll make bail and fight this.
  걱정마. 우린 보석으로 나와서 싸우게 될거야.

  How the hell did Victor make bail? 도대체 어떻게 빅터가 보석이 된거야?

■ make bail은 '보석 결정이 되다' 라는 의미가 된다.

We want bail denied, your honor.

재판장님, 우린 보석을 거부합니다.

- Kevin was denied bail. 케빈은 보석이 거부되었어.
  The judge from Pennsylvania granted him bail.
  펜실바니아 주 출신 재판장이 개한테 보석을 허용했어.

■ grant (sb) bail은 '(…에게) 보석을 허락하다'이며 반면 deny bail은 '보석을 거부하다' 라는 의미. 반면 보석을 신청한다는 request bail이라고 한다.

Bail is set at $500,000.

보석금은 50만 달러로 정해졌어.

- Your bail was set at three million dollars. 보석금은 3백만 달러로 정해졌어.
  The bail will be set at half a million dollars. 보석금은 50만 달러로 결정될거야.

■ bail is set at~은 '보석금이 …로 결정되었다' 라는 의미.

I need you to come bail me out.

빨리 와서 보석금 내고 날 빼내줘.

- The court record says you bailed out Monica Phelps.
  법정기록에 따르면 네가 모니카 펠프스를 보석금을 내고 빼내준 것으로 되어 있어.

  I'm at the police station. I need you to come bail me out.
  내가 경찰서에 있는데 빨리 와서 보석금을 주고 나 좀 빼줘.

  I'm sure your daddy will bail your ass out.
  네 아버님이 널 경제적으로 구제해줄거라 확신해.

■ bail sb out이 법정에서 사용되면 당연히 '…를 보석금 내고 빼오다' 라는 뜻. 일반적으로 bail sb out은 sb가 경제적 어려움에서 탈출할 수 있도록 '금전적 지원을 해주다' 라는 의미이다. 또한 속어로 bail은 '떠나다' 라는 의미로도 쓰인다.

Don't you dare bail on me.

네가 어떻게 나를 바람맞힐 수 있니?

- And you won't bail on me again? 넌 다시는 날 바람맞히지 않을거지?
  Okay, so you're not bailing on me? 좋아, 그럼 날 바람맞히지 않을거지?

■ bail on은 속어로 (데이트 등의) '약속을 어기다,' '바람맞히다' 라는 뜻으로 사용된다.

MORE EXPRESSION

bailiff 집달리, 법정관리인
bail bondsman 보석 보증인

She had me by the balls. 나 꽉 잡혀살아.

I'll get the ball rolling.
내가 일을 계속할게.

- Fine, I'll get the ball rolling. I still love you.
  좋아, 내가 계속해볼게. 난 여전히 널 사랑해.
  You're the one that got this whole ball rolling again.
  네가 바로 이 모든 일을 다시 재개할 수 있는 사람이야.

■ get[keep] the ball rolling은 '…일을 계속[진행]하다'라는 뜻이고, set[start] the ball rolling하면 '…일을 시작하다'라는 의미.

The ball's in your court.
이제 결정은 네 몫이다.

- The ball's in your court. If you sign, I'll sign. 결정해. 너 서명하면, 나도 할게.
  But either way, the ball is in your court. 하지만 어떤 경우든 결정은 네가 해야 돼.

■ the ball is in one's court는 볼이 내 코트에 와있다라는 그림을 그리면 무슨 뜻인지 이해가 되는 표현으로 '…가 결정해야한다'라는 의미이다.

Glad to see you still got balls.
아직 배짱이 남아 있다니 다행이군.

- When are you going to have the balls to face that?
  언제 그거에 맞설 용기를 낼거야?
  After all, it takes balls to break the law. 결국, 법을 어기려면 배짱이 필요해.

■ have[get] the balls는 용기 또는 배짱이 있다라는 표현으로, It takes balls to~는 '…하려면 배짱이 요구된다, 필요하다'라는 의미.

Let's have a ball.
자, 마음껏 즐기자.

- Oh, honey, they're gonna have a ball with you.
  오, 자기야, 걔들이 너랑 즐거운 시간을 보내게 될거야.

■ have a ball은 '재미있게 놀다, 즐겁게 보내다'라는 뜻. 파티나 모임에서 즐길 때 주로 쓰인다.

Play ball with me.
나한테 협조해.

- Okay, we can play ball here. 오케이, 우린 여기서 서로 협조할 수 있어.
  Tim saw him playing ball outside in the dark.
  팀은 걔가 어둔 밖에서 공놀이 하는 걸 봤어.

■ play ball with sb면 비유적으로 '…와 협조하다' 또는 '…에게 정직하게 나오다'라는 뜻으로 쓰이나 단순히 문자 그대로 공을 가지고 논다라는 의미로도 쓰이는 것은 물론이다.

I guess I dropped the ball.
큰 실수를 한 것 같아.

- It seems all you do lately is drop the ball.
  네가 요즘 하는 것은 실수하는 것 밖에 없는 것 같아.
  I felt like I dropped the ball with her. 내가 걔한테 실수했던 것같아.

■ drop the ball은 '실수하다,' carry the ball은 '책임을 지다'라는 표현으로 다 스포츠 표현에서 유래된 문구들이다.

Stop busting our balls.
우릴 좀 그만 괴롭혀라.

- Jill is gonna bust your balls if you are late. 너 늦으면 질이 널 엄청 괴롭힐 걸.
  Come on, don't bust his balls about it. 이봐, 그걸로 걔 그만 괴롭혀.

■ bust one's ball은 '…를 혹독하게 괴롭히다', '공격하다'라는 뜻으로 사용된다.

I hate to be a ball buster. Can I just do it?
난 부담주기 싫어. 내가 하면 안되니?

- He had this female boss. Real ball-buster, you know?
  걘 이 여자가 보스래. 진짜 깐깐한 여자래. 알지?

■■ ball-buster는 자신의 지위나 혹은 실력으로 사람들을 괴롭히거나 엄히 다루는 상관이라는 의미. 여자도 되고 남자에게도 쓴다.

That's a lot of balls in the air.
동시에 많은 일들이 생기고 있어.

- I gotta lot of balls in the air. 나 할 일이 너무나 많아.
  It takes a lot of effort to keep these balls in the air.
  이런 일 동시에 하려면 많은 노력이 필요해.

■■ keep~ balls in the air는 '동시에 여러 가지 일을 다루다'라는 뜻으로 juggler가 여러 개의 공을 동시에 공중에 떠 있게 하는 모습을 그려보면 된다.

She had me by the balls.
걔가 내 약점을 잡고 있어.

- You used to have the world by the balls. 넌 세상을 꽉 잡고 흔들었잖아.
  She had me by the balls, so I gave her half a million in cash.
  걔가 내 약점을 잡고 있어서 할 수 없이 현금으로 50만 불을 주었어.

■■ have sb by the balls는 '...의 약점을 잡고 있다'라는 표현으로 명사+by the balls면 그 명사를 full control하고 있다라는 의미이다.

I will shoot your knee and shoot your balls.
내가 너 무릎하고 네 불알을 쏴버릴 거야.

- If my wife finds out, she'll cut my balls off in divorce court.
  만약 내 아내가 알아챈다면 이혼법정에서 내 불알을 잘라버릴 걸.
  You've been dating for 5 weeks and you haven't seen his
  balls yet? 넌 5주나 데이트했는데 아직도 걔 거시기를 아직 못 봤어?

■■ cut one's balls off는 불알을 자르다, grab one's ball은 불알을 꽉 쥐고 있다는 말로 '꼼짝못하게 한다'는 의미.

He's got the ball.
칼자루를 쥔 사람은 그 사람이야.

- Oh, who got the ball? 오, 누가 칼자루를 가졌어?
  You suck up to guys who got the balls to do what you can't?
  네가 못하는 일을 할 수 있는 용기가 있는 사람에게 아부하는거니?

■■ get the ball은 '칼자루를 쥐다'라는 뜻으로 통제권, 결정권을 가지고 있다는 의미이다. 다만 have[get] the balls to+동사의 용법과 구분해야 한다.

It's a whole new ball game.
완전히 새로운 상황이야.

- Now it's a whole new ball game. It's every man for himself.
  이제 완전히 새로운 형국이야. 다 각자 알아서 해야지.
  But life still manages to throw us curve balls.
  그러나 인생은 여전히 우리를 당혹스럽게 하고 있어.

■■ a whole new ball game은 예전과 전혀 다른 새로운 상황[형국]이라는 관용구로 사용된다. 한편 throw~a curve ball은 '...을 당혹스럽게 하다,' '놀라게 하다'라는 뜻.

B

놓치면 원통한 미드표현들

- **be baffled** 당황하다 baffle sb ~를 당황시키다
  Sometimes your behavior baffles me beyond
  belief. 간혹 네 행동은 날 믿지 못할 정도로 당황스럽게 해.
- **ballistics** 탄도학 ballistic 탄도학의

So you have no ballistic evidence for us?
그래, 넌 탄도관련 증거를 우리한테 줄게 없니?
- **go ballistic** 화를 벌컥 내다
  She went ballistic. 걘 갑자기 화를 벌컥 냈어.

What is it that has you so balled up?
뭐가 그렇게 마음에 걸리시는데요?

- He just balled up socks. 그냥 양말을 둘둘만거야.
  Everything was balled up by the new employee.
  신입직원에 의해 모든게 다 뒤죽박죽됐어.

I wasn't even in the ball park.
헛다리짚었었네요.

- Well, ballpark it for me, Walter. 그래, 나한테 대충 어림해봐, 월터.
  I don't need the actual number, just a ballpark.
  난 정확한 수치는 필요치 않아, 그냥 대충만 말해봐.

■■ balls ~ up은 비유적으로는
'…를 혼란케하다,' '뒤죽박죽되다'
라는 의미. ball up은 '…를 둘둘
말다' 라는 물리적인 표현으로도
사용된다.

■■ ballpark은 '대강의,' '대
강산정하다' 라는 의미로 정확치는
입지만 근접했다는 뉘앙스를 갖는
다. 따라서 ballpark figure이면
'근접치' 라는 의미가 된다.

MORE EXPRESSION

get on the ball 일을 정확히하다
She used to be a ball. 전엔
아주 재밌는 사람이었어.
ball and chain 족쇄, 부인

» bang

 I banged the hell out of your girlfriend. 네 여친하고 신나게 했어.

This deal will be the bang for your buck.
이 거래가 본전 이상의 가치가 있을거야.

- They will never give you any bang for the buck.
  너는 걔들에게서 절대 본전을 뽑지 못할거야.
  Add a full clip, they get that one extra bang for the buck.
  꽉찬 탄창을 더하면, 걔들은 원래 이상으로 총을 쏠 수 있는 거지.

■■ get a bigger[better]
bang for your buck은 '돈을
쓴 것보다 더 많은 것을 건지다'
라는 의미의 구어체 표현. 따라서
bang for the buck하면 '본전은
뽑을 만한 가치' 가 있다는 의미가
된다.

You're going out with a bang.
넌 크게 성공할 거야.

- They finish with a bang, and the crowd goes wild.
  걔들이 멋지게 끝내자 청중들이 흥분을 하고 있어.
  Don't starts off with a bang and ends with a whimper.
  용두사미로 끝내지마.

■■ with a bang은 '멋지게,'
'당당하게,' '성공적으로' 라는 의
미. 여기서 bang은 함성 또는 갈
채라는 뜻.

I will bang your heads together.
너희들 정신차리게 만들거야.

- Did you fall down? Or bang your leg against something?
  넘어지거나 다리를 부딪쳤어요?
  We'll just bang our heads against a brick wall. 너무 미칠 것 같아.

■■ bang sth은 '…에 부딪히
다' 라는 뜻으로, bang one's
heads together는 정신차리게
하다, bang one's head against
a brick wall은 벽에다 대고 얘기
하는 듯하다라는 것으로 '미칠 듯
하다,' '답답하다' 라는 의미.

Chicks don't want to bang cab drivers.
아가씨들은 택시 기사들과 섹스를 원하지 않아.

- Did he have to bang his secretary? 걔는 자기 여비서와 섹스를 해야 했대?
  He got his stripper girlfriend to bang a married man.
  걔는 자신의 스트리퍼 여친에게 유부남과 섹스를 하라고 시켰대.

■■ bang이 속어적 표현으로
have sex with라는 뜻으로 쓰이
는데 shag, screw, kick it,
poke, boink, hump 모두 섹스를
하다라는 의미로 쓰이는 동사들이
다.

This looks like a rape gang-bang.

이건 윤간 사건처럼 보여.

- Were you a gang banger before you became a cop?
  너 경찰이 되기 전에 비행 청소년이었니?
  We arrested a couple of gang-bangers. 우린 2명의 비행 청소년을 체포했어.

You're doing a bang-up job there, Chad.

차드, 아주 일 잘하고 있어.

- Yeah, and they're doing a bang-up job, too.
  그래, 걔들 역시 일을 훌륭하게 하고 있어.
  And I presume you have a bang-up expert witness.
  네가 아주 훌륭한 전문가 증인을 가지고 있다고 추정돼.

 gang-bang은 '윤간,' 또는 '윤간하다' 라는 뜻으로 gang rape(집단강간, 윤간)를 했다는 표현이다. 한편 gang banger면 '비행청소년' 이라는 의미로도 사용된다.

bang-up은 '아주 훌륭한' 이라는 뜻으로 very good을 의미하는 속어적 표현이다.

MORE EXPRESSION

go bang 큰 소리 내며 터지다
get a bang out of 매우 즐기다

» bar

 The fight will be no holds barred. 그 싸움은 아무런 제약도 없을거야.

Let's put killers behind bars.

살인범들을 감옥에 가두자.

- You're gonna be spending your varsity years behind bars.
  넌 대학 대표팀 전성기를 감옥에서 지내야할거야.
  We need corroborating evidence to put her behind bars.
  우린 걔를 가두기 위해서는 보강증거가 필요해.

behind bars는 '감옥에 있는' 이라는 말로, be behind bars는 투옥되다, put sb behind bars는 투옥시키다라는 뜻.

You're barred from the casinos for life.

넌 평생 카지노 출입금지야.

- The evidence is highly prejudicial, and will be barred at trial.
  이 증거는 너무 편파적이어서 재판에서 제외될거야.
  Call the cops, bar her from the hospital.
  경찰을 부르고 걔가 병원을 출입하지 못하게 해.

bar sb from~은 '…를 …로부터 금지하다' 라는 뜻으로 be barred from하면 '출입이 금지되다' 라는 의미가 된다.

You know, an in-depth, no holds barred interview.

있잖아, 심도 있으면서도 어떤 제약도 없는 인터뷰.

- All-out, no holds barred competition, sounds like fun.
  총력전인데다 무제한적인 경쟁이라, 재미있는걸.
  The fight will be no holds barred. 그 싸움은 아무런 제약도 없을거야.

no holds barred는 '어떤 제약도 없이,' '전면적인' 이라는 관용어구이다.

Karl said it was the best sex he's ever had, bar none.

칼이 말하길 그게 최고의 섹스였대, 절대적 최고.

- You are the greatest chef in the world, bar none.
  네가 이 세상 최고의 요리사야, 예외없이 말야.
  You're the finest homicide detective I've ever trained, bar none. 넌 내가 훈련시킨 최고의 살인담당 형사야, 누구도 따라잡을 수 없는 최고야.

bar none은 '더 나은 것이 없다' 라는 뜻으로 특정 집단에서 최고이다라는 뉘앙스를 갖는다.

B

She's gonna be fine, barring any complications.

걔 어떤 합병증도 없이 괜찮을거야.

- Dude, barring some act of God, Robin's gonna be with Sandy this weekend. 임마, 불가항력적 일 아니면 로빈은 이번 주말 샌디와 같이 지낼거야.

  We'll finish soon, barring any problems. 우린 아무 문제 없다면 곧 끝낼거야.

■■■ barring은 '…없이' 또는 '…일이 생기지 않고' 라는 뜻으로 쓰인다.

MORE EXPRESSION

bar 제외하고(except)
the bar 변호사 협회
be called to the bar 변호사가 되다

» bargain

No confession, no plea bargain. 자백하지 않으면 형량협상도 없어.

It's a real bargain.

이거 진짜 싸다.

- For ten bucks? It's a bargain. 10 달러라고? 무지 싼거야.

  Are you willing to make a bargain? 흥정을 할 생각이 있나?

■■■ real bargain은 '아주 싼 것,' at bargain prices하면 '아주 싼 가격에' 라는 말, make a bargain하면 '흥정을 하다' 또는 '거래를 하다' 라는 의미가 된다.

You always drive a hard bargain.

넌 언제나 유리한 조건으로 흥정을 해.

- You have a reputation for driving a hard bargain.
  당신은 어려운 거래를 잘 성사시킨다는 명성을 가지고 있어요.

  The seller at the market drove a hard bargain.
  시장상인은 유리한 거래를 했어.

■■■ strike[drive] a hard bargain은 '유리한 조건으로 거래하다' 라는 뜻으로 어려운 거래를 잘 해결한다라는 뉘앙스를 갖는다.

No confession, no plea bargain.

자백하지 않으면 형량거래도 없어.

- I'm not interested in a plea bargain. 난 형량거래에 관심이 없어.

  We'll explore amnesty or some kinda plea bargain.
  우린 사면 또는 일종의 형량거래 가능성을 모색할거야.

■■■ plea bargain은 '형량거래' 라는 법정용어로 자백을 하면 형을 감해주는 미국사법제도의 특징으로 특히 범죄수사물 미드에서 정말 뻔질나게 나오는 표현이다.

I'm holding up my end of the bargain.

난 내 책임을 다 할거야.

- You held up your end of the bargain. 넌 네 책임을 다했어.

  I just want to live up to my end of the bargain. 난 단지 내 책임 다하길 원해.

■■■ hold up one's end (of the bargain)는 '책임을 다하다' 라는 뜻으로 어떤 일에 있어서 자신이 담당해야할 몫을 다하다라는 뉘앙스를 갖는다.

I'm not here to bargain with you!

난 너랑 흥정하러 여기에 있는게 아냐.

- You could try bargaining with him, give him a raise.
  넌 걔하고 협상을 하고 봉급인상을 해줄 수 있지.

  We're gonna be in no mood to bargain. 우린 협상할 분위기가 아냐.

■■■ bargain은 '협상하다' 라는 뜻이며 bargain for[with, over]면 '…에 대해 (가격)협상하다' 라는 뜻으로 쓰인다.

They got more than they bargained for.

개들은 협상했던 것보다 더 많은 것을 얻었어.

- This is a little more than she bargained for.
  이건 걔가 예상했던 것보다 조금 더해.

  Sometimes you get more than you bargained for.
  때때로 넌 예상보다 더 많은 것을 얻기도 해.

Could you give us a little bargaining chip?

나한테 협상카드 좀 줄래?

- Ping's gotta be alive if he's using her as a bargaining chip.
  핑이 만약 개를 협상카드로 썼다면 살아 있을 수도 있었어.

  I am not letting that idiot use my baby as a bargaining chip!
  난 저 명청이가 내 아이를 협상카드로 활용하는 것을 용납할 수가 없어.

■ get more than you bargained for는 '협상[예상]했던 것보다 더 많이 얻다' 라는 뜻으로 쓰인다. 또한 be not what you bargained for는 '당초 예상했던 것이 아니다' 라는 의미.

■ bargaining chip은 '협상카드' 라는 뜻으로 일상생활에서도 많이 쓰이는 표현.

MORE EXPRESSION

in[into] the bargain 무엇보다도

» barrel

 He's got me over a barrel. 개가 날 궁지에 빠트렸어.

Monna still thinks she's got us over a barrel?

모나는 개가 우릴 궁지에 빠트렸다고 아직도 생각하고 있니?

- After everything I've done, she kinda has me over a barrel.
  내가 모든 걸 도와준 후 개는 날 궁지에 빠트렸어.

  The judge has got us over a barrel. 판사가 우리를 궁지에 빠트렸어.

I'm scraping the bottom of the barrel.

난 할 수 있는 것은 다 해보고 있어.

- Well, we get the bottom of the barrel around this place. Who's in trouble now? 글쎄, 우린 여기가 바닥이야. 이제 누가 어려움에 처해있지?

  The remaining items were bottom of the barrel.
  나머지 품목이 우리가 쓸 수 있는 마지막 것들이야.

I'm looking down the barrel of divorce number two.

난 두 번째 이혼을 목전에 두고 있어.

- I looked down the barrel of the gun and I believed.
  난 총을 목전에 보고서야 그제야 믿었어.

  Jessica fell for this guy lock, stock and barrel. It was love at first sight. 제시카는 이 친구한테 흠뻑 빠졌어. 첫눈에 사랑에 빠졌어.

■ have sb over a barrel은 '…를 궁지에 몰아넣다' 라는 뜻.

■ scrape (the bottom of) the barrel은 '…의 바닥을 긁다' 라는 말로 원치 않는 거라도 이용할 수 있는 것을 다 이용하다라는 의미. 또한 get (the bottom of) the barrel하면 '바닥에 닿다' 라는 표현.

■ look down the barrel of는 '…을 목전에 두다' 라는 뜻이다. 한편 lock, stock, and barrel는 '몽땅,' '모조리' 라는 의미.

You're way off base. 넌 완전히 틀렸어.

I'm off base.
내가 잘못 알았네.

- **You** are a bit off base. 네 얘기는 사실과 거리가 좀 멀어.
  You're way off base. 넌 완전히 틀렸어.

be off base는 '완전히 틀린'이라는 뜻으로 야구경기에서 베이스로부터 떨어져 있는 것을 상상해보면 된다.

I was hoping at least second base.
난 적어도 2루까지는 원하고 있었어.

- As a teenager, she felt guilty about letting her boyfriend **go to second base**. 걘 아직 10대로서 남친이 2루까지 가게 한데 대해 자책감을 느꼈어.
  Eric and I **went to 2nd base** tonight. He was hilarious.
  에릭과 난 오늘밤 2루까지 갔어. 걘 무지 웃겼어.

get to[reach] first base는 '1단계(남녀관계에서 키스)까지 가다'라는 의미로 go to second (base)면 당연히 '2루까지 진도가 나가다라는 말로 가슴을 만지다(touching breasts), 그리고 3루는 전체몸을 만지다(touching whole body) 그리고 홈베이스는 have sex를 뜻한다.

Make sure you have all your bases covered.
네가 모든 준비가 되었는지 확실히 해.

- You know Ron wants to make sure she's **got her bases covered**.
  론은 걔가 모든 준비를 했는지 확실히 하기를 원해.
  I only include it for the sake of **covering absolutely all bases**, sexual arousal. 난 모든 준비를 위해 심지어 성적흥분에도 대비하기 위해 그걸 포함시킨거야.

cover (all) the bases는 '모든 준비를 하다'라는 뜻이며 have all the bases covered면 '준비를 철저히 하다'라는 뜻이 된다.

I can touch base with you a lot more easily.
난 너하고 좀 더 쉽게 대화할 수 있어.

- I just wanted to **touch base with** you about this little party.
  난 이 작은 파티에 대해 너하고 얘기를 나누고 싶었어.
  I need to **touch base with** the transplant centre. 장기이식센터와 협의해야돼.

touch base with sb는 '…와 대화하다', '협의하다'라는 뜻이다.

I can't base this on faith.
난 이것을 믿음에 기초했다고 할 수 없어.

- **On** what do you **base your opinion** she was raped?
  걔가 강간당했다는 네 의견은 어디에 근거를 두고 있니?
  Yes, if I **base the results solely on** the damage to his body.
  그래요, 만약 내가 그 결과를 단지 걔 몸에 생긴 손상에 근거를 둔다면.

base A on B는 'A를 B에 근거해서 말하다'라는 뜻으로 여기서 base는 논리의 근거로 삼는 다는 의미를 가지고 있다.

So it's based on your life?
그래 이건 네 인생에 기초한거니?

- And **are** these doubts **based on** the plaintiff's evidence?
  그런 의혹들은 원고 측이 제시한 증거 때문이야?
  And **mission-based** killers will not stop killing. 살인청부업자는 계속 살인할거야.

be based on은 '…에 기초하다', '기반을 두고 있다'라는 뜻으로 자주 나오는 표현. 한편 –based는 '…소재인', '…을 특징으로 하는'이라는 의미를 가지고 있어 broadly–based하면 '많은 것이나 사람들을 토대로 한'이라는 뜻이 된다.

We are on a first-name basis.
우리는 야자 하는 사이야.

- We **are on a semi first-name basis**. 우린 적당히 친한 사이야.
  We **go by first name basis** around here. 여기선 서로 이름을 부르면서 지내.

on a fist-name basis는 '아주 친한 사이다'라는 뜻으로 성이 아니라 서로 이름을 부르는 사이라는 뉘앙스를 갖는다.

I say we move it on a bi-monthly basis.
우린 그걸 격월에 한 번씩 옮기지.

- Penny, you face failure on a daily basis. How do you cope?
  페니, 넌 매일 실패에 직면하고 있는데 어떻게 극복을 하고 있는 거야?

  I remotely repair satellites on a regular basis.
  난 정기적으로 원격장치를 통해 위성을 수리해.

■■ on a daily basis는 '매일 매일'이라는 뜻이고 on a regular basis는 '정기적으로'이라는 의미이다.

B

» bat

> *I went to bat for you.* 난 널 도와주러 갔어.

She took off like a bat out of hell.
걔가 매우 빨리 옷을 벗어버렸어.

- I could tell right off the bat Mike was nervous, you know?
  난 마이크가 초조해 있는 걸 당장에 알아챘어. 알아?

  You admit right off the bat that you spend your life at a bar.
  네가 술집에서 삶을 낭비하고 있다는 걸 바로 인정하는구나.

■■ right off the bat는 '즉시,' '당장에'라는 뜻이며 like a bat out of hell은 '매우 빨리'라는 구어체 표현이다.

I went to bat for you.
내가 널 도와주러 갔어.

- Somebody went to bat for him. 누군가 걔를 도와주러 갔어.

  Jim has gone to bat for you many times. 짐은 널 도와주러 여러 번 갔었어.

■■ go to bat for sb는 '…를 도와주러가다'라는 뜻이다.

You don't bat an eye?
넌 눈 하나 깜짝하지 않니?

- Those two women didn't bat an eye when they got on the elevator. 그 두 명의 여자들은 엘리베이터에 탔을 때 하나도 놀라지 않았어.

  A 20-year-old student walks in here with 15 grand in cash, and you don't bat an eye?
  20살 난 학생이 현금 1만 5천 달러를 갖고 여기 걸어 들어왔는데 넌 눈 하나 깜짝하지 않니?

■■ not bat an eye는 '별로 놀라지 않다'라는 뜻이며 without batting an eye하면 '눈하나 깜짝하지 않고,' '얼굴색하나 변하지 않고'라는 구어체 표현.

놓치면 원통한 미드표현들

- **barge in** 무례하게 끼어들다, 간섭하다
  Don't barge in. 끼어들지마.(Don't butt in.)

- **bark at** …에 대고 으르렁거리다, 소리치다
  I don't know why he barks at you.
  걔가 왜 너한테 으르렁대는지 모르겠어.

- **bark up the wrong tree** 번지수를 잘못 찾다
  You're barking up the wrong tree. 잘못 알고 있는거야.

- **On your bike!** 꺼져, 그만해(영국슬랭으로 Get out of here!) 물론 자전거를 타고라는 1차적 의미로도 쓰인다.
  Ride up and see her, on your bike. 자전거 타고가서 걔를 만나.

» be

I'm in on it. 난 그 일에 연루되어 있어.

Is he around?

개 있어?

- Hang on, I think the emergency key is around here somewhere.
  잠깐만, 비상 열쇠가 여기 어딘가에 있을 거야.
  I'm sure Steve is around here somewhere. 스티브가 여기 어디에 있다고 확신해.

■ be around (sb, sth)는 '…의 주위에 있다' 라는 뜻이다.

I must be off.

이제 가봐야겠어.

- (I'd) Better be off. 나 먼저 갈게, 나 먼저 실례.
  And now I'm off to see my wife. 이제 아내 보러 가야겠어.
  I'm off to an audition. 나 오디션 보러가.

■ be off (to)는 '…로 가다,' '출발하다' 라는 뜻이 된다. be off to의 경우에는 뒤에 동사 혹은 명사도 이어 나올 수 있다.

Are you in?

너도 할래?

- Then I'm fascinated. I'm in. 환상적인데, 나도 껴줘.
  Come on, are you in or are you out? 야, 너 끼는 거야, 빠지는 거야?
  I'm in if you're in. 네가 들어오면 나도 낄게.

■ be in은 '…안에 있다,' '끼다' 라는 뜻이며 I'm in은 I will do it(내가 할게) 또는 Count me in(나도 껴줘)과 같은 의미가 된다. 물론 반대로 빠진다고 할 때는 be out이라고 한다.

Are you with me?

내 말 이해돼?, 내 편이 돼줄 테야?

- Are you with me on this? 이점 나랑 같은 의견인가?
  I'm with you. 동감이에요.

■ be with는 '…와 같은 의견이다,' '같은 생각이다' 라는 의미로 상대방의 의견에 동의하거나 상대방이 제의한 일을 함께 하겠다고 할 때 사용되는 표현이다. 구체적으로 일을 말하려면 be with on sth이라고 하면 된다.

It's murder! I'm against it. You for it?

이건 살인이야! 난 반대야. 넌 찬성하니?

- I'm against abortion. 난 낙태에 대해 반대해.

■ be for~는 '…에 찬성이다' 라는 뜻인 반면 be against~는 '…에 반대하다' 라는 의미이다. 난 찬성이야라고 말하려면 'I'm for it' 이라고 하면 된다.

I'm on it.

내가 처리 중이야.(내가 할게요.)

- A: Quickly! Move it! B: I'm on it, sir! A: 빨리! 움직여! B: 하고 있어요!
  A: We need it quickly, all right? B: I'm on it.
  A: 그거 빨리 필요해? 알겠어? B: 지금 하고 있어요.

■ be on sth은 '…을 하다,' '처리하다' 라는 뜻으로 'I'm on it' 의 형태로 상대방의 지시나 부탁에 '지금할게,' '지금 하고 있어' 라는 의미로 미드에서 무지 많이 쓰인다.

It's on me.

내가 낼게.

- Follow them, tickets on me. 걔들을 따라가, 표는 내가 낼게.
  Next round's on me. 다음 잔은 내가 낼게.

■ It's on sb는 '…를 …가 낸다' 라는 뜻. sth be on the house면 '집 주인이 낸다' 는 뜻이 된다.

What's on TV?
텔레비전에서는 뭘 하지?

- **What's it on?** 뭐가 나왔나?
  Are we going to be on TV? 우리가 TV에 출연하는거야?

■ sth be on+media는 언론기관에 뭐가 나왔다는 표현이다.

You are on.
그래 좋았어.(특히 내기를 받아들일 경우)

- Jack, **you're on.** Here's your coffee. 잭, 그래. 여기 네 커피.
  A: **You wanna bet?** B: Yeah, **you're on.** A: 내기할까? B: 좋아, 그래.

■ you are on은 상대방의 내기 제안 혹은 도전을 받아들이면서 '그래 해보자' 라는 의미로 쓰인다. 참고로 I'm on은 상대방 제의에 찬성할 때 쓰는 표현.

I'm so into you.
나, 너한테 푹 빠져 있어.

- **I'm into this stuff.** 난 이런거 좋아해.
  She was way more **into** me than she's **into** you.
  걔는 지금 너한테 빠져있는 것보다 예전에 나한테 더 빠져있었어.

■ sb be into sb[sth]는 '…에게 빠져 있다,' '몰입하다,' '관심 갖다' 라는 의미로 문맥에 따라 몰입정도를 감안해서 해석해야 한다.

I'm like you.
나도 너랑 같은 생각이야.

- **I'm like you,** I need the room. 나도 같은 생각인데 방이 필요해.
  I'm like him! I'm a sunny, positive person. 난 개처럼 밝고 긍정적인 사람야.

■ be like sb는 '…와 같은 생각이다' 라는 뜻으로 의견이 상대방과 같다고 말할 때 사용된다.

It's me.
나야.

- **It really isn't me.** 그건 정말 내가 아니었어.
  Sorry, Fred, **I'm not myself** this morning. 미안, 프레드, 올 아침 내정신이 아냐.

■ be me는 '나야' 라는 뜻으로서 전화를 받으면서 신원을 밝히는 경우 혹은 '그게(그런 모습이) 나야' 라고 말할 때 쓰인다. 한편 be oneself는 '제 정신이다' 라는 의미.

It's not that.
그런 건 아니에요.

- **It's not that.** I'm just feeling a little queasy. 그런 게 아냐. 내가 좀 메스꺼워서.
  A: **It's not that.** B: What is it? A: 그런 게 아냐. B: 그럼 뭐야?

■ be not that은 '그런 것이 아냐' 라는 표현이다.

I'm in on it.
난 그 일에 연루되어 있어.

- It turns out my father **was in on it.** 내 아버지가 관련되어 있다는 것이 밝혀졌어.
  Relax, partner. **I'm in on it** now. 침착해, 파트너. 이제 너도 끼어 있는 거야.

■ be in on sth은 어떤 계획 등에 '…에 연루되다,' '관련되다' 라는 뜻으로 앞서 나온 I'm on it과 구분해야 한다.

I'm on to you.
난 네 속셈을 알고 있어.

- It's a pretty smart plan, Jerry, but **I'm on to you.**
  아주 스마트한 계획인데 제리, 그래봐야, 내 손바닥 위야.
  My mom **is on at** me. 우리 엄마는 끊임없이 잔소리만 하셔.

■ be on to sb는 '…의 속셈을 알다' 라는 의미. 한편, be on at sb면 '…에게 잔소리하다' 라는 뜻으로 nag sb라는 표현이다.

B

You'll be in for it.
너 혼날 줄 알아.

- You're in for it! 넌 혼날 줄 알아!
  What are you in for? 어떤 곤란한 처지야?

■ sb be in for는 …가 그걸 경험하게 될 것이다라는 의미로 '곤경에 빠지다' 혹은 '혼나다' 라는 의미로 쓰인다.

Wake me up when it's over.
끝나면 깨워.

- It ain't over till it's over. 완전히 끝날 때까진 아직 끝이 아니야
  My husband thinks it's over. 남편은 이제 끝이 났다고 생각해.

■ be over는 '…가 끝이 나다' 라는 표현.

I am over you.
너랑은 끝났어, 이제 괜찮아

- It's over between us. 우린 끝났어.
  We've been over this. 이건 이미 끝난 일이야.
  I'm gonna get you over this Keith thing, once and for all.
  키스라는 애 때문에 생겼던 상처를 이번에 완전히 끝내줄게.

■ be over sb[sth]은 '…와 끝이 났다' 라는 표현으로 사람이면 '관계가 끝이 났다' 는 의미이며 사물이면 '일을 끝냈다' 라는 뜻이다. 한편, 참고로 get sb over면 '…가 …를 정리하게 해주다' 라는 구어체 표현.

Be my valentine.
내 애인이 되어 줘.

- Be careful! She thinks you're about to propose.
  조심해! 걔는 네가 프러포즈할 걸로 생각하고 있어.
  Don't be angry. Be thankful. 화내지마, 감사한 태도를 가져.

■ Be+형용사[명사]는 '…가 되라' 라는 명령형 표현이다.

What'll it be?
뭐로 드시겠습니까?

- Hey, Marshall. What'll you have? 야, 마샬, 뭘 할래?
  A: Jina, what'll it be? B: Whatever you recommend.
  A: 지나, 뭘로 할까? B: 네가 추천하는거 아무거나.

■ What'll you have?나 What's yours?는 술집 등에서 바텐더가 손님에게 물어보는 말로서 '뭐로 하시겠어요?' 정도의 의미이다. What'll it be? 또한 같은 뜻이지만 일반적인 의미로 '뭘로 할거야?' 라는 표현으로도 쓰인다.

MORE EXPRESSION

be that as it may 그럼에도 불구하고
be under 사업망하다, 실패하다
be after …뒤를 쫓아 다니다

» **bear**

I wasn't born yesterday. 난 풋내기가 아냐.

I can't bear this pain.
난 이 고통을 참을 수 없어.

- You just can't bear the thought of a patient dying.
  넌 환자가 죽어간다는 생각을 참을 수가 없는거야.
  I can't bear to see her in such a pain. 걔가 그런 고통 겪는 걸 차마 볼 수없어.

■ can't bear sth[sb]은 '…을 참을 수가 없다' 라는 뜻이며 can't bear to~하면 '차마 …하지 못하겠다' 라는 의미가 된다.

I was born to be in porn.
난 포르노 사업을 하도록 태어났어.

- It's not my fault, I was just born to kill. 내 잘못이 아냐. 난 타고난 살인자야.
  Like you said, just born to lie. 네가 말했듯이 타고난 거짓말쟁이라서.
  My client was born into a culture of slavery.
  내 의뢰인은 노예문화 속에서 태어났습니다.

■ **be born to do**는 '…하도록 태어나다' 라는 뜻으로 born to~하면 '타고난 …' 라는 의미로 해석하면 자연스럽다. 그래서 born failure하면 '타고난 낙오자' 라는 뜻이 된다. 또한 be born to[into, of+sb]하면 '…의 가정에서 태어나다' 라는 의미이다.

Well, let's assume it's not blood-borne.
글쎄, 그게 피로 감염되지 않는다고 가정해 보자.

- Means you're wrong about food-borne toxins.
  네가 음식내 독극물에 대해 틀렸다는 말이지.

■ **-borne**는 '…로 전달되는,' '…를 통해 감염되는' 이라는 뜻이다.

I wasn't born yesterday!
난 풋내기가 아냐.

- I might have been born yesterday, Folks, but I wasn't born last night! 여러분, 난 애송이일 수는 있으나 아주 애송이는 아니에요.

■ **not born yesterday**는 '풋내기가 아닌,' '애송이가 아닌' 이라는 뜻. 문자 그대로 '어제 태어나지 않았다' 라는 뉘앙스를 떠올리면 된다.

She gave me a huge bear hug!
걔는 날 엄청 세게 포옹했어.

- He throws his arms around Alan in a bear hug. 팔로 알랜 목을 감싸며 안았어.
  She rushes in and gives Chris a big bear hug. 걘 달려서 크리스를 세게 포옹해.

■ **give sb bear hug**는 '…에게 힘찬 포옹을 하다' 라는 뜻으로 tight hug와 같은 의미이다.

I'm tired of bearing the brunt.
정면으로 맞서는 데 지쳤어.

- How long do I have to bear the brunt of this woman?
  얼마나 이 여자로 고생을 해야 하는거야?
  His eyes took the brunt of the punishment.
  걔의 눈이 가장 많이 다쳤어.

■ **bear[take] the brunt**는 '…와 정면으로 맞서다,' '온갖 고생을 하다,' '가장 많은 피해를 입다' 라는 뜻이다.

It had not bearing on the quality of my work.
그건 내 일의 질적 수준과 아무런 관련이 없어.

- I'm trying to get my bearings here. 난 여기서 내 분수를 알려고 노력하고 있어.
  Hi, sorry I'm late, I couldn't find my bearings.
  하이, 늦어서 미안, 어디로 와야 되는지 방향을 모르겠더라고.

■ **have no bearing on**은 '…와 상관이 없다' 라는 뜻이다. bearing이 관련, 영향이라는 의미와 함께 방향, 위치라는 뜻도 있어 get[find] one's bearings하면 '…의 처지[입장, 분수]를 알다' 라는 의미가 된다.

놓치면 원통한 미드표현들

- **Bingo!** 바로 그거야
  Bingo! This time we have a great plan! 바로 그 거야! 이번엔 우리는 멋진 계획이 있는거야!

- **a bit, a little bit, quite a bit** 약간, 조금의
  She looks a bit like her brother, don't you think? 걘 남자동생을 조금 닮았어, 그렇게 생각되지 않니?

- **a bit of, bits of** 약간의…

I'm just doing a little bit of research.
난 단지 약간의 연구를 하고 있어.

- **be bitter about** …에 대해 입맛이 쓰다, 억울하다
  All you've got is a bitter wife.
  너한테는 혹독한 부인만이 남아 있을 걸.

- **swallow a bitter pill** 힘든 일을 겪다
  You swallow a bitter pill this morning, Yang? 아침에 안 좋은 일 있었어, 양?

I can't beat that. 정말이지 못 당하겠어.

The victim had been severely beaten.
희생자는 심하게 두들겨 맞았어.

- He was beaten to death in the backyard. 개 뒤뜰에서 죽도록 맞았어.
  That guy used to beat the shit outta me in kindergarten.
  저놈이 옛날에 유치원에 다닐 때 나를 엄청나게 두들겨 팼었지.

■ beat (sb) to death는 '…를 죽도록 패다' 라는 의미이며 beat the living daylights out of sb도 '…를 심하게 패다' 라는 뜻.

I will beat you up.
널 엄청 패버릴거야.

- I don't beat up on weaker kids. It's cheap.
  나보다 약한 애는 건드리지 않아. 너무 비열하잖아.

■ beat sb up도 '…를 흠씬 패다' 라는 의미로 beat up on sb하면 어리거나 약한 사람을 팬다는 표현이 된다.

Stop beating yourself up.
그만 자책해.

- Don't beat yourself up about it. It's fate. 그것에 대해 자책하지마. 운명이야.
  You can't beat yourself up. You're a victim here. 자책마. 넌 피해자야.

■ beat oneself up (about) ~는 '…에 대해 자책하다' 라는 뜻이며 beat up on oneself면 '자신을 억누르다' 라는 표현이 된다.

You're beating a dead horse.
넌 지금 쓸데없는 고생을 하고 있는거야.

- Let's not beat a dead horse, it's over. 다 지난 일 헛물켜지마, 끝난 일이야.

■ beat a dead horse하면 '이미 지난 일을 거론하다,' '이미 다 끝난 일에 헛수고하다,' '헛물켜다' 라는 뜻. 죽은 말 채찍질해서 달리게하려는 모습을 상상해보자.

I can't beat that.
정말 난 못당하겠어.

- (You) Can't beat that. 짱이야, 완벽해
  Can you beat it? 어때 놀랍지 않아?

■ You can't beat sth이면 …보다 더 훌륭할 수 없다로 역으로 '완벽하다' 라는 뜻 beat 대신에 top이란 동사를 사용해도 된다. I can't beat that하면 반대로 '난 못당하겠어' 라는 뜻.

That's because nothing beats rock.
왜냐면 록 음악이 최고거든.

- I'll be nuclear bomb. Nothing beats nuclear bomb.
  난 핵폭탄이 될거야. 핵폭탄이 최고잖아.
  Nothing beats a cold beer at the end of the day.
  하루를 끝내고 찬 맥주만큼 좋은 것도 없어.

■ Nothing beats sth은 '…가 최고야' 라는 뜻이다. 이 표현 역시 어느 것도 sth을 이길 수가 없다라는 뉘앙스를 갖고 있다.

I can't beat the commute.
난 통근 길 교통 혼잡을 피할 수 없어.

- Working at home beats the commute to work. 재택근무하면 출근혼잡을 안겪지.

■ beat the traffic은 '교통 혼잡을 피하다' 라는 뜻으로 traffic 대신에 commute를 써도 된다.

Looks like you beat me to it.
네가 나보다 먼저 할 것 같아.

- No, you'll have to beat me to her first. 아냐, 네가 그녀한테 선수쳐야 할 걸.
  Is there a rival company trying to beat you to it?
  너보다 앞서려는 라이벌 회사가 있니?

■ beat sb to sth는 '…보다 먼저 하다,' '…에게 선수를 치다' 라는 표현이 된다.

If you can't beat them, join them.

네가 이길 수 없으면 같은 편이 돼.

- I decided to join them if I can't beat them.

  난 내가 걔들을 이길 수 없으면 걔들과 한편이 되기로 결정했어.

  All they do 24/7 is figure out how to beat the system.

  걔들이 1년 내내 하는 것은 어떻게 하면 시스템을 피할 수 있는 가를 알아내는 거야.

■ if you can't beat, them은 관용어구로 '네가 이길 수 없다면 그냥 함께 하라'라는 실리용 문장. 한편 beat the system은 불법적이든 합법적이든 (정부, 법 시스템을 이겨내고 원하는 것을 얻다라는 의미.

Why's my heart beating like this?

왜 이렇게 심장이 뛰지?

- The heart's beating beneath his chest. 심장이 개 가슴 밑에서 뛰고 있어.

  It's called adrenaline, it makes your heart beat fast.

  이건 아드레날린으로 네 심장을 빨리 뛰게 해주는 거야.

■ beat은 '심장이 뛰다'라는 동사로 heart beats는 심장 박동이라는 뜻이며 beat fast하면 '심장이 빨리 뛴다'라는 의미가 된다.

Outta there! Go on! Beat it!

거기서 꺼져! 어서 가! 비켜!

- I have to get up in two hours! So, if you don't mind, beat it!

  2시간 안에 일어나야해. 괜찮으면 좀 꺼줄래!

  I said go home now! Beat it! 이제 집에 가라고 했다! 꺼져!

■ Beat it!은 '빨리 꺼져!,' '비켜'라는 표현이다.

Beats me. Her car's still in the parking lot.

몰라. 걔 차가 아직도 주차장에 있어.

- A: What the hell happened to Bob's hair? B: Beats me!

  A: 밥의 머리가 어떻게 된거야? B: 난들 알아!

  A: Well, where are we having the party? B: Beats me.

  A: 저, 우리 파티 어디에서 하는거야? B: 내가 어떻게 알아.

■ Beats me는 '잘 모르겠는데,' '내가 어떻게 알아,' '몰라,' '내가 어찌 알아'라는 뜻. 뭔가 놀라운 사실을 발견하고 왜 그런 일이 발생하는지 왜 그게 사실인지 이해가 되지 않는다는 뉘앙스를 갖는다. Search me라고도 한다.

Don't beat around the bush.

말 돌리지마.

- I've got to learn not to beat around the bush.

  말 안돌리는 법을 배워야겠어.

  Stop beating around the bush. What do you want?

  빙빙 둘러 말하지 말고, 뭘 원해?

■ beat around the bush는 사냥할 때 주변 수풀부터 치면서 사냥감(game)을 모는 모습에서 나온 말로 직접적으로 말하지 않고 '…를 둘러서 말하다,' '변죽 올리다'라는 표현이다.

You're gonna try on wife beaters?

너 흰색 나시티를 한 번 입어볼래?

- John's not your typical wife beater.

  존은 네가 생각하는 전형적인 아내패는 사람아냐.

  I need to borrow a wife beater for tonight.

  오늘밤 입을 흰색 나시티 빌려야 돼.

■ wife beater는 '부인을 패는 놈'이라는 뜻. 영화같은데서 보면 보통 남자가 술취해서 하얀 나시티를 입고 아내를 패곤하는데 이런 연유로 wife beater는 아이러니하게도 흰색나시티를 뜻하기도 한다.

■ dead beat은 '녹초가 된'이라는 뜻으로 I'm beat은 I'm very tired라는 의미이다.

See you in the morning. I'm beat.

내일 아침에 보자. 난 아주 피곤해.

- I know, sweetie, I'm sorry, but, I'm beat. 알아, 여보, 미안한데 너무 피곤해.

MORE EXPRESSION

beat off 성공하다

if that don't beat all 충격적이고 놀랍다

B

75

You're so good in bed. 너 정말 침대에서 끝내준다.

It's time to go to bed.
이제 잘 시간이야.

- I put on my pajamas and got into bed. 난 파자마를 입고 잠자리에 들었어.
  Wait. You have to help me get into bed. Sheldon has to get me into bed. 잠깐. 넌 나 자는 거 도와줘야 해. 쉘던이 날 재워줘야 돼.

■■■ go to bed는 '잠자리에 들다' 라는 표현으로 침대에 누워도 재잘거리면서 자지 않을 때도 써도 된다. get (sb) into bed, put sb to bed면 '…를 재우다' 라는 뜻이 된다.

He didn't even get out of bed.
걔는 일어나지 조차 못했어.

- First she kicks me out of bed at 5 this morning. 우선 걔는 오늘 아침 5시에 날 강제로 깨웠어.
  He pulled me out of bed and started to hit me. 날 침대에서 끌어내 때렸어.

■■■ get out of bed는 '일어나다' 라는 뜻이며 kick[throw, knock] sb out of bed, get sb out of bed, drag sb out of bed 등은 '…를 깨우다' 라는 의미가 된다.

She said our father got into bed with her.
그 여자는 우리 아버지와 잤다고 말했어.

- You've got to know who you're getting in bed with. 네가 누구랑 같이 자는지 알아야 돼.
  Medina was in bed with a drug trafficker. 메디나는 마약밀매하는 놈과 잤어.

■■■ be[get] in bed with는 '…와 잠자리를 같이하다' 라는 표현으로 go to bed with, get in(to) bed with도 같은 표현이 된다.

You think I'm trying to get you into bed?
넌 내가 너와 자려고 한다고 생각하니?

- You'll do anything to get me into bed. 넌 나랑 자기 위해 무슨 일이라도 할거야.
  Were you just trying to get me into bed? 나하고 그냥 섹스하려던 거였지?

■■■ get sb into bed는 기본적으로 '…를 재우다' 라는 뜻이나 오묘한 남녀관계 문맥에서는 '…와 섹스하다' 라는 의미가 된다.

You're so good in bed.
넌 침대에서 너무 끝내줘.

- If you want, I can tell people you're good in bed. 네가 원한다면 네가 침대에서 끝내준다고 사람들에게 말할 수 있어.
  Of course you've got to be good in bed to be successful. 물론 성공하려면 넌 침대에서 잘해야만 해.

■■■ good in bed는 GIB라는 약자로도 사용하는데 '침대에서 능한,' 좀 문자 좀 쓰자면 '방중술에 뛰어난' 이라는 부러운 의미.

She can't fake a bedside manner.
걘 환자를 다루는 방법을 거짓으로 못해.

- We know Hal. A little short on the bedside manner. 우린 할을 알지. 환자를 다루는데 요령이 좀 부족하지.
  Dr. Brown is known for his kind bedside manner. 브라운 박사는 환자를 친절히 다루는 것으로 유명해.

■■■ bedside manner는 '환자를 다루는 법' 이라는 표현으로서 의사를 두고 하는 말이다.

We're not becoming a bed and breakfast.
우린 민박을 하지 않을거야.

- Nothing better than a weekend at a good bed and breakfast. 좋은 민박집에서 주말을 보내는 것보다 좋은 건 없지.
  The bed and breakfast in Dublin was beautiful. 더블린의 민박은 아름다웠어.

■■■ bed and breakfast는 숙박과 아침을 제공하는 '민박' 이나 숙박업소를 말한다. 줄여서 B&B라고도 한다. 또한 bed and board는 하숙처럼 숙박과 모든 식사가 되는 것으로 room and board라고도 한다.

She has bedroom eyes.
그녀는 욕정어린 눈을 가지고 있어.

- I saw you undressing him with your bedroom eyes.
  네가 욕정어린 눈으로 걔 옷을 벗기는 걸 봤어.

  Charlotte's life seemed to be a bed of roses.
  샬롯의 삶은 안락한 생활인 것 같았어.

■ bedroom eyes는 '욕정 어린 눈'이라는 재미있는 뜻을 가지고 있다. 또한 not a bed of roses는 '안락한 생활'이라는 의미. 문자 그대로 장미화단이라는 뜻에서 비유적으로 표현된 것.

MORE EXPRESSION

take to one's bed 아파서 자다
make one's bed 잠자리준비하다

» beef

What's your beef? 뭐가 불만이야?

What's your beef?
뭐가 문제야?

- What's your beef here, Bree? 브리, 여기서 뭐가 문제가 돼?

  What was your beef with Ryan, the horse trainer?
  네 말조련사 라이언과 뭐가 문제니?

He had a beef with some girls he was banging.
걘 섹스파트너들한테 불만을 가지고 있었어.

- You had a beef with him. 넌 걔하고 다퉜지.

  Anybody got a beef with you? 누가 너한테 불만이 있대?

■ beef는 여기서 어떤 문제나 다루기 어려운 일이라는 의미. 착각하기 쉬운 표현으로 Where's the beef?가 있는데 이는 웬디스가 맥도날드 햄버거의 고기가 너무 적다고 네가티브 광고를 하면서 유명해진 것으로 비유적으로 '핵심이 뭐냐, 알맹이는 뭐냐?라는 말.

■ have[get] a beef with는 '…와 불만이 있다,' '다투다'라는 뜻으로 complain, quarrel과 같다. 한편 get into a beef하면 '…와 다투게 되다'라는 의미.

MORE EXPRESSION

beef (sth) up 강화하다, 보강하다
beef about 매우 불만하다

» beg

I beg to differ. 내 생각은 달라.

Her life belongs to me, and she'll beg to keep it.
걔의 목숨은 나한테 달렸는데 살려달라고 애원할거야.

- No Michael. I am not gonna beg for forgiveness.
  안돼 마이클, 용서해달라고 빌지 않을거야.

  He'll dump Susan and beg me to take her.
  걘 수잔을 버리고서는 나한테 가지라고 간청할거야.

■ beg to[for]는 '…에게[을] 구걸하다, 애원하다'라는 뜻이고 beg sb to하면 '…에게 …해달라고 애원하다'라는 의미가 된다.

Then tell him that. I beg of you.
그런데 제발 걔한테 말해줘.

- A: We can go into detail. B: No don't. I beg of you!
  A: 우린 좀 자세히 들어갈 수 있어. B: 그러지마, 제발!

  Please forgive me, I beg of you, please, forgive me.
  제발 용서해줘, 제발, 용서를.

■ I beg of you는 '제발'이라는 뜻으로 please와 같다. 문자 그대로면 '너한테 빌게'라는 말.

I beg to differ.

내 생각은 달라.

- Oh, I beg to differ, buddy. You're a wanted criminal.
  오, 친구 난 생각이 달라. 넌 수배자야.
  I beg to differ. I'm five weeks older than you.
  난 생각이 달라. 내가 너보다 5주 나이가 많아.

beg to differ은 '생각이 다르다'는 말로 상대방의 말에 이견을 말할 때 사용하면 된다.

I'll have to beg off.

난 빠져야겠어.

- We should all beg off. Tell him we failed.
  우리 모두 빠져야 될 것 같아. 걔한테 우리가 실패했다고 말해.
  My friends begged off the invitation. 내 친구들은 초대를 거절했어.

beg off는 이미 하기로 약속한 것을 깨고 하지 않겠다고 말하는 것을 뜻하는 것으로 '사양하다,' '거절하다,' '빠지다'라는 표현.

I'm begging you.

부탁이야.

- If you know anything, I am begging you to tell me.
  네가 뭐라도 알면 말해주기를 부탁해.
  But I'm begging you, please leave my wife out of it.
  그래도 부탁해 제발 내 아내를 그 일에서 빼줘.

I'm begging you는 '부탁해'라는 의미로 간절히 부탁할 때 사용한다.

I beg your pardon.

다시 말해줄래.

- I beg your pardon. Your testimony. 다시 말해주세요. 당신의 증언말입니다.

I beg your pardon은 '다시 말해줘' 또는 '죄송해'라는 아주 익숙한 표현으로 말을 알아듣지 못했을 때 단골로 쓸 수 있다.

Which begs the question: who're you sleeping with?

이 질문을 하게 되는데. 도대체 누구랑 잔건데?

- Which begs the question, "Marvin, what do we do now?"
  이 질문을 해야 되겠군, '마빈, 이젠 우리 어떻게 하지?'
  It begs the question, did you make the right decision?
  질문을 하게 되는데, 제대로 된 결정을 한거야?

beg the question은 '질문을 하게 되다'라는 표현이다.

» behave

It's a pattern of behavior. 제 버릇 개 못준다니까.

I thought you've seen him behave like that.

걔가 그렇게 행동하는 것을 네가 본 적이 있다고 생각했어.

- Can't we just sit here and behave like normal human being people? 우리 여기에 앉아서 그냥 정상적인 인간처럼 행동할 수는 없을까?

behave like는 '…처럼 행동하다'라는 뜻, 또한 behave as if[though]하면 '…처럼 행동하다,' well-behaved는 '행실이 좋은'이라는 의미이다.

Behave yourself

버릇없이 굴면 안 돼.(점잖게 행동해.)

- Hey, make sure you behave yourself out there.
  야, 밖에 나가서는 올바르게 행동해야 해.

  You're going to behave yourself. Because if you don't, I'm going to fire you. 예의바르게 행동해. 그렇지 않으면 해고할거야.

■■■ behave oneself는 '행실을 바르게 하다' 라는 뜻으로 주로 어린아이들에게 사용하는 표현이다.

Well, then I better be on my best behavior.

글쎄, 난 근신하는 편이 좋을거야.

- Fine, but you have to promise to be on your best behavior.
  좋아, 하지만 넌 행실을 잘하겠다고 약속을 해야만 할거야.

  You make me promise to be on my best behavior around your girlfriend. 네 여친 옆에서 얌전하게 굴라고 내 다짐을 받아냈잖아.

■■■ be on your best[good] behavior은 '근신하다,' '행실을 잘하는 중이다' 라는 의미의 표현

It's a pattern of behavior.

제 버릇 개 못 준다니까.

- It'll help us establish a good pattern of behavior.
  그건 좋은 습관을 기르는데 도움이 돼.

  I'm with the FBI, behavioral analysis unit. FBI 범죄행동분석팀에서 일합니다.

■■■ pattern of behavior는 행동양식이라는 말로 '행태' 또는 '버릇' 을 의미하는 단어이다. 또한 BAU는 FBI 내 한 부서인 '범죄행동 심리분석팀' 으로 범인의 행동 양식을 심리적으로 분석하여, 즉 profiling해서 범인을 찾는 곳이다.

» behind

 Put today behind us. 오늘 일은 다 잊어버리자.

I'm behind the eight ball.

지금 곤란한 상황이야.

- Um, the immigration laws have gotten really tough in this country, so we're behind the eight ball going in.
  이 나라 이민법이 갈수록 나빠지고 있어 우리 입장도. 더 어려워지고 있지.

■■■ be behind the eight ball은 '불리한[곤란한] 입장에 처해있다' 라는 표현. 포켓볼에서 맨 나중에 넣어야 하는 검은 공인 8번 뒤에 있다는 데서 유래된 말.

I'm right behind you.

나도 당신 뒤를 따를게요.

- I'm 100% behind you. 난 전적으로 네 편이야.
  We're behind you all the way. 우리는 너를 끝까지 지지할거야.

■■■ be behind you는 '너를 돕는다' 또는 '네 편이다' 라는 의미이며, Behind you!하면 '뒤를 봐,' '조심해' 라는 표현.

Put today behind us.

오늘 일은 잊어버리자.

- We can put this whole nasty episode behind us.
  이 더러운 일을 다 잊어버리자.

  Can't we just put this behind us? 우리 이걸 잊을 수는 없을까?

■■■ put ~ behind sb는 '…을 뒤로 한다' 라는 뉘앙스로서 '…를 잊다' 라는 의미.

B

I don't believe this. 이건 말도 안돼.

I can't believe it.
설마! (말도 안 돼, 그럴 리가, 이럴 수가!)

- Oh, my God! This is so cool! I can't believe it.
  맙소사! 이거 멋있다! 이럴 수가!

  Oh, my gosh. I can't believe it! We're roommates!
  이런, 우리가 룸메이트라니!

▬ I can't believe it은 믿을 수가 없다라는 뉘앙스로 '설마' 또는 '이럴 수가' 라는 표현.

I can't believe you did that.
네가 그걸 했다니 믿을 수가 없어.

- I can't believe Blair hasn't told me about this yet.
  블레어가 왜 나한테 아직 그거에 대해 말을 안했는지 놀랍구만.

  I can't believe you lied to me! 네가 나한테 거짓말을 하다니!

▬ I can't believe S+V~는 놀라서 믿을 수 없다는 느낌의 표현으로 '···한 것이 믿어지지 않는다,' '···가 놀랍다,' '말도 안 돼,' '도저히 있을 수 없는 일이다' 라는 의미.

You can't believe what your mom did!
넌 네 엄마가 한 짓을 믿지 못할 거야!

- You can't believe how mad Bart was. 넌 바트가 얼마나 화났는지 믿지 못할거야.

  You can't believe I'm some cold-blooded killer.
  내가 냉혈한 살인자라는 걸 믿지 못할거야.

▬ You can't believe~는 '···을 믿지 못할 거야' 라는 의미로 상대방에게 놀랍거나 충격적인 사실을 전달할 때 사용한다. You can't believe that S+V 혹은 You can't believe 의문사 S+V 라 써도 된다.

I don't believe it.
뜻밖이야.

- God! I don't believe it! When did you get to town?
  어휴, 뜻밖이네. 언제 시내에 온거야?

  I don't believe this. You're setting me up? 말도 안 돼. 날 함정에 빠트렸어?

▬ I don't believe it은 놀람이나 짜증을 나타낼 때, '뜻밖이네,' '이럴수가' 에 해당된다. 한편 I don't believe this!는 '이건 말도 안돼' 라는 뜻으로 뭔가 이상한 상황에 처했을 때 혹은 그다지 원하지 않는 방향으로 자신의 상황이 진행되어갈 때 사용하는 표현.

Would you believe it?
그게 정말이야?, 그걸 지금 말이라고 하는거야?

- Would you believe she was once the most beautiful girl in high school? 개가 고등학교에서 한때 가장 예쁜 애였다는 걸 믿으라고?

  Would you believe it slipped my mind? 내가 그걸 깜빡했다는 걸 믿어져?

▬ Would you believe~?는 '지금 그걸 믿으라는거야?' 라는 뜻으로 갑작스럽고 놀라운 일로 그다지 받아들이고 싶지 않을 때 사용할 수 있다.

A little hard to believe how hot he is.
개가 섹시하다는 건 좀 믿기 어렵지.

- Is that so hard to believe? 그게 그렇게 믿기 어렵니?

  You may find this very hard to believe, but it's true.
  이건 좀 믿기 어렵지만 사실이야.

▬ It is difficult[hard] to believe~는 '···를 믿는게 어렵다' 라는 표현으로 줄여서 hard to believe~라고 해도 된다.

You won't believe what you started.
네가 뭘 시작했는지 믿지 못할 걸.

- You won't believe what I just got. 내가 지금 뭘 받았는지 못 믿을거야.

  You won't believe how easy this is. 이게 얼마나 쉬운지 믿기 어려울 걸.

▬ You won't believe this는 '이거 믿지 못할 걸' 이란 표현으로 놀라운 소식을 전할 때 사용한다. You won't believe 의문사 S+V라고 자세히 놀라운 이야기를 한 문장에 넣어 말할 수도 있다.

Do you expect me to believe that?

설마 나더러 그 말을 믿으라는 건 아니겠지?

- You can't expect me to believe that.
  그 말도 안 되는 소리를 나더러 믿으라는거야.

  You expect me to believe that nothing happened?
  아무 일도 없었다고 나보고 믿으라고?

■ expect sb to believe~
는 '…가 …를 믿다' 라는 의미.

Believe me.

정말이야.

- Believe me, your feelings are just as important as hers.
  정말이야, 네 감정은 걔의 감정만큼이나 중요하지.

  Believe me when I say I tried to calm her down.
  내가 걜 진정시키려고 했다고 말하면 믿어주라.

■ Believe me는 '날 믿어,'
'정말이야' 라는 뜻. 강조하려면
Believe you me를 쓰기도 하는
데 이는 You really should
believe me와 같은 뜻. 또한
Believe me when I say~는 '내
가 …라고 하면 믿어' 라는 말.

You('d) better believe it!

정말야, 확실해!

- You better believe it, lady. 아가씨, 정말이라니까.

  A: Waiting for us? B: You better believe it.
  A: 우릴 기다렸다고? B: 정말이야.

  You better believe he's tired, after the day we had!
  걘 하루일과를 마치고 지친게 확실해.

■ You had better believe
it은 네가 믿는 편이 좋아, 즉 '틀
림없어,' '정말야' 라는 말. 또한
You'd better believe that S+V
는 앞의 it 대신에 S+V의 절이 나
온 경우로 역시 '…가 정말이야,'
'틀림없어' 라는 뜻이다. had 그리
고 심지어는 You도 생략해도 된
다.

It's believed to be his most vicious kill of all.

그가 저지른 것 중 가장 잔인한 살인인 것 같아.

- The store's owner is believed to have been inside at the time
  of the blast. 가게 주인은 폭발당시 가게 안에 있었던 것 같아.

  It is believed to be female. 여성이라고 믿어져.

■ It is believed that~은
'…라고 믿어진다' 라는 뜻으로
that절 대신에 It's believed to
do~라고 써도 된다.

Me too. I'll believe it when I see it.

나도 그래. 내가 직접 봐야 믿지.

- A: It's a done deal. B: I'll believe it when I see it.
  A: 합의가 이루어졌어. B: 직접 봐야 믿겠어.

  You don't say! I'll believe it when I see it. 설마! 직접 보기 전엔 못 믿어.

■ I'll believe it when I see
it은 '눈으로 볼 때 믿는다' 라는
뜻으로 불신의 시대에 바람직한
표현으로 '직접봐야 믿겠어' 라는
말로 그전까지는 못믿겠다는 의
미.

You don't have to make believe you're gonna call.

전화하는 척 할 필요는 없어.

- But theoretically, just in a make believe world.
  그러나 단지 가공의 세계에서 이론적으로는.

  We're not wealthy. Make believe or not.
  우린 부자가 아냐. 그런 척을 하거나 말거나.

■ make believe는 '…인 척
하다' 라는 뜻이며 또한 형용사로
쓰이면 '가공의' 라는 의미가 된다.

MORE EXPRESSION

I believe so 그런 것 같아
I don't believe so 그렇지 않은
것 같아
believe it or not 믿거나 말거나

You don't belong here. 너 여기에 오면 안돼.

It doesn't belong to him.
이건 걔의 소유가 아냐.

- This cat belongs to a little girl. 이 고양이는 어린 여자애거야.
  I say this ring belongs to the last person who can hold on.
  이 반지는 끝까지 집고 있는 사람이 임자라고 하자.

> **belong to**는 '…에 속하다,' '…의 것이다'라는 뜻으로 소유 내지 소속을 의미한다.

You belong with me.
넌 나와 함께 해야 돼.

- You're 14 years old. You still belong with your parents.
  넌 열네살야. 부모님과 아직 함께 해야지.
  You belong with the big boys. 넌 큰 물에서 놀아야 돼.

> **belong with**는 '…와 관계가 있다,' '…와 반드시 함께 해야 한다'라는 의미.

We do belong together.
우린 진짜 연인사이야.

- You and Martin belong together. 너와 마틴은 연인사이야.
  It just seems that you two belong together.
  너희 둘이 연인사이인 것 같구나.

> **belong together**는 비유적 의미로 쓰여서 '연인 사이이다'라는 의미.

You don't belong here.
여기에 오면 안 돼.

- Why don't you stop butting in where you don't belong?
  네가 이곳 사람이 아닌데 왜 끼어들려고 하니?
  Don't ever tell me that I don't belong here. 내가 여기 사람아니라고 말하지마.

> **belong somewhere**는 '어느 곳 사람이다' 또는 '어느 곳에 어울린다'라는 의미. 주로 와서는 안될 곳에 왔을 때의 느낌을 떠올려보면 된다.

She's packing her belongings to move to Ross's.
걘 로스 집으로 이사가려고 소지품을 꾸리고 있어.

- You mind if we go through Chris's belongings?
  우리가 크리스 소지품을 뒤져봐도 괜찮니?
  She goes over to get all of her belongings from the desk.
  걘 가서 책상에 있는 모든 자기 소지품을 챙겼어.

> **personal belongings**는 '개인 소지품'이라는 표현. belongings처럼 항상 복수로 써야 된다는 점을 명심하자.

놓치면 원통한 미드표현들

- **bloom** 자라다, 생기가 돌다 in (full) bloom 만개한, 완전히 자란
  I didn't bloom. 난 아직 완전히 자라지 않았어.

- **late bloomer** 대기만성형 사람
  He was a bit of a late bloomer. He's a big man now. 걘 약간은 대기만성형이었지. 이제는 큰 인물이지.

- **boil down to** 핵심[결론]은 …이다, …로 귀착이 되다
  I'll boil it down for you. 간단히 얘기할게.

- **bollocks** 불알, 무의미한 말(nonsense), 개소리
  Bollocks to him. 엿이나 먹으라고 해.
  Oh, bollocks! Not her as well?
  오, 개소리마! 그 여자애도 역시 아냐?

You bend over backwards. 넌 최선을 다해 애쓰고 있어.

She struggles to bend over to get it.
걘 그걸 얻으려고 열심히 노력하고 있어.

- Don't bend over for the soap. 비누를 집으려고 몸을 숙이지마.

  You used to go out to the barn, lift up your shirt, and bend over.
  넌 헛간으로 가서 셔츠를 벗어버리고 자세를 취하곤 했지.

  So I am not going to bend over a dollar to pick up a dime.
  내가 허접한 것을 얻으려고 더 소중한 것을 무시하는 일은 없을거야.

bend over는 '노력을 하다' 라는 뜻으로 '…을 하려고 몸을 굽히는 그림을 그리면 이해가 된다. 특히 get ready to be fucked라는 의미로 남자가 여자에게 혹은 감방에서 남자가 남자에게 하는 말. 그래서 감방에서 비누가 바닥에 떨어졌다고 해서 주우려고 하면 안되는데 비유적으로 뭔가 잘못했을 때 '수치를 당하고 참다' 라는 표현으로도 쓰인다.

You bend over backwards.
넌 최선을 다해 애쓰고 있어.

- I am willing to bend over backwards.
  난 기꺼이 최선을 다해 노력할게.

  We're gonna bend over backwards to assist you on this.
  우린 이 문제와 관련 널 도와주기 위해 최선을 다할거야.

bend over backwards for sth[~ing/ to do]은 남을 위하거나 어떤 목표를 향해 '최선을 다해 …하려고 애쓰다' 라는 표현으로 많이 쓰인다.

Thank you for your bending your ears.
내 말에 귀 기울여줘서 고마워

- Let me bend your ear down the hall for a sec, huh?
  잠깐만이라도 홀 쪽에 귀를 기울여봐, 어?

  Can I bend your ear for a few minutes? 잠깐만 귀 좀 기울여줄래?

bend one's ears는 '…의 귀를 기울이다,' '경청하다' 라는 의미.

I'm sure they'll bend the rules.
걔들은 규정을 어길게 분명해.

- Ask me to bend the rules to help you on your case?
  네 소송에서 널 돕도록 나한테 규정을 어기라고 부탁하는거야?

  Come on, bend the rules this one time. 이봐, 이번 한번만 규칙을 어기자.

bend the rules는 '규칙을 어기다' 또는 '변칙을 적용하다' 라는 의미.

What are you getting so bent out of shape for?
뭐 때문에 그렇게 열 받은거야?

- I'm sorry you're so bent out of shape. I didn't mean to upset you. 너 열받게 해서 미안해. 널 화나게 하려는 생각은 없었어.

  Clearly Cindy was bent out of shape. And so was I.
  분명히 신디는 열을 받았어. 나도 그랬고.

get bent out of shape은 '…에 대해 화를 내다,' '열받다' 라는 뜻으로 get upset과 같은 의미.

Why are you so hell bent on getting me to go out with you?
나와 데이트하려고 왜 그렇게 필사적이야?

- She's hellbent on getting the four of us together Saturday.
  걘 우리 4명이 토요일에 모이는데 필사적이야.

  Ray has been hellbent on destroying Tom.
  레이는 탐을 망가트리려고 필사적이야.

(be) (hell) bent on sth[~ing]은 뭔가 나쁜 일을 하려고 굳게 마음을 먹었다는 뉘앙스를 가진 표현으로서 '…하는데 필사적이다,' '…하려고 작정하다' 라는 의미.

MORE EXPRESSION

on bended knee 무릎 꿇고, 열심히 설득하는

bend to one's will 원치 않지만 다른 사람이 원하는 것을 하다

B

We're friends with benefits. 우린 섹스하는 친구사이야.

Clearly being alone has its benefits.
혼자라서 유익한 것도 있어.

- She had the benefit of not getting kicked out of three schools.
  걘 학교 3군데로부터 쫓겨나지 않는 특혜를 받았어.

  It's not quite as interesting, but it has the benefit of being true.
  그건 아주 흥미롭지는 않지만 실화라는 장점은 있어.

have the benefit of은 '…의 혜택을 받다'라는 표현. get benefit from도 같은 뜻. 한편 be of benefit은 '이익이 되다'라는 의미로 be beneficial과 같은 표현.

It works to the client's benefit as well.
의뢰인들의 이익에도 도움이 되었습니다.

- You were sued for manipulating that study to your benefit.
  넌 그 연구를 네 이익을 위해 조작했다고 고소당했어.

  The speech was read for the benefit of the audience.
  연설은 청중들을 위해 낭독되었다.

to[for] the benefit of는 '…에게 유익하게,' '…에게 도움이 되는'이라는 뜻이며 with [without] the benefit of~하면 '…의 혜택과 함께[혜택이 없이]' 라는 의미가 된다.

We were planning a benefit dinner.
우린 모금 만찬을 기획하고 있었어.

- We met at a kids' charity benefit. 우린 아동자선 모금행사에서 만났어.

  Not to mention the medical benefits, it would improve your quality of life. 이건 의료보험은 말할 것도 없이 네 생활수준을 향상시킬거야.

benefit dinner는 '자선 만찬'이라는 뜻이다. 한편 charity benefit하면 '자선모금행사' fringe benefit하면 임원비서나 자동차 등의 '부가혜택' health benefit은 '의료혜택' medical benefit은 '의료보험' 등을 각각 의미한다.

I want to give you the benefit of the doubt.
난 널 선의로 믿어보고 싶어.

- Come on, give me the benefit of the doubt, will you?
  이봐, 나 속는 셈치고 한 번 믿어보지 않을래?

  Let's just give her the benefit of the doubt.
  속는 셈치고 걔를 믿어보자.

give sb the benefit of the doubt는 '…의 말을 반증할 수 없으므로 선의로 …를 믿어주다,' '유리한 판단을 하다'라는 의미. 법에서 쓰이면 증거불충분으로 '무죄추정을 하다'라는 뜻이 된다.

Who benefited from her death?
걔의 죽음으로 누가 이익을 봤나?

- She's actually benefiting from the breakup.
  걔는 실제로 헤어져서 더 이익을 봤어.

  So who benefits from destroying the life of another?
  그래 다른 사람의 삶을 파괴시켜서 이익 보는 사람이 누구냐?

benefit from은 '…으로 이익을 보다'라는 뜻으로 benefit이 동사로 쓰인 경우.

Fine. Are you and Chris friends with benefits?
좋아. 너하고 크리스는 부담 없는 섹스파트너야?

- A: So we're still friends? B: With benefits?
  A: 그래 우린 여전히 친구사이지? B: 섹스를 하는?

  I don't think I'm modern enough to handle this 'friends with benefits' thing. 난 '부담 없는 섹스파트너'라는 것을 감당할 만큼 현대적이지 못한 것 같아.

  A fuck buddy is a guy you dated once or twice. He's like a dial-a-dick. 섹스친구는 한두번 데이트한 사람을 말해. 전화하면 오는 남자처럼말야.

friends with benefits는 아주 재미있고 국내도입이 시급한 미국문화. 낮에는 친구, 밤에는 섹스파트너가 될 수 있는 관계로 감정적인 개입은 없기 때문에 남친, 여친이라고는 하지 않는다. fuck buddy와 유사한 개념이고 dial-a-dick(전화하면 오는 남자)라고 불리기도 한다. 또한 bootycall friends도 비슷한 개념.

That's the best I can do. 그게 내가 할 수 있는 최선이야.

It's the best day of my whole life.
내 생애 최고의 날이야.

- It's the best thing for a cold. 그건 감기에는 최고야.
  It's the best possible scenario. 그건 최고의 시나리오야.

■■ It's[That's] the best~는 '최고의 …이다' 라는 표현.

It's the best we got, Hotch.
하치, 그건 우리가 가진 것 중에 최고야.

- It's the best chance I've got. 내가 가진 최고의 기회야.
  It's the best evidence we got, so we're gonna run with it.
  우리가 보유한 최고의 증거라 써먹을거야.

■■ It's[That's] the best (+N) we got는 '…는 가진 것 중에 최고야' 라는 의미이다.

It's the best sex I have ever had.
내가 해본 것 중에 최고의 섹스야.

- It was a best blind date I've ever had.
  내가 해본 것 중에 가장 최고의 소개팅이었어.
  He's the best friend I've ever had. 걘 내가 가져본 가장 최고의 친구야.

■■ It's[That's] the best+N S+have ever+pp는 '…해본 것 중에 최고야' 라는 강조표현.

That's the best I can do.
그건 내가 할 수 있는 최선이야.

- It's the best I can do till Tripp gets back.
  트립이 돌아올 때까지 그게 내가 할 수 있는 최선이야.
  I promised I'd sit with you. That's the best I can do.
  내가 너랑 같이 있을 것 약속해. 그게 내가 할 수 있는 최선이야.

■■ It's[That's] the best I can do는 '내가 할 수 있는 최선' 이라는 뜻이다.

What's the best way to get him to do something?
걔로 하여금 뭔가를 하게 하려면 어떤 방법이 최선이야?

- It's the best way to jump start him into talking.
  그게 걔로 하여금 말하도록 다그치는게 최선의 방안이야.

■■ What is the best thing [way] to~ ?는 '…하는데 최선의 방법은 무엇이야?' 라는 표현.

That's the best thing about her.
이 점이 걔의 가장 좋은 점이야.

- A: We love naked girls. B: They're one of the best things in the world. A: 우린 벗은 여성을 좋아하지. B: 세상에서 제일 좋은 것 중에 하나지.
  This is the best thing for everyone. 이건 모두에게 최선이야.

■■ the best thing은 당연히 '최고의 것', '장땡' 이라는 뜻.

Then being close to him was the next best thing.
그런데 걔와 가까이 있는 것이 차선책이었어.

- He might die today anyway but Dr. Burke is the very best.
  걘 어쨌든 오늘 죽을 가능성이 있지만 버크 박사는 최고의 의사야.
  I've got the next best thing, Jessica. 난 차선책이 있잖아, 제시카말아.

■■ the very best~는 '최상의' 라는 뜻이며 the next best thing, second best는 '차선' 이라는 의미를 갖는다.

I did it! I got the best of you!
내가 해냈어. 내가 널 이겼지.

- Never let your emotions get the best of you. 절대로 감정적으로 말하지마.
  Make sure her hormones don't get the best of her.
  호르몬에 환자가 좌지우지 안되게 해.

■■ get the best of sb는 '…를 이기다,' '능가하다,' '…를 잘 이용하다' 라는 등 여러 의미로 쓰인다.

We're just gonna have to make the best of this.
우린 어려운 상황에서도 최선을 다해야 돼.

- Some of us just have to move on to Plan B and make the best of it. 우리 중 일부는 Plan B로 넘어가 최선을 다해야 돼.
  You try to make the best of a bad situation. 안 좋은 상황에 잘 대처해봐.

■■ make the best of sth은 어렵고 힘든 상황에서도 원하는 결과를 얻기 위해 '최선을 다하다' 라는 뜻이다.

All the best to your classmate.
네 학급 친구들에게 안부 전해줘.

- Give my best to your folks. 가족들에게 안부전해줘.
  Give my best to your family, Ben. OK? 벤, 가족들에게 안부전해줘, 응?

■■ give one's best to는 '…에게 …의 안부를 전하다' 라는 뜻으로 all the best for도 같은 의미. 물론 give one's regards to sb도 안부전해달라는 표현.

I'm hoping for the best.
잘 되길 빌고 있어.

- It's all for the best. 앞으로 나아질거야.
  I'm sure you'll agree it's for the best.
  다 잘 되라고 그러는 것이라고 네가 동의할거라 확신해.

■■ hope for the best는 '가능성은 희박하지만 잘되기를 바라다' 라는 의미로 Hope for the best, be ready for the worst라는 속담도 있다. 또한 be (all) for the best는 '지금은 좋지 않지만 그게 잘하는 일이다' 라는 표현.

I'm doing my best.
난 최선을 다하고 있어.

- I'll do my best to answer them. 걔들에게 답변하려고 최선을 다하고 있어.
  I'm going to do my best to keep my word.
  내 약속을 지키려고 최선을 다할거야.

■■ do one's best는 '…의 최선을 다하다' 라는 기본표현으로 try one's best라고 해도 된다.

You are the best!
네가 최고야!

- Dr. Burke said you're the best. 넌 내가 알고 있는 사람 중 최고야.
  You are the best. People come from all over the country to see you.
  당신이 최고야. 전국의 사람들이 너를 보려고 오잖아.

■■ You are the best는 '네가 최고다' 라는 말. 앞의 경우처럼 (that) I've ever had을 넣어서 강조할 수도 있다.

■■ to the best of one's ability~은 '…의 능력이 닿는데까지' 라는 표현.

I tried this case to the best of my ability.
난 이 소송에서 능력이 닿는 한 최선을 다했어.

- Now, to the best of my map reading abilities, we're headed towards Portsmouth, New Hampshire.
  이제, 나의 지도 읽는 능력을 동원해서 우린 뉴햄프셔 포츠머스로 향했어.

  Our complaining witness is protected and represented to the best of our ability. 우리의 고소제기 증인은 보호되고 있고 우리 능력껏 대변될 것입니다.

MORE EXPRESSION

best of all 무엇보다도
as best you can 최선을 다해
with the best of intentions 선의로
at the best of times 가장 좋을 때에도
at best 기껏해야
at one's best 가장 좋을 때
best man 신랑 들러리
one's Sunday best 가장 좋은 옷

I wouldn't bet on it. 아닐 것 같은데.

(You) Wanna bet?

내기할래?

- How much you want to bet? 넌 얼마나 걸고 싶으니?
  What do you want to bet that's where he was coming from?
  걔가 그곳에서 오는 길이었다는데 뭘 걸래?

■ You want to bet?은 '나랑 내기할래?' 라는 말로 What do you want to bet S+V?하면 '···하는데 뭘 걸고 싶으니?' 라는 표현이다.

I'd bet my last dollar that she's a lesbian.

걔가 동성연애자라는 건 정말 확실해.

- I bet it will have nothing to do with secret agents.
  그건 비밀요원과는 아무런 관계가 없을거라고 확신해.
  No, but I'd bet somebody here was. 아냐, 하지만 여기 누가 있었던게 확실해.

■ I('ll) bet S + V, I bet you that S+V은 '···라는 걸 장담해,' '···를 확실해' 라는 뜻이 된다. 한편 좀 길지만 I'd bet my last dollar that~이면 '···라는 데 내 전 재산을 걸겠다'라는 말로 '···라는 건 확실해' 라고 강조하는 표현.

I'd bet my life on it.

틀림없어.(확실해.)

- And you'd bet your life on that. 그리고 그건 아주 확실해.
  You bet on me. 날 믿어봐.

■ bet one's life on sth은 ···에 ···의 목숨을 건다라는 말로 '···가 확실해' 라는 뜻으로 강한 확신을 표현한다. 한편, bet on sb는 사람에게 베팅건다는 것으로 '···를 강하게 믿는다' 라는 의미.

You can bet he's gonna use it.

걔는 그걸 반드시 사용할거야.

- You can bet your sweet ass I will find them.
  내가 반드시 걔들을 찾을거야.
  You can bet that he's done the same thing to other women.
  걔가 다른 여자들에게도 분명히 같은 짓을 했어.

■ You can bet (sth) S + V 는 '장담하지만 틀림없이 ···이다' 라는 말로 앞의 You bet S+V와 같으나 can을 넣어서 좀 부드럽게 만든 경우. sth 자리에 your sweet ass 또는 your sweet life 라는 표현을 사용하면 강조가 된다.

I wouldn't bet on it.

난 아닐 것 같아.

- Personally, I'd bet on a bear market. 개인적으로 난 하락장세가 될거라 믿어.
  You can bet on it. 그럼, 물론이지, 정말야.

■ bet (sth) on sth은 ···이 될 것에 건다는 뉘앙스로 '···에 장담한다' 라는 의미를 가지며 don't bet on it하면 '···에 걸지마라'라는 말로 '···가 아닐거야' 라는 뜻이 된다.

My bet is that it's against your lab's policy.

내 생각으로는 그건 확실히 실험실 정책에 어긋나는거야.

- My bet is that it's at the loading dock. 내 생각은 그게 선착장인 것 같아.

■ My bet is that~은 '내 생각으로는 반드시···' 라는 의미로 내가 that 이하에 내기를 건다라는 뜻이기 때문이다.

Your best bet is to hide it in the safe.

가장 좋은 방법은 그걸 금고 안에 숨기는거야.

- Your best bet would be to kill all the other men on the planet.
  가장 좋은 방법은 지구상에 있는 모든 다른 남자들을 죽이는거야.
  It's your best bet to make this go away. 잊는게 가장 좋은 방법이야.

■ Your best bet is~는 '가장 좋은 방법은 ···이다' 라는 구어체 표현이다.

They're in Atlanta, I'll bet.

걔들은 틀림없이 아틀란타에 있어.

- I'll bet. I'm gonna change and go to the gym. 걱정마. 옷갈아입고 체육관갈게.
  A: Thank God. I was so worried. B: Yeah, I'll bet.
  A: 다행이야. 걱정 많이 했었어. B: 그래, 그랬을거야.

■ I'll bet은 '틀림없어,' '확실해' 라는 뜻으로 I'm pretty sure와 같은 의미로 쓰이나 약간 빈정거리는 투로 '그래, 알았어' 라는 뜻으로도 사용된다.

You bet.

확실해. (물론이지.)

- A: Will you come with me? B: You bet! A: 우리랑 같이 갈거니? B: 그럼!
  A: What do you think I am, a pimp? B: You bet!
  A: 내가 뚜쟁이 같아? B: 물론!

■ You bet은 이번에는 반대로 상대방보고 베팅을 걸라는 의미로 그만큼 확실하다, 틀림없다 라는 표현이다. You betcha라고 표기도 하는 이 표현은 '틀림없어,' '물론이지,' '그럼!' 이라는 감탄 표현으로 많이 쓰인다.

You bet your ass I do.

맹세코 내가 할게.

- A: You have every reason to be angry with me. B: Yeah, you bet your ass I do. A: 내게 화를 내도 할 말이 없다. B: 그래, 당근이지.
  A: You're pathetic, that's what you are. B: You bet your sweet ass I am. A: 너 한심 그 자체야. B: 그래 정말이지 나 짜질해.

■ You bet your life, You bet your boots!, You bet your bippy, You bet your ass 등은 '하느님께 맹세코,' '단연코' 라는 강조표현으로서 상대방 말을 받아 뒤에 I do, I am 등을 사용한다.

I got a bet with House.

난 하우스 박사하고 내기를 했어.

- A year earlier, Jim made a bet with Bill. 일 년 전에 짐이 빌과 내기걸었어.
  I just lost a bet with myself. 난 나 자신에게 진 사람이야

■ win[lose] a bet은 '내기에서 이기다[지다]' 라는 뜻이며 place[put, lay] a bet 또는 make a bet, get[have] a bet 등은 '내기를 걸다, 하다' 라는 의미의 표현들.

It's a good bet he's not our guy.

걔가 우리가 찾는 용의자가 아닌 것이 확실해.

- It's a safe bet she lives on Staten Island, probably in Stapleton. 걔가 스태튼 섬, 아마도 스테이플턴에 살고 있는게 확실해.
  It's a pretty safe bet I'm clean. 난 전과가 없다는게 확실하다니까.

■ It's a good[safe] bet S+V는 '…하는 게 제일 안전해' 또는 '…하는 게 제일 확실해' 라는 표현이다.

» better

 What could be better? 이보다 더 좋은게 뭐가 있을까?

(It) Couldn't be better.

최고야. (더 이상 좋을 순 없어.)

- Oh well, you're timing couldn't be better. 오, 정말 너 타이밍 끝내주네.
  It couldn't have worked out better. 이번 일은 너무 잘 됐어.

■ couldn't be better는 '더 이상 좋을 순 없어' 또는 '최고야' 라는 말. not이 있다고 부정으로 생각하면 안된다. 부정+비교=최상급이라고 배웠던 학창시절을 떠올려보자.

I've never been better.

그 어느 때보다도 잘 지내.

- My health has never been better. 난 그 어느 때보다 건강해.
  I've never eaten better. 음식 정말 잘 먹었어.

What could be better?

이게 가장 좋아.

- What could be better than this? 이보다 더 좋은게 뭐가 있을 수 있겠어?
  What could be better? We're in. 이게 가장 좋아. 우리도 함께 할게.

(Things) Could be better.

별로 그래.

- Oh no! It could be better, but it's gonna be okay, right?
  오 아니! 그냥 그래. 하지만 좋아지겠지, 그렇지?

(It's) Better than nothing.

없는 것보단 낫네.

- And you got 3 points which is better than nothing.
  그리고 넌 3 포인트나 있는데 이것은 없는 것보다 나아.
  Something's better than nothing. 어떤 것은 아예 없는 것보다 나아.

(I've) (got) Better things to do.

시간낭비하지마.(그걸 할 바에는 다른 걸 하겠어.)

- I got better things to do than listen to a cop crack wise.
  경찰의 그럴듯한 말을 듣느라 낭비할 시간 없어.
  We got better things to do than be the Frank's family counselor.
  프랭크 가족의 고문 변호사가 되는 것은 시간 낭비야.

Are we better off now?

우리 이제 더 잘 살고 있는거야?

- You're better off without me. 내가 없는게 너한테 더 좋을 거야.
  Like I said before, he's better off here. 전에 말한 것처럼 갠 여기서 잘살고 있어.

You had better not be doing it.

넌 이걸 하지 않는 편이 나아.

- Perhaps you'd better come inside, boys. 얘들아, 아마 안으로 들어오는게 나을걸.
  Counselor, you'd better come with me. 변호사님, 나랑 같이 가요.

Wouldn't it be better to save Denny for trial?

데니가 재판을 맡는 것이 낫지 않을까?

- Karen, wouldn't it be better to learn to deal with her?
  카렌, 걔를 다루는 법을 배우는 편이 더 낫지 않겠어?
  Wouldn't it be better to keep it covered up for a while?
  당분간 그걸 은폐하는 것이 더 낫지 않을까?

■ have never been better도 Couldn't be better와 같은 형식으로 부정어와 비교급이 어울리면 최상의 뜻을 갖게 된다. 단순하게 Never Better(최고야)라고 쓸 수도 있다.

■ What could be better (than) sth?은 …보다 더 좋은게 뭐가 있겠니?라는 뜻이므로 '…가 가장 좋아'라는 뜻이 된다.

■ (Things) Could be better는 겉모습만 보고 사기당할 수 있는 표현. 하지만 직역하면 더 좋을 수도 있다라는 말로 결국 '별로야,' '그냥 그래'라는 뜻이 된다. 반대로 could be worse는 긍정적 표현으로 '잘 지내'라는 표현.

■ better than nothing은 '없는 것보다 나아'라는 표현이다.

■ have got better things to do (than)~는 직역하면 …하는 것보다 더 해야 할 나은 일들이 있다라는 말로 결국 '…하느라 시간 낭비하지마'라는 표현이다.

■ be better off는 '잘 살고 있다'라는 뜻이며 be better off without하면 '…이 없는 게 더 낫다'라는 표현이 된다.

■ You'd better+동사는 '…하는 편이 나아'라는 말로 약간 명령이나 충고성에 가까운 표현. '하도록 해' '…해라'에 가까운 표현이다. 또한 You better~ 혹은 Better~라 줄여 쓰기도 한다.

■ Wouldn't it be better to[if S+V]는 '…가 더 낫지 않을까?'라는 표현.

MORE EXPRESSION

Better late than never. 늦더라도 안하는 것보다 낫다.

89

» between

It stays between us. 이건 우리끼리 비밀이야.

Well it's somewhere in between.
그 중간쯤 되는거야.

- Some are great, some are terrible, most are in between.
  일부는 훌륭하고, 일부는 형편없고, 대부분은 중간에 속하지.

  There's less time in between them. 그것들 사이에 시간이 너무 적어.

> in between은 '중간에,' '사이에 끼어서' 라는 뜻이다.

This is between you and me.
이건 우리끼리 비밀이야.

- Whatever you say to me in confidence is between us.
  내가 너한테 비밀리 말하는 건 모두 우리끼리 얘기야.

  Alright, I got an idea. But it stays between us. Agreed?
  좋아, 나한테 좋은 생각이 있어. 하지만 우리끼리 얘기니까 비밀을 지켜야 돼, 알았지?

> Let's keep it between us, It stays between us는 '우리끼리 비밀로 하자' 라는 표현이며 Just between us[you and me]는 '우리끼리의 비밀인데' 라는 뜻. between ourselves를 사용해도 같은 뜻이다.

Nothing would ever come between us.
어떤 것도 우릴 갈라놓지 못해.

- No bad day can come between us.
  아무리 힘들어도 우릴 갈라놓지 못해.

  If you try to come between me and my husband, I will take you down. 만약 나와 내 남편사이에 이간질을 시도한다면 너 혼내줄거야.

> come between sb는 '…사이에 오다, 끼다' 라는 뜻으로 Nobody could come between us면 '누구도 우리 사이를 갈라놓을 수 없다' 라는 표현이 된다.

» big

You have a big mouth. 너 참 입이 싸다.

Your dad's in love big time.
네 아버지는 사랑에 폭 빠졌어.

- (I had) Big time. 대단했어.
  I get that, okay, I get that big time. 좋아, 충분히 알아들었어.
  You guys owe me big time. 니네들 내게 크게 빚졌다.

> big time은 품사에 얽매이지 않아야 한다. '일류의,' '크게,' '많이' 라는 의미를 갖는다.

Well, thank you, Susan. Very big of you.
저기, 수잔 매우 친절하게 해줘서 고마워.

- That's big of you. 친절하기도 하지.
  That's very big of you to admit. 인정하다니 통이 크시네요.

> It is big of sb to do~ 는 '…하다니 통이 크네요,' '…하다니 친절하네' 라는 뜻을 가진 표현.

No biggie.
별 일 아냐.

- Are you sure? I mean, no biggie. 분명해? 별거아니라는 말이지.
  Oh, all right, that's cool, no biggie. 그래, 아주 좋아, 별 일 아냐.

> no biggie는 '별일이 아니다,' '큰 일이 아니다' 라는 표현으로 크게 걱정하지 않아도 된다면서 위로할 때 사용할 수 있다.

You're gonna make it big.

넌 크게 성공할거야.

- We were going to cash them when we made it big.
우리가 크게 성공하면 그것들을 현금화 하려고 했어.

    Do we want to make it bigger? 우리가 더 크게 성공하길 원해?

 make it big은 '성공하다,' 혹은 글자 그대로 '더 크게 만들다' 라는 의미로도 쓰인다.

You got big plans for Valentine's Day, right?

발렌타인 데이를 위해 멋진 계획을 가지고 있지, 그렇지?

- We had big plans together. 우린 함께 야심찬 계획을 세웠었어.
I know a detective who has big plans for you.
한 형사가 너를 위해 아주 큰 계획을 세우고 있어.

have big plans는 '야심 찬 계획을 갖다' 라는 의미로 특별하거나 큰 계획을 의미.

That's okay. I'm not big on snacks.

괜찮아요. 난 스낵을 그다지 좋아하지 않아.

- I'm not big on mysteries. 난 미스테리 물을 그리 좋아하지 않아.
He's big on learning the value of the dollar.
걘 돈의 가치를 열심히 배우고 있어.

be big on sth[~ing]은 '…를 무척 좋아하다' 라는 뜻.

You have a big mouth!

넌 입이 싸!

- As far as I'm concerned, you both have big mouths!
내가 볼 때는 너희 둘 모두 떠버리들이야!

    Aw, me and my big mouth. Please tell me he's not a gay.
어, 이놈의 주둥이. 제발 걔가 게이가 아니라고 말해줘.

big mouth는 '싼 주둥이' 또는 '말많은 주둥이' 라는 다소 비하적인 표현으로 me and my big mouth하면 '이놈의 방정맞은 주둥이' 라는 뜻으로 하지 말아야 할 말을 뱉었을 때 사용한다.

MORE EXPRESSION

in a big way 대규모로

» bill

 I'll foot the bill. 내가 계산할게.

I'll foot the bill.

내가 계산할게.

- Some guys still like to foot the bill. 자기가 계산하는 걸 좋아하는 친구들도 있어.
Are you seriously expecting us to foot the bill for that?
우리가 그걸 계산할 거라고 정말 생각하고 있니?

foot[fill] the bill은 '계산서를 지불하다' 라는 뜻으로 식당이나 여타 비용 등을 지불할 때 사용되는 표현이다.

Sam had a clean bill of health.

샘 건강은 아무런 이상이 없어.

- Yeah, my doctor gave me a clean bill of health.
그래, 의사가 내 건강을 보증해줬어.

    The guys gave you a clean bill of health. 걔들이 네 건강을 보증해줬어.

give sb[sth] a clean bill of health는 '…에게 건강증명서를 주다' 라는 뜻으로 bill of health는 선원 등에게 발급해주는 '건강증명서' 를 의미한다.

B

I'm in a bind. 난 빼도박도 못한 상황에 처했어.

She was just bound and gagged.
개는 단지 재갈이 물린 채 묶여있었어.

- They found her bound and gagged inside the room.
  개들은 방안에서 그 여성이 몸이 묶이고 재갈이 물린 채 있는 것을 발견했어.

■ bound and gagged는 '몸이 묶이고 재갈이 물린 채' 라는 의미로 범죄 드라마에서 많이 나오는 표현.

It isn't even legally binding.
그건 법적으로도 구속력이 없어.

- You realize this is not legally binding until it's been notarized.
  이것은 공증받기 전까지는 법적 구속력이 없다는 걸 넌 깨달아야 해.

  This contract between you and me is legally binding.
  너와 나의 계약서는 법적구속력이 있어.

■ legally binding은 '법적 구속력이 있는' 이라는 의미이다.

I'm in a bind.
난처한 상황에 빠졌어.

- I'm in kind of a bind. 난 좀 어려운 상황에 처했어.
  From what I can gather, she's in a bind. 내가 알기로 걔 빼도박도 못하게 됐다며.

■ be in a bind는 '곤경에 처하다,' '빼도박도 못하다,' '진퇴양난에 빠지다' 라는 의미.

She hates her brother, but she's bound to him.
개는 오빠를 싫어하지만 어쩔 수 없이 남매관계로 묶여 있어.

- As a scientist, you are bound to an even higher standard.
  과학자로서 넌 더 높은 기준에 얽매여 있어.

■ be bound to+명사는 '···에 얽매여 있다' 라는 뜻으로 혈연관계, 재산관계는 물론 특정한 가치관 등에 묶여있다는 의미로도 쓰인다.

These things are bound to happen occasionally.
이런 일들은 종종 생기기 마련이야.

- It was bound to happen anyway after our fight.
  우리가 다툰 다음에는 어쨌든 이런 일들이 생기게 마련이었어.

  Well, our kids were bound to meet. It's a small island.
  글쎄, 우리 애들은 서로 만나게 되어 있었어. 이곳은 작은 섬이잖아.

■ be bound to+동사는 '···할 예정이다,' '···할 가능성이 있다' 라는 뜻으로 be likely to와 같은 의미.

You'd be duty bound to report it.
넌 그걸 보고할 의무가 있을거야.

- I am duty-bound to raise it. 난 그걸 제기할 의무가 있어.
  I'd be duty-bound to inform you immediately.
  난 너에게 즉시 알릴 의무가 있겠지.

■ be[feel] bound to~는 have to의 의미로 '···를 해야만 한다' 라는 뜻. 한편 be duty bound to~하면 '···할 의무가 있다' 라는 표현.

He is bound by the rules of the court.
개는 법원의 규칙에 의해 제약을 받아.

- Carol's bound by law not to release any of that information.
  캐롤은 법에 의해서 그 정보의 어느 부분도 공개할 수가 없어.

■ be bound by~는 '···에 의해 제약을 받는다' 라는 다소 법적인 의미로 ···의 한계 안에서 행동하고 있다라는 뉘앙스를 갖는다.

MORE EXPRESSION

지명+bound ···행
home-bound people 귀향민
be bound up in ···에 연루되다
bound and determined 단호한

Don't bitch about it. 그거 불평하지마.

That bitch said I raped her?
그 년이 내가 강간했다고 그래?

- That bitch took everything from you! 그 년이 너로부터 모든 걸 앗아갔어!
  You know what the real bitch of it is? 그거의 진짜 골칫거리가 뭔지 알아?

■ **bitch**는 여자에 대한 비속어로서 '년' 이라고 해석이 되나 '골칫거리' 라는 의미도 있어 a real bitch하면 진짜 '개 같은 년' 이라는 뜻과 함께 문맥에 따라서는 '골칫거리' 로 해석될 수도 있다.

What the hell are you bitching about?
도대체 뭐에 대해 불평하고 있는거야?

- Don't bitch about it. 그것 가지고 툴툴대지마.
  Those rich kids bitch about their perfect lives.
  저 부자집 애들은 자신들의 완벽한 삶에 대해 투덜대고 있어.
  There's nothing you can do about it. So stop bitching.
  그거 속수무책이야. 그러니까 더 이상 불평하지마.

■ **bitch about[at]**은 '…에 대해 불평하다,' '짜증내다' 라는 뜻으로 한 단어로 complain.

Whoa! Is that the laser? It's bitchin'.
와, 그거 레이저니? 끝내주네.

- A: So how're you doing? B: Bitchin'.
  A: 그래, 어떻게 지내니? B: 끝내줘.
  A: Boy, that was terrific. B: Really, bitchin'!
  A: 야, 이거 멋있었어. B: 정말 끝내주네.

■ **bitchin'**은 일종의 감탄사처럼 의외의 의미로 쓰이는데 'awesome' 또는 'excellent' 와 같은 뜻.

You slept with my fiancee, you son of a bitch!
너 내 약혼녀와 잤냐? 너 이 개자식!

- That son of a bitch rapes and kills innocent children.
  그 나쁜 놈이 무고한 아동들을 강간하고 살해해.
  I guess the son of a bitch got what he deserved.
  그 나쁜 자식이 죄값을 치루는 거라고 생각해.

■ **son of a bitch**는 가장 사용빈출도가 높은 욕설 중의 하나로 우리말로는 '개자식' 또는 '개새끼' 가 된다. 좀 순화해서 말하려면 son of gun이라고 하면 된다.

I don't remember you being this bitchy.
네가 이렇게 지랄같이 행동하는 건 처음 봐.

- Ooh, somebody's been taking bitchy pills.
  오, 누군가 지랄같은 약을 먹고 있나봐.
  You monitor my periods? Based on when I get bitchy or...?
  너 내 생리주기를 모니터하고 있니. 내가 고약부릴 때를 근거로, 아니면…?

■ **bitchy**는 '욕하는,' '고약한,' '악의적인,' '지랄 같은' 등의 나쁜 의미를 갖는 단어.

놓치면 원통한 미드표현들

- **boink sb** …와 섹스하다
  So you're boinking the doctor, aren't you?
  너 의사랑 섹스하지, 그렇지 않아?

- **boo boo** 바보같은 실수
  I made a boo-boo, all right?
  내가 실수를 했어, 알았어?

Let's grab a bite. 좀 먹자.

She takes a bite of her salad angrily.
걘 화가 나서 샐러드를 한입 씹어 먹었어.

- Oh, he and I went out for a bite to eat. 오, 걔하고 난 외식하러 나갔어.
  A: So where were you 8:30 last night? B: I was having a bite to eat. A: 그래, 너 어제 저녁 8시 반에 어디에 있었니? B: 난 식사 중이었어.

■ take[have, get] a bite (of)는 '…를 한입 베어 먹다'라는 뜻으로 take는 먹고 있는 행위를 강조하는 표현이며 have[get]은 입안에서 먹고 있는 행위를 말한다. 한편 get out for a bite (to eat)하면 '외식하러 나가다'라는 의미.

Let's grab a bite.
좀 먹자.

- Why don't we all grab a bite to eat? 우리 모두 조금 먹을까?
  We'll grab a bite to eat before we head for the airport.
  우린 공항에 가기 전에 식사를 조금 할거야.

■ grab a bite (to eat)는 '간단히 허기를 때우다'라는 뜻으로 a bite (to eat)는 small meal과 같은 의미.

Give me a bite! I'm starving.
한 입만! 배고파 죽겠단 말이야.

- It appeals to the writer in me. Did you want a bite of this?
  내 안에 있는 작가기질을 자극하네. 이거 좀 읽어봤어?

■ give sb a bite, save sb a bite of~, want a bite of에서 bite는 먹는 거 외에 다른 것에도 쓰이는데 '한 입' 정도의 소량을 의미한다.

He takes a bite out of the sandwich.
걔는 샌드위치를 한입 먹고 있어.

- He tries to take a bite out of my cookie. 걘 내 과자를 조금 먹으려고 해.
  Her boss took a bite out of her annual salary.
  보스가 걔의 연봉을 조금 삭감했어.

■ take a bite out of sth은 뭔가 양을 삭감하다(reduce)라는 뜻으로 기본적으로 쓰이고 또한 '…에서 한입 먹다'라는 뜻으로도 쓰인다.

Can't you see these? They're human bite marks.
이거 안 보여? 이건 사람이 문 자국들이야.

- A: Interesting love bites on the chest. B: Curious, isn't it?
  A: 가슴에 키스자국이 흥미롭네. B: 궁금하지, 그렇지 않아?
  Chase looks at the big bite mark on his arm that is bleeding.
  체이스는 자기 팔이 크게 물린 자국에서 피가 흐르고 있는 것을 보고 있어.

■ bite mark는 물린 자국으로 snake bite면 뱀이 문 자국, love bite는 키스자국을 의미한다. 물론 'the bite of+동물'하면 그 동물이 문 자국이 된다.

Bite me.
배째라, 나보고 어쩌라고!

- Okay, this time I know where I went wrong. Oh bite me!
  그래, 이번에 내가 뭘 잘못했는지 알아. 오, 배째라 쩨!
  A: I'm so lucky to have you. B: Okay, I'll bite. Why are you so lucky? A: 네가 있어 무척 행운이야. B: 그래, 말해봐, 왜 행운인데?

■ Bite me는 상대방에 대한 불만을 공격적으로 표현하는 것으로 우리말로는 '그래 어쩔래,' '배째라'라고 하는 말. 주로 애들이 쓰는 말. 한편 I'll bite하면 '모르겠어,' '어디 들어보자,' '좋아, 말해봐' 정도의 표현이 된다.

Bite the bullet.
이를 악물고 참아.

- You leave me no choice. I'm gonna have to bite the bullet.
  넌 내게 선택권을 주지 않았어. 난 이를 악물고 해볼거야.
  You might have to bite the bullet and ask her for her recipe.
  넌 눈 딱 감고 걔한테 걔의 요리법을 물어봐야만 할거야.

■ bite the bullet은 총알을 물다라는 말. 마취제 없던 시절의 전쟁터에서 병사들을 수술할 때 총알을 입에 물게 하고 수술을 한 데서 유래하여 '하기 싫어도 해야 되는 것을 이를 악물고 참다'라는 뜻으로 쓰인다. bite the dust하면 '헛물켜다,' '죽다'라는 의미.

Bite your tongue.
입 조심해.(말이 씨가 되는 수가 있어.)

- That's how you bit your tongue. 그렇게 말을 꼭 참으면 되는거야.
  I'm going to bite my tongue. 난 말을 꼭 참을거야.

B

bite one's tongue은 '말을 꼭 참는다' 라는 뜻으로 슬프거나, 웃기거나 말을 참기 어려울 때 억지로 혀를 깨물고서 참는다라는 모습을 상상하면 이해가 되는 표현이다.

You bit off his nose?
걔 코를 물어뜯었다고?

- She bit off his penis. 걘 남자 성기를 물어뜯었어.
  Didn't she teach you not to bite off more than you can chew? 걔가 너보고 너무 욕심내지 말라고 하지 않았어?

bite off는 '물어뜯다' 라는 평범한 뜻을 갖지만 bite off more than you can chew는 씹을 수 있는 이상으로 물어뜯었다라는 의미로 '과욕을 부리다' 라는 표현이 된다.

I don't bite the hand that feeds me.
난 은혜를 원수로 갚지는 않아.

- Why would I bite the hand that feeds me?
  왜 내가 은혜를 원수로 갚겠어?
  Spoiled kids always bite the hand that feeds them.
  버릇없이 자란 놈들은 꼭 은혜를 원수로 갚아.

bite the hand that feeds sb는 '은혜를 원수로 갚다' 라는 재미있는 표현.

Or if one of us is bitten by a zombie.
아니면 우리 중 한명이 좀비한테 물린다면.

- Were you bitten by some kind of rabid dog? 광견병같은 병걸린 개한테 물렸어?
  He must have been bitten by a different snake.
  걘 다른 뱀한테 물렸음에 틀림없었어.

be bitten by the~는 '…에 물리다' 라는 표현.

I don't want her biting off our heads.
난 걔가 이유없이 우리에게 신경질 내는 걸 원치 않아.

- Do you have to bite your nails so loud? 그렇게 초조한 모습을 보여야겠니?
  She's been biting her fingernails again, too. 걔역시 불안 초조함을 보이고 있어.

bite one's nail은 '초조해하다' 라는 뜻으로 불안해서 손톱을 깨무는 모습을 연상하면 된다. nail-biting하면 '조마조마한' 이라는 뜻. 한편 bite[snap] sb's heads off면 '이유 없이 신경질내다' 라는 뜻이 되기도 한다.

MORE EXPRESSION

What's biting you? 무슨 일야?
Once bitten, twice shy. 자라 보고 놀란 가슴 솥뚜껑보고 놀라다.
bite sth back 참다

» blame

I don't blame you. 그럴 만도 해.

I don't blame you.
그럴 만도 해.(너도 어쩔 수 없잖아.)

- A: You can't stop me. B: I don't blame you. A: 날 막지마. B: 이해해.
  That food was terrible, but I don't blame you.
  음식이 끔찍했지만 너도 어쩔 수가 없었잖아.

I don't blame you에서 'blame=비난' 으로 공식화되어 생각하면 정확히 이해가 되지 않는다. 이 표현은 비난하지 않는다가 아니라 상대방의 입장이 충분히 이해되니 '그럴 수도 있다,' '괜찮다' 라는 위로의 표현이다.

Don't blame me.

나한테 그러지마, 내 탓으로 돌리지마.

- Don't blame me. Talk to your sister. 내 탓만 하지 말고 누나한테 말해봐.
  All right, fine, but don't blame me if it doesn't work.
  좋아, 그런데 잘 되지 않아도 내 탓 하지마.

■■ Don't blame me (for~), 는 '…에 대해 날 탓하지마' 라는 표현으로 충고했는데도 따르지 않는 경우에 사용된다.

Let's blame me for this.

내 잘못으로 치자.

- That's cool. You can't blame me for trying, though.
  멋지다. 그래도 내가 해본다고 탓하면 안돼.
  He'll find a way to blame me for this. 걘 이것으로 날 비난할 꼬투리를 잡을거야.

■■ blame A for B면 'B에 대해 A를 비난한다' 라는 의미. 또한 find a way to blame sb하면 '…에 대해 비난의 꼬투리를 잡다' 라는 표현이 된다.

You're to blame.

네 책임이지.

- Somebody is always to blame. 누군가가 항상 책임져야지.
  You're not to blame for this, Hellen. 헬렌, 이건 네 책임이 아냐.

■■ be to blame (for sth) '…의 책임이다,' '…가 책임을 져야 한다' 라는 의미.

I have myself to blame.

모두 내 탓이야.

- I guess I got no one but myself to blame. 다 내 잘못인 것 같아.
  You'll only have yourself to blame. 너밖에 책임질 사람이 없어.

■■ have oneself to blame 은 '…의 잘못이다,' '…가 책임져야 한다,' 그리고 only를 덧붙여 ~only have oneself to blame 하게 되면 '…말고는 책임질 사람이 없다' 라는 의미의 강조표현.

Why is she taking the blame for him?

왜 그녀가 걔에 대해 책임을 져야 해?

- I'm sure I share part of the blame for that.
  난 확실히 그것과 관련 일부 책임이 있어.
  Someone's going to get the blame for what happened.
  누군가 발생한 일에 대해 책임을 져야할거야.

■■ take[accept, get] the blame for는 '…에 대해 책임을 지다' 라는 뜻이며 share the blame for하면 '…에 대해 공동의 책임을 진다' 라는 의미가 된다.

Don't place[lay] the blame on me.

내 탓하지마.

- Shifting blame onto someone else. That's classic criminal behavior. 누군가에게 책임을 전가하는 것, 그건 고전적인 범죄행위야.

■■ shift[place, lay, put] the blame on~은 '…에게 책임을 돌리다, 전가하다' 라는 의미.

놓치면 원통한 미드표현들

- **out of bounds** 지나친
  But right now you're way out of bounds.
  그러나 이제 넌 너무 지나쳐.
  In all honesty, I did go a little out of bounds.
  솔직히 말해서 내 행동이 좀 지나치긴 했지.

- **within the bounds of** …의 범위 안에서
  You're doing what your client wants within the bounds of the law.
  법 테두리 안에서 의뢰인이 원하는 걸 자네는 하고 있어.

I drew a blank on my wife's birthday. 아내 생일을 깜박했어.

My mind is a blank.

내 마음은 텅 비어있어.

- I went blank in front of the jury. I couldn't remember a damn thing.
  배심원 앞에 서니 머리가 텅 비더라고. 하나도 기억이 안 나는거야.

  Like I said, the whole thing is a blank. 내가 말한 것처럼, 모든게 멍해졌어.

go blank는 '머리가 텅 비다,' '정신이 멍해지다' 라는 의미.

I'm drawing a complete blank.

난 완전히 잊어버렸어.

- Sorry, I drew a blank on my wife's birthday.
  미안, 내가 아내의 생일을 깜박했어.

  Everybody in Sleepy Hollow is still drawing a blank on the victim? 슬리피 홀러우에 사는 모든 사람들이 여전히 희생자를 찾지 못했어?

draw a blank는 '아무런 생각도 나지 않다,' '헛수고하다,' '허탕치다' 라는 뜻. 제비뽑기 등에서 아무 것도 없는 빈 종이를 잡는 모습을 생각해보면 된다.

I blank out, I forget.

아무 생각도 안나, 잊었어.

- How can I be blanking on this? 내가 어떻게 이걸 잊을 수가 있어?

  Do you know that? You just completely blanked me.
  너 그거 아니? 너 완전히 날 무시했어.

blank out은 blank가 동사로 쓰인 경우로 머릿속이 하얘지다 라는 의미이고 또하나 blank sb하면 '무시하다' 라는 의미로도 쓰인다.

I'll give you a blank warrant.

난 너한테 모든 걸 다 수색할 수 있는 영장을 줄게.

- You have a blank check from me to help them.
  네가 걔들을 도와주는 데 대해 백지수표를 줄게.

  Nolan had a blank expression on her face. 놀란은 무표정한 모습이었어.

blank warrant, blank check은 '백지보증,' '백지수표' 라는 뜻으로 '백지위임' 또는 '마음대로 할 수 있는 재량권'을 의미한다. 한편 blank face, blank expression하면 '무표정한 얼굴,' '멍한 표정'을, 한편 blanking idiot는 '바보,' '천치' 라는 뜻.

I'm trying to fill in the blanks after that.

그 이후 일은 내가 상상해볼게.

- He says he's okay and he's trying to fill in the blanks.
  걘 괜찮다면서 빈칸을 채우겠다고 말해.

  Can you fill in the blanks? 빈칸을 채울 수 있겠니?

fill in the blanks는 시험 문제에서 많이 보고 듣던 표현으로 '빈칸을 채우다' 라는 뜻. 각종 양식에 있는 공란을 채운다는 말로 비유적으로는 '상상으로 채운다' 라는 의미로도 쓰인다.

I got a vasectomy. I'm shooting blanks.

난 정관수술을 해서 임신을 시킬 수 없어.

- Did you know that you were shooting blanks?
  네가 임신불가능성이란 걸 알고 있었니?

  I wouldn't want to be shooting blanks either.
  나도 목표달성에 실패하고 싶지 않아.

be shooting[firing] blanks는 '목적 달성에 실패하다' 라는 뜻으로 '공포탄을 쏘다' 라는 뜻에서 나온 표현. 그래서 shooting blanks는 '알짜배기없는 사정' 이라는 뜻에서 '임신 못시키는 남자' 라는 의미.

B

I had a blast. 난 신나게 놀았어.

I had a blast.

신나게 놀았어.

- Now this is gonna be a blast, don't you think?
  이제 이건 즐건 파티가 될거야, 그렇지 않니?

  Don't worry about us. Ella's having a blast. 우리 걱정마. 엘라는 잘 놀고 있어.

■■ have a blast는 have a fun과 같은 뜻으로 '즐거운 시간을 보내다' 라는 의미로 쓰인다.

That's a blast from the past!

그거보니 옛 시절이 생각나네!

- I've totally forgotten about him! Ah! That's a blast from the past! 난 걔에 대해 완전히 잊었는데! 아, 개 이름을 듣으니 옛 시절이 생각나네!

  Horndog? It's a blast from the past. 발정난 개? 옛날 생각나게 하는 단어네.

■■ a blast from the past는 '옛 시절을 생각나게 하는 사람[것]' 이라는 표현.

She's gonna blast your fantasy life to pieces.

걘 네 상상의 삶을 박살낼거야.

- We then hear the sound of a trucks horn being blasted.
  그리고 우린 트럭경적 소리가 크게 나는 것을 들었어.

  Lots of blast damage. This was no little pipe bomb.
  폭발피해가 커. 작은 파이프 폭탄이 아니었어.

■■ blast through [throughout]는 '터지다,' '세게 치다' 라는 뜻으로 폭탄이 폭발하거나 총이 발사되는 상황을 상상하면 된다. 또한 명사로 blast는 폭발이라는 말.

MORE EXPRESSION

at full blast 전속력으로

There's a blessing in disguise. 전화위복이 될 수도 있어.

Thank you. God bless you.

고마워. 하나님 축복이 같이 하기를.

- God bless you, Ted. You're reading my blog.
  하나님 축복이 있기를, 테드, 내 블로그를 읽어주다니.

  God bless you. Can you take us to her?
  하나님의 축복이 함께 하길, 우릴 걔한테 데려다 줄 수 있어?

  I don't need you to bless me. 네가 날 축복해줄 필요는 없어.

■■ (God) Bless you!는 '하나님의 축복이 있으시길' 이란 뜻으로 상대방의 행복을 빌어줄 때 사용된다. 또한 상대방이 재채기 할 때 영혼도 함께 빠져나간다는 미신때문에 God bless you!라고도 한다. 또한 기본적으로 bless sb[sth]는 '…을 축복하다' 라는 뜻으로 be blessed by 형태로도 많이 쓰인다.

I am not blessed with the dance.

난 춤 재능을 타고 나지는 않았어.

- He's blessed with wealth, so he must be guilty?
  개는 부를 타고 났어 그래서 유죄인거야?

  I've been blessed with a lot of great roles.
  난 복을 타고 나서 여러 가지 좋은 배역을 맡았어.

■■ be blessed with sth은 '…재능을 타고나다,' 복을 타고나서 …하다' 라는 뜻으로 쓰인다.

There's a blessing in disguise.
전화위복이 될 수도 있어.

- Getting suspended was a blessing in disguise.
  자격정지된 것은 전화위복이었어.

  It's probably a blessing in disguise. 이건 아마도 전화위복일거야.

And you want my blessing?
내가 축복해주길 원해?

- You have my blessings to nail the son of a bitch.
  네가 그 나쁜 놈을 잡을 수 있도록 축복해줄게.

  It's yours. Take it. You have my blessing. 네꺼야. 가져. 내 축복해줄게.

■ blessing in disguise는 '전화위복' 이라는 뜻으로 문자 그대로 축복으로 보이지 않지만 나중에 보면 축복이라는 뜻.

■ have one's blessing은 '축복해주다,' with my blessing은 '기꺼이,' '그래' 라는 뜻으로 상대방 생각에 동의나 찬성을 나타낼 때 쓰는 표현이다. 또한 It's a blessing that~은 '…은 축복이다' 라는 뜻이다.

MORE EXPRESSION

When is the blessed event?
출산예정일이 언제예요?
May God bless sb …에 축복 내리다

» block

She's a chip off the old block. 걘 아버지 빼닮았어.

Tom was the toughest kid on the block.
탐은 거기서 가장 터프한 얼굴이었어.

- So, what's going on the block? 그래. 뭐가 경매에 붙여졌니?
  Back then, she was the new kid on the block.
  과거 그 당시에 걔는 신참이었어.

■ go on the block은 '경매에 붙이다,' '팔리다' 라는 의미이고, new kid on the block은 어떤 특정 조직이나 장소에서 '신참' 또는 '새얼굴' 이라는 뜻이다.

She's a chip off the old block, isn't she?
걔는 아버지와 꼭 닮았어, 그렇지 않니?

- Mike's a real chip off the old block. 마이크는 아버지를 꼭 닮았어, 그렇지 않아?
  Check it out, man, I'm a chip off the old block.
  야, 한번 확인해봐. 난 아버지하고 꼭 닮았거든.

■ be a chip off the old block은 '아버지를 꼭 닮은 사람' 이라는 뜻으로 쓰이는데 오래된 벽돌의 한 조각이라는 뉘앙스를 떠올려도 이해가 된다.

It's no wonder he's blocked it out.
걔가 그걸 막은 것은 당연해.

- This is a scared little girl who blocked out her assailant.
  여기에 폭행범을 막아낸 공포에 질린 어린 소녀가 있어.

  You've blocked it all out. But it's gonna come back.
  넌 이걸 전부 막아냈지만 다시 돌아올거야.

■ block out은 '빛이나 소리 등 뭔가 못오게 차단하다' 그래서 비유적으로 어떤 기억이 나지 않게 차단하다라는 의미로도 쓰인다.

■ blocked number는 '발신자표시제한 전화번호' 를 의미. 한편 선불폰은 pre-paid phone 이라 한다. 역시 범죄미드에 단골로 나오는 표현들.

He got a call at 9:19 pm, from a blocked cell phone number.
걔는 저녁 9시 19분에 발신자표시제한 전화를 한통 받았어.

- From a blocked telephone number, you called Caroline that night.
  넌 발신자표시 제한번호로 그날 밤 캐롤린에게 전화했어.

  Kids use them to get around blocked sites.
  애들은 접근방지 사이트를 우회해서 들어가기 위해 그것을 사용했어.

MORE EXPRESSION

block sb[sth] …를 막다
be around the block a few times 그 분야에 경험이 많다
put one's head[neck] on the block 목숨 걸고 하다

We got fresh blood right here. 여기 신참이 왔어.

I have blood on my hands because of your father.

난 네 아버지 때문에 손에 피를 묻혔어.

- I didn't have any blood on my hands. 난 손에 피를 묻힌 적이 없어.

  You killed again! You got blood on my hands that will never come out! 넌 또 살인을 했어! 내 손에 절대 지워지지 않을 피를 묻혔어!

■ have blood on one's hands는 '…의 손에 피를 묻히다' 그리고 have one's blood on one's hands하게 되면 '…의 죽음에 책임이 있다' 라는 뜻.

You murdered him in cold blood.

넌 걔를 냉혹하게 살해했어.

- This man confesses to shoot your wife in cold blood. 이 사람은 네 아내를 냉혹하게 사살했다고 고백하고 있어.

  This guy killed his own sister in cold blood. 걘 냉혹하게 여동생을 살해했어.

■ in cold blood는 '냉혹하게' 또는 '냉정하게' 라는 의미.

Yeah, we got fresh blood right here.

그래, 우린 여기에 신인이 생겼어.

- I think we need to bring in some new blood. 새로운 사람을 영입해야 돼..

  How about bloody ashes? I've got some fresh blood here. 피가 묻은 시체는 어때? 여기 새로운 피가 보여.

■ new[fresh] blood는 문자 그대로 '새 피' 라는 의미로 비유적으로 '신인,' '새로운 멤버' 라는 의미.

He's like our own flesh and blood.

걔는 우리 친족과 같아.

- Your brother locked up for drugs. Your own flesh and blood. 네 남동생은 마약으로 감방에 들어갔어. 네 형제가 말이야.

  Ray, you're my own flesh and blood. 레이, 넌 네 친족이야.

■ own flesh and blood는 '친족'을 의미하는데 피와 살을 나눈 사이라는 말. 한편 그냥 flesh and blood는 '사람,' '인간'이라는 의미.

It gets my blood up.

화나게 하네.

- Now that gets my blood up. 이제 그게 날 열받게 해.

  The argument got Ryan's blood up. 논쟁 때문에 라이언이 흥분했어.

■ have[get] one's blood up은 '흥분하다,' '화나게하다,' '발끈해지다' 라는 의미이며 put one's blood into~는 '…에 심혈을 기울이다' 라는 표현이 된다.

I need to take her blood pressure.

지금 그 여성의 혈압을 재야 해요.

- Have you ever had a blood transfusion? 수혈을 한 적이 있어?

  He said your blood pressure is through the roof! 네 혈압이 엄청 높다고 걔가 말했어.

■ blood pressure는 혈압, blood transfusion은 수혈, blood donor는 헌혈자. 또한 donate one's blood면 '헌혈하다,' take one's blood pressure는 '혈압을 재다,' lower one's blood pressure면 '혈압을 낮추다' 라는 의미.

They use blood money to hire the best lawyers.

걔들은 피 묻은 돈을 최고의 변호사들을 고용하는데 사용하고 있어.

- Are you asking as my bloodsucking publisher or as my bloodsucking ex-Wife? 날 착취하는 내 발행인 자격으로 요청하는거니 아니면 피 빨아먹는 전 부인 자격으로 요청하는거니?

  Nobel invented dynamite. I won't accept his blood money. 노벨이 다이너마이트를 발명했지. 난 그가 주는 피묻은 돈은 받지 않을거야.

■ blood money는 '피 묻은 돈' 이란 뜻으로 문맥에 따라 다양하게 쓰인다. 유가족에게 주는 위자료, 킬러에게 주는 돈 혹은 남의 피로 번 돈을 의미한다. 한편 bloodsucking은 '피빨아먹는,' '착취하는,' bloodsucker는 당연히 '흡혈귀' 라는 의미가 된다.

I went from professor to cold-blooded murderer.
난 교수에서 냉혈 살인자가 되었어.

- There's some blue-blooded rich woman out there.
  저기에 귀족출신의 부유한 여성들이 있어.

  We haven't had sex for months, Rex. Most normal, red-blooded men would be climbing the walls by now.
  렉스, 우린 몇 달 동안 섹스를 안했어. 대부분 정상적인 활기찬 남성이라면 지금쯤이면 하고 싶어서 가만히 있지 못하고 안절부절 할거야.

cold-blooded는 '냉혹하게' blue-blooded는 '귀족 출신의' red-blooded는 '활기찬' 이란 뜻으로 각각 쓰인다.

B

» blow

Don't blow me off. 날 바람맞히지마. 날 무시하지마.

He's always blowing his own horn.
걘 항상 지 잘났다고 하고 다녀.

- Don't blow your own trumpet. 자화자찬하지마.
  I don't mean to toot my own horn. 난 자화자찬하려는 것은 아냐.

blow one's own horn은 '자화자찬하다,' '스스로 자랑하다' 라는 의미. blow 대신에 toot란 동사를 써도 되고 또한 horn 대신에 trumpet을 써도 된다.

It blows my mind!
정신 못차리겠어.

- Did that kiss just completely blow her mind? 키스로 걔 마음을 뿅가게했어?
  Wow. That biting thing at the end totally blew my mind.
  와우. (섹스후에) 마지막 부분 깨무는 걸로 난 완전히 뿅갔어.

  I hoped mind-blowing sex would become a relationship.
  난 뿅가게 하는 섹스가 관계로 발전될거라 희망했었어.

blow one's mind는 바람이 연약한 맘을 불어친다는 말로 '…을 놀라게 하다,' '몹시 화나게 하다,' '충격을 주다,' '흥분시키다,' '넋을 잃게 하다' 등 다양하게 쓰인다. mind-blowing은 문맥에 따라서는 '감동적인,' '압도적인' 이라는 긍정적인 표현도 있지만 '충격적인' 이라는 의미로도 쓰인다.

Don't blow your cool[stack, top].
화내지마.

- Before you blow your stack, why don't you take a look at the girl? 너 화내기 전에 먼저 그 여자애를 한 번만 봐라.

blow one's cool은 '…를 화나게 하다' 라는 뜻이 된다. cool 대신에 stack이나 top를 써도 된다.

Tell him what you did or I'll blow your head off!
걔한테 네가 저지른 일을 말해. 그렇지 않으면 네 머리를 쏴 죽여 버릴 거야.

- It only takes one bullet to blow your brains out.
  널 죽이는데 총알 한 방이면 돼.

  Keep moving, or I'll blow your face off!
  계속 움직여, 그렇지 않으면 네 얼굴이 날아갈거야.

blow one's head off는 '머리를 쏴 죽이다' 라는 뜻으로 blow one's face off, blow one's socks off도 같은 뜻이지만 비유적으로 쓰게 되면 '…에게 큰 타격을 주다' 라는 뜻. blow one's brains out 또한 자신의 머리에 총으로 자살하거나 또는 다른 사람을 죽이다라는 뜻으로 쓰인다.

I will blow the whistle on the whole thing.
내가 전모를 불어버릴거야.

- What you going to do? Blow the whistle on your own escape?
  뭐할려고? 네 자신의 탈출계획을 불어버릴거야?

blow the whistle (on)하면 '내부 비밀을 폭로하다' 라는 뜻으로, whistle blower하면 '내부고발자' 라는 뜻이 된다.

She's gonna blow the lid off your happy family?

걔가 네 행복한 가정의 비밀을 공개할까?

- Well, you couldn't blow your cover. 글쎄, 네 정체를 밝히지 않을 수도 있었어.
  That's called blowing your cover. 그런 걸 신분노출이라고 하지.

■ blow the lid off는 '비밀을 공개하다' 라는 뜻. 또한 blow one's cover하면 '…의 정체를 밝히다' 라는 의미로 여기서 cover는 은폐한 신분을 의미한다.

I blew it.

(기회 등을) 망쳤어.(날려버렸어.)

- All you need to know is I blew my chance. 내가 기회놓친 것을 넌 알면 돼.
  How'd it go? Thanks to you, I blew it! 어땠냐고? 네 덕에 망쳤다!

■ blow it은 실수나 부주의 등으로 '…의 기회를 날리다' 라는 의미로 blow one's chance와 같은 의미. blow me 또한 '제기랄(fuck you)'이란 욕설에 가까운 말이지만 명령형으로 Blow me하게 되면 '오럴섹스하다' 라는 의미가 된다.

Hold it out as far as you can. Try to blow it out.

가능한 한 끝까지 버텨. 물리쳐보도록 해.

- The campers started a fire, but the wind blew it out.
  캠핑자들이 불을 냈는데 바람이 불어 꺼졌어.
  The candle is on the table. Blow it out. 테이블 위에 촛불이 켜져있어. 불어 꺼.

■ blow A out하면 불어서 없어지게 한다는 것으로 비유적으로 'A를 물리치다' 라는 의미가 된다. 한편 blow out은 쉽게 이긴다는 '낙승' 이라는 뜻도 있지만 타이어가 펑크난 것도 의미한다.

Don't blow me off.

날 무시하지마.

- So, what? you're just gonna blow me off? 그래, 뭐라고, 날 그냥 무시할거야?
  You got angry when she blew you off? 걔가 널 바람맞혔을 때 화났지?
  It's a blow-off. 식은 죽 먹기야.

■ blow off하면 역시 불어서 떨어지게 한다는 것으로 '…을 날려버리다' blow sb off하면 '…를 무시하다' '…를 바람맞히다' 라는 의미로 무척 많이 쓰인다.

I was mad. I was just blowing off steam.

난 화가 나서 그저 스트레스를 풀고 있었어.

- Sometimes he'd go there to blow off steam.
  때때로 걘 스트레스를 풀려고 거기에 가곤 했어.
  He's somewhere blowing off steam. It's what he does.
  걘 스트레스를 풀려고 어딘가에 가 있어. 걘 가끔 그래.

■ blow off steam은 '스트레스를 풀다' 라는 뜻이다.

If you blow up, you'll blow it.

화를 내면 일을 망칠 걸.

- We're going to go blow up some bombs. 우린 폭탄을 터트릴거야.
  This whole thing could just blow up in our faces.
  이 모든 것이 우리 체면을 손상시킬 수 있어.

■ blow up은 '…을 파괴하다,' '…을 터트리다' 라는 뜻이며 문맥에 따라서는 '상황이 위험해지다,' '매우 화내다' 라는 의미도 된다. 한편 blow up in one's face면 '망신을 톡톡히 당하다' 라는 표현.

It just blows me away.

나를 뻑 가게 만들었어.

- I think it's gonna blow you away. 그 얘길 들으면 넌 놀라 기절할거야.
  Everything above the neck is blown away. 목 위는 다 날라갔어.
  Honestly, I wasn't blown away. 솔직히 말해서 별로 놀라지 않았어.

■ blow sb away는 '…를 날려버리다[죽이다]' 라는 뜻도 있지만 '기절시키다' 또는 '…을 물리쳐버리다' 등 다양한 의미로 쓰인다.

No, we never actually came to blows.

아냐, 우린 결코 실제 주먹다툼을 하지 않았어.

- But if you buy him a present, it might soften the blow.
  그러나 네가 걔한테 선물을 사주면 충격은 완화시킬 수 있을거야.

  Trust me. The money she'll make, it'll cushion the blow.
  날 믿어, 걔가 번 돈이면 충격을 완화시킬 수 있을거야.

■ come to blows는 '주먹다짐을 하다' 라는 뜻이며 soften [cushion] the blow는 '충격을 완화시키다' 라는 뜻이 된다.

Tim's wife won't give him a blow job.

팀의 부인은 남편한테 오럴섹스를 해주지 않는대.

- In the middle of the movie, I gave him a blow job.
  영화보는 도중에 난 걔한테 오럴섹스를 했어.

  If we perpetually gave men blow jobs, we could run the world.
  우리가 계속해서 남자들에게 오럴섹스를 해주면 우린 세상의 주인이 될 수 있을거야.

  Jack, if you don't do the dishes, I'm not gonna let you eat me out.
  잭, 설거지 안하면 오럴섹스 못하게 할거야.

■ blow job은 '여성이 남성에게 해주는 오럴섹스(fellatio)'를 의미하는 것으로 give sb a blow job이면 '…에게 오럴 섹스를 해주다' 라는 말이 된다. 상대를 바꾸면 eat me (out)라고 하는데 cunnilingus라고도 한다. 참고로 eat me는 fuck you라는 욕설로도 쓰인다.

That's such a low blow.

그건 정말 비열한 행동이야.

- A: Low blow. B: Wasn't me. Wish it was!
  A: 비열한 행위야 . B: 아쉽게도 내가 아니었어.

  It's a low blow. Low blow. 그건 참 비열한 짓이야. 비열한 짓 말야.

■ death blow는 '치명타' 를 의미하며 low blow는 '비열한 행동'을 의미하는데 권투 등 격투기에서 바지 밑을 가격하는 반칙을 떠올리면 된다.

» bluff

Don't call my bluff. 뻥 아니라니까.

It's a trick, I know he's bluffing.

이건 속임수야. 걔가 허풍을 떠는거야.

- So was he bluffing or not? I just couldn't tell.
  그래 걔가 허풍을 떠는 거였어 아니었어? 난 정말 모르겠던데.

  I was bluffing. She's right. 내가 뻥쳤어. 걔가 맞아.

■ bluff는 명사로 '허풍', '허세', '남 속이기' 를 의미하며 동사로는 '허풍을 떨다' 라는 뜻으로 쓰인다.

But she was the one who knew how to bluff.

그러나 걘 허풍떠는 법을 아는 사람이었어.

- Be careful. He already knows how to bluff.
  조심해. 걘 이미 허풍치는 방법을 알아.

  You're not the only one who knows how to bluff.
  너만 허풍떠는 법을 아는 건 아냐.

■ know how to bluff는 '허풍을 떠는 법을 알다' 라는 표현.

You don't believe me? Call my bluff. See what happens.

너 나 못 믿는다는거지? 해볼테면 해보라는거지. 어떻게 되는지 보라고.

- All right, you called my bluff. I am not really a virgin.
  좋아, 내가 뻥친다고 했지. 난 사실 처녀가 아니야.

  Don't call my bluff. I'm serious. 내가 뻥친다고 하지마. 장난아냐.

■ call one's bluff는 상대방이 하는 말이 허풍이나 뻥이라는 단정하에 '한번 해볼테면 해보라, 증명해봐라' 라는 뜻.

» board

I gotta go back to the drawing board. 첨부터 다시 시작해야 돼.

No criminal records across the board.

전반적으로 전과가 없어.

- Star Trek I failed across the board, art direction, costume, music, sound editing.
  스타트렉 1은 미술감독, 의상, 음악, 음향편집 등 전반적으로 실패했어.

across the board는 '모든 분야에서,' '모든 부서에 걸쳐,' '전면적으로' 라는 의미.

I gotta go back to the drawing board.

난 처음부터 다시 해야 해.

- Sorry guys. Back to the drawing board. 미안해 친구들. 처음부터 다시야.
  Let's go back to the drawing board on this. 이거 첨부터 다시 시작하자.

go back to the drawing board는 '처음부터 다시시작하다' 라는 의미.

He went overboard.

그 사람이 좀 너무 했어.

- When the bomb exploded, I was thrown overboard.
  폭탄이 터질 때 난 밖으로 튕겨 나갔어.
  I may have gone a little overboard. 내가 좀 선을 넘어섰을지도 몰라.

go overboard는 '지나치다,' '선을 넘어서다' 라는 의미로 원래 overboard는 '배밖으로' 라는 의미의 단어이다.

I am not on board with this!

난 이것에 동참할 수 없어.

- And I'm glad that you're back on board with our plan.
  그리고 난 네가 우리 계획에 다시 참여하게 되어 기뻐.
  I want you to be on board with what I'm gonna say.
  내가 말하는 것에 네가 동참하기를 원해.

be on board는 '승선하다,' '동승하다' 라는 뜻으로 비유적으로 어떤 계획이나 의견에 같이 한다는 의미. 한편 take sth on board하면 '경청하다' 라는 뜻이 된다.

He pays for my room and board.

걔가 내 숙박비를 부담해.

- You'll be giving room and board to this fellow.
  네가 이 친구한테 숙박비를 대줄거야.
  Damian Westlake is an old friend of mine from boarding school. 대미언 웨스트레이크는 기숙사 학교 시절부터 알고 있는 옛 친구야.

room and board는 '숙박비'를 의미하는데 하숙의 개념처럼 숙박과 식비를 포함한 것이다. board and lodging도 같은 의미가 되며 boarding house는 기숙사, boarding school은 기숙사 학교를 의미한다.

MORE EXPRESSION

sweep the board 모든 상을 휩쓸다

놓치면 원통한 미드표현들

- **think out of[outside] the box** 독창적 사고를 하다 *box는 비유적으로 고정관념이나 틀
  Let's think out of the box for a moment.
  잠깐만 독창적 사고를 해보자.
  She is not strong at thinking outside the box. 걔는 독창적 사고에는 강하지 않아.

- **outside the box thinking** 새로운 사고
  Let me offer a little outside the box thinking here. 여기서 새로운 사고를 좀 해보겠어.

» boat

Don't rock the boat. 공연히 평지풍파 만들지마.

You missed the boat
넌 기회를 놓쳤어

- A: Where's Natasha? B: She missed the boat.
  A: 나타샤가 어디 있어? B: 걘 배를 놓쳤어.

  You missed the boat, George. 조지, 넌 기회를 놓쳤어.

■ miss the boat는 배를 놓치다라는 말로 '기회를 놓치다,' '때를 놓치다' 라는 말로 쓰인다.

Don't rock the boat
공연히 평지풍파 일으키지마.

- I don't want to rock the boat. hey. 야, 난 난동피우고 싶지 않아.

  She must have not wanted to rock the boat.
  걘 소동을 피우고 싶지 않았을거야.

■ rock the boat는 평온하게 가는 배를 흔들어대니 평지풍파가 일어날 수밖에, 난동이나 소동을 피우다라고 생각하면 된다.

We're all in the same boat
우리 모두 같은 처지야

- I'm all for sticking together. But we're not in the same boat here.
  난 우리 모두가 함께 뭉치는데 찬성야. 하지만 우리가 다 같은 처지는 아닌거야.

  And then I'd be in the same boat as you.
  그리고 나면 난 너와 같은 처지가 될거야.

■ be in the same boat는 be in the same difficult, 혹은 be in the same troublesome situation이라는 말로 '같은 곤경, 같은 처지에 놓여있다' 는 말.

> **MORE EXPRESSION**
>
> push the boat out 돈을 막쓰다
> burn one's bridge[boats]
> 배수진을 치다

» body

Where's the body? 시신이 어디 있어?

Over my dead body.
내 눈에 흙이 들어가기 전엔 안돼.

- The only way you're going back to jail is over my dead body.
  내가 죽기 전에는 절대로 넌 감방에 다시 못가.

  I told her no way is she borrowing my stuff. Over my dead body! 난 걔한테 절대로 내 물건 빌려갈 생각말라고 했어, 죽어도 안된다고!

■ over my dead body는 내눈에 흙이 들어가기 전에는 절대 안돼라는 우리말에 딱 들어맞는 표현. 상대방이 이말을 하면 That can be arranged(내가 죽여주면 되겠네)라고 받아칠 수 있다.

Where's the body?
시신이 어디있는거야?

- And the body we have doesn't even have a face.
  그리고 우리에게 있는 시신은 얼굴 형체도 없어.

  No purse or I.D. found on the body. 지갑이나 신분증이 시신에 없어.

■ body는 몸, 신체라는 일반적인 의미 외에 특히 범죄수사미드에서는 시체, 시신이라는 의미로 많이 등장한다.

B

105

It narrows it down to a single body of water.

하나의 물줄기로 좁혀지고 있어.

- Both victims had contact with the same body of water?
  모든 피해자가 같은 물줄기에 접촉했어?

  Do we know what body of water? 어떤 물줄기인지 알고 있어?

■■ body of water는 물줄기나 바다나 호수 등을 말한다.

» bomb

I got totally bombed. 난 완전히 술에 쩔었어.

Has the bomb dropped yet?

벌써 폭탄선언한거야?

- I'm sorry to drop a bomb on you. 이런 안 좋은 소식을 전하게 돼서 미안해.
  You just dropped the bomb and ran? 너 폭탄선언만 하고 도망가는거니?

■■ drop the bomb은 '폭탄을 떨어트리다' 라는 문자 그대로의 뜻도 있으나 비유적으로 '폭탄선언을 하다' 라는 의미로도 쓰인다.

Doesn't mean he didn't plant the bomb.

걔가 폭탄을 설치하지 않았다는 걸 의미하진 않지.

- Chris planted the bomb under Sam's car.
  크리스는 샘의 차 밑에 폭탄을 설치했어.

  Guilt. I'm the one who built the bomb. 유죄. 내가 바로 폭탄을 만든 장본인야.

■■ plant the bomb은 '폭탄을 설치하다' 라는 뜻이며 build the bomb은 '폭탄을 만들다' 라는 뜻.

And then tell him to call the bomb squad.

그리고 나서 폭탄처리반에게 연락하라고 해.

- I go back in and wait for the bomb squad.
  난 안에 돌아가서 폭탄처리반을 기다릴게.

  Right. And the bomb squad is coming. 좋아. 폭탄처리반이 오고 있어.

■■ bomb squad는 '폭탄처리반' 이라는 뜻으로 테러관련 미드에서 많이 등장하는 단어이다.

That's the bomb! I had no idea.

정말 멋지다! 난 몰랐어.

- Background subtraction application software is the bomb.
  배경삭제 응용 소프트웨어는 정말 끝내줘.

  Oh, it was great. I got totally bombed. 오, 너무 좋았어. 난 완전히 갔어.

■■ be the bomb하면 속어로 '멋지다,' '훌륭하다' 라는 뜻이지만 be bombed하면 술이나 약에 '취하다' 라는 의미가 된다.

Don't bomb during the singing contest.

노래 대회에서는 망치지 마라.

- Alex, you really bombed during the game. 알렉스, 너 정말 게임중에 망쳤어.

  Over half of the students bombed the exam.
  반이상의 학생들이 시험을 망쳤어.

  My son bombed his midterm. He's such a jerk!
  아들이 중간고사를 망쳤어. 머저리같은 놈.

■■ bomb (out)은 역시 동사로 무척 성공적이지 못하다, 즉 '망치다,' '실패하다' 라는 뜻이며 특히 bomb+각종시험하면 시험을 망치다라는 뜻으로 쓰인다.

I'm glad you guys were bonding. 너희들이 잘 지내고 있다니 기뻐.

B

They're really bonding.
걔들은 정말로 잘 지내고 있어.

- We were totally bonding as soon as we met each other.
우린 서로 만나자 마자 완전히 찰떡궁합이야.

 I'm glad you guys were bonding. 너희들이 잘 지내고 있어 기뻐.

■■■ be bonding은 '유대관계가 좋다,' '잘 지내다' 라는 뜻이며 수동태인 be bonded하면 '유대가 끈끈하다' 라는 뜻이 된다.

A new baby needs to bond with its mother.
신생아는 엄마와 유대감을 형성해야 해.

- Do you bond with all the convicts or was Carlos just special?
넌 모든 범법자들과 유대감을 형성하니 아니면 카를로스만 단지 특별한 케이스니?

 My client has developed a strong bond with Barry.
내 의뢰인은 배리와 강한 유대관계를 형성했어.

 I was bonding with a victim. 난 한 희생자와 유대감을 유지하고 있었어.

■■■ bond with는 '…와 유대감을 형성하다,' '정이 돈독하다,' bond between하면 '…사이에 유대감을 형성하다' 라는 뜻이며, have a bond with하면 '…와 유대가 있다' 라는 뜻이 된다.

I thought it'd be a good bonding opportunity.
난 이게 아주 유대감을 형성할 수 있는 좋은 기회로 생각했었어.

- It'll be like our first y'know roommate bonding thing.
이건 우리가 최초 룸메이트들 간 유대관계를 형성하는 것 같은 걸거야.

 You know, see what was further down the beach. Male bonding. 알잖아, 바닷가에서 볼 수 있는 것. 남성들 간 동료의식이 생기지.

■■■ bonding은 '유대감 형성'이라는 뜻이며 male[female] bonding은 '남성들[여성들]간 동료의식' 이라는 뜻.

Don't make any bones about your feelings. 네 감정을 숨기지마.

I've got a bone to pick with you.
나 너한테 따질 일이 있어.

- I have a bone to pick with you, sir. 선생께 따질 일이 있습니다.

 That reminds me, I have a bone to pick with you.
그러니까 기억이 나는데, 나 너한테 따질 일이 있어.

■■■ have a bone to pick with sb는 부드럽게 말하면 얘기 좀 할게 있다, 노골적으로 말하면 '…에게 따질게 있다' 라는 뜻이다.

I can't prove it. But I feel it in my bones.
내가 증명할 수는 없지만 직감으로 느껴.

- Feel it in your bones. 마음 깊이 그걸 느껴봐.

 I knew he'd do it again. Knew it in my bones.
걔가 그 짓을 다시 할 줄 알았어. 직감으로 알고 있었어.

■■■ feel[know] sth in one's bones는 '직감으로 느끼다' 라는 뜻. 뼈 속으로 느낀다는 것으로 문자 그대로의 의미를 생각해보면 이해가 쉽다.

The cause of the problem was a bone in her throat.

문제의 원인은 목에 걸린 가시였어.

- Jenna was rushed to the hospital with a bone in her throat.
  제나는 목에 가시가 걸려서 병원으로 급히 갔어.

  Jerry said he couldn't go out because he had a bone in his throat.
  제리는 목에 가시가 걸려서 외출할 수 없다고 했어.

I have a bone in my throat는 목에 가시가 걸렸다라는 말로 비유적으로 쓰일 때는 상대방의 제안이나 부탁을 거절할 때 사용한다. 참고로 have a frog in one's throat하면 '목이 잠기다'라는 뜻.

You want my help, Tim, you gotta throw me a bone.

팀, 내 도움을 원하면 내 환심을 사야지.

- The actor threw his friend a bone. 그 배우는 친구를 돕는 척만 했어.

  Come on, throw me a bone. I need help!
  자, 나 좀 도와줘. 도움이 필요해!

throw sb a bone은 강아지에게 뼈를 던져주는 모습에서 나온 표현으로 '환심을 사려고 하다,' '돕는 시늉만 하다'라는 의미.

She made no bones about her love for Dave.

걘 데이브에 대한 사랑에 주저하지 않고 말했어.

- I made no bones about being unhappy.
  난 불행해지는 것에 대해 까놓고 다 말해.

  Don't make any bones about your feelings.
  네 감정을 숨기지 마라.

make no bones about은 …에 대해 직설적이고 분명한 태도를 갖고 있어 '거침없이 …하다,' '주저하지 않고 …하다,' '까놓고 말하다,' '숨김없이 말하다'라는 의미가 된다.

My mama worked her fingers to the bone for me.

엄마가 나를 위해 뼈 빠지게 일하셨어.

- And the rest of us have had our budgets cut to the bone.
  그리고 나머지 우리들은 예산을 최대한 삭감해야 했어.

  My son is working himself to the bone.
  내 아들은 최대한 열심히 일을 하고 있어.

to the bone은 '최대한'이라는 의미를 가지고 있는데 be chilled[frozen] to the bone이면 '무척 춥다' work one's fingers to the bone은 '뼈 빠지게 일하다'라는 표현.

Cheryl spent the night boning up for the exam.

쉐릴은 시험공부 벼락치기하면서 밤샜어.

- You have three weeks to bone up for the interview.
  면접까지 벼락치기하는데 3주 남았어.

  Has everyone boned up for biology class?
  다들 생물시간 예습 다했어?

bone up (for, on) sth은 '벼락공부하다'라는 의미.

Trey! You have a boner!

트레이! 너 섰구나!

- A: David! You have a boner! B: You're so beautiful.
  A: 데이빗! 너 섰구나! B: 넌 너무 아름다워.

  My father got a boner when he was watching hardcore porno.
  아버지는 하드코어 포르노를 보면서 발딱 스셨어.

get a boner는 창의적인(?) 표현으로 뼈가 penis처럼 생겼다는 점을 발칙하게(?) 상상해보면 '발기하다,' '흥분하다'라는 의미라는 것을 알 수 있다.

Richie wants me to get a boob job. 리치는 내가 유방확대수술을 하길 원해.

You're staring at my shirt boobs.

넌 셔츠에 튀어 나온 내 가슴을 보고 있구나.

- Carlos! Her boobs are none of your business!
  카를로스! 걔 가슴에 신경 쓰지마!
  No. I didn't even see her boobs. 아냐, 난 걔 가슴을 보지도 못했어.

I guess we can rule out boob job.

우린 유방확대수술은 안해도 되겠어.

- I can't believe you would actually consider having a boob job.
  네가 실제로 유방확대수술을 고려하다니 믿기지 않아.
  Richie wants me to get a boob job. He wants 'em bigger.
  리치는 내가 유방확대수술을 하길 원해. 걘 큰 가슴을 좋아하거든.

■ boobs는 '여성의 유방(women's breast)'을 의미한다. breast, bosom, chest 등의 단어들로 마찬가지로 가슴을 뜻한 다. 참고로 bosom friend [buddy]하면 '절친한 친구'를 뜻 한다.

■ boob job은 '유방 확대 수 술'을 의미한다.

B

You did everything by the book. 넌 모든 것을 원칙대로 했어.

Not in my book.

내 생각에는 아냐.(내 판단으로는 아니야.)

- You know, in my book, the dress was blue.
  있잖아, 내 생각으론 그 옷은 푸른색이야.
  In my book, the thing you did was wrong.
  내 판단에 네가 한 일은 잘못됐어.
  In our book, Charlie seems guilty of the crime.
  우리 생각으로는 찰리가 유죄인 것 같아.

You're all right in my book.

넌 완전히 내 타입이야.

- Anyone who helps animals is all right in my book.
  동물을 도와주는 사람은 누구라도 내 마음에 드는 사람이야.
  The new boss is all right in my book. 신입 사장은 마음에 들어.

You did everything by the book.

넌 모든 것을 원칙대로 했어.

- We do it by the book. Then we pray. 우린 원칙대로 하고 나서는 기도해.
  And just so we're clear, the arrest went by the book.
  그리고 분명히 해두는데 체포는 규정대로 이루어졌어.

■ in my book은 '내 생각으 로는'이라는 뜻으로 쓰인다.

■ be in one's good book 는 주어가 '마음에 든다,' '좋다' 는 뜻으로 반대 의미를 표현하려 면 good 대신에 bad를 쓰면 된 다.

■ do[play] sth by the book는 책에 적힌대로 한다는 것으로 '···을 원칙대로 하다,' '규 정대로하다'라는 뜻. go by the book이라고 해도 된다.

I need to do this off the books.

난 이걸 비공식적으로 처리해야 해.

- Some of the girls thought that Jessica was working off the books.
  일부 여자애들은 제시카가 비공식적으로 일하고 있었다고 생각해.

  The best part is we can finally get her off the books.
  가장 좋은 점은 마침내 걔를 내보낼 수 있다는거야.

I could read her face like a book.

난 걔 얼굴을 정확하게 읽을 수가 있어.

- He read the old man who lived a miserable life like a book.
  걔는 비참한 삶을 살았던 그 노인의 마음을 훤히 알았어.

  You read me like a book. Why would you hire that woman?
  나를 훤히 꿰뚫어보고 있군. 근데 왜 저 여자를 고용한거야?

We're booked solid for the next month!

우린 다음 달 예약이 꽉 찼어.

- We are fully booked for the weekend. 우리는 주말에 일정이 꽉 찼어.
  It was booked up two years in advance.
  그건 앞으로 2년 치가 예약이 끝나버렸어.

I'm going to book this guy. You want to go with?

난 이 놈의 진술을 받으려고. 너도 같이 갈래?

- We need to book an OR. 수술실 예약해야 돼.
  I want to book you for the opening of a new club.
  새로운 클럽 오프닝에 네가 참석하도록 예약해주고 싶어.

■■■ be[do] off the books는 '장부에서 제외되다' 라는 말로 비유적으로 비공식적이다라는 뜻이다. 응용표현으로 work off the books하면 '비공식적으로 일하다,' keep~off the books는 '…를 기록으로 남기지 않다' 라는 표현. 한편 take[get] sb off the books하면 탈퇴시키다, 내보내다 라는 뜻이 된다.

■■■ read sb like a book은 '…의 마음을 책 보듯 훤히 알다' 라는 뜻이다. like a book은 '정확하게' 라는 의미.

■■■ be booked solid, be fully booked는 '예약이 꽉 차다' 라는 의미이며 book in advance하면 '사전에 예약하다' be booked up하면 '예약이 차다' 또는 '할 일이 많다' 라는 표현이 된다.

■■■ book은 '예약하다' 또는 '(경찰이 연행해서) 피의사실을 기록하다' 라는 뜻으로도 쓰인다.

MORE EXPRESSION

bookworm 공부벌레

» boot

 For a booty call, press number one. 섹스를 원하면 1번을 눌러주세요.

I wouldn't know. She gave me the boot.

나야 모르지. 걔가 날 잘랐어.

- That's what he got me booted for. 그게 바로 걔가 날 자른 이유야.
  The manager is gonna stick around until he gets the boot.
  매니저는 쫓겨날 때까지 붙어 있을거야.

You knew you'd be booted out of football.

넌 네가 축구팀에서 쫓겨날 걸 알고 있었어.

- The drunken couple was booted off the tour boat.
  만취커플은 유람선에서 쫓겨났어.

  We'll boot him out if he comes back. 걔가 돌아오면 쫓아낼거야.

■■■ give the boot는 신발던져주고 나가라라는 말로 '절교하다,' '해고하다,' 반대로 get the boot 혹은 get booted하면 '해고당하다.' 그러나 자동차의 경우에 get[be] booted하면 불법주차한 차에 클램프를 채우다라는 뜻으로도 쓰인다.

■■■ boot out[off]는 잘못을 해서 회사나 학교 및 집에서 '강제적으로 내쫓다' (make sb leave) 라는 의미.

You must be my lucky night. And with taste to boot.

넌 참 운좋은 밤이야. 그것도 고상하게 말야.

- Has an appreciation for golden-age hollywood and is a gentleman to boot. 그 사람은 할리우드 황금시대를 이해하고 게다가 신사이기도 해.

■■■ to boot는 그것도, 게다가 라는 말로 앞에 한말에 부가적인 의미를 부여할 때 사용한다.

He boots all over my counter.

걘 내 카운터 전체를 세게 찼어.

- I don't think that I'm gonna wear the boots tonight.
오늘 밤에 장화를 신지않을까봐.

When she booted us, it made me want to steal something of hers again. 걔가 우릴 때려서, 난 다시 걔한테서 뭔가 훔치고 싶은 충동이 들었어.

■■■ boot는 동사로 사람이나 사물을 '세게 차다,' 물론 가장 기본적으로 '목이 긴 장화'를 말한다.

B

He was best known as a bootlegger, a womanizer.

걘 주류밀매자 및 바람둥이로 유명했어.

- You found a bootleg copy of that concert?
네가 그 콘서트 해적판 앨범을 찾았다고?

Bootleg movies pose a threat to national security?
불법 영화가 국가안보를 위협한다고?

■■■ bootleg는 '불법의,' '해적판의'라는 말이고 bootlegger는 금주시대의 '주류밀매자'를 뜻한다.

There's no greater gift than the gift of booty.

섹스보다 더 좋은 선물은 없지.

- She's got six tables waiting and she's taking a bootie break?
걘 아직 6테이블을 더 돌아야 하는데 일 안하고 섹스하는거야?

Jack prefers women with big booties. 잭은 엉덩이가 큰 여자들을 더 좋아해.

■■■ booty는 전리품 혹은 쇼핑에서 전리품처럼 당당히 사온 물건들을 말할 때도 있고 속어로 '엉덩이(buttocks)'을 말할 때도 있다. bootie라고 표기하여 매력적인 엉덩이라고 말하기도 한다.

Yeah, but those were just booty calls.

그래, 하지만 그것은 그냥 섹스하자는 전화였어.

- You've reached friends with benefits. For a booty call, press one now. 섹스친구에게 연결되었습니다. 섹스를 원하시면 지금 1번을 눌러주세요.

You want me to just stop everything so you can have a booty call? 나보고 하던 일 다 멈추라는거야, 섹스하자는 네 전화를 받을 수 있게?

■■■ booty call은 아무 조건없이 그냥 만나서 육체적 관계를 맺자고 하는 전화를 말한다.

A boot camp for troubled girls.

문제 일으키는 여자들용 훈련소야.

- Where is he again? Some kind of a boot camp for juvenile delinquents. 걔 또 어디있어? 청소년 비행 교정 훈련소에 있는거야?

You don't have to go back to boot camp? 훈련소에 돌아가지 않아도 돼?

■■■ boot camp는 원래 신병소를 뜻하는 단어이나 말안듣는 문제아이들을 군대식으로 가르치는 훈련소를 말한다.

Pick up Vincent, I'll bootstrap a warrant.

기운내, 빈센트, 내가 영장을 꼭 받아낼게.

- That's right on the money, Mr. Gardner. It's called bootstrapping. 가드너씨 딱 맞았어요. 그걸 부트스트랩핑이라고 해요.

Better hope Novak can bootstrap us a warrant. 노박 검사가 우리에게 영장을 받아낼 수 있을거라 희망해야지.

■■■ bootstrap는 어떤 일이 확실히 일어날 수 있도록 고생을 하다(do extra or difficult things to make certain something will happen)이라는 의미.

I'm off the booze. 나 술 끊었어.

Well, someone gave her the booze.
글쎄, 누군가 걔한테 술을 먹였지.

- Where does Meredith keep the booze? 메러디스가 어디에 술을 두니?
  Has the booze rotted your brain? 술 때문에 네 뇌가 이상해진거야?

booze는 '술' 또는 '술을 마시다' 라는 의미로 booze it하면 '과음하다' 라는 표현이 된다.

I'm off the booze.
나 술 끊었어.

- Hiking. There's nothing like it to take your mind off booze.
  하이킹. 술을 끊으려면 그것만큼 좋은 것은 없어.

  No, you want to blame this on the booze, but that's easy.
  아나, 너 이걸 술 때문이라고 핑계대고 싶지. 핑계대는 건 쉽지.

on the booze는 '술이 취해서' 라는 뜻이며 반대로 off the booze하면 '술을 끊은' 이라는 의미가 된다.

You're the boss. 분부만 내리세요.

I am my own boss.
자영업을 해요.

- I was still my own boss. 나 아직도 자영업을 운영하고 있었어.
  I started this business and I'm my own boss.
  난 이 사업을 시작했고 내가 운영해.

be one's own boss는 '자영업을 하다' '사업하다' 라는 뜻으로 스스로가 주인이라는 말씀.

You're the boss.
분부만 내리세요.

- A: Say I'm the boss. B: Yes, you're the boss.
  A: 내가 보스라고 말해봐. B: 예, 분부만 내리세요.

  All right, you're the boss. I guess I gotta do what you tell me.
  좋아, 분부만 내리세요. 말씀하신대로 할게요.

You're the boss는 '당신이 보스에요' 라는 의미로 비유적으로는 '분부만 하세요' 또는 '따를게요' 혹은 네가 결정하는 자리이니 '네 맘대로 해라' 라는 표현이 된다.

You're just a little bossy boss!
넌 으스대는 보스야.

- Okay, maybe I get a little bossy. 그래, 아마 내가 좀 으스대지.
  I love the way he used to boss around Alice.
  걔가 앨리스한테 이래라 저래라 하던 방식이 좋아.

bossy는 '으시대는' 또는 '주인행세를 하는' 이라는 다소 부정적인 뜻이 된다. 한편 boss around면 '이래라 저래라하다' 라는 의미.

» bother

Don't let it bother you. 그것 때문에 신경쓰지마.

May I ask why you didn't bother to tell me?
왜 나한테 말을 안 해줬지, 이유가 뭐예요?

• We thought he was asleep, so we didn't bother him.
우린 걔가 자고 있다고 생각해서 걔를 굳이 깨우지 않기로 했어.

He's been missing for days, yet you didn't bother to call anyone? 걔는 며칠 동안 실종되었는데 아직 넌 아무한테도 전화도 하지 않았단 말이지?

■ didn't bother to do하면 '…하는 것을 신경 쓰지 않았다' 라는 뜻이며 'didn't bother sb는 '…를 괴롭히지 않는다' 또는 '…에게 폐를 끼치지 않는다' 라는 의미가 된다.

I'm sorry to bother you.
폐를 끼쳐서 죄송해요.

• I'm sorry to bother you. Do you have a minute?
폐를 끼쳐서 미안한데 시간 좀 있어요?

Sorry to bother you. Hello. I'm looking for a Zack Johnson who used to have coitus with my neighbor Penny.
여보세요, 미안하지만 잭 존슨을 찾고 있어요. 걔 내 이웃 페니와 성교를 하고 있었던 친구죠.

■ be sorry to bother you 는 '폐를 끼쳐서 죄송하다' 라는 표현.

Yes, it bothers me Ron.
그래, 그게 마음에 걸려, 론.

• It bothers me that I'm never gonna have that feeling.
내가 그런 감정을 결코 갖지 못할 거라는 것이 마음에 걸려.

It bothers me when people gossip about other people behind their backs. 사람들이 뒤에서 남에 대해 험담할 때 마음에 걸려.

■ It bothers me (that, when) S+V은 '…한 것이 마음에 걸린다' 라는 의미로 It kills me 도 같은 의미의 표현이 된다.

What's bothering you?
뭐 때문에 힘들어?

• Just talk about what's bothering you. 불편한 점을 그냥 말해주세요.
A: Something's not right. B: Well, what's bothering you?
A: 뭔가가 이상해. B: 그래, 뭐가 불편한데?

■ What's bothering you?, What bothers you the most ~하면 '…에서[하면서] 가장 불편한 점이 뭐야?' 라는 표현. What's been bothering you?로 하면 '뭐 때문에 힘들었어?' 라는 의미가 된다.

Don't let it bother you.
그거 때문에 신경 쓰지마.

• I tried not to let it bother me. 그것에 신경을 쓰지 않으려고 노력했어.
That's why I didn't let it bother me. 그래서 내가 신경을 쓰지 않았던 거야.

■ not let A bother sb 'A 때문에 신경을 쓰지 마라' 라는 뜻.

Is something bothering you?
원가가 신경이 쓰이는게 있어?

• Something's bothering her. I'll keep an eye on her.
걔가 원가가 신경 쓰이나봐. 내가 걜 지켜볼게.

Amy, did Jane ever mention anyone bothering her?
에이미, 제인이 누가 걜 괴롭힌다고 말한 적이 있었니?

■ Sth[sb] is bothering sb 는 '…가 …를 괴롭게 하다' 또는 '…가 …를 신경쓰이게 하다' 라는 뜻이 된다.

B

Don't bother to deny it.

굳이 그걸 부정할 필요는 없어.

- I'm done with you, Josh. Don't bother coming home.
  난 너랑 끝났어, 조시. 굳이 집에 올 필요도 없어.

  Don't bother me. 저리 가. (나 좀 내버려둬.)

bother to+동사면 '굳이 …하느라 애쓰다' 라는 의미로 Don't bother to+동사[…ing]는 '굳이 …할 필요 없어' 라는 표현이 된다.

I can't be bothered now.

지금은 꼼짝도 하기 싫어.

- The pharmacy can't be bothered to deliver. 약국이 배달을 하지 않아.
  He can't be bothered to wipe his ass. 걔는 뒤를 닦는 걸 귀찮아해.

can't be bothered는 '… 할 마음이 내키지 않는다' 또는 '굳이 …하고 싶지 않다' 라는 귀찮이즘을 대변하는 표현.

Stop bothering me.

나 좀 가만히 놔둬.

- You both promise to stop bothering me about it.
  너희 둘 그것에 대해 날 가만히 놔두기로 약속해.

  Stop bothering me. I've got work to do. 나 좀 그만 괴롭혀. 나 할 일이 있다고.

stop bothering은 '가만히 놔두다' 라는 의미로 괴롭히는 것을 중단하다라는 문자 그대로의 뜻을 새기면 된다.

MORE EXPRESSION

Sorry to be a bother[pest]
귀찮게 해서 미안해

» bottle

Don't keep it bottled up. 혼자 속 끓이지마.

It's not good to keep that bottled up inside.

그걸 마음속에 담아두는 것은 좋지 않아.

- Don't keep it bottled up. 혼자 속 끓이지마.
  I'm not the type of person that can keep things bottled up inside. 난 뭔가를 마음속에 담아두는 타입이 아냐.

keep sth bottled up [inside]은 '마음 속에 담아두다' 라는 뜻으로 신경 쓰이는 뭔가를 마음속에 둔다라는 의미. bottle up이 병안에 봉해 놓는다는 의미라는 것을 생각해보면 된다.

The invitation said BYOB.

초청장에 '술은각자지참' 이라고 되어 있어.

- So you brought your own bottle of wine with you, then?
  그래, 그러면 넌 네 와인을 가져왔니?

  You know, strictly BYOB. 있잖아, 철저하게 '술은각자지참' 방침이야.

bring your own bottle 는 '술은 각자지참' 이라는 뜻으로 술을 각자 가져와서 즐기는 파티를 말한다. Bring Your Own Beer[Bottle, Beverage, Booze] 도 같은 표현으로 BYOB라는 약자로 사용되기도 한다.

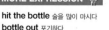
MORE EXPRESSION

hit the bottle 술을 많이 마시다
bottle out 포기하다
bottle it 그만두다

What's the bottom line? 요점이 뭐야?

I'm sure we'll get to the bottom of this.

우린 이것의 진상을 확실히 알아볼거야.

- It took me a few listens to get to the bottom of them.
  진상을 알아보기 위해서 몇 번 경청을 했었어.

  We need to get to the bottom of it. 우린 진상을 파헤칠 필요가 있어.

■ get to the bottom of sth은 '…의 진상[원인]을 밝히다' 라는 뜻이며 get to the bottom of it은 관용표현으로 '확실하게 알아보다' 또는 '진상을 파헤치다' 라는 표현.

I really thought I hit rock bottom.

난 완전히 밑바닥까지 간걸로 생각했어.

- That's when I knew I'd hit rock bottom. 내가 바닥을 친걸 알게 된 때였어.

■ hit[reach] rock bottom 은 '바닥치다,' '밑바닥까지 가다,' '완전히 폭락하다' 라는 뜻으로 비유적으로 '불행해지다' 라는 의미로도 쓰인다.

Now I say this from the bottom of my heart.

이제 난 진심으로 이걸 말하는거야.

- Thank you very much from the bottom of my heart for that incredible gift. 너무 좋은 선물을 준데 대해 진심으로 감사해.

  So from the bottom of my heart, for whatever I did to you, I apologize. 내가 네게 무슨 짓을 했던간에 너한테 진심으로 사과해.

■ from the bottom of one's heart는 '충심으로,' '진심으로' 라는 표현.

Bottoms up!

위하여!

- Come on. Everybody, bottoms up. 오, 이제 축배가 어때? 자, 모두 '위하여.'
  Bottoms up! Let's get drunk! 위하여! 자 취하자!

■ bottoms up은 술자리에서 drink up과 같은 뜻으로 '잔을 비우다' 라는 의미. 주로 술을 마실 때 건배를 하면서 외치는 '위하여!' 라는 의미로 쓰인다.

Her dad looked me over from top to bottom.

걔 아버지는 위아래로 날 훑어봤어.

- Everyone started this whole thing, from top to bottom.
  모두가 다 이 일 전체를 하나도 빠짐없이 시작했어.

  It was mishandled. The whole thing from top to bottom.
  잘못 처리됐어. 첨부터 끝까지 전체가 말야.

■ from top to bottom은 '위에서 아래까지' 라는 표현으로 '전부 몽땅' 이라는 뜻과 함께 '샅샅이,' '철저히' 라는 의미로도 쓰인다.

What's the bottom line?

요점이 뭐야?

- Here's the bottom line. 요지는 이거야.

  Bottom line, we have no indication this is a homicide, true?
  결론은 이게 살인이라고 생각할 만 한 것이 없다는거야, 맞지?

■ bottom line은 손익계산서의 맨아래줄에 수입과 지출을 뺀 수익이 나온다는 점에서 유래하여 비유적으로 '결론' 이라는 의미로 사용된다. The bottom line is ~ 하면 따라서 '제일 중요한 건 …야' 라는 표현이 된다.

Pressure just bottomed out.

스트레스가 이제 바닥을 치고 나아지기 시작했어.

- Your career has totally bottomed out and you need to pay the bills. 네 경력은 완전히 바닥을 쳤으며 넌 청구서들을 지불해야 해.

  The car bottomed out on the old country road.
  자동차는 낡은 시골길에서 벗어났어.

■ bottom out은 '바닥을 치고 다시 올라오는 상태를 말하는 것으로 주식이나 경력 등이 더 이상 나빠지지 않고 오히려 나아진다는 뉘앙스를 가진다.

MORE EXPRESSION

bottom rung 최하층
start at the bottom of the ladder 밑바닥부터 시작하다

B

So I bounced the hell up outta there. 그래서 거기서 정신없이 빠져나왔어.

The check bounced because of insufficient funds.
돈이 모자라 수표가 되돌아왔어.

- Don't let another check bounce this month.
이번달에 수표를 더 부도내지 말자고.

  If I don't cut back on staff, the next round of paychecks are gonna bounce. 직원감축을 하지 않으면 다음번 급여수표는 부도날거야.

■■ bounced check은 부도수표. 우리나라 수표와는 달리 미국에서는 checking accounts에 돈을 집어넣고 그 범위내에서 수표를 발행해 결제하는데 잔액이 부족해 되돌아 오는 것을 부도수표라고 한다. 우리의 체크카드 개념과 비슷하다고 보면 된다.

It'll take a year to bounce back from the accident.
사고에서 일어서는데 일년이 걸릴거야.

- Can you bounce back from getting fired?
해고당하고나서 다시 좀 일어섰어?

  Yeah, and he's so young, he's gonna bounce right back.
그래, 그리고 걘 정말 젊어서 바로 다시 일어설거야.

■■ bounce back은 '곤경에서 벗어나다,' '기분이 좋아지다,' '이멜이 돌아오다' 등 다양하게 쓰일 수 있다.

We'd like to bounce some ideas off you.
우리는 너하고 아이디어들을 토의하고 싶어.

- I didn't have a chance to bounce this off the boss.
난 사장과 이걸 토의할 기회가 없었어.

  They decided to bounce around different proposals.
걔네들은 다른 제안들을 토의하기로 결정했어.

■■ bounce off는 다른 사람의 의견을 듣고 구하고 토의하여 결정하다라는 말로 bounce around라고 해도 된다. 한마디로 discuss.

He's a bouncer in a strip club.
걘 스트립 클럽의 경비야.

- So I talked to one of my boys who bounces at a couple of clubs. 그래서 클럽 몇군데서 경비서는 내 애들중 하나에게 얘기해놨어.

  Frankie the bouncer beat up a guy in the parking lot.
프랭키는 클럽 경비로 주차장에 있는 한 놈을 팼어.

■■ bouncer는 클럽의 경비, 혹은 기도로 주로 덩치가 헤비급인 사람들로 입장을 통제하는 사람들을 말한다. 입장시에는 손에다 클럽도장을 찍어주기도 하고, 동사로도 쓰인다.

After she had sex with Tom, we bounced.
걔가 탐과 섹스를 한 후 우리는 떠났어.

- She got bounced out of regular porn.
걘 포르노 업계에서 쫓겨났어.

  So I bounced the hell up outta there.
그래서 난 거기를 후다닥 빠져나왔어.

  Well, what are we waiting for? Let's bounce, bitches.
그래, 뭘 기다리는데? 가지, 이년들아.

  Well, she's a baby. You hold her. You bounce her.
좋아, 걘 애기야. 안아주고 흔들어줘.

  That's the way the ball bounces. 인생이란 그런 거야

■■ bounce는 그밖에 다양한 의미로 쓰이는데 옆의 문장들을 하나하나 보면서 감을 익혀보기로 한다.

Be a good boy. 착하게 굴어라.

Attaboy, Dave. We knew you could do it.
잘했어, 데이브. 우리는 네가 할 수 있을거라 알고 있었어.

- What a great job! Attaboy! 참 멋지게 했어! 잘했어!
  Attagirl! We knew she could do it. 잘했어! 우리는 걔가 해낼거라는 걸 알았어.

Be a good boy.
착하게 굴어라.

- I will try and be a good boy. 착하게 행동하려고 할게.
  I didn't mean to get you mad. Please. I'll be a good boy.
  널 화나게 할 뜻은 없었어. 제발. 착하게 굴게.

I told her to take her boy toy and get out.
난 걔한테 연하애인을 데리고 나가라고 말했어.

- I found myself a boy toy and had some fun with him last night.
  어젯밤에 연하애인을 물어서 재있게 좀 놀았어.

Let it slide, you know? Boys will be boys.
그냥 잊어버려, 응? 남자놈이 다 그렇지 뭐. .

- These are some of Andrew's adult videos. I don't approve, but
  boys will be boys. 이건 앤드류 야동들이야. 난 인정안하지만 남자애들 다 그런 것 같아.

■ Attaboy!는 '잘했어,' '장해!' That's a boy!는 '야, 잘했다!' That is the boy도 '잘 했어,' '좋았어'라는 의미의 표현이다. 마찬가지로 Attagirl!도 같은 의미이지만 다만 여성에게 쓰인다는 점이 다르다.

■ be a good boy는 '착하게 행동하라'라는 뜻. 효과가 있을지 모르겠지만 결혼도 하기 전에 호텔방에 들어가는 남녀에게 쓸 수 있는 말.

■ boy toy는 '나이든 여자(cougar)와 성적관계를 갖는 남자' 즉 '연하 애인'이라는 뜻을 갖는다.

■ boys will be boys는 '사내애들은 사내애들이다' 또는 '사내애들이 다 그렇지 뭐,' '사내애들은 어쩔 수 없다'라는 의미의 표현이다.

MORE EXPRESSION

Oh, boy 어머나, 맙소사

 Brace yourself. 마음 단단히 먹어.

Brace yourself.
마음 단단히 먹어.

- I braced myself for what was next: rage, fury, a possible murder.
  다음에 닥칠 일에 마음을 단단히 먹었어: 분노, 울분, 그리고 일어날지도 모를 살인.

  He braced himself against the back of the booth.
  걔는 부스 뒤에 등을 대고 마음을 단단히 고쳐 잡았어.

I'm fine. I've been braced for this for a long time.
난 괜찮아. 난 오랫동안 이것에 대해 마음의 준비를 하고 있었어.

- Michael's right leg is still in a cast. His left arm is in a brace.
  마이클의 오른 발은 여전히 깁스를 하고 왼 팔은 보조기를 달았어.

■ brace oneself for[to do]는 '…할 각오를 하다' '…할 마음을 단단히 먹다'라는 의미.

■ be braced for는 '…에 마음의 준비를 하다'라는 의미이다. 한편 braces는 '보조기'로서 부상당한 부분을 받쳐주는 장비를 말한다. 또한 wear a brace하면 통상 '치열교정기를 하고 있다'라는 의미.

117

I'm racking my brain. 난 머리를 쥐어짜내고 있어.

Use your brain!
머리를 좀 쓰라고!

- I expect you to use your brain. 난 네가 머릴 좀 쓰기를 기대해.
  It just seemed like a no brainer. 그건 아주 쉬운 일 같아 보여.

You've got sex on the brain, you know that?
넌 머릿속에 온통 섹스만 들어있지, 그거 알아?

- A regular nine year old girl does not have sex on the brain. 정상적인 9살짜리 여자애라면 머릿속에 온통 섹스만 들어있지는 않지.
  You sure have Rory on the brain. I wonder why that is. 너 분명 머릿속에 로리를 생각하고 있지. 왜 그럴까.

My friend Raura blew her brains out in this house.
내 친구 로라가 이 집에서 총으로 자살해버렸어.

- Just go over there and fuck his brains out and he'll forget all about it. 거기 가서 걔 섹스로 반쯤 죽여버려, 그러면 걘 모든 걸 잊어버릴거야.
  I'm not leaving him unless you promise to screw my brains out tonight. 네가 오늘밤 죽어라 섹스해준다고 약속하지 않으면 난 걜 떠나지 않을거야.

I'm racking my brain.
내 머리를 짜내고 있어.

- I've been wracking my brain for an idea. 아이디어를 생각해내려고 머리를 짜내고 있어.
  I've been racking my brain to think of a way to convince him. 걔를 설득할 방법을 찾느라 머리를 짜내고 있어.

■ use one's brain은 '…의 머리를 쓰다' 라는 의미로 brain 대신에 head, noggin 또는 noodle(구어로 머리라는 의미)을 사용해도 같은 뜻이 된다. 한편 no brainer는 '아주 쉬운 일' 이라는 표현이다.

■ have sth on the brain은 '머릿속에 온통 …뿐이다' 라는 의미.

■ screw[fuck] one's brains out은 '…의 머리를 못쓰게 하다,' '죽도록 섹스하다' 라는 표현이지만 blow one's brains out은 '총으로 …의 머리를 쏘다' 그리고 beat one's brains out하면 뭔가 이해하기 위해 짜내다라는 의미.

■ rack one's brain는 '머리를 짜내다' 또는 '깊이 생각하다' 라는 표현으로 rack 대신에 wrack를 써도 된다.

MORE EXPRESSION

brain dead 뇌사
be the brains of sth …의 핵심

Brazen it through. 그냥 밀고나가.

Brazen it through.
그냥 밀고나가.

- The basketball player brazened out his broken arm. 그 농구선수는 팔이 부러졌는데도 당당히 맞섰어.
  How did you brazen through the problems you had?. 어떻게 그 문제들에 맞선거야?

■ brazen out[through]은 당당히 혹은 염치없이 맞서다.

I don't believe him. He is so brazen.

난 걔를 믿지 않아. 걔는 너무 뻔뻔스러워.

- You are pretty brazen for a woman. 넌 여자치고는 무지 뻔뻔해.

  You don't understand! You didn't see how brazen she was.
  넌 이해 못해! 넌 걔가 얼마나 뻔뻔스러운지 모를 거야.

get[be] brazen은 '뻔뻔해지다' 라는 뜻으로 brazen은 '뻔뻔한' 이라는 의미이다.

He speaks so brazenly of the arena.

걔는 경기장에 대해 아주 뻔뻔스럽게 말해.

- Why do you continue to press so brazenly for my support?
  왜 뻔뻔스럽게 날 도와야한다고 압력을 넣니?

act[speak] brazenly는 '뻔뻔스럽게 행동하다[말하다]' 라는 뜻이다.

B

» break

 I'll just break it off with her. 난 그냥 걔랑 헤어질거야.

We'll catch our break.

우리에게도 기회가 오겠지.

- Can't this girl catch a break? 이 여자애한테 기회가 없을까?

  Am I ever gonna catch a break with you?
  내가 너하고 어떻게 한번 해볼 기회가 없을까?

catch one's break는 '…기회를 잡다' 라는 의미.

Let's take a break.

잠깐 쉬자.

- We think that you need to take a break, okay?
  네가 좀 쉴 필요가 있다고 생각해. 오케이?

  I come visit every day on my lunch break. 난 매일 점심시간에 와.

break가 '휴식시간' 또는 '짧은 휴식' 이라는 뜻으로 lunch break면 '점심시간' 을 break time하면 '휴식시간' 을 의미한다. 또한 take a break는 '잠시 쉬다' 라는 의미로 아주 많이 쓰이는 표현.

We're on a break.

우린 잠시 떨어져 있는거야.

- You just happen to have caught me on a break.
  넌 우연히도 우리가 잠시 헤어져 있는 동안 날 만난거야.

  I have to go on a break now. 난 이제 좀 쉬러가야야겠어.

be on a break는 일반적으로 잠깐 휴식을 취하는 것을 말하지만 연애하다가 명목상 서로에 대한 사랑을 회복하기 위해 잠시 떨어져 있는 걸 의미하기도 한다.

He could just make a break for it.

걔는 방금 빠져나갈 수 있었어.

- Come on, let's see if she tries to make a break for it.
  야, 걔가 빠져나가려고 하는지 지켜보자.

  Ok, I'm makin' a break for it, I'm goin' out the window.
  좋아, 난 여길 빠져나가겠어, 창문으로 나갈 거야.

make a break for it은 '…쪽으로 달아나다,' '…로 빠져나가다,' '탈옥하다' 라는 뜻이다.

Tough break!
재수 옴 붙었군!

- Hey, Scott, tough break. You almost had him.
  야, 스캇, 재수가 없었어. 거의 걔를 잡을 뻔 했는데.
  Oh. Well that's a tough break. 글쎄, 운이 없나봐.

■ tough break는 '실패' 또는 '불운' 이라는 뜻.

Give me a break. I haven't done this before.
한 번 봐주지 그래. 난 이건 처음 해보는거야.

- Why don't you cut me a break, huh? 한 번 봐주면 어때, 응?
  It was a mistake every time. Give it a break. 매번 실수였어. 좀 봐줘.

■ Give me a break는 '좀 봐줘요' 또는 지겨우니 '그만 좀 하지 그래' 라는 뜻으로 아주 많이 사용하는 표현. give it a break, cut me a break도 같은 의미.

I'll have to break his legs too.
난 걔 다리도 분질러 버릴거야.

- I was afraid you'd break a hip or something.
  네 엉덩뼈 같은 게 부러졌을까봐 걱정돼.
  He broke my arm and threatened to hurt her.
  걘 내 팔을 부러트리고 나서 그녀도 해치겠다며 협박했어.
  So break a leg. I'll be in the front row. 그래 행운을 빌어, 내가 앞줄에 있을 거야.

■ break one's leg[arm]은 '다리[팔]을 부러트리다' 라는 뜻으로 break a hip하면 넘어져서 '엉덩뼈가 부러지다' 라는 말이다. 또한 Break a leg! 형태로 쓰이면 '행운을 빌어!' 라는 관용표현이 된다.

I didn't break the law.
난 법을 어기지 않았어.

- And you think I'm the guy to break the law for you?
  내가 널 위해 범법행위를 할 사람으로 보여?
  When we break the rules, we've got you to protect us.
  우리가 규칙을 어길 때 네가 바로 우릴 보호해줘야 해.

■ break the law는 '법을 어기다' 라는 뜻으로 law 대신에 agreement나 contract를 써서 합의나 계약을 깨트리다라는 의미로 쓰인다.

I'll break the news.
내가 소식을 알려줄게.

- I'm gonna have to break the news to everybody.
  내가 모두에게 그 소식을 전할거야.
  A: You gonna break the news to Fanny? B: It's already been broken. A: 네가 패니에게 그 소식을 전할거니? B: 이미 알려졌어.

■ break the news는 주로 속보를 전한다는 말로 놀라운 소식이나 좋지 않은 '소식을 …에게 처음으로 전하다' 라는 뜻이다.

Okay, I've got to break the ice here.
좋아, 내가 여기서 어색한 분위기를 깨볼게.

- I'll be the one to break the ice. 내가 분위기를 부드럽게 할게.
  Well that's a good ice breaker. 그래, 아주 분위기를 좋게 만드는 말이었어.

■ break the ice는 '어색한 분위기를 깨다' 라는 뜻으로 사람들이 처음 만날 때 가벼운 이야기나 농담 등으로 분위기를 부드럽게 하는 것을 의미한다. ice breaker는 그와 같은 이야기나 농담을 표현한다.

Lucky break for the kid.
그 아이한테 다행이야.

- All right, we should break for lunch. 좋아, 점심을 먹으러 가자.
  It was a lucky break for the speeding driver. 스피드 운전자에게는 다행였어.

■ lucky break for sb는 '…에게 다행이다' 라는 표현. 단순히 break for lunch면 '점심을 먹으러 가자' 라는 뜻이다.

I broke even.

난 본전이야.

- I need to charge seventeen bucks a jar just to break even.
한 병에 17 달러를 받아야만 본전이 돼.

  Can you break a hundred? 100 달러짜리 잔돈 좀 바꿔줄 수 있어?

■ break even은 '본전이 되다' 라는 뜻. 한편 break가 큰 액수의 돈을 '잔돈으로 바꾸다' 라는 동사로도 쓰이는데 그래서 I can't break that하면 거슬러 드릴 잔돈이 없어요, Can you break this?하면 잔돈 좀 바꿔줄래요?라는 문장이 된다.

I hate to break it to you.

너한테 이런 말하기는 싫지만.

- I don't know how to break it to you, kid. 얘야, 어떻게 말해야할지 모르겠다.
  And I hate to break it to you, but this is yours.
  이런 말하기 싫지만 이건 네거야.

■ break it to sb는 '…에게 말하다[털어놓다] 라는 의미.

Someone broke into my house.

누군가 집에 들어왔었어요.

- Break in new shoes. 새 신발을 길들여.
  Did somebody break in to my car? 누군가 내 차에 침입했나?

■ break into[in to]는 '…에 침입하다' 라는 뜻이지만 break in 하면 신발 등을 새로 사서 몸에 맞게 '길들이다' 라는 뜻으로 쓰인다.

I'll just break it off with her.

난 그냥 걔하고 헤어질거야.

- I told her to break it off with that scum. 걔한테 그 인간쓰레기하고 헤어지라고 했어.
  Guys, come on, break it up guys! 야, 친구들, 그만 싸워.

■ break it off는 '헤어지다' 라는 의미이며 break it up 또한 헤어지다라는 뜻 이외에 '싸움을 그만두라' 라는 뜻으로도 쓰인다는 점을 알아둔다.

I'm gonna break up with you.

우리 그만 만나자

- We broke up. 우리 헤어졌어.
  We never had sex again. A few weeks ago, she broke up with me.
  우린 다신 섹스하지 않았고 몇주전에 걘 나와 헤어졌어.

  You're breaking up! 소리가 끊어져서 들려!(전화통화에서)

■ break up (with)은 '남녀 간에 헤어지다' 라는 뜻으로 미드에서 뻔질나게 나오는 표현. 한편 break up이 전화통화에서 쓰이면 상대방 소리가 끊겨서 들리는 경우에 쓰인다.

Then let me break it down for you.

그러면 너한테 풀어서 설명을 해줄게.

- The lawyer broke it down for the jury. 변호사는 배심원에게 설명을 했어.
  Break it down for me so I can understand. 설명해봐 내가 이해하도록 말야.

■ break it down은 '…를 풀어서 설명해주다' 라는 표현으로 복잡한 내용을 여러 포인트로 나눈다는 뉘앙스를 가지고 있는 표현이다.

He was housebroken in an hour.

한 시간 안에 대소변을 가렸어.

- He's incredibly well-behaved. He was housebroken in an hour. 걘(애완동물) 아주 얌전해. 한 시간 안에 대소변을 가렸어.

  Klaus Von Puppy is clean and housebroken, thank you very much. 클라우스 폰 퍼피는 깨끗하고도 대소변을 잘 가려, 무지 고마워.

■ be housebroken은 개나 고양이 등의 애완동물이 집에서 지내도록 잘 길들여지다, '똥 오줌 잘 가리다' 라는 뜻.

B

You sound like a broken record.

항상 똑같은 말만 하잖아.

- I sound like a broken record, but you work too hard.
  내가 같은 소리만 하지만 넌 일을 너무 열심히 해.

  It's like listening to a broken record. 이건 똑같이 반복하는 소리를 듣는 것 같아.

I'm going for broke, here.

난 여기서 이판사판으로 해볼거야.

- I'm going to just go for broke here and say I like you.
  이판사판으로 말해보는데 난 널 좋아해.

  And so now I'm broke and I'm homeless. 이제 난 빈털터리이자 노숙자야.

■ sound like a broken record는 문자 그대로 '고장난 레코드판이 계속 반복해서 나오는 것처럼 '계속 똑같은 소리만 하다' 라는 비유적 의미를 갖는다.

■ go for broke는 '이판사판 해보다' 라는 뜻으로 모든 것을 다 걸어본다는 뉘앙스를 갖고 있다. 한편 비슷하지만 be (flat, dead) broke는 '(완전히) 빈털터리가 되다' 라는 뜻으로 I'm broke는 I'm penniless와 같은 표현으로 '돈 한 푼도 없다' 라는 말이다.

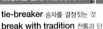

MORE EXPRESSION

tie-breaker 승자를 결정짓는 것
break with tradition 전통과 단절하다

» breath

He took my breath away. 걔 때문에 숨넘어가는 줄 알았어.

You have bad breath.

너 입에서 악취가 풍겨.

- This must be what bad breath tastes like. 틀림없이 입에서 나는 악취일거야.

  It explains away his bad breath. 이래서 걔 입에서 악취가 나는거야.

He was kind of out of breath.

걔는 조금 숨이 찼었어.

- Heather comes to the door. She is out of breath.
  헤더는 문 쪽으로 가는데 숨이 가빴어.

  Hey, why do you sound out of breath? 야, 왜 숨 가쁜 소리를 내니?

You were a breath of fresh air.

넌 청량제 같은 사람이었어.

- He could get a breath of fresh air. 걘 신선한 공기를 마셨어.

  You can't get a breath of fresh air! 넌 신선한 공기를 마실 수 없어!

Take a deep breath, all right?

숨을 깊게 들이 쉬어봐, 알았어?

- She couldn't take a breath without worrying about it.
  걔는 잠깐이라도 그것에 대해 우려하지 않을 수 없었어.

  All right. Just take a breath. Calm down. 좋아, 심호흡을 하고, 진정해.

■ have bad breath는 '입 냄새가 난다' 라는 의미.

■ out of breath는 '숨이 차다,' '숨이 가쁘다' 라는 표현이다.

■ a breath of fresh air는 '한줌의 신선한 공기' 라는 뜻으로 사람에 대해 사용하면 '청량제 같은 사람' 이란 비유적 의미가 된다.

■ take a deep breath는 '숨을 깊게 들이쉬다' 라는 의미이며 take a breath는 '진정하다' 라는 의미로도 쓰인다.

122

I want you to close your eyes and hold your breath.
네 눈을 감고 숨을 참아봐.

- Get a court order, otherwise hold your breath.
법원출두명령서를 받아, 그렇지 않으면 얘가 탈걸.
Don't make me hold my breath. 애타게 하지마.

B

hold one's breath는 '숨을 죽이다, 참다' 라는 뜻으로 비유적으로는 예로 합격자 발표 때나 혹은 조폭 옆을 지나갈 때 '마음을 죄는 것을 연상해보면 된다. '기대하다,' '애를 태우다' 라는 표현.

Don't hold your breath, scumbag.
기대하지마, 이 더러운 놈.

- A: That's a good guess, Abby. B: Well, don't hold your breath.
A: 그건 좋은 추측이야, 애비. B: 글쎄, 기대하지마.
A: Let's talk about this later, okay? B: Don't hold your breath.
A: 이것에 대해 나중에 말해보자, 응? B: 너무 기대하지는마.

Don't hold your breath는 '꿈도 꾸지마,' '기대하지도마,' '기다리지마' 라는 뜻으로 쓰이는데 미리 겁을 먹지 말라는 의미로도 쓰인다.

I don't have time to (catch my) breath.
숨 돌릴 시간도 없어.

- Catch my breath. 숨 좀 돌리자.
Sit down, take a few minutes, and catch your breath.
앉아서 몇 분 동안 숨 좀 돌려.

catch one's breath는 '숨 좀 돌리다' 라는 뜻이며 get one's breath back은 '숨을 고르다,' '숨이 정상으로 돌아오다' 라는 뜻이 된다.

Jenny, please save your breath.
제니, 제발 가만히 있어.

- I'm gonna need you to save your breath, okay? 너 좀 가만히 있어, 응?
Slow down. I don't want you to waste your breath.
좀 느긋해봐. 괜히 아무 쓸모도 없는 말 하지 말고.

save one's breath는 숨을 아끼다라는 말로 '말을 아끼다,' '잠자코 있다,' '쓸데없는 논쟁을 피하다' 라는 뜻이고 또한 waste one's breath는 '말해봤자 소용없다,' '말해봤자 입만 아프다' 라는 의미.

He took my breath away.
걔 때문에 숨넘어가는 줄 알았어.

- It takes your breath away until you see them again.
네가 걔들을 다시 보기 전까지 숨이 넘어갈거야.
I saw you, and you took my breath away. 널 봤는데 숨넘어가는 줄 알았어.
Do something that will take her breath away. 뿅갈 정도로 멋진 뭔가를 해봐.

take one's breath away는 숨을 빼앗아간다라는 말로 비유적으로 훈녀, 훈남을 봤을 때처럼 멋진 모습에 잠시 숨이 멈추는 것을 말한다. 다시 말하면 '숨넘어갈 정도로 멋있다,' '멋지다' 라는 말.

You were muttering under your breath.
넌 낮은 목소리로 중얼거렸어.

- So now you're going to talk under your breath.
그래 이제 넌 낮은 목소리로 말할 거지.
And then under my breath I whispered: "To the bus station."
그러고 나서 난 낮은 목소리로 속삭였어: "버스 역으로"

under one's breath는 '낮은 목소리로' 라는 뜻.

I will fight until my last dying breath.
난 끝까지 싸울거야.

- You're blackmailing me and in the same breath accusing me.
넌 나를 협박하면서 이어서 바로 날 비난하고 있어.
What secrets did Matthew reveal in his dying breath?
매튜가 죽으면서 마지막으로 무슨 비밀을 폭로했니?

in the same breath는 '숨도 쉬지 않고,' '바로 연이어서' 라는 뜻이고, in the next breath는 '다음 순간에는,' '한편' 이라는 뜻이다. 한편 with[until] one's last[dying] breath는 '임종시까지,' '끝까지' 라는 의미.

My boss is breathing down my neck.
제 상사가 너무 깐깐하게 굴어요.

- The media is already breathing down my neck.
언론들이 이미 나를 괴롭히고 있어.

  And he's breathing down my neck, shouting at me, "Go on, hit her!" 그리고 걔는 나를 괴롭히면서 나한데 소리쳐, "가서 걔를 때려!"

Do not breathe a word of this.
이건 절대로 말을 꺼내지 마라.

- Do not breathe a word of what you heard last night to anyone.
지난 밤 네가 들은 것을 누구한테도 한마디도 뻥긋하지마.

  If you ever breathe a word of this, you'll regret it for the rest of your lives. 네가 이걸 한마디라도 꺼낸다면, 네 평생 후회하게 될 거야.

■ breathe down one's neck이란 …의 목에 대고 숨쉬다, 즉 뒤에 바짝 붙어서 뭘 하고 있는지 보고 있는 못된 사장놈처럼 다른 사람이 하는 일을 못미더워하며 깐깐하게 굴다라는 의미.

■ not breathe a word는 '한마디도 꺼내지 않다' 라는 뜻.

» breeze

We're just shooting the breeze. 우린 단지 수다를 떨고 있었어.

It's a breeze.
간단해.(식은 죽 먹기야.)

- Getting her in will be a breeze. 걔를 불러오는 건 아주 쉬워.

  It's going to be a breeze. You wait and see. 이건 식은 죽 먹기야. 지켜봐.

We were just chatting. Shooting the breeze!
우린 잡담을 하고 있었어. 수다 떨면서!

- We were just shooting the breeze. 우린 단지 수다를 떨고 있었어.

  You guys gonna shoot the breeze or you gonna do something about all that bleeding? 니들이 잡담이나 하는 거지 그 모든 출혈에 대해 조치를 할 수 있다는 거야?

■ be a breeze는 '아주 쉽다,' '식은 죽 먹기다' 라는 뜻. It's a cinch도 같은 의미. It was a breeze, it wasn't a problem이라고 하면 '(문제의 답 등이) 너무 쉽네' 라는 뜻.

■ shoot the breeze는 '가볍게 대화하다,' '잡담하다,' '수다 떨다' 라는 뜻이다. shoot the bull은 '잡담하다,' '허풍떨다' 라는 의미.

놓치면 원통한 미드표현들

- **brag about** 자랑하다, 뻐기다, 잘난 척하다
  Stop bragging about it. 제발 잘난 척 좀 그만해.
  It's impolite to brag about one's good works. 자기가 일 잘했다고 자랑하는 것은 무례한거야.

- **put the brakes on** …에 제동을 걸다
  Your mother puts the brakes on her deal with the landlord?
  네 엄마가 자신이 집주인하고 한 거래에 대해 제동을 걸고 있어.

- **hit the brakes** 브레이크를 밟다
  Wait, slow, hit the brakes, hit the brakes!
  천천히, 브레이크를 밟아, 브레이크!

- **browse** 가게를 둘러보다 **browser** 인터넷 브라우저
  I'm just browsing. 전 그냥 둘러보는 거에요.
  Over here is my comic book collection. Feel free to browse.
  여기에 제 만화책 모음이 있어요. 부담 없이 둘러보세요.

» brew

She was brewing a big plan. 걔는 거대한 계획을 준비하고 있었어.

I think trouble is brewing.

문제가 일어날 것 같아요.

- What do we got brewing here? 여기 무슨 일이 생기는거야?

  The weather forecaster warned everyone that a storm was brewing off the coast. 기상통보관은 앞바다에서 폭풍우가 일고 있다고 경고했다.

■ be brewing은 '안 좋은 일이 생겨나다,' '폭풍 등 곤란한 상황이나 문제가 생기기 시작하다' 라는 뜻.

So why don't I just go and brew some coffee?

가서 커피 좀 끓일까?

- We're in that room. Coffee's brewing. 우린 저 방에 있을게. 커피가 끓고 있어.

  A: Hey, Randy. you want a beer? B: Oh, no, thank you. I brew my own. A: 헤이, 랜디. 맥주 마실래? B: 아냐, 고마워. 난 맥주를 직접 만들어.

■ brew의 기본적인 의미로 '맥주를 양조하다,' '커피를 끓이다' 라는 뜻으로 쓰인 경우.

She was brewing a big plan.

걔는 거대한 계획을 준비하고 있었어.

- They were brewing a plan to surprise their sister on her birthday. 걔네들은 여동생 생일날 동생을 깜짝 놀래줄 계획을 세우고 있었어.

  We didn't have time to brew up a big plan. 대단한 계획을 꾸밀 시간이 없었어.

■ brew a plan하면 '…을 준비하다,' '꾸미다' 라는 의미이다.

» bring

Don't bring me into this. 이 문제에 나까지 끌고 들어가지마.

You've brought this on yourself.

이건 네가 자초한거야.

- So I brought this on myself? 그래 내가 이걸 자초한거야?

  What do you expect me to do? You brought this on yourself. 내가 뭘 하길 기대해? 이건 네가 자초했거든.

■ bring sth on oneself는 sth을 스스로에게 가져온다는 말로 '…을 자초하다' 라는 의미이다.

Don't bring me into this.

이 문제에 나까지 끌고 들어가지마.

- I didn't want to bring her into this. 난 걔를 이것에 끌어들이고 싶지 않았어.

  Did you bring me into this firm because of this case. 이 소송건 때문에 날 이 회사에 끌어들였던거니?

■ bring sb into sth은 '…를 …에 끌어들이다' 라는 표현이다.

The defense can no longer bring up your past crimes.

변호인측은 더 이상 너의 과거 범죄에 대해 문제를 삼을 수 없어.

- Why would she bring up Gloria? 왜 글로리아 얘기한거야?

  Don't bring up a topic like a small penis before Jack. 잭 앞에서는 작은 성기같은 화제는 꺼내지마.

■ bring up은 '양육하다' 또는 '화제를 꺼내다' 라는 의미를 갖는다.

Which brings me to my point.

그게 바로 내가 모두에게 말하고 싶은 아주 중요한거야.

- Which brings me to the first question I actually need an answer to. 결국 내가 실제로 대답을 원하는 첫 번째 질문으로 돌아가게 돼.
  You don't need to act. Which brings me to my point. You can't. 넌 행동할 필요가 없어. 그게 결국 내가 말하고픈 핵심야. 넌 못해.

> which[this, that] brings me to~는 '결국 …에 이르게 된다' 라는 의미를 갖는데, 특히 which brings me to my point 는 '결국 그게 내가 말하는 핵심 [요점]이야' 라는 뜻이다.

Bring it on

한번 덤벼봐.

- Well, I have God on my side. Bring it on. 글쎄, 하나님이 내편이야. 덤벼.
  Bring it on, you fucking dwarf. 덤벼봐, 이 시발 난쟁이 같은 놈.

> bring it on은 '덤비다,' '어디 한번 해보자' 라는 의미로 동명의 영화제목으로 잘 알려진 표현.

I can't even bring myself to say it!

난 차마 그 말을 할 수 없었어.

- I can't bring myself to develop it. 난 차마 그걸 계속 개발할 수가 없어.
  I couldn't bring myself to leave Lucy. 난 차마 루시를 떠날 수 없었어.

> not bring oneself to do 는 '차마 (나서서) …를 하지 못하다' 라는 뜻.

What brings you here?

무슨 일로 왔어?

- What brings you back to Boston? 무슨 일로 보스톤으로 다시 돌아왔어?
  What a pleasant surprise! What brings you here?
  이렇게 놀라울 수가! 무슨 일로 온거야?

> What brings you here? 는 상대방이 여기에 왜 왔는지 이유를 물어볼 때 사용하는 표현. '무슨 일이니?(일로 왔니)' 라는 뜻. brings 대신에 과거형 brought를 써도 된다.

I guess disasters just bring out the worst in people.

사람들은 재앙 앞에서 나쁜 점들을 드러내는 것 같아.

- We bring out the worst in each other. 우린 서로의 단점을 끌어내.
  He brings out the worst in me. And weirdly, I think I bring out the best in him. 걘 나의 단점을 끌어내고 이상하게도 난 개 장점을 끌어내는 것 같아.

> bring out the best [worst] in sb는 '…내에 있는 장점[단점]을 끌어내다' 라는 뜻.

He's gonna bring a lawsuit against your parents.

걔는 네 부모를 상대로 소송을 할거야.

- I always dread it when you bring me a case involving kids.
  네가 애들이 연루된 소송건을 가져올 때마다 항상 두려워.
  DA should not bring a case when he lacks a good faith believe of conviction. 지방검사는 유죄확신이 부족하면 기소해서는 안 돼.

> bring charges (against) 는 '고소하다,' '소송을 제기하다,' '기소하다' 라는 의미이다. charges 대신에 lawsuit(소송), court case(재판), claim(법적청구), prosecution(기소)라는 단어를 써서 표현을 만들 수도 있다.

You know what? Let's bring in Danny Blue.

있잖아. 대니 블루를 데려오자.

- Have the state police bring in the wife. 주 경찰로 하여금 부인을 소환시켜.
  Let's bring in sheriff Hallum and see if he recognizes the background. 보안관 할럼을 불러서 그 배경을 인지하고 있는지 알아보자.

> bring in sb는 '영입하다,' '데려오다,' bring in sth은 '…을 도입하다' 라는 뜻으로 뭐든 밖에서 안으로 새롭게 들여오는 것을 말한다.

MORE EXPRESSION

bring sb on board 고용하다
bring home the bacon 생계 를 유지하다

» bruise

 I got really badly bruised. 난 정말로 심하게 멍이 들었어.

She had bruises all over her body, Danny.
걘 전신에 멍이 들어 있었어, 대니.

- The bruises on her neck are still reddish. 걔목의 멍들은 아직도 불그스름해.
  These bruises are at least a few weeks old. 이 멍들은 몇 주 이상 된거야.

■■ have bruise는 '멍이 들다' 라는 표현이다.

I got really badly bruised.
난 정말로 심하게 멍이 들었어.

- Her blouse is torn and her face was bruised. 블라우스는 찢기고 얼굴에 멍들었어.
  Her thighs are heavily bruised. Her hymen is torn.
  걔의 허벅지는 심하게 멍들었고 처녀막은 손상되었어.

■■ be(get) bruised 또한 '멍이 들다' 라는 의미.

My son came home with cuts and bruises.
내 아들은 상처투성이인 채로 집에 왔어.

- How about last night, when he came home with cuts and bruises? 걔가 상처투성이가 되어 귀가했던 어제 밤은 어땠어?
  There are cuts and bruises under her left eye socket.
  걔의 왼쪽 눈구멍아래가 상처투성이었어.

■■ with cuts and bruises는 '상처투성이로' 라는 뜻으로 비유적으로는 '모든 난관에도' 라는 의미도 갖는다.

» buck

 You bucking for a promotion? 승진하려고 뛰고 있니?

Ten bucks says the owner sells the house.
주인이 집을 팔 거라고 장담해.

- Two hundred bucks says you can't do that three times in a row.
  네가 그걸 연속으로 세 번이나 할 수 없는 게 확실해.

  All right! Five bucks says she still wants Louis.
  좋아! 걔가 여전히 루이스를 좋아한다고 장담해.

■■ ~bucks says S+V는 '…라고 장담하다,' '…가 확실하다' 라는 의미로 …에 (얼마를) 걸겠다 라는 의미에서 나온 표현이다.

Don't pass me the buck.
나한테 책임 떠넘기지 마.

- You always pass the buck. 넌 항상 책임을 회피해.
  The buck stops with me. 내가 책임질게.

■■ pass the buck은 '책임을 돌리다, 회피하다' 라는 의미. 포커 게임에서 패를 돌리는 것에서 나온 표현이다. 한편 트루만 미대통령이 책상위에 모든 책임은 내게 있다 라는 의미의 'Buck stops here' 라는 명패를 세워놓은 일화가 유명하다.

I paid 50 bucks for this.
난 이 대가로 50불을 지불했어.

- I'll **give** you twenty **bucks for** the tree. 나무 값으로 20 달러를 줄게.
  Really, they **charge** 10 **bucks for** this? 걔들이 진짜 이걸 10달러 달래?

■■ **give ~ bucks for sth**은 '…를 위해 …를 지불하다' 라는 표현이다. give 대신 charge를 쓰면 역으로 청구하다라는 의미.

You bucking for a promotion?
너 승진을 위해 뛰고 있니?

- Dick is **bucking for** a promotion. 딕이 승진하려고 기를 쓰고 있어.
  My assistant is **bucking for** a raise. 조수가 월급인상해달라고 열올리고 있어.

■■ **buck for sth**은 '…를 위해 열심히 노력하다' 라는 뜻으로 주로 직장에서 좋은 자리를 위해 노력하는 경우에 많이 쓰인다.

You made him feel like a million bucks.
넌 걔 기분을 끝내주게 했어.

- A: How you feeling? B: **Like a million bucks.**
  A: 기분이 어때? B: 너무 좋아.
  My God, she **looks like a million bucks**. 맙소사, 걘 정말 근사하게 보여.

■■ **look like a million bucks**은 '멋져 보여' 라는 뜻이며 feel like a million bucks하면 '너무 좋아' 라는 의미가 된다.

Buck up!
기운 내! (서둘러!)

- It was supposed to **buck up** your spirits and inspire your writing. 네가 기운을 차려서 글쓰기를 잘하도록 격려하려고 했던 거야.
  Buck up! Things will improve soon. 기운내! 곧 상황이 좋아질거야.

■■ **buck up**은 '기분이 좋아지다,' '향상되다' 라는 뜻으로 buck sb up는 '…를 격려하다' 라는 의미.

MORE EXPRESSION

I don't have any buck. 땡전 한 푼 없어.
buck naked 홀딱 벗은 채로

» buckle

Buckle up. 안전벨트 매.

Buckle up.
안전벨트 매.

- She **unbuckles** her seat belt and gets out. 걔는 안전벨트를 풀고 내렸어.
  Don't forget to **buckle up**. 안전벨트 잊지 마세요.

■■ **buckle up**은 '안전 벨트를 매다' 라는 뜻이며 unbuckle은 당연히 '안전벨트를 풀다' 라는 뜻이 된다.

All right, let's buckle down and work.
좋아, 집중해서 일을 해보자.

- Now it's time for me to **buckle down**. 이제는 내가 집중해서 일할 때야.
  And you know what I'm hearing? You need to **buckle down**.
  내가 뭘 듣고 있는 줄 아니? 네가 집중을 할 필요가 있다는거야.

■■ **buckle down**은 '집중해서 열심히 일을 하거나 공부하다' 라는 뜻.

» budget

I work hard to meet tight budgets. 빡빡한 예산을 맞추려고 열심히 일했어.

We got no budget for witness protection.
우린 증인보호 계획관련 예산은 없었어.

- It must be nice to have a budget for hotels. 호텔예산 짜는 건 분명 좋을거야.
  He had a budget, it was never enough. 갠 예산이 있었으나 결코 충분치 않았어.

> set one's own budget 은 '예산을 잡다' 라는 뜻이며 have[get] a budget for하면 '…의 예산을 짜다' have[get] no budget for하면 '…의 예산이 없다' 라는 뜻이 된다.

I will teach you how to live on a budget.
제한된 예산으로 사는 방법을 알려줄게.

- I'm assuming they're on a budget. 글쎄, 걔들 예산에 한계가 있나봐.
  No one does fashion on a budget like Ann. 앤처럼 제한예산으로 멋내는 사람없어.

> on a budget은 '제한된 예산으로' 라는 뜻으로 live on a budget하면 제한된 예산으로 살아가다라는 뜻이 된다.

I work hard to meet tight budgets.
빡빡한 예산을 맞추려고 열심히 일했어.

- We're victims of budget cuts like everyone else.
  우린 다른 모든 사람들처럼 예산삭감의 희생자들이야.
  Just remember that we're on a fairly tight budget. 돈이 빡빡하다는거 잊지마.

> budgets cut은 '예산 삭감'을 의미하며 tight budgets은 '빡빡한 예산'을 의미한다.

You didn't budget your time well.
넌 시간을 제대로 잘 활용하지 못했어.

- It's important to learn to budget your time. 네 시간을 잘 활용하는게 중요해.
  I budgeted my time so I could complete the project.
  난 내 시간을 잘 활용해서 그 프로젝트를 끝낼 수 있었어.

> budget one's time은 돈을 예산에 맞춰 쓰듯 시간도 계획을 세워 허비하지 않고 알뜰하게 사용하다, 잘 활용하다라는 것을 뜻한다.

» bug

Please stop bugging me. 나 좀 귀찮게 하지마.

Please stop bugging me.
나 좀 귀찮게 하지마.

- What's bugging you? 뭐가 널 짜증나게 하니?
  She was always bugging me to use my PlayStation.
  걔는 항상 내 플레이스테이션을 쓰겠다고 짜증나게 하고 있어.

> bug는 '귀찮게 하다' 또는 '짜증나게 하다' 라는 의미.

Her house has just been bugged.
걔 집은 방금 도청 당했어.

- We can't rule out the possibility that your house was bugged.
  네 집이 도청 당했을 가능성을 배제할 수 없어.
  Paulson's crew bugged the bank's general manager for two weeks. 폴슨이 이끄는 팀은 그 은행 지점장을 2주 동안 도청했어.

> bug는 또한 범죄수사드라에서는 '도청을 하다' 또는 '도청장치를 설치하다' 라는 의미로도 사용된다. put[plant] a bug라고도 한다.

MORE EXPRESSION

pick up a bug 병에 걸리다

He was building up his confidence. 걘 자신감을 키우고 있었어.

He doesn't share his father's strong build.

걘 아버지의 강한 체구를 이어 받지 못했어.

- A: Could you describe the guy? B: Black. Mid-20s. Uh, under six feet. Medium build.

  A: 그 친구를 묘사할 수 있니? B: 흑인. 20대. 6피트 이하 쯤. 중간 체구.

  His partner is early to mid-twenties. 5'8". Slight build.

  걔의 파트너는 20대 초중반으로 5피트 8인치이며 가냘픈 체구야.

■ build가 명사로 '신체'라는 뜻으로 쓰인 경우. perfect build 는 '완전한 체구' strong build, medium build, slight build는 각각 '튼튼한 체구,' '중간 체구,' '가냘픈 체구'라는 뜻이 된다.

You left her room at 7:00 to build up your alibi.

넌 알리바이를 만들려고 아침 7시에 걔 방을 나갔어.

- He was building up his confidence. 걘 자신감을 키우고 있었어.

  We're trying to build bridges between Muslims and Jews.

  우린 회교도들과 유태인들 간 가교를 놓으려고 애쓰고 있어.

■ build up은 '…를 만들다, 형성하다'라는 뜻. 한편 build bridges는 비유적으로는 어떤 둘 사이의 '가교를 놓다'라는 뜻이 된다.

He's got a built-in defense, he's gay.

걘 하나의 고정된 방어기제가 있어, 자기가 게이라는 거지.

- I saw a recliner with a built-in cup holder.

  컵받침이 달린 리클라이너 안락의자를 봤어.

  You've got a built-in safe topic of conversation.

  넌 무리없는 대화주제를 머리속에 지니고 있어.

■ built-in은 '붙박이의,' '내장된'이라는 뜻으로, built-in furniture하게 되면 '내장된 가구'라는 뜻이 된다.

A bully's been picking on him. 불량배가 걜 괴롭히고 있어.

Your idea hit the bull's eye.

네 생각이 정곡을 맞췄어.

- My son's out there with a bull's-eye on his back.

  내 아들이 등에 과녁을 달고 저기 있어.

  Gentlemen, we've got ourselves a bull's-eye.

  여러분, 우리가 목표에 적중했습니다.

■ bull's eye는 과녁을 의미하며 hit the bull's eye하게 되면 '과녁의 한 복판을 명중하다'라는 의미가 된다. 한편 Bull's-eye!도 감탄 표현으로 '명중!'이란 뜻.

That's a load of bull crap.

그건 정말 헛소리야.

- If you fell for that guy's load of bull, you're in the wrong line of work, pal.

  네가 저 친구의 헛소리에 넘어간다면 넌 너하고 맞지도 않은 일에 빠지게 될거야.

  He takes the bull by the horn. 걘 용감하게 맞서고 있어.

■ a load of bull은 '난센스' 또는 '헛소리'라는 뜻이다. 한편 take the bull by the horn하면 '용감하게 나서다'라는 뜻으로 황소를 뿔을 잡고 대하는 모습을 떠올리면 된다.

A bully's been picking on him.

불량배가 걜 괴롭히고 있어.

- Here's your proof that Sean's a bully.
  션이 불량배라고 하는 증거가 여기 있잖아.

  Dad says if a bully hurts me, I gotta fight back and kill the bastard. 아버지 왈 만약 불량배가 날 해치려한다면 대항해서 그 놈을 죽여 버리래.

Well, bully for me.

그래, 잘났다.

- Bully for Karen. You created this whole mess!
  잘했다 카렌. 이 모든 혼란을 네가 만든거구나!

  Is this failing exam yours? Well, bully for you!
  이 시험망친거 네꺼냐? 그래, 잘~했다!

B

■■■ bully는 명사로는 '불량배,' 동사로는 '괴롭히다' 라는 의미로 사용된다. bully A into~하면 '겁을 줘서 …를 하게 한다' 라는 뜻이 되며 bullying은 동명사로 '약자를 괴롭히기' 또는 '협박' 등의 의미를 갖는다.

■■■ Bully for you!는 '자~알 한다,' '잘났어 정말' 이라는 표현. 이처럼 Good for you의 뜻이지만 이 의미는 100년 이상된 골동품(?) 표현이고 요즘에는 주로 비아냥거릴 때 사용한다.

MORE EXPRESSION

cock and bull story 황당한 이야기

» bum

That's gonna bum me out. 그건 정말 날 짜증나게 할거야.

Can I bum a smoke?

담배 한 대 얻을 수 있을까요?

- Do you mind if I bum a smoke? 담배 한 대 빌려도 될까요?
  He said a bum gave him 20 bucks. 걘 부랑자가 자신에게 20달러 줬다고 말했어.

I am bummed out.

실망이야.

- I just get a little bummed when my birthday's over.
  내 생일이 끝났을 때 기분이 단지 가라앉았어.

  She was all bummed out about it. 걘 완전히 맛이 갔어.

That's gonna bum me out.

그건 정말 날 짜증나게 할거야.

- I don't wanna bum you out but we kinda have a dress code here.
  널 괴롭히고 싶지는 않은데 이곳에 일종의 복장규정이 있어.

  I don't want to bum you out. 난 널 짜증나게 하고 싶지 않아.

It's a major bummer.

그것 때문에 정말 힘 빠져.

- Well, what a bummer. It'd be a real shame.
  글쎄, 정말 실망스럽네. 진짜 망신이야.

  Only bummer, he'll never play the piano again.
  그냥 실망스러워. 걘 다시는 피아노를 치지 않을거야.

■■■ bum은 명사로 '떠돌이,' '부랑자' 라는 뜻이나 동사로는 '남에게 폐를 끼치다,' '값을 생각 없이 빌리다' 라는 의미. 예를 들면 bum a smoke는 '담배 한 대 얻어 피다' 라는 표현이 된다.

■■■ be bummed는 '기분이 가라앉았다' 라는 뜻으로 여기서 bummed는 기분이 depressed 되었다는 것을 말한다. 대체로 bummed out이라고 흔히 쓰이며 look really bummed out하면 '정말 기운 없어 보인다' 라는 표현이 된다.

■■■ bum sb out은 '…를 짜증나게 하다' 라는 뜻.

■■■ bummer는 '실망스럽고 짜증이 나는 상황' 을 의미한다.

MORE EXPRESSION

bum deal 부당한 대우
bum shoulder 빈약한 어깨

» bump

It gave me goose bumps. 그건 소름이 끼쳐.

I keep bumping into you.
우리 자꾸 마주치네요.

- Middle-aged women keep bumping into me.
  중년 여성들이 나와 자꾸 마주쳐.
  You're always bumping into people. What are you doing here?
  넌 항상 사람들과 마주치고 있어. 여기서 뭐하고 있니?

■ bump into sb면 '…와 자주 마주치다' 라는 의미로 come across, run into와 같은 표현.

He's got a bump on the back of his head.
걔는 머리 뒤쪽에 혹이 생겼어.

- It was no big deal, not even a bump on the head.
  별 일 아니야, 머리 부딪힌 것도 아닌데.
  I couldn't ride a bicycle, 'cause my mother was afraid I'd hit a bump and lose my virginity.
  난 자전거를 탈 수가 없었어, 왜냐면 엄마는 내가 자전거를 타다가 도로의 울퉁불퉁한 곳에 부딪혀 처녀성을 잃을까봐 걱정하셨거든.

■ have a bump은 '혹이 나다' 라는 뜻이고 bumps and bruises는 '타박상' 이라는 표현. bump on the road는 '도로상에 있는 요철부분'을 의미하며 hit a bump하면 '도로에 돌출부분에 부딪치다' 라는 표현이 된다.

It gave me goose bumps.
그건 소름이 끼쳐.

- You don't have goose bumps for no reason. 공연히 닭살이 돋지 않아.
  When he proposed to me with the ring, I got goose bumps.
  걔가 나한테 반지를 주면서 프러포즈할 때 난 소름이 끼쳤어.

■ give sb goose bumps는 '닭살이 돋다,' '소름이 돋다' 라는 뜻.

MORE EXPRESSION

bumper to bumper 차가 막혀
bump up the ladder 승진하다
get one's bump up the ladder 승진하다

» burden

I don't wanna be a burden to you. 난 너한테 부담되고 싶지 않아.

I don't want to be a burden to you.
난 너한테 부담이 되고 싶지 않아.

- Have I become a burden? Is that what you're saying?
  내가 부담이 됐었니? 그런 뜻이야?
  You're not a burden, Mom. 엄마는 짐이 되지 않아.

■ be a burden은 '…에 부담이 되다' 라는 뜻이며 carry a burden[load] to sb하면 '마음에 걸리다' 라는 표현이 된다.

Are you able to live up to that burden of proof?
너 입증책임을 감당할 수 있겠니?

- The prosecution cannot meet its burden of proof.
  검찰 측은 입증책임을 감당할 수 없어.
  The burden of proof rests mostly on the defendants.
  입증책임은 주로 원고 측에 있어.

■ the burden of proof은 '입증책임' 이란 법률적인 용어.

You seem less burdened.
넌 부담을 덜 느끼는 것 같아.

- You know how it feels to be burdened with something.
  원가에 부담을 느끼는 게 어떤 느낌인지 넌 알지.

  I never wanted you to be burdened with this.
  네가 이걸로 부담 느끼는 건 원치 않아.

■ be burdened는 '…을 부담지다' 또는 '부담을 느끼다' 라는 의미이다.

» burn

 I'm totally burned out. 나 완전히 녹초됐어.

Every time I trusted someone, I got burned.
내가 누군가를 믿을 때마다 난 사기를 당해.

- I better not have gotten burned. 난 속지 않았어야 하는데.
  If you're quiet, you won't get burned. 조용히 있으면 다치진 않을거야.

■ get burned는 '사기당하다', '데이다', '속다' 또는 '상처받다' 라는 의미.

I am totally burned out.
완전히 뻗었어.

- No argument. You're no good to me if you're burned out.
  논쟁 끝. 네가 완전히 지쳤다면 나한테 쓸모는 없는거지.

  Were you burned out on your marriage? 네 결혼 생활에 완전히 지쳤어?

■ be burned out은 '완전히 지치다' 라는 의미.

I've been burning the midnight oil on the annual report.
나는 연례보고서를 만드느라 밤늦게까지 불을 밝혔어.

- She's got a pharmacy back there, burning the midnight oil.
  걔는 약국을 다시 열고 한밤중까지 일을 하고 있어.

  Wow Sam! Burning the midnight oil. 와 샘! 밤늦게까지 일을 하다니.

■ burn the midnight oil은 공부나 일 등으로 '밤늦게까지 불을 밝히다' 라는 의미이다.

Oh my God! You're burning up.
맙소사, 너 열이 펄펄나네.

- What are you out here for? Watch her crash and burn?
  여기 왜 왔어? 걔가 지쳐서 쓰러지는 걸 보려고?

  That burns me up! 정말 열 받네.

■ You're burning up은 '열이 나는구나' 라고 상대방이 아프다는 것을 말하는 표현이고 또한 crash and burn은 지쳐 쓰러지다라는 의미. 한편 burn sb up은 '…를 열 받게 하다' 라는 의미이다.

MORE EXPRESSION

burn one's fingers 배수진을 치다 = get one's fingers burned
My ears are burning. (남이 험담하는 것 같아) 귀가 가렵다.
burn the candle at both ends 기진맥진하다
be burned to death 불에 타죽다
burn down 불태워버리다

 놓치면 원통한 미드표현들

- **brush up (on)** …을 복습하다
  It won't hurt to brush up. 복습해도 손해날 것은 없지.

- **brush one's teeth** 양치질하다
  I'm gonna go make sure she's brushing her teeth. 걔가 양치질을 하는지 확인을 해볼거야.

- **~won't budge** …가 꼼짝도 하지 않는다 don't

budge an inch 조금도 움직이지 않는다
Warrick tries to get the door off. It won't budge. 워릭은 문을 열려고 노력을 했으나 꼼짝도 안 해.

- **bulge** 불룩한 것, 급증, 가득차다, 튀어나오다
  Did you see that bulge? 저기 튀어나온 것 봤니?
  A: Did he have a gun? B: I saw the bulge.
  A: 걔가 총을 가지고 있었니? B: 옷이 튀어나온 것을 보았어.

Mind your own business! 상관하지마!

Let's get down to business.
자 일을 시작합시다.

- I was ready to get down to business. 난 일에 착수할 준비가 되어있었어.
  Let's get down to business! Emma needs some makeup!
  자 일을 시작하자, 엠마는 화장 좀 해야 돼.

get down to business 는 '일을 본격 시작하다' '진지하게 일을 착수하다' 라는 뜻.

It's none of your business.
네가 간섭할 일이 아냐.

- Ryan... stay out of this. It's none of your business.
  라이언, 참견하지 마, 이건 네가 간섭할 일이 아냐.
  Just leave us alone, all right, this is none of your business.
  그냥 우릴 놔둬, 알았어, 이건 네가 간섭할 일이 아냐.

be none of one's business는 '…가 간섭할 일이 아니다' 라는 의미로 나의 사생활을 보호할 때 혹은 상대방이 넘 간섭할 때 사용하면 된다.

Mind your own business!
상관 말라고!

- (I'm just) Minding my own business. 난 다른 사람 일에는 참견하지 않아.
  I'll thank you to mind your own business. 남의 일에 참견 말아줬으면 고맙겠네.

mind one's own business 도 '상관하지마라' 라는 의미로 자신의 일이나 신경을 쓰라는 표현.

I mean business.
진심이에요.(농담 아녜요.)

- Let 'em know I mean business. 내가 진심이란 걸 걔들에게 알려.
  Jack, these people mean business. 잭, 이 사람들은 진심이야.

mean business는 '진심이다' 라는 뜻으로 mean it도 같은 맥락의 의미. 한편 Business is business라는 표현은 '일은 일이야,' '계산은 계산이야' 라는 표현.

So, Christopher, how's business going?
그래, 크리스토퍼, 잘 지내?

- A: So business is good? B: Oh, yes, never better.
  A: 그래 사업 잘 되니? B: 응, 더 좋을 수가 없지.
  Mom, I told you business is good. 엄마, 잘 지낸다고 말했잖아.

How's business?는 '잘 지내?' 또는 '사업 잘돼?' 라는 문안 인사로 여기서 business는 사업뿐만 아니라 일상적인 상황을 의미하기도 한다.

I have some business to attend to.
내가 볼 일이 좀 있어.

- I just realized I have some business. 내가 볼 일이 있다는 걸 방금 깨달았어.
  I have some business to do in the New York office.
  뉴욕 사무소에서 할 일이 있어.

get some business는 '볼 일이 좀 있어' 라는 표현으로 get 대신에 have를 써도 된다.

He is out on business.
외근중이에요.

- When I'm up here on business, I'm always in hotels.
  내가 여기 출장 올 땐 항상 호텔에 묵어.
  He's coming to town on business for a few days.
  걔가 며칠간 이 동네에 출장 올거야.

go to~ on business는 '…로 출장가다' 라는 의미.

MORE EXPRESSION

have a going-out-of-business sale 점포 정리 세일하다

» bust

My whole life's a bust. 내 모든 삶은 실패야.

I am so busted.

딱 걸렸어.

- I was busted for speeding. 과속으로 잡혔어.
  You get busted again, you go back in a two-time loser.
  넌 또 붙잡히면 별을 두개 달게 될거야.

■ get[be] busted (for)는
'…로 체포되다' 라는 의미의 속어.

You bust your ass in this restaurant every day to keep it going.

넌 이 식당이 잘 돌아가도록 매일같이 열심히 노력했어.

- Hey, you know I'm gonna bust your ass on the court, right?
  야, 내가 법정에서 다그칠거라는거 너 알지, 그렇지?
  I still have the right to bust your ass if I see you slipping.
  네가 실수를 한다면 혼내줄 권리는 아직 있어.

■ bust one's butt[ass]는
'열심히 노력하다' '죽어라 노력하다' 라는 의미. 단 이때는 주어와 one이 일치하는 경우이고 두번째 경우처럼 주어와 one이 일치하지 않는 경우에는 '혼내주다' 라는 뜻이 된다는 점을 눈여겨 둔다.

You guys bust out?

너희들 빠져나가는거야?

- Honey, we gotta bust out of here! 자기야, 우린 여기서 빠져나가야만해.
  He started drinking, marriage busted up. 갠 이혼후 음주를 시작했어.

■ bust out은 '탈출하다' 라는 뜻이고 bust up은 '망가지다,' '헤어지다' 라는 의미.

My whole life's a bust.

내 모든 삶은 실패야.

- A few weeks ago, the whole deal went bust. 몇주전 모든 거래가 깨졌어.
  I'll just tell him I'm undercover on a drug bust.
  난 마약사건에서 위장요원이라고 걔한테 말해버릴거야.

■ be a bust는 '…는 실패다,' go bust는 '망하다' 라는 뜻이다. 한편 bust는 '사건' 이라는 뜻도 갖고 있어 drug bust하면 '마약사건' gun bust면 '총기사건' 이라는 뜻이 된다.

MORE EXPRESSION

bust a little move on 수작걸다
bust 돈을 흥청망청 쓰다

» butt

He kicks my butt in math. 걔가 수학은 나보다 잘해.

Please don't butt in.

끼어들지마.

- You're butting in. 오지랖도 넓지.
  I don't want to butt in, but are you doing too much?
  난 참견하고 싶지 않지만 너 너무한 거 아니니?
  Grace, I won't butt in. Come on, do it.
  그레이스, 참견하고 싶지 않아. 네가 해라.

■ butt in은 '참견하다' 라는 뜻으로 buttinsky는 '참견 잘하는 사람' 이라는 의미.

135

Butt out!

참견 말고 꺼져.(가서 네 일이나 잘해.)

- It means, butt out, back off, none of your business.
  내말은 참견하지 말고 꺼지라는 얘기야.

  No, Steven, I won't butt out, because you need to be pushed.
  아냐, 스티븐. 넌 압박을 받아야 하기 때문에 내가 참견할거야.

butt out는 '참견하지않다' 또는 '상관하지않다' 라는 뜻이다.

I work my butt off to make a living.

먹고 살려고 똥끝 타도록 일해.

- This isn't fair. I work my butt off for you. 불공평해. 난 널위해 똥끝 타도록 일해.
  I've been studying my butt off my whole life.
  난 일생동안 똥끝이 타도록 공부하고 있어.

work[play] one's butt off to는 '…하려고 똥끝 타도록 일하다' 라는 표현이다.

He kicks my butt in math.

걔가 수학은 나보다 잘해.

- Well, looks like, uh, we kicked your butts. 글쎄, 보기엔 우리가 니들보다 잘했어.
  I've mentally kicked your butt. 난 정신적으로 너를 이겼어.

kick one's butt는 '…의 엉덩이를 걷어차다' 라는 뜻으로 비유적으로 '…보다 잘하다' 라는 표현이 된다.

Caleb, get your butt over here.

칼렙, 여기로 와봐.

- Damnit Ross, get your butt out of the bathroom.
  제기랄, 로스, 화장실에서 나와.

  You're moving out and get your butt over here right now!
  너 나와서 당장 여기로 와.

get one's butt over here는 이쪽으로 오라는 좀 상스러운 말로 여성에게는 쓰면 안된다. 마찬가지로 get one's butt out of~는 …에서 빨리 튀어나오라는 말로 이역시 무례한 표현. 물론 butt 대신 ass를 써도 된다.

» button

You're pushing my buttons. 너 내 성질을 건드리고 있어.

Right on the button.

맞아.(제대로 맞혔어.)

- Right on the button. Let me tell you about Janelle.
  맞아. 자넬에 대해 말해줄게.

  You bastard, button your mouth! 이 개자식, 입닥쳐!

button one's mouth[lip]는 '입을 다물다' 라는 표현으로 Button it!하면 '입 다물어' 또는 '닥쳐' 라는 강한 표현이 된다. Zip your mouth도 같은 의미가 된다.

You're pushing my buttons.

넌 내 성질을 건드리고 있어.

- You made fun of my job, and you just pushed my buttons.
  넌 내 직업을 놀렸고, 내 성질을 건드린거야.

  Pete can push his friends' buttons until they snap.
  피트는 친구들이 폭발할 때까지 성질을 돋굴 수 있어.

push[press] one's buttons는 '성질을 건드리다' 라는 뜻. 한편 push the right buttons는 '제대로 정확한 곳을 짚어내다' 라는 의미가 된다. 또한 push the button하면 '버튼을 누르다' 라는 뜻.

We aren't buying your story. 네 얘기 믿을 수 없어.

We aren't buying your story.
네 얘기 믿을 수 없어.

- You're not buying all this. 이걸 곧이곧대로 믿지는 않지?
  Nice speech. Either of you buying? 말은 잘 했지만 너희 둘 중 그 말 믿는 사람 있어?

■ buy one's story는 '···의 이야기를 믿다' 라는 뜻으로 buy it하면 관용구적으로 '믿는다' 라는 의미를 갖는다. 상대방의 말을 못 믿겠다는 말로 I don't buy it이라는 표현이 자주 쓰인다.

I can buy myself an ice-cream cone.
난 아이스크림콘을 사서 먹을 수 있어.

- I'm planning to buy myself a scooter. 난 내가 쓸려고 소형오토바이를 살 계획야.
  Jane bought herself a large coffee. 제인은 라지 사이즈 커피를 사마셨어.

■ buy oneself sth은 '···를 자신을 위해, 자기가 쓰려고 구매하다' 라는 의미.

I'm buying.
내가 쏠게.

- Who wants another drink? I'm buying. 누가 한 잔 더할래? 내가 쏠게.
  Let me buy you a drink. 술 한 잔 내가 살게.

■ I'm buying은 '내가 살게' 라는 말이며 buy sb a drink하면 '···에게 술 한 잔 사다' 라는 의미가 된다.

MORE EXPRESSION

best buy 가장 잘 산 물건

What's the buzz? 무슨 소문이야?

Buzz him in.
들여보내.

- I'm going to buzz you in. 널 들여보내 줄게.
  When somebody does not buzz you in, that means go away.
  초인종을 눌러도 문을 안 열어준다는 건 꺼지란 소리지.

■ buzz in은 '찾아오다,' '도착하다,' '찾아온 사람을 들여보내다' 라는 뜻으로 buzz가 현관에 있는 누르는 초인종이라는 걸 생각하면 된다.

What's the buzz?
무슨 소문이니?

- What a buzz kill that was. 그거 얼마나 기분 잡치게 하는 건지 몰라.
  Look, I'm sorry I'm such a buzz kill. 이것 봐, 내가 초를 쳐서 미안해.

■ the buzz는 '소문' 이라는 뜻이며 buzz kill은 '기분을 잡치게 하는 것[녀석]' 이라는 속된 표현이 된다.

Buzz off! You're annoying me!
꺼져! 너 때문에 짜증나!

- Buzz off. We're really busy here. 가라고. 우리는 여기 정말 바빠.
  Buzz off. I don't want you hanging around. 꺼져. 네가 옆에 있는거 싫어.

■ Buzz off는 꺼지라고 하는 말로 Go away과 같은 의미.

MORE EXPRESSION

give sb a buzz 전화하다

137

» cake

 You take the cake. 너 정말 뻔스러워.

Okay, we call this the icing on the cake.

오케이, 이걸 금상첨화라고 할 수 있지.

- If we get the tumor out and Benjamin lives, anything else is icing on the cake.
  우리가 종양을 제거하고 벤자민이 살수 있다면 나머지는 금상첨화일거야.

  Well, that's just the icing on the cake. 글쎄, 그건 금상첨화야.

> icing on the cake은 '금상첨화' 라는 뜻이다. icing이 케이크 위에 모양내는 장식용 크림을 말하는 것을 알면 이해가 쉽다.

You can't have your cake and eat it too.

두 마리 토끼는 못 잡아.

- He wants to have his cake and eat it too. 걔는 꿩 먹고 알도 먹기를 원해.

  Scotty can't have his cake and eat it too. 스카티는 두가지 다 할 수 없어.

> can't have one's cake and eat it too는 '꿩 먹고 알 먹을 수 없다' 또는 '두 가지를 다 가질 수 없다' 라는 표현이다.

OK, lady. You take the cake.

오케이, 부인. 정말 뻔뻔하시네요.

- I thought my family was twisted, but you people take the cake. 내 가족은 엉망이지만 너희들은 정말 최악이야.

  Man, your brother really takes the cake. 어휴, 네 형 정말 잘났다.

> take the cake은 '잘하는 짓이다,' '어처구니 없다' 라는 뜻.

MORE EXPRESSION

sell like hot cakes 날개 돋친 듯 팔리다

piece of cake 쉬운 일

He won't take my calls. 내 전화를 안 받으려고 해.

Let's call it a day.
오늘은 여기까지만 하자.

- We should **call it quits**. 끝내야겠다.
  Well, I'm gonna **call it a day**. Goodnight! 자, 그만 하자. 잘 가!

■ **call it a day**는 '업무를 끝내다' 또는 '퇴근하다'라는 의미. call it quits, call it a draw, call it a night도 같은 의미로 쓰인다.

You call yourself a father?
당신도 아빠라고 할 수 있어?

- You **call yourself** a New Yorker. 소위 뉴욕커라는 사람이.
  And you **call yourself** a writer, yeah? 그래 네가 소위 작가라고?

■ **You call yourself~**는 상대방을 비난할 때 사용하는 표현으로 '소위 …라는 사람이'라는 말. 다시 말하면 넌 그럴 자격도 그러지도 못한다라는 뜻이다.

That's your call.
네가 결정할 문제야.

- It's your call. I don't want to force you. 네가 결정해. 강요하고 싶지 않아.
  I wouldn't do it, but that's your call. 나같으면 안하겠지만 네가 결정할 문제다.

■ **be one's call**은 '…가 결정할 일이다'라는 의미이다.

It's a tough call, Casey.
그건 힘든 결정이야, 케이시.

- This job is about making the **tough calls**. 힘든 결정을 내리는 일이야.
  We're streamlining a little and I have to **make some tough calls**. 우린 회사구조조정을 좀 하고 있고 난 힘든 결정을 내려야 돼.

■ **tough call**은 '힘든 결정'이라는 뜻으로 make a tough call하면 '힘든 결정을 하다'라는 의미.

It's at my beck and call.
그건 내 마음대로 할 수 있어.

- That Wilson will no longer **be at your beck and call** 24/7.
  이제 더 이상 하루 종일 저 윌슨을 네 마음대로 부릴 수 없을거야.
  I'm not always going to **be here at your beck and call**!
  네가 원하는 대로 항상 내가 여기에 오지는 않을거야.

■ **be at one's beck and call**은 '…의 마음대로 하다'라는 의미의 표현이다.

Give me a call.
나한테 전화해.

- If you think of anything else, **give me a call**. 뭐 생각나는게 있으면 내게 전화해.
  Just **have him call** me okay? 걔한테 나보고 전화하라고 해, 응?

■ **give sb a call**는 '…에게 전화를 하다'라는 뜻. have A call B는 A보고 B에게 전화하도록 하다'라는 의미의 사역동사 형태의 표현이다.

He won't take my calls.
내 전화를 안 받으려고 해.

- I can't **make outgoing calls**. 전화를 밖으로 거는 건 안돼.
  I was **expecting your call**. 네 전화 기다리고 있었어.

■ **take[get] the call**은 '전화를 받다' make the call은 '전화를 하다' expect one's call은 '…의 전화를 기다리다'라는 뜻.

I got another call.

다른 전화가 와서.

- Hold on I have another call. 잠깐, 다른 전화가 왔어.
  Can I call you back tonight? 오늘밤 다시 전화해도 돼?
  Why don't you try giving her a call again? 걔한테 다시 전화해봐.

get another call은 '다른 전화를 받다[오다]' 라는 뜻이고, be on another line이면 '통화중 이다' 라는 의미. 또한 call back은 '답신하다' 라는 뜻이며 call again은 '다시 전화하다' call later는 '나중에 전화하다' 라는 뜻.

Phone call for you.

너한테 전화 왔어.

- Excuse me. There's a phone call for you. 실례지만 전화왔어요.
  Some guy just called for you. 방금 어떤 사람한테서 전화 왔었어.

(there's a) phone call for you는 전화가 왔다고 알려줄 때 쓰는 전형적인 표현. 또한 call for sb하면 '…에게 전화를 하다,' call for sth은 '…를 요구하다, 청하다' 라는 뜻이다.

I'll put in a call to Patricia.

난 패트리사에게 전화를 할거야.

- I'd be happy to put in a call. 기꺼이 전화할게.
  I have just put in a call to his wife. 난 걔 아내에게 그냥 전화 했었어.

put in a call은 '전화넣다' 즉, make a phone call과 같은 의미.

Call it off.

취소해.

- If he finds out she's not a virgin, he'll call off the wedding. 걔는 신부가 처녀가 아닌 걸 알면 아마 결혼식 취소할 걸.
  Call it off because it's going to rain. 비온다니까 취소해.

call off는 기본적인 표현으로 '취소하다(cancel)' 라는 뜻.

Do you know why this is called a toast?

왜 건배라고 불리우는지 아니?

- It is called "Improv," which is short for improving, okay? 이건 improving의 약어로 그냥 improv로 불리는 거야, 알겠어?
  I call that a major motive for murder. 그걸 살인의 주요 동기라고 부르지

call A B는 전형적인 구문으로 'A를 B라고 부르다, 칭하다' 라는 표현이다. 한편 be called는 '…라고 불리다' 혹은 '…로 불려 가다' 라는 의미.

My doctor won't even make house calls.

주치의는 왕진을 가지 않으셔.

- We're looking for another who can make house calls. 우린 왕진이 가능한 의사를 찾고 있어.
  I'm on a call 24 hours a day, okay? 난 24시간 비상대기야, 알았어?

make house calls는 '가정방문을 하다' 라는 뜻으로 의사일 경우에는 '왕진가다' 라는 의미가 된다. 그리고 be on call하면 의사 등이 비상대기하다라는 뜻.

I did make a crank call to the boss.

난 사장에게 장난전화를 했어.

- Kids make a crank call to Mr. Wilson. 아이들이 윌슨 씨에게 장난전화를 했어.

crank call은 '장난전화' 라는 뜻으로 두단어가 그대로 동사로도 쓰이고 혹은 make a crank call이라고 써도 된다.

I checked the roll call.

난 출근확인을 했어.

- I checked the roll call. He wasn't working that day. 출근확인결과 걔는 그날 결근했어.
  Missed morning roll call, did I? 내가 아침 조회시간을 놓쳤지?

roll call은 '점호' 또는 '출석확인' 이라는 뜻으로 morning roll call이면 '아침 출석확인' 이라는 뜻이 된다.

MORE EXPRESSION

disposable cell phone
1회용 휴대폰
pre-paid cell phone
요금선불 휴대폰

I got canned from my job. 나 직장에서 잘렸어.

Can it!
조용히 해!

- Hey, can it! Be good. 헤이, 조용히 해! 착하게 굴어.
  You're both wrong, so can it! 너희 둘 다 틀렸으니까 좀 조용히 해!

> ■ Can it!은 '조용히 해!' 또는 '입 다물어!' 라는 뜻. can이 동사로 쓰인 경우로 통조림 만들 때 꽉 밀봉하는 것을 떠올려본다.

I got canned from my job.
나 직장에서 잘렸어.

- So you got canned, huh? 그래 너 잘렸니?
  Did you get canned as a part of budget cuts? 예산삭감으로 잘렸니?

> ■ can은 또한 '해고하다,' '자르다' 라는 뜻으로도 쓰이는데 이 때는 dismiss와 같은 뜻 따라서 be canned하면 '해고당하다' 라는 의미가 된다.

That can't be right!
설마 그럴 리가!

- It can't be! 이럴 수가!
  That can't be a coincidence. 그건 우연일 리가 없어.

> ■ That can't be~는 '뭔가 잘못된거야,' '그럴 리가 없어' 라는 뜻이며 That's impossible보다 강도가 약한 표현으로 뒤에 good, right, true 등 여러 단어가 올 수 있다.

The canned food tastes awful.
통조림 음식 맛은 끔찍해.

- A few hours in the can will give you a new respect for the law. 감옥에 몇시간만 있어보면 법에 대해 새삼스레 존경심이 생길 걸.

> ■ the can은 '감옥' 또는 '화장실' 이라는 뜻으로도 쓰이며 canned+음식하게 되면 '통조림 음식' 이라는 뜻이 된다.

It's a can of worms, George.
골치 아픈 일이야, 조지.

- It might be opening up a can of worms. 골치 아픈 상황이 터지는 수가 있어.
  I don't want to open a can of worms. 난 골치 아픈 일을 시작하고 싶지 않아.

> ■ can of worms는 '복잡한 상황' 또는 '골치 아픈 일' 이라는 뜻. open a can of worms하면 '골치 아픈 일을 일으키다, 야기하다' 라는 의미.

He got capped in an alley. 걘 골목길에서 총맞아 죽었어.

You capped your silencer with neoprene.
네 소음 총을 합성고무로 씌웠지.

- The mobster got capped in an alley. 그 조폭은 골목길에서 총맞아 죽었어.
  You'll get capped if you don't shut up. 입다물지 않으면 넌 죽을거야.

> ■ got capped는 '총 맞아 죽다' 라는 뜻. cap은 동사로는 다양한 뜻이 있으나 가장 일반적으로는 '…덮다, 씌우다' 라는 의미.

I'll put my thinking cap on, you put yours on.
난 나대로 깊이 생각해볼테니 넌 너대로 생각해봐라.

- Well, you better get your thinking cap on, Mister. 선생, 좀 깊이 생각해봐.
  She deserves a real surprise. Now put your thinking cap on. 걔는 진짜 좀 놀래줘도 돼. 한번 곰곰이 생각해 봐라.

> ■ put[get] one's thinking cap on은 '…에 대해 곰곰이 생각하다' 라는 표현이다.

MORE EXPRESSION

if the cap fits
자기에게 해당된다면

It's in the cards. 그건 예상했던거야.

I got carded.
난 신분증 제시를 요구받았어.

- **They carded me.** 나에게 신분증을 요구했어.
  Once you hit 30, all you want to do is get carded.
  일단 30을 넘으면, 넌 (10대 때 많이 당하던) 신분증 제시요구를 무척 원하게 돼.

It's in the cards.
예상했던 거야.

- Gee, I don't know if it's in the cards. 아, 그게 그렇게 될런지 모르겠어.
  It just wasn't in the cards. 그건 단지 가능성이 없었어.

Okay, cards on the table.
좋아, 속내를 털어놓자.

- I'm gonna lay my cards on the table. 난 내 생각을 솔직하게 털어놓을 거야.
  Michael, we're both adults, put your cards on the table.
  마이클, 우린 성인들이야. 네가 생각하고 있는 걸 털어놔.

He's holding all the cards.
걔가 상황을 장악하고 있는데.

- Trust me. None ever holds all the cards. 날 믿어. 아무도 압도적이지 않아.
  You hold more cards than you think you do. 생각보다 유리한 때가 많아.

■ card는 동사로 '신분증을 요구하다' 라는 의미로 술 등을 살 때 21세 이상임을 확인하기 위한 행위.

■ be in the cards는 '있을 수 있다,' '가능성이 있다' 라는 말로 be likely to happen이란 의미.

■ put[lay] all one's cards on the table은 '가지고 있는 것을 다 내놓다,' '모든 생각[계획, 의도]을 털어놓다' 라는 의미이다. 한편 play[keep] one's card close to one's chest는 '…를 비밀로 하다' 라는 표현.

■ hold all the cards는 '자신이 있다,' '상황을 장악하고 있다' 라는 의미. 한편 hold more cards than~하면 '…보다 유리한 입지에 있다' 라는 표현이 된다.

MORE EXPRESSION

play one's last card 최후 수단을 쓰다

See if I care. 맘대로 해.

Let me take care of it.
나한테 맡겨.

- I'll take care of everything. 내가 모두 처리할게.
  Is that how you take care of the most important thing in your life? 인생에서 가장 중요한 것을 처리하는 방식이 그런 거니?

Take care (of yourself).
잘 지내. (몸 건강하게 잘 있어, 몸조리 잘해.)

- A: It was good to meet you. B: Take Care! A: 만나서 좋았어. B: 잘 지내!
  A: Good Bye! B: Okay! You take care! A: 잘 가! B: 그래, 잘 지내고!

■ take care of는 of 다음에 사람이 나오면 '돌보다' 혹은 주어가 조폭이면 '사람을 죽이다' 라는 의미이고, of 다음에 사물이 오면 '어떤 일을 처리하다' 라는 뜻으로 쓰인다.

■ Take care!는 '조심하고!' 라는 뜻으로 헤어질 때 인사로도 쓰인다.

I didn't care for it.

난 그거 싫어 했어.

- They often care for Emma while her daughter's in the hospital.
  걔들은 엠마의 딸이 입원해 있을 동안 엠마를 종종 보살피고 있어.

  (Would you) Care for some coffee? 커피 드릴까요?

Who cares!

누가 신경이나 쓴대!

- It was somebody but who cares! 어떤 사람이었는데 하지만 알게 뭐야!
  A: Where would we go? B: Who cares! A: 어디로 갈건데? B: 어디든 상관없어!

See if I care.

내가 끄떡이나 할 줄 알아.

- Fine, go! See if I care! 좋아, 그렇게 해! 난 신경 안 쓸게!
  See if I care. Good luck finding girlfriends! 맘대로 해. 여친 찾는데 행운빌어!

I don't care what we call it!

그걸 뭐라고 불러도 난 상관없어!

- You don't care about the kids. You hate the kids.
  넌 얘들에 대해 관심이 없지. 넌 애들을 미워해.

  Don't you pretend you don't care. 상관없는 척 하지마.

I couldn't care less.

알게 뭐람.

- My girlfriend is at a strip club with me and she couldn't care less.
  내 여친은 나랑 스트립 클럽에 갔는데 걘 전혀 개의치 않았어.

  What are you talking about? He couldn't care less.
  무슨 소리야? 걔는 전혀 관심이 없어.

놓치면 원통한 미드표현들

- **calm down** 진정하다 calm oneself 마음을 가라앉히다
  Now I need everyone to calm down.
  이제 모두 좀 진정해주시면 좋겠어요.

- **catfight** 여자들끼리 소리지르며 하는 싸움
  You here for another catfight?
  또 한바탕하러 온거야?

- **raining cats and dogs** 억수같이 비가 내리다
  It's raining cats and dogs as the gang arrives. 갱들이 도착하자 비가 억수같이 내렸어.

- **get[be] catty (about)** …에 대해 심술궂게 행동하다라는 의미.
  People think women are catty.
  사람들은 여성들이 심술궂다고 말한다.

- **cave in to** 굴복하다, 양보하다
  We can't just cave in to gangsters.
  우리는 갱들에게 굴복할 수 없었어.

Don't get carried away. 너무 몰입하지마.

Carry on!
계속해!

- I don't need to know what you were doing. Carry on.
  네가 뭘 하고 있었는지 알 필요가 없어. 계속해라.
  They carry on kissing when there's a knock at the door.
  문에서 노크소리가 들릴 때도 걔들은 키스를 계속하고 있어.

■ carry on은 '…를 계속하다' 라는 의미. 계속하는 것을 말하려면 on 다음에 명사나 ~ing을 이어쓰면 된다.

Don't get carried away.
너무 흥분하지마.

- I guess I've gotten carried away. 내가 너무 정신없이 내 얘기만 했네.
  I'm understanding, but let's not get carried away. 이해해. 흥분하진말자.

■ be carried away는 '흥분하다' 또는 자제력을 잃을 정도로 '몰입하다' 라는 의미.

She still carries a torch for Nate.
걔는 아직도 네이트에 대해 감정을 가지고 있어.

- The fact that she still carried a torch for Greg. 사실 걘 여전히 그렉을 사랑했어.
  He carried a torch for his ex for years. 걘 오랫동안 전 아내에게 애정을 품었어.

■ carry a torch for는 '…을 사랑하다' 또는 '…에게 감정을 가지고 있다' 라는 의미이지만 특히 짝사랑의 뉘앙스를 강하게 갖고 있다. 한편 carry the torch of 하면 '…에 대해 지지하다' 라는 표현.

Do you carry Colombian coffee?
콜롬비아산 커피 팔아요?

- Do you carry adult diapers? 성인용 기저귀 있어요?
  Do you carry pictures of your children? 애들 사진을 지니고 다녀요?

■ carry sth은 '…를 지니다' 라는 일반적인 뜻을 갖지만 특히 상점에서 Do you carry~?' 하면 '…를 취급하고 있어요?' 즉, '…를 파나요?' 라는 의미가 된다.

My wife had a miscarriage.
내 아내가 유산했어.

- A: What happened to her? B: She miscarried. A: 걔 원일야? B: 유산했어.
  She might be having a miscarriage. 걔가 유산을 할 가능성이 있어.

■ miscarry는 '실패하다' 라는 뜻으로 임산부에게 쓰면 '유산하다' 라는 의미로 주로 많이 쓰인다. miscarriage는 유산.

MORE EXPRESSION

cash and carry 현금판매

Where are we on the case? 사건 어떻게 됐어?

Get off my case!
나 좀 방해하지마!

- Why don't you just get off my case, man? 아, 나를 좀 내버려둬.
  The only reason I came tonight was to get my parents off my case. 오늘밤 내가 여기 온 유일한 이유는 부모님이 날 방해하지 못하게 하는 거였어.

■ get off one's case는 '…를 내버려두다' 라는 의미. 또한 get sb off one's case하면 '…가 방해하지 못하게 하다' 라는 뜻.

My boss was totally getting on my case.

보스가 완전히 날 들볶고 있었어.

- I won't get on your case. 더 이상 널 괴롭히지 않을게.
  A: Parents? B: They were totally on my case.
  A: 부모님? B: 부모님이 날 무지 비난하고 있었어.

be on one's case는 '비난하다' 라는 의미이고 get on one's case 또한 '비난하다,' '괴롭히다' 라는 의미로 가만히 놔두지 않고 참견한다는 뉘앙스를 갖는다.

It's hard to make a case for a copycat.

모방범이라고 주장하기에는 좀 어렵지.

- Well, I must say, you make a very persuasive case for it.
  글쎄, 아주 설득력이 있는 주장을 했다고 생각돼.

  The kids made a case for going to McDonalds.
  아이들은 맥도날드에 가자고 주장했어.

  Are you making a case against your sister?
  너 네 누이에게 불리하게 말하는거야?

make a (strong) case for[against]는 '…의 옹호론[반대론]을 펴다' 라는 의미. 물론 make a case는 '정당성을 주장하다' 라는게 기본적인 뜻.

If that's the case, why not just admit it?

실제 그렇다면 왜 그냥 인정하지 그래.

- But if that's the case, it means that it wasn't a suicide.
  그러나 그게 사실이라면 자살이 아니었다라는 걸 의미해.

  If that's the case, I'd like to know about it. 그게 사실이라면 알고 싶은데.

If that's the case는 '실제 그렇다면' 또는 '그것이 사실이라면' 이라는 표현.

You're off the case.

이 환자에서 손 떼!(병원), 이 사건에서 손 떼!

- Get it done, or you're off the case. 일을 끝내라. 그렇지 않으면 넌 손을 떼.
  Sorry, Detective. You're off the case. 형사양반, 미안하지만 이 사건에서 손 떼.

be off the case는 You're off the case라는 문장으로 많이 쓰이는데, 병원이면 환자, 범죄미드에서는 사건이나 소송을 말해 상황에 따라 '환자에서 손떼,' '이 사건에서 손떼' 라는 뜻이 된다.

I'm on a case.

사건을 맡고 있어.

- A: I'm on a case. B: Is that why you forgot about the conference?
  A: 사건을 수사중야. B: 그래서 회의에 대해 잊은거야?

  I was gonna call you back. I got busy on a case.
  전화주려고 했는데. 사건으로 바빴어.

be on a case는 '사건을 맡고 있다' 혹은 문맥에 따라 '환자를 보고 있다' 라는 뜻.

I was a basket case.

난 너무 초조해서 노이로제에 걸렸어.

- I didn't know what the hell I was doing. I was a basket case.
  내가 뭘 하고 있었는지 모르겠어. 완전 무기력해졌어.

  Jill was a basket case before the interview. 질은 면접전에 아주 굳어버렸어.

be a basket case는 '무능력자' 또는 '마비상태' 라는 뜻으로 원래는 '사지를 절단한 환자' 라는 의미.

It's always the case.

항상 그 모양이야.

- That's always the case with Jenny. 제니는 항상 그런 식이라니까.
  Sadly for Orson, this was not always the case.
  올슨에게는 안됐지만 이게 항상 그런 것은 아냐.

be always the case는 '항상 그렇다' 또는 '늘 그런 식이다' 라는 의미의 표현이다.

C

Where are we on the case?

사건이 어디까지 진척된거야?

- Hey, guys, where are we on the case? 어이, 친구들, 사건진행이 어때?
  Where are we on the Sanchez case? 산체스 건은 어떻게 됐어?
  Where're you on the case we got yesterday? 어제 사건은 어디까지 진척됐어?

■ where we are[stand] on the case는 문장안에서 명사처럼 쓰이면 '사건에서의 우리 입장'이라고도 쓰일 수 있지만 의문문으로 물어볼 때는 조사에서 뭐 진척(any progress has been made in an investigation)된게 있는지 물어보는 말이 된다.

I have a case I think you might be interested in.

네가 관심을 가질 만한 환자가 있어.

- A: We have a case. B: Fat guy in a coma, I know.
  A: 특이한 환자가 있어. B: 혼수상태에 있는 동동한 친구 말이지.
  If you think you have a case, charge him.
  소송 건이 된다고 생각하면 걔를 고소해버려.

■ have a case에서 case는 문맥에 따라 '환자' 또는 '사건, 소송'을 뜻한다.

He's been working on the case for ten years.

걔는 10년간 그 건을 맡아 일을 하고 있어.

- Are you still working on the case? 아직도 그 사건을 수사 중이니?
  There's five of us working on the case. 그 환자를 위해 5명이 힘쓰고 있어.
  I need you to work the case with me. 사건을 해결하는데 네가 필요해.

■ work on the case는 '…건으로 일을 하다'라는 뜻으로 경찰에서 사용하면 '…사건을 수사하다'라는 의미가 된다. on를 뺀 work the case 또한 같은 의미.

He's not gonna solve the case.

걔는 사건을 해결하지 못할거야.

- I'm gonna solve the case. 난 그 사건을 해결할거라고.
  Was the detective able to solve the murder case?
  그 형사가 살인사건을 해결할 수 있었어?

■ solve the case는 범죄사건에서 '범인을 잡다', '사건을 해결하다'라는 의미이다.

So her dad's gonna close the case.

그래서 걔 아버지는 소송을 종결할거야.

- There's no evidence of foul play, So the detective just closed the case. 형사는 폭행치사 증거가 없어서 사건을 그냥 종결지었어.
  Thank you. Case closed. 고마워, 사건종결.

■ close the case는 '사건을 종결하다' 또는 '소송을 종결하다'라는 의미가 된다. case closed는 사건종결이란 법률용어.

I think I won the case for her.

난 걔를 상대로 한 소송에서 이겼다고 생각해.

- I lost the case and now he's taking it out on me.
  난 패소했고 이제 걔가 나한테 화풀이하고 있어.
  I heard you won the case. 네가 승소했다고 들었어.

■ win[lose] the case는 '소송에서 이기다[지다]'라는 의미이다.

■ cold case는 범죄에서 통상 '미해결 사건,' solid case하면 '확실한 기소건'이라는 뜻. 또한 I rest my case하면 '변론을 마칩니다'라는 뜻.

It's a cold case file I found in Lake's desk.

레이크 책상에서 찾은 미해결 사건이야.

- And he was all over us to make a rock-solid case.
  걔는 확실한 기소 건을 만들려고 우릴 다그쳤어.
  I cleared a cold case. 미해결사건 하나를 해결했어.
  I rest my case. 변론을 마칩니다.

MORE EXPRESSION

in case S+V …경우에 대비해서
(just) in case 만일에 대비해서
in this[that] case 이[저] 경우에
in any case 어쨌든
in nine cases out of ten 십중팔구

They paid cash up front. 걔네들은 현금으로 선불지급했어.

Why not cash in on it?
그걸 한번 이용해 봐라.

- I finally found a way to cash in on my good looks.
  마침내 내 잘생긴 외모를 이용할 방도를 찾았어.

  He cashed in his first-class ticket. 걔는 1등석 표를 현금으로 바꿨어.

cash in on은 '큰돈을 벌다,' '이용하다,' '편승하다' 라는 의미로, 그냥 cash in하면 '현금으로 바꾸다' 라는 뜻이 된다.

You paid cash up front.
넌 현찰을 선불로 냈어.

- A: Who stayed in there last Thursday? B: Oh, let's see. Paid cash up front, four nights.
  A: 지난 목요일 누가 거기에서 묵었어요? B: 저기, 4일치를 현찰로 선불 지급했는데요.

pay cash up front는 '현찰로 선불지급하다' 라는 의미.

Afraid you're gonna lose your cash cow?
네 돈줄을 잃어버릴까 두렵니?

- Well, maybe your boyfriend thought you're a cash cow.
  아마도 네 남친은 널 돈줄로 생각했나보구나.

  This program is a cash cow for the school. 이 프로그램은 학교의 돈줄이야.

cash cow는 '돈줄,' 또는 '황금 알을 낳는 거위' 라는 표현으로 수익성이 매우 높은 효자상품 등을 일컫는다.

You catch on quick. 너 이해가 빠르구나.

You caught me.
들켰네.

- He got caught red-handed. 걔는 현장에서 딱 걸렸어.

  I got caught in the cross fire. 고래 싸움에 새우등 터져.

  Tom got caught in a skirt. 탐이 치마입고 있다가 걸렸대.

  He was just swimming this morning. Got caught in a riptide.
  걔는 단지 아침에 수영을 하고 있었는데 역류에 휩쓸렸어.

  I just got caught up in all that money. 난 그 모든 돈에 어떻게 연루되었어.

get[be] caught (in)은 '…에 잡히다' 라는 뜻이며 한편 get caught in the crossfire하면 '나쁜 일 중간에 끼다[개입하다]' get caught in the act하면 '현장에서 잡히다,' get caught in a riptide하면 '역류에 휩쓸리다' 라는 뜻이 된다. 한편 be [get] caught up in sth하게 되면 '안 좋은 일에 연루되다' 라는 의미.

Are you all caught up?
밀린 일은 다 했어?

- You want to catch me up? 무슨 말인지 알려줄까?

  You guys go ahead. We'll catch up. 너희들 먼저 가. 우리 뒤따라갈게.

catch up은 '밀린 일을 하다' 또는 '…를 따라잡다,' '이해하다' 라는 의미이다.

I'll catch up with you.

널 쫓아갈게.

- Garcia's gonna want an update. I'll catch up with her.
  가르시아가 업데이트를 원할 거야. 내가 개한테 알려줄게.

  He'll be here for a while. You can catch up with him later.
  걔가 잠시 동안만 여기 있을 거야. 나중에 걔를 만날 수 있을거야.

■ catch up with는 '경찰들이 …를 따라가서 잡다,' '밀린 것을 따라잡다,' 혹은 '만나다' 라는 의미. 또한 소식이나 근황, 정보 등을 '업데이트 해준다' 라는 뜻으로도 쓰인다.

I'll try to catch you later.

지금 바쁘니까 나중에 시간나면 보자.

- Catch me later[some other time]. 나중에 다시 얘기하자.

  I'll try to catch you some other time. I'll try to see you later.
  다음 번에 널 만나도록 해볼게. 나중에 보자고.

■ catch sb later는 '나중에 만나 이야기하다' 라는 뜻으로 지금 시간이 없으니 나중에 하자는 뉘앙스를 갖는다.

Hey, honey, I'm glad I caught you.

자기야 만나서 기뻐.

- I'm so glad I caught you. I couldn't find you before.
  만나게 되어 아주 기뻐. 전에는 널 찾을 수 없었어.

■ (I'm) Glad I caught you는 '만나서 반가워' 라는 의미인데 특히 상대방이 자리를 뜨기 전에 도착해서 만나게 돼 기쁘다라는 뉘앙스가 있다.

Do you mind if I could catch a ride with you?

차를 좀 태워줄 수 있나요?

- Do you think I could catch a ride back into town with you?
  시내로 가는데 차 좀 같이 탈 수 있을까요?

  Aunt Jane caught a ride to the bar. 제인 아줌마는 차를 타고 바로 갔어.

■ catch a ride는 '차를 잡아타다' 라는 표현이다.

This last part is what caught my eye.

이 마지막 부분이 눈길을 끄네.

- There is something that caught my eye. 내 관심을 끄는 게 있어.

  I happened to gaze out the window and a bra caught my eye.
  창밖을 우연히 봤는데 브라 하나가 눈에 띄었어.

■ catch one's eye는 '눈에 띄다,' '눈길을 끌다' 라는 뜻으로 비유적으로 '관심을 끌다' 라는 의미로 쓰인다.

Oh, you catch on quick.

오, 너 이해가 빠르구나.

- He isn't starting to catch on, is he? 걘 이해하지 못하는 것 같지 않니?
  How do things like that catch on? 그런 것이 어떻게 유행을 할까?

■ catch on은 '유행하다' 또는 '이해하다' 라는 의미를 갖는 표현이다.

I didn't quite catch that last remark.

그 마지막 말은 확실히 알아듣지 못했어.

- I didn't catch what you said. 무슨 말인지 못 알아들었어.
  I didn't catch the name. 이름이 뭔지 모르겠어.

■ not catch sth은 '…를 못 알아듣다,' '…를 이해하지 못하다' 라는 의미.

Anne's a catch.

앤은 근사한 여자야.

- Ben is a catch. And for some reason, he's crazy about you.
  벤은 킹카야. 그런데 무슨 이유에선지 너한테 빠져있어.

  Next to you, I'll look like a catch. 너 옆에 있으면 내가 멋지게 보일거야.

■ be a (good) catch는 '근사한 사람' 즉 훈남[훈녀]라는 의미. 꽉 잡아야 될 사람이라는 말씀. be quite a catch도 같은 표현.

What's the catch?
무슨 꿍꿍이야?

- **What's the catch? Sexual favors? Wants a little of this here?**
  무슨 꿍꿍이야? 성상납이냐? 여기서 그런 걸 원해?
  You'll give me money? What's the catch? 돈 주겠다고? 무슨 속셈인데?

■■■ **catch**는 명사로 또 다른 뜻으로 쓰이는데 '함정' 또는 '꿍꿍이' 라는 의미이다.

MORE EXPRESSION

The catch is that~ 문제는 …이다
caught[stuck] between rock and a hard place 진퇴양난에 빠진

» caution

We warned you to use caution. 신중을 기하라고 경고했어.

C

I throw caution to the wind.
난 앞뒤 안가리고 행동해.

- **She threw caution to the wind and reached out and grabbed his balls.** 걔는 대담하게 행동하면서 손을 뻗어서 그의 거시기를 잡았어.
  You're taking every necessary precaution.
  넌 모든 필요한 모든 예방조치를 하고 있잖아.
  I brought him in as a precaution. 난 예방차원에서 걜 불러들였어.

■■■ **throw caution to the wind**는 '앞뒤를 가리지 않고 행동하다' 또는 '대담하게 행동하다' 라는 표현이다. 문자 그대로 '조심성을 바람에 날려버렸다' 라는 말. 한편 take (pre) caution하면 (미리) 조심하다, safety precaution은 안전수칙을 뜻한다.

We warned you to use caution.
네가 신중을 기하도록 경고했어.

- **He's armed, so make sure your teams use extreme caution.**
  그 놈은 무장했기 때문에 너희 팀들이 반드시 최고로 신중을 기울여야 해.
  Look at any strange guy's approach with caution and suspicion.
  이상한 녀석이 접근하지 않는지 주의 깊게 의심스런 눈으로 살펴라.

■■■ **use (extreme) caution**은 '(극도의) 주의를 기울이다,' '신중을 기하다' 라는 의미이다. 한편 with caution이면 '조심성 있게' 라는 뜻.

I'd like to err on the side of caution.
난 신중한 쪽으로 하고 싶어.

- **Let's err on the side of caution. Hmm?** 신중한 방향으로 하지 않을래?
  It would seem that you would err on the side of caution.
  너는 매우 신중하게 하려는 것 같아.

■■■ **err on the side of caution**는 '신중한 쪽으로 행동하다' 라는 뜻으로 결과가 불투명할 때 안전한 쪽으로 한다라는 뉘앙스를 갖는다.

놓치면 원통한 미드표현들

- **I don't have a cent to one's name** 땡전 한 푼 없다
  A: You won't have a cent to your name! B : Bring it on! A: 네 앞으론 땡전 한푼없어! B: 그래 어디 해봐!

- **put in my two cents** 의견을 말하다
  I just wanted to put my two cents in.
  난 단지 내 의견을 말하고 싶었어.

- **chalk sth up to** …을 …의 탓으로 돌리다

  I'm gonna chalk last night up to fate.
  지난 밤 사건은 운명이라고 생각할거야.

- **works like a charm** 일이 너무 잘 된다
  Between Jill and I, yeah, worked like a charm. 질하고 나 사이는 정말 모든 일이 무척 순조로워.

- **prince charming** 매력만점의 남친, 완벽한 남친[남편]
  Every girl fantasizes about finding her prince charming. 여성들은 다 매력만점남친을 찾을 거라는 환상을 품지.

149

You're certifiable! 너 완전히 돌았군!

You're certifiable!
완전히 돌았군!

- You have to be certifiable to put up with that. 그걸 참다니 너 완전히 미쳤어.
  I will not take it back because you are a certifiable nut job!
  네가 완전히 정신이상이래서 난 취소하지 않을거야.

■ be certifiable은 '정신 이상인,' '미친'이라는 뜻이다.

Any of you certified deep sea divers?
너희 중 심해잠수부 자격증이 있는 사람 있니?

- So, you are a certified mechanic? 그래, 네가 면허 있는 정비사니?
  A: You've scuba dived before? B: Oh, yeah. I got certified
  when I was 15. A: 넌 전에 스쿠버 다이빙 해봤어? B: 그럼, 15세에 자격증을 땄는걸.

■ certified는 가장 보편적인 뜻으로 '…의 면허가 있는' 또는 '…자격증이 있는'이라는 표현.

Don't pass up your chance. 기회를 놓치지마라.

I'll take my chances.
모험을 해 보겠어.

- I want you to take a chance and trust me. 운에 맡기고 날 믿었으면 해.
  He will take any chances. 그 녀석 별 짓을 다할 거야.
  After that, I can't take the chance. 그 이후 난 기회를 잡을 수가 없었어.

■ take a chance는 '운에 맡기고 해보다,' '위험 부담을 감수하다'라는 의미이며 이에 반해 take the chance는 '기회를 잡다'라는 다른 의미.

We might actually have a chance of winning this.
우린 사실상 승산이 있어.

- You stand a chance of being a normal, productive person.
  넌 정상적이며 생산적인 사람이 될 가능성이 있어.
  My daddy never got a chance to beat me. 아빤 날 때릴 기회가 없었어.

■ have[stand] a chance of~는 '성공할 가능성이 있다'라는 의미, 물론 have a chance to+동사를 써도 된다.

I think there's a chance of it.
그럴 가능성이 있다고 생각돼.

- There's not a chance in a million. 전혀 가망성이 없어.
  Was there a chance that she was seeing someone outside of
  the marriage? 걔가 외도했을 가능성이 있었어요?

■ There is a (good) chance that S + V는 '…할 가능성이 (충분히) 있다'라는 표현으로, 반대로 There is not a chance~하면 '…할 가능성이 없다'라는 의미가 된다.

Any chance you know where she is?
걔가 어디 있는지 혹시 알고 있니?

- Is there any chance that you took that phone call?
  네가 혹시라도 그 전화기를 가져갔니?
  Is there any chance that Tony is a vampire? 토니가 뱀파이어일 가능성 있어?

■ (Is there) any chance that~?은 '…할 가능성이 있니?'라는 뜻으로 Any chance of[that]~라고 표현해도 된다.

Not a chance!
절대 안돼!

- Oh, not a chance in hell, Castle. 오, 가망이 전혀 없어, 캐슬.
  Not a chance. He's a weirdo. 절대 안돼. 걘 이상한 놈이야.

Not a chance는 'No way' 와 같이 '절대로 안돼' 라는 의미를 갖는다.

Chances are slim.
가능성이 희박하지.

- Chances are he's gonna be this. 걔가 이렇게 될 가능성이 있어.
  And chances are she'll start with your accountant.
  걔가 네 회계사로부터 시작할 가능성이 있지.

Chances are+형용사 혹은 Chances are that S+V는 '…할 가능성이 있다' 또는 '아마 …일 거야' 라는 의미이다.

You said you found me by chance?
네가 날 우연히 찾았다고 말했지?

- You didn't by any chance invite my parents, did you?
  너 우리 부모님을 어쩌다가 초청하지 않은 거지, 그지?
  Is Gibbs with you, by any chance? 혹시라도 깁스가 너랑 같이 있니?

by chance는 '우연히' 라는 뜻이며 by any chance는 '어쩌다가,' '만일' 이라는 뜻. 한편 의문문에서는 '혹시라도' 라는 의미로도 쓰인다.

Don't pass up your chance.
기회를 놓치지 마라.

- No one wants to pass up a chance for good luck.
  그 누구도 행운의 기회를 놓치고 싶어 하지 않아.
  You know I wouldn't pass up an opportunity to celebrate Jill.
  난 질을 축하할 기회를 놓치고 싶지 않는다는거 너 알잖아.
  You don't think I'm gonna pass up the chance to beat those sneaky SOBs. 내가 저 약아빠진 개자식들을 물리칠 수 있는 기회를 날릴거라고 생각하는 건 아니겠지?

pass up one's chance 또는 pass up a chance는 pass up an opportunity 또는 miss the chance와 같은 의미로 '기회를 놓치다' 라는 의미. 그리고 한편 He missed out on a chance to+V면 '걔는 …할 기회를 놓쳐버렸어' 라는 표현이 된다.

MORE EXPRESSION

another chance 또 다른 기회
have a fat chance 가망이 별로 없다
a chance of a lifetime 절호의 기회

» charge

On what charge? 무슨 죄목으로?

I'm not in charge of the lab.
난 그 실험실을 책임지고 있지 않아.

- Are you the person in charge of here? 여기 책임자인가요?
  I am in charge of this project. 내가 이 프로젝트를 책임지고 있어.

be in charge of~는 '…을 책임지고 있다' 라는 뜻. 누가 책임자야?라고 할 때는 Who's in charge?라고 하면 된다.

On what charge(s)?
무슨 죄목으로?

- A: You're under arrest. B: Excuse me? On what charge?
  A: 당신을 체포합니다. B: 뭐라고요? 무슨 혐의로?

charge는 명사로 '혐의' 라는 뜻으로 미드범죄물에서 많이 쓰인다. on the charge of면 '… 라는 혐의로,' be up on charges for는 '혐의를 받다' 라는 뜻이 된다.

C

You'll be charged with murder.

넌 살인죄로 기소될거야.

- Your rap sheet says you're charged with rape last year.
  네 전과기록에 의하면 넌 작년에 강간죄로 기소되었어.
  The man is charged with homicide. 이 사람은 살인죄로 기소되었어.

Charge it please.

신용카드 해주세요.

- Cash or charge? 현금으로요 아니면 신용카드로요.
  I just charged it on my mom's card. 엄마 카드로 결제했어.

■ be charged with는 '…죄로 기소되다' 라는 의미로 역시 미드범죄물 단골표현. 여기서 charge는 동사로 사용되었으며 '기소하다' 라는 법적인 용어로 쓰인 경우.

■ charge sth은 '…를 외상으로 달아놓다' 라는 뜻으로 이 경우 charge는 신용카드로 달아놓는다는 의미이다. 한편 Cash, please하면 '현찰로 낼게요' 라는 표현.

» chase

Can we cut to the chase? 우리 단도직입적으로 말할 수 있을까?

Can we cut to the chase?

우리 단도직입적으로 말할 수 있을까?

- I think you're right. So let's cut to the chase. 네가 맞으니 이제 까놓고 말하자.
  Let's just cut to the chase here. Okay? Heidi, which of my boys do you like? 이제 우리 그냥 까놓고 말하자. 좋아? 하이디, 내 아들 중 누굴 좋아하니?

■ Let's cut to the chase는 '단도직입적으로 물어볼게,' '까놓고 이야기하자고' 라는 의미. Just cut to the chase하면 '단도직입적으로 물어볼게요' 가 된다.

Maybe it was all a wild goose chase.

아마도 그건 모두 헛수고였어.

- A: That's possible. B: This may be a wild-goose chase.
  A: 그건 가능해. B: 아무래도 헛수고일 가능성이 있어.
  Damn it, you sent us on a wild goose chase! 젠장, 너땜에 헛수고 했잖아!

■ wild goose chase는 '헛수고' 라는 관용구적 표현이다.

You get to chase your dream.

넌 네 꿈을 쫓아.

- We had plenty of cops chasing the suspect. 용의자를 뒤쫓을 경관들이 많아.
  The boss is a profound skirt chaser. 사장은 여자라면 사족을 못써.

■ chase는 기본적으로 뒤를 쫓다라는 동사로 chase sb[sth], chase after[down] 등으로 쓰이며 skirt chaser하면 여자꽁무니만 따라다니는 사람을 뜻한다.

MORE EXPRESSION

Stop chasing rainbows. 뜬구름 잡는 짓 그만해.
Go chase your tail! 썩 꺼져!, 귀찮게 하지 말고 저리가!
Go chase yourself! 꺼져라!

Can I chat with you for a sec? 잠깐 이야기 좀 할까?

I'm having a little chat with her.
난 걔하고 잡담을 하고 있어.

- I'll go **have a chat with** her. 가서 걔하고 얘기 좀 할게.
  Are you willing to **have a chat with** me? 나하고 얘기 좀 나눌 생각이 있어?

■ **have a chat with**는 '⋯와 잡담하다[수다떨다]' 라는 뜻으로 have a little chat하면 '⋯와 잠시 잡담하다' 라는 의미가 된다.

We should chat a little.
얘기 좀 해.

- Ted, can I **chat with** you for a sec in the kitchen?
  테드, 부엌에서 잠깐 나하고 얘기할 수 있을까?
  When you're drunken, you **get chatty**. 너 취하면 말 많아져.

■ **chat with**는 '⋯와 잡담하다' chat about하면 '⋯에 대해 얘기하다' 라는 뜻이 된다.

But then, talk is cheap. 하지만 말야, 말은 쉽지.

I'm not a cheap date.
난 데이트하면서 빨리 취해버리는 사람이 아냐.

- You are so **cheap**. 너 정말 치사하네.
  You talk about women as if they're **all cheap**.
  넌 마치 여성들이 전부 헤픈 것처럼 말해.

■ **cheap**은 '값싼' 이란 뜻으로 비유적으로 '헤픈,' '치사한' 이라는 의미. cheap date는 데이트할 때 특히 여자가 자발적으로 빨리 술에 취해 섹스까지 하는 사람을 말해 약간 헤프다는 뉘앙스가 깔려있다. 또한 make oneself cheap은 '값싸게 굴다,' '자기를 낮추다' 라는 표현이다.

Good defense attorneys don't come cheap.
훌륭한 변호사는 싸게 구할 수 없어.

- Though at $300 an hour, they don't **come cheap**.
  시간당 300 달러라도 걔들은 비싸게 아니야.
  Now, this type of justice does not **come cheap**.
  이제, 이런 종류의 정의는 쉽게 오는 것이 아냐.

■ **go cheap** 또는 come cheap은 '싸게 먹히다' 라는 뜻이다. 반대는 go[come] expensive 라고 한다.

But then talk is cheap.
하지만 말야, 말은 쉽지.

- **Talk is cheap**. Let's see what you can really do.
  말은 쉽지. 네가 정말 뭘 할 수 있는지 보자.
  Your speech sounded good, but **talk is cheap**.
  네 연설은 좋게 들리는데 하지만 말은 쉽잖아.

■ **talk is cheap**은 Easier said than done처럼 말하기는 쉬워도 그걸 실제로 하려면 어렵다(be easy to talk, but more difficult to actually do something)라는 말.

She cheated on her husband. 그 여자는 남편몰래 바람폈어.

I thought he cheated fate.

걘 운명을 속였나봐.

- He cheated fate by surviving the accident. 걘 기적적으로 사고에서 생존했어.
  You'll never be able to cheat fate. 넌 절대로 운명을 속일 수는 없어.

■ cheat fate는 '운명을 속이다' '운명을 피하다' 라는 의미. cheat death도 '간신히 죽음을 모면하다' 루 같은 의미.

He cheated on his wife.

그 남자는 아내 몰래 바람을 피웠어.

- I never cheated on my wife. 난 결코 아내 몰래 바람을 피지 않았어.
  Did you know that Sam was cheating on Helen? 샘이 헬렌 몰래 바람피고 있다는 걸 알고 있었어?
  You cheated on your SATs. 넌 SAT 시험에서 부정행위를 했어.

■ cheat on는 '…몰래 바람을 피다' 혹은 '시험에서 부정행위를 하다' 라는 표현.

Anybody else feel cheated?

누구 또 배반당했다고 느끼는 분?

- You feel cheated by life so now you're gonna get even with the world. 네가 삶에 배반을 당했다고 느끼면 이제 세상에 보복을 해야겠지.
  You're trying to cheat me out of half of his fortune? 날 속여서 걔 자산의 반을 빼돌리려는거야?

■ feel cheated는 '배반이나 배신당했다고 느끼다' 라는 뜻. be cheated of victory하면 '사기로 승리를 빼앗기다' 라는 표현이다. 또한 cheat sb out of~하면 '…을 속여서 …를 빼앗다' 라는 의미.

I ran a check on him. 난 걔를 조사해봤어.

You should check it out sometime.

이거 한번 점검해 봐.

- I think I should go check it out. 내가 가서 한 번 점검해 봐야할 것 같아.
  Let's check it out after we finish our sweep. 수색을 끝낸 후 점검하자.

■ check out은 '점검하다,' '한번보다' 라는 뜻으로 호텔에서 사용되면 check in의 반대의미가 된다. 물론 도서관에서 책을 빌리고 반납할 때도 쓸 수 있는 표현. 한편 많이 쓰이는 Check this out!하면 '이것 좀 봐' 라는 의미.

Let's double check.

다시 한 번 보자.

- Can you double check please? 다시 한 번 확인해 줄래요?
  I'll have Gale double check when her plane landed. 게일에게 그녀의 비행기가 착륙하는지 재확인하도록 할게.

■ double check은 '재확인하다,' '다시 한번 확인하다' 라는 의미로 동사 및 명사로 사용된다.

You will totally keep it in check this time.

넌 이번엔 완전히 그걸 저지할거야.

- I suggest you keep your unfounded accusations in check. 넌 근거 없는 비난을 자제해야 돼.

■ keep[hold] A in check은 'A를 막다,' '저지하다' 또는 '견제하다' 라는 의미.

Keep your temper in check and answer his questions.
감정을 억제하고 걔 질문에 답해줘.

I ran a check on the folks involved in the search.
수색에 관련된 요원들에 대해 조사를 실시했어.

- I need you to run a check on someone for me.
  날 위해 누군가에 대해 조사를 해주라.

run a check은 '검사[조사]하다' 라는 의미로 make a check도 유사한 표현이다.

Check, please.
계산서 주세요.

- Separate checks, please. 따로 계산해 주세요.
  I'm gonna pay for this with check. 수표로 낼게요.

check이 명사로 '수표' 라는 뜻. 미국에서는 checking account(당좌계좌)와 연계되어 personal check(개인수표)을 발행하는데 checkbook(수표책)의 형태로 가지고 다닌다. 한편 check이 식당에서는 계산서(bill) 라는 의미.

I'll take a rain check.
다음으로 미룰게.

- You mind if I take a rain check. 다음으로 미루어도 괜찮을까.
  Could I take a rain check? I am so tired.
  다음으로 미룰 수 있을까? 너무 피곤해서.

rain check은 '우천교환권' 이라는 의미로 야구 등 운동경기나 또는 공연이 비나 눈 등으로 취소될 경우 나중에 다시 올 수 있는 교환권을 뜻한다. 그래서 비유적으로 take a rain check하면 약속이나 제안을 '다음 기회로 미루다' give sb a rain check하면 '나중에 다시 초대하다' 라는 의미.

The coat check is right around the corner.
코트보관소가 바로 코너 뒤에 있어.

- Could you give me $2.00 for the coat check girl?
  코트보관소 여직원에게 줄 2 달러 있니?
  I'm not the coat check girl. M.B.A.
  난 코트나 받아주는 여자가 아냐. 경영학 석사야.

coat check는 '코트 보관소' 라는 뜻으로 check room도 '휴대품 보관소' 또는 '코트 보관소' 로 같은 의미이다.

» cheese

Cheese it! Here she comes. 그만둬! 쟤가 온다.

Everybody say cheese and hold it. One, two, three.
모두 웃고 그냥 계세요. 하나, 둘, 셋.

- A: Say cheese B: Oops, I didn't say cheese.
  A: 웃어요. B: 아참, 웃지않았네.
  I'm sorry, did you say cheese? 미안하지만 웃지 않았어?

(Say) Cheese!는 '김치하세요' 라는 의미. 즉 사진찍을 때 웃는 모습을 연출하기 위해 사진찍는 사람이 쓰는 단골 표현이다.

Cheese it!
그만둬! (도망쳐!)

- It's the police. Oh, cheese it! 경찰이다. 오, 튀어!
  She was a bit cheesed off. 그 여자는 약간 화났어.

cheese it은 '그만둬'(stop it)이라는 뜻으로 '도망쳐' 라는 의미로도 쓰이고, be cheesed off 하면 '화가 나다,' '진저리가 나다' 라는 의미가 된다. 또한 속어로 cheese는 돈을, big cheese하면 중요한 사람을 뜻하기도 한다.

» chemistry

We got chemistry. 우린 죽이 잘 맞아.

We got chemistry.
맘이 잘 맞아.

- We're in chemistry. 우린 서로 잘 맞아.

  There are a lot of chemistry between you and me.
  너랑 나랑은 죽이 잘 맞아.

■ have a good chemistry 또는 be in chemistry는 '죽이 잘 맞는다'라는 뜻으로 여기서 chemistry는 과학적 화학작용 이라기보다는 인간적 화학적 상호작 용을 의미한다. 특히 남녀 간에 잘 통하다라는 뜻으로 많이 쓰인다.

And then in bed, there was no sexual chemistry.
그런데 침대에서는 속궁합이 잘 통하지 않았어.

- There was some sexual chemistry between them.
  걔들 간에는 일종의 궁합이 있었어.

  You just need to trust in the power of our overwhelming sexual chemistry. 넌 단지 우리사이에 강력한 궁합의 힘을 믿으면 돼.

■ sexual chemistry는 '궁 합' 즉 남녀 간에 성적으로 잘맞 는지를 의미한다.

She's never going to find that kind of chemistry with another man.
걔는 다른 남자하고는 결코 그런 궁합을 찾기 어려울거야.

- That was one hell of a kiss you gave me. You can't fake chemistry like that.
  네가 나한테 한 키스는 정말 대단한 거였어. 네가 그런 걸 꾸며낼 수는 없어.

  Did you find chemistry on your blind date? 소개팅에서 뭐 통했어?

■ find chemistry는 '성적인 화합[궁합]을 찾다'라는 의미이며 fake chemistry면 '성적인 화합 [궁합]을 꾸며내다'라는 의미.

» chest

I got this off my chest. 난 이걸 맘속에서 다 털어놓았어.

I'm gonna have to get this off my chest.
이제 이걸 털어놔야겠어.

- I got all that stuff off my chest. 난 그 모든 걸 털어놓았어.

  Do you have anything else you wanna get off your chest?
  맘속에서 털어놓고 싶은 다른 게 더 있어?

■ get sth off one's chest 는 '…을 맘에서 털어버리다'라는 말로 맘속에 비밀 등의 이유로 말 못했던 '맘속이야기를 꺼내놓다' 라는 의미로 쓰인다.

You're staring at my knockers.
넌 내 젖가슴을 빤히 바라다보고 있잖아.

- I feel so young again except for the chest pains.
  가슴통증외에는 다시 젊어진 기분이야.

  She's short but has an ample bosom. I love it.
  걘 작지만 가슴이 엄청커. 맘에 들어.

  Your knockers are looking particularly full tonight.
  네 가슴은 오늘 밤 유독 실해보여.

■ chest는 일반적으로 목부 터 가슴까지의 흉부를 뜻해 '총알 을 가슴에 맞다,' '가슴통증이 있 다'라고 할 때 쓰며, breast는 가 장 일반적인 '여성의 가슴'을 나 타내는 표준어. bosom이나 bust 또한 여성의 가슴을 뜻하며 속어 로 boobs, boobies, knockers, hooters 등이 있다. 또한 sweater girl하면 젖가슴이 돋보 이게 옷을 입는 여자를 말하는 것 으로 가슴이 크다는 뜻이 함축되 어 있다.

» chew

Chewed me out for getting home late. 집에 늦게 왔다고 혼났어.

My mother will chew me out.
엄마가 나를 혼쭐낼거야.

- House turns around to chew him out for slowing down.
  하우스는 속도를 늦추는데 대해 돌아서서 걔를 야단쳤어.

  Thank you for not chewing me out for forging your signature.
  서명을 도용했는데도 혼내지 않아서 고마워요.

■■ chew sb out은 '···를 야단치다,' '···를 혼쭐내다' 라는 의미이다.

Here, chew on these.
여기 이것 좀 생각해봐.

- Truman's gonna lose his job. You chew on that.
  트루만은 일자리를 잃을거야. 이것 좀 생각해봐.

  Look, I know it's a girlie offer, but chew on this... I'll be there.
  여자애들이나 좋아할 제안이지만, 대신 좋은 점은 내가 거기 갈거라는 거지.

■■ chew on sth은 '···를 생각해보다,' '뭔가 결정하기 전에 신중하게 오랫동안 생각해보다' 라는 의미.

We could have some coffee and chew the fat.
커피 좀 마시면서 오래 잡담을 할 수 있어.

- Mom didn't exactly have time to sit around and chew the fat.
  엄마는 앉아서 오래 잡담할 시간이 전혀 없었어.

  Well, you haven't wanted to chew the fat for five days now.
  글쎄, 넌 지금까지 5일 동안 잡담을 하지 않으려 하고 있었어.

■■ chew the fat은 '오랫동안 잡담하다' 라는 의미로 shoot the breeze와 같은 의미.

MORE EXPRESSION

It's like chewing somebody else's gum.
꼭 남의 껌을 씹는 기분이야.

» chick

Life is too short for chatty chicks. 수다쟁이 여자들에게 인생은 너무 짧아.

I'm gonna take you cruising for chicks.
영계 헌팅하는데 널 데려갈게.

- I met this chick in a diner. 그래. 한 작은 식당에서 이 영계를 만났어.
  Was that chick at the end really a client? 저끝에 앉아있는 영계가 고객였어?

■■ chick은 '젊은 여자' 또는 '영계' 라는 다소 여성을 비하하는 표현. cruise for chicks하면 ' 영계를 헌팅하다' 라는 뜻.

Eva's not some hot chick you're banging?
에바는 네가 통상 섹스하는 영계는 아니니?

- You get to fool around with a totally hot chick. 넌 핫걸과 놀아나고 있구나.
  I almost hooked up with a really hot chick tonight.
  난 거의 오늘밤 진짜 섹시한 영계하고 할 뻔했어.

■■ hot chick은 '섹시한 영계,' baby chick하면 '애송이' 라는 뜻. baby chick을 '병아리' 로 해석해도 우리말로도 비유적으로 어린 여자를 의미하기 때문에 원하는대로 해석해도 된다.

This thing is a real chick magnet.
이건 진짜 여성을 끄는 매력적인거야.

- Talk about your chick magnets. 너의 성적매력에 대해 말해봐.
  That's going to make me a chick magnet. 여자애들이 떼로 몰려들거야.

■■ chick magnet은 '성적매력' (sexual attraction)이라는 의미로 영계를 끄는 자석이라는 원래 뉘앙스를 생각해보면 된다.

Don't call me a chicken. 날 겁쟁이라 부르지마.

I'm running around like a chicken with its head cut off.

난 미친 듯이 정신없이 뛰어다녔어.

- Stop running around like a chicken with its head cut off.
  미친듯이 뛰어다니지 말아라.

  The children ran around like a chicken with its head cut off.
  아이들은 미친듯이 뛰어돌아다녔어.

Don't chicken out.

꽁무니 빼지마.

- What? I did not chicken out! 뭐라고? 난 꽁무니를 빼지 않았어!

  Come on Simon, don't be a chicken. 이봐, 사이몬, 겁쟁이가 되지 말라고.

  How can I be a chicken if I showed up for the fight?
  싸우러 나왔는데 어떻게 내가 겁쟁이가 될 수 있니?

■■ like a chicken with its head cut off는 '미친 듯이 돌아다니는' 이라는 뜻으로 문자 그대로 '마치 머리가 잘린 닭처럼' 이라는 뉘앙스를 생각해보면 된나.

■■ chicken out은 겁을 먹고 '꽁무니 빼다' 라는 의미. 또한 be a chicken은 '겁쟁이이다' 라는 뜻으로, chicken 자체가 '겁쟁이' 라는 의미를 갖는 단어이다.

MORE EXPRESSION

chicken 비겁한 (사람)
That's chicken feed. 그건 껌값이야.

Let's all chip in. 모두 나눠서 내자.

He has a bad chip on his shoulder.

그는 아주 화를 잘 내요.

- You got a big chip on your shoulder, lot to prove.
  넌 싸울 거리가 많아, 증명할 것도 많고.

  He had some sort of chip on his shoulder. 걘 늘 싸울 준비가 되어 있었어.

When the chips are down, you come through.

위기가 닥치면 넌 극복할거야.

- When the chips are down, don't call me. 일이 닥쳐도 내게 전화하지마.

  When the chips are down, you find your true friends.
  일이 닥치면 진정한 친구를 찾아봐.

Let's all chip in.

모두 나눠 내자.

- The town just chipped in and bought one. 마을사람들은 돈모아 하나 구입했어.

  You guys finally chip in for a bodyguard? 결국 돈갹출해서 보디가드를 구했지?

You seem chipper.

너 명랑한 것 같네.

- He didn't say. But he sounded very chipper. 걘 말없지만 쾌활한 것 같았어.

  I sound chipper? 기분 좋은 일 있냐고?

■■ have a chip on one's shoulder는 '싸움을 걸려고 하다' 라는 의미로 어깨에 나무조각을 올려놓으면 항상 싸울 준비를 한 상태라는 뜻에서 나온 표현이다.

■■ when the chips are down은 '일이 닥치면' 또는 '위기가 오면' 이라는 의미.

■■ chip in은 '갹출하다' 라는 뜻. 각자 십시일반 자기 몫을 내고 그걸 모아서 떠나는 사람이나 생일선물을 사거나 등을 하는 경우를 말한다.

■■ chipper은 '기운찬,' '쾌활한,' '기분 좋은(feeling happy)' 이라는 뜻.

I have no choice here. 나도 어쩔 수 없는 일이야.

Do we have a choice?
우리 선택권이 있니?

- You need to make a choice. Me or your mother.
  넌 선택을 해야한 해. 나 아니면 네 엄마.

  She told me that I had to come. I didn't have a choice.
  걘 내가 와야 한다고 말했어. 난 선택의 여지가 없었어.

  What are my choices? 뭐가 있나요?

  I'm done with my choices. 난 선택을 했어.

■■■ have a choice, make a choice는 '선택권이 있다, 선택을 하다'라는 의미이다. 그밖에 choice가 쓰이는 경우들을 예문을 통해 알아보자.

I have no choice here.
나도 어쩔 수 없는 일이야.

- I have no choice but to grant the defense's request.
  피고 측 요청을 수락하지 않을 수가 없어.

  You leave me no choice but to give you detention.
  내가 너한테 구류처분을 내리지 않을 수가 없어.

■■■ have no choice하면 '선택권이 없다,' 그리고 have no choice but to는 '…하지 않을 수가 없다' leave sb no choice but to면 '…가 …하지 않을 수 없다'라는 표현이 각각 된다.

I'm doing this by choice.
난 자진해서 이걸 하는거야.

- A: I'm single. B: By choice, or do you scare the men with your independence?
  A: 난 미혼이야. B: 자진해서 그러는 거니 아니면 남자가 네 독립성을 위협할까봐?

  A: You're still here B: Not by choice, believe me.
  A: 너 아직도 여기에 있구나. B: 원해서 그러는 게 아냐. 날 믿어.

■■■ by choice는 '자진해서' not by choice면 '원해서가 아니라'라는 의미의 표현.

You're too choosy.
넌 너무 까다로워.

- This guy is not choosy. 이 친구는 까다롭지는 않아.

  You can't exactly afford to be choosy.
  넌 이것저것 가릴 여유가 없어.

■■■ be choosy는 '너무 가리는,' '까다로운'이라는 뜻으로 picky와 일맥상통한 표현.

MORE EXPRESSION

pro-choice 임신중절 찬성
pro-life 낙태반대
have to choose between~
…사이에서 선택을 해야만 한다
There is little[nothing] to choose between~ …사이에서 선택의 여지가 없다

놓치면 원통한 미드표현들

- **off the charts** 차트에서 벗어난, 정상을 뛰어넘는
  And my cholesterol's off the charts!
  내 콜레스트롤 수치는 정상치를 넘어.

- **charter** 전세를 내다 chartered bus 전세버스
  chartered airplane 전세 비행기
  He chartered a private jet.
  걔는 자가용 제트기를 전세냈어.

- **chime in** 말 중간에 끼어들다
  Feel free to chime in on either conversation.
  어느 쪽 대화에도 부담 없이 끼어들어.

- **chin up** 기운 내다(perk up) keep one's chin up
  용기를 잃지 않다
  Chin up! Only ten minutes left.
  기운 내 단지 10분 남았어.
  Keep your chin up. 용기를 잃지 마세요.

Stop speaking in circles. 똑같은 말만 계속하지마.

We'll circle back to that. One issue at a time.
나중에 얘기하죠. 한 가지씩 해요.

- How about I circle back to it? 그건 나중에 다시 얘기하면 이때요?
  He circled back to L.A. for a reason. 걔는 어떤 이유로 L.A.로 돌아왔어.

■ circle back는 '크게 한 바퀴 돌다' 또는 '돌아오다' 라는 의미를 갖는 표현. 주로 비즈니스 업계의 중간관리자들이 어떤 문제를 '나중에 토의하자' 라는 의미로 쓰인다.

Then he started to circle her.
그리고 걔는 그녀 주변을 맴돌기 시작했어.

- This conversation has started to circle. Meeting adjourned.
  대화가 그냥 맴돌고 있네요. 휴회합니다.
  The hawks are starting to circle the field. 매들이 들판을 빙빙 맴돌기 시작했어.

■ start to circle은 '원을 그리다' 또는 '맴돌다' 라는 의미를 갖는다.

All the female names circled.
모든 여자 이름들이 동그라미 쳐졌어.

- Susan circles a date in her calendar that reads "Date with Mike!" 수잔은 달력에 "마이크와 데이트"라고 쓰여진 날짜에 동그라미를 쳤어.
  Yeah, we'll circle the building again. 그래, 우린 다시 그 빌딩을 둘러쌀거야.

■ circle sth는 '…을 둘러싸다,' '…에 동그라미를 치다' 라는 뜻으로서 자동사로 사용되면 '돌아다니다' 라는 의미도 갖는다.

Stop speaking in circles.
아무런 결론이 나지 않는 말은 하지 마.

- Now, you keep talking in circles. 이제 넌 쳇바퀴 돌듯이 똑같은 말을 계속하고 있어.
  We're talking in circles here. That's right. 우린 같은 소리만 하고 있어. 맞아.

■ talk[speak] in circles는 아무런 진전도 없이 '쳇바퀴 돌듯이 계속 똑같은 말을 반복하다' 라는 뜻이다.

It's not like we run in the same circles.
우린 같은 서클에서 활동하고 있지 않는 것 같아.

- I don't think any of these victims are running in gang circles.
  이 희생자들 중 누구도 갱의 세계에서 활동하고 있는 것 같지 않아.
  I have a very wide circle. I have 350 friends on my space.
  난 아주 큰 서클을 가지고 있어. 회원이 350명이야.

■ run in circles는 '…서클에서 활동하다' 라는 뜻. 또한 legal circles, media circles 등은 법조계, 언론계 등을 뜻한다.

MORE EXPRESSION

inner circle 핵심서클, 핵심세력
vicious circle 악순환

Not under any circumstances. 어떤 경우에도 안돼.

Not under any circumstances.
어떤 경우에도 안 돼.

- Under no circumstances. 절대 안 돼.
  He had no objection to the death penalty under any circumstances.
  걔는 어떤 경우에도 사형에 대해 반대를 하지 않았어.

■ not under any circumstances는 '어떠한 경우에도 안 된다' 라는 표현으로 under no circumstances와 같은 의미.

I left under unfortunate circumstances.
난 불운한 상황에 빠졌어.

- Under normal circumstances I'd say, I told you so.
  정상적인 상황이라면 그렇다니까. 내 말했잖아.

  It's not an unreasonable conclusion, under the circumstances.
  이런 상황하에서 그건 비이성적인 결론은 아니야.

under ~ circumstance 는 '…한 상황에 놓이다'라는 표현.

Not entirely inappropriate given the circumstances.
상황을 감안할 때 완전히 부적절한 것은 아냐.

- Given the circumstances, I don't think the DA will press charges.
  상황을 감안할 때, 난 검사가 기소를 압박하지 않을거라 생각해.

given the circumstances 는 '상황을 감안할 때'라는 표현이다.

We did, but there were extenuating circumstances.
우리가 그랬지만 정상참작을 할 수 있는 상황이었어.

- The extenuating circumstances call for compassion.
  정상을 참작하면 동정할 여지가 있어.

  The people would take into consideration the extenuating circumstances. 사람들은 정상참작이 가능한 상황을 고려사항에 넣어야해.

extenuating circumstances는 '정상참작이 가능한 상황'이라는 다소 법적인 표현이 된다.

» clap

The audience begins to clap. 청중들이 박수를 치기 시작했어.

They all jump up and clap their hands.
걔들은 모두 뛰면서 손뼉을 쳤어.

- Gene is clapping his hands looking very happy and so is Joey. 진은 매우 기뻐하면서 손뼉을 치고 있고 조이도 마찬가지야.

  The whistle blows and the audience begins to clap.
  청중들은 휘슬을 불고 박수를 치기 시작했어.

clap one's hands는 '…의 손뼉을 치다'라는 뜻이며 give sb a clap은 '…에게 갈채를 보내다'라는 의미이다.

She gave me the clap and she didn't even apologize.
걔가 나한테 임질을 전염시키고도 사과조차 하지 않았어.

- If it's not the clap, it's a botched face-lift. 임질이 아니라면 성형이 실패한거야.

  Cynthia does have the clap. 신시아가 임질에 걸렸어.

clap이 '임질'이라는 뜻을 가지고 있는데 병리학 전문용어로는 gonorrhea이다.

MORE EXPRESSION

clap eyes on …를 보다

He's a real class act. 걘 정말 멋진 사람이야.

It's a real class act.
정말 탁월한 행동이야.

- You're a class act, Franklin. 넌 일류야, 프랭클린.
  Frank Sinatra was definitely a class act. 프랭크 시나트라는 정말 멋진 사람이었어.

class act는 '탁월한 사람이나 뛰어난 재능이 있는 사람이나 행동'이라는 뜻.

Everything I do has a touch of class, Jackie.
내가 하는 것은 모두 기품가 있어, 재키.

- I've got class that night anyway. 난 어쨌든 그날 밤 기품이 있었어.
  Most people think Carol has class. 대부분의 사람들은 캐롤이 세련됐다고 생각해.

have[show] class는 '고급 스타일을 보여 준다'라는 뜻으로 품위나 기품이 있다는 의미로 쓰인다. 또한 give~a touch of class하면 '…을 고급 스타일로 만들다'라는 뜻.

I mean, this is pretty high-class.
내말은 이건 아주 고급이야.

- We believe he comes from a middle-class background.
  걔는 중산층 출신이라고 생각해.
  According to you, your husband's a first-class arrogant jackass.
  네 말에 따르면 네 남편은 최고로 거만한 멍청이야.

high-class, low-class, top-class 등에서 class는 '급'을 의미한다. 즉 '고급' '저급' '최고급'을 의미하며, 한편 middle class하면 '중산층'을 뜻하는 용어.

You know, she's so smooth and classy.
그러니까 걔는 정말 부드럽고 세련되었어.

- You were always so classy. 넌 항상 아주 고급이었어.
  And job loss is a classic stressor. 실직은 전형적인 스트레스 원인이야.

be classy는 '고급이다,' '세련되다'라는 의미. be classic은 '훌륭한', '고전의' '전형적인'이라는 뜻. Classic!하면 '훌륭해!'라는 감탄 표현으로도 쓰인다.

Now please join me in welcoming the class of 2010.
자 이제 함께 2010학년도 졸업생을 환영하도록 합시다.

- His name is Mark Johnson of Westport, Connecticut, Harvard class of 97.
  걔 이름은 마크 존슨으로 코네티컷 주 웨스트포트 출신 97년도 하버드 졸업생입니다.
  I want to introduce you to my granddaughter, Raura, class of 2007. 2007년도 졸업생인 내 손녀, 로라를 소개할게요.

a class of는 '…학년도 졸업생'이라는 뜻이며 class reunion은 졸업 후에 하는 '동창회'를 의미한다.

I took acting classes when I was at Cambridge.
내가 캠브리지 대학에 재학했을 때 연기수업을 들었어.

- We don't have a class today?
  오늘은 휴강이에요?
  Sorry I'm late, I was at the gym. Spin class.
  미안 늦었어요. 체육관에서 실내자전거 수업을 듣다가요.

attend a class, take a class, have class 등은 '수업을 듣다'라는 표현들이며 in class는 '수업중'이라는 뜻. 한편 drop the class는 '수업을 취소하다' ditch class는 '수업을 땡땡이치다' cut class는 '수업을 빼먹다' miss class는 '수업을 빠지다'가 된다.

MORE EXPRESSION

class clown 익살스런 반 친구, 농담을 잘하는 학생

Why don't you come clean? 자백하지 그래.

I'm clean
난 깨끗해, 그 일과 상관없어.

- My hands are clean. 난 결백해.
  She's clean. No priors. 그 여자는 깨끗해. 전과가 없어.

be clean은 '깨끗하다'라는 뜻으로 비유적으로 '결백하다'라는 의미.

Why don't you come clean?
자백하지 그래.

- You gotta come clean with me! 나한테 실토해!
  Why don't you just come clean with what you did last night? 어제 밤 행동에 대해 나한테 털어놓는 게 어때?

come clean (with)는 '(…에게) 실토하다,' '(…에게) 자백하다'라는 의미.

It's clean as a whistle. What's House looking for?
이건 먼지 하나 없이 깨끗해. 하우스가 뭘 찾고 있는거야?

- I am clean as a whistle! 난 먼지 하나 없이 깨끗해.
  Hey, clean as a whistle. We're good to go. 야, 아주 깨끗해. 우리 가도 돼.

clean as a whistle은 '먼지 하나 없이 깨끗한'이라는 뜻.

Just keep it clean and don't call me honey.
그냥 깔끔히 정리하고 날 자기라고 부르지마.

- It's hard to keep it clean with so many girls coming and going. 그렇게 많은 여자애들이 오가는데 깨끗이 하기가 어렵지
  But does that make it my job to keep it clean? 하지만 깨끗이 뒷정리하는게 내 일 아닌가요?

keep it clean은 '깨끗이 하다,' '깔끔하게 하다'라는 뜻.

I think it's best to make a clean break.
이게 가장 깔끔하게 헤어지는 방법 같아.

- I can't sleep at night! I've got to make a clean break. 저녁에 잘 수가 없어! 깔끔하게 헤어져야 할 것 같아.
  John and I made a clean break. 존과 난 깨끗하게 헤어졌어.

make a clean break 또는 have a clean break-up은 '깔끔하게 헤어지다'라는 의미.

He looks like the clean-cut corporate type.
걔는 아주 단정한 회사직원 타입 같아.

- She's as clean-cut as she seems. 걔는 보이는 것처럼 아주 분명해.
  I took the liberty of checking the wound and it's very clean cut. 실례를 무릅쓰고 상처를 봤는데 깨끗했어.

clean-cut은 '명확한,' '분명한'이라는 뜻으로 용모에 대해 말하면 '말쑥한,' '단정한'이라는 뜻이 된다.

I'm cleaned out.
완전히 거덜 났어.

- Have your desk cleaned out by tonight. 오늘밤까지 네 책상을 완전히 치워놔.
  The entire place is cleaned out. There's no files. 장소 전체가 깨끗이 치워져서 어떤 파일도 없어.

clean sb out은 '…의 돈을 다 쓰게 하다'라는 뜻. 하지만 기본적으로 clean out하면 '깨끗이 치우다'라는 의미.

I'm going to go get cleaned up.
내가 가서 치울거야.

- It's going to take a while to get this mess cleaned up.
  이 난장판을 치우는데 상당한 시간이 걸릴거야.

  I just cleaned up after you. 네가 어지럽힌 걸 내가 방금 치워 버렸어.

clean up, get cleaned up, get ~ cleaned up 등은 모두 '청소하다,' '치우다' 라는 의미. 한편 clean up after sb면 '…가 어지럽혀 놓은 걸 청소하다' 라는 표현.

I cleaned up my act 12 years ago.
난 12년 전에 내 나쁜 버릇을 고쳤어.

- There's only one reason a man cleans up his act.
  남자가 나쁜 버릇을 고치는 것은 단지 한 가지 이유 때문이지.

  Clean up your act and we'll offer you a job. 네 버릇을 고치면 일자리줄게.

clean up one's act는 '나쁜 버릇을 고치다' 라는 뜻이다.

» clear

We're clear on this, right? 우린 이 문제에 대해 입장이 분명해, 그지?

Do I make myself clear?
내 말이 무슨 말인지 알겠어?

- I didn't make myself clear. 의사전달이 제대로 안됐네.

  Do I make myself clear? It won't happen again.
  내 말 분명히 이해하겠어? 다시는 그런 일은 없을 거야.

make oneself clear는 '…의 말을 이해시키다' 라는 의미로 make oneself understood와 같은 맥락의 표현.

Let's make it clear from the start.
시작부터 확실하게 해두자.

- I had to make it clear to the old man. 난 그 노인에게 분명하게 해두어야만 했어.

  I'd just like to make it clear: she was wearing them.
  난 그녀가 그걸 입고 있었다는 점을 명확히 하고 싶었어.

make it clear (that)는 '…를 확실하게 해두다' 라는 의미이다. make it clear, make it clear to~, make it clear that S+V 등 다양한 형태로 쓰인다.

Is that clear?
알겠어?

- He's my resident, I say it's not fine, is that clear?
  걔는 내 레지던트야. 괜찮지 않거든, 내 말 알겠어?

  From this moment forward, the events of last night will never be mentioned again. Is that clear?
  앞으로 지금부터 어젯밤의 일은 절대 다시 입밖에 내지 않는다. 알겠어?

Is that clear?는 상대방에게 불만속에 퉁명스럽게 혹은 아랫사람에게 자신이 앞서 한말을 제대로 알아듣고 이해했냐고 물어볼 때 쓰는 말. '알아들었나?' '알겠어?' 라는 의미.

We're clear in here.
여긴 안전해.

- Police! Open up! We're clear. 경찰이다! 문 열어! 안전해.

  We're good. All clear! 우리 괜찮아, 모두 안전해!

  We need to get into the house. Not until I get the all clear.
  그 집에 들어갈 필요가 있는데, 안전을 확보하기 전에는 안 돼.

Clear!는 경찰이 수색 중 '안전해!' 라는 의미. 한편 get [give sb] the all clear면 '안전을 확보하다' 라는 표현이 된다.

So we're clear on this, right?

그래 우린 이 문제에 대해서는 입장이 분명해, 그렇지?

- Are there any guns in here? I wanna be clear on that as well.
  여기에 총이 있니? 그 점에 대해서도 명확히 하고 싶어.

  Okay, is everyone clear on the plan? 좋아, 다들 그 계획을 명확히 알아들었어?

be[get] clear on은 '…에 대해 확실[명확]하다' 라는 뜻이다.

Just so we're clear, I know better.

분명히 말하지만, 내가 더 잘알아.

- Just so we're clear, you're insane. 분명히 말해두지만 넌 미쳤어.

  Just so we're clear, they have agreed to these interviews?
  분명히 해두는데 걔네들이 이 면담에 동의했어?

just so we're clear는 상대방이 내 말을 정확히 이해했는지 말하는 것으로 '분명히 말해두는데' 라는 뜻.

I'll clear out.

내가 자리 피해줄게.

- You're fired! Now clear out your office. 너 해고야! 야, 바로 사무실을 비워줘.

  I'm having a meeting here tonight, so if you can clear out for a few hours. 몇 시간만 비워줘, 여기서 오늘 저녁에 미팅이 있어.

clear out은 '자리를 비우다,' '자리를 피하다' 라는 의미.

Clear the way!

비켜주세요!

- Clear the way. Coming through! 길 좀 비켜주세요. 지나갑니다!

  Please clear the house right away. 즉시 그 집을 비우시기 바랍니다.

clear the way (for)는 '…를 위해 길을 비키다' 라는 뜻으로 사람이나 물건이 지나가기 위해 더 많은 공간이 필요해서 길을 비켜달라고 할 때 사용된다. 또한 clear+장소명사로 쓰이면 '…을 비우다' 라는 의미.

I want to clear my name.

내 무죄를 밝히고 싶어.

- I wanna go to court to clear my name.
  오명을 벗기 위해 법정에 갈거야.

  This is your opportunity to clear my name. I suggest you take it.
  니가 내 무죄를 입증할 기회야. 받아들이라고.

clear one's name은 무죄를 밝히다, 명예를 회복하다, 오명을 벗다라는 말.

It's jazz. Helps me clear my mind.

이건 재즈야. 내 마음을 정화시키는데 도움이 돼.

- Nighttime walks always helped her to clear her head.
  야간 산책은 항상 걔가 생각을 가다듬는데 도움이 되었어.

  Sometimes you need to step outside, clear your head.
  넌 가끔 상황에서 한 발짝 벗어나서 생각을 가다듬어봐.

clear one's head[mind]는 '…의 생각[마음]을 가다듬다' 라는 뜻이며 clear one's throat하면 '…의 목청을 가다듬다' 라는 의미가 된다.

You know, for you, I clear the decks.

있잖아, 너를 위해서 모든 준비를 다 했어.

- 2 dead bodies, McGee. Photos coming your way. Tell Abby to clear the decks. 2명이 죽었어, 맥기. 사진들이 도착할거야. 애비한테 준비하라고 말해.

clear the decks는 해군에서 갑판을 치우고 전투준비를 하다라는 의미에서 나온 말로 뭔가 다른 중요한 일을 새로 시작하기 위해 현재 일들을 마무리한다는 뜻으로 쓰인다.

We'll clear it up. I promise.
우리가 해결할게. 약속해.

- Don't expect me to clear it up for you. 나도 설명할 수가 없어.
  We just want to clear up a few things. 우린 단지 몇 가지를 정리하고 싶어.

> clear up은 '정리하다,' '치우다' 라는 뜻으로 비유적으로 '해결하다' 또는 '설명하다' 라는 의미.

The coast is clear.
지금이 기회야.

- Do you think the coast is clear downstairs? 아래층에서 들킬 위험은 없겠지?
  Said she'd be back in a couple of hours. The coast is clear.
  걔가 2–3시간 있다가 돌아온대. 들킬 위험은 없어.

> the coast is clear는 '들킬 위험이 없다' 라는 뜻으로 어떤 행동을 들키거나 잡힐 위험 없이 안전하게 뭔가 할 수 있다는 의미.

Tell them to steer clear of Starbucks.
걔들한테 스타벅스를 멀리하라고 말해줘.

- Steer clear of the casinos in Vegas. 라스베이거스의 카지노는 멀리하라고.
  I have been in the bathroom. Stay clear of the salmon mousse. 난 화장실에 있었어. 연어 무스는 가까이 하지마.

> keel[stay, steer] clear of는 '피해있다,' '떨어져 있다' 라는 뜻으로 …가 위험하거나 바람직하지 않기 때문에 멀리한다라는 의미.

Looks like you're in the clear.
넌 혐의를 벗어난 것 같아.

- You can let her know she's in the clear. 걔가 무죄라는 걸 알려줘라.
  Judge signed it. You're in the clear. 판사가 서명을 했어. 넌 깨끗해.

> in the clear는 '혐의를 벗어난,' '혐의가 없어진' 즉, not guilty라는 뜻이다.

MORE EXPRESSION

clear-cut 명확한, 분명한
as clear as day 자명한
a clear conscience 깨끗한 양심
clear a debt[loan] 빚 청산하다

» climb

He's climbing the wall. 걘 초조해서 안절부절 못하고 있어.

He finally climbed down.
그 사람이 드디어 잘못을 인정했어.

- I slept with you, then climbed down the fire escape.
  너랑 자고서 비상계단을 통해 내려왔어.

  Professor Harris climbed down from his argument.
  해리스 교수는 자기 주장에서 물러섰어.

> climb down은 단순하게 '내려오다' 라는 뜻이나 비유적으로는 '자기 잘못을 인정하다' 라는 의미로도 쓰인다.

I can't just sit at home climbing the walls.
난 안절부절 못하면서 집에 그냥 앉아 있지 못하겠어.

- I told them to get back to work. They were climbing the walls in here. 걔들한테 다시 일을 시작하라고 말했어. 걔들은 여기에서 불안 초조해 했어.

  This guy Benny's climbing the walls. 여기 이 친구 베니는 초조해 하고 있어.

> climb the wall는 '초조해하다' 라는 뜻으로 무척 걱정을 하여 어쩔 줄 모르다, '안절부절못하다' 라는 뉘앙스를 갖는다.

He's putting us on the clock. 걘 우릴 일 시키고 있어.

We're working around the clock.
우린 불철주야 최선을 다하고 있어.

- Cops will be on the girls around the clock. 경찰이 여자애들을 24시간 지킬거야.
  There are around the clock restaurants over there.
  저쪽에 24시간 여는 음식점들이 있어.

■ around[round] the clock은 '주야로 쉬지 않고' 또는 '24시간 내내' 라는 뜻이다.

He's putting us on the clock.
걔는 우릴 일을 시키고 있어.

- You always drink while you're still on the clock?
  넌 근무 중에도 항상 음주를 하니?
  You're on the clock, Tom. Get to work! 탐 근무시간이야. 일해!

■ be on the clock은 '근무 시간이다' 라는 뜻. 참고로 on the clock하면 '주행거리 기록계에' 라는 뜻.

You're always working against the clock.
넌 항상 시간과 다투면서 일을 하고 있어.

- Racing against the clock to save someone's life is exciting.
  누군가의 목숨을 구하려고 시간을 다투어 달리는 것은 흥미진진해.
  We're working against the clock to finish cooking.
  우리는 정해진 시간내에 요리를 끝내기 위해 열심히 일하고 있어.

■ be against the clock는 '시간을 다투어' 라는 의미로 work against the clock하면 정해진 시간내에 일을 맞추려고 열심히 일하다라는 뜻.

I haven't even clocked in yet.
아직 출근시간표에 찍지 못했어.

- It looks like you always clock in 10 minutes early.
  넌 항상 10분 일찍 출근하는 것 같아.
  He clocked in for work that night. Never clocked out.
  걔는 그날 밤 출근시간표를 찍었는데 결코 퇴근시간표를 찍지 않았어.

■ clock in, clock off는 시간기록계에 카드를 넣어 '출근시간을 찍다,' '퇴근시간을 찍다' 라는 의미의 표현이 된다. clock out 또한 퇴근카드 찍다.

MORE EXPRESSION

set[put, turn] the clock back
과거로 돌아가다
kill the clock 시간을 끌다

 I've come close to finding him. 거의 걔를 찾을 뻔 했어

Let's bring this matter to a close.
이 문제에 대해 최종 결정을 내리자.

- The game is coming to a close. 게임이 끝나가고 있어.
  Our conversation did not just come to a close.
  우리 대화가 아직 끝나지 않았어.

■ bring sth to a close, come to a close, draw to a close는 '…을 끝내다' 라는 뜻이다. 즉, '…를 마무리(close)한다' 는 뜻.

That was a close call.
하마터면 큰일 날 뻔했네, 위험천만이었어.

- **That was so close.** 아주 아슬아슬했어.
  It was a close call. 구사일생이었어.

be a close call은 '위험천만이다,' '구사일생이다' 라는 말로 call 대신에 thing이나 shave를 써도 된다.

I've come close to finding him.
거의 걔를 찾을 뻔 했어.

- **She lets her coat down and starts coming close to him.**
  그녀는 코트를 벗고 개한테 다가가기 시작해.
  I came this close to actually cleaning the house.
  집안청소라도 정말 할 뻔 했다고.

come close to ~ing는 '거의 …할 뻔하다' 라는 표현이며 한편 come close to sb하면 원래 뜻대로 물리적으로 '…에 가까이 가다' 라는 의미가 된다.

His advice comes close to home.
그 사람의 충고가 가슴에 와 닿았어.

- **He killed a blind girl close to home.**
  그는 집근처에서 눈먼 여자애를 살해했어.
  You think that hits a little close to home for you?
  그게 네 아픈 곳을 찌르는 것 같아?

close to home은 '정곡을 찌르는' '아픈데를 찌르다' 라는 표현으로 hit (a little) close to home하면 '가슴에 와닿다,' 아픈 곳을 찌르다' 라는 의미가 된다.

I think we're getting close.
우리가 많이 친해진 것 같아.

- **I feel close to God there.** 난 거기서 하나님을 가까이 느껴.
  I think I'm getting close to her. 난 그녀와 사귀려고 생각해.
  He was close to a professor there. 걔는 교수님하고 가까웠어.

be close to~는 '…에 가까이 있다' 라는 뜻으로 get close to하면 '…에 다가가다,' '사귀다' 라는 의미로도 쓰인다.

Not even close.
어림도 없어.

- **You're not even close.** 넌 근처에도 못 갔어.
  You're not even close to get it done. 넌 일을 완수하기에는 어림도 없어.

be not even close는 '… 근처에도 가지 못한다' 라는 뜻으로 '어림도 없다' 라는 의미. Not even close라는 형태로 많이 쓰인다.

Actually, you're close.
사실상 거의 정답에 근접했어.

- **A: The pupil's trying to kill the teacher? B: Hope you're close, Reid.** A: 그 학생이 선생님 살해를 시도한다고? B: 네 말이 거의 맞기를 바래, 리드.
  You're close, but that isn't quite right.
  거의 맞췄는데 아직 정확하지는 않아.

You're close, that's close는 '정답을 거의 맞추다' 라는 의미. 또한 That's close enough라고 하면 '그 정도면 돼' 라는 뜻이 되기도 한다.

We are a small, close-knit community.
우린 작지만 밀접한 공동체야.

- **So your mom told me how close-knit your family is.**
  그래 네 엄마는 네 가족이 얼마나 단란하다 말해주었어.
  A: The two of you were friends? B: It's a close-knit group.
  A: 너희 둘 친구들이었니? B: 아주 절친해.

close-knit은 '긴밀한' 이라는 뜻이다.

Spending a lot of time behind closed doors?

비밀리에 많은 시간을 보냈어?

- Nobody knows what goes on behind closed doors.
  아무도 비밀리에 무슨 일이 생기고 있는지 몰라.

  We don't really care what happens behind closed doors.
  뒤에서 무슨 일이 벌어지는지 우린 정말 상관안해.

■ behind closed doors는 '비공개로,' '비밀리에' 라는 뜻. 닫은 문 안에서라는 문자 그대로 의미를 새겨보면 된다.

I'm ready for my close-up.

난 근접촬영 준비가 되어 있어.

- She prints a close-up of her tattoo.
  걔는 자신의 문신 클로즈업 사진을 인화했어.

  Yeah, and there's lots more: full frontal, close-ups and stuff.
  그래, 여러 가지 더 있어: 전면사진, 클로즈업 및 기타 등등

■ close-up은 클로즈업, 또는 '근접촬영' 이라는 말이다.

MORE EXPRESSION

close to the bone 넘 노골적인
too close for comfort 절박하여
closing remarks 맺음말

C

» **closet**

He just came out of the closet. 걘 자기가 게이라고 털어놨어.

No wonder he's in the closet.

걔는 아직 게이라는 것을 숨기고 있는 게 당연해.

- Jeremy said he was really famous and still in the closet.
  제레미는 자신이 정말 유명했고, 여전히 동성연애자임을 숨겼다고 말했어.

  They say many actors are in the closet.
  많은 배우들은 자신들의 비밀을 숨기고 있다고들해.

■ be in the closet은 '옷장 속에 있다' 라는 뜻으로 비유적으로 '비밀이다' 또는 '동성연애자임을 숨기고 있다' 라는 의미로도 쓰인다.

He just came out of the closet.

걔는 방금 자기가 게이라고 털어놨어.

- You were terrified to come out of the closet.
  넌 커밍아웃하는 걸 두려워했었지.

  We're out of the closet. We're not ashamed of it.
  우린 게이라고 밝혔고 부끄럽지 않아.

■ come out of the closet 는 반대로 '동성연애자라고 공개적으로 고백하다' 라는 표현이 된다. 커밍아웃(coming out)은 우리말처럼 쓰인다.

Guess we found the skeleton in her closet.

우리가 걔의 말 못할 비밀을 찾았다고 생각해봐.

- Everyone has a skeleton in his closet. 털어서 먼지 나지 않는 사람은 없어.
  It is the skeleton in my family's closet. 그건 우리 집안의 수치야.

■ skeleton in one's closet는 옷장속의 해골이라는 뜻으로 '말 못할 비밀' 또는 '수치' 라는 뜻을 갖는다.

Join the club. 같은 신세구만.

Join the club.
같은 처지구만.

- I'm really sorry you had to join the club. 같은 처지가 되서 정말 미안해.
  Well, welcome to the club. 글쎄, 같은 처지가 된 걸 환영해.

Can I go clubbing with you tonight?
오늘밤 너랑 클럽에 놀러 갈 수 있어?

- We'll have you out clubbing for the weekend.
  우린 주말에 너를 클럽에 데려가서 놀거야.
  It was hot that night. That's what I'd wear if I was going clubbing.
  그날 밤 더웠지. 내가 클럽에 놀러 갔다면 아마 그 옷을 입었을거야.

■ join the club, welcome to the club하면 상대방이 안좋은 처지에 놓이게 되었을 때 농담조로 말하는 표현으로 '같은 처지이다(be in a similar situation)'라는 뜻. 같은 클럽에 속하게 되었다는 의미에서 나온 표현이다.

■ club은 동사로 '클럽에서 놀다' 라는 의미도 갖는다.

You've just not got a clue. 완전히 감을 못잡았군.

He doesn't (even) have a clue.
걘 하나도 몰라.

- I haven't got a clue about that. 난 그것에 대해 전혀 몰랐어.
  You've just not got a clue! 완전히 감을 못 잡고 있군!

God, get a clue!
이런 맙소사, 감 좀 잡아라!

- Grab a clue, Sam. 감을 좀 잡아, 샘.
  Keep talking, I'll jump in when I get a clue what the hell you're talking about. 계속 말해봐, 네 말에서 감을 잡으면 내가 끼어들게.

You're clueless.
넌 너무 어리석어.

- I was just totally clueless. 난 완전히 멍청해.
  You're without a clue. 넌 아무것도 몰라.

Clue in!
주의해!

- Any chance you wanna clue me in on what that cause is?
  그 이유가 뭔지 나한테 귀띔해줄 가능성은 없니?
  You gonna clue me in, Tina? 나한테 정보를 줄거지, 티나?

■ don't have a clue하면 '하나도 모르다' 또는 '전혀 감을 잡지 못하다' 라는 표현. 즉 하나의 단서도 가지고 있지 못하다라는 말.

■ get a clue는 '알다,' '이해하다' 라는 뜻으로 '눈치 채다,' '감을 잡다' 라는 의미.

■ be clueless, without a clue는 '전혀 모르다' 또는 '어리석다' 라는 의미.

■ clue sb in[on, about]는 '…에게 …에 대한 정보를 주다' 라는 의미.

» cock

Don't cock it up. 망치지마.

I need your cock inside me.
나 좀 해줘.

- I see a really big cock down there. 진짜 큰 남자성기가 저기에 있네.
  Ladies, let me tell you about his cock. 자, 내가 걔 성기에 대해 말해줄게 .

Why do you have to cock it up with that hair?
그 머리로 왜 모든 걸 망치니?

- Ooh, I love him! Don't cock it up. 오, 난 걔를 사랑해! 망치지마.
  I knew she'd cock it up. 걔가 실수를 저지른 것을 알아.

Aren't you too cocky?
너무 건방떠는 거 아냐?

- Don't get cocky yet. 아직 잘난 체는 하지마.
  You have been insufferably cocky. 넌 구역질나게 건방져.

■ cock은 '남자 성기'(penis)를 말하는 비속어. 비슷한 표현으로는 dick, boner, prick, sugar stick, one-eyed monster 등이 있다.

■ cock sth up은 '…을 망치다' 또는 '실수를 저지르다' 라는 뜻이다.

■ cocky는 '건방진,' '잘난 체하는,' 자신에 찬'이라는 뜻. 그리고 cockamamie는 터무니 없는 생각 등을 말할 때 쓰는 단어.

MORE EXPRESSION

cock sucker 더러운 인간
suck the cock 아부하다

» code

We cracked the code. 우리가 암호를 해독했어.

We have a code brown situation.
애가 응가했어.

- A: Heart's stopped! B: Code blue! A: 심장이 멈췄어! B: 심폐소생술!
  Guys, we have a code red. 친구들, 소아 심폐소생술 환자가 생겼어요.

How'd you break the code?
어떻게 암호를 해독했니?

- I mean, he broke the code. He's wrong. 내말은 걔가 규칙을 어겼어. 걔 잘못.
  Yeah, we cracked the code. 그래, 우리가 암호를 해독했어.
  I finally decoded the data fragment. 난 마침내 그 데이터 부분을 해독했어
  She's already coded 3 times. 세 번이나 발작을 일으켰어요.

That's an honor code violation, not a crime.
그건 사교예법을 지키지 않은거지 범죄는 아냐.

- Doesn't that violate the health code? 그건 보건법 위반 아니니?
  It's very casual, no dress code. 아주 캐주얼한 모임이야, 복장규정은 없어..

■ code blue는 병원에서 쓰는 용어로 '성인 심폐소생술.' 또한 code red는 '소아 심폐소생술' code green은 '외과적인 소생술'을 각각 의미한다. 한편 code brown이면 이를 이용하여 '애가 대변을 본 상황'을 장난스럽게 표현한 것.

■ break[crack] a code는 '규칙을 어기다' 또는 '암호를 해독하다' 라는 의미. 기본적으로 code는 동사로 '암호화하다,' decode는 '암호를 해독하다' 라는 의미이다. 한편 code가 '발작하다' 라는 뜻으로도 쓰인다.

■ honor code, code of honor는 '사교상의 예법'을 의미한다. dress code는 '복장규정'을 의미.

We can't leave her out in the cold. 걔를 제외시킬 수는 없어.

Will gave her the cold shoulder.
월은 걔를 푸대접했어.

- Of course we're with you. We will give Jill the cold shoulder.
  물론 우린 네 편이야. 우린 질을 차갑게 대할게.

  I was getting the cold shoulder in your precinct.
  난 네 구역에서 냉대를 받았지.

> ■ cold shoulder는 냉대, 푸대접이라는 말로 give the cold shoulder to sb 혹은 give sb a cold shoulder 등으로 사용되어 '…를 냉대하다,' '푸대접하다,' '차갑게 대하다' 라는 의미로 쓰인다.

He heard 'wedding' and probably got cold feet?
걔는 '결혼' 이라는 말을 듣고서 아마도 겁을 먹은거야?

- Now I've heard of brides getting cold feet. 신부들이 겁을 먹었다고 들었어.

  It's not about cold feet. 두려워서 그러는 게 아니야.

> ■ get[have] cold feet는 발이 차갑게 얼어붙어 꼼짝도 못하게 되듯 '겁을 먹다,' '주눅이 들다' 라는 표현이나.

We can't leave her out in the cold.
걔를 제외시킬 수는 없어.

- It's the one who's different that gets left out in the cold.
  역시 따돌림 당하는 사람은 조금 성격이 특이한 사람이겠지.

  Walt's out of the picture. He's left out in the cold.
  월트는 관련이 없어. 그는 제외되었어.

> ■ leave sb out in the cold는 '…를 따돌리다' '…를 끼워주지않다' 라는 표현으로 leave sb cold라고 해도 된다.

I was knocked out cold.
난 완전히 나가 떨어졌어.

- The second time I went up, he was out cold, so I called 911.
  내가 두 번째 일어났을 때 걔가 정신을 잃었어. 그래서 911을 호출했지.

  As soon as she's out cold, they carry her into the bedroom.
  그녀가 정신을 잃자마자 개들은 그녀를 침실로 옮겼어.

> ■ out cold는 '무의식상태'를 의미한다.

MORE EXPRESSION

make a cold call 무작위로 전화하여 판매를 권유하다

Where does it come from? 왜 그런 말을 하는거야?

Work comes first.
일이 우선이다.

- You come first. 네가 더 중요해.

  My kids come first. 내 자식들 말고 또 누가 있담.

> ■ come first는 '…가 우선이다' 라는 뜻으로 주어에는 사람이나 사물 모두 올 수가 있다.

You had it coming!
네가 자초한거야!

- I didn't see it coming. 이럴 줄 몰랐어.
  You see that coming? 그럴 줄 알았어?

see that coming은 '그 럴 줄 알았다' 라는 표현이다. 한편 have sth coming (to you)는 '스스로 자초하다' 라는 뜻이다.

Where does it come from?
왜 그런 말을 하는 거야?

- Where are you coming from? 너 어떻게 된거야?
  I know where you're coming from. 난 네 출신을 알아.

come from은 '…출신이 다' 라는 표현으로 알고 있는데 미드의 세계에서는 '…에서 나오 다' 라는 뜻으로 상대방이 이상한 말을 할 때 왜 그렇게 말하는 거 야라고 물어볼 때 많이 사용한다.

Where does it come out?
이런 결과가 어떻게 나올까?

- That so did not come out right. 그건 그렇게 잘 되지 못했어.
  Feelings got to come out sometimes. 때때로 감정이 표출돼.

come out은 '결과가 나타 나다' 라는 뜻으로 come out all wrong은 '결과가 다 잘못되다' come out right은 '좋은 결과가 되다' 라는 의미가 된다.

Can you come over to my house?
우리집에 잠시 들릴래?

- Come over to my place[house]. 우리 집에 들러.
  She ever come over here and use your computer? 걔가 여기와서 네 컴퓨터를 쓴 적 있어?

come over는 단독으로 '잠시 들르다,' 혹은 다음에 들르 는 장소를 써서 '…에 들르다' 라 는 의미로 무척 많이 쓰이는 표현. 물론 come 단독으로도 '오다' 라 고 쓰이는 것은 당연지사.

Are you coming on to me?
지금 날 유혹하는 거예요?

- So you're coming on to me! 너 나한테 집적거리고 있잖아!
  I knew she was coming on to me. 걔가 날 유혹하고 있다는 걸 알고 있어.

come on to는 '…에게 추 근대다,' '…를 유혹하다' 라는 뜻 이다. 성적목적으로 혹은 그냥 연 인이 되려고….

He came down on the side of brotherly love.
걔는 형제애 쪽으로 결정을 내렸어.

- The Supreme Court has come down on the side of limiting free speech. 대법원은 언론의 자유를 제한하는 쪽으로 신중한 결정을 내렸어.
  Do you usually come down on the side of brotherly love? 넌 보통 형제애 쪽으로 결정을 내려?

come down on the side of는 '…의 편을 드는 결정 을 하다' 라는 표현이다. 특히 신중 한 검토를 한 이후에 하는 결정을 내린다라는 뜻으로 come down in favor of~라고 해도 된다.

C

놓치면 원통한 미드표현들

- **coincidence** 우연
  That was not a coincidence. 그건 우연이 아니었어.
  It may just be a coincidence. 우연일지도 몰라.
  Is it a coincidence that she sends this to me?
  걔가 이걸 내게 보내는게 우연이란 말이지?

- **be coincidental** 우연의
  Don't you think it's a little coincidental?
  좀 우연스럽다고 생각하지 않아?
  It's a little coincidental, but believable.
  좀 우연같지만 신빙성은 있어.

I will come down on you as hard as I can.
난 가능한 한 심하게 널 혼내줄거야.

- Hotch just said he got a complaint, and he didn't come down on you. 하치는 불평이 있다고 말했지만 너한테 심하게 쏘아붙이지는 않았어.

■■ come down on은 '심하게 혼내주다,' '심하게 쏘아붙이다' 라는 표현이다.

when it comes down to it
모든 것을 고려해볼 때

- When it comes down to it, things are really bad.
모든 점을 고려해볼 때, 상황은 정말 안좋아.
When it comes down to it, you'll have to tell her the truth.
결국, 넌 걔한테 진실을 말할거야.

■■ when it come (right) down to it은 '모든 점을 고려해 볼 때' 라는 의미로 '결국은' 이라는 표현이 된다.

What did you come up with?
무슨 좋은 방안 생각해냈어?

- Maybe they'll come up with something. 아마도 걔들이 뭔가를 생각해 낼거야.
What have you come up with so far? 여태까지 뭘 생각해 낸거야?

■■ come up with는 '…을 고안해내다,' '…을 생각해내다' 라는 뜻으로 뭔가 새로운 아이디어나 방안 등을 생각해내는 것을 말한다.

Come on, kid, take it easy.
이리와, 얘야, 걱정 마.

- Come on in. 어서 들어와.
Come on, give it to me. 그러지 말고, 그거 내게 줘.

■■ come on은 문맥에 따라 다양한 의미를 갖는데 '이리 와,' '말 좀 해봐,' '왜 그래' 등으로 쓰인다. 한편 come on in은 '…에 들어오다' 라는 의미.

Won't you come in?
안 들어올래?

- Did it come in yet? 그 정보[돈]가 입수되었니?
Do you want to come in for some coffee or something?
커피 등 뭔가를 먹으러 들리고 싶지 않니?

■■ come in은 '들어오다' 라는 단순한 뜻도 있으나 '(돈, 정보 등)을 받아보다' 라는 의미도 있다. 또한 come in for~하면 '…를 위해서 들리다' 라는 뜻. 참고로 come in on은 '…계획에 참여하다, 연루되다' 라는 뜻인데 주로 get in on의 형태로 쓰인다.

I'll come running back, okay?
내가 한걸음에 달려올게, 오케이?

- Ben didn't come running back to you. 벤은 너한테 한걸음에 달려오지 않았어.
You always come running to me to complain. 늘 내게 달려와 불평해.

■■ come running은 '한걸음에 달려오다' 라는 표현으로 급하게 오는 모습을 떠올리면 된다.

Come off it!
집어쳐!

- Come off it. This is not registered to him. 집어쳐! 이건 걔이름으로 등록안되어있어.
Come off it! You were hitting on him! 그만해! 넌 걔한테 집적되고 있었잖아!

■■ come off it!은 '집어쳐,' '건방떨지마' 라는 표현. 상대방 말이 어처구니없는 새빨간 거짓말이고 말하는 사람도 그것이 거짓임을 알고 있는 명백한 상황 하에서 듣는 사람이 네가 하는 말을 못 믿겠다며 던지는 말.

So I'm just going to come out and say it.
그래 내가 단도직입적으로 말할게.

- Let me just come out and say it. 내가 그냥 단도직입적으로 말하지.
OK Gina, just come right out and say it! 좋아, 지나, 직설적으로 말해봐.

■■ come right out and say it은 '단도직입적으로 말하다' 혹은 '직설적으로 말하다' 라는 의미.

Hold on, I'm coming.

잠깐만, 곧 갈게

- I'm coming! I'll meet you in the garage. 내려가요! 차고에서 봐요.
  I'm coming with you. 나도 너랑 같이 갈래.
  Don't shoot! I'm coming out. 쏘지마요. 나가요.

(I'm) Coming은 기다리는 상대방 쪽으로 (내려)가다라는 의미. '곧 가, 나갈게' 라고 해석해야 한다. 또한 come out은 밖으로 나오다, come home은 집에 오다, come with는 …와 함께 오다 라는 의미. 또한 You're coming?하면 너 올거니?라는 말.

Yes, yes, I'm coming.

그래요, 오르가즘을 느껴요.

- I can't remember my own name before I come.
  사정 전에 내 이름조차 기억못해.
  Rex cries after he ejaculates. 렉스는 사정 후에 울어.

come은 성적인 표현으로는 '오르가즘을 느끼다' 라는 의미. 비속어로 cum으로 쓰기도 하는 남성의 정액(semen) 혹은 사정하다(ejaculate)라는 뜻으로도 사용된다.

How's the packing coming along?

포장은 어떻게 되고 있니?

- Come along! 빨리! (서둘러)
  Anybody want to come along? 누구 같이 가고 싶은 사람?
  How is that little project coming along anyway?
  그 작은 프로젝트는 어쨌든 어떻게 되고 있어?

come along은 형태에 따라 다소 의미가 다를 수 있다. 예를 들어 진행형이면 '진행되다' 명령형이면 '서둘러' 서술문이나 의문문이면 '같이 가다' 라는 의미.

Our world is starting to come apart at the seams.

우리 세계는 붕괴하기 시작해.

- But why did the tire come apart in the first place?
  그런데 우선 왜 타이어가 떨어져나간거야?
  They didn't want to come apart. 걔들은 흩어지길 원치 않았어.

come apart는 '떨어져나가다,' '흩어지다,' '실패하다' 라는 뜻으로 come apart at the seams하면 '무너지다,' '감정이 폭발하다,' '결딴나다' 라는 의미가 된다. seams는 솔기로서 솔기부분에서 터져버렸다는 뉘앙스.

I came off second-best.

2등 했어.

- See, if anyone overheard that, I didn't come off well.
  봐, 만약 누군가 그걸 엿들었다면 난 잘 되지 못했을거야.
  I really come off that badly? 내가 정말 그렇게 엉망이었어?

come off well은 '잘 되어 가다,' '성공하다' 라는 뜻. 또한 come off just right은 '아주 잘 되다,' '성공하다' 라는 의미이고 반대로 come off bad하면 '실패하다' 라는 뜻이 된다.

I don't want to come off like a lonely loser.

외로운 찌질이로 보이고 싶지 않아.

- You think it makes you look cultured, but you just come off as bitter. 이것 때문에 네가 교양있게 보일 것으로 생각하지만 넌 그냥 불쾌한 인상을 풍겨.
  I come off as beautiful. Almost godlike. 난 아름답게 보였어. 마치 신과 같이.

come off as[like]는 '…라는 인상을 주다' 라는 뜻. 그래서 come off as bitter하면 '화난 사람처럼 보인다' 가 된다.

She has a college tour coming up.

조만간 걘 대학순방을 하게 될거야.

- My mother's birthday is coming up. I'm going to need you to pick up a present. 내 어머니 생일이 곧 다가와. 네가 선물을 골라줬으면 좋겠어.
  She'll come right up here and do one of two things.
  걔가 곧 이곳에 와서 둘 중 한 가지 일을 할거야.

be coming up은 '곧 일어나다,' '…가 곧 다가오다' 라는 뜻이다. 한편 come (right) up!하면 '음식이 바로 나온다!' 라는 뜻.

C

How did we come to that again?

우리가 어떻게 다시 그 지경이 된 거야?

- You think it could come to that? 그렇게 될거라 생각하니?
  I'm hoping it doesn't come to that. 상황이 그렇게 되지 않기를 희망하고 있어.
  Does it come to this? 이게 말이 되냐고?

███ come to sth은 항상 그런 것은 아니지만 '나쁜 상황에 이르다' 라는 뜻. 그래서 Why does it come to this?는 '어떻게 이 지경에 이르렀냐?' 라는 의미. 한편 come to+숫자는 '그 숫자에 다다르다' 라는 의미.

It comes as a bit of shocking.

정말 놀라운 일이야.

- That comes as quite a surprise. 상당히 놀라운 일이야.
  Her absence comes as surprise. 걔가 빠진 것은 놀라운 일이야.

███ come as a surprise [relief, blow]는 '놀라움[안도, 치명타]으로 받아들여지다' 라는 뜻이다.

We need to account for her comings and goings.

걔가 오고 가는 것에 대해 따져봐야 해.

- So I'm keeping a log of all his comings and goings.
  그래서 난 걔가 오고 가는 것을 기록하고 있어.
  My English comes and goes. 난 영어가 잘 되다가도 안돼.

███ comings and goings는 '오고감,' '드나듦' 이라는 관용어. 한편 come and go는 '오고가다,' '잘되다 안되다하다' 라는 의미.

I will come at you with everything I've got.

내 모든 것을 가지고 너한테 덤빌 거야.

- I don't know how they're gonna come at me.
  걔들이 나한테 어떻게 달려들지 모르겠어.
  I hit Sam when he came at me. 난 샘이 날 공격할 때 걜 쳤어.

███ come at sb는 '…에게 달려들다,' '…에게 덤벼들다' 라는 뜻으로 다소 공격적인 의미.

How come the shirt's not torn?

그 셔츠가 왜 찢어지지 않았지?

- How come nobody told me? 어째서 아무도 나한테 말을 하지 않았을까?
  How come we've never met her? 어째서 우리가 걔를 한 번도 보지 못했을까?

███ How come?은 '어째서?,' '왜?' 라는 뜻이며 How come S+V?하면 '어째서 …해?' 라는 표현.

놓치면 원통한 미드표현들

- **clam up** 갑자기 말을 멈추다 a clam 입을 꽉 다물고 있는 사람, 말없는 사람
  She clammed up. 그 여자는 입을 꾹 다물고 있었어.
  You sorta clammed up. What was that about? 너 입을 다물었어. 왜 그랬는데?

- **as happy as a clam** 기꺼이, 아주 기쁘게
  But then he came back happy as a clam.
  그런데 걔는 아주 기쁘게 돌아왔어.

- **click** 갑자기 이해하다 click with 서로 마음이 맞다
  We just clicked. 우리 그냥 마음이 맞았어.
  The joke finally clicked with us.
  우린 마침내 그 농담을 알아들었어.

- **be clogged** 막히다 get clogged up 막히게 되다
  My toilet's clogged. I thought maybe you could fix it.
  화장실이 막혔어. 아마도 내가 고칠 수 있을 걸로 생각했어.

Come to think of it, I don't need it anymore.

생각해보니 난 그게 더 이상 필요치 않아.

- It's a bit troubling, come to think of it. 생각해보니, 그건 좀 부담스러워.
  Come to think of it, they took off in another direction.
  생각해보니 걔들이 다른 방향으로 갔어.

■ come to think of it은 '생각해보니까 말이야,' '말이 나왔으니 말인데' 라는 의미의 표현이다.

Coming through, please.

좀 지나갈게요.

- Coming through. Out of my way! Handicapped.
  좀 지나갑시다. 비키세요. 장애자에요.
  Who did he think was coming through the door?
  걘 누가 문으로 들어왔다고 생각해?

■ Coming through는 '···를 지나갈게요'라는 뜻이다. 원래의 come through는 '···을 통해 들어오다'라는 의미.

I'm coming down with a cold.

감기 기운이 있어요.

- He's come down with the measles. 걔는 홍역에 걸렸어.
  I think I might be coming down with something.
  아무래도 내가 뭔가에 걸린 것 같아.

■ come down with는 '···에 걸리다,' '···에 감염되다' 라는 뜻으로 주로 병에 걸린 경우에 사용된다.

Now the filet mignon, what comes with that?

필레 미뇽에 뭐가 함께 나와요?

- It comes with snacks. 스낵과 함께 나올거야.
  What comes with the lunch special? 점심 스페셜에는 뭐가 딸려나오나요?

■ What comes with~?는 '···에는 뭐가 함께 나오나요?' 라는 뜻으로 음식이나 제품을 살 때 뭐가 같이 달려나오는지 물어볼 때 사용한다.

Something's coming up.

갑자기 일이 생겼어.

- Is there something up? 무슨 일 생겼어?
  I'll talk later. Yeah, something's come up. 나중에 말하자. 그래, 일이 생겼어.

■ come up은 어떤 예상치 못한 '···일이 생기다' 라는 뜻으로 특히 예정된 약속 등을 지키지 못할 때 사용한다.

There never comes a time when things get so tough.

일이 이렇게 어려워진 때는 결코 없었어.

- There comes a time when you take that next important step.
  네가 그 중요한 다음 조치를 취해야 하는 때도 있는 거야.

■ There comes a time[a point]~은 '···한 때도 있다' 라는 뜻이다.

She's an up-and-coming interior designer.

걔는 전도유망한 실내디자이너야.

- It's really an up-and-coming area. 이건 정말 전도유망한 분야야.

■ be up-and-coming~은 '전도유망한 ···이다' 라는 뜻이다.

Give them what's coming to them.

걔들에게 당연한 벌을 주라고.

- The fired worker will take what's coming to him.
  소방관은 당연히 벌을 받을거야.
  You'll get what's coming to you in court. 법정에서 당연히 받을 벌을 받을거야.

■ get what's coming to sb는 '당연한 벌을 받다' 라는 뜻으로 get 대신 take를 써도 된다.

I'll come to that.
나중에 얘기할게.

- It has come to my attention that some of our brothers and sisters have lost their faith in god.
  일부 형제, 자매들이 하나님에 대한 믿음을 잃었다는 사실을 난 알게 되었어.

  I'm glad you asked. I'll come to that soon.
  물어봤어 기뻐. 곧 얘기할게.

■ I'll come to that은 대화 도중에 '그 점에 대해 나중에 다시 말할게' 라는 표현. 또한 come to one's attention하면 '···의 주의를 끌다,' '···를 알게 되다' 라는 의미가 된다.

MORE EXPRESSION

When it comes to ···에 대해 말하자면
Come and get it. 자 밥먹게 와라.
have[be] yet to come 곧 일어날거다

» commit

We made a commitment to each other. 우린 서로 헌신하기로 약속했어.

He has not committed a crime.
걔는 범죄를 저지르지 않았어.

- You commit a crime, you pay the price. 범죄를 저지르면 대가를 치러야해.

  He was in prison for one year for the crime he didn't commit.
  걔는 자신이 저지르지 않은 범죄로 1년간 징역 살았어.

■ commit a crime은 '범죄를 저지르다' 라는 뜻으로 commit a murder는 '살인을 저지르다' commit a rape하면 '강간하다' commit adultery는 '간통하다' commit a suicide하면 '자살하다' 가 된다.

I committed myself voluntarily.
난 자발적으로 참여했어.

- Don't commit yourself to it. 그것에 너무 몰두하지마.

  Look, when I committed myself to you I meant it.
  이봐, 내가 너한테 헌신한다고 할 때는 진심이었어.

■ commit oneself to는 '···에 약속하다,' '···을 떠맡다,' '몰두하다,' '전념하다' '헌신하다' 라는 의미.

You're really committed to making this family work.
넌 정말 이 가정을 제대로 만들려고 전념하고 있어.

- He was committed to Amy the whole time.
  걘 모든 시간을 에이미에게 바쳤어.

  We made a commitment to each other. 우린 서로 헌신하기로 약속했어.

■ be committed to+ N[~ing]는 '···하는 데 전념하다' 라는 뜻. 한편 be committed to 다음에 감옥이나 정신병원 등이 나오면 '···에 수용되다' 라는 의미가 되고, make a commitment to~하게 되면 '···에 헌신하다,' '···에 대해 전념하다' 라는 의미가 된다.

» company

Please keep me company. 말동무해주라.

We enjoyed your company.
같이 있어서 즐거웠어요.

- I'll enjoy your company there. 거기서 같이 있는 걸 즐길거예요.

  Wendy enjoys her nephew's company. 웬디는 사촌이 함께 있어 즐거워.

■ enjoy one's company 는 '···와의 동행(같이 있음)을 즐기다' 라는 뜻. It was fun having you가 좀 더 캐주얼한 표현.

I have company.
일행이 있어요.

- I resent you saying we don't have company.
  우리가 일행이 없다고 네가 말하면 화낼 거야.

  In a minute, Sweetheart. We have company right now.
  조금 있다가요, 자기야. 지금은 일행이 있어.

■■ have company는 '일행이 있다' 라는 의미로 company 앞에 관사가 없음을 주목한다.

Please keep me company.
말[길]동무 해주세요.

- Would you keep me company? 나하고 같이 이야기하면서 있을래?
  I said it would be all right if you keep me company.
  네가 나랑 말동무 해주면 좋겠다라고 말했어.

■■ keep sb company는 '…와 말동무하다' 라는 뜻이 된다. 혼자있기가 무섭거나 혹은 이를 빙자하여 건수올릴려고 할 때 사용할 수 있다.

C

I'm expecting company.
더 올 사람 있어.

- I didn't expect company today. 오늘 같이 올 사람은 없었어.
  I'm expecting company. Now's not a good time.
  누가 오기로 되어 있어. 지금은 좋은 시간은 아냐.

■■ expect company는 '더 올 사람이 있다' 라는 뜻으로 I'm expecting somebody하면 '누가 오기로 되어 있어' 라는 표현.

At least I'll be in good company.
적어도 난 다른 사람들과 마찬가지일거야.

- There's nothing to be ashamed of. They'll be in good company.
  창피할 것이 전혀 없어. 다른 사람들도 마찬가지야.

  I was in good company with the other fellows.
  난 동료 친구들과 잘 지내고 있어.

■■ be in good company는 '다른 사람들과 마찬가지이다' 라는 뜻. 내가 실수를 해도 다른 잘난 사람들도 하기 때문에 걱정할 필요가 없다라는 뉘앙스. 한편 문자 대로 '좋은 친구들과 사귀다' 라는 뜻으로도 쓰인다.

MORE EXPRESSION

Two's company, three's a crowd.
둘이면 친구, 셋이면 남이야.

» complain

 What's your complaint? 어디가 아프세요?

(I) Can't complain.
잘 지내.

- Not bad, can't complain. You? 좋아. 잘 지내지 뭐. 넌?
  A: How're things going with you? B: Can't complain. A: 어때? B: 잘지내.

■■ can't complain은 '불만 없어,' '더 바랄 나위가 없어' 라는 뜻으로 상대방의 안부인사에 좋다고 답하는 표현.

(I have) Nothing to complain about.
불만가질게 없어.

- Don't complain about it. 그것에 대해 불만갖지마.
  You always find something to complain about. 넌 늘 불만거리를 만들더라.

■■ complain about[of]는 '…에 대해 불만이 있다' 라는 뜻으로 I'd like to complain about~하면 '…에 대해 항의 좀 해야겠어요' 라는 표현이 된다.

She has no complaints about you?
개가 너한테 불만이 없다고?

- Hey, keep it down in here! We got a noise complaint.
  야, 좀 조용히 해라! 시끄럽다고 불만이 들어왔잖아.

  I'm sick of it. I'm making an official complaint. 짜증나. 공식으로 고소할거야.

That's okay. A complaint has been filed.
좋아. 고소가 들어왔어.

- Domestic abuse complaint filed by his ex-wife is dropped.
  전처가 고소한 가정폭력건은 기각되었어.

  The district attorney has lodged a complaint against you.
  지방검사(DA)가 자네에 대한 고소장을 제출했네.

That's your complaint? You major symptom?
거기가 아파? 주요 증상은 뭔데?

- A: What's your complaint? B: I want Carson back.
  A: 무슨 일이야? B: 칼슨을 다시 원해.

  What's your complaint? Are you unhappy? 무슨 일이야? 기분이 안좋아?

■■ have no complaints는 '불만을 하지 않다' 라는 뜻이며 반면 make a complaint는 '불만을 제기하다' 라는 의미가 된다.

■■ file[submit] a complaint 는 법적으로 '고소하다' 라는 의미이고, lodge a complaint against도 '…에 대해 고소하다' 라는 법적인 표현이다.

■■ What's your complaint? 는 병원에서는 '어디가 아프십니까?' 일반적으로는 '무슨 일이야?' 라는 의미.

MORE EXPRESSION

I don't mean to complain, but~ 불평하려는 것은 아니지만…

» con

You've got conned. 넌 사기를 당했어.

Tim conned the guy out of 10 grand.
팀은 걔한테 1만 불을 사기쳤어.

- Eh, you conned the con man. 어, 네가 사기꾼한테 사기를 쳤구나.

  What did you want me to do? You conned me.
  내가 뭘 하길 원했니? 나한테 사기 쳤잖아.

You've got conned.
넌 사기를 당했어.

- Do you think you're the first person that ever got conned?
  네가 사기당한 첫 번째 사람이라고 생각하니?

  We've been conned. 우린 사기를 당했어.

He conned me into doing the shooting.
걔는 나를 사기쳐서 총을 쏘도록 했어.

- How did I get conned into this? 어떻게 내가 이거에 말려들었을까?

  She conned me into believing she loved me.
  걔는 자기가 날 사랑한다고 믿도록 속였어.

■■ con sb는 '…에게 사기를 치다' 라는 뜻으로 con sb out of sth은 '사기 쳐서 돈을 뺏다' 라는 표현.

■■ be[get] conned는 '사기를 당하다' 라는 의미가 된다.

■■ con sb into ~ing '사기쳐서 …하도록 설득하다' 라는 표현이다. 수동형인 get conned into ~ing도 함께 알아둔다.

180

He must have conned his way in.

개는 속여서 안으로 들어왔음에 틀림이 없어.

- You conned your way into coming on this trip with me.
  네가 꼼수를 써서 내가 이 여행을 같이 하게 되었어.

  I conned my way in here, all to see you. 널 보려고 온갖 꼼수를 쓰며 온거잖아.

■■■ con one's way in[into]
는 '속여서 …로 오다,' '속여서
…하다' 라는 의미이다.

He works at a garage with a bunch of ex-cons.

개는 일단의 전과자들과 같이 차고에서 일해.

- His ex-con buddies were always at the shop.
  개의 전과자 친구들이 항상 가게에서 진을 치고 있었어.

  My ex-boyfriend was a real con artist. 내 전 남친은 정말로 사기꾼이었어.

■■■ con은 명사로 '사기' 또는
'죄수' 라는 의미가 된다. 따라서
con artist는 '사기꾼' ex-con은
'전과자' 가 된다. 물론 con man
은 사기꾼.

To that end, I have made a list of pros and cons.

그럴 목적으로 난 찬반양론의 목록을 만들어 보았어.

- I merely pointed out the pros and cons. 난 단지 장단점을 지적했었어.

■■■ pros and cons (of~ing)
는 '…하는 것의 찬반양론' 이라는
의미로 weigh the pros and
cons하면 '이해득실을 따져보다,'
'장단점을 비교하다' 라는 표현.

» connect

I see you have connections. 너 뭐 믿는 구석이 있구나.

I really feel connected to him.

난 개하고 정말 잘 통해.

- The sex is just a way for them to feel connected again.
  개들에게 섹스는 단지 다시 소통하는 한 방식이야.

  The new girl never felt connected to her classmates.
  새로운 여학생은 반학생들과 전혀 맞지가 않았어.

■■■ feel connected는 '…와
잘 맞다,' '잘 통하다' 라는 뜻으로
친구사이에도 쓸 수 있는 표현.

How is this connected with your investigation?

이것이 네 수사랑 어떻게 연관이 있니?

- So the killer and this victim were connected.
  그래서 살인자와 이 희생자가 연관이 되어 있었어.

  How could they possibly be connected? 개들이 어떻게 서로 연관이 있을 수 있어?

  Her cell phone's disconnected. 개 휴대폰이 끊어졌어.

■■■ be connected with는
'…와 연결되다' 라는 뜻으로
connect A with B면 'A를 B면
연결하다' 라는 의미가 된다. 또한
get disconnected는 '전화가 끊
기다' 라는 뜻으로 have a bad
connection하면 '전화연결 상태
가 좋지 않다' 라는 의미.

What's your connection to Lake?

너와 레이크는 무슨 관계니?

- There's no connection between porn and rape.
  포르노와 강간사이에는 연관이 없어.

  She's got no connection to NCIS. 개는 NCIS와 아무런 연관이 없어.

■■■ There is a connection
은 '…관계가 있다' 라는 뜻이며
establish[make] connection하
면 '관계를 만들다' 라는 의미이다.

MORE EXPRESSION

connections 빽, 연줄, 연고
well-connected 연줄이 있는

Consider it done. 그렇게 해, 조치할게

All things considered, it's actually great news.
결국 그건 실제로 엄청난 뉴스야.

- You're in the best place you could be, all things considered.
  모든 걸 감안할 때 넌 가능한 최상의 위치에 있는거야.

  You know, all things considered I think I raised a pretty good kid.
  있잖아, 결국 난 애를 너무 잘 키웠다고 생각해.

■ all things considered는 '결국,' '모든 것을 감안할 때' 라는 의미이다.

You don't have to explain. Consider it done.
설명할 필요 없어. 그렇게 할게.

- A: That would be great, thanks. B: Consider it done.
  A: 그럼 최고지, 고마워. B: 당연히 조치할게.

  Consider it done. I'll get on it right away. 그렇게 할게. 당장 시작할게.

■ consider it done은 '된 걸로 생각해,' '조치할게,' '당연해' 라는 뜻이다.

Oh, that is interesting, considering the fact.
그 사실을 감안할 때 흥미롭네.

- That's not bad, considering. 그런대로 그리 나쁘지 않아.
  We're considering every scenario. 우린 모든 가능성을 고려하고 있어.
  I'm considering it. 그럴까 고려하고 있어. .

■ considering~은 '…을 감안하면' 이라는 뜻. considering이 단독으로도 사용되는데, 이 경우에는 '그런대로' 라는 의미를 갖는다. 또한 be considering sth은 …을 고려중이다.

He has a strong constitution. 걘 체질이 강해.

I waive my constitutional right.
난 헌법상의 권리를 포기했어.

- Okay, so how many amendments to the Constitution?
  오케이, 수정헌법이 몇 개나 있어?

  We're simply exercising our constitutional right.
  우린 단지 헌법상의 권리를 행사하는거야.

■ Constitution은 '헌법' 이다. constitutional right는 '헌법상의 권리' 가 된다.

He has a strong constitution.
그 사람은 체질이 강해.

- He has a strong enough constitution to fight the cancer.
  걔는 암과 투병할 만큼 체질이 강해.

  He does not have the constitution to survive in prison.
  걔는 감옥에서 생존할 만큼 강한 체질을 가지고 있지 못해.

■ have a strong[weak] constitution은 체질이 건강하다, 건강하지 못하다라는 의미로 여기서 constitution은 '체질' 을 뜻한다.

You realize this constitutes hugging?

넌 이게 포옹이 된다는 것을 깨닫고 있니?

- Many persons have the wrong idea of what constitutes true happiness. 많은 사람들은 참된 행복의 구성요소에 대해 잘못된 생각을 가지고 있어.

Just wondering if offering to take you to a bedroom constitutes sexual harassment.
널 침대로 데려가겠다고 제안하면 성희롱이 되는지 그냥 궁금해.

constitute는 좀 어려워 보이지만 뜻은 단순해서 '…되는 것으로 여겨지다,' '…이 되다' 라는 의미이며, 또한 일반적 의미인 '…를 구성하다,' '단체를 설립하다' 라는 뜻도 가진다.

MORE EXPRESSION

constitutional right 법적권한

» contempt

You'll be in contempt of court. 법정모독죄에 처하게 될거야.

The court will hold you in contempt.

당신을 법정 모독죄로 구속하겠습니다.

- Your refusal constitutes contempt of court.
당신이 거부하면 법정모독죄가 되요.

Answer, or you'll be in contempt of court.
답하세요, 아니면 법정모독죄에 처하게 될 겁니다.

hold sb in contempt of court는 '법정모독죄로 구속하다' 라는 의미.

Oh, yeah. It's beyond contemptible.

오, 그래. 그건 경멸할 가치도 없어.

- Telling the nurse that you're his daughter. That's beyond contemptible. 간호사에게 네가 개의 딸이라고 말한다면 그건 경멸할 가치도 없는거야.

Her drunken behavior is beyond contemptible.
개의 만취행동은 경멸할 가치도 없어.

contemptible은 '경멸을 받을 만한' 이라는 뜻. beyond contemptible은 '경멸할 가치도 없는' 이라는 표현이 된다.

» convict

You're dating a convict? 재소자하고 사귄다고?

They still convicted him for killing Liz.

그들은 리즈를 살해한 혐의로 개한테 여전히 유죄판결을 내렸어.

- If you go to trial and get convicted, you're looking at 15 years in prison. 네가 재판해서 유죄판결을 받으면 15년 징역을 받게 될거야.

The jury has plenty of evidence to convict Mike.
배심원은 마이크에게 유죄판결을 내릴 많은 증거를 가지고 있어.

convict sb of[on]~는 '…에게 유죄판결을 내리다' 라는 뜻이다. 한편 get convicted면 '유죄판결을 받다.'

How many other defendants have you falsely convicted?

넌 몇 명의 피고들에게 억울하게 유죄판결을 내렸니?

- You wrongfully convicted Monna of murdering her daughter.
  넌 모나가 딸을 살해한 혐의로 잘못된 유죄판결을 내렸어.

  The prisoner was finally released after being falsely convicted.
  죄수는 억울하게 기소된 후에 마침내 풀려났어.

■■ falsely convict는 '유죄판결을 잘못 내리다' 라는 뜻으로 wrongfully convict도 같은 의미이다.

Your father is a convicted murderer.

네 아버지는 유죄판결을 받은 살인자야.

- You're dating a convict? Does it come to this?
  네가 재소자하고 사귄다고? 이게 말이 되니?

  I'm a convicted felon still on probation.
  난 유죄판결을 받는 중범죄자로 가석방중이야.

■■ convict는 명사로 '기소자,' '재소자' 라는 뜻. convicted criminal은 '유죄 선고받은 범죄자' convicted prisoner하면 '기결수' 라는 의미가 된다. 참고로 전과자는 ex-convict라 한다.

He'll use that to appeal his conviction.

걔는 그걸 이용해서 유죄평결에 항소할거야.

- I'm an ethical man. A man of conviction. 난 윤리적이고 신념에 찬 사람이지.
  I have great respect for her conviction. 걔의 신념에 큰 존경심을 가지고 있어.

■■ conviction은 '신념' 이라는 뜻과 함께 '유죄의 판결' 이라는 의미를 다 갖고 있어 문맥에 따라 잘 이해해야 한다.

» cook

The evidence was cooked. 증거가 조작되었어.

Come on. Let's see what's cooking.

이봐. 무슨 일인지 알아보자.

- I think that somebody was cooking something here, and it wasn't food. 누군가 여기서 뭔가를 꾸미고 있었다고 생각돼. 음식 말고 말이야.
  Hey sweetheart, what's cooking? 자기야, 무슨 일이야?

■■ What's cooking?은 '무슨 일이야?' 라는 뜻으로 현재의 상황이나 안부를 묻는 표현이다. get sth cooking은 '비밀리에 …을 계획하다' 라는 의미이다.

The evidence was cooked.

증거가 조작되었어.

- You cooked the intelligence. 넌 정보를 조작했어.
  Max got three years for cooking the books.
  맥스는 3년 동안이나 장부를 조작했어.

■■ cook sth은 '…를 조작하다' 라는 뜻으로 cook the books하면 '장부를 조작하다' 라는 의미이다.

You cooked up this phony kidnap scheme.

네가 이 사기 납치극을 꾸몄어.

- This lie you and your friends cooked up, it's a bad one.
  너와 네 친구들이 조작한 이 거짓은 정말 나쁜 거야.

  It's all been cooked up, so I doubt we'll get any DNA.
  그거 모두 조작되었어. 그래서 DNA를 추출하기 어려울 것 같아.

■■ cook up은 '요리를 빨리 준비하다' 라는 뜻과 함께 어떤 변명, 이유, 계획 등을 '조작하다' 라는 뜻으로도 쓰인다.

MORE EXPRESSION

Too many cooks spoil the broth. 사람들이 넘 많으면 일을 그르친다.

Play it cool. 침착하게 행동해.

Be cool.
진정해라.

- You just gotta be cool. 넌 좀 진정해야해.
  All right, let's just be cool. 좋아, 좀 가라앉히자.
  That's cool. You keep that. 아, 멋있다. 계속해.

■ be cool은 '진정하다' 그리고 '멋지다,' '잘 지내다' 라는 의미로 많이 쓰인다.

I'm cool with that.
난 괜찮아.

- It's cool with me. 난 상관없어.
  He's not cool with me moving in. 걔는 내가 이사 들어오는 걸 싫어해.
  I'm cool with your old boyfriend sleeping in your apartment.
  네 옛 남친이 네 아파트에서 자는거 난 상관없어.

■ sth be cool with sb[sth] 는 '…에 동의하다' 또는 '…가 괜찮다' 라는 뜻이다. 응용하여 be cool with sb ~ing하면 sb가 … 하는 것에 찬성하다라는 의미.

(Have you been) Keeping cool?
잘 지냈어?

- Don't get too worked up, stay calm, stay cool. 흥분하지말고 진정해.
  All right! Everybody, keep cool, all right? 좋아! 모두들 차분해. 알았어?

■ keep cool은 '진정하다,' '평정을 유지하다' 라는 뜻이며 Stay cool!하면 '잘 지내!,' '진정해!' 라는 표현이 된다.

Let things cool down.
소동이 제풀에 식도록 내버려 둬요.

- You need to cool down, and get me bagel chips. 진정하고 베이글칩 가져와.
  I just thought I'd give you that time to cool down.
  난 너한테 진정할 시간을 준 걸로 생각했어.

■ cool down은 '진정하다' 라는 뜻.

She's mad, but she'll cool off.
걔는 미쳤지만 곧 가라앉을거야.

- Look, maybe we should just cool it for a while. 잠시 좀 진정하자고.
  Good point, how you gonna cool it? 좋은 지적야, 넌 어떻게 진정할건데?

■ cool it 역시 '진정해,' '침착해' 라는 뜻. cool off도 식히다 라는 뉘앙스를 가지고 있어 '진정하다' 라는 의미로 사용된다.

Play it cool.
침착하게 굴어.

- I was dying to ask. I was just trying to play it cool.
  물어보고 싶어 간질간질 했지만, 난 침착하게 행동했지.
  Just play it cool and everything will be OK. 침착히 행동하면 다 잘될거야.

■ play it cool은 '침착하게 굴다' 라는 뜻이다.

He lost his cool.
그는 냉정을 잃었어.

- Sorry. I lost my cool. 미안해. 난 냉정을 잃었어.
  I'm sorry I lost my cool. But you handled that perfectly.
  흥분해서 미안하지만 넌 그걸 완벽하게 해냈어.

■ lose one's cool은 '냉정을 잃다,' '흥분해서 화를 내다' 라는 뜻이다. keep one's cool은 '냉정함을 유지하다' 라는 의미.

MORE EXPRESSION

a cool million[hundred, thousand] 많은 양의 돈

I thought you flew the coop. 난 너도 도망갔다고 생각했어.

Five days cooped up with the family felt like death.
가족하고 5일간 틀어박혀 있는 건 마치 죽음과 같아.

* I just hated being cooped up in an office building all day.
  난 하루 종일 사무실에 갇혀 있는 것은 딱 질색이야.

  I'm cooped up with a crazy woman.
  난 한 미친여자에게 꼼짝못하게 잡혔어.

▬▬ be cooped up은 '틀어박히다,' '좁은 곳에 갇히다,' '두문분출하다' 라는 뜻이다. 여기서 coop은 '닭장' 또는 비유적으로 '교도소'를 의미한다.

Don't be a chicken. Fly the coop.
겁쟁이가 되지마. 튀어 버려.

* I think the Chicken Pinciotti wants to fly the coop.
  '겁쟁이' 핀치오티는 달아나고 싶은 것 같아.

  I thought you'd flown the coop as well. 난 너도 달아났다고 생각했어.

▬▬ fly the coop은 '달아나다,' '도망치다,' '탈옥하다' 혹은 있기가 좀 그런데서 슬그머니 '살짝 빠져나오다' 라는 뜻으로 사용된다.

I already copped to it. 나 이미 인정했어.

I wanted to call the cops.
난 경찰을 부르고 싶었어.

* There are no cops here, Simon. We're alone.
  사이먼, 여긴 경찰이 없어. 우리뿐이야.

  He copped a murder, and you placed him under arrest.
  걔는 살인범을 잡았고, 그리고 넌 걔를 체포했지.

▬▬ cop은 '경찰' 이라는 뜻으로 동사로 '범인을 체포하다' 라는 의미로도 쓰인다.

You ready to play bad cop?
협박을 할 준비가 되었니?

* I was thinking maybe we'd work a little "good cop, bad cop."
  우린 약간은 '회유와 협박' 작전을 써야 할 것으로 생각했어.

  I hope this good cop, bad cop routine works.
  '회유와 협박' 방식이 통할 것으로 기대해.

▬▬ play good[bad] cop은 '회유와 협박을 하다' 라는 뜻으로서 선한역[악역]을 담당하다라는 배경에서 나온 표현이다.

Look, I already copped to it.
이봐, 난 이미 그걸 인정했어.

* He was a scumbag. He copped to another murder.
  그놈은 인간쓰레기야. 또 다른 살인사건에 대해 인정했어.

  The thief copped to stealing the jewelry. 도둑은 보석을 훔쳤다고 인정했어.

▬▬ cop to는 '…을 인정하다' 라는 뜻으로 악행이나 잘못 등을 인정한다는 의미.

Nash copped a plea and testified against him.

내쉬는 중죄를 피하려고 가벼운 죄를 자백하면서 걔한테 불리하게 증언했어.

- Did you hear the dad copped a plea on the murder?
  아버지가 살인사건과 관련해서 중죄를 피하려고 가벼운 죄를 자백한 사실을 들었니?

  This is your chance to cop a plea. 형량을 낮출 수 있는 기회야.

■■■ cop a plea는 '중죄를 피하려고 가벼운 죄를 자백하다' 라는 의미.

It seemed like he wanted me to do it. That's a cop-out.

걔는 내가 그걸 하길 원하는 것 같았어. 그건 발뺌하거지.

- That is the lamest, most pathetic cop-out in the book.
  이건 가장 설득력이 없고 가장 한심한 변명이야.

  That excuse is just a cop-out. 그 변명은 발뺌하는 거에 불과해.

■■■ cop out은 '해야 할 일을 하지 않다,' '발뺌하다' 라는 뜻으로 cop-out하면 '변명' 또는 '해명' 이라는 의미가 된다.

MORE EXPRESSION

It's a fair cop. 잘못한 것을 인정하다.
cop off 놀아나다
cop a feel 상대방의 몸을 더듬다

C

» corner

 We'll have to cut corners. 경비를 절감해야 될거야.

It's just around the corner.

코앞에 다가왔어요.

- It's around the corner to your right. 오른 쪽 모퉁이를 돌면 바로 있어.
  It's around the corner, near the mosque. 모퉁이 돌아 회교사원 옆에 있어.

■■■ be around the corner는 '바로 앞에 있다' 라는 의미의 표현이다. 앞에 있는 코너를 돌면 바로 거기에 있다더라는 뜻. 비유적으로 '…가 임박했다' 라는 뜻으로도 쓰인다.

We'll have to cut corners.

경비를 절감하야겠어.

- We won't cut corners just to save money.
  단지 돈을 절약하기 위해 편법을 쓰지는 않을거야.

  Let's face it. You do cut corners. 현실을 직면해야해. 넌 비용을 줄여.

■■■ cut corners는 '비용을 줄이다[절감하다] 라는 뜻도 있지만 '일을 쉽게 하기 위해 편법[요령]을 쓰다' 라는 의미도 있다. 한편 cut a corner는 '지름길을 달리다' 라는 의미가 된다.

Tim is watching them out of the corner of his eye.

팀은 걔들을 곁눈질로 쳐다보고 있어.

- Marissa looks at Seth out of the corner of her eye.
  마리사는 세스를 힐끗 쳐다봐.

  I only watched that show out of the corner of my eye.
  난 곁눈질로 그 쇼를 대충 보았어.

■■■ out of the corner of one's eye는 '곁눈질로,' '힐끗하여' 라는 뜻.

"Sorry" don't suit me. You cornered me.

미안해 가지고 안 되지. 넌 날 궁지에 몰았어.

- Then dragged her in here and cornered her like an animal.
  그리고 그 여자를 여기로 끌고 와서 마치 짐승처럼 궁지에 몰았지.

  Did anyone put her in a corner? 누군가 걔를 궁지에 몰아넣었니?

■■■ corner sb는 '…를 궁지에 몰다' 라는 뜻이고, put~ in a corner하면 '누구를 혼내주다' 라는 표현이 된다.

MORE EXPRESSION

turn the corner 고비를 넘기다
corner the market 매점하다

187

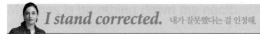

I stand corrected. 내가 잘못했다는 걸 인정해.

I stand corrected.

내가 잘못했다는 거 인정해.

- I stand corrected. That's absolutely worse than not trying.
  잘못을 인정해. 그건 시도하지 않은 것보다 훨씬 나빠.
  I stand corrected. I always get that wrong. 잘못을 인정해. 난 항상 틀려.

> ■ stand corrected는 '자기가 잘못한 것을 인정하다' 라는 뜻.

Rory, correct me if I'm wrong.

로리, 내가 틀렸거든 말해보렴.

- And correct me if I'm wrong. I've always treated you fair.
  내가 틀렸으면 말해줘. 난 항상 널 공정하게 대했잖아.
  Correct me if I'm wrong, but we've met before.
  내가 틀리면 말해봐, 하지만 우리 전에 만난 적 있잖아.

> ■ correct me if I'm wrong 는 '내가 틀렸으면 얘기해봐' 라는 의미.

You're a corrections officer?

교도관이세요?

- I'll see if I can convince the corrections commissioner.
  교도소장을 설득할 수 있는지 알아볼게요.
  What did you have against this corrections officer?
  이 교도관에 대항해서 할 수 있는게 뭐였어?

> ■ corrections officer는 '교도관' 즉, correction facilities 즉 교도시설에서 일하는 직원이고 corrections commissioner는 '교도소장'으로서 교도시설의 책임자를 뜻한다.

I'm an old fart. Correction: A hot old fart.

난 늙은 멍청이야. 정정할게, 섹시한 늙은 멍청이.

- Just talk about his big cock. Correction, his big, beautiful cock.
  걔의 큰 성기에 대해 말해보자. 정정할게, 걔의 크고도 아름다운 성기.
  No, no. Correction, correction. I think about us all the time.
  아냐, 정정할게. 난 항상 우리에 대해 생각해.

> ■ correction은 '정정할게' 라는 뜻으로 자기가 방금 전에 한 말을 바꾸면서 사용하는 표현이다.

놓치면 원통한 미드표현들

- **be on cloud nine** 행복한
  They are on cloud nine over there.
  걔들은 거기서 무척 행복해.

- **every cloud has a silver lining** 괴로움이 있으면 즐거움도 있다
  It'll be all right. Every cloud has a silver lining. 괜찮을거야. 모든 괴로움에는 즐거움도 있어.

- **sugar-coat** 듣기 좋게 꾸며 말하다, 사탕발림을 하다
  Can't you sugar coat it a little?
  약간 듣기 좋게 꾸밀 수는 없니?

Not gonna sugar coat this, Tandi.
난 이걸 보기 좋게 꾸미지는 않을거야, 탠디.

- **be consistent with** …와 일치[부합]하다
  Injuries are consistent with an accident.
  부상은 사고와 일치해.
  She has no injuries consistent with a car accident.
  걔는 차사고와 부합되는 상처가 없어.
  None of that is consistent with the M.O.'s of the other robberies.
  그것중 어느 것도 다른 철도범죄방식과 일치하는게 없어.

I'm sure it cost a fortune. 돈이 많이 들어갔게 확실해.

That cost an arm and a leg.

돈이 상당히 들어.

- Is it gonna cost me an arm and a leg? 그거 엄청나게 비싼거야?
  Lily, you have to tell him. That dress cost a fortune.
  릴리, 걔한테 말해야만해. 그 옷은 너무 비싸.

It cost me pretty penny.

적지 않은 대가를 치렀어.

- That cost a pretty penny. 그건 적지 않은 대가를 치룬 거야.
  That must have cost your wife a pretty penny.
  그것 때문에 네 부인이 적지 않은 대가를 치렀어야만 했을거야.

It'll cost you your faith.

네 신앙을 잃게 될거야.

- I'm well aware that it may cost your son his life.
  난 니 아들이 목숨을 잃을 수도 있다는 것을 잘 알고 있어.
  That was a lie that cost me valuable clients.
  내게서 많은 귀중한 고객들을 앗아간 거짓말이었어.

▬ cost an arm and a leg 는 '엄청난 돈이 들다,' cost a fortune 역시 '큰돈이 들다,' '무척 비싸다' 라는 표현.

▬ cost sb a pretty penny 는 '적지 않은 대가를 치르다,' 즉 '돈이 꽤 많이 들다,' '아주 비싸 다' 라는 의미.

▬ cost sth은 원래 대가를 치 르다라는 데서 발전하여 '넌 …를 잃게 될거야' 라는 뜻. 또한 cost sb one's job[life, marriage]하게 되면 '…가 …을 잃게 되다' 라는 표현이 된다.

MORE EXPRESSION

What does it cost? 얼마나 들어?
How much does it cost to~?
(…하는데) 비용이 얼마나 들어?
court costs 소송비

It's the thought that counts. 중요한 건 맘이야.

(I) Wouldn't count on it.

믿지 못하겠는 걸.

- You can count on me. 나한테 맡겨.
  Can I count on you not to cancel at the last second?
  마지막 순간에 취소하지 않을 거라고 믿어도 돼?

Does that not count for something?

그게 중요하다고 생각하지 않니?

- Every minute counts. 모든 순간이 매우 중요해
  I think that counts more than a quickie marriage.
  급행결혼보다 그게 더 중요하다고 생각해.

▬ count on은 '…에 의지하 다' 라는 의미로 rely on, rest on, depend on 등과 동의표현으로 잘 알려져 있다.

▬ sth counts~ 는 '…가 중 요하다' 라는 뜻이다.

It's the thought that counts.
중요한 것은 마음이야.

- I don't have to give you anything. It's the thought that counts.
  너한테 아무 것도 줄 필요가 없어. 중요한 건 마음이야.

  Kitty, you always said it's the thought that counts.
  키티, 넌 항상 중요한 것은 마음이라고 말했지.

■■ It's the thought that counts에서 count는 역시 중요하다라는 뜻으로 '마음이 중요한 거야,' '중요한 건 마음이야' 라는 의미. It's sth that counts를 기본구문으로 해서 자신이 중요하다고 생각되는 것을 sth에 넣어 다양한 문장을 만들어보면 된다.

You can count me out!
난 빼줘!

- Count me out! 난 빼도 돼!
  You can count me in. 나도 끼워줘.

■■ count sb out[in]은 '…를 빼다[끼워주다] 라는 의미.

16 hours, but who's counting?
16시간, 몇 시간이든 무슨 상관이야?

- 21 years, 5 months, and 3 days. But who's counting?
  21년, 5개월 그리고 3일. 얼마나 길어도 무슨 상관이야?

  Actually it was three romps, but who is counting?
  사실상 3번째 낙승이지만 그게 무슨 상관이야?

■■ Who's counting?은 누가 그걸 세고 있대?라는 뜻으로 숫자가 중요한 것이 아니라는 맥락으로 '숫자가 뭐든 무슨 상관이야?' 라는 의미의 표현이다.

I'll give you to count of three. One.
3까지 셀 거야. 하나…

- Okay, you guys, are you ready? On the count of three.
  오케이, 친구들 준비되었니? 3까지 셀 거야.

■■ on the count of+숫자는 '…의 수를 세다' 라는 의미.

On the count of harboring an illegal alien, we find the defendant guilty.
불법체류 외국인을 숨겨준 혐의에 대해 피고에게 유죄 판결을 내립니다.

- On the matter of the United States versus Jerry Espenson, on one count of perjury, we the jury find the defendant, Steven Aaron, not guilty. '미국 대 제리 에스펜슨' 소송건에서 우리 배심원은 위증죄 혐의에 대해 피고 스티브 애론에게 무죄를 평결합니다.

  We were slowed down on account of the computer virus.
  컴퓨터 바이러스 때문에 속도가 늦어졌어.

  It can't be done today on account of the rain. 비와서 오늘은 할 수 없어.

■■ on the count of (murder)는 『살인』의 혐의에 대해 라는 의미. 참고로 on the account of~하게 되면 …때문에라는 말이 된다.

MORE EXPRESSION

lose count of 수를 잘못세다
count for nothing 쓸모없다
count one's blessings 좋았던 시절을 회상하다

놓치면 원통한 미드표현들

- **compromise** 타협하다, 위태롭게하다
  Scientist do not compromise. 과학자는 타협하지 않아.
  Has the stress compromised his ability to perform romantically?. 스트레스가 로맨틱하게 행동하는걸 위태롭게 하나요?

  It can compromise mental functioning.
  정신적 기능을 위태롭게 할 수도 있어.

- **be compromised** 위태롭게 되다
  It that reputation is compromised, the stain runs to all cases.
  저 명성이 위태로워지면 모든 사건에 오점을 남기게 돼.

» coup

It's such a coup to get her. 개를 데려오다니 대성공야.

It's a coup to beat the big guy.

그 큰 친구를 패다니 대성공이야.

- This is a coup for women's rights everywhere.
  이건 모든 여성인권의 대승리야.

  It is such a coup to get her, I can tell you!
  개를 데려오다니 큰 성공이야, 정말!

■ (major) coup는 '대성공'을 의미한다.

Do you know what counting coup is?

공적 늘어놓기가 무엇을 의미하는지 아니?

- You're here just to count coup, aren't you?
  너 니 공적을 늘어놓으려고 여기 온거지, 그렇지 않아?

  This is the coup de grace. 이건 최후의 일격이야.

■ count coup는 '공을 세우다,' '자기의 공을 늘어놓다' 라는 뜻이다. 또한 coup de grace는 '최후의 일격' 이라는 표현이 된다.

» court/ courtesy

Let's just settle it on the court. 법으로 해결하자.

So we went to the courthouse.

그래서 우린 법정에 갔어.

- I just had to go to court this morning and get sentenced.
  난 오늘 아침 법원에 가서 선고를 받았어.

  Please don't forget your court date.
  너 재판일을 제발 잊지 마라.

  What's the status on the court order? 법원 명령이 현재 어떤 상태야?

■ go to the court(house)는 '법정에 가다' 라는 뜻. 그리고 court day[date]는 '재판일' court of law[justice]는 '재판소' court order는 '법원 명령'을 각각 의미한다.

Let's just settle it on the court.

그냥 법정에서 해결하자.

- The case was to be settled out of the court. 그 소송은 합의로 해결되게 됐어.

  You and I can settle our differences on the court.
  우리는 법으로 우리 문제점을 해결할 수 있어.

■ settle sth out of court는 '…를 법정 밖에서 해결하다' 라는 뜻으로 '재판없이 합의로 해결하다' 라는 의미. 반대로 settle sth on the court는 '…문제를 법으로 해결하다' 라는 말이 된다.

It was thrown out of court, of course.

물론, 이건 기각되었어.

- Evidence against a killer was thrown out of court.
  살인자에게 불리한 증거가 기각되었어.

  The phony suit was thrown out of court. 그 허위 소송은 기각되었어.

■ be thrown out of court는 '기각되다' 라는 뜻이다.

C

191

He's courting her.
개는 그녀에게 구애하는 거지.

- I've been courting her for months to let me handle the deal.
  내가 그 건을 다루려고 몇 달 동안 개를 구슬리고 있어.

  The company is courting new investors.
  회사는 새로운 투자자들의 환심을 사려고 하고 있어.

■■■ court sb는 '…의 환심을 사려고 하다' 라는 뜻으로 '구애하다' 라는 의미도 된다.

I have the common courtesy to sleep with her first.
난 개랑 먼저 잘 정도의 기본 예의는 있지.

- At least he has the courtesy to kiss me and buy me jewelry.
  적어도 개는 나한테 키스하고 보석을 사줄 정도의 예의는 있어.

  Have the courtesy to make noise elsewhere.
  다른 데 가서 떠드는 예의를 좀 지켜라.

■■■ have the courtesy to는 '…할 정도의 예의는 있다' 라는 의미.

You know, I came to tell you as a courtesy.
있잖아, 난 의례상 너한테 말하려고 왔어.

- You're here as a courtesy, Mrs. Spencer.
  스펜서 부인, 의례상 여기 오셨죠.

  I came here as a courtesy. 난 의례상 여기에 왔거든.

■■■ as a courtesy는 '의례상' 이라는 뜻을 가지고 있다.

Give me the same courtesy.
나한테도 같은 예의를 지켜라.

- Do me the courtesy of bringing back lunch.
  점심을 가져오는 예의는 지키라고.

  Give us the courtesy of smoking outside.
  외부에서 담배 피는 예의는 지켜.

■■■ do[give] sb the courtesy of~ing는 '…에게 예의를 지키다' 라는 표현이다.

Benson, Stabler, pay a courtesy call.
벤슨, 스테이블러, 예의상 방문해라.

- I make the courtesy call! 난 예의상 방문했어!

  I got a courtesy call from the new neighbors.
  새 이웃들이 예의상 우리집을 방문했어.

■■■ courtesy visit[call]은 '예우상 방문,' '예방' 이라는 의미를 갖는다. 주로 pay 동사와 같이 사용된다. 한편 courtesy bus [car, phone]에서 courtesy는 '무료의,' '서비스의' 라는 뜻이다.

MORE EXPRESSION

courtly 대단히 정중한
Supreme Court 대법원
Appeal Court 항소법원
May (if) it please the court
감히 한 말씀 드리겠습니다(법정표현)

놓치면 원통한 미드표현들

- **be compelled to** …하지 않을 수가 없다
  She felt compelled to do what Morton wanted. 개는 모튼이 원했던 것을 해야만 한다고 느꼈어.

- **compelling** 설득력 있는, 강렬한
  It's compelling argument. 그건 강력한 주장이야.

- **motion to compel** (법률용어) 재정신청
  Uh, well, opposing counsel was granted their motion to compel.
  음, 그래, 반대 측 변호사들에게 재정신청이 재가 되었어.

- **can't compete with** …와 상대가 안되다
  I can't compete with that. 도저히 못 당하겠군.

We've got you covered. 우리가 널 지켜줬어.

She's trying to cover the fact that we're divorced.

걘 우리가 이혼했다는 사실을 숨기려고 해.

- She tries to pull her shirt down to cover the fact that she's wearing men's boxers. 남성용 팬티를 입고 있다는 사실을 숨기려고 셔츠를 내리려고 했어.

■ cover the fact that~은 '…라는 사실을 숨기다' 라는 뜻.

Please cover for me.

제발 내 대신 좀 해주라.

- I need someone to cover me on the 16th. You in?
16일에 대신 근무 좀 서 줘. 그래 줄래?

  All right, cover me. I'm gonna go in. 좋아, 나 좀 엄호해줘. 들어갈게.

■ cover for sb는 '내 대신 좀 해줘' 라는 뜻으로 경찰이 쓰면 '엄호해줘' 라는 의미가 된다. 한편 사무실에서 쓰이면 '자신의 일을 대신 봐주다' 라는 표현으로 Could you fill in for me? 또는 Can you come in for me tomorrow? 등과 같다.

I'm not trying to cover up some murder.

난 살인을 은폐하려고 시도하고 있지 않아.

- There isn't a contract that can legally cover up a crime.
합법적으로 범죄를 은폐할 수 있는 계약은 없어.

  And he's making you cover up the truth. 걘 진실을 은폐하도록 유도하고 있어.

■ cover up은 '…를 은폐하다' 라는 의미로 cover-up은 명사형으로 '은폐' 라는 뜻이 된다.

We've got you covered.

우리가 널 엄호했어.

- Don't worry. I got you covered on that. 걱정마. 그건 내가 지켜줬어.

  I got you covered, Elliot. 내가 널 보호했어, 엘리어트.

■ get sb covered는 '보호하다,' '엄호하다' 라는 의미.

I can spot an undercover officer.

난 위장경찰관을 알아낼 수 있어.

- Yeah, in fact I'm undercover right now. I'm a whore.
그래, 실은 내가 지금 위장요원이야. 창녀로.

  I used my undercover alias. Steve Aaron. 난 가명을 쓰고 있어. 스티브 애론.

■ undercover는 '위장' 이라는 뜻으로 undercover agent는 '위장요원' 이라는 의미가 된다.

 MORE EXPRESSION

cover one's ass 거짓으로 발뺌하다
cover all the bases 다 감안하다
be covered with …로 뒤덮이다

Stop playing coy with me. 내게 내숭떨지마.

Don't be[play] coy with me!

내 앞에서 내숭떨지마!

- Stop playing coy with me. 나한테 더 이상 내숭 떨지마.

  Don't play coy with me. You threw your hand. 내숭떨지마. 너 손들었잖아.

■ be[play] coy with는 '내숭을 떨다' 라는 의미의 표현이다. coy는 수줍어 하는, 말없는이라는 뜻으로 play coy하면 '내숭떨다,' '수줍어하다,' '시치미떼다' 라는 뜻이 된다. 특히 Don't play coy with me란 문장이 많이 쓰인다.

What are you being so coy about?
뭐에 대해 수줍어 하니?

- Is this your coy way of telling me you want a child?
  이게 아이를 갖고 싶다고 수줍게 말하는 네 방식이니?

  Children wanna be coy a little. 아이들은 조금은 수줍은 체를 하고 싶어 하지.

■ coy (about)는 '수줍은,' '순진한 체하는' 이라는 뜻이다.

» crack

Take a crack at this. 이거 한번 해봐라.

Time to crack the books.
공부할 시간.

- He cracked a smile. 걔가 쌩끗 미소 지었어.
  You know, laying her hand on his arm every time he cracked a joke. 있잖아, 걔가 농담할 때마다 그녀가 걔 팔에 손을 얹어.

■ crack the book은 '책을 파다' 라는 뜻으로 여기서 crack은 hit과 같은 의미이다. 한편 crack a smile[joke]이면 '미소 [농담]를 짓다[하다]' 라는 표현이 된다.

It's not all it's cracked up to be.
사람들의 말처럼 그런 건 아냐.

- It's not what it's cracked up to be. 평판만큼은 아니다.
  Having a job is not all it's cracked up to be. 직장다니는게 다 그런 건 아냐.

■ crack은 또한 '금가게 하다', '쪼개다', '암호를 해독하다' 등 다양한 의미로 쓰인다.

Her skull is cracked wide open.
걔의 두개골은 부서져서 열렸어.

- I cracked this case wide open. 난 이 사건을 폭로해 버렸어.
  She's the one who cracked this one open. 걔가 이걸 부신 장본인이야.

■ crack sth open은 '…를 부셔서 열다,' '폭로하다' 라는 뜻으로 open 앞에 wide를 붙여 강조할 수 있다.

Let's get cracking.
빨리 가자.

- I'd better get cracking on this baby. 이 아이를 바로 돌봐야겠어.
  Get cracking on the case work. 그 사건 빨리 시작하자.

■ get cracking (on)은 '서둘러 일을 시작하다' 라는 의미로 일을 서둘러 적극적으로 바로 시작하자는 말이다.

You want to take a crack at him?
걔를 한번 찔러보고 싶니?

- Look, take a crack at this, for your son. 야, 네 아들을 위해 이거 한번 해봐라.
  Let me get a crack at that neck. 목 부분을 한번 시도해보자.
  Hang on a sec. Why do you get first crack at her?
  잠깐, 왜 너는 걔한테 젤 먼저 시도해보려는거야?

■ have[take] a crack at it 은 될지 안될지 모르겠지만 '한 번 해보라,' '시도하다(give it a go),' 그리고 at 다음에 사람이 나오면 그 사람에게 뭔가 해보다(do sth with sb) 혹은 '…에게 …을 설득하다' (convince sb of sth) 라는 의미가 된다.

Said he fell through the cracks.

걘 자기가 잊고서 간과했다고 말했어.

- The simple truth is this one fell through the cracks.
  사실은 이 사건이 있는지 미처 확인을 못했다는거야.

  He slipped through the cracks, missed a lot of days in school.
  걘 신경도 쓰지않고 학교를 많이 가지 않았어.

Are you on crack?

약먹었어?

- If they're on crack, then, hell, they'll do anything.
  걔네들이 약먹는다면 무슨 짓이든 할거야.

  With all due respect, Dr. Cooper, are you on crack?
  죄송합니다만, 쿠퍼선생님 약먹었어요?

▪ **fall through the cracks**
는 갈라진 틈으로 떨어지다, 즉 보
이지 않게 되다라는 뜻에서 '잊혀
지다,' '간과되다', '잊고서 처리
못하다' 라는 의미로 fall 대신에
slip을 써도 된다. 주로 잊고 하지
않는 대상은 학교나 회사, 법 등
어떤 system이 나오게 된다.

▪ **be on crack** crack은 강
력한 마약의 일종으로 be on
crack하면 약먹은 상태(get high)
를 말한다.

C

» cram

I'm gonna do a lot of cramming. 벼락치기 많이 할거야.

She claims she was up all night cramming.

걔는 벼락치기하느라 밤을 샜대.

- We used to stay up all night cramming for chem, eating ice cream.
  우린 밤새 아이스크림을 먹으면서 화학공부를 벼락치기로 하곤 했어.

  I'm so tired. I crammed last night. 너무 피곤해. 어젯밤에 벼락치기했거든.

That place is always crammed.

저 곳은 항상 꽉 차있어.

- Living room was crammed with combustible materials.
  거실이 인화물질들로 가득 차 있었어.

▪ **cram**은 '벼락치기 공부하
다'를 뜻하며, cram for+과목[시
험]의 형태로 벼락치기한 내용을
표현할 수도 있다.

▪ **be crammed with**는 '…
로 가득 차다' 라는 뜻이다.

놓치면 원통한 미드표현들

- **convenient** 편리한
  When's convenient[good] for you?
  언제가 편하세요?

- **sorry for the inconvenience** 불편을 끼쳐서
  죄송합니다
  I want to apologize for any inconvenience.

불편을 끼쳐서 사과드립니다.
RSVP at your earliest convenience.
가급적 조속한 시일에 참석여부를 통지해주세요.

- **inconvenience** 불편하게 하다
  Sorry to inconvenience you.
  불편하게 해드려서 미안합니다.

195

You're so full of crap. 넌 정말 엉터리같은 놈야.

Oh, crap! I can't believe I forgot this.
제기랄! 이걸 잊을 줄은 차마 몰랐네.

- **Crap**, she bought some expensive shoes. 제기랄, 걔가 비싼 신발을 샀어.
  Holy crap. Turn that damn thing off! 세상에, 그 빌어먹을 것 좀 꺼라!

■ **Crap!**은 '제기랄' 이라는 뜻의 감탄사. Holy crap! 또한 '세상에,' '말도 안돼' 라는 역시 감탄 표현이다.

Have you slept? You look like crap.
잠은 잤니? 너 엉망이야.

- You were right. All that **crap** was right. 네가 맞았어, 허튼 소리가 다 맞았다니까.
  You had no right to **shoot the crap**. 넌 허튼 소리를 할 권한이 없어.

■ **crap**은 비속어로 '엉망,' '허튼소리' 라는 뜻, shoot[sling, throw] the crap하게 되면 '허튼소리를 하다' 라는 표현이 된다.

Cut the crap, you set this up, didn't you?
헛소리 그만해. 네가 꾸몄지, 그렇지 않니?

- Then **cut the crap** and start acting professional.
  이제 헛소리 그만하고 프로처럼 행동해라.
  All right, let's **cut the crap**. You need to be straight with us.
  좋아, 쓸데없는 소리는 그만하자. 너 우리한테 솔직해야만 해.

■ **cut the crap**은 '바보 같은 소리마,' '쓸데없는 이야기 좀 그만둬' 라는 표현이 된다.

You're so full of crap.
넌 헛소리만 지껄여, 넌 정말 엉터리 같은 놈야.

- I told you Miss Mo was **full of crap**. 내 말했잖아, 미스 모는 완전히 엉터리라고.
  Their mothers are **full of crap**. 걔네들 엄마는 헛소리들만 해대.

■ **be full of crap**은 '헛소리 투성이다' 라는 뜻. I'm full of crap하면 '쓸데없는 말만 잔뜩 늘어놓았네요,' That's a load of crap하면 '그건 엉터리 얘기야' 라는 말이 된다.

How much of her crap do I have to put up with?
내가 얼마나 더 걔의 헛소리를 참고 들어줘야 해?

- I don't **give a crap** what Ricky does to you.
  리키가 너한테 한 행동에 대해 나쁜 말은 안 해.
  Jake's parents never **put up with crap** from their kids.
  제이크의 부모는 자기 아이들의 헛소리를 절대 참지 않아.

■ **put up with crap**은 '헛소리를 참다' 라는 뜻이며 give sb a crap은 '안 좋은 말을 하다' 라는 의미가 된다.

Kiss the crap out of that girl.
그 소녀한테 진하게 키스해라.

- And I just know the guy beat **the crap out of** his girlfriend.
  그 놈이 여친을 몹시 때린 걸 알고 있어.
  I beat **the crap out of** the bully. 나 그 깡패를 죽어라 패줬어.

■ **the crap out of**는 '몹시' 라는 뜻으로 beat the crap out of~는 '몹시 때리다,' '엄청 패다' 라는 의미가 된다.

I saw a pigeon take a crap on it.
그 위에 똥을 싸는 비둘기를 봤어.

- I was just reading it whilst sitting **on the crapper**.
  난 변기에 앉아서 그냥 책을 읽고 있었어.
  I **crapped myself** once in junior high. 중학교 때 한번 바지에 똥싼 적이 있었어.

■ **take a crap**은 '똥을 싸다,' crap oneself는 '바지에 똥을 싸다' 라는 뜻이다. 한편 crappy는 '쓰레기 같은' 이라는 의미이며 crapper는 '변기.'

Now you crap 'em out.
이제 넌 그것들을 못 쓰게 해버렸어.

crap up[out]은 '망치다,' '못쓰게 하다,' '실패하다' 라는 의미이다.

- Come on, you can't make that **crap up**. 이봐, 넌 그걸 망쳐버릴 수 없어.

  At least if you **crap out**, you can go home broke instead of busted. 네가 망하면 적어도 구속은 아니지만 그냥 빈털터리로 집에 갈 수 있어.

» crash

I need a place to crash. 잘 곳이 필요해.

You can crash in my bedroom.
내 침실에서 자도 돼.

crash는 '남의 집에서 자다' 라는 뜻이며 crash out은 '피곤해서 빨리 자다' 라는 의미.

- A: Hey, what's up? B: I need a place to **crash**.
  A: 야, 무슨 일이야? B: 잘 곳이 필요해.

  My parents get in tomorrow night. They'll want to **crash**.
  부모님이 내일 밤 들리실거야. 잘 곳을 원하셔.

I crashed and burned.
망쳤어.

crash and burn은 '망치다' 라는 의미로 급작스럽게 실패하다라는 뉘앙스.

- Why your relationship with Penny **crashed and burned**?
  페니와 관계가 왜 그렇게 급하게 망쳐버렸어?

  Face it, we **crashed and burned** tonight. 직면해. 우린 오늘밤 망친거야.

For all we know, he crashed the party.
아마도 걔는 초대받지 않은 파티에 참석했어.

crash는 '초대받지 않은 파티에 가다' 라는 뜻. crasher는 그런 사람을 의미한다. 예를 들어 wedding crasher하면 '결혼파티에 초대받지 않은 손님' 이라는 말.

- He **crashed the party**. This guy clearly is not taking no for an answer. 걔는 초대받지 않은 파티에 참석했지. No라는 것을 답으로 생각하지 못하는 가봐.

I can give you a crash course on everything.
너한테 모든 것에 대해 집중 훈련을 해줄 수 있어.

crash course는 '단기간 집중 훈련' 또는 '특강' 이라는 의미.

- I'm trying to give you a **crash course**.
  너한테 집중 훈련을 시켜주려고 해.

  The school offers a **crash course** for the SATs.
  학교는 SAT 시험준비에 집중반을 운영하고 있어.

» crawl

I knew you'd come crawling back. 슬그머니 돌아올거라는 걸 알고 있었어.

Neighborhood's already crawling with uniforms.

주변에는 이미 유니폼 입은 사람들로 바글바글대.

- The campus **is crawling with** police, and she gets murdered.
  학교는 경찰로 가득차는데 걔 살해됐어.

  Weddings **are crawling with** single men.
  결혼식장에는 독신남들로 득실대.

■■ **be crawling with** with 이하의 사람이나 사물들로 '바글 바글대' 혹은 '우글우글대' 라 는 의미로 주어는 바글바글대 는 장소명사가 오게 된다. 달리 말하 면 'to be completely covered with' 와 같다.

I decided to crawl into bed with him.

난 걔와 침대로 살며시 들어가기로 했어.

- I just feel so betrayed and embarrassed. I just want to **crawl into** a hole and die. 배신감과 당혹감에 취구멍에라도 들어가 죽고 싶어.

  Pam's gonna **be crawling around** soon, getting into everything.
  팸은 곧 주변을 슬그머니 알아보고 다니고 결국 모든 것을 알게될거야.

■■ **crawl into**는 '기어들어가 다,' 특히 crawl into a hole하면 곤란한 상황에 처해 취구멍이라도 들어가고 싶다고 할 때 사용한다. 또한 crawl around는 '이리저리 주변을 기어다닌다' 는 의미.

The pretty ones always come crawling back.

예쁜 애들은 언제나 돌아온다니까.

- They think they can do better but they all **come crawling back** to me! 자기들이 더 잘할 수 있다고 생각하지만 결국에는 모두 다 내게 다시 슬그머니 돌아와!

  I knew you'd smell money and **come crawling back**.
  네가 돈 냄새를 맡고 슬그머니 기어돌아올거라 알고 있었어.

■■ **come crawling back**은 슬그머니 돌아오다라는 의미.

MORE EXPRESSION

crawl space 좁은 공간

» craze

You've got me going crazy. 너 때문에 미쳐가고 있어.

Really? It's all the craze right now, man.

정말로? 이건 지금 아주 유행하는거야, 친구.

- She turned to the latest **fitness craze**.
  걔는 최근 유행하는 체력단련에 관심을 돌렸어.

  Is the **roller-disco craze** over already?
  롤러 디스코가 이미 유행하고 있니?

■■ **be the craze**는 '…가 유 행이다' 라는 뜻으로 the latest craze하면 '최신의 유행' 이라는 의미이다.

I'm sorry. It's been a crazed night.

미안해. 완전히 미친 저녁이었어.

- I am **crazed with** thoughts of you. 네 생각에 완전 미치겠어.

  He's a **love-crazed** teenager. 걔는 사랑에 미친 10대야.

■■ **be crazed**는 '완전히 미쳐 서,' '통제가 안 되는' 이라는 뜻.

I'm crazy for[about] you.

난 너한테 빠져있어.

- What's so crazy about that? 뭐가 그렇게 좋다는거야?
  She told me that she's crazy about you. 걔가 나한테 말했는데 너한테 빠졌대.

■■ be crazy for[about]~는 '…에 빠져 있다' 라는 의미이다.

This is crazy.

말도 안 돼.

- I know. Trust me, I know. This world, it's crazy.
  알잖아. 내 말 믿어. 이 세상은 정상이 아냐.
  I know this is crazy but am I too late? 말도 안된다는 거 알지만 내가 넘 늦었나?

■■ be crazy는 '말도 안되다,' '정상적이지 않다' 라는 뜻.

You've got me going crazy.

너 때문에 미쳐가고 있어.

- I bet the guys were going crazy. 그 놈들이 미쳐가는 게 틀림없어.
  I've been going crazy with this baby stuff. 난 이 애들 물건에 완전 미쳐버렸어.

■■ go crazy는 '미쳐가다' 라는 뜻으로, '열심히 …를 하다' 라는 의미로도 쓰인다.

That's making me crazy!

그거 때문에 미치겠어.

- It's been driving me crazy. 그게 날 미치게 만들어.
  That was gonna drive me crazy all night. 그게 날 밤새 미치게 만들었어.

■■ make[drive] sb crazy는 '…을 미치게 하다,' '…을 돌게하다' 라는 뜻.

And I love you like crazy.

난 널 넘 사랑해.

- I miss 'em like crazy. 난 걔들이 미치도록 그리워.
  No, I'd have heard. The dogs bark like crazy. 아냐, 들었을거야. 걔들이 엄청 짖어.

■■ like crazy는 '매우 많이,' '매우 빨리' 라는 의미.

» cream

It just creams my corn. 그것 때문에 짜증나.

They are the cream of the crop.

그 사람들이 최고야.

- It must be how they attract the cream of the crop.
  이게 바로 최고를 동원하는 방법일거야.
  Our students are the cream of the crop. 우리 학생들은 최고야.

■■ be the cream of the crop은 알짜인 사람[것], 가장 좋은 사람[것]을 뜻하는 것으로 '최고이다,' '최상이다' 라는 의미.

The Bulls creamed their rivals.

불스팀이 라이벌들을 완패시켰어.

- I mean, let's face it, you guys would get creamed without me.
  내 말은 현실을 직면하라는거야. 너희들은 나 없으면 완패할 걸.
  You could get creamed! 넌 완패당할 수 있어!

■■ cream은 동사로 '완패시키다' 라는 뜻으로 get creamed면 '완패당하다' 라는 의미가 된다.

It just creams my corn.
그것 때문에 짜증나.

■ cream one's corn은 '…을 귀찮게 하거나(bother), 짜증나게 하다(annoy)' 라는 표현.

- All of this work really creams my corn. 이 모든 일이 정말 날 짜증나게 해.
  It creams my corn to be stuck in traffic. 교통이 막히는 건 왕짜증나.

» credit

 Hey, credit where credit is due. 합당한 사람에게 공을 돌려야지.

I'd like to buy it on credit.
신용카드로 낼게요.

■ buy sth on credit은 '…를 신용카드로 구매하다' 라는 뜻.

- No one in that dorm bought dry ice on credit.
  기숙사에 있는 누구도 드라이아이스를 카드로 사지 않아.

I'd like to take credit for it, but ...
내 공으로 돌리고 싶지만…

■ I take credit for는 '내가 …의 공을 차지하다' 라는 의미.

- I am not gonna let you continue to take credit for all of my hard work. 내가 고생했는데 그 공을 네가 차지하도록 가만히 있지 않을거야.
  Am I supposed to lie and cheat and take credit for other people's work? 내가 거짓말을 하고 속여서 남의 공로를 차지해야 된다는거야?

I'm stronger than people give me credit for.
난 사람들이 믿고 있는 것보다 더 강해.

■ give sb credit (for)은 '…를 믿어 주다' 또는 '…에게 (…의) 공을 돌리다' 라는 의미.

- No, don't give me credit now. Do it later with a champagne toast. 아냐. 지금 공을 나한테 돌리지 마. 나중에 샴페인 축배를 하면서 하자.
  You have to give me credit for an original date.
  독창적인 데이트를 한데 대해 나한테 공을 돌려야만해.

Hey, credit where credit is due.
야, 합당한 사람에게 공을 돌려야지.

■ give credit where credit is due는 '마땅한 사람에게 공을 돌리다.' '정당하게 평가하다' 라는 의미.

- I look fantastic! You know, I always give credit where credit is due. 난 정말 멋져! 난 항상 사람을 정당하게 평가하잖아.
  You must learn to give credit where credit is due.
  넌 공을 받아야 될 사람에게 공을 돌리는 법을 배워야 돼.

You are a credit to our company.
넌 우리 회사의 자랑이야.

■ be a credit to sb[sth]는 '…의 자랑이다' 라는 의미.

- The man was a credit to his genre. 이 사람은 자기 분야에서 신망이 있었어.
  Leo is a credit to his parents. 레오는 부모님의 자랑이야.

MORE EXPRESSION

be credited to~ …의 공[덕분]이다

» creep

It gives me the creeps.

소름끼쳐.

- He gives me the creeps. 그 놈만 보면 소름이 끼쳐요.
  Storage rooms give me the creeps! 창고를 보면 소름이 끼쳐!

give sb the creeps는 '…가 소름 끼치다' 라는 의미이다.

Some creep broke into our house.

이상한 몇 놈들이 우리 집을 침입했어.

- How come all the creeps go after the good guys?
  어째서 이상한 놈들이 전부 좋은 사람들을 뒤쫓고 있니?
  He's not that different from the creeps you deal with every day.
  걔는 네가 매일 다루고 있는 못된 놈들과 그리 다르지 않아.

creep은 명사로 '너무 싫은 사람,' '불쾌한 사람,' '못된 놈' 이라는 뜻이다.

You're really starting to creep me out.

넌 정말 날 겁나게 하고 있어.

- Why would the little girl creep you out?
  왜 저 어린 여자애가 널 놀라게 하는 거니?
  Alright, stop it, both of you. You're creeping me out.
  좋아, 그만해, 둘다. 진짜 무서워.

creep sb out는 '…를 겁[놀]나게 하다,' '불안을 느끼게 하다' 라는 의미.

You're a little creepy but you're cute.

넌 좀 기이한 구석이 있지만 귀여워.

- No, that's not creepy. 아냐, 그건 오싹하지는 않아.
  I thought he was kind of creepy. 걔가 좀 분위기가 기이한 것 같았어.

creepy는 '으스스한,' '오싹케 하는,' '기이한' 이라는 뜻이다.

MORE EXPRESSION

make one's flesh creep
소름끼치게 하다

» crime

That's our crime scene.

저기 우리의 범죄현장이야.

- We had your blood from the crime scene. 범죄현장에서 네 피가 나왔어.
  This is a crime scene, not a chat room. 여긴 잡담장소가 아니라 범죄현장이야.

crime scene은 '범죄현장' 이라는 뜻으로 scene of the crime이라고 해도 된다.

You did the crime.

죄를 지었어.

- You did the crime, why should I have to pay the price?
  네가 범죄를 저질렀는데 왜 내가 대가를 치러야만 하니?
  Don't do the crime if you can't do the time. 콩밥먹기 싫으려면 범죄짓지마.

do the crime은 '죄를 자행하다,' '범죄를 저지르다' 라는 뜻이다. 그렇게 되면 do (the) time(감방살다)하게 된다.

At first I thought it was a hate crime.
처음에 난 증오범죄인 줄로 생각했어.

- There's no proof of any hate crime here. 여기 증오범죄의 증거는 전혀 없어.
  This might be a crime of passion and not one of the serial killings.
  이건 연쇄살인 범죄 중 하나가 아니라 치정범죄일 가능성이 있어.

It's almost a perfect crime.
이건 거의 완전범죄야.

- Robbing a smuggler. It's almost a perfect crime.
  밀수범을 터는 것. 이건 거의 완전범죄야.
  It's the perfect crime. No evidence. 이건 완전범죄야. 증거가 하나도 없어.

Who says crime doesn't pay?
범죄는 이익이 되지 않는다라고 누가 말했지?

- You know legally it's a crime. 법적으로 이건 범죄잖아.
  It's not justice, it's a crime. 이건 정의가 아니라 범죄야.

hate crime은 '증오범죄,' organized crime은 '조직범죄'이다. 주로 미국에서는 일반경찰이 아닌 FBI가 관할하는 범죄들이다. crime of passion은 '치정범죄'로 격렬한 감정에 남녀사이에서 벌어지는 범죄를 의미한다.

the perfect crime은 '완전범죄.' 사법계에서 '완전범죄'는 존재하지 않는다는 것이 정설이다.

Crime doesn't pay는 '범죄는 이익이 되지 않아'라는 유명문구. 한편 It's a crime은 '그건 범죄야'라는 뜻이다.

MORE EXPRESSION

a life of crime 범죄의 세계, 범죄의 삶

» cross

We crossed paths at the airport. 우리는 공항에서 우연히 마주쳤어.

My fingers are crossed.
행운을 빌어요.

- I'll keep my fingers crossed. 잘 되어야 할 텐데.
  I'll keeping my fingers crossed here. 그건 잘 되기를 빌고 있어.

Really?! How come we didn't cross paths?
정말로? 왜 우리가 마주치지 못했지?

- We need to figure out where their paths crossed.
  걔들이 어디서 마주쳤는지 알아낼 필요가 있어.
  We crossed paths at the airport. 우리는 공항에서 우연히 마주쳤어.

Now I can cross it off my list.
이제 난 이걸 목록에서 지워버릴 수 있어.

- We can cross it off the list, come on. 그걸 목록에서 없앨 수 있어, 서둘러.
  I've got all the I's dotted and the T's crossed.
  내가 일을 꼼꼼히 처리했어.

cross one's fingers는 '행운을 빈다'라는 뜻으로 두번째와 세번째 손가락으로 십자가 형상을 만드는 모습에서 나온 표현. keep one's fingers crossed라는 형태로 많이 쓰인다.

cross paths는 '우연히 길에서 마주치다'라는 뜻으로 one's paths crossed로 쓰기도 한다. 또한 be crossed는 '전화가 혼선이 되다'라는 뜻.

cross it off one's list는 '목록에서 지우다,' '일을 처리하다'라는 뜻이다. 한편 cross the t's and dotting the i's는 '일을 꼼꼼히 처리하다' 또는 '계약을 마무리하다'라는 의미로 사용되는 표현.

MORE EXPRESSION

Cross my heart and hope to die. 내가 맹세컨대.

» crumble

I think I crumbled under questioning. 심문하다 내가 흔들린 것 같아.

That's the way the cookie crumbles.
사는 게 다 그런 거지.

- The best you can do is, 'that's the way the cookie crumbles?'
  '살다보면 다 겪는 거지'라고 생각하는 것이 네 최선이야?

  That's the way the cookie crumbles. You can't always win.
  살다보면 다 그래. 항상 이길 수는 없잖아.

■ That's the way the cookie crumbles는 '다 그렇게 사는 거지 뭐'라는 표현으로 상대방에게 좋지 않은 일이 있을 때 격려하는 말이다. 즉, '살다보면 누구나 다 겪을 수 있는 일'이라는 의미이다.

Fragile men have crumbled. We need strength.
약한 사람은 무너져버려. 우린 힘이 필요해.

- I don't know why I told him. I think I crumbled under questioning.
  내가 왜 걔한테 말했는지 몰라. 걔 심문하다 내가 흔들린 것 같아.

  The old apartment is beginning to crumble. 낡은 아파트는 무너지기 시작했어.

■ crumble은 '무너지다,' '붕괴하다'라는 뜻으로 비유적으로 '마음이 흔들리다'라는 의미도 갖는다.

» crunch

This is crunch time. 지금이 중요한 때야.

I just crunch the numbers.
난 그냥 계산을 하고 있는 거야.

- Somebody's got to crunch the numbers. 누군가 계산을 해야만 했어.

  Crunching the numbers, I come up with a conservative 5,812 potential sex partners within a 40-mile radius.
  계산해보니, 반경 40마일내에 보수적으로 잡아 5,812명의 잠재적인 섹스파트너가 있다는 걸 생각해냈어.

■ crunch the numbers는 '수치를 계산하다,' '숫자를 다루다'라는 뜻이다. 그래서 number cruncher하면 bean counter와 같은 말로 '숫자를 다루는 사람,' 즉 회계사를 뜻한다.

We got a big presentation today. This is crunch time!
우린 오늘 매우 큰 발표회가 있어. 지금이 중요한 때야!

- It's crunch time, and you need to study. 중요한 시기야, 공부 열심히 해야 돼.

  We're in a time crunch. The perp dies day after tomorrow.
  중요한 때야. 범인은 내일모래 죽을거야.

■ crunch time 또는 the crunch는 '중요한[중대한] 시기,' '마감이 다가오다'라는 뜻이다. 한편 in a time crunch는 '매우 중요한 시기에,' '결정적인 순간에'라는 의미를 갖는다.

- **copulate** 성교하다
  My friend is looking for someone to copulate with. 내 친구는 함께 성교할 사람을 찾고 있어.

- **intercourse** 성교
  He's not going to have intercourse with Julie. 걘 줄리와 성교하지 않을거야.

- **coitus** 성교(하다)
  He must be very skilled at coitus.
  걘 성교를 아주 잘하는 것 같아.
  You're just coitusing with me, aren't you?
  너 나 엿먹이고 있지, 그지 않아?

203

I got a crush on you. 나 너한테 빠졌어.

I got a crush on you.
난 네가 맘에 들어.

- I have a major crush on you. 나 너한테 정말 반했어.
  You've been crushing on this girl for months and doing nothing.
  넌 이 여자에 수개월간 푹 빠져서 아무 것도 하지 않고 있어.

■ have[get] a crush on sb는 '…에 일시적으로 반하다' 라는 뜻. I'm crushing on~처럼 동사로도 사용된다.

She was always trying to crush my dreams.
걔는 항상 내 꿈을 짓밟으려고 했어.

- We have decided to crush your dreams. 우린 네 꿈을 망가트리기로 했어.
  Because the tumor was crushing her lungs. 종양이 폐를 누르고 있었어.

■ crush one's hope~는 '…의 희망을 누르다[망치다]' 라는 뜻이다.

I've never seen a crush injury so bad, and survive.
그렇게 심각한 압착부상을 당하고서 살아난 경우를 본 적이 없어.

- Her breathing will be compromised because of the crush injury.
  압착부상 때문에 걔 호흡이 위태롭게 될거야.

■ crush injury는 '압착 부상' 이라는 뜻이다.

Dad worked for years to pay the crushing debt.
아빠는 수년간 일해서 압박받던 빚을 갚았어.

- No prospects, no direction, no hope for relief from the crushing defeat. 치명적인 패배로부터 벗어날 어떤 전망도, 방향도, 희망도 없어.

■ crushing defeat은 '치명적인 패배,' crushing blow는 '치명타' 그리고 crushing debt은 엄청난 빚을 말한다.

I cried my eyes out last night. 간밤에 펑펑 울었어.

If you ever need a shoulder to cry on, I'll drink with you.
네가 위로해줄 사람이 필요하다면 내가 같이 술 마셔줄게.

- It's not as if you have a boyfriend's shoulder to cry on.
  널 위로해줄 남친이없는 것 같구나.
  You need a shoulder to cry on and he was happy to talk, among other things. 네가 위로해줄 사람이 필요하다면 걘 무엇보다도 기꺼이 얘기할거야.

■ a shoulder to cry on은 '기대어 울 수 있는 어깨' 라는 뜻으로 비유적으로 '위로해 줄 사람' 이라는 의미.

For crying out loud, I was at my girlfriend's place.
세상에, 난 여친 집에 있었다구.

- Oh, for crying out loud. What kind of superhero needs a jacket? 오, 맙소사. 어떤 수퍼 영웅이 재킷이 필요하대?
  She was a straight A student for crying out loud.
  세상에, 걘 올 A를 받는 학생이었어.

■ for crying out loud는 주로 화가 났을 때 하는 말로 '세상에,' '맙소사' 라는 뜻.

Don't cry wolf.

공갈 때리지마!

- You show them the slightest bit of attention, they cry wolf.
  걔들한테 최소한의 관심만 보여, 걔들이 거짓말을 하고 있거든.

  His career was destroyed because Justin McTeague cried wolf.
  저스틴 맥티그가 거짓정보를 줬기 때문에 개의 경력이 파멸되었어.

 cry wolf는 '거짓말을 전하다' 라는 뜻. 이솝우화에서 유래된 표현.

All are far cry from murder.

모든 게 살인과는 거리가 멀어.

- A far cry from my own fifteenth year. 내 자신이 15세일 때와는 너무 달라.
  Criminal defense is a far cry from criminal prosecution.
  범죄자를 변호하는 것은 기소하는 것과는 엄연히 다른 거야.

■ be a far cry from은 '…와 거리가 멀다,' '…와 전혀 다르다' 라는 표현이다.

I cried my eyes out last night.

어젯밤에 펑펑 울었어.

- I did not cry my eyes out! Come on! 난 펑펑 울지 않았어! 정말야!
  My first three days in Argentina I cried my eyes out.
  아르헨티나에 처음 도착한 3일 동안 난 그야말로 펑펑 울었지.

■ cry one's eyes out는 '펑펑 울다' 라는 뜻. 눈이 튀어나올 정도로 울었다는 말.

Honey, don't make me cry.

자기야, 날 울리지마.

- She made me cry using only her words. 걘 세치혀로 날 울렸어.
  That story doesn't make you cry? 그 이야기 듣고서 울지 않았어?

■ make sb cry는 '…을 울리다' 라는 의미.

MORE EXPRESSION

It's a crying shame. 끔찍한 상황이다.
crying need for 절박한 필요

» cuddle

 We ended up cuddling. 결국 부둥켜안게 되었지.

We ended up cuddling.

결국 부둥켜안게 되었어.

- I'm looking for a soul-mate, someone who I can love and cuddle.
  난 사랑하고 애무할 수 있는 애인을 찾고 있어.

  They're outside cuddling on the balcony.
  걔네들은 발코니에서 애무하고 있어.

■ cuddle은 '애무하다' 라는 의미로 애인이나 부부사이가 서로 껴안고 애무하는 걸 의미한다.

They cuddle up to keep warm. They never untangle.

그래서 걔들은 온기를 유지하려고 껴안고 있어. 결코 떨어지지 않아.

- Don't you want to be at home on our couch, cuddling up under a warm blanket?
  우리 소파에서 따뜻한 담요를 덮고 웅크리고 자고 싶지 않니?

  It's nice to cuddle up when the weather gets cold.
  날씨가 추워질 땐 웅크리면 좋아.

■ cuddle up은 '껴안다' 혹은 '웅크리고 자다' 라는 의미. give sb a cuddle하면 '…를 껴안다, 포옹하다' 라는 의미이다.

Not my cup of tea. 내 스타일이 아냐.

That's not my cup of tea.
제 취향이 아니에요.

- I never really liked that show. Not my cup of tea.
  난 그 쇼를 정말로 싫어해. 내 스타일이 아니거든.

  The opera is not their cup of tea. 오페라는 걔네들 취향이 아냐.

■ be not one's cup of tea는 '…의 타입이 아니다'라는 뜻의 표현이다.

Looks like he makes a killer cup of joe.
걔는 아주 끝내주는 커피를 만드는 것 같아.

- A: I don't drink coffee. B: I do. I love a cup of joe.
  A: 난 커피를 마시지 않아. B: 난 마셔. 난 커피 한잔을 좋아해.

  A cup of joe and a piece of pie, please. 커피한잔과 파이 한조각 주세요..

■ cup of joe는 '커피 한잔'이라는 뜻이다.

Cut to the chase, what's your cup size?
단도직입적으로 말해서, 브라 사이즈가 어떻게 돼?

- Uh, cup size. I don't know, C? 사이즈 모르겠는데, C컵?

  He can pick anything from their hair color to their cup size.
  걘 머리색이나 가슴사이즈를 아무 여자나 고를 수 있어.

■ cup size는 여성들의 가슴 크기에 따라 입는 브라크기를 말한다.

Take your cut. 네 몫이야.

You are not cut out to be a physician.
자넨 의사로서 적합한 사람은 아니야.

- I'm not cut out for music. 난 음악하고 거리가 멀지.

  But Kelly wasn't cut out for this business.
  그러나 켈리는 이 사업하고는 맞지 않아.

■ be not cut out to[for]는 '…에 적합하지 않다,' '…에 맞지 않다'라는 뜻이다. 특히 어떤 직업이나 일에 적합한지 여부를 말할 때 사용한다.

We have our work cut out for us!
우리가 일을 맡게 되었어!

- Excellent. Well, I've got my work cut out for me with you!
  아주 좋아. 내가 너랑 일을 함께 맡게 되었어!

  You still got your work cut out for you.
  넌 아직도 어렵고 힘든 일을 맡아 하고 있구나.

■ have[get] one's work cut out for sb하면 '…가 어렵고 힘든 일을 맡게 되다' 또는 '…에 알맞게 일하다'라는 표현이 된다.

Hey, give her some slack. She's our friend too.

야 , 걔한테 좀 여유를 줘. 걔도 역시 우리 친구잖아.

- So why don't you ask Henry to cut us some slack?
  우리한테 좀 여유를 주라고 헨리에게 말 좀 해라.

  Just cut her some slack, okay? She just went through a breakup.
  걔한테 좀 여유를 줘라, 알겠니? 걘 방금 이별을 겪었잖아.

■ cut sb some slack은 '좀 봐줘요,' '여유를 좀 줘,' '너무 몰아세우지마' 라는 표현. cut 대신에 give를 써도 된다.

Cut it out!

닥쳐!

- Cut it out, now, both of you! 이제 너희 둘 다 그만 둬!
  Jamie, cut that out! You got to help me here.
  제이미, 그만 해! 여기선 날 도와줘야 해.

■ Cut it[that] out!은 '그만 둬,' '닥쳐' 라고 하며 상대방의 행동을 중단시키는 강한 표현.

That doesn't cut it.

그렇게는 안 되는 거야.

- That is so awesome. A high five doesn't even cut it. High six!
  정말 대단하네. 하이 파이브로는 안되겠어. 하이 식스!

  A: Did she give you a reason? B: Just that my work didn't cut it.
  A: 이유가 뭐라는데? B: 제 업무실력으로는 별로래요.

■ not cut it은 '…하기에 충분하지 않은' 이라는 뜻이다.

Cut the nonsense. Are you in or not?

헛소리 그만해. 합류할래 안할래?

- Cut the chatter! Exercise time. 수다 좀 그만 떨어. 운동시간이야.
  Cut the act, April! I'm sick of your crap.
  연기 좀 그만 해, 에이프릴! 네 헛소리에 질렸어.

■ Cut the~는 '…를 그만 둬' 라는 뜻으로 통상 짜증이 나서 그만하라고 할 때 쓰는 명령형문장.

Cut him off (from you).

그 남자랑 헤어져.

- He cut me off from all our money. 걘 나를 우리 자금으로부터 차단시켰어.
  Try not to cut me off next time. 다음번에는 내 일에 끼어들지마.
  I tried to talk to him and he cut me off. 개랑 얘기하려고 했는데 말을 잘랐어.

■ cut sb off는 '…와 헤어지다' 또는 '말을 끊고 끼어들다' 혹은 '말을 잘라버리다' 라는 뜻. 한편 cut sb off from하면 '…를 …로부터 차단하다' 라는 의미로도 쓰인다.

I'll cut and paste it to the final copy.

최종본에 그걸 잘라붙일거야.

- Someone Xeroxed DeVaal's signature and then cut and pasted it onto files. 누군가가 드발의 서명을 복사해서 다른 파일에 잘라붙였어.

■ cut and paste는 컴퓨터에서 문장을 '잘라내어 붙이다' 라는 의미.

You gotta cut your losses and get back in the game.

네 손실을 줄이고 다시 뛰어야지.

- You tell me to cut my losses. 내 손실을 줄이라고 네가 말했지.
  It's time to get out and cut your losses. 나가서 네 손실을 줄여야 할 때야.

■ cut one's losses는 '…의 손실을 줄이다' 라는 뜻이다.

C

Jack knew she was gonna cut and run.

잭은 걔가 줄행랑 칠 거로 알았어.

- Well, when you're not good at something, it's best to cut and run. 그래, 네가 뭔가에 자신이 없으면 튀는 게 최고지.

■ cut and run은 '줄행랑을 치다,' '황급히 달아나다,' '빽소 니치다' 라는 뜻이다.

I have cut out alcohol, caffeine and sugar.

난 알콜, 카페인 및 설탕을 줄였어.

- I want you to cut out everything that you can. 가능한 한 전부 줄여.
I've already cut out a coupon. 난 이미 쿠폰을 오려냈어.

■ cut out은 '자리를 뜨다,' '배제하다,' '줄이다,' '오려내다' 등 여러 의미로 사용된다.

The body was cut in two.

그 시신은 반으로 갈라졌어.

- A wife's benefits are cut in half when the husband dies. 남편이 죽으면 아내의 혜택이 반으로 줄어.
Our income just got cut in half. 우리 소득이 그냥 반감되었어.

■ cut in half는 '반으로 가르 다' 라는 뜻이다.

Take your cut.

네 몫이야.

- Don't worry. You'll still get your cut. 걱정마. 네 몫을 챙길 수 있을거야.
We came by to give you your cut. 네 몫을 주려고 들렸어.

■ cut은 명사로 '몫' 이라는 뜻도 있다.

But most of them just have cuts and bruises.

그러나 걔들 대부분 상처 투성이었어.

- Look for signs of bloody clothes or even cuts and bruises. 피 묻은 옷 또는 찰과상과 타박상의 징후를 찾아봐.

■ cuts and bruises는 '찰 과상과 타박상' 이라는 뜻으로 비 유적으로 '상처투성이' 라는 의미 도 갖는다.

I'll try to make cuts, but no guarantees.

내가 삭감을 하려고 하는데 보증은 못하지.

- They're making cuts in all departments. 모든 부서에서 삭감을 할거야.
Tiger didn't even make the cut after the scandal. 타이거 우즈는 스캔들 이후 본선에도 진출하지 못했어.

■ make cuts는 '삭감하다' 라는 뜻이다. 한편 make the cut 은 조금 다른 뜻으로 '본선에 진 출하다' 라는 의미.

MORE EXPRESSION

It cuts two ways. 두 가지 면이 있어.
Cut the comedy! 웃기지 마!
cut the cheese 방귀를 뀌다
Don't cut in. 말끊지마, 끼어들지마.
the cut and thrust 활발한 의견 교환
be a cut above~ …보다 한 수 위인
cut oneself 베다
to cut a long story short 간 단히 줄여서 말하면

Don't get cute. 수작부리지마.

Nah, he was just so cute, I did it for free!
아니, 걔는 단지 섹시해. 내가 공짜로 섹스 해주었어.

- You know, she was a cute little hottie.
  알잖아, 걔는 귀엽고 섹시했다고.
  Jessica, you're so cute as a button. 제시카, 너 정말 귀여워.

▬ cute은 '예쁜,' '섹시한' 이
라는 뜻.

Don't get cute.
수작부리지마.

- Don't get cute, Anne. You're in my mind. 앤, 까불지 마. 내가 널 알지.
  Cops don't like you to get cute with them.
  경찰은 내가 수작부리는 걸 싫어해.

▬ get cute는 '약삭빠르게 굴
다' 라는 뜻으로 get cute with~
하면 '…에게 까불다' 라는 의미가
된다.

C

놓치면 원통한 미드표현들

- **cordon off** 범죄현장 등에서 저지선을 설치하고 출입을
  통제하다
  The drive way is cordoned off by crime
  scene tape. 차출입로는 범죄현장테이프로 통제됐어.

- **be too corny** …가 너무 진부하다
  That's too corny. 그건 너무 진부한 표현이야.

- **couch potato** 앉아서 TV만 보는 사람
  He is a couch potato. 걔는 죽어라 TV만 봐.

- **cough up** 내놓다, 토해내다, 자백하다

Joe, just cough up the list.
조, 명부를 그냥 털어놔.

- **cunt** 여성성기, 비열한 년
  I bet you have a beautiful cunt, dear.
  넌 확실히 예쁜 성기를 가졌어.
  Oh, I'm gonna miss you, you cunt.
  오, 내가 널 그리워할 거야, 비열한 년.

- **current address** 현재 주소
  You know, there's a current address here.
  여기 현재 주소가 있잖아.

» damage

What's the damage? 얼마예요?, 계산해주세요?

No damage.
손해 본 건 없어, 손해 볼 거 없잖아.

- There's no damage to the fuel line. 연료공급 라인에는 피해가 없어.
  No damage. This car was barely moving. 피해없어, 간신히 움직이던 차였는데.

■ no damage는 상대방이 피해를 줘 미안하다고 할 때 피해가 없거나 미미할 경우 말로 '손해 본 거 없다' 라는 의미이다. No harm done도 같은 맥락의 표현.

What's the damage?
얼마예요?, 계산해주세요?

- Good! What's the damage? 좋아! 피해규모가 어때?
  That was a good meal. What's the damage? 식사 맛있었어요. 얼마죠?

■ What's the damage?는 '손실이 얼마냐?' 라는 뜻. 하지만 재미나게도 식당에서 음식 등을 먹고 난 후 계산할 때 '가격이 얼마냐?' 라는 표현으로도 사용된다.

Do damage control.
수습관리를 해라.

- I knew I had to find you and do damage control. 널찾아 수습해야 할 걸 알았어.
  Well, I'm gonna go do some damage control just in case. 글쎄, 난 만약에 대비해서 피해대책을 세울거야.

■ do damage control은 '피해대책을 세우다' 또는 '수습관리를 하다' 라는 의미이다.

Look at the bright side. The damage is done.
긍정적인 면을 봐라. 이미 손해를 봤잖아.

- You've done enough damage to this family. 넌 이 가정에 충분한 피해를 입혔어.

■ The damage is done은 '이미 피해[손해]를 보다' 라는 뜻. do damage to~는 '···에 피해[손해]를 입히다' 라는 의미.

He was collateral damaged.
개는 부수적으로 피해를 입었어.

- And you don't want to become collateral damage.
  넌 부수적 피해자가 되고 싶지 않지.

  I mean, I'm sure that there was some collateral damage.
  내 말은 약간의 부차적인 피해가 확실히 있었다는 거야.

collateral damage는 '부수적 피해'라는 뜻으로 예를 들어 군의 공격으로 뜻하지 않게 민간인이 피해를 보는 경우에 사용한다. 물론 비유적으로도 사용된다.

» damn

He's too damn old. 개는 더럽게 많이 늙었어.

Oh, damn! Damn! You see, this is what happens.
제기랄! 있잖아, 이 일이 생겼어.

- Damn it, I asked you to keep this between us. 젠장, 비밀로 하자고 했잖아.
  Damn it, I signed it. 염병할, 내가 거기에 서명을 했어.

Damn!은 '제기랄,' '빌어먹을'이라는 뜻으로 주로 화났을 때나 사용되는 속어, Damn it! 또한 아주 화가났을 때 하는 '빌어먹을,' '제기랄'이란 뜻으로 조금 순화하려면 Darn it!이라고 하면 된다.

He's too damn old.
개는 더럽게 많이 늙었어.

- Nothing. I was too damn scared. 아무 것도 아냐. 난 정말 더럽게 무서웠어.
  Come on, give me the damn gun! 이봐, 그 빌어먹을 총을 나한테 줘봐!

damn이 '더럽게'라는 뜻으로 그냥 단순히 강조할 때나 혹은 왕짜증나서 쓸 때 각각 사용된다. 우리도 약속장소에 한시간 넘게 일찍 도착했을 때 짜증나지 않은 상태에서 참 우리 더럽게 일찍 왔네라고 말하는 것과 같다.

I'm not gonna tell you a damn thing.
너한테 하나도 말하지 않을거야.

- You're not going to do a damn thing to him. 넌 개한테 아무 짓도 못할거야.
  You can't prove a damn thing. 넌 쥐뿔도 증명할 수 없을 걸.

not a damn thing은 '하나도 없는,' '쥐뿔도 없는'이라는 강조 표현.

I'll be damned if I'll allow you to invade my privacy.
네가 내 프라이버시를 침해하게 절대 놔두지 않을 거야.

- I'll be damned if we let him get away with it. 절대로 개 못빠져나가게 할거야.
  I'll be damned. You found the guy? 이럴 수가. 그 놈을 찾았니?

(I'll be, I'm) damned if는 '…이면 내가 사람이 아니다'라는 뜻으로 '절대 …을 못하게 할것이다'라는 강한 부정의 표현. 한편 그냥 I'll be damned하면 '이럴 수가'라는 뜻으로 놀랐을 때 사용할 수 있는 표현이다.

I didn't give a damn.
대체 무슨 상관이야, 난 전혀 상관없었어.

- Frankly, I don't give a damn. 솔직히, 난 상관없어.
  I don't give a damn who lives where. 누가 어디에 살든 난 상관없어.

I don't give a damn은 '상관이 없다'라는 뜻으로 I don't give a shit, I don't give a fuck과 같은 표현이다.

The guys that fuck you aren't worth a damn.
너랑 섹스한 친구들은 쓰레기같은 놈들이야.

- Here's a secret. I couldn't see worth a damn, either, buddy.
  비밀이 하나 있는데. 쓸만한 놈 하나도 못 봤어.

  I can't trust you worth a damn. 난 널 조금도 신뢰할 수 없어.

be not worth a damn은 '한 푼의 가치도 없다'라는 의미.

MORE EXPRESSION

damn-fool 매우 멍청한
near as damn it 거의(almost)

D

You wouldn't dare! 감히 어떻게 그렇게!

I dare you to make out with that guy.
저 남자 한번 낚아봐.

- Look what I got. I dare you to call his girlfriend. Her name's Jill.
너도 탐나지. 걔 여친에게 전화해봐. 이름은 질이야.

  Okay, Mitch, I dare you to kiss Donna. 좋아, 미치. 도나하고 한 번 키스해봐.

> ■■■ I dare you to~는 '상대방에게 좀 대범하거나 혹은 위험할 수도 있는 일을 해보라고 할 때 사용한다. '…해봐'라는 상대방에게 도전의식을 심어주는 표현.

Go ahead, eat it. I dare you.
어서 그거 먹어. 한 번 해봐.

- Ask him for a napkin, I dare you. 걔한테 냅킨 좀 달라고 해. 한 번 해봐.

  Ooh! Try this on. I dare you. 오! 이거 입어봐. 한 번 해봐.

> ■■■ I dare you는 앞의 표현에서 변형된 것으로 먼저 어떤 과감하고 용기있는 행동을 해보라고 한 다음에 문장 끝에 '한 번 해봐'라는 뜻으로 시도를 권유하며 쓰는 표현.

I dare say Nina would agree.
아마도 니나가 동의할거야.

- I dare say that some of these birds seem to be doing it on purpose. 아마도 이 새들은 고의적으로 그러는 것 같아.

  Dare I say you will arrive late? 네가 늦게 도착할거라고 내가 말했던가?

> ■■■ I dare say는 '아마도'라는 뜻을 갖는다.

Denise just landed, dare I say it, a big whale.
데니스는 방금 잡았어. 굳이 말하자면 큰 고래를.

- Maybe we live closer to each other. Perhaps, dare I say it, in the same zip code. 아마도 우린 가까운 곳에 살아. 아마 같은 지역번호에 살고 있지.

> ■■■ dare I say (that~)은 '굳이 말하자면,' 혹은 '…라고 해도 될까' 라는 표현으로 뭔가 제안이나 말을 할 때 이게 좋거나 맞는 내용이라는 확신이 안설 때 사용하는 표현이다.

Don't blame me, don't you dare blame me!
날 비난하지마, 멋대로 비난하지 말란 말이야!

- But don't you dare interfere with my life like that. Okay?
그런데 내 삶에 마음대로 끼어들지 마라, 알겠어?

  Don't you dare. We need to act like everything is normal.
그러기만 해봐. 우린 모든 게 정상인 것처럼 행동해야만 해.

> ■■■ don't you dare+V ~, don't you dare you~는 '멋대로 …하지 마라' 라는 뜻. 단독으로 Don't you dare!하면 '그러기만 해봐' 라는 뜻으로 상대방의 행동을 저지할 때 사용하는 표현.

You wouldn't dare harm me!
어떻게 감히 날 해쳐!

- You wouldn't dare talk to me like that if you didn't have that badge and gun.
경찰 뱃지하고 권총을 가지고 있지 않으면서 나한테 그렇게 말할 수 없지.

> ■■■ You wouldn't dare (do sth)!는 단독으로 혹은 뒤에 동사를 이어붙여서 상대방이 감히 그렇게 못할 것이다라는 강한 불신을 품고 있는 표현. '그렇게 감히 못하지' 라는 의미.

How dare you use my client as bait!
어떻게 내 고객을 미끼로 사용할 수 있어?

- How dare you interrogate my client without counsel present.
변호인 없이 내 의뢰인을 어떻게 심문할 수 있니?

  Oh! How dare you! I'm a married woman! 네가 뭔데 그래! 난 유부녀야!

> ■■■ How dare you+V?는 '어떻게 감히 …할 수가 있냐?' 라는 강한 분노의 표현이다. 단독으로 How dare you는 '네가 뭔데,' '네가 감히' 라는 뜻.

> **MORE EXPRESSION**
>
> Do I dare ask? 물어봐도 되요?
> on a dare 도전 삼아

I have to dash. 나 서둘러야 해.

She got her dreams dashed.
걔는 꿈이 박살나버렸어.

- I dashed his new drug discovery dreams? 걔의 신약개발꿈을 내가 박살냈어?
  My girlfriend dashed my hopes of marriage.
  여친이 내 결혼에 대한 희망을 박살냈어.

■■ dash one's hopes는 '…의 희망을 박살내다' 라는 뜻으로 destroy one's hope와 같은 의미이다.

I have to dash. I love you.
난 서둘러야 되는데. 널 사랑해.

- I'll be there. We have to dash. Enjoy your meal, ladies.
  곧 갈게. 급하거든. 여성 여러분, 식사를 즐기세요.
  He cut a dash with his new car. 그 사람은 새 차로 뽐냈어.

■■ I have to dash는 '서둘러야 해' 라는 뜻이고, cut a dash는 '남의 이목을 끌다' 라는 의미.

You look dashing, Ducky.
덕키, 너 멋지다.

- Umm, well he's very dashing. 흠, 글쎄, 걔는 아주 근사해.
  Gale says you don't really like his hat, but I think it's kinda dashing. 게일이 네가 걔의 모자가 별로라고 말했다지만 나로서는 멋있게 보여.

■■ dashing은 '멋진,' '근사한' 이라는 뜻.

D

Oh! Move over. My knees hit the dashboard.
야! 좀 비켜. 내 무릎이 계기판에 닿잖아.

- Like he was keeping a passenger from hitting the dashboard?
  마치 걔는 차에 탄 승객이 계기판에 부딪히는 것을 막으려고 하는 것 같았어?

■■ hit the dashboard는 '계기판에 부닥치다' 라는 의미이다. 공간이 좁거나 또는 충돌 시에 부닥치는 것을 말한다.

Dan's got a date with Serena? 댄이 세레나하고 데이트가 있었니?

I take her out on a date.
그 여자와 데이트를 할거야.

- I don't think these two were out on a date. 이 둘이 데이트를 하는 것 같지 않았어.
  They're on a date. 걔들은 데이트 중이야.

■■ take sb out on a date, go out with sb (on a date)는 '…와 데이트를 하다' 라는 뜻이며 be (out) on a date하면 데이트를 하는 사이다, 그리고 ask sb out on a date하면 '…에게 데이트를 신청하다' 라는 의미이다.

I think I need a date.
난 데이트가 필요해.

- Every woman wants a date on Valentine's Day.
  발렌타인 데이에는 모든 여성들이 데이트를 하고 싶어 해.
  The thing is, the date didn't go that well. 실은 그 데이트가 그리 잘 안됐어.

■■ want a date with는 '…와 데이트를 원하다' 라는 뜻이며 need a date면 '데이트가 필요하다' 라는 뜻.

I'm your blind date from the internet.

난 인터넷 소개팅에서 만난 사람이에요.

- OK, you're on a blind date, sitting across the table is that guy.
  좋아, 너 소개팅 하고 있잖아, 건너편에 앉아 있는 사람이 바로 상대야.

  You guys, have fun on your double date. 친구들, 더블 데이트를 즐기세요.

She must have the hottest date ever.

걘 가장 섹시한 데이트 상대와 데이트를 하고 있을거야.

- Ted's not my date. He's a friend. 테드는 내 데이트 상대가 아냐, 친구지.

  Yesterday my date was NATO. (NATO는 "No Action Talk Only의 축약어.)
  어제 데이트 상대는 손 한번 잡아 보지도 못하고 얘기만 하는 그런 쑥맥이었어.

Chris's got a date with Serena.

크리스는 세레나와 데이트가 있어.

- You just admitted to having a date with her. 걔랑 데이트했다고 인정했어.

  Come on. What, are you worried that he already has a date?
  왜 그래. 걔가 벌써 데이트 약속이 있는 게 걱정이 되니?

I dated a girl like Sally once.

난 한때 샐리 같은 여자애와 데이트를 했지.

- We used to date, but we're friends now. 데이트 했었는데 이젠 친구사이야.

  I like to date more than one person at once.
  난 한 번에 한명 이상과 데이트하는 걸 좋아해.

Pizza dates back to the 16th century.

피자는 16세기부터 시작됐어.

- Our table dates from the 1800s. 우리 테이블은 1800년대 만들어진거야.

- blind date는 '소개팅'을 뜻하며 double date는 '두 쌍의 남녀가 함께 하는 데이트'를 의미한다. 한편 multi-dating은 '여러 명을 만나서 잠깐 대화하는 데이트'를 뜻하며 speed date는 '즉석 만남'을 의미한다. simulate date는 줄여서 simu-date라고도 하는데 '연습 데이트'를 뜻한다.

- one's date는 '데이트 상대' 라는 뜻으로 date는 데이트라는 추상명사 외에 데이트하는 사람이라는 구체명사로도 쓰인다.

- have a date with는 '···와 데이트를 하다' 라는 뜻이다.

- date sb는 '···와 데이트하다' 라는 뜻으로 date another girl on the side면 '양다리 걸치다' 라는 의미가 된다.

- date from은 '···로부터 존재하다,' date back to~는 '···이래 있어왔다' 라는 의미.

MORE EXPRESSION

to date 지금까지
date of birth[birth date] 생년월일
set[fix] a date 날짜를 잡다
up to date 최신의, 지금까지
out of date 구식의, 시대에 뒤진

놓치면 원통한 미드표현들

- **song and dance about** ···에 대해 판에 박은 설명[해명]을 하다

  Don't go into your song and dance.
  구구한 변명을 늘어놓지마라.

- **lap dancing** 랩 댄스, 여성 댄서가 손님의 무릎에서 추는 선정적인 춤

  I'll stay here and get a lap dance.
  난 여기 남아서 랩댄스 받을거야.

- **It dawned on me (that) S+V** ···라는 생각이 떠오르다

  It dawned on me that he didn't have my phone number.
  걔가 내 전화번호를 가지고 있지 않다는 생각이 떠올랐어.

- **at dawn** 새벽녘에

  We'll meet on the field at dawn.
  우린 새벽녘에 운동장에서 만날거야.

- **the new dawn** 새로운 새벽

  Men have been using since the dawn of time to exploit women!
  남성들은 역사가 시작된 이래 여성들을 이용하고 있어.

Randy, you'll make a day of it! 랜디, 하루 종일 즐거울거야

I need to take a day off.
난 하루를 쉬어야겠어.

- You know this is my day off. 오늘은 내가 쉬는 날이잖아.
  This is my day off. 오늘은 쉬는 날이야.

■■■ take[have] a day off는 '하루를 쉬다' 라는 뜻으로 need a day off하면 '하루를 쉴 필요가 있다' 라는 의미이다. 즉, 몸이 아프거나 개인적 사정으로 하루 직장을 쉴 때 쓰는 표현

He's gone for the day.
그 분은 퇴근했어요.

- He's gone for the day. I'm his partner. Can I help you?
  그 분은 퇴근했어요. 제가 그분의 파트너인데 뭐 도울게 있나요?
  Where's Sam? Gone for the day? 샘 어디있어? 퇴근한거야?

■■■ be gone for the day는 '퇴근하다' 라는 뜻이다.

Those days are gone.
그런 시절은 지났어요.

- His clothes are gone, and only her stuff is in the bathroom.
  걔의 옷들이 없어졌고 단지 걔의 물건들만 화장실에 있어.
  Nayak's patient files are gone. 나야크의 환자 서류들이 사라졌어.

■■■ be gone은 '사라지다,' '없어지다' 라는 뜻이다.

He didn't make it. So, how was your day?
걔는 못 왔어. 그래 넌 오늘 어땠니?

- A: How was your day? B: Good. A: 오늘 어땠니? B: 좋았어.
  And how was your day, honey? 여보, 오늘 어땠어요?

■■■ How was your day?는 '오늘 어땠어?' 라는 뜻의 인사말.

I had a bad day.
진짜 재수 없는 날이야.

- I had a big day. 내겐 오늘 중요한 날이었어.
  Tomorrow is a big day. 내일은 아주 중요한 날이야.
  This is not my day. 정말 일진 안 좋네.

■■■ have a bad day는 '일진이 좋지 않다' 라는 뜻이며 have a big day는 '중요한 날이다' 라는 의미. Bad hair day면 '꼬인 날이다.' be not one's day도 역시 '일진이 좋지 않다' 라는 의미.

This is gonna be a long day.
오늘은 힘든 하루가 될거야.

- We have had a very long day. Please answer the question.
  우린 아주 힘들어. 제발 질문에 답 좀 해라.
  We got a long day ahead of us. 앞으로 힘든 날이 닥칠거야.

■■■ have a long day는 '힘든 하루다' 라는 의미.

Rich girl by day, stripper by night.
낮에는 부잣집 여자, 밤에는 스트리퍼.

- By day these soccer moms bake cookies and carpool.
  이 축구 뒷바라지 엄마(사커 맘)들은 낮에는 과자를 굽고 카풀을 해.
  Was he Power Lad by day and a millionaire playboy by night?
  걔는 낮에는 권력 있는 청년이고 밤에는 백만장자 플레이보이였다고?

■■■ by day는 '낮에는' 이라는 뜻으로 during the day라는 의미. by day~ by night하면 '낮에는… 밤에는…' 라는 표현.

D

He never wanted you here from day one.

걔는 처음부터 네가 여기에 오는 걸 원치 않았어.

- From day one she resented my relationship with him.
  그녀는 애초부터 내가 걔와 관계하는 것에 분개했었어.

  They were already targeted, right from day one.
  걔네들은 처음부터 이미 타겟으로 정해졌었어.

■■ from day one은 '처음(애초, 당초)부터'라는 뜻으로 from the beginning과 같은 의미이다.

My friends, I've been with many women in my day.

친구들, 내가 젊었을 때에는 많은 여성들과 놀았어.

- Those were the days, huh? 그 때가 좋았지, 그지?
  A: You guys were at that party B: Those were the days.
  A: 너희들이 그 파티에 있었지. B: 그때가 좋았어.

■■ in my day는 '내가 젊었을 때' 또는 '내가 한창 때'라는 뜻이며 Those were the days면 '그 때가 좋았지'라는 의미로 지금보다 좋았던 시절을 회상하는 표현이다.

The things you just said really made my day!

네가 방금 말한 것은 정말로 날 기쁘게 해.

- You always make my day when you wave and smile hello.
  네가 손을 흔들고 웃으면서 안녕이라고하면 하루가 즐거워져.

■■ make one's day는 '…를 즐겁게 하다'라는 표현이다.

I can answer that. It's all in a day's work.

내가 답할게. 늘상 그래.

- On my last case, the victim is raped and murdered. All in a day's work, right?
  내가 맡은 마지막 사건인데 희생자가 강간당하고 살해되었어. 일상적인 일이지, 그지?

■■ be all in a day's work는 '…는 아주 일상적인 일이다'라는 표현으로 새로울 것이 없다는 뉘앙스를 갖는다.

So, let's just take it one day at a time?

그래, 앞으로 어떻게 될지는 생각지 말자고?

- Don't get so worked up, Karen. Just take it one day at a time.
  카렌, 너무 흥분하지마. 앞으로 어떻게 될지는 생각하지마.

  I said take it one day at a time.
  너무 서두르지 말고 천천히 하자는 말야.

■■ take it one day at a time은 미리 고민하지 않고 닥치면 그때그때 해결한다는 의미로 '앞으로 어떻게 될지 생각하지 않다'라는 표현. take each day as it comes와 그리고 day at a time과 같은 표현. 너무 서두르지 말고 천천히 하자라는 의미.

I have a feeling it's gonna be one of those days.

예감이 안 좋은 날이거든.

- What can I say? It was one of those days.
  어쩌겠어. 별로 안 좋은 날이었어.

  Yeah. Just one of those days, I guess.
  그래, 안 좋은 날인 것같아.

■■ It's (just) one of those days는 '좋지 않은 날이다,' '잘 못 되어가는 것 같다'라는 의미로 과거에 좋지 않았던 날 중의 하나인 것 같다라는 뉘앙스를 갖는다.

Randy, you'll make a day of it!

랜디, 하루 종일 즐거울거야.

- Karen'll pack a lunch, you'll bring the kids, we'll make a day of it.
  카렌이 점심을 싸고 넌 애들을 데려와. 우린 하루 종일 신나게 놀자.

  The family made a day of it at Disneyland.
  가족은 디즈니랜드에서 하루종일 즐거웠어.

■■ make a day of it은 '뭔가 즐거운 일을 하면서 하루를 보내다'라는 관용어적인 표현.

I haven't got all day.

이럴 시간 없어.

- We **ain't got all day** to get this done. Keep it moving.
  우린 마냥 이 일만 할 수가 없어. 빨리 움직여.

  Come on ladies, we **don't have all day**. 자, 여성분들, 이럴 시간이 없어요.

■■■ not have all day, haven't got all day는 '그럴 시간이 없다' 라는 뜻으로 급하기 때문에 마냥 시간을 끌 수 없다면서 상대방을 재촉할 때 사용할 수 있는 표현이다.

It's not every day we get someone famous in here.

여기에 유명인사를 모시는 것은 매일 있는 일이 아니지.

- **It's not every day that** one of my associates gets a big promotion.
  내 동료 중 한명이 크게 승진한 것은 항상 있는 일이 아냐.

  It's not every day I'll be getting an invitation like this.
  이런 초청을 받는 것은 아주 드문 일이야.

■■■ It's not every day (that)~ 는 '매일 …하는 게 아니다' 라는 표현으로 날이면 날마다 그러는 것이 아니라는 뉘앙스. 따라서 '아주 드문 일이다' 라는 뜻.

I was kind of hoping you'd save the day.

네가 실패를 면하기를 원했어.

- She seems to think that the FBI is here to **save the day**.
  걔는 FBI가 어려운 상황을 해결하기 위해 왔다고 생각한 것 같아.

  And that's when uncle Teddy shows up to **save the day**.
  바로 테디 아저씨가 나타나서 어려운 상황을 해결해줬어.

■■■ save the day는 '…을 면하다,' '궁지를 벗어나다' 라는 뜻으로 실패나 곤경에 빠지지 않았다라는 뉘앙스를 갖는다.

That will be the day.

그런 일은 절대로 없을거야.

- **That'll be the day**. 설마 그럴 리가 있나.

  I don't think so, bro. **That'll be the day**. 안 그래, 친구. 그럴 리가 없어.

■■■ That will be the day는 '설마 그럴 리가' 라는 의미의 표현. That will be the day when +불가능한 일)의 단축형이다.

MORE EXPRESSION

back in the day 예전에
the day of reckoning 심판의 날
숫자+if he's a day (나이) 적어도
to this day 지금까지(= up to the present day, until the present day)

D

» die

 I guess old habits die hard. 오랜 습관은 쉽게 없어지지 않는 것 같아.

This strawberry rhubarb jam is to die for.

이 딸기 대황잼 정말 환상이에요.

- I want my Debutante Ball to be something **to die for**.
  내 데뷔 사교무도회가 정말로 멋있었으면 좋겠어.

  You're not the first **to die for** that mistake.
  그 실수를 하고 싶어 안달하는 사람이 네가 처음이 아냐.

■■■ to die for는 '정말 갖고 싶은' 이라는 뜻으로 '환상적인,' '극히 멋있는' 이라는 의미. 또는 '정말로 …하고 싶은,' '…하고 싶어 안달하는' 이라는 의미로도 쓰인다.

Never die on the job.

절대로 순직하지마.

- She **died on** you before you could vent your anger.
  네가 화를 터트리기 전에 걔가 네 앞에서 죽었어.

  Oh, no. Don't **die on** me now! 아냐. 지금 내 앞에서 죽지마!

■■■ die on sb는 '…앞에서 죽다' 라는 뜻이며 die on the job, die in the line of duty면 '순직하다' 라는 의미가 된다.

217

I am dying for a cappuccino. You want one?
난 카푸치노를 무지 마시고 싶어. 너도 원하니?

- Oh Eric's just dying to see that movie.
  오, 에릭은 그 영화를 보고 싶어 죽겠대.

  I'm seeing someone who's dying of lung cancer.
  난 폐암으로 죽어가는 누군가를 보고 있어.

You nearly died when you were a boy.
네가 소년시절 거의 죽을 뻔했어.

- We could have died because of it. 우린 그것 때문에 죽을 수도 있었어.

  She could have died in that accident. 걔는 그 사고로 죽을 수도 있었어.

I guess old habits die hard.
오랜 습관은 쉽게 없어지지 않는 것 같아.

- Principles die harder than people. 원칙들은 사람들보다 더 오래 가지.

  Oh, sorry, love. Old habits die hard. 오, 미안해, 자기야. 오래된 습관은 끈질겨.

Who died and made you king[Pope/God]?
누가 너더러 이런 일을 맡으라고 했어?

- Well, look who died and made you Hayley Mills?
  그래, 저기 네가 무슨 여배우 헤일리 밀즈라도 되는 것처럼 행동하는거야?

  I mean, who died and made him the Sultan of Brunei?
  내 말은 말야, 걔가 왜 그렇게 대단한 사람인 것처럼 행동하냐고?

■ be dying for sth[to do]
는 '…를 무지 하고 싶다' 라는 뜻
으로 be dying of hunger,
thirst, boredom은 '배고파(목말
라, 지루해) 죽을 지경이다' 라는
의미가 된다. 물론 be dying of~
하면 ' …으로 죽다' 라는 원래의
의미.

■ nearly died는 '죽을 뻔하
다' 라는 뜻이고, I could have
died면 '죽을 수도 있었다' 라는
의미.

■ die hard는 '쉽게 없어지지
않는다,' '끈질기다' 라는 뜻으로
앞에 old habit, traditions,
customs 등의 단어가 오게 된다.

■ Who died and made
you king?은 왜 네가 그렇게 중
요한 사람인 것처럼 행동하냐고
묻는 질책성 표현.

MORE EXPRESSION

Never say die. 기운내, 약한 소
리마.
to one's dying day 살아있는 한
The die is cast. 주사위는 던져
졌다.
die laughing 죽도록 웃다

» dead/ death

I wouldn't be caught dead at that show. 난 그 쇼에 절대 나가지 않을거야.

You're dead.
넌 죽었어.

- He's a dead man. 걘 이제 죽었어.

  Pardon the expression! But, I'm dead meat.
  말 함부로 해서 미안해 ! 그래도 난 죽은 목숨이야.

When we get that answer, Bob'll be dead and buried.
우리가 답을 얻을 때 쯤이면 밥은 완전히 끝장나 있을거야.

- Unfortunately, sir, we're dead in the water. 유감스럽게도 우린 가망 없어요.

  If we don't get Radford to talk, we're dead in the water.
  만약 우리가 래드포드의 말문을 못 열면 우린 실패할거야.

■ be dead는 '죽다' be a
dead man이면 '죽은 사람이다'
라는 뜻이다. 또한 dead meat은
비유적으로 '죽은 목숨' 이라는 의
미.

■ be dead and buried는
'재고할 가치가 없다', '완전히 끝
장나다' 라는 뜻으로 논쟁, 문제 또
는 계획 등이 주어로 나온다. 한편
be dead in the water하면 '성
공할 것 같지 않다,' '가망이 없
다' 라는 표현이 된다.

I wouldn't have been caught dead at a prom.
졸업반 프롬파티에 가는 일은 절대 없을거야.

- What respectable New York woman would be caught dead wearing this? 어느 존경할만한 뉴욕 여성이 이런 걸 입는 일이 있겠어?
  I wouldn't be caught dead at that show. 난 그 쇼에 절대 나가지 않을거야.

■■■ wouldn't be caught dead~는 …한 상태로 죽어있는 모습을 절대 보이지 않을 것이라 라는 말로 주어가 '절대 …하지 않겠다'는 아주 강한 의지의 표현.

She dropped dead.
걘 갑자기 죽었어.

- I told her to do the world a favor and drop dead. 난 그녀한테 급사해서 세상에 좋은 일 한번 하라고 말했어.
  Why would you tell her to drop dead? 왜 걔한테 급사하라고 말했니?

■■■ drop dead는 '갑자기 죽다,' '급사하다'라는 뜻.

I'm afraid you're gonna miss that deadline.
네가 그 마감시한을 놓칠까봐 걱정스러워.

- I am so behind on my deadline. 난 마감시한에 너무 뒤쳐졌어.
  It's up against a deadline. 마감에 쫓기고 있어.

■■■ meet[miss] a deadline은 '마감시한을 맞추다[놓치다]'라는 뜻.

What was the cause of death?
사인이 뭐였어?

- Cause of death is multiple gunshot wounds. 사인은 여러발의 총탄 부상이야.
  I guess I don't have to ask about cause of death. 사인에 대해 물어볼 필요가 없다고 생각돼.

■■■ cause of death(COD)는 '사인'이라는 뜻으로 범죄미드에 단골로 나오는 표현.

She was scared to death.
걔는 무서워서 죽을 것 같았어.

- She slowly bled to death. 걔는 천천히 피를 흘리면서 죽었어.
  And the man who beat him to death, is he in this courtroom? 걔를 때려서 죽인 범인이 이 법정 안에 있나요?

■■■ ~to death는 강조표현으로 '…해서 죽다'라는 뜻이다. to the death는 '죽을 때까지'라는 의미.

Sick people shouldn't be put to death.
병든 사람은 처형되어서는 안돼.

- If I'm gonna be put to death, I might as well die right here. 만약 내가 처형될 것이라면 난 지금 여기서 죽는 편이 나아.
  Jack said he thought Tina should be put to death. 잭은 티나가 처형당해야 한다고 생각한다고 말했어.

■■■ put (sb) to death는 '(…을) 죽이다,' '처형하다'라는 뜻.

Your client's headed for death row.
네 의뢰인이 사형수 감방으로 향하고 있어.

- People on death row get a last meal. 사형수들은 최후의 음식을 먹게 돼.
  I'm against the death penalty in principle. 난 원칙적으로 사형에 대해 반대야.

■■■ (on, off) death row는 '사형수 감방에 있다(없다)'라는 뜻. death penalty하면 '사형'을 의미한다.

■■■ sb will be the death of me는 '…때문에 내 명에 못 죽을 거야' 또는 '…가 날 잡아먹겠어'라는 강조 표현이다.

You'll be the death of me (yet).
너 때문에 내 명에 못 죽을거야.

- These things will be the death of me. 이것 때문에 내 명에 못 죽을거야.
  Good God, this party is gonna be the death of me. 야단났어, 이 파티가 날 잡아먹겠어.

MORE EXPRESSION

go dead 죽다, 수명을 다하다
at death's door 죽음의 문턱에서
kiss of death 파멸을 부르는 키스

D

Don't make a big deal out of it. 과장하지마.

Condom? What's the big deal? Let's risk it.

콘돔? 무슨 상관이야? 그냥 하자.

- Oh, what's the big deal, Karl. Your marriage is history anyway. 오, 그게 어때서, 칼. 네 결혼은 어쨌든 지나간 일이야.

  What's the big deal? It's just sex. 뭐가 문제야? 그냥 섹스일 뿐인데.

■ What's the big deal?은 '별거 아니네?,' '무슨 큰일이라도 있는 거야?,' '그게 어때서?,' '그게 무슨 상관이야?' 라는 뜻이다. 한편 What's the deal?하면 현재 무슨 일이 벌어지는지 그 이유를 물어보는 단순 표현이 된다.

Okay, I don't get what the big deal is.

오케이, 난 뭐가 큰일인지 모르겠어.

- I don't know what the big deal is. 뭐가 큰 일인지 모르겠네.

  I really don't see what the big deal is. 뭐가 큰 일인지 정말 모르겠어.

■ not see[get, know] what the big deal is는 '뭐가 큰일인지 모르겠다' 라는 뜻으로 역시 별일 아니다라는 것을 강조하는 표현.

Seriously, it's not a big deal. I will take care of it.

정말로 이건 별거 아냐. 내가 처리할게.

- It's no big deal, really. Don't worry about it. 진짜 별거 아냐. 걱정마.

  Just hanging with her, no biggie. 그냥 그녀하고 얼쩡거리는거야, 별거 아냐.

■ (That's, It's) No big deal은 '별거 아니다,' '대수롭지 않다' 라는 뜻으로 구어체로 No biggie라고 쓰기도 한다. 또한 B.F.D.[Big Fucking Deal!]은 '거 참 대단하군!' 이라는 의미.

It'll be a very big deal to me. Please. Stay.

이건 나한테 아주 중요한 일이야. 제발 남아줘.

- Sex is actually kind of a big deal to some of us.
  섹스는 일부 사람들에게는 실제로 무지 중요한거야.

  Going to a hotel with a man is a big deal to me.
  남성과 호텔에 들어가는 것은 나한테는 무지 중요한 일이지.

■ the big deal (to~)은 '(…에게) 중요한 일' 이라는 뜻이다.

The big deal is that you lied to me.

대단한 건 네가 나한테 거짓말을 했다는거야.

- I guess I just wanted to see what the big deal is.
  뭐가 그리 대단한 일인지 단지 알고 싶었던 것 같아.

  The big deal is that nobody touches food on my plate.
  대단한 건 아무도 내 음식에 손을 대지 않았다는 거야.

■ The big deal is~는 '대단한 점은 …이다' 라는 뜻이고, I just want to know what the big deal is하면 '뭐가 대단한 일인지 알고 싶다' 라는 표현이 된다.

A deal's a deal.

약속한거야.

- Oh, a deal's a deal. It's all yours. 오, 약속은 약속이지, 전부 네거야.

  Yeah, maybe so, but a deal's a deal. I'm sorry.
  그래, 아마도 그렇지. 다만 약속은 약속이잖아, 미안해.

■ a deal's a deal은 '약속은 약속이야' 라는 표현이다.

(It's a) Done deal.

그러기로 한거야.

- I'm afraid it's a done deal. 이미 결정이 난거잖아.

  Now that I know that you want me and love me again, it's a done deal. 네가 다시 날 원하고 사랑한다는 걸 알게 되었으니까 다 된 거야.

■ (it's a) Done deal은 '결정이 난거야,' '그러기로 한거야' 라는 표현으로 final decision이나 agreement를 의미한다.

Deal. You're the best.

좋아. 네가 최고야.

- A: Right, so let's all just not talk. B: Okay. Deal.
  A: 좋아, 전부 말을 하지 말자. B: 오케이. 그렇게 하자.

  A: Do you want to work together or not? B: Deal.
  A: 같이 할거야, 말거야? B: 같이 하자

> ■ Deal!은 '알았어,' '그렇게 하자,' '약속한 거야' 라는 아주 간단한 표현.

It's a deal?

그럴래?

- A: All right, it's a deal. B: Yeah. A: 좋아, 내 약속하지. B: 그래.
  Alright you give me $30, and it's a deal. 좋아, 30달러 주면 된거야.
  That was not the deal. 그건 얘기가 다르잖아.

> ■ It's [That's] a deal은 '그러기로 한거야,' '내 약속하지' 라는 표현이다.

Let's make a deal.

이렇게 하자.

- How about we make a deal? Give me one more day.
  타협하면 어때? 하루만 더 줘.

  So what? You go behind my back and make a deal with my mom? 그래서? 나 몰래 내 엄마하고 거래를 해?

> ■ make a deal은 기본적으로 '거래를 하다' 라는 뜻으로 '타협하다,' '협상하다' 라는 의미도 있다.

D

Don't make a big deal out of it.

과장하지마.

- Come on, are you going to make a big deal about this?
  왜 그래, 이걸로 난리칠려고?

  It was a harmless little kiss! Why is everybody making a big deal about this? 이건 아무런 해가 되지 않는 작은 키스였어! 왜 모두가 난리야?

> ■ make a big deal out of 는 '…을 과장하여 생각하다,' '…으로 큰 소동을 부리다' 라는 의미이다. out of 대신에 about를 써도 된다.

I got a raw deal.

속았어. 불공평한 처우를 받았어.

- We got a good deal. 우린 한 건 했어.
  Good deal! 잘했어!

> ■ get a raw deal은 '부당한 대우를 받다' 라는 뜻으로 raw deal은 '부당한 처사' 라는 의미로 good deal, great deal의 반대 의미. 한편 Good deal은 감탄사로 쓰이는데 '잘했다' 라는 의미.

We figure out a strategy to deal with this.

이걸 다룰 전략을 찾아낼거야.

- I can deal with it. 가능해.
  I can't deal with the raw stuff. 날 음식은 못 먹어.

> ■ deal with는 '…를 다루다,' '처리하다' 라는 뜻이다. 한편 deal with it하면 '정신 차려' 라는 표현.

We have a deal?

동의하니?

- I thought we had a deal. 얘기가 다 됐다고 생각했는데.
  I have a deal to propose. 제안할 내용이 있는데.

> ■ have a deal은 '동의하다,' '얘기가 되어있다' 라는 뜻이다.

What's the deal?
도대체 어떻게 된 거야?

- **What's** your **deal**, anyways? 넌 어떻게 하자는 건데?
  So, **what's** the **deal** here? Am I getting lucky tonight?
  그래, 도대체 뭐야? 내가 오늘밤 운이 좋다는 거야?
  What's your **deal?** 무슨 속셈이야? 너 왜그래?

Here's the deal.
이렇게 하자.

- Okay, **here's** the **deal.** I need information. 좋아, 거래하자. 난 정보가 필요해.
  Okay, **here's** the **deal.** We're sort of broke. 좋아, 거래하지. 우린 빈털터리야.

No deal.
그렇게는 안 되겠는데요.

- If the number's **no good**, there's **no deal.** 숫자 안맞으면 합의할 수 없지.
  But you're bringing me breakfast in bed or **no deal.**
  그러나 내 침대로 아침식사를 가져오지 않으면 타협은 없어.

MORE EXPRESSION

The deal went sour. 그 거래는 잘 안됐어.
deal a blow to~ 피해를 끼치다
deal breaker 관계[거래]를 깨트리는 것

» decent

It's me. Are you decent? 난데, 들어가도 되겠니?

Are you decent?
들어가도 돼?

- A: Everybody **decent?** B: Yeah, come in. A: 들어가도 돼? B: 그래, 들어와.
  Mike? It's me. Are you **decent?** 마이크? 난데, 들어가도 되겠니?

He was charged with indecent exposure.
걔는 외설적인 노출죄로 기소되었어.

- Five counts of attempted murder, one count of **indecent exposure.** 5차례의 살인미수, 한번의 외설적 노출죄 항목.
  Heard you just copped a plea for **indecent exposure.**
  외설적 노출로 형량을 낮추기로 했다며.

놓치면 원통한 미드표현들

- **have an easy delivery** 순산하다
  She had an easy delivery. 걔, 순산했어.

- **on delivery** 배달과 동시에 **make a delivery** 배달하다
  I'm just making my regular delivery.
  난 그저 통상적으로 배달하고 있는거야.

- **don't be dense** 어리석게 굴지마
  I guess I'm a little dense. 내가 좀 멍청해 졌나봐.

- **be one's department** …의 일이다, …의 분야이다
  And accounting is not my department.
  회계는 내 분야가 아냐.

You've gone off the deep end. 넌 불같이 화를 냈어.

Deep down I knew better.

난 사실은 그게 아니라는 것을 알고 있었어.

- Because deep down, you didn't want to show up at the party.
  왜냐면 사실은 네가 파티에 오고 싶지 않았기 때문이야.

  They called her a bitch, but deep down, they know she's right.
  개들은 그녀를 미친년이라고 불렀지만 사실은 걔가 맞다는 걸 알아.

■ deep down은 '사실은 말이야'라는 표현. 알면서도 인정하기 싫어하거나 혹은 모르고 있었지만 선뜻 말하기 힘든 말을 꺼낼 때 시작하는 표현.

You've gone off the deep end.

넌 불같이 화를 냈어.

- The last time she went off the deep end, she got really messed up. 지난번 걔가 매우 화를 냈을 때 완전히 망가졌어.

  Ray is in the hospital after going off the deep end.
  레이는 화를 벌컥내고는 병원에 있다.

■ go off (at) the deep end는 '매우 화내다'라는 뜻으로 별 근거 없이 화를 버럭 내다는 뉘앙스를 갖는다.

Most wounds run deeper than imagined.

대부분의 상처는 생각보다 더 깊어.

- Your father died. Your issues run deeper than Vicodin.
  네 아버지가 돌아가셨지. 네 문제들은 바이코딘보다 훨씬 문제가 심각해.

  Let's just say, I'm not afraid to go deep to find out who someone really is. 진짜 누구인지 알아보려고 깊게 들어가도 난 두렵지 않다고 치자.

■ run[go] deep은 '…가 깊다'라는 뜻으로 어떤 상황이나 문제 등이 심각하다는 비유적 의미로도 쓰이기도 한다.

Still waters run deep.

깊은 물은 고요히 흘러.

- Y'know they say that still waters run deep and I wanna swim in yours. 고요한 물은 깊다라는 말이 있잖아, 난 너의 깊은 물에서 수영하고 싶어.

  It's hard to say because still waters run deep.
  벼는 익을수록 고개를 숙이기 때문에 말하기 어렵네.

■ still waters run deep은 '고요한 물은 깊게 흐른다'라는 표현이다. 덕망이 높고 생각이 깊은 사람은 잘난체 하거나 떠벌리지 않는다는 격언.

His background is in deep bio-technology.

걔의 학문적 배경은 심도 있는 생명공학이야.

- He was in deep with a bookie. 걔는 마권업자와 깊이 개입되어 있었어.

  House is still deep in thought. 하우스는 아직도 깊은 사색에 빠져 있어.

■ be in (too) deep은 '깊이 개입되다', '관련이 되어 있다'라는 표현. 또한 deep in thought ~는 '깊은 사색에 빠지다'라는 의미가 된다.

I've searched the depths of my soul.

난 깊은 자기반성을 했어.

- We hunt the worst of humanity we see the depths of depravity. 우리는 타락의 심각성을 볼 수 있는 최악의 인간들(극악범죄자)을 쫓고 있어.

  I've overestimated the depths of our friendship.
  난 우리 우정의 깊이를 너무 높게 평가했어.

■ (see~) the depths of sth은 '…의 심각성을 파악하다'라는 의미가 된다.

D

» defeat

I need to stay undefeated. 난 불패로 남아 있어야 해.

But that would defeat the purpose.
그러나 그건 목적에 어긋날거야.

- Your honor, this defeats the purpose of the use of DNA test.
  판사님, 이건 DNA 실험의 목적에 위배되는 겁니다.

  I could, but that would defeat the purpose of doing it here.
  가능하지만 여기서 직접 한다는 목적에 어긋나지.

■ defeat the purpose는 '목적에 어긋나다' 라는 뜻이다.

Alan, I need to stay undefeated.
알랜, 난 불패로 남아 있어야 해.

- Still undefeated. I think my closing made all the difference.
  아직도 불패야. 내 마지막 변론이 먹혀들어갔다고 생각돼.

  The basketball team hopes to stay undefeated. 농구팀은 지지않기를 바래.

■ still[stay] undefeated는 '패할 줄 모르다' 라는 뜻. 변호사가 계속 승소할 경우에도 사용할 수 있는 표현.

Are you really admitting defeat?
너 진짜 패배를 인정하니?

- You just admitted defeat. 넌 방금 패배를 인정했어.

  We knew you'd accept defeat gracefully. 패배를 품위있게 인정하리라 알고있었어.

■ admit defeat는 '패배를 인정하다' 라는 뜻이다.

» defense/ depend

The defense rests. 변론을 마칩니다.

The defense rests.
변론을 마칩니다.

- Your Honor, the defense rests. 재판장님, 변론을 마칩니다.

  Your Honor, the defense rests and moves for dismissal.
  재판장님, 변호를 마치면서 휴회를 제청합니다.

  This is a deceptive attempt by the defense. 이건 변호인단의 속임수야.

■ The defense rests는 법정용어로 '변론을 마치다' 라는 표현. the defense는 집단적으로 '변호인(단)' 을 의미한다.

In my defense, the cleaning lady came on to me!
내 변명을 하자면 여자 청소부가 나를 유혹했어!

- Well, y'know in my defense I was a lousy father.
  글쎄, 날 변명하자면 난 한심한 아버지였어.

  I just wanna say one little thing in my defense.
  내 입장에서는 잠깐 한가지 이야기만 말하고 싶어.

■ in sb's defense하면 '…의 변명을 하자면,' '…를 옹호하자면,' '내입장에서는' 이라는 뜻.

That (all) depends.
상황에 따라 다르지.

- A: Is that a crime? B: It depends.
  A: 이건 범죄니? B: 글쎄, 상황에 따라 다르지.

  A: Are you arresting me, or are you buying me a drink? B: Ah, it depends. A: 날 체포할거니 아니면 한 잔 살거니? B: 아, 상황에 달려있지.

■ it depends는 '상황에 따라 다르다' 라는 의미이다. 상황이나 사정에 따라 다르다는 뉘앙스.

I'm depending on you.
널 믿고 있어.

- Well, it depends on how many mothers are on the jury.
  글쎄, 배심원단에 엄마가 몇 명이나 있는지에 달려있어.

  I think that our lives may depend on it.
  우리 삶이 이것에 달려 있을 수도 있어.

■ depend on은 '…에 의지하다,' '…에 달려있다' 라는 의미로 앞서 나온 rely on, rest on, count on과 같은 표현.

She's completely dependent on Adam.
걔는 완전히 아담한테 의존해 있어.

- Why do you need Katie to be so dependent?
  케이티가 왜 그렇게 너한테 의존적이길 바라는거야?

  My happiness is not dependent on my best friend being miserable and alone. 내 절친이 비참하고 외롭다고 해서 내가 행복한 것은 아니지.

■ be dependent on은 '…에 의존[의지]하다' 라는 뜻이다. independent는 반대로 '독립되어 있는,' '독자적인' 이라는 의미.

D

» depress

Mark suffered from depression. 마크가 우울증으로 고생했어.

She's really depressed.
걘 정말 우울해.

- Ever since, Janey's been depressed and agitated.
  그때 이후로 제니는 울적하고 동요하고 있어.

  She's depressed because she's pathetic and she can't get boys.
  걘 자신이 한심하고 남자들을 사귀지 못해 울적해해.

■ be[feel, get] depressed는 '우울증에 걸리다, 빠지다' 라는 뜻으로 '기분이 가라앉아 있다' 라는 의미.

She said Mark suffered from depression.
마크가 우울증에 걸렸다고 걔가 말했어.

- You'd fall into a deep depression and eventually you would die.
  넌 심한 우울증에 걸려서 결국 죽고 말거야.

  It sounds like your wife's going through postpartum depression.
  네 아내가 산후 우울증을 겪고 있는 것 같구나.

■ depression은 '우울증'을 뜻한다. 따라서 postpartum depression은 '산후 우울증'을 treat depression하면 '우울증을 치료하다' 라는 표현.

» deserve

She deserved what she got. 걔는 마땅히 가진 걸 누릴 만해.

He deserves to go to jail.
개는 감옥에 갈만 해.

- And that means she deserved to die? 그렇다면 개는 죽어도 된다는거야?
  You did all that stuff. You deserve to go. 그거 다했으면 넌 가도 돼.

> ■ **deserve to~**는 '…할 만 하다'라는 뜻으로 You deserve to+V하면 '넌 …할 만해,' 너는 '…할 지격이 있다'라는 의미가 된다.

You deserve a wonderful life together.
너희들은 함께 멋있는 생활을 누릴 자격이 있어.

- You deserve this opportunity. 넌 이 기회를 받을 자격이 있어.
  You are still a member of this team, and they deserve your support. 넌 여전히 이 팀 멤버이고 걔네들은 너의 도움을 받을 자격이 있어.

> ■ **deserve sth**은 '…를 누릴 만하다,' '…를 가질 지격이 있다'라는 의미이다. deserve a rest [a medal, consideration, attention] 등의 표현으로 쓰인다.

You deserve it.
넌 그럴 자격이 돼.

- I hope you have a good trip, too. You deserve it. 여행 잘해. 넌 즐거워지.
  Go bother her parents. They deserve it. 가서 개 부모들을 좀 괴롭혀. 그래도 싸.

> ■ **You deserve it**은 '넌 그래도 돼,' '넌 그럴 자격이 있어'라는 의미. deserve it은 이처럼 뭔가 자격이 있음을 혹은 부정적인 문맥에서는 '…해도 싸다,' '잘 당했다'라는 의미로도 쓰인다.

So now she deserved what she got.
그래 이제 개는 마땅히 가진 걸 누릴 만해.

- I'm gonna tell you why I deserve everything I get.
  내가 왜 마땅히 모든 걸 누려도 되는지 너한테 말해줄게.
  Look, you deserve what you get. 이봐, 넌 마땅히 네 것을 누릴만해.

> ■ **deserve all[everything] you get**는 '네가 마땅히 모든 걸 누릴 자격이 있다'라는 뜻으로 deserve what sb get도 '…가 마땅히 가질만하다'라는 의미.

Orson, this child deserves better.
올슨, 이 애는 보다 나은 대접을 받아야해.

- No. It's just you deserve better. 아냐, 단지 네가 좀 더 나은 대우를 받아야해.
  I'm not proud of what I did. You deserve better.
  난 내가 한 일에 대해 자랑스럽지 않아, 네가 더 대접을 받아야해.

> ■ **deserve better**는 '보다 나은 대접을 받아야 한다'라는 의미.

You know, you two deserve each other.
알잖아, 너희들 서로 잘 만났어.

- You two deserve each other. If you wanna go, just go.
  너희 둘은 잘 만났어. 가고 싶으면 그냥 가버려.

> ■ **deserve each other**는 '둘이 잘 만났다,' '서로 잘 어울리다'라는 표현이다.

> **MORE EXPRESSION**
>
> **well-deserved** 충분한 자격이 있는

놓치면 원통한 미드표현들

- **designated driver** 지명운전자
  I'm the designated driver. 난 지명 운전자야.

- **destroy sb[sth]** …를 부수다, 파괴하다
  Life is too precious. Do not destroy it.
  인생은 너무도 소중해. 파괴하지마.

- **treat sb like dirt** …를 인간취급 안하다
  He's a punk. He treated women like dirt.
  개는 날라리야. 여성을 인간취급하지 않아.

- **hit pay dirt** 노다지를 캐다
  We might hit pay dirt. 의외로 건수를 올릴 수도 있어.

I'd like to know the details. 난 세부내용을 알고 싶어.

I didn't want to get into details in front of Blair.

블레어 앞에서 구체적인 것들을 거론하고 싶지 않았어.

- As a gentleman, I would prefer not going into details.
  신사로서 난 세부적으로는 들어가지 않을게.

■ be into details는 '상세한 내용에 관심이 있다' 라는 뜻으로 go[get] into detail하면 '구체사항을 거론하다' 라는 의미가 된다.

Still, I'd like to know the details.

아직도, 난 세부내용을 알고 싶어.

- I need to know the details of your sex life. 너 성생활의 구체적 내용을 알아야 해.
  If you didn't do it, how did you know the details of the murder?
  네가 안 그랬으면 그 살인사건의 세부내용에 대해 어떻게 알고 있는 거니?

■ know the details는 '세부적인 것을 알다' 라는 뜻. 또한 iron out the details하면 '세부사항을 검토하여 마무리짓다' 라는 의미이고 go over the details하면 '구체적인 것들을 검토하다' 라는 표현.

You're detailed, you have a following.

넌 미행당하고 있어, 뒤쫓는 사람이 있다는 거지.

- Please leave a detailed message. 구체적인 메시지를 남기세요, .
  We're gonna need you to give us a detailed description.
  넌 우리한테 구체적인 묘사를 해줄 필요가 있어.

■ detailed+명사하면 '구체적인 …' 라는 형용사이지만 detail이 동사로 쓰이면 '미행을 하다' 라는 의미로도 쓰인다.

D

So you made a deal with the devil? 그래, 네가 악과 타협을 했다고?

You were running like the devil's chasing you.

넌 미친 듯이 뛰고 있었어.

- To run like the devil's chasing you. My excuse - I'm training.
  미친 듯이 뛰는 것. 내 변명은 내가 현재 훈련 중이기 때문이야.
  Run fast, like the devil's chasing you. 빨리 달려, 미친듯이 뛰라고.

■ like the devil's chasing you는 '미친 듯이' 라는 뜻. '마치 악마가 뒤에서 쫓아오는 것 같이' 라는 문자그대로의 의미를 새기면 된다. 한편 like the devils면 '맹렬하게' 라는 뜻이다.

You're just playing the devil's advocate.

넌 일부러 반대를 위한 반대를 하고 있을 뿐이야.

- I was just playing devil's advocate. 난 단지 반대를 위한 반대를 하고 있는 거야.
  Let me play the devil's advocate for a while.
  한동안 일부러 반대를 위한 반대를 할게.

■ play the devil's advocate은 '일부러 반대하다' 라는 뜻. 중요한 결정을 할 때 group think (집단사고)의 위험을 피하기 위해 '반대를 위한 반대' 를 해보는 것을 의미한다. 미국의 특정 정부부처에는 이런 일을 전담하는 office of devil's advocate도 있다.

Huh. Speak of the devil. And I mean that.

허, 호랑이도 제 말하면 온다더니. 진짜네.

- Speak of the devil, and he does appear, wearing his trademark scarf. 호랑이도 제 말하면 온다더니 걔가 특유의 스카프를 하고 나타났어.
  It may be a sin, but it's not devil worship. 죄일순 있는데 악마숭배는 아냐.

■ speak of the devil은 '호랑이도 제 말하면 온다더니' 라는 표현. 또한 devil worship하면 '악마숭배', devil worshipper는 '악마숭배자' 라는 의미. 한편 banish the devil하게 되면 '악령을 추방하다' 라는 의미가 된다.

So you made a deal with the devil?

그래, 네가 악과 타협을 했다고?

- Blaming the devil for his cannibalism wasn't enough to lessen his guilt. 걔의 잔인함에 대해 악마 탓을 하는 건 걔의 죄를 감해주는데 충분하지 않았어.

  Webster woke up one day, and realized he had sold his soul to the devil. 웹스터는 어느 날 깨어나서 자신이 영혼을 악마에게 팔았다는 걸 깨달았어.

■ make a deal with the devil은 '악과 타협[거래]하다' 라는 뜻이고, sell one's soul to the devil하면 '영혼을 악마에게 팔다' 라는 의미.

Mike just calls him the devil.

마이크는 걔를 그냥 악마라고 불러.

- Five minutes of her on the stand and they'll see she's the devil. 걔가 증언석에 5분만 있으면, 걔가 악마라는 걸 알게 될거야.

  You might think I'm the devil in just a second.
  넌 바로 내가 악마라고 생각하게 될거야.

  Come on. I saw you, you little devil. 왜 그래. 내가 널 봤지, 이 악동아.

■ You're the devil은 '네가 나쁜 놈이야' 라는 문장. 또한 call sb the devil하면 '···를 악마라고 부르다' 라는 의미이다. 또한 little devil은 '개구쟁이,' '악동' 이라는 뜻이며 poor devil은 '불쌍한 놈[자식]' 이라는 의미.

What the devil is she talking about?

걔는 도대체 뭐에 대해 말하고 있는 거야?

- What the devil're you doing anyway?
  어쨌든 넌 도대체 뭘 하고 있는거니?

  What the devil is Anne talking about?
  도대체 앤은 무슨 얘기를 하고 있는거야?

■ What[Who,Why] the devil~?은 '도대체' 라는 뜻으로 의문문 내용을 강조한다.

MORE EXPRESSION

between the devil and the deep blue sea 진퇴양난에 빠지다

» dibs

I called dibs on him at that party! 난 그 파티에서 걔를 찍었어!

How did he get dibs on that?

어떻게 걔가 그걸 먼저 차지했던 거야?

- You know I have first dibs on designer everything.
  디자이너 제품들은 다 내가 먼저라는 거 알잖아.

  I can't believe, Edie. She doesn't have dibs on every man on the planet. 에디, 난 믿을 수가 없어. 걔가 지구상의 모든 남자를 찜해 놓은 것은 아니잖아.

■ have got dibs on은 '··· 을 먼저 차지하다,' '···을 찜하다' 라는 뜻으로 먼저 권한을 주장한다는 말.

I called dibs on him at that party!

난 그 파티에서 걔를 찍었어!

- Dude, back off. I called dibs on Stephanie.
  친구들, 물러서. 스테파니는 내가 찍었어.

  Don't shake your head at me! I called dibs on him at that party! 나한테 고개를 가로 젓지마. 그 파티에서 내가 걔를 먼저 찜했어.

■ call dibs on은 '···에 대해 찜을 해두다,' '···를 찍어두다' 라는 의미.

» dick

He was a total dick. 걔는 완전히 멍청이었어.

He was a total dick.

걔는 완전히 멍청이었어.

- **Stop dicking around.** 그만 빈둥대.
  You are a fucking asshole, you know that? You're a dick.
  넌 괘씸한 놈이야. 알아? 넌 멍청이란 말이야.

I need your dick now.

난 지금 네 거시기가 필요해.

- **I told all this to the other two dicks.** 이 모든 걸 다른 2명의 형사에게 말했어.
  His dick is like a gherkin! I feel so terrible. 걔 거기가 오이피클같아! 진짜 끔찍해.
  A : What's going on? Why are you crying? B : James has a small dick. A: 무슨 일이야? 왜 우니? B: 제임스 그게 작아.

■■■ **dick around**는 '빈둥거리
다,' '엉뚱한 일로 시간을 낭비하
다' 라는 뜻이고 명사로 dick은
'멍청한 놈' 이라는 의미.

■■■ **dick**은 '남자성기' 즉
penis를 의미하며 또 다른 뜻으로
는 '탐정' 이란 의미로도 쓰인다.

MORE EXPRESSION

take one's[the] dick 맹세하다
(every) Tom, Dick and Harry
누구나, 평범한 사람들, 어중이떠중이

D

» difference

What difference does it make? 그래서 달라지는 게 뭔데?

What's the difference?

그게 무슨 상관이야?

- **Yeah, to be honest, I don't see much difference.**
  그래, 솔직히 말하면 별로 차이를 느끼지 못하겠어.
  The only difference is they were manually strangled.
  유일한 차이는 걔들은 손으로 교살되었다는 거야.

That makes a difference.

그거 확실히 다른데.

- **It's gonna make a difference.** 차이가 있을거야.
  Your closing made all the difference. Thank you very much.
  너의 맺음말이 중요한 영향을 미쳤어. 무척 고마워.

What difference does it make?

그래서 달라지는게 뭔데?

- **What difference does it make? Fat is fat.** 그래서 뭐가 달라져? 지방은 지방야.
  What difference does it make? I'm still fired. 그래서 뭐가 달라져? 난 잘렸는데.

(It) Makes no difference to me.

상관없어.

- **It's not gonna make any difference.** 전혀 상관없어.
  They went to jail, and it didn't even make any difference.
  걔들은 투옥되었지만 그것조차 별 상관이 없었어.

■■■ **What's the difference
between A and B?**는 'A와 B
의 차이점이 뭐지?' 라는 표현이며
there's a difference between하
면 '···간에 차이가 있다' 라는 의
미이다. 또한 see the difference
면 '차이를 알게 되다' 라는 뜻.

■■■ **make a[the] difference**
는 '차이가 나다,' '다르다' 라는
뜻이며 make all the difference
하면 '···에 중요한 영향을 미치
다' 라는 의미가 된다.

■■■ **What difference does
it make?**는 '그게 무슨 차이가
있어?' 라는 의미.

■■■ **It makes no difference
to sb**는 '···에 상관이 없다' 라는
뜻이다.

I know that we've had our little differences.

우리가 의견차이가 좀 있었다는거 알아.

* I propose we resume our relationship and attempt to resolve our differences. 우리 관계를 다시 시작하고 의견차이를 해결해보도록 하자.

    We get along, but we have our differences. 잘지내지만 우린 차이가 있어.

■■■ have one's differences 는 '입장[의견]의 차이가 있다' 라 는 뜻이며 settle[resolve] one's difference면 '차이를 해소[해결] 하다' 라는 의미이다.

Maybe I won't know the difference.

아마도 난 그 차이를 알지 못할거야.

* She doesn't know the difference between truth and lies. 걔는 진실과 거짓의 차이를 알지 못해.

    How could you tell the difference between Alex's voice and his father's? 넌 어떻게 알렉스 목소리하고 걔 아버지 목소리 차이를 구별 못하니?

■■■ know the difference는 '차이를 알다' 라는 뜻이며 tell the difference between하면 '…간 의 차이를 구분하다' 라는 의미.

And the wisdom to know the difference.

그 차이를 아는 현명함을 주소서.(기도문)

* Peter: "God, grant me to serenity to accept the things I cannot change, the courage to change the things I can, and the wisdom to know the difference." 베드로: 하나님, 제가 변화시킬 수 없는 것을 받아들일 수 있는 평온함을 주시옵소서. 제가 할 수 있는 것 을 변화시킬 용기와 함께 그 차이를 아는 현명함을 주시옵소서.

■■■ the wisdom to know the difference 기도문에 나오 는 것으로 '차이를 아는 현명함을 주소서' 라는 의미의 구절.

MORE EXPRESSION

difference of opinion 의견 불 일치

» dig

 Can you dig it? 내 말 이해하겠어?

Garcia, dig up everything you can.

가르시아, 가능한 한 모든 걸 다 파헤쳐.

* Unfortunately, my P.I. has yet to dig up an unpaid creditor. 불행하게도 내가 고용한 탐정이 미수 채권자 한명을 파헤쳐야 해.

    We've been digging all day trying to find a connection. 우린 하루 종일 연계된 사람을 찾으려고 조사하고 있어.

■■■ dig up은 '파헤치다' 라는 뜻이며 그냥 dig만 써도 '조사하 다,' '파헤치다' 라는 의미.

Jim has managed to dig him out.

짐은 걔로부터 정보를 캐내었어.

* I'll go see if I can dig out a dress from my old closet. 옛 옷장에서 드레스 하나를 찾아낼 수 있는지 알아볼게.

    She's done digging out the car. 걔는 차를 완전히 뒤져봤나 봐.

■■■ dig out은 '안 쓰던 것을 찾아내다,' '진실[정보]을 알아내 다' 라는 뜻이다.

What do you think, people? Come on, dig deep.

어떻게 생각들 하세요? 한번 깊이 생각해보세요.

* I'd like you to help me dig deeper. 내가 깊이 파고드는데 도와주길 바래.

    If you dig deep enough on any of us, we all have our sins, including Reid. 깊이 파보면 리드를 비롯해서 우리 모두가 죄를 지고 있지.

■■■ dig deep은 '깊이 파고드 다' 라는 뜻.

Let's dig into this turkey.

칠면조 먹자.

- A: Oh, thank God, I'm starving! B: Well, dig in. I am way too tired to eat. A: 어휴, 배가 넘 고파. B: 그래 먹어, 난 너무 피곤해서 못 먹겠어.

  He didn't want us digging into his background.
  걔는 우리가 걔의 배경을 파헤치는 걸 원치 않았어.

> ■ dig in(to)은 '바로 먹다,' '정보를 찾으려고 파다' 라는 뜻. Dig in하면 '자, 먹자' 라는 의미로 많이 쓰이는 표현이다.

You really dig me mucho?

정말 날 많이 좋아해?

- I really dig him. 나, 그 남자 정말 좋아해.

  Hey, you know who'd really dig seeing this experiment?
  야, 누가 이 실험을 정말 보고 싶어 했는지 알잖아?

> ■ dig은 '…을 좋아하다,' '관심을 갖다' 라는 뜻으로 I dug it하면 '나 그거 좋아했어' 라는 말이 된다.

We went digging around your apartment, Tom.

우린 네 아파트를 샅샅이 뒤지러 갔어, 톰.

- The boys dig around in a box. 남자 애들이 빅스 하나를 뒤지고 있어.

  Greg's been digging through William's computer.
  그렉은 윌리암의 컴퓨터를 파헤치고 있어.

> ■ dig around는 '…를 뒤지다,' dig through는 '…를 파헤치다' 라는 뜻.

But I want you to keep digging.

그러나 네가 계속 파기를 원해.

- Keep digging until you find the truth. 네가 진실을 알 때까지 계속 파봐.

  Do you really want me to start digging around in your life, Mrs. Forte? 포르테 부인, 내가 당신 삶을 파헤치기 시작하기를 정말 원하나요?

> ■ keep digging은 '계속 파다' 라는 뜻이며 start digging이면 '파기 시작하다' 라는 뜻.

We did a little digging.

우린 좀 파보았어.

- I did some digging on those emails. 난 그 이멜들을 일부 뒤져보았어.

  We did some digging, and we found your overseas accounts.
  우린 일부 조사해봤는데 네 해외계좌들을 찾아냈어.

> ■ do some digging은 '일부 조사해보다,' '일부 뒤져보다' 라는 뜻이며 do a little digging은 '약간 파보다' 라는 뜻이 된다.

Can you dig it?

내 말 이해하겠어?

- I want you to shake your tail feathers down here ASAP, you dig? 넌 여기서 빨리 꼬리 좀 내려와야해, 알겠니?

  I don't like big brother getting into my business, ya dig?
  형님이 내 사업에 끼어드는 걸 원치 않아, 알겠어?

> ■ You dig?은 '좀 알겠어?' I dig it하면 '알겠어' 라는 의미로 여기서 dig은 understand란 의미.

He was known for digging up dirt on folks.

걔는 사람들 스캔들을 캐내는 것으로 알려져 있어.

- I know you've been trying to dig up dirt on me.
  네가 나에 대해 나쁜 소문을 내려고 하고 있다는 걸 알고 있어.

  Why are you digging up dirt on Mr. Hartley?
  넌 왜 하틀리 씨를 험담하고 다니니?

> ■ dig up dirt on~은 '…의 스캔들을 캐내다' 라는 뜻이다. 또한 dig dirt는 '험담을 하다' 라는 의미인데 여기서 dirt는 '험담,' '스캔들' 이라는 의미.

I'm digging myself a hole, here.
난 여기서 <u>스스로</u> 무덤을 파고 있어.

- You're digging a political grave, Counselor.
변호사님, 당신은 정치적 무덤을 파고 있어.

  They're digging in their heels on principle.
  걔들은 원칙에 대한 입장을 고수하고 있어.

Are you calling me a gold digger?
나더러 꽃뱀이라고?

- So our victim is now a gold-digging whore. 희생자는 꽃뱀 창녀야.
  She looks like exactly the kind of gold digger. 걘 전형적인 꽃뱀같아.

■■■ dig one's own grave는 '스스로 무덤을 파다' 라는 뜻이며 dig oneself a hole도 같은 의미. 한편 dig in one's heels이면 '자기 입장을 양보하지 않다' 라는 의미가 된다.

■■■ gold digger는 '돈 많은 남자와 결혼하는 사람' 으로 우리말로 하자면 '꽃뱀' 이라고 할 수 있다.

MORE EXPRESSION

dig sb out of trouble 곤경에서 구해내다
make a dig at 빈정대다

» dime

 Drop a dime on me and I'm gonna kill you. 밀고하면 널 죽여버릴거야.

She got this on someone else's dime?
걔는 이걸 다른 사람 돈으로 얻었니?

- Let the locals handle it. You're on our dime now.
그건 현지인들이 처리하라고 해. 넌 지금 우리 돈을 받고 있잖아.

  On your own dime? Are you crazy? 네 돈으로 하려고? 너 미쳤니?

Bitch didn't leave me a dime.
그 년이 나한테 한 푼도 남기지 않았어.

- None of us are gonna get a dime out of Denslow hospital.
우리 누구도 덴슬로 병원으로부터 한 푼도 받아내지 못할거야.

  You do if you want a dime out of me. What's it for?
  한 푼이라도 돈을 받아내려면 말해. 어디다 쓰려고?

He's never had to earn a dime.
걔는 결코 돈을 벌 필요가 없었어.

- This is a promotional item. Didn't cost me a dime.
이건 판촉 상품이야. 공짜였어.

  If you're legally divorced when he signs the contract, then you don't see a dime. 걔가 계약에 서명을 해 법적으로 이혼상태가 된다면 넌 한 푼도 없을 거야.

She'll drop the dime on the captain.
걔는 대장을 밀고할거야.

- They won't drop a dime on their wife and kids? 걔들은 가족을 배반하지 않을걸?

  Yo, bitch, drop a dime on me and I'm gonna kill you, yo?
  미친년, 날 한번 밀고해봐 내가 널 죽여버릴거야, 알겠어?

■■■ on one's dime은 '···의 돈으로' 라는 뜻이며 on who's dime?이면 '누구 돈으로?' 라는 의미.

■■■ get a dime out of는 '···로부터 돈을 받다' 라는 뜻이며 give sb a dime은 '···에게 돈을 주다,' leave sb a dime은 '···에게 돈을 남기다' 라는 뜻이 된다.

■■■ earn a dime은 '돈을 벌다' 라는 뜻이며 cost sb a dime은 '···에게 돈이 들다' 라는 의미이다. 한편 see a dime하면 '돈이 되다' 라는 뜻으로 주로 부정적 표현과 합쳐서 '한 푼도 없다' 라는 표현으로 쓰인다.

■■■ drop the[a] dime은 '밀고하다,' '배반하다' 라는 의미.

Pencil-neck geeks are a dime a dozen.
약골 괴짜는 매우 흔해.

- It seems like murder trials are a dime a dozen.
  살인사건 재판은 매우 흔한 것 같아.

  And crimes like that are a dime a dozen down here.
  그런 범죄는 여기서는 매우 흔해.

I don't think Harvard would nickel and dime people like that.
하버드 대학이 그런 사람들에 대해 인색하게 대우하리라 생각지 않아.

- The girl's wearing dime store clothes and living on the street.
  그 여자애는 싸구려 가게 옷을 입고서 이 거리에 살고 있어.

  It's not worth a dime. 그건 값어치가 전혀 없어.

■ a dime a dozen은 '매우 흔한,' '값어치 없는' 이라는 뜻.

■ nickel-and-dime은 동사로 '인색하게 굴다[대우하다]' 라는 구어체 표현. 한편 not worth a dime은 '값어치가 전혀 없는' 그리고 dime store는 '10센트 가게' 라는 뜻으로 '싸구려 가게' 라는 의미이다.

MORE EXPRESSION

Can you spare a dime? 한 푼줍쇼?

» dirty

I love it when you talk dirty to me. 네가 나한테 야한 말을 할 때가 좋아.

They must know who the real dirty cop is.
걔들은 누가 진짜 부패 경찰인지 알아야만 해.

- Yeah. It sounds kinda dirty, doesn't it?
  그래, 약간 지저분하게 들리네, 그렇지 않니?

  I guess we just found our dirty cop. 부패경찰을 우리가 찾은 것 같아.

■ dirty는 '지저분한,' '부정한' 이라는 뜻이다. 미드에 많이 나오는 dirty cop은 부패경찰.

We're looking into a murder, not dirty photos.
우린 야한 사진이 아니라 살인사건을 조사하는거야.

- I don't see any dirty pictures in here.
  여기서 야한 사진을 하나도 찾을 수 없어.

  It's still the dirtiest joke I've ever heard in my life.
  이건 내 생애 들은 것 중 제일 야한 농담이야.

■ dirty word는 '욕' dirty jokes는 '야한 농담' dirty weekend는 '기분 나쁜 주말' 이라는 뜻이 된다.

I love it when you talk dirty to me.
네가 나한테 야한 말을 할 때가 좋아.

- Guy liked to talk dirty in bed. 남자들은 섹스 중에 야한 말을 하는 걸 좋아해.

  Don't even try to make it up to me by talking dirty.
  야한 얘기로 내게 보상할 생각은 아예 하지마.

■ talk dirty (to~)는 서로가 흥분과 스릴을 느끼기 위해서 '성적농담을 하다' 라는 뜻이다.

Everyone knows you have Linda do your dirty work.
네가 린다에게 네가 하기 싫은 비열한 일을 시킨 걸 모두 알고 있어.

- You do the dirty work, only you don't get paid.
  비열한 짓을 하면 돌아오는 건 없을거야.

  I guess that makes me your dirty little secret.
  내가 너의 더러운 비밀이 되는 것 같네.

■ do one's dirty work은 '비열한 짓[협잡]을 하다' 라는 뜻으로 문맥에 따라서는 '성행위,' '살인' 등을 의미하기도 한다.

They gives Jack a dirty look.

개네들이 잭을 째려봐.

- I want you to put your arm around me and give him a dirty look.
  네 팔로 날 감싸고서 걔를 노려봐.

  Joey turns and gives Peter a dirty look. 조이는 돌아서서 피터를 째려봐.

■ give sb a dirty look은 '…를 째려보다,' '…를 업신여기 다' 라는 뜻이다.

You're constantly complaining about the dirty tricks.

넌 계속해서 그 비열한 행동에 대해 불평하고 있어.

- I know all the NYPD's dirty tricks.
  난 뉴욕경찰이 하는 모든 비열한 짓을 알아.

  That was a dirty trick haunting me with my past.
  그건 나의 불행한 과거를 떠올리게 하는 비열한 계략이었어.

■ dirty trick은 '비열한 짓[계 략]' 또는 '흠집내기' 를 의미한다.

The court case aired the couple's dirty laundry.

이 소송은 부부의 더러운 치부를 드러냈어.

- Do you really think that I'm enjoying airing my dirty laundry in public? 내가 공개적으로 내 치부가 드러나는 걸 즐긴다고 생각하는거니?

■ air one's dirty laundry 는 '…의 치부를 드러내다' 라는 표현이다.

It's a dirty job, but somebody's gotta do it.

이건 더러운 일이지만 누군가는 해야 돼.

- I deliver newspapers. It's a dirty job, but somebody's got to do it. 난 신문을 배달해. 힘든 일이지만 누군가는 해야 되잖아.

  My point is it was simply a dirty job and I chose to let you do it.
  내 요점은 이게 지저분한 사건이어서 자네가 하도록 선택했다는거야.

■ It's a dirty job, but someone had to do it은 '이 건 더러운 일이지만 누군가 해야 해' 라는 표현.

He had his cousin Amir fashion a dirty bomb.

걔는 사촌 아미르로 하여금 더티 밤을 제조토록 시켰어.

- A: A dirty bomb. B: Where is it now? A: 더티밤. B: 지금 그게 어디 있는데?

  It's a dirty bomb, designed to explode and disperse highly radioactive cobalt-60. 이건 더티밤으로, 폭발하면 고방사능 코발트 60을 퍼트리게 돼.

■ dirty bomb은 닦지 않아 서 더러운 폭탄이 아니라 '방사능 물질이 들어있는 폭탄' 을 의미하 는데 그냥 '더티밤' 이라고도 쓴다.

You knew it was time to play dirty.

비열한 반칙을 해야 되는 때라는 걸 넌 알고 있었어.

- She wants to play dirty? So be it! 걔는 반칙하길 원하는데, 해보라고 해.

  If there's one thing about Ivan, he doesn't play dirty.
  이반에 대해 한 가지를 말하자면 걔는 반칙을 안해.

■ play dirty는 게임이나 대 화에서 '부정한 반칙을 하다' 라는 뜻이다.

You're a dirty old man.

넌 더러운 늙은이야.

- You know what the problem is? You're a dirty old man.
  뭐가 문제인지 아니? 바로 네가 더러운 늙은이라는 거야.

■ dirty old man(DOM)은 '더러운 늙은이' 라는 뜻으로 주로 젊은 여성에게 성적 관심을 대단 히 많이 갖는 나이든 남성을 지칭 한다.

MORE EXPRESSION

sth is a dirty word …는 금기 어이다

dirty one's hands 노가다하다

» dismiss

You're dismissed. 가도 좋아.

You're dismissed, Jenny. For good.

영원히. 다시 올 생각 마, 제니.

- **Class is dismissed.** 수업끝났어요.
  Case dismissed. 사건이 기각되었어요.
  Couple of assault charges, mostly dismissed. 몇건의 폭행죄는 대부분 기각됐어.

■■■ **be dismissed** 학교수업이 끝나거나 군대에서 용무 끝낸 부하에게 가보라고 할 때 혹은 법적사건이 기각되는 것을 말한다. 사람 혹은 수업이나 소송 등이 주어로 오고 다음에 be dismissed를 붙이면 된다.

You had to dismiss the rape case.

강간사건을 취하해야 했어.

- **I move to dismiss this proceeding.** 이 소송절차를 기각하는데 동의해.
  The motion to dismiss is granted. 기각요청은 받아들여졌습니다.

■■■ **dismiss the case [charge, claim]**는 사건[기소, 주장]을 취하하다.

Don't you dismiss my rules.

내 규칙을 묵살하지 마요.

- **Don't dismiss things you know nothing about.**
  네가 아무 것도 모르는 것에 대해 묵살하지 마라.
  Don't come here and dismiss our rules. 여기와서 이 규칙들을 묵살하지마.

■■■ **dismiss sth[sb]**는 일축하다, 묵살하다, 생각을 버리다.

D

» distance

Why don't you go the distance? 시작한 걸 끝내지 그래.

Is it within walking distance?

걸어서 가도 되는 거리인가요?

- **Lived within walking distance from here.**
  여기서 걸을 수 있는 거리 안에서 살았어.

■■■ **within walking distance**는 '걸어서 갈 수 있는 거리' 라는 뜻이다.

It's a good distance.

상당히 먼 거리야.

- **Now we can see something in the distance.** 이제 멀리 뭔가를 볼 수가 있어.
  So we can't be seen from a distance, right?
  그래서 멀리서는 우리가 안보이지, 그렇지?

■■■ **in the distance**는 시공간적으로 '멀리' 라는 뜻으로 at [from] a distance하면 '멀리서부터' 라는 의미가 된다.

I promise from now on I'll keep my distance from you.

약속하는데 지금부터 너와 거리를 둘게.

- **You use your humor as a way of keeping people at a distance.**
  넌 사람들과 거리를 두기 위해 유머를 사용해.
  I'll keep my distance until he calms down. 걔가 진정될 때까지 거리를 둘거야.

■■■ **keep one's distance**는 '안전하게 거리를 두다' 라는 뜻. keep sb at a distance하면 '…와 급속히 가까워지는 걸 피하다,' '…와 거리를 두다' 라는 의미가 된다.

Why don't you go the distance?

시작한 걸 끝내지 그래.

- I'd be able to be a stand-up guy and go the distance, y'know?
  난 한 눈 팔지 않고 끝까지 해낼 수 있을거야, 알아?

  If anyone can go the distance, she can.
  누구든 끝까지 해낼 수 있다면 개도 할 수 있어.

■ go the (full) distance는 '시작한 걸 끝내다' 라는 뜻이다.

I needed to distance myself from the agonizing truth that she's dead.

개가 죽었다는 괴로운 사실을 좀 잊을 필요가 있었어.

- So you want to distance yourself from your mistakes by staying away from me? 나와 떨어져 네가 저지른 실수에서 도망치겠다는거야?

  We think it'd be best if you could distance yourself from her.
  네가 그녀로부터 거리를 둔다면 최고로 좋을 거라고 생각해.

■ distance oneself (from sth)는 '연루되지 않다,' '거리를 두다' 라는 뜻이다.

Has he always been this distant with you, or is this something new?

개는 항상 너하고 이정도 거리를 두었니 아니면 뭔가 새로운 게 있는 거야?

- You're seeking out your husband's most distant and forgotten relative. 넌 네 남편의 가장 멀고 잊혀진 친척을 찾고 있는 거지.

  I'm really sorry I've been distant. 좀 신경을 쓰지 못해서 정말 미안해.

■ (be) distant는 '거리를 둔,' '먼,' '친하지 않는' 이라는 뜻이다. in the dim and distant past하면 '오래 전' 이라는 의미이고, distant look은 '다른 생각을 하는' 이라는 뜻.

» disturb

 Oh! Do not disturb. I'm eating. 오! 방해하지마. 식사 중이잖아.

I hope I haven't disturb you.

방해가 되지 않았으면 합니다.

- We won't disturb you unless there's a problem.
  문제가 있기 전에는 방해하지 않을게요.

  Mrs. Young? Didn't mean to disturb you. Your front door was wide open. 영 부인? 방해할 생각은 아닌데요. 대문이 활짝 열려있어서요.

  Well, I'm sorry to disturb her, but it's Dr. Richardson.
  방해해서 미안하지만 리차드 박사님이세요.

■ disturb sb는 '…를 방해하다' 라는 뜻으로 자는 경우에는 '깨우다' 라는 의미도 된다. sorry to disturb you, but은 '방해해서 미안하지만…' 이라는 뜻이다.

Oh! Do not disturb. I'm eating.

오! 방해하지마. 식사 중이잖아.

- Actually, I'm quite disturbed by it.
  사실 난 그걸로 무척 혼란스러워.

  She is disturbed by the beeping of alarms in the room.
  개는 방에서 나는 경보음 소리에 동요했어.

■ Do not disturb는 '방해하지마라' 라는 뜻으로 호텔에서 방해하지 말라고 문고리 (doorknob)에 걸어두는 표지판에 적힌 문구로 유명하다. 수동태로 be disturbed하면 '방해를 받다' 또는 '혼란스러워지다,' '동요되다' 라는 의미가 된다.

You had to know this guy was disturbed.

넌 이 친구가 정신적 장애가 있다는 사실을 알아야만 했어.

- It's a facility for the disturbed or addicted. 정신장애나 중독자들을 위한 시설야.

■■ disturbed sb는 '정신적 장애가 있는 사람'이라는 의미가 된다.

There's some sort of disturbance at the police station.

경찰서에서 약간의 소란상태가 발생했어.

- I am sorry for the disturbance. 소란을 펴서 미안해요.
  They called the cops last week on a domestic disturbance.
  걔들은 지난 주 가정불화로 경찰을 불렀어.

■■ disturbance는 '소란상태,' '소요사태'라는 의미이며 sorry for the disturbance는 '소란을 펴서 미안하다'라는 표현. 또한 domestic disturbance는 '가정불화' 또는 '집안싸움[다툼]'이라는 의미이다.

MORE EXPRESSION

disturb the peace 치안질서를 어지럽히다

» ditch

 I've ditched class before! 난 전에도 수업을 빼먹은 적이 있어!

Hailey didn't ditch the weapon.

헤일리는 무기를 버리지 않았어.

- So do you think he ditched his phone? 그래서 걔가 전화를 버렸다고 생각해?
  We found his car ditched in a barn outside town.
  도시 외곽 한 창고에 걔 차가 버려진 것을 발견했어.

■■ ditch는 무기나 자동차, 핸드폰 등 가지고 있던 것을 '버리다'라는 뜻이다.

We got to ditch these girls.

우린 이 여자애들과 헤어져야만 해.

- A: Yeah, you gotta' ditch her. B: Obviously. A: 걜 버려. B: 당근이지.
  So badly that I just ditched my best friend when she needed me.
  그녀가 날 필요로 했을 때 난 최고의 절친을 그냥 버릴 정도로 안좋았어.

■■ ditch는 또한 '갑작스럽게 연인과 헤어지다,' '그냥 일시적으로 버리고 가다'라는 의미.

I ditched class to be with my boyfriend.

난 남친을 만나려고 학교를 빼먹었어.

- I've ditched class before! 난 전에도 학교를 빼먹은 적이 있어.
  A: And where can we find her? B: Making up for the classes you ditched? A: 걔를 어디에서 찾을 수 있을까? B: 네가 빼먹은 수업을 보충하려고?

■■ ditch class는 '학교에 가지 않다(skip class)'라는 뜻이다.

MORE EXPRESSION

last-ditch attempt[effort] 필사적인 시도[노력]

 놓치면 원통한 미드표현들

- **be[get] discharged** 퇴원하다, 제대하다
  I discharged him from the hospital.
  난 병원에서 걜 퇴원시켰어.

- **(dis)honorable discharge** (불)명예제대
  I'm going to go get your discharge papers.
  네 제대서류를 가서 가져올게.

- **be a disgrace to** …에 불명예[치욕]이다
  You're a disgrace to our community.
  넌 우리 동네에 불명예야.

- **disgrace one's name[family]** …의 이름[가문]을 더럽히다
  She cheated on me. She disgraced our family. 걔는 바람폈어. 걔는 우리 집안의 이름을 더럽혔어.

That's what you always do. 넌 늘 그런식이잖아.

That's it, we're done for the day.

그래, 우린 퇴근할거야.

- 2:00 in the afternoon and he's done for the day? 오후 2시에 퇴근했다고?
  We're done for the day. 그만 가자.

■■ be done for the day or night은 '퇴근하다' 라는 뜻이다. be gone for the day와 같은 말.

But I am done. Done!

그래도 난 끝났어. 끝냈다고!

- A: It's done! B: Done! A: 다 끝냈어! B: 됐다고!
  Done! I'm done! I totally finished first. 끝냈어. 끝났다고! 제일 먼저 해냈어.
  Are you done? Hurting me back? 다 끝났어? 날 다시 상처줄거야?

■■ Done!은 '됐어!,' '끝냈어!' 라는 표현이다. (Are) You done? 또한 '다 했니?' 라는 뜻.

I'm done with this.

이거 다 끝냈어.

- Oh, are you done with that? I'll take it. 아, 그거 다 본거야? 내가 가져갈게.
  No, I'm all done with casual sex. 아냐, 캐주얼 섹스는 이제 다 끝났어.
  I should just say I'm done with him. 걔하고 끝났다고 해야겠지.

■■ be done with는 '…을 끝내다' 라는 의미로 with 다음에는 먹는 거, 장소, 이용하는 물건 등 다양하게 올 수 있다.

So, we done here?

그래, 이제 다 됐죠?

- We're not done here. Just relax. 아직 안 끝났으니 긴장풀어.
  I think we're done here. Thank you. 다 마무리 된 것 같아. 고마워.
  Izzie, you're done here. I need you to leave the room.
  이지, 넌 끝장이야. 이 방에서 나가줘.
  I think my help is done here. 내가 도와줄 건 다 한 거 같아.

■■ We're done here은 미드에서 무척 많이 나오는 표현. 문맥에 따라 상대방과 얘기하다 그만 끝내자는 짜증나는 말투로 '얘기할 것 다 했어,' 혹은 남녀가 우리 '이제 끝났어' 라고 할 때 그리고 범죄세계에서는 '우린 이제 죽었어' 등 다양하게 쓰인다.

No. It's done, it's over.

아냐. 끝났어, 끝났다고.

- It's done. Let's go. 벌써 끝난 일이지. 가자.
  Well, what's done is done. I'm moving on. 지난일야. 담 단계로 넘어갈게.

■■ It's done now는 '벌써 끝난 일이야' 라는 표현. 또한 It's all done하면 '다 됐어,' Can it be done?하면 '끝낼 수 있겠어?' 라는 뜻이 된다. 참고로 What's done is done은 '이미 끝난 일이야' 라는 의미이다.

Yeah, well done brother.

그래, 잘 했어 형제.

- I'll have the chicken teriyaki, well done. 치킨데리야끼 먹을래, 잘 익혀서.
  I said, well done! 잘 했어! 라고 내가 말했지.

■■ well done은 '잘했어' 라는 뜻으로 Very well done하면 '아주 잘 했어요' 라는 표현이다. 또한 식당에서는 주로 스테이크가 '잘 익은' 이라는 의미.

That is how it's done.

이렇게 된거야.

- We each protect our own. That's how it's done.
  우린 서로 우리 것들을 보호해. 그래서 이렇게 된거야.
  If I tell you how it's done, will you go home? 방법 말해주면 집에 갈래?

■■ That is how it's done은 '이렇게 된거야,' '이런 식으로 되는거야,' '그건 그렇게 되는거야' 라는 표현이다.

All right, let's show them how it's done.

좋아. 어떻게 그렇게 되는 건지 보여주자.

- Okay, Castle. You show me how it's done. 그래, 캐슬. 어떻게 된건지 보여줘.
  I'd be happy to show you how it's done. 어떻게 된 건지 기꺼이 보여줄게.

■ show them how it's done은 '어떻게 된 건지 보여주다' 라는 뜻으로 see how it's done이면 '어떻게 된 것인지 알게 되다' 라는 의미가 된다.

Oh, my God. What have you done?

오, 하나님. 무슨 짓을 한거야?

- Who are you, and what have you done with my girlfriend?
  넌 누구며 내 여친을 어떻게 했니?
  What did you do with Chuck's money? 척의 돈을 어떻게 한거야?
  Damn it, man, what have you done? 제기랄, 도대체 뭔 짓을 한거야?

■ What have you done? 은 '무슨 짓을 한거야?' 라는 의미. 또한 What did you do with~는 '…을 어떻게 했니?,' 라는 말로 What have sb done with~?와 같은 의미.

What have you done to me?

나한테 이럴 수 있어?

- What have you done to our family? 우리 가족에게 무슨 짓을 한거야?
  I'm gonna give you this letter so you'll remember what you've done to me. 너한테 이 편지를 줄거야 그러면 네가 우리한테 한 짓을 기억할 수 있겠지.

■ What have you done to sb[sth]?은 '…에게 이럴 수 있니?,' '…을 어떻게 한거야?' 라는 놀람과 충격의 표현.

D

You don't know what you've done.

넌 네가 무슨 짓을 했는지 모를거야.

- Look, I don't know what you've done. 이봐, 난 네가 무슨 짓을 했는지 모르겠어.
  Now you see what you've done? 이제 네 죄를 인정하겠지?
  Good god! What have we done? 맙소사! 우리가 무슨 짓을 한거지?

■ not know[see] what sb have you done은 sb가 무슨 짓을 했는지 모르고 있다라는 말로 상대방의 행동에 이해가 가지 않을 때 혹은 상대방이 저지른 충격적인 행동을 말하기 앞서 던지는 표현.

What is it you've done?

너 무슨 짓을 저지른거야?

- I see you're sweating. What is it you've done?
  땀을 흘리던데. 무슨 짓을 한거야?
  You are very lazy. What is it you've done? 너 참 게으르다. 어떻게 한거야?

■ What is it you've done? 은 상대방에게 무슨 짓을 저지른 거야라고 궁금해서 물어보는 표현.

What would I have done without you?

네가 없었더라면 어쩔뻔했어?

- Thank you so much. What would I have done without you?
  넘 고마워. 너 없었으면 어쩔뻔했어?
  It was a success. What would I have done without you?
  성공했어. 너 없었으면 어쩔뻔했어?

■ What would I have done without you?는 '네가 없었더라면 어쩔뻔 했어?' 라는 감사의 강조표현.

I have to do my hair and shave my legs.

난 머리를 하고 다리를 면도해야 돼.

- I thought we'd start with my make up and then do my hair.
  먼저 화장을 하고 나서 머리를 하려고 생각했어.
  Lily likes a clean sink, so I do the dishes right away.
  릴리는 깨끗한 싱크를 좋아해서 난 즉시 설거지를 해.

■ do one's hair[nails, make-up]는 '머리, 손톱관리, 화장을 하다' 라는 뜻이며 do the laundry[dishes]하면 '빨래[설거지]를 하다' 라는 의미.

239

It does nothing for me.

그건 나한테 전혀 도움이 되지 않아.

- The art does nothing for your misery. 예술은 네 고통에 도움이 되지 않아.
  The medicine did nothing for my toothache. 이 약은 내 치통에 전혀 도움 안돼.

do nothing for는 '…에 도움이 되지 않는다,' '전혀 효력이 없다' 라는 의미.

You do as you're told, understand?

시키는 대로 해, 알겠니?

- So they think they can do as they please. 그래서 걔들은 하고 싶은 대로 할 수 있다고 생각해.
  Go where you please and do as you please. 가고 싶은 대로 가고, 하고 싶은 대로 해라.

do as you're told는 '시키는 대로 하다,' '하라는 대로 하다' 라는 의미이며, do as they please하면 '하고 싶은 대로 하다' 라는 의미가 된다.

I wanna do it right.

제대로 해결하고 싶어.

- I think you're gonna do it right now. 넌 지금 바로 그걸 해야 할 걸.
  We could just do it right here. 우린 바로 여기서 그걸 할 수 있어.

do it right은 '제대로 하다,' 한편 do it right now하면 '지금 바로 그걸 하다' 라는 뜻이다. 또한 do it right here하면 '바로 여기서 그걸 하다' 라는 뜻이 된다.

All right, you do that.

좋아, 그렇게 해.

- A: You know, I'll try to be gentle. B: Oh, you do that.
  A: 있잖아, 조심할게. B: 오, 그렇게 해.
  A: I will let you know when I get there. B: All right, you do that.
  A: 도착하면 알려줄게. B: 좋아, 그렇게 해.

You do that은 '그렇게 해' 라는 표현으로 우리에게 뭔가 좀 어색하지만 실제 미드에서는 엄청 많이 쓰이는 표현이다.

Yeah, I'll do that.

그래, 그렇게 할게.

- A: Let me know if you have any thoughts. B: I'll do that.
  A: 특별한 생각이 나면 알려줘. B: 그렇게 할게.
  Well, let's do this. 응, 이거 하자.

I'll do that은 '그렇게 할게' 라는 표현으로 You do that과 함께 꼭 기억해두어야 한다. 또한 Let's do that[this, it]의 형태로 '…을 하자' 라고 말할 수 있다.

Will do. Where you headed?

알았어, 너 어디로 가는데?

- A: We're meeting at the dorms tonight. Come find me. B: Will do.
  A: 오늘 밤에 기숙사에서 보자. 내 방으로 와. B: 그럴게.
  A: Say goodbye before you leave. B: Will do.
  A: 떠나기 전에 작별인사를 해. B: 알았어.

will do는 '그렇게,' '알았어' 라는 의미로 I'll do that이라는 의미가 된다.

What's he have to do with that?

걔가 그것하고 무슨 관계가 있니?

- Does it have to do with drugs? 그 사건이 마약하고 관련이 있는 거니?
  We didn't want anything to do with it.
  우린 그것하고 관련이 있는 어떤 것도 원치 않아.

have to do with는 '…와 관련이 있다' 라는 뜻. 반대는 have nothing to do with로 전혀 관련이 없다라는 의미.

Let's do it again.

또 만나자.

- Let's do this again sometime. 조만간 다시 한 번 모이자.
  We must do this again sometime. 조만간 다시 한 번 뭉쳐 보자고요.

■■ Let's do it again은 '또 다시 만나자'라는 의미로 모임이 끝나고 헤어질 때 쓸 수 있는 말.

I do this all the time.

난 항상 이렇게 해.

- It's not like I do this all the time. 내가 항상 이렇게 하는 것은 아냐.
  Don't get me wrong. I do this all the time. 오해하지마. 난 늘상 이렇게 해.

■■ do this all the time은 '항상 이렇게 한다,' '늘상이래'라는 뜻.

Yeah. We can do that. Of course we can do that.

그래. 할 수 있지. 물론 할 수 있어.

- I think I can do that. 내가 할 수 있을 것 같아.
  We can't do this anymore. 우린 더 이상 이걸 할 수가 없어.

■■ I can do that[it, this]은 '내가 할 수 있어'라는 뜻으로 I can do it하면 '할 수 있어' I can't do this하면 '할 수 없어'라는 표현이 된다.

Don't push. You can't do that.

압력 넣지마. 그러면 안 되지.

- You can't do that. This girl is a victim of sexual assault.
  그러면 안 되지. 이 여자애는 성폭행의 희생자야.
  You can't do that. It's censorship. 그러면 안되지. 그건 검열이야.

■■ You can't do that!은 '그러면 안 되지'라는 뜻으로 상대방을 저지, 금지하는 행위.

I did all I knew.

난 최선을 다했어.

- I've done everything you asked me to do. 네가 원하는 모든 것을 다했어.
  I'll do my damnedest. 최선을 다할거야.

■■ do all I~는 '모든 것을 다 하다,' '최선을 다하다'라는 의미로 do everything~, do one's damnedest도 같은 의미이다.

D

놓치면 원통한 미드표현들

- **do[wash] the dishes** 설거지를 하다
  I hate doing my dishes right away.
  난 바로 설거지하는 것을 싫어해.

- **dish out** 음식을 서빙하다
  dish it out 비난하다(criticize)
  I'll dish out clam chowder soup at first.
  처음에 대합차우더 수프를 서빙할거야.
  That's not my dish. 그런 건 나와는 거리가 멀어.
  Just stop dishing it out for one night!
  하룻밤이라도 비난 좀 하지마!

- **ditto** 동감이야 ditto (for) sth …도 마찬가지야
  You were great, and Nick ditto.
  넌 대단했어, 닉도 마찬가지고.

- **John Doe** 남자 이름을 모르거나 비밀로 가명처리할 때 쓰는 말. 여성일 경우에는 Jane Doe.
  We booked you as John Doe.
  널 존 도우라고 가명으로 예약했어.
  So Jane Doe was never reported missing.
  그래 제인 도우는 결코 행방불명으로 보고되지 않았어.

I did it! You did it!

해냈어! 해냈구나!

- I did it. I'm taking her to the wedding. 해냈어. 그녀를 결혼식에 데려갈거야.
  You did it, babe. You got in. 네가 해냈구나. 합격했어.

■ I did it!은 '해냈어' 라는 뜻으로 중요한 목표를 달성했다는데 초점이 있다.

I did it for you, Michael.

마이클, 널 위해서 했어.

- You did it to keep him from corrupting other kids.
  걔가 다른 애들을 망치지 못하도록 네가 그렇게 했지.
  You lie! You did it on purpose! 거짓말! 넌 일부러 그런 거야!

■ Sb did it for[to]~는 '…을 위해서 했다' 라는 뜻이며 did it on purpose면 '의도적으로 그걸 했다' 라는 의미가 된다.

No can do. Presentation is tomorrow.

안 되겠는걸. 발표가 내일이야.

- Don't tell me about the girl. No can do.
  그 여자애에 대해서 나한테 말하지마. 안 되겠어.
  A: I need to see the body again. B: No can do. Released six hours ago. A: 그 시신을 다시 봐야겠어. B: 안 되겠는데. 6시간 전에 인도되었어.

■ No can do는 '안되겠는 걸' 이라는 뜻이다.

But don't do that again.

그러나 더 이상 그러지마.

- Dude, don't do that. 야 임마, 그러지마.
  Dad, don't ever do that again. 아빠, 더 이상 그러지 마세요.

■ Please don't do that은 '제발 그러지마' 라는 뜻. 또한 don't do that anymore는 '더 이상 그러지 마' 라는 뜻으로 Don't ever do that again, Don't do that again 등과 유사한 표현. Don't ever try to do it 하면 '시도조차 하지마' 라는 의미.

That should do it. You OK?

그 정도면 됐어. 너도 그렇지?

- That's why we made it this wide. There. That should do it.
  그래서 이렇게 넓게 만든 거야. 저기. 그 정도면 됐어.
  A: I will see to it. Anything else I can do? B: That should do it. Thank you, Luciano. A: 알아볼게. 또 다른 것은? B: 그 정도면 됐어. 고마워, 루치아노.

■ That should do it은 '그 정도면 됐어' 라는 뜻이며 That ought to do it도 같은 의미.

When you want to push someone's buttons, that'll do it.

네가 누군가를 화나게 하고 싶을 때 그 정도에서 그쳐.

- A: I think she knew Jane's secret and was blackmailing her. B: Yep, that'll do it.
  A: 걔가 제인의 비밀을 알고 협박을 한 것 같아. B: 그래, 이제 그만.
  Thank you, boys. That will do. 고마워, 애들아. 이제 됐어.

■ That will do (it)는 '이제 그만,' '이제 됐어' 라는 뜻이며 의문형인 Will that do it?하게 되면 '그거면 충분하지?' 라는 의미가 된다. Will that do?도 같은 의미이다.

It won't do to lie to your parents.

부모님께 거짓말하면 안되지.

- It won't do to skip the funeral. 장례식을 안가면 안되지.
  That won't do. You need to change clothes.
  그러면 안돼. 옷을 갈아 입어야 돼.

■ That won't do는 '그렇게 해서는 안돼' 라는 금지의 표현. 안되는 내용을 구체적으로 함께 말하려면 That won't do to+동사 라고 하면 된다.

Chris and Serena are doing it.
크리스와 세레나가 그걸 하고 있어.

- You want to do it on the table this time? 이번에는 테이블위에서 할래?
  Do it. Make contact. 그렇게 해. 접촉하라고.
  Come on, you can do it. 그러지마, 넌 할 수 있다고.
  Please don't do it. 제발 그러지마.

■ do it은 우리말로도 '그거 하다' 라는 뜻으로 성관계(섹스)를 은유적으로 의미하는 표현이다. 그렇다고 do it만 보면 무조건 그 거라고 통제불능의 상상력을 발휘 하면 안된다. 일반적인 의미로 쓰 이는 경우가 더 많기 때문이다.

How're you doing?
괜찮아?

- So the real question is: How are you? 진짜 물어보는 건 너 괜찮냐는거야.
  I have absolutely nothing. How are you doing? 난 괜찮. 넌 어때?

■ How're you doing?및 How are you?는 안부인사로만 머리에 박혀있는데 실제로는 만나 고 난 이후에도 상대방이 좀 이상 할 때 혹은 상대방이 어떻게 하고 있는지 물어볼 때도 많이 쓰인다 는 점을 알아야 한다. 언어에서 고 정관념을 깰 수 있는 좋은 경우.

Mike, she's doing it again.
마이크, 걔가 또 그래.

- And yet, here we are doing it again. 그런데, 여기서 우리가 또 그러네.
  I won't be doing it again, ever. 난 결코 다시는 그러지 않을거야.

■ do it again은 '또 그런다' 라는 뜻으로 You're doing it again(또 그러네)이라는 표현이 많이 쓰인다.

Well, that does it! Now I am mad!
글쎄, 됐어! 난 화가 있거든.

- All right, that does it. 좋아, 됐어.
  That does it. You are banned from this bar!
  됐어. 넌 이 바에는 다시는 오지마.

■ That does it!은 '됐어' 라는 뜻으로 더 이상 이 상황을 받 아들일 수 없다는 뉘앙스로 쓰이 는 표현이다.

You can't do this to me!
나한테 이러면 안 되지!

- I committed myself voluntarily! You can't do this to me!
  내가 자발적으로 한다고 했잖아! 나한테 이러면 안되지!
  A: You can't do this to me. B: I know. I'm sorry.
  A: 나한테 이러면 안 되지. B: 알아, 미안해.

■ You can't do this to me는 '나한테 이러면 안 되지,' '이러지마' 라는 뜻으로 경우에 어 긋나는 걸 밥먹듯이 하는 쓰레기 같은 인간들한테 쓸 수 있는 말.

I wonder what's doing at the house.
난 집에서 무슨 일이 생기고 있는 지 궁금해.

- I just can't imagine how you're doing it.
  네가 그걸 하는 방법을 알 수가 없어.
  I wonder what's doing at the club tonight.
  오늘밤 클럽에서 무슨 일이 일어날지 궁금해.

■ wonder[imagine] what [how]'s doing~?은 무슨 일인 지, 무슨 일이 어떻게 돌아가는지 궁금할 때 사용하는 표현.

You would do well to learn that name.
저 이름을 기억해두는게 나을거야.

- He'd do well to be reminded of its cruelty.
  걘 그것의 진혹함을 기억해두는게 좋을거야.
  You would do well to shut up for a while.
  넌 잠시 입다물고 있는게 좋을거야.

■ sb would do well to do 는 '…하는 게 나을거야' 라는 의 미로 상대방에게 충고나 조언을 할 때 사용한다.

I could do with a cognac.

난 꼬냑 한 잔이 필요해.

- Personally, I could do with a little less magic.
  개인적으로 난 약간의 마술 같은 게 필요해.

  I figure I could do without the company of men entirely.
  난 남성들이 옆에 없어도 잘 지낼 수 있다고 생각해.

■ could do with sth는 '… 할 필요가 있다,' '…가 필요하다' 라는 뜻으로 반대로 could do without하면 '…없이 지내다' 라는 의미가 된다.

You couldn't do it all.

넌 절대 그렇게 못할거야.

- You didn't do it because you couldn't do it.
  넌 그렇게 못하니까 하지 못한거야.

  Let me guess. You couldn't do it. 글쎄. 넌 절대 못할거야.

■ You couldn't (do that)! 은 상대방이 그렇게 못할 거라는 확신하에 '절대 못할걸,' '그렇게 못할거면서' 라는 의미이다.

Wait, what are you doing with that?

잠깐, 그걸 갖고 어떻게 하려고?

- What are you doing with my USB? 내 USB로 뭐하는 거야?
  What are you doing with my things? 내 물건 갖고 뭐하는 거야?

■ What are you doing with sth?은 '이걸 어떻게 할거냐?라는 의미가 된다.

That's what you always do.

넌 늘 그런식이잖아.

- No, I expect you to do what you always do.
  아냐. 난 네가 늘 하던 대로 할거라 생각해.

  And you're doing what you always do in relationships.
  넌 대인관계에서 항상 하던대로 하고 있어.

■ That's what you always do는 '네가 하는 일이 다 그렇지 뭐,' '늘 그런식이지' 라는 뜻으로 다분히 비아냥거리는 표현이다. do what you always do하면 마찬가지로 '늘 하던 식으로 하다,' '늘 그런식으로 하다' 라는 말.

How could you do this to me[us]?

어쩜 나한테 그럴 수가 있니?

- Cindy, how could you do this to me? 신디, 어떻게 나한테 그럴 수가 있니?
  You're this guy's teacher. I mean how could you do this?
  네가 이 친구 선생님이지. 내 말은 어쩜 그럴 수가 있냐는 거야?

■ How could you do this[that] (to~)?는 '어떻게 그럴 수가 있니?' 라는 뜻으로 상대방의 어처구니없는 행동을 탓하는 표현.

As a doctor, how do you do that?

의사로서 어떻게 해낸 거야?

- You won the first prize. How do you do that?
  네가 일등 했어. 어떻게 해낸 거야?

  How do you do that? You are like a bomb-sniffing dog,
  except with poop. 어떻게 한거야? 넌 폭약냄새맡는 개같아, 똥싸는 것만 빼고.

■ How do you do that?은 '어쩜 그렇게 잘하니?,' '어떻게 해낸거야?' 라는 뜻으로 상대방이 놀라운 일을 해냈을 경우 이를 보고 감탄하면서 쓰는 표현이다.

What are you doing here?

여긴 어쩐 일이야?

- What're you doing here? You can't be here! 여기서 뭐해? 여기 있으면 안 돼!
  Oh! My God, what are you doing here? 오, 맙소사. 여기서 뭐하니?

■ What are you doing?은 '지금 뭐해?' 라는 뜻이고 here가 붙으면 '여기서 뭐해?,' '여긴 어쩐 일이야?,' '여기서 뭐하는 거야?' 라는 의미로 생각못한 곳에서 아는 사람을 만났을 때 하는 인사말.

What can I do for you, Mrs. Robinson?
로빈슨 부인, 뭘 도와드릴까요?

- What can I do for you, detective? 형사님, 무슨 일이세요?
  What else can I do to help? 내가 더 도와드릴 일은 없나요?

What can I do for you? 는 '뭘 도와드릴까요?', '무슨 일이세요?' 라는 뜻으로 일반적인 상황하에서도 쓰이지만 주로 가게에서 점원이 손님에게 쓸 수 있는 표현이다.

I'm sorry. What can I do?
미안해. 내가 어쩌겠어.

- A: What else can I do? B: Help her. A: 내가 어쩌겠어? B: 걜 도와줘.
  What can I do? I'm going to ignore her for the rest of my life.
  어쩌겠어. 남은 여생동안 그녀를 무시할거야.

What (else) can I do?는 '내가 뭘 수 있겠어?' 라는 뜻으로 '내가 (달리) 어쩌겠어?' 라는 의미.

What do we do now?
이제 어쩌지?

- What should I do? 어떻게 해야 하지?
  So what should I do to make him jealous? 걔 질투심이 나게 하려면 어쩌지?

What should[do] I do (with)~?는 '…를 어떻게 해야 하나?' 라는 의미로 What shall [should] I do with?' 도 같은 의미이다.

I'm Alan Mills. What is it you do, Will?
알란 밀스에요. 윌, 직업이 뭐죠?

- What is it you do? You girls? 아가씨들, 직업이 뭐에요?
  A: So what do you do? B: I'm a reporter for Metro News 1.
  A: 그래 직업이 뭡니까? B: 메트로 뉴스 채널 1의 기자입니다.

What is it you do?는 '직업이 뭐냐?' 라는 말로 What do you do for a living? 또는 What do you do?와 같은 의미이다.

You have any idea what this'll do for your sex life?
이게 네 성생활에 무슨 도움이 될지 알고는 있니?

- What'll we do for entertainment around here? 여기 주변에서 뭐하고 놀지?
  What shall we do for our gift? 우리 선물을 어떻게 마련하지?

~what it will do for~는 '…에 도움이 되다' 라는 뜻이나 what will you do for~면 '…을 어떻게 마련하다' 라는 뜻으로 I'm not sure what we'll do for~는 '…을 어떻게 마련할지 잘 모르겠다' 라는 의미가 된다.

Why did you do that to those kids?
그 애들한테 왜 그런 일을 했니?

- A: Well, then why are you doing this? B: Because I love her.
  A: 글쎄, 그런데 왜 이런 일을 한거야? B: 그녀를 사랑해서지.
  Why are you doing this to us? 왜 우리한테 이러는 거야?

Why did you do this [that]?은 '왜 이런 일을 한거야?' 라는 뜻이고, Why are you doing this to me?하면 '왜 나한테 이러는 거야?' 라는 의미.

My wife doesn't know what to do with herself.
아내는 자기 시간을 어떻게 보낼지 모르고 있어.

- He didn't tell me what to do with it.
  걔는 그걸 어떻게 할지 내게 말하지 않았어.
  He's trying to figure out what to do with us.
  걔는 우릴 어떻게 할지 생각을 모색중야.

don't know what to do with~는 '…를 어떻게 할지 모르다' 라는 뜻. 또한 don't know what to do with oneself하면 '자유시간이 넘 많아 어떻게 이를 써야 될지 모른다'고 할 때 사용한다.

D

I'm afraid this is all my doing.
이게 내 탓인 것 같아.

- Garrett! This is your doing! 가렛! 이건 네 탓이야!
  The problem is all Mike's doing. 문제는 마이크 탓이야.

■■ be one's (own) doing은 '…의 탓이다' 라는 뜻이다.

It takes a lot of doing.
꽤 힘들어요.

- A: You get his confession? B: Took some doing.
  A: 걔 자백을 받았니? B: 꽤 힘이 들었어.

  Well, it took some doing, but a P.I. friend of mine tracked that phone call. 글쎄, 힘이 좀 들었지만 내 친구인 사립탐정이 그 전화번호를 추적했어.

■■ take some doing은 '일이 힘들다' 라는 뜻으로 to be hard work라는 의미이다.

She likes our can-do attitude.
걘 우리의 의욕적인 자세를 좋아해.

- This isn't something you can fix with a plucky, good attitude and a can-do spirit.
  이건 용기있는 자세와 할 수 있다는 정신만으로 해결할 수 있는 것은 아니야.

■■ can-do attitude는 '의욕적인 자세', '긍정적인 자세'를 의미하며 can-do spirits하면 '할 수 있다는 정신'이라는 의미이다.

MORE EXPRESSION

He's done for! 그 사람 죽었어!
do or die 죽을 각오로 하다
When are you going to say your "I do?" 국수 언제 먹여줄 거야?
dos and don'ts 주의사항, 규칙
do it over again 다시하다
do well by sb 잘 접대하다
be doable …할 만하다, 실행할 수 있다, 섹시하다

» doctor

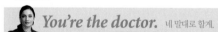

You're the doctor. 네 말대로 할게.

You're the doctor.
네 말대로 할게.

- A: You'd better study more for the test. B: You're the doctor.
  A: 시험공부 더 열심히 해라. B: 네 알겠어요.

  Yeah, you're the doctor. I'm gonna take a day off.
  그래, 네 말대로 할게. 오늘 하루 쉴게.

■■ You're the doctor는 문자 그대로 '당신이 의사네요' 라는 뜻으로 비유적으로 '네 말대로 할게' 라는 의미.

Okay, how'd it go at the doctor's?
그래, 병원에서는 어땠어?

- It's weird! In a doctor's office? 이상하네! 병원에서?
  The doctor's office has no patient records. 그 병원은 환자 진료기록이 없어.

■■ the doctor's는 '병원' 이라는 뜻으로 doctor's office라는 말이다.

It doesn't look doctored.
이건 조작된 것으로 보이지는 않아.

- This is actually a doctored photo of House.
  이건 사실 하우스가 조작한 사진이야.

  I mean, it's gotta be doctored. Right? 내말은 조작되었다는거야. 그렇지?

■■ doctor는 동사로 '조작하다', '음식물에 유독물질을 넣다,' '동물을 거세하다' 등 다양한 의미로 쓰인다.

MORE EXPRESSION

family doctor 가정의

Dog ate my homework! 개가 숙제를 먹었어요!

I heard your case has gone to the dogs.
네 환자가 악화되었다고 들었어.

- It's gone to the dogs. 악화되었어.
  The whole place is going to the dogs. 온 전체가 파멸로 치닫고 있어.

Dog ate my homework!
개가 숙제를 먹었어요!

- So what's this, "The dog ate my homework?" 개가 숙제를 먹었다는게 무슨말야?
  They're not finished. And the dog ate my homework.
  아직 못끝냈어요. 우리집 개가 숙제를 먹어치워서요.

Matt here has been working like a dog.
매트는 여기서 힘들게 일하고 있어.

- I killed my wife like a dog. 난 아내를 개처럼 죽였어.
  You're like a dog with a bone. 넌 아주 집요해.

It's dog-eat-dog world.
냉혹한 세상이야.

- She could be a real dog. 그 여자, 완전히 폭탄일 수도 있어.
  So how long is she gonna be in the doghouse?
  그래 걔가 얼마동안 찬밥신세가 될 건가?

■ go to the dogs는 '망하다,' '악화되다(become worse)'라는 의미로 go to pot과 같은 맥락의 의미.

■ Dog ate one's homework는 숙제하지도 않고 핑계대는 것으로 '말도 되지 않는다'라는 뜻이다. 한편 eat dog이면 '굴욕을 참다'라는 의미.

■ like a dog은 '개처럼'이라는 말. treat sb like a dog하면 '…를 개처럼 대하다' work like a dog은 '고되게 일하다' 그리고 like a dog with a bone하면 '고집이 센,' '집요한'이라는 뜻이 된다.

■ dog eat dog은 '냉혹한'이라는 뜻으로 개가 서로 먹고 먹힌다는 말. 또한 a real dog은 '폭탄'이라는 의미로 사용되며 be in the doghouse하면 '찬밥신세'라는 표현이다.

MORE EXPRESSION

Every dog has its[his] day.
쥐구멍에도 해뜰날이 있다.
Don't let sleeping dogs lie.
잠자는 사자의 코털을 건드리지 마라.
top dog 승자

We're doomed. 우린 죽었다.

We're doomed.
우린 죽었다, (그게) 우리 운명이야.

- All who suffer from the mummy's curse are doomed to die.
  미이라의 저주를 받은 사람은 모두 죽게 되어 있어.
  This relationship is probably doomed. 이 관계는 아마도 망하게 되어 있어.

You know that it's gonna spell your doom.
그걸로 넌 파멸하게 된다는 걸 알아야 해.

- You're the Cindy, the one who can change everything, or spell our inevitable doom.
  너 신디지. 모든 걸 바꿀 수 있는 사람이거나 아니면 우리에게 불가피한 파멸을 가져오든가.
  It seems I met my doom at last. 드디어 내가 망한 것 같아.

■ be doomed to do는 '…할 운명이다'라는 뜻으로 be doomed to failure[defeat]하면 '실패[패배]할 운명이다'라는 의미가 된다.

■ spell doom은 '파멸을 가져오다'라는 뜻으로 meet one's doom은 '…가 죽는다,' '…가 망하다'라는 의미가 된다.

MORE EXPRESSION

doomsday 최후의 심판일

» dope

Are you smoking dope? 너 약하니?, 너 미쳤니?

How much dope did you smoke?

마리화나를 얼만큼 폈니?

- Dad got hooked on dope, disappeared. 아버지가 마약중독되어 사라졌어.
  I'm afraid that he is shooting dope again. 걔가 다시 마약할 것 같아 걱정돼.
  Are you smoking dope? 너 약하니?, 너 미쳤니?

I'm a real dope, aren't I?

난 정말 멍청이야, 그렇지 않니?

- Every relationship starts with dishonesty, you dope! 모든 관계는 서로 속이는데서부터 시작하는거야, 이 멍청아!

Someone doped this kid up.

누군가 이 애에게 마약을 먹였어.

- I look like a dirty doped-up cop. 난 마치 부패한 마약에 취한 경찰같아 보여.
  So golf ball salesman was too doped up to kill her.
  그래 골프공 세일즈맨은 그녀를 살해하기에는 너무 약에 취해 있었어.

■ **smoke dope**은 '마리화나를 피다,' do dope, shoot dope는 '마약을 하다' 라는 의미. 한편 get hooked on dope하면 '마약에 중독되다, 빠지다' 라는 표현이 된다. Are you smoking dope?하면 '너 마약하냐?' 라는 말도 되지만 '너 미쳤냐?' 라는 뜻으로도 쓰인다.

■ **a dope**은 '멍청이,' 즉 stupid person이라는 말씀.

■ **dope**가 '마약하다,' '마약을 먹이다' 라는 동사로 쓰인 경우. 한편 dope up은 '점검하다,' '마약을 복용하다' 라는 뜻도 있으나 be doped up의 형태로 쓰이면 주로 '멍하다,' '마취[마약]에서 깨어나지 못하다' 라는 의미가 된다.

dopey 바보 같은, 약에 취해 몽롱한

» dose

Jill's been overdosed with heroin. 질은 헤로인 과다 복용이야.

She was dosed at the food court.

푸드코트에서 걔한테 약이 투여됐어.

- You're saying she dosed someone. 걔가 누군가에게 약을 먹였다는 말이지.
  I want to know the name. Who dosed you?
  이름을 알고 싶어. 누가 너한테 약을 먹였니?

That's probably where he received the fatal dose.

걔가 아마도 그곳에서 치사량을 받았을거야.

- She was also up on charges for administering a fatal dose of heroin to her boyfriend.
  걔는 자기 남친에게 치사량의 헤로인을 투여한 혐의를 받고 있어.

Jill's been overdosed with heroin. Get an ambulance.

질은 헤로인 과다 복용이야. 앰뷸런스를 불러라.

- Tom's been hospitalized for overdoses and attempted suicide.
  이 친구는 약물과다 복용 및 자살미수로 입원해있어.
  She died a year ago of an overdose from a mix of alcohol and heroin. 걔는 알코올과 헤로인의 복합 과다복용으로 1년 전에 죽었어.

■ **dose (up)**은 '약을 먹이다,' dose oneself는 '약을 복용하다' 라는 의미가 된다.

■ **fatal dose**는 '치사량'을 뜻하며, 옆의 예문에 administer는 '약을 투여하다' 라는 단어이다.

■ **overdose(OD)**는 '약물을 남용하다,' '약물을 과다 복용하다' 라는 의미이다.

248

I'll see you at 4:15, on the dot. 약속대로 4시 15분에 보자.

5:30 on the dot, as promised.
약속한대로 5시 30분 정각에.

- I'll see you at 4:15, on the dot. 약속대로 4시 15분에 보자.
  I will be here, seven o'clock on the dot. 난 7시 정각에 여기로 올게.

■ on the dot은 '정각에' 라는 뜻이다.

We'll dot the I's and cross the T's another day.
우린 다른 날에 완결을 지을거야.

- Who basically goes through the plan, crossed the t's, dotted the I's? 누가 기본적으로 계획을 검토하고 완성할거야?
  You really want to dot the I's and cross the T's, don't you? 넌 정말로 완성을 하고 싶은 거지, 그렇지 않니?

■ dot the i's and cross the t's는 '…를 완결하다' 라는 뜻으로 i에 점을 찍고 t 상단부에 선을 그어 스펠링을 완성한다는 이야기.

D

You double-booked us? 우리한테 양다리 걸친 거야?

You know everything!! Oh wait, double or nothing.
넌 모든 걸 알지!! 기다려, 배팅을 2배로 올리자.

- Dude, double or nothing, there's no way you're hitting it that far. 야, 두 배로 따던가 아니면 다 잃든가. 네가 그렇게 이길 방도는 없어.
  Let's go double or nothing on this bet. 이번 베팅은 두배로 하자.

■ double or nothing은 '두 배로 따던가 아니면 다 잃다' 라는 뜻으로 내기에서 약이 올라 배팅을 두 배로 올려 리스크를 키우는 경우에 사용된다.

What do you say we make it a double feature?
영화 두 편을 보고 싶은데 어떠니?

- Give me a whiskey, and make it a double. 위스키쥐요, 더블로요.

■ make it a double은 '술을 더블로 하다,' '곱배기로 하다' 라는 뜻, 그리고 give sb double 하면 '…에게 두배를 주다' 라는 의미가 된다.

We need to concentrate on the double murder.
우린 이중 살인사건에 집중해야만 해.

- Your son is a prime suspect in a double homicide. 당신 아들이 이중 살인사건의 주요 혐의자입니다.
  They framed him for a double homicide. 그들이 걔에게 이중 살인혐의를 뒤집어 씌웠어.

■ double homicide는 '이중 살인' 즉 2명을 살인했다는 의미. double murder는 '이중살해' 라는 뜻. murder는 일반적인 살인을 의미하지만 homicide는 고의적인 살인을 의미한다.

It doubled the impact of the alcohol.
그걸로 알코올의 충격이 배가되었어.

- I would be more comfortable if we doubled her security. 그녀에 대한 보안을 배가한다면 내가 좀 마음이 편할 거야.
  I'll double it if you give me my hotel back. 내 호텔 돌려주면 두배로 쳐주지.

■ double은 동사로 '두 배로 하다' 라는 의미.

You double-booked us?

우리한테 양다리 걸친거야?

- She said he'd accidentally double-booked. 걔가 우연히 이중예약했다고 말했어.

  How about you set me up with someone, and we double date! 한명 소개시켜주고 우리 더블데이트하자!

■■ double-book은 '이중 예약을 받다,' '양다리걸치다' 라는 뜻. 또한 double date는 두쌍의 남녀가 함께 식사나 영화를 보면서 데이트하는 것을 뜻한다.

You double-crossed your partners.

넌 네 파트너들을 배신했어.

- Nash didn't frame Pete, they were partners until Nash double-crossed him. 내쉬는 피트에게 누명씌우지 않았어. 걔네들은 내쉬가 걜 배반할 때까지 파트너였어.

  They killed him for double-crossing them. 걔네들은 배반했다고 걜 죽였어.

■■ double-cross는 주로 불법적인 일과 관련돼서 배신하거나 배반하는 것을 말한다.

Jerry doubled back.

제리는 오던 길을 되돌아갔어.

- He took a commercial flight to Beijing, then doubled back on a train bound for Berlin. 걘 베이징행 민간항공기타고 베를린행 기차편으로 되돌아갔어.

  A: Is it gonna double back? B: Maybe. A: 그게 다시 돌아올까? B: 아마도.

■■ double back은 '오던 길을 되돌아가다' 라는 뜻이다.

MORE EXPRESSION

double 대역배우
On the double! 빨리해(chop up)

» doubt

 There is no doubt about it! 틀림없어!

I doubt it. Look at this.

그렇지 않을거야. 이걸 봐.

- A: You think she'll remember more details? B: I doubt it.
  A: 걔가 좀 더 자세한 걸 기억하리라 생각하니? B: 그렇지 않을 걸.

  A: He's not here. B: I doubt that. A: 걔는 여기에 없어. B: 그럴까?

■■ doubt it[that]은 '과연 그럴까,' '그럴 리 없다' 라는 뜻이다. suspect가 그럴거라고 의심하는 반면 doubt는 그렇지 않을거라고 의심을 하는 경우이다.

I doubt our paths will cross.

우린 만날 일이 없을 겁니다.

- I doubt that he's a cannibal. 걔가 식인종일 리가 없어.

  I doubt if his research would ever have been published.
  걔의 연구가 행여 발간될 가능성은 없을거야.

■■ I doubt if[that]~는 '나는 …인지 의심스럽다' 라는 뜻이며 마찬가지로 I suspect that~이면 '…일거라 의심하다' 라는 뜻이 된다.

I had my doubts.

난 믿지 않았어.

- Honestly, I had my doubts, but I did not do this.
  솔직히 말해서 믿지는 않았지만 내가 꾸민 짓은 아니야.

  You know I've had my doubts about my skills as a father.
  내가 아버지로서 내 능력을 믿지 않았다는 걸 알잖아.

■■ have one's doubts는 '믿지 않는다' 라는 의미이다.

I have no doubt she's highly capable.

난 걔가 출중한 능력을 가진 걸 의심치 않아.

- I have no doubt he was having an affair with Olivia.
  걔가 올리비아하고 관계를 가졌다는데 의심의 여지가 없어.

  I have no doubt that her breasts are perfect.
  걔 가슴이 완벽하다는데 의심의 여지가 없어.

There is no doubt about it!

틀림없어!

- There is no doubt that spousal rape exists.
  부부 사이에도 강간이 존재한다는데 의심의 여지가 없어.

  Exact model. No doubt about it. 바로 그 모델야. 틀림없이 확실해.

A: Is he onto you? B: Without a doubt.

A: 걔가 너한테 추근대니? B: 그래.

- A: He killed the wrong girl. B: Without a doubt.
  A: 걔는 다른 여자애를 죽였어. B: 틀림없어.

  The burden of proof is beyond a reasonable doubt.
  피고인이 무죄를 입증할 의무는 당연한 것이다.

■ have no doubt[that~]은 '...를 의심하지 않는다,' '의심의 여지가 없다' 라는 표현이다.

■ (There is) No doubt (about it)은 '물론이지,' '확실해,' '의심의 여지가 없어' 라는 뜻으로 상대방의 말에 동의하면서 쓰는 표현이다.

■ without a doubt는 '틀림없이,' '그럼,' '그렇고 말구' 라는 뜻이다. beyond doubt은 '의심의 여지가 없다' 라는 뜻이며 doubter는 '회의론자' 를 의미한다.

MORE EXPRESSION

if[when] (you're) in doubt
의심이 나면
Doubting Thomas 증거없으면
뭐든지 의심하는 사람
room for doubt 의심의 여지

»down

Don't let me down. 기대를 저버리지마, 날 실망시키지마.

Our security system has been down for months.

우리 보안시스템이 몇 달 동안 고장이 나있어.

- The internet's been down for half an hour.
  인터넷이 30분 동안 작동이 되지 않았어.

When I feel down about something, I shop.

난 뭔가에 기분이 가라앉으면 쇼핑을 해.

- Hi, sad-eyes. What's got you down? 하이, 슬픈 표정. 뭐 때문에 우울해졌니?
  Has someone got you down? 누군가가 널 우울하게 만들었니?

I think something's going down with his family.

가족들한테 무슨 일이 생겼나봐.

- I can predict, down to the week, how long a couple is going to last. 난 결혼하는 남녀가 얼마나 오래 갈지 일주일 단위까지 예측할 수 있다고요.
  What's going down with the neighbors? 이웃에 무슨 일이 생긴거야?
  Betty is not sure what will go down with her boyfriend.
  베티는 남친에게 무슨 일이 생길 줄 몰라.

■ be down for는 '...동안 작동되지 않다', '...동안 고장이 나있다' 라는 의미이다.

■ feel down은 '기분이 가라앉다' 라는 뜻이며 get sb down 하면 '...를 우울하게 하다' 라는 의미가 된다.

■ go down with는 '...에 걸리다' 라는 뜻으로 주로 질병을 의미하나 특정한 일이 생기는 경우에도 사용된다. 참고로 down to+단위가 되면 '...단위까지' 라는 말이다.

251

Don't let me down.

기대를 저버리지마, 날 실망시키지마

- What a letdown! 참 실망이다!
  You're the first man I ever met who didn't let me down.
  네가 내가 만난 사람 중 날 실망시키지 않은 최초의 사람이야.

■ let sb down은 '…를 실망시키다' 라는 뜻으로 letdown하면 명사로 '실망' 이라는 의미가 된다.

What a downer!

야, 참 실망이네!

- That's a downer. 김빠지는 거야.
  Tony was a real downer last night. 지난 밤 토니는 너무 실망스러웠어.

■ downer는 '진정제,' '흥을 깨는 것,' 혹은 '기분을 울적하게 하는 것'(something that is depressing)이라는 단어.

Because he downed both your drinks.

걔가 너희들 술잔도 마셔버렸기 때문이야.

- She stayed awake, even though she downed the whole bottle.
  걔는 한 병을 마셔버렸음에도 불구하고 말짱했어.
  Herman quickly downed three beers. 허먼은 맥주 3병을 빨리 마셨어.

■ down은 동사로 '빨리 마시다[먹다],' '때려눕히다' 라는 뜻으로도 사용된다.

So we turned her world upside down for nothing.

그래서 우리는 걔 삶을 아무 이유없이 뒤집어버렸어.

- Keri's life has been turned upside down for the past 2 years.
  케리의 삶은 지난 2년간 완전히 뒤집혔어.
  That doesn't mean they can't turn your life upside down.
  그렇다고 그들이 너의 삶을 망칠 수 없다는 의미는 아냐.

■ turn sth upside down는 '…를 완전히 뒤엎다' 라는 의미.

MORE EXPRESSION

down-and-out 운이나 돈이 없는
low-down 부정직한, 야비한, 정보, 내막, 실상
down with~ …를 타도하다
ups and downs 부침, 흥망성쇠

» drag

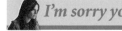 *I'm sorry you got dragged into this.* 네가 이것에 말려들게 해서 미안해.

And I was being dragged into the van.

난 밴으로 끌려 들어왔어.

- She was wearing it when she was dragged out of the hospital.
  걔가 병원에서 끌려나올 때 여전히 그걸 차고 있었어.
  A: Apologize? For what? B: For dragging me into this.
  A: 사과? 뭐 때문에? B: 날 이것에 끌어들인 것에 대해서.

■ drag into는 '…에 끌어들이다,' drag sb into하면 '…를 …에 끌어넣다,' '관계 속에 끼어들게 하다' 라는 의미가 된다. 한편 drag sb out of~하면 반대로 '…를 …에서부터 끌어내다' 라는 표현이 된다.

I'm sorry you got dragged into this.

네가 이것에 말려들게 해서 미안해.

- But we all get dragged into it, just like we did today.
  그러나 우리 모두 오늘 그런 것처럼 그렇게 말려들었어.
  I hear you've been dragged into something bad.
  네가 뭔가 나쁜 일에 말려들었다고 들었어.

■ get dragged into는 '…에 말려들다' 라는 뜻이다.

What event are you dragging me to this week?

이번 주 무슨 행사에 날 데려가려고?

- He's dragging me to a corporate retreat. 걔는 날 회사 휴양지로 데려갔어.
  I'll drag myself home. You wanna share a cab? 집에 걸건데 택시 같이 탈래?

It was a real drag.

지루해서 혼났어.

- It is such a drag to be here in detention. 여기 감금되어 있는 건 정말 지루해.
  I don't want to be a drag on you. 너한테 짐이 되긴 싫어.

How dare you drag me out of my wedding!

어떻게 감히 내 결혼식에서 날 끌어내!

- You drag me out to a park at 3 in the morning?
  새벽 3시에 날 공원으로 불러내잖아.
  Don't drag this out. 질질 끌지 마라.

He takes a drag from his cigarette.

걔는 담배를 한 모금 빨아 들였어.

- A: Can I have a drag? B: Absolutely not. You're much too young to smoke.
  A: 한 모금 빨아도 돼? B: 절대 안 되지. 넌 담배피기엔 너무 어려.

I look like a drag queen.

난 여장 남자처럼 보여.

- Wait, Penny Noir was a drag queen? 잠깐, 페니 느와는 여장 남자였니?
  I don't think I'm ready for you to see me in drag.
  내가 여장한 걸 아직 보여줄 준비가 안됐어.

drag sb to+장소는 '···를 ···로 데려가다' 라는 뜻으로 drag oneself to[into]하면 '스스로 ···로 들어가다' 라는 의미가 된다.

be a (real) drag는 '(정말) 지루하다' 라는 의미이다. such a drag하면 '아주 지루하다' 라는 강조표현. 감탄문으로 지겨움을 강조하려면 What a drag!(아휴 지루해!)라고 하면 된다. 또한 be a drag on~하게 되면 '···에 짐이 되다' 라는 뜻이다.

drag sb out는 '···을 끌어내다.'

have a drag는 '담배 한 모금 빨다' 라는 뜻으로 take a drag 역시 '담배를 빨다' 라는 의미가 된다.

drag queen은 '여장 남자' 를 의미하며 in drag하면 '여장한' 이라는 뜻이다.

D

- **doll up** 예쁘게 차려입다
  Look at you all dolled up and walking the street. 예쁘게 차려입고 거리를 걷는 널 봐라.
  What? Getting all dolled up for a Jimmy Buffett concert?
  뭐라고? 지미 버페트 연주회를 위해 예쁘게 성장했다고?

- **be a (real) doll** (완전히) 조각이다
  He's a real doll. 그 사람 완전히 조각이야.
  Thank you for listening. You're a doll.
  들어줘서 고마워. 넌 인형 같은 여자야.

253

It went just down the drain. 헛수고가 되었어.

It went just down the drain.

헛수고가 되었어.

- She said that it went down the drain. 걔는 헛수고를 했다고 말했어.
  They take their whole families down the drain with them.
  걔들은 전 식구들이 같이 망해버렸어.

■ go down the drain은 '...가 수포로 돌아가다,' '헛수고가 되다' 라는 뜻. 시간, 돈, 노력 등이 보람도 없이 날아가 버렸다 즉, '실패하다,' '망하다' 라는 의미.

Listen, honey, I'm a little emotionally drained.

자기야, 난 약간 감정적으로 피곤해.

- There's barely any blood. The bodies were probably drained.
  거의 피가 없어. 시신들이 아마도 말라버렸나 봐.
  They're all completely drained of power. 걔들은 전부 완전히 힘이 빠졌어.

■ be drained는 '무척 피곤하다,' '진이 빠지다,' '감정이 메말라 버리다[고갈되다]' 라는 의미이다.

 That's where you draw the line? 그게 네 한계선이니?

No, let's just draw straws.

아냐, 그냥 제비를 뽑자.

- As your senior field agent, I say we draw straws.
  너의 현장요원 상관으로서 말하는데 우리 제비를 뽑자.
  Looks like it's a draw. 비긴 것 같아.

■ draw straws는 '제비를 뽑다' 라는 뜻이다. 한편 draw가 '무승부' 라는 의미로도 사용되며, be quick on the draw는 '상황판단이 빠르다' 라는 의미.

I just drew the short straw.

난 단지 재수 없게 걸렸어.

- Guess Steve drew the short straw. 스티브가 재수 없게 걸렸다고 생각해봐.
  About four a.m. I pulled the short straw. 약 새벽 4시경. 난 재수없게 걸렸어.

■ draw the short straw는 '재수 없게 걸리다' 라는 뜻. draw 대신 pull을 써도 마찬가지 의미이다. 제비뽑기에서 짧은 걸 뽑아서 당선이 되었다는 슬픈 이야기.

I've had a contract drawn up.

난 계약서를 작성하게 시켰어.

- Did you draw up a list of those involved in the search?
  수색에 참여한 사람들 리스트를 작성했니?
  I'll call Marshall. We'll draw up the contract. 마샬불러. 계약서를 작성할거야.

■ draw up은 계약서 등을 '작성하다' 라는 의미이다.

We might be able to draw the unsub out.

우린 미확인용의자가 말하도록 유도할 수 있을 거야.

- If we have to do a search, we can try to draw him out.
  우리가 수색을 해야만 한다면 걔가 말하도록 유도할 수 있을 거야.
  I tried to draw her out, but she doesn't want to talk.
  우린 그녀가 말을 하도록 최선을 다했지만 걔는 말하고 싶지 않아해.

■ draw sb out은 '...의 기운을 차려 개인적인 생각들을 말하게 하다' 라는 의미이다.

But we don't want to draw attention.

그러나 우린 관심을 끌고 싶지 않아.

- He's killing civilians now and he's drawing a lot of attention.
  걔는 지금 민간인을 살해하고 있어, 많은 관심을 끌고 있지.

  Now, yes, maybe he's trying to draw attention to him.
  이제, 걔는 자신에게 관심을 끌려고 노력하고 있어.

■ draw one's attention은 '…의 관심을 끌다' 라는 의미이다.

I'm drawn to her.

걔한테 끌렸어.

- It's hard for me to be objective, I'm drawn to her.
  내가 객관적이기 어려워, 그녀에게 끌려있거든.

  Are you drawn to me? 너 나한테 끌리니?

■ be drawn to sb는 '…에게 끌리다' 라는 뜻이다.

Next to the pool trying to draw your gun.

수영장 옆에서 총을 빼려고 하고 있어.

- Unsub gets into the car, gun drawn, and tells her to drive.
  미확인용의자가 총을 뽑은 채로 차로 들어가서 그녀한테 운전하라고 말해.

  The policeman drew his gun before entering the house.
  경찰은 집에 쳐들어가기 전에 총을 꺼내들었어.

■ draw one's gun은 '총을 뽑다' 라는 의미.

D

I'll draw you a map.

내가 약도를 그려줄게.

- You're gonna draw me a map if I need one. 내가 필요하면 약도 그려줘라.

  What they all keep asking me to do, draw a map.
  걔들이 나한테 줄곧 요구하는 것은 약도를 그려달라는 거였어.

■ draw a map은 '지도[약도]를 그리다' 라는 의미이다.

We draw the line at bedpans.

우린 변기까지는 안돼.

- The line must be drawn here! This far, no farther!
  여기가 선이야! 여기까지고, 넘어서면 안 돼!

  Where do we draw the line between addition and passion?
  그러나 중독과 열정 사이에 어디에 선을 그어야하니?

■ draw a line (at~)은 '(…에) 선을 긋다,' 비유적으로 '…는 거부한다' 라는 뜻이다.

That's where you draw the line?

그게 네 한계선이니?

- A little experiment to see where you draw the line.
  네 한계를 알아보는 작은 실험.

  I guess answers is where you draw the line. 대답을 보면 네 한계선을 알 수 있어.

■ where do you draw the line은 어디에서 선을 긋다는 말로 한계라는 뉘앙스를 갖는다. 그래서 This is where you draw the line하면 '여기까지야,' '그만해' 라는 뜻이 된다.

■ draw blood는 '피를 흘리게 하다[채취하다]' 라는 의미이다.

They draw blood!

걔들은 피를 뽑았어!

- Foreman, draw blood, test for mercury poisoning.
  포먼, 피를 채취해서 수은 중독여부를 테스트해봐.

  Stop scratching. You'll draw blood. 긁지마. 피를 흘릴거야.

MORE EXPRESSION

draw a check 돈 인출하다
draw near[closer] 다가오다
end in a draw 무승부로 끝나다
(end in a tie, be a draw)
the luck of the draw 운수, 팔자소관
draw breath 잠깐 숨을 돌리다

In your dreams, you idiot. 꿈도 꾸지마, 이 바보야.

In your dreams, you idiot.

꿈도 꾸지마, 이 바보야.

- A: Nice dress, Sam. B: In your dreams.
  A: 드레스 이쁘다, 샘. B: 꿈도 꾸지 마.

  Even people in your dreams know you're gay?
  네 꿈에서 나오는 사람들조차 네가 게이인 걸 알겠지?

■ in your dreams는 '꿈도 꾸지마,' '네 꿈에서나 가능하겠지' 라는 의미의 표현이다. You wish!와 같은 뜻. 같은 맥락의 표현으로 Dream on!(꿈깨!)도 있다.

Dream on!

꿈도 꾸지마, 이 바보야.

- Dream on! She's married. 꿈깨! 저 여자는 유부녀야.

  A: How about a quickie before I go home? B: Dream on!
  A: 집에 가기전에 한번 어때? B: 꿈깨!

■ Dream on! 역시 상대방의 허황된 말에 핀잔을 주는 표현으로 '꿈깨' 라는 의미.

In my wildest dreams, I never could've imagined.

난 꿈에서조차 상상할 수가 없었어.

- I never imagined I'd meet you, even in my wildest dreams.
  난 꿈에서 조차 널 만날 줄은 상상도 못했어.

  I'm killing these people in my dreams. 난 꿈속에서 이 사람들을 죽여.

■ in my wildest dreams는 '꿈에서조차' 라는 뜻이며 not (even) in your wildest dreams하면 '그건 꿈도 꾸지마' 라는 의미가 된다. 물론 in one's dreams하면 '꿈속에서' 라는 말.

Promises me sex beyond my wildest dreams.

(걘) 내가 상상하는 이상의 섹스를 약속해줬어.

- No, Jason. That was beyond my wildest dreams.
  아냐, 제이슨. 그건 내 상상이상이었어.

  But this has succeeded beyond my wildest dreams.
  그러나 내 상상이상으로 성공했어.

■ beyond one's wildest dreams은 '…의 상상이상이다' 라는 의미이다.

I sat there. I couldn't move. It was like a dream.

난 거기에 앉았어. 움직일 수가 없었지. 마치 꿈속에 있는 것 같았어.

- Smells a little funky but fits like a dream.
  약간 악취가 나지만 아주 잘 맞았어.

  Your new car drives like a dream. 네 새 차는 멋지게 달린다.

■ ~ like a dream은 멋지게 (…하다) 라는 표현이고 be like a dream하면 '꿈과 같다,' '비현실적이다' 라는 의미가 된다.

Some kids dream of being astronauts.

일부 애들은 우주비행사가 되는 꿈을 꿔.

- I dream of angels, but I live with demons.
  난 천사들의 꿈을 꾸지만 악마들하고 살고 있어.

  I had the dream of choking her. 난 그녀의 목을 죄는 꿈을 꿨어.

■ dream of~는 '꿈꾸다' 라는 뜻이며 dream이 명사로 쓰여 have the dream of하면 '…하는 꿈을 꾸다' 라는 의미가 된다.

That dream of yours, you know, what is it, really?

네가 꿈꾸는 것, 저기 그게 정확히 뭐였지?

- Getting into that place has been a dream of hers.
  그 곳에 들어가는 것은 그녀의 꿈이었어.

  She'd never even thought about kids, but it was a dream of mine. 걘 결코 애들에 대해 생각한 적이 없어, 그건 내 꿈이었어.

■ dream of one's는 '…의 꿈' 이라는 뜻이다.

Well, you get to build your dream house, for free.

글쎄, 넌 꿈에 그리던 집을 지을 수 있어, 그것도 공짜로.

- It must be a dream job for a man with your talents.
  너 같은 재능이 있는 사람한테는 이건 꿈에 그리던 직업일거야.

  We were able to build our dream house a few years ago.
  우리는 몇 년전에 꿈에 그리던 집을 지을 수 있었어.

■ dream house는 '꿈에 그리던 집' dream home이면 '꿈에 그리던 가정' dream job이면 '꿈에 그리던 직업' 이라는 뜻으로 이상적인 것을 의미한다.

You are a dream come true.

넌 꿈이 실현된거야.

- Later that week, Kevin experienced a dream come true.
  그 주 후반 케빈은 꿈이 실현되는 것을 경험했어.

  It's a dream come true, and who knows where it could lead?
  꿈이 실현된거야, 그리고 앞으로 어떻게 될지 누가 알겠어?

■ be a dream come true 는 '꿈이 실현되다' 라는 표현.

D

MORE EXPRESSION

Dare to dream. 그건 꿈에서나 있는 일이지.
be[leave] in a dream world 꿈속에 남아있다
in a dream 비몽사몽, 꿈을 꾸는

» dress

 Did you ever mentally undress her? 너 맘속으로 걜 벗겨본 적 있어?

Don't dress it up like that.

그렇게 꾸며대지마.

- You don't have to dress up for a Knicks game.
  닉스 경기를 위해 차려입을 필요는 없어.

  You dress down, but you're very attractive. 편하게 입어도 넌 아주 매력적이야.

■ dress up은 '성장하다' 즉 '잘 차려입다' 라는 뜻이며 dress down은 '편안하게 옷을 입다' 라는 의미. 미국의 일부 행정부처에서는 dress down day를 정해서 캐주얼을 입고 출근하기도 한다.

So get up, get dressed.

그래 일어나 옷을 입어라.

- She had to get dressed for court. 걔는 법원에 출두하기 위해 옷을 입어야 했어.
  You don't have to get undressed for this. 이 때문에 옷을 벗을 필요는 없어.

■ get dressed는 '옷을 입다' 라는 뜻이며 get undressed 는 '옷을 벗다' 라는 의미.

I'd rather be dressed to the nines.

차라리 멋지게 차려 입을테야.

- The audience dressed to the nines. 청중들이 격식을 갖춰 옷을 잘 입었어.
  Susan always comes dressed to the nines. 수잔은 항상 옷을 멋지게 차려입어.

■ dressed (up) to the nines는 '격식을 갖춰 우아하게 옷을 입다' 라는 뜻이다. dressed to kill은 '옷차림이 끝내주는[죽여주는]' 이라는 의미가 된다.

257

I don't need a pretty veil and a fancy dress.
난 예쁜 면사포하고 멋있는 옷이 필요치 않아.

* You lured her into the dressing room. 넌 그녀를 탈의실로 유인했어.

They can change their window dressing. 걔들은 쇼윈도장식을 바꿀 수 있어.

■■■ fancy dress는 '멋있는 옷' dressing room은 '분장실,' '탈의실' window dressing은 '쇼윈도 장식'을 각각 의미한다.

Did you ever mentally undress her?
너 맘속으로 걜 벗겨본 적 있어?

* When I come home she makes me undress in front of her.
내가 집에 오면 걘 자기 앞에서 내 옷을 벗게 했어.

Said the suspect's started making people undress.
용의자가 사람들로 하여금 옷을 벗게 하기 시작했대.

■■■ undress sb with one's eyes는 '…를 엉큼하게 쳐다보다'라는 의미로 눈으로 사람의 옷 벗은 모습을 그려본다는 의미. undress mentally와 같은 맥락의 표현. 물론 undress는 옷을 벗(기)다라는 단어.

MORE EXPRESSION

dressing 샐러드 드레싱

» drift

 Do you get my drift? 무슨 말인지 알겠어?, 이해돼?

You're drifting away from Dan and your family.
넌 댄과 가족으로부터 점점 멀어져가고 있어.

* They often blame each other, and they drift apart.
걔들은 종종 서로 비판하다가 헤어져버렸어.

I guess after that she and I kind of drifted apart.
그 이후 걔하고 난 서로 멀어져버린 것 같아.

■■■ drift apart는 '헤어지다'라는 뜻이며 drift away하면 '멀어지다'라는 의미이다.

Catching my drift?
내 말 이해했어?

* Do you get my drift? 무슨 말인지 알겠어?, 이해돼?

We can all spend some more time together, if you catch my drift.
내 말의 진의를 이해한다면 우린 서로 좀 더 많은 시간을 보낼 수 있어.

■■■ catch[follow,get] one's drift는 '무슨 말인지 진의를 이해하다'라는 뜻이다.

 놓치면 원통한 미드표현들

* **feel like a million dollars** 기분이 아주 좋다[끝내준다]

I feel like a million dollars[bucks].
난 아주 기분이 끝내줘.

* **douche** 멍청이(악의없이 거만하고 짜증나게 구는 남자), 질 세척(하다), 경멸하다

You're just a douche. 넌 바보 멍충이야.

We aren't supposed to fart, douche, use tampons. 우린 방귀도, 질세척도, 생리대도 하면 안된다니까.

* **douche bag** 바보, 얼간이, 멍청이

Can you believe this douche bag?
이 얼간이가 말이 믿겨져?

* **drat** 제기랄

Drat. Is this your card? 젠장, 이게 네 카드아?
A: What do you think? B: Drat.
A: 어떻게 생각해? B: 젠장

» drill

> *You know the drill.* 어떻게 돌아가는지 알잖아.

What's the drill?

무슨 일이야?

- I'm new. What's the drill around here?
  난 새로 와서 그런데 여기 주변이 어때?

  What's the drill during the lunch hour? 점심동안은 어땠어?

You know the drill. This won't take long.

어떻게 돌아가는지 알잖아. 그리 오래 걸리지 않을거야.

- You know the drill. Assume the position! 넌 잘 알잖아. 그 자리를 맡아!

  He knows the drill, Tim. What do you get, McC?
  팀, 개는 방법을 알고 있어. 맥, 원데?

Mother drilled that into me.

엄마는 그걸 훈련시켜서 내 몸에 배게 했어.

- You drilled those guys. 네가 저 친구들을 훈련시켰지.

  It took weeks to drill it into the trainees' heads.
  그것을 훈련생들에게 주입하는데 한참 걸렸어.

■■■ What's the drill?은 '무슨 일이야?' 라는 뜻으로 막 도착한 장소에서 일어나고 있는 일을 물을 때에 쓰는 표현이다. 또한 '무엇을 어떻게 하면 되죠?' 라는 의미도 갖는데 이 경우는 어떤 일을 하는데 필요한 규칙이나 절차를 문의하는 경우.

■■■ know the drill은 '올바른 방법을 알다,' '어떻게 하는지 알다,' '어떻게 상황이 돌아가는지 알다' 라는 구어체 표현이다.

■■■ drill sb는 '…를 훈련시키다' 라는 뜻이며 drill sth into sb는 '…를 훈련시켜 몸에 배게 하다' 라는 의미가 된다.

D

MORE EXPRESSION

known associates 관련자 범인의 친구나 공범
fire[emergency] drill 화재[비상] 훈련
escape drill 비상탈출 훈련

» drink

> *She's having drinks with her date.* 개는 데이트 상대와 술마시고 있어.

Liver failure. He drank like a fish.

간질환야. 개는 술고래처럼 마셨거든.

- Her mother drank like a fish. 개 엄마는 술고래처럼 마셨어.

  Once I get home and drink myself to sleep, I'll be fine.
  일단 집에 들어가서 잘 때까지 마시면 괜찮을거야.

Come on, drink up. Here you go. Good.

자, 쭉 마셔. 그래, 좋아.

- Don't you worry about that, little J. Just drink up.
  걱정하지마, 꼬마 J. 마시기나 해.

  So drink up, enjoy and flirt. 그래 마시고, 즐기고 헌팅도 해보자.

I'll drink to that!

찬성이야!

- All right. Well, I'll drink to that. 좋아. 글쎄, 그것에 찬성이야.

  Yeah, I'll drink to his memory. You want to make the toast?
  그래, 개를 추모하는 건배를 할거야. 네가 건배할래?

■■■ drink like a fish는 '술고래처럼 마시다' 라는 뜻이며 drink oneself into a stupor[to death] 하면 '인사불성[죽을 때까지] 마시다' 라는 표현이 된다.

■■■ drink up은 '쭉 다 마시다[들이켜다] 라는 뜻으로 주로 명령문으로 사용된다.

■■■ drink to는 '…에 건배하다' 라는 의미도 있지만 상대방의 말에 동의한다는 일반적인 의미로도 사용되는 표현. 즉 drink to that하면 '그것에 찬성한다' 라는 뜻이 된다.

Thank you. What are you drinking?

고마워. 뭘 마실래?

- Doesn't work. What are you drinking? 안 통해. 뭘 마실래?

  A: What are you drinking? B: Uh, tea. A: 뭘 마실래? B: 음, 차로 할래.

What're you drinking? 는 '뭘 마실래?' 라는 뜻으로 술집에서 상대방에게 술 한 잔 사면서 물어보는 표현이다.

We were hoping to get drunk.

우린 취하기를 원하고 있었어.

- I am not drunk. I do not get drunk. 난 안 취했어. 난 취하지 않아.

  I was drunk as a skunk. Met these guys at a bar.
  난 고주망태로 취했어. 술집에서 이 친구들을 만났지.

get drunk는 '취하다' 라는 통상적인 표현이다. drunk as a lord[skunk]는 '고주망태로 취한' 이라는 뜻으로 very drunk라는 의미이다. 가볍게 취하는 건 tipsy 라 한다.

The man was charged with being drunk and disorderly.

걔는 음주난동죄로 기소됐어.

- Well, he was busted for drunk and disorderly at a place called O'Malley's. 저, 걔가 오말리라는 술집에서 술먹고 난동부려 잡혔어.

  College student? What's her record for, drunk and disorderly?
  대학생이라고? 무슨 죄목이야, 술에 취해 난동폈어?

drunk and disorderly는 술에 취해, 즉 만취상태에서 난동이나 소란을 피는 것을 말한다.

I always told Ashley, "Never drive drunk."

항상 애쉴리에게 '음주운전은 하지 말라' 고 말했어.

- The state police can, for example, take blood from a drunk driving suspect. 예를 들어, 주 경찰은 음주운전 용의자의 혈액을 채취할 수 있죠.

drunk driving은 '음주운전' 이라는 뜻이다. drink and drive, drive drunk도 같은 의미로 '음주운전을 하다' 라는 의미가 된다.

She's having drinks with her date.

걔는 데이트 상대와 술을 마시고 있어.

- She's out having drinks with him. 걘 나가서 걔하고 술마시고 있어.

  The day he died he had drinks with Jason at the Hilton Hotel.
  걔가 죽은 날 힐튼 호텔에서 제이슨하고 술을 마셨어.

have drinks with는 '…와 술을 마시다' 라는 뜻이다.

MORE EXPRESSION

What kind of drinks you got?
무슨 술이 있습니까?
drink sb under the table
…보다 술을 더 마시다

놓치면 원통한 미드표현들

- **drool** 침을 흘리다
  Stop drooling. 침이나 닦아라.

- **drool over** 군침을 흘리다
  He was just drooling all over you.
  걔는 단지 너한테 완전 군침을 흘리고 있어.

- **leave sb high and dry** …를 고립시키다
  I feel like I'm leaving you high and dry.
  내가 널 고립시키는 것 같이 느껴져.

- **dry up** 입을 다물다, 목이 마르다, 소진하다
  Dry up. 입 다물어.
  Get me some water I'm drying up.
  물 좀 줘요. 목말라 죽겠어요.

What are you driving at? 무슨 말을 하려는거야?

You're driving me crazy.
너 때문에 미치겠어.

- You're driving me up the wall. 네가 날 미치게 만드네.

  It drives me nuts the way he hikes up his left pant leg after he's eaten too much.
  걔가 잔뜩 먹고 나서는 왼쪽 바짓가랑이를 걷어 올리는 것 때문에 내가 미칠 지경이에요.

▬ drive sb crazy[nuts, mad, insane]는 '…를 미치게 만들다' 라는 표현이다. 한편 drive sb up the wall도 같은 의미의 표현이다.

What are you driving at?
무슨 말을 하려는거야?

- A: Spend any quality time with your stepdaughter? B: What are you driving at?
  A: 네 의붓딸하고 좋은 시간을 보내? B: 무슨 말을 하려는 거야?

  I don't understand. What're you driving at?
  난 이해가 안돼. 뭘 말하려는거야?

▬ drive at은 '…를 말하려고 의도하다' 라는 뜻. What're you driving at?의 형태로 많이 쓰이는데 상대방의 말하는 속내가 무어냐고 물어볼 때 쓰는 표현.

This can drive you to be isolated.
이건 널 고립되게 할 수 있어.

- He's gonna drive me to the park. 걘 차로 날 공원에 데려다 줄거야.

  Can you drive me to work on Wednesday?
  수요일날 날 직장에 차로 데려다줄 수 있어?

▬ drive sb to[into]~는 '…가 …하게 하다' 라는 뜻. 단순히 물리적으로 drive sb to~면 '…를 차로 데려다주다' 라는 의미.

Well. I have absolutely no sex drive.
글쎄. 난 성욕이 전혀 없어.

- He was a young guy, strong sex drive.
  걔는 성욕이 강한 젊은 친구였어.

  They probably could have killed his sex drive.
  그것들로 인해 걔 성욕이 죽어버릴 뻔 했어.

▬ drive는 '충동,' '욕구' 라는 뜻으로 sex drive하면 '성적 충동,' '성욕' 이라는 의미가 된다.

I figured she was a career-driven woman.
걘 경력에 사로잡힌 여성이었던 걸로 생각했어.

- He's a need driven offender, Kevin.
  케빈, 걔는 욕구지향적인 범인이야.

  No, whoever's doing this isn't driven by anger.
  아냐. 누가 이걸 저질렀더라도 분노에 의한 것 같진 않아.

▬ -driven은 need-driven (욕구지향적인)에서처럼 '…에 의해 움직이는' 이라는 뜻이다. 또한 be driven by하면 '…에 의해 움직이다,' '…에 사로잡혀있다' 라는 의미가 된다.

Would you like to test drive?
시운전을 해볼래요?

- Before you buy the car, you take it for a test drive.
  차를 사기전에 시운전을 해봐야지.

  You bastard! I'm in love with you, and you're treating me like some sort of test drive!
  개자식! 난 널 사랑했는데 넌 날 일종의 시운전 쯤으로 취급하다니!

▬ test drive는 '시운전을 하다' 라는 의미로 우리처럼 본격적으로 사귀기 전에 한번 섹스해보는 것을 뜻하기도 한다.

MORE EXPRESSION

Drive safely. 조심 운전해.
drive-in 드라이브 인(차타고 들어가서 즐길 수 있는 식당이나 극장)
drive-through 차에서 내리지 않고 일을 처리할 수 있는 식당(주로 패스트 푸드점) 및 은행

D

You can drop the act. 넌 연기 그만 해.

Drop by for a drink sometime.
언제 한 번 들러.

- Drop in sometime. 근처에 오면 한 번 들러.
  I'm glad you could drop by. 들러줘서 기뻐.

■ drop by는 '…에 잠시 들리다'라는 뜻으로 drop in도 같은 의미이다.

Drop me a line.
나한테 편지[이멜] 좀 써.

- Drop me a note. 편지 써라.
  I'll drop you a line. 편지할게.

■ drop sb a line[note]은 '…에게 편지 한 줄 쓰다'라는 뜻으로 '연락하다'라는 의미.

NCIS, drop your weapons.
NCIS야, 무기를 버려.

- I suggest you drop your weapons. 무기를 버리라고 말했지.
  Put it down. Drop the gun, drop the gun! Drop it now.
  내려 놔. 총을 내려놓으라고. 지금 당장.

■ drop your weapon은 '무기를 버리다'라는 뜻으로 범죄 미드에서 경찰이 범인들에게 쓰는 표현. drop the gun은 '총을 버리다'라는 의미이다.

I'll drop you.
(가다) 내려드리죠.

- Why don't you just drop me off, and you can come back.
  그냥 날 내려줘요 그리고 넌 돌아가고.
  Well, she probably saw you drop me off yesterday.
  글쎄, 걔는 아마도 어제 네가 날 내려주는 걸 봤을지도 몰라.

■ drop sb (off)는 '…를 내려주다'라는 뜻이다.

Can you[we] drop this?
이 얘기 좀 그만 할 수 없니?

- So come on, let's just drop it and watch the movie.
  그래, 그만 이야기하고 영화 보자.
  I tried to get him to drop the subject, but he wouldn't.
  난 걔가 그 주제에 대해 말하지 않도록 했으나 걔는 말을 듣지 않았어.

■ just drop it은 '이야기를 그냥 중단하다.' 그리고 drop the subject하면 '그 주제에 대해 그만 말하다'라는 의미가 된다.

Date rapes are more likely to drop charges.
데이트 강간은 고소를 취하할 가능성이 커.

- Rape victims intimidated, persuaded to drop charges.
  강간 피해자들은 고소를 취하하도록 협박을 받거나 설득을 당해.
  Let me know when you drop the case. 네가 언제 소송취하할건지 알려줘.

■ drop charges는 '고소를 취하하다'라는 의미이고 drop a case하면 '소송을 취하하다'라는 의미.

A: You found traces of seminal fluid. B: Not a drop.
A: 네가 정액 흔적을 찾았지. B: 아니, 조금도 찾지 못했어.

- A: Hey, did you drink any of this? B: Not a drop.
  A: 야, 너 이 것 좀 마셨어? B: 한 방울도 마시지 않았어.
  A: So, blood? B: Not a drop. A: 그럼 피는? B: 한 방울도 없어.

■ not a drop 또는 not even half a drop은 '조금[한 방울]도 아니다'라는 강조 표현.

You're really dropping out?

너 진짜로 자퇴할거니?

- If I could, I'd **drop out of** school. 가능하다면 학교를 그만 둘거야.
  He convinced me to **drop out of** college. 걘 날 설득해서 학교를 그만두게 했어.

■ **drop out**은 '자퇴하다,' '그만두다,' **drop sb out**은 '퇴학시키다' 라는 뜻. 주로 be dropped out of school 형태로 '퇴학당하다' 라는 의미로 쓰인다.

You can drop the act.

넌 연기 그만 해.

- You can **drop the act**, Rory. It's okay. 로리, 척하지 마. 괜찮아.
  No, it's all right, you can just **drop the act**, Tommy.
  아냐, 괜찮아, 척할 필요 없어, 타미.

■ **drop the act**는 '…하는 척을 그만두다' 라는 뜻이다.

We can go anywhere we want at the drop of a hat.

우린 아무런 준비없이 바로 어디든지 갈 수가 있어.

- I don't actually sign contracts **at the drop of a hat**.
  실은 난 준비없이 바로 계약에 서명하지 않아.
  Where would you want to go **at the drop of a hat**?
  지금 막 어디 가고 가고 싶니?

■ **at the drop of a hat**은 '즉각,' '주저 없이,' '준비없이 바로' 라는 뜻이다.

MORE EXPRESSION

drop one's eyes 시선을 떨구다
drop sb in it 비밀을 말해 곤란하게 하다
drop a hint 암시주다

» drug

 I didn't tell her to do drugs. 걔한테 마약을 하라고 말하지 않았어.

He was their drug mule.

걔는 그들의 마약운반책이었어.

- And I hear you're **a drug mule**. Why aren't you in jail, man?
  네가 마약운반책이라고 들었어. 왜 아직 감옥에 안간거야, 친구?
  How do you like a brother who uses you as **a drug mule**?
  어떤 형이 동생한테 마약 운반책이나 시키니?

■ **drug mule**은 '마약운반책' 을 의미한다.

I didn't tell her to do drugs.

걔한테 마약을 하라고 말하지 않았어.

- When Lizzie started **doing drugs**, I put my foot down.
  리지가 마약을 시작했을 때 내 입장은 분명했어.
  So, Claire **was taking drugs**? 그래, 클레어가 마약을 하고 있었니?

■ **take[use, do] drugs**하면 '마약을 하다' 라는 의미.

He said your mom sold him the drugs.

걔는 네 엄마가 자기한테 마약을 팔았다고 말했어.

- Carol's making money **selling drugs**. 캐롤은 마약을 팔아서 돈을 번대.
  Because she **was dealing drugs**. 걔가 마약을 거래하고 있었기 때문이지.

■ **sell[buy] the drugs**는 '마약을 팔다[사다] 라는 뜻이며 **give sb the drugs**하면 '…에게 마약을 공급하다,' **deal drugs**하면 '마약을 거래하다' 라는 의미가 된다.

D

Vanessa's on drugs, desperate for money.

바네사는 마약을 해서 돈이 절실히 필요해.

- Why did I get a call informing me that you were on drugs?
  내가 왜 네가 마약한다는 연락을 받았을까?

  In all likelihood, he'll be high on drugs.
  십중팔구 걔는 마약에 취하게 될거야.

■■ be on drugs는 '규칙적으로 약을 먹다[복용하다]' 또는 '마약을 하다' 라는 뜻이며 high on drugs하면 '마약[약]에 취해 정신이 몽롱한' 이라는 의미가 된다. 한편 come[be] off drugs하면 '(마)약을 끊다' 라는 뜻.

We got a drug overdose.

약물 과다복용 환자가 생겼어.

- It's not a drug overdose. 이건 약물 과다복용이 아니야.

  A: I'm guessing, she died suddenly. B: Let's say drug overdose.
  A: 추측컨대, 걔는 갑자기 죽었어. B: 약물 과다복용이겠지.

■■ drug overdose는 '약물 과다복용' 이라는 뜻이다.

Did your son have any history of drug abuse?

네 아들이 마약남용 전력이 있었나요?

- Well, that condition's normally associated with drug abuse.
  글쎄, 그런 상태는 정상적으로는 마약남용하고 연관이 있어.

  The drug abuse, did that start at an early age?
  약물남용, 어릴때 시작했어?

■■ drug abuse는 '마약 남용,' '약물 남용' 이라는 뜻이다.

He's like a drug addict.

걔는 마약중독자 같아.

- It's like a drug high. 마치 마약에 흥분된 상태 같아.

  It makes my client sound like a drug dealer.
  제 의뢰인이 마치 마약 판매상인 것처럼 들리게 합니다.

■■ drug high는 '마약에 흥분한 상태,' drug addict는 '마약중독자' drug dealer는 '마약 딜러[판매상]' 를 의미한다.

None of the others were drugged.

나머지 중 누구도 마약을 흡입하지 않았었어.

- You were drugged, burned, beaten, sexually assaulted.
  너한테 마약을 먹이고, 지지고, 얻어맞고 성폭행을 당했어.

  Adam drugged and tortured you for 2 days.
  아담은 이틀 동안 네게 마약을 먹이고 고문을 자행했어.

■■ drug은 동사로 '마약[약물]을 먹이다[투입하다] 라는 뜻이다.

MORE EXPRESSION

hard drug 중독성 마약
soft drug 중독성 없는 마약

We're sitting ducks. 우린 독 안에 든 쥐야.

Don't try to duck out of it.
안하고 그냥 넘어가려 하지마.

- You want to duck out after your speech? 연설 후에 피하길 원해?
  I don't have time to explain adult relationships to you. Oh duck down.
  너한테 성인율 관계에 대해 설명해줄 시간은 없어. 그냥 피해버려.
  He had me duck down in the back seat. 걔는 날 뒷좌석에 몸을 숨기게 했어.

■■■ duck out은 '피하다' 라는 뜻으로 dodge와 같은 의미이다. try to duck out of it은 '책임을 피하려고 하다,' '그냥 넘어가려고 하다' 라는 의미로 책임이나 불쾌한 일을 피하려는 것을 의미한다. duck down 역시 '피하다,' '몸을 숨기다' 라는 뜻으로 몸을 낮춰서 피한다라는 뉘앙스이다.

You want us to stick around like sitting ducks for this maniac.
넌 우리가 이 미친놈 때문에 무방비상태로 주변에 머무르기를 원하는구나.

- We come up in the middle of that yard, we're sitting ducks.
  우리가 저 마당 한 가운데에 나타나면, 우린 독 안에 든 쥐야.
  That's better than staying home being a sitting duck.
  그게 집에 남아서 꼼짝하지 않고 있는 것보다 더 나아.

■■■ a sitting duck은 '쉽게 당하는 사람이나 봉,' '독 안에 든 쥐,' 그리고 like a sitting duck하면 '무방비상태로' 라는 뜻이다.

MORE EXPRESSION

duck the issue 문제를 피하다
duck a question 질문을 피하다

 I've paid my dues. 난 대가를 치뤘어.

He was due to get married next month.
걔는 다음 달에 결혼할 예정이었어.

- Now if you'll excuse us, we're due in court. 실례지만 법정에 출두해야 돼요.
  His next surgery is due in two days. 이틀 후에 개의 다음 수술이 예정되어 있어.

■■■ be due to do는 '…할 예정이다' 라는 뜻이고, be due in[on, at]은 '…예정이다' 라는 의미가 된다.

When are you due?
출산 예정일이 언제예요?

- When is this[it] due? 이게 언제 마감이죠?
  When is your baby due? 출산예정이 언제야?

■■■ When be ~ due?는 '…가 언제 예정이냐' 라는 의미. 한편 due date면 '예정일' 이라는 의미가 된다.

I say this with all due respect, Lily.
릴리, 그렇기는 하지만 그래도 난 이말을 하는거야.

- So with all due respect, I think I'll decide who I see.
  그래 미안한 얘기지만 내가 만날 사람은 내가 정할거야.

  Sorry, Mama, Papa, but with all due respect I really can't go through. 엄마, 아빠, 미안하지만 그렇긴 해도 난 진짜 계속할 수가 없어요.

■■■ with all due respect는 '송구스럽지만' 이라는 뜻으로 상대의 말에 반대의사를 표하기 전에 사용하는 정중한 표현. '무례하게 들릴지 모르지만,' '나쁜 의도는 없지만,' '미안한 얘기지만' '그렇기는 하지만' 이라는 말.

265

D

I'm gonna tell him in due time.
난 걔한테 때가 되면 말할거야.

- If the man needs to be fixed, we'll fix him in due time.
  환자가 수술할 필요가 있다면, 그때 하는 거지.

  You'll make money in due time. 넌 머지않아 돈을 벌거야.

■ in due time은 '머지않아,' '때가 되면' 이라는 뜻이며 in due course하면 '적절한 때에' 라는 의미가 된다.

I've paid my dues.
난 대가를 치뤘어.

- I mean I can totally do this job, and God knows I paid my dues.
  내 말은 이 일을 충분히 할 수 있다는거야. 정말이지 난 대가를 치뤘어.

  I pay my dues and these guys play hardball.
  난 대가를 치렀는데 이 친구들은 강경한 태도를 보이고 있어.

■ pay one's dues는 '빚을 갚다,' '대가를 치루다' 라는 뜻으로 자기가 힘들게 고생하며 할 책무나 도리는 다 했더라는 뉘앙스가 깔려있다. 한편 dues는 '회비' 라는 단어.

I have done my due diligence.
난 상당한 배려를 해주었어.

- Your assailant clearly has done his due diligence.
  널 폭행한 자는 나름대로 상당한 주의를 기울인 게 분명해.

  House, you're kidding, right? I've done my due diligence.
  하우스, 농담이죠, 그렇죠? 난 상당히 주의를 기울였어요.

■ due diligence는 '상당한 주의[배려]' 라는 의미.

It was delayed, due to most unfortunate events.
아주 불행한 사건들로 그게 지연되었어.

- That could be due to stress. 그건 스트레스에 기인할 수 있어.

  We think it's due to go off in about eight minutes.
  약 8분 후에 꺼지게 될 걸로 생각해.

  Cause of death was asphyxiation due to strangulation.
  사인은 목졸림에 의한 질식사였어.

  I think it may be due to the fact that I didn't want to get married at all. 내가 결혼할 생각이 없었다는 사실 때문에 기인했을 수도 있어.

■ due to는 '…에 기인한' 이라는 뜻으로 due largely to면 '대체로 …에 기인한' due in part to면 '부분적으로 …에 기인한' 이라는 의미가 된다. 무척 많이 나오는 표현으로 to 다음에 동사가 오는지 명사가 오는지를 구분해야 한다.

MORE EXPRESSION

money+ be due+기간
…까지 내야 한다

» dumb

Don't play dumb with me! 날 바보로 생각하지마!

Don't play dumb.
모른 척하지마.

- Don't play dumb with me!?
  날 바보로 생각하지마.

  You can play dumb or you can play ball.
  모른 척하든가 아니면 협조해.

■ play dumb은 '모른 척하다,' '시치미를 떼다' 라는 뜻으로 Don't play dumb with me하면 '날 바보로 보지마' 라는 문장.

She's a dumb blonde.

걘 머릿속이 빈 금발이야.

- **Dumbass. They were nice.**
  바보. 걔들은 좋은 사람들이었어.

  Oh, well, that was just dumb luck. 그래, 그건 단지 횡재였어.

» dump

 It could have been a dump job. 이건 욕먹는 일일 수도 있었어.

I dumped him.

내가 쟤 찼어.

- **You can't dump me. I don't get dumped. If anyone is getting dumped here, it's you.**
  넌 날 못버려. 난 차이지 않을거야. 여기 차일 사람이 있다면 그건 너야.

  So you dumped her right before her birthday?
  그래서 걔 생일 전에 바로 걔를 차버렸니?

■■ **dump sb**에서 dump는 원래 쓰레기 같은 것을 버리다는 뜻인데 여기에서 발전하여 특히 남녀관계에서 헤어질 때 '···를 차다'라는 의미로 쓰인다.

She's still pretty down in the dumps.

걔는 여전히 울적해 있어.

- **I mean, that girl must be really down in the dumps.**
  내 말은 저 여자애가 진짜 맥이 빠져 있음에 틀림이 없다는거야.

  The thing is, we've got this friend, and he's kind of down in the dumps.
  문제는 이 친구가 약간 울적해 있다는 거야.

■■ **down in the dumps**는 '울적하여,' '맥없이'라는 표현. 또한 dump sth on sb는 '···에게 ···를 떠넘기다'라는 뜻으로 걱정거리나 원치 않는 일을 남에게 씌우는 것을 의미한다.

It's a dump! What are you thinking?

더러운 곳이야! 넌 어떻게 생각해?

- **This place is a dump.** 여긴 완전 쓰레기 더미네.

  Pretty public spot for a dump site.
  폐기물 처리장 치고는 괜찮은 공공장소네.

■■ **It's a dump**는 '더러운 곳이야,' '불쾌한 곳이야'라는 뜻으로 What a dump! 또한 같은 의미가 된다. dump site는 '폐기물 처리장.'

It could have been a dump job.

이건 욕먹는 일일 수도 있었어.

- **The blood type on the brick matches the victim so she wasn't a dump job.**
  벽돌에 남아있던 혈액형이 피해자의 것과 일치해서 걔가 욕을 먹지는 않을거야.

  No blood on the ground. Could be a dump job.
  땅에 떨어진 혈액은 없어. 헛일이 될 수도 있어.

■■ **dump job**은 '욕질,' '매도,' '비난'을 의미한다. 또한 '멍청한 일,' '한심스러운 일'이라는 의미도 갖는다. 참고로 dumb job 하면 자기가 직장에서 하고 있는 일을 싫어한다고 표현할 때 쓰는 말.

So what's he doing in a dumpster?

걔가 쓰레기통에서 뭐하고 있는 거야?

- They investigate a body found in a dumpster.
  걔네들은 쓰레기통에서 발견된 시체를 조사하고 있어.

  Paul Hayes was stuffed into a dumpster.
  폴 헤이즈는 쓰레기통에 던져져 있었어.

■■■ dumpster는 '금속형의 대형 쓰레기통'을 의미한다. 가끔 CSI요원들이 들어가 뒤지는 큰 쓰레기통을 떠올리면 된다. 미국의 상표명이기도 하다.

MORE EXPRESSION

take a dump 똥을 누다

» dust

I'm all done and dusted for it. 난그걸 할 준비가 다 되어 있어.

But don't blame me when the dust settles.

그러나 사태가 진정될 때 날 비난하지마.

- That's when the dust settled, we still felt the same.
  사태가 진정되어도 우린 여전히 같은 느낌이었어.

  And when the dust settled, wedding bells were ringing.
  사태가 진정될 때 결혼식 종소리가 울리고 있었어.

I'll dust off my kit.

내 작업세트를 새롭게 준비했어.

- I am all done and dusted for it.
  난 그걸 할 준비가 다 되어 있어.

  I guess the thing to do now is just pick yourself up, dust yourself off, forget it and move on.
  이제 할 일은 몸을 추스리고 다 털어내고 잊고 다음 단계로 넘어가는거야.

■■■ the dust settle은 '사태가 진정되다' 라는 뜻으로, wait for the dust to settle이면 '사태가 정리될 때까지 기다리다' 라는 의미가 된다.

■■■ dust off는 '업데이트하다,' '새롭게 하다' 라는 뜻으로 먼지를 털어낸다는 뉘앙스를 생각하면 된다. 따라서 dust off the resume 하면 '이력서를 업데이트하다,' '이력서를 새로 쓰다,' be all done and dusted for하면 '…할 준비가 다 끝났다' 라는 표현이 된다.

MORE EXPRESSION

not see sb for dust 순식간에 사라지다
bite the dust 굴욕을 참다
leave sb in the dust …를 크게 앞지르다

» duty

I'm off duty at 6. 난 6시에 일이 끝나.

I felt it was my duty to let you know he's crazy.

걔가 미쳤다는 걸 너한테 알려주는 게 내 임무였다고 느꼈어.

- It's my duty to see that justice is done on behalf of your daughter.
  네 딸을 위해서 정의가 실현되는 것을 보는 게 내 의무야.

  Someone killed a child. It's our duty to speak for the victim.
  누가 아이를 죽였어. 피해자를 대변하는게 우리 의무야.

■■■ do one's duty는 '…의 의무를 하다' 라는 의미로 It's one's duty to~하면 '…하는 것은 …의 의무이다' 라는 표현이다.

I'm off duty at 6.

난 6시에 일이 끝나.

- Any security officers off duty are back on duty?
  비번 경비 중 누구 지금 근무 중인 사람이 있어?

  You're off duty. You should be with your mother.
  넌 비번이야. 네 엄마하고 같이 있어야지.

He had a legal duty to make sure her kids were tested.

걔는 그녀 애들이 테스트를 받았는지 확인하는 법적 의무를 지녔어.

- Mindy did a tour of duty in Iraq.
  민디는 이라크에 근무를 했었어.

  Military confirmed Emit is on active duty in Afghanistan.
  군은 에미트가 아프간에서 현역으로 복무한 사실을 확인해주었어.

I snuck some scotch in from the duty free store.

난 면세점에서 스카치위스키 몇 병을 슬쩍했어.

- All of the stores on St. Barts are duty-free.
  세인트 바츠 섬에 있는 모든 가게는 면세야.

  All of these items are duty free.
  이 모든 물품은 면세야.

D

Coma Guy's hand is doing duty as a cup holder.

코마 가이의 손은 일종의 컵 받침으로 봉사하고 있어.

- The armrest between the two sides is wide and flat and does double duty as a table.
  양쪽 사이에 있는 팔걸이는 넓고 평평해서 일종의 테이블 역할을 하고 있어.

  He was doing his duty as a cop. 걘 경찰로서의 임무를 하고 있었어.

놓치면 원통한 미드표현들

- **dude** 놈, 녀석
  Who's that dude to you anyway? You don't look related. 어쨌든 그 놈은 너한테 어떤 존재니? 서로 관계가 있는 것 같지 않아.

- **duke it out** 끝장날 때까지 싸우다
  I'm too busy to play favorites, so duke it out. 바빠서 편애할 수 없으니 끝까지 싸워서 얻어내.

- **go Dutch** 각자 지불하다
  Let's go Dutch. 각자 내자.
  Hey, I only go Dutch if girls ask the wrong question.
  헤이, 여자애들이 엉뚱한 질문을 해대면 그냥 각자 내기로 하자.

- **dwell on[upon]** …를 곰곰이[깊이] 생각하다, …에 연 연하다
  Let's not dwell on it. 그걸 너무 곱씹지마.
  Don't dwell on the past. 지난 일에 연연해하지마.

- **dwelling** 주택 dweller 거주자 dwell in …에 거주하다
  I will dwell in the house of the Lord forever.
  난 주님의 집에서 영원히 살거야.

» ear

I'm up to my ears in work. 일 때문에 꼼짝달싹 못해.

I'll play it by ear.
그때그때 상황에 맞게 처리하자.

- Let's just play it by ear. 상황에 맞춰 행동하자.
  I'll have to play it by ear. 상황에 맞춰서 처리할거야.

I'm up to my ears[neck] in work.
일 때문에 꼼짝달싹 못해.

- The whole office is up to its neck in work. 사무실 전체가 일이 넘 많아 꼼짝못해.
  Donna's been up to her neck in work this week.
  도나는 이번 주에 일이 너무 많았어.

Kids, man. In one ear and out the other.
남자 애들. 한 귀로 듣고 한 귀로 흘리지.

- You know our kids. I love them dearly, but that goes in one ear and out the other.
  우리 애들 알잖아. 난 걔들을 무지 사랑하지만 걔들은 한 귀로 듣고 한 귀로 흘려.
  Dana grins from ear to ear. 다나는 입이 찢어지게 웃고 있어.

■■■ play it by ear은 귀로만 의존해서 연주한다는 뜻으로 '그때그때 상황에 맞게 행동하다,' '임기응변으로 처리하다' 라는 의미.

■■■ be up to one's ears [nose] in work는 '일이 너무 많다' 라는 뜻으로 귀 밑까지 올라 찼다라는 의미. work 대신에 debt나 problems를 넣어서 빚이나 문제가 넘 많다고 표현할 수도 있다.

■■■ (It goes) In one ear and out the other는 '한 귀로 듣고 한 귀로 흘린다' 라는 표현이다. 또한 grin from ear to ear는 '싱글 벙글 웃는다,' '입을 활짝 열고 웃다' 라는 의미.

I am all ears.
귀 쫑긋 세우고 들을게.

- If you have a better idea, I'm all ears. 더 나은 아이디어가 있다면 열심히 들을게.
  She was all ears. 걔는 귀를 쫑긋 세우고 들었어.

Vice gave us an earful about you.
바이스는 너에 대해 잔소리를 늘어놓았어.

- He's getting an earful from someone over at the doc's.
  그래, 걔는 병원에 있는 어떤 사람에게서 잔소리를 많이 듣고 있어.
  The complaint department at the condom company got an earful.
  콘돔 회사 고객불만센터는 고객들로부터 불만을 무지 많이 들어.

■ be all ears는 '열심히 귀를 기울이다[청취하다]'라는 뜻. 같은 형태의 표현으로 be all thumbs하면 손재주가 없다라는 뜻이 된다.

■ get an earful from은 '…에게 잔소리를 듣다'라는 뜻이며 sb is a handful하면 '…가 말썽꾸러기이다'라는 의미이다. 한편 sb is an eyeful하면 '…가 미인이다'라는 표현이 된다.

MORE EXPRESSION

wet behind the ears 풋내기의
This is for your ears only.
너한테만 말해주는 거야, 이건 비밀야.
Open your ears. 귀를 열고 잘 들어.
close[shut] one's ears 눈을 꼭 감다

» ease

I'm gonna ease into it. 난 그것에 편해질거야.

Ease it up.
천천히 해.

- Ease up. Until now, none of us knew what really happened.
  긴장 좀 풀어. 여태까지 우리 중 아무도 실제로 무슨 일이 생겼는지 몰랐잖아.
  Hey, Kirk, maybe you want to ease up on Penny a little.
  야, 커크, 페니한테 마음 좀 풀어.

■ ease up은 '긴장을 풀다' ease it up은 '천천히 하다'라는 의미가 된다. 한편 ease up on은 '…에게 마음을 풀다'라는 뜻.

Yeah, okay, at ease soldier!
그래, 좋아, 제군들 쉬어!

- Let me put your mind at ease. 네 마음을 편하게 해줄게.
  They seem quite at ease with one another. 걔넨 서로 꽤 편해보여.

■ at ease는 '편안하게,' '여유 있게'라는 뜻으로 put~at ease하면 '…를 편안하게 해주다'라는 의미가 된다.

Enough maybe to help ease the pain?
아마 고통을 덜어주는데 도움이 될만큼 충분히?

- You know what eases my depression? 뭐가 내 맘을 편하게 하는 줄 알아?
  He's trying to ease things over with her. 걘 그녀의 일을 좀 수월하게 해주려 해.
  I didn't ease exactly his mind. I falsely led him to believe I was having an affair. 난 걔 맘을 편하게 해주지 않았어. 내가 바람피고 있다고 믿도록 거짓유도했어.

■ ease one's pain에서 ease는 '…을 덜어주다,' '줄여주다'라는 뜻으로 pain 대신에 mind, depression 등이 올 수 있다.

I'm gonna ease into it.
난 그것에 편해질거야.

- I'm a little nervous, so if you can kinda ease me into the whole process. 좀 초조해. 그래서 네가 그 전반적인 과정을 내가 편하게 해줄 수 있으면.
  He eases Jack into a chair. 걘 잭의 맘을 편하게 하여 의자에 앉혔어.

■ ease into는 '…에 편해지다,' '친숙해지다,' 그리고 ease sb into하게 되면 '…을 …에 편하게 하다'라는 의미로 쓰인다.

E

271

» easy

I'm easy. (to please).
네 결정에 따를게. (난 어느 쪽도 상관없어.)

- You're not very easy to please. 넌 좀 까다로운 사람이야.
  I'm easy to live with. 난 같이 살기에 편한 사람이야.

■■ I'm easy (to please)는 '무슨 결정을 내리든 상관없어' 라는 뜻. 그래서 sb be easy to~ 하면 '…는 …하기에 편안한 사람이다' 라는 표현이 된다.

That's easy for you to say.
너야 말은 쉽지.

- A: You must try to stay calm. B: That's easy for you to say.
  A: 침착하도록 해야만 해. B: 말은 쉽지.
  That's easy for you to say, you found one already.
  말은 쉽지, 넌 이미 찾았으니까.

■■ That's easy for you to say는 굳어진 표현으로 상대방이 자기는 어렵다고 생각하는 일을 쉬운 듯이 말할 때 쓰는 말로 '너야 말하기는 쉽지' 라는 의미.

Although that'll be easier said than done.
비록 그건 말이야 쉽겠지만.

- A: That's the plan. B: Well, that's easier said than done.
  A: 좋은 계획이야. B: 글쎄, 말이야 쉽지.
  I know it's easier said than done. 행동보다 말하기가 쉽다는 것은 알고 있어.

■■ Easier said than done은 '말이야 쉽지' 라는 격언이다.

I was trying to make your life easier.
난 널 좀 더 편하게 해주려고 했어.

- All I'm guilty of was trying to make his life easier.
  내가 죄가 있다면 걜 좀 편하게 해주려고 했던 거지.
  You're not making this easy. 네가 이걸 힘들게 하고 있는 거야.

■■ make one's life easier는 '좀 편하게 살게 해주다,' '문제없이 좀 쉽게 살 수 있도록 해주다' 라는 표현.

Well, how can we make it easier?
글쎄, 어떻게 그걸 좀 쉽게 만들 수 있을까?

- I thought if I saw her, it might make it easier.
  만약 걔를 보게 된다면 일이 좀 쉬워질 거라고 생각했어.
  That'll make it easier for you, Sam. 샘, 그걸로 인해 일이 편해질거야.

■■ make it easier to do는 '…하는 것을 더 쉽게 만들다' 라는 뜻.

It's so typical of this girl to take the easy way out.
이 여자애가 쉬운 길을 택하는 것은 아주 당연한거지.

- Money problems. Family problems. He took the easy way out.
  돈 문제, 가정 문제, 걔는 편한 방법을 택했어.
  You know this is the easy way out. 이게 아주 편한 방법이라는거 알잖아.

■■ take the easy way out은 '쉬운 길[방법]을 택하다' 라는 뜻. 그래서 That's the easy way out하면 '그게 편한 길[방법]이다' 라는 의미가 된다.

It's all right. Take it easy.
괜찮아. 걱정하지마.

- We're not gonna hurt you. Take it easy. 널 해치지 않을거야. 진정해.
  You're gonna be fine. Just take it easy. 괜찮아 질거야. 그냥 편하게 있어.

■■ take it easy는 '걱정하지마,' '좀 쉬어가면서 해,' '잘 지내' 등의 의미를 지닌 아주 많이 사용되는 회화 표현이다.

Hold on. Easy does it.

잠깐. 살살해.

- Easy does it. Let go and let God. 천천히 해. 다 내려놓고 하나님께 맡겨.
  Easy does it. Don't drive so fast. 살살해. 너무 빨리 달리지 말고.
  Easy, easy, don't get all worked up. 진정하고. 넌 흥분하지마.

Easy does it은 '천천히 해,' '살살해,' '조심해서 해' 라는 뜻. Easy, Easy도 같은 의미로 '좀 진정해라,' '조심해라' 라고 할 때 쓰면 된다. 이사할 때 주인이 이삿짐센터 사람들에게 자주 말하게 되는 표현.

Go easy on me.

좀 봐줘.

- Poor guy. Maybe the jury will go easy on him.
  불쌍한 친구. 아마 배심원들이 걔를 봐줄거야.

  I can convince the D.A. to go easy on you.
  지방검사에게 널 좀 봐주라고 말해줄 수 있어.

go easy on sb는 '…를 봐주다' 라는 뜻이며 go easy on[with] sth은 '…를 적당히 해라,' 그리고 Go easy하면 '진정해,' '살살해' 라는 의미가 된다.

Wow. You got off easy.

와. 너 쉽게 끝났네.

- As far as I'm concerned, you're getting off easy.
  내가 관여된 이상 넌 별 어려움이 없을거야.

  Oh my God! You got off easy! 오 맙소사! 넌 조금만 혼났네!

get off easy는 '가벼운 꾸지람으로 끝내다,' '평소보다 쉽게 끝나다' 라는 표현이다. easy 대신에 lightly를 써도 된다.

He's an easy-going person.

성격이 좋은 사람이야.

- You're just not as easy-going as Anne. 넌 앤처럼 털털한 사람이 아니.
  He seems to be an easy-going person. 걘 까탈스럽지 않은 사람인 것 같아.

an easy-going person은 '성격이 털털한 사람,' '무던한 사람' 이라는 뜻이다.

Things haven't been easy.

상황이 쉽지 않았어.

- It couldn't have been easy. 그건 쉽지는 않았을거야.
  Actually. It hasn't been easy. Nobody likes choosing sides.
  사실. 그건 쉽지는 않았어. 아무도 편을 들어주지 않았거든.

haven't been easy는 '쉽지 않았다' 라는 표현이다. 통상 힘든 상황을 이겨내고 결국 성공은 했지만 쉽지는 않았다라는 뉘앙스를 갖는다.

It's easy on the eyes as it gains in value.

가치가 올라가니까 보기가 좋네.

- Well, he's easy on the eyes. 글쎄, 걔는 보기에 좋아.
  I think you've had kind of an easy time. 넌 곤란을 겪어보지 않은 것으로 생각돼.

have an easy time of it은 '곤란을 겪지 않다' 라는 뜻이다. easy on the eye[ear]는 보기 좋은[듣기 좋은] 이라는 뜻이다.

MORE EXPRESSION

It'd be easy on your stomach.
이건 위에 부담이 안될거야.

Easy come, easy go. 쉽게 얻은 것은 쉽게 잃는다.

easy money 쉽게 번 돈, 손쉬운 돈벌이 *Easy money! 거저 먹기지!

E

놓치면 원통한 미드표현들

- **on earth** (의문문) 도대체, 대체
  Who on earth told you that? Patrick?
  패트릭, 도대체 누가 너한테 그걸 말했니?
  Freddy, what on earth are you doing here?
  프레디, 너 도대체 여기서 뭐하고 있니?

- **down-to-earth** 현실적인
  He's a very down-to-earth guy.
  걔는 아주 현실적인 친구야.
  That's a refreshingly down-to-earth theory.
  그건 참신하게도 아주 현실적인 이론이야.

She'll eat you up. 걔가 네 인생을 망칠거야.

It eats up the batteries.
배터리가 빨리 닳아요.

- Eat up Miss Blair. Your mom would want you to have a good breakfast. 미스 블레어, 다 먹어. 아침식사를 잘 하길 네 엄마가 원하잖아.
  Now eat up, we have the fish course coming. 다 먹어, 생선이 나올 차례야.
  We're talking about the big realty companies eating up our commissions. 우린 수수료를 다 꿀꺽 삼키는 대형 부동산 회사들에 대해 이야기하고 있어.

> ■ eat up은 '다 먹어치우다' 라는 뜻이다. 먹어치우는 것을 말하려면 eat sth up이라고 하면 된다. 비유적으로 뭔가 '빨리 소비하다,' '소진하다'라는 의미로도 쓰인다. 또한 그럴 정도로 '뭔가를 믿는다'라는 뜻도 있다.

She'll eat you up.
걔가 네 인생을 망칠거야.

- This job will eat you up if you let it. 이 일을 하게 놔두면 네 인생이 망가질거야.
  The revenge is eating you up inside. 분노는 널 사로잡아 아무 생각도 못할거야.

> ■ eat you up은 구어체로 '너의 인생을 망치다'라는 의미. 이처럼 eat sb up하게 되면 벌레나 식인종이 먹는다는 뜻도 되지만 '어떤 생각 등에 사로잡히다'라는 뜻으로도 사용된다.

Eat me.
오럴섹스해줘.

- Wait a minute. How come no one wants to eat me? 잠깐, 왜 아무도 내게 오럴섹스를 해주려 않는거지?
  I'd like you to eat me. 오럴섹스 좀 해줘.

> ■ eat me는 야인(야한사람)들이 우리말로 직역하여 '여자를 먹다'라고 오해할 수도 있는데 사실은 여자에게 오랄섹스를 해주다(have oral sex with sb)라는 의미이다.

I could eat a horse.
뭐든지 먹겠다.

- You eat like a bird! 넌 정말 적게 먹는구나!
  I couldn't eat another bite. I've had enough. 더 이상 못 먹겠어, 과식했어.

> ■ eat like a horse는 너무 배가 고파서 '뭐든지 먹다'라는 의미이고 eat like a bird하면 '조금 먹다'라는 뜻. 또한 I couldn't eat another thing[bite]하게 되면 '더 이상 못 먹겠다'라는 표현이다.

Well, I hate to eat and run, but...
글쎄, 먹자마자 일어서기는 싫은데…

- I hate to eat and run, but I have to pick up my kids. 먹자마자 가고 싶지 않지만 애들을 픽업해야 해서.
  I hate to eat and run, but I've got an early meeting. 먹자마자 가기 싫지만 아침 일찍 회의가 있어.

> ■ (I) hate to eat and run는 '먹자마자 일어나긴 싫지만'이라는 뜻으로 식사 후 바로 일어서야 될 때 양해를 구하는 표현.

He'll eat us out of house and home.
걘 우리 집 음식을 완전히 거덜 낼거야.

- They'll eat you out of house and home if you let them. 개들은 기회만 되면 네 집 음식을 거덜 낼거야.
  She'll be staying with me, eating me out of house and home. 개는 우리 집 음식을 거덜 내면서 우리 집에 머물 거야.

> ■ eat sb out of house and home은 '초대받은 집에 가서 음식을 과하게 먹다,' '…집 음식을 거덜 내다'라는 재미있는 표현이 된다.

What's eating you?
뭐가 문제야?

- A: Never mind. I'll wait for the movie. B: What's eating you? A: 걱정하지마. 그 영화를 기다릴게. B: 무슨 걱정이라도 있는 거니?
  That's what's eating you. 그게 널 초조하게 하는구나.

> ■ What's eating you?는 무엇이 널 갉아먹고 있나요?라는 말로 '무슨 걱정거리라도 있어?,' '무슨 일로 그렇게 초조해 하니?'라는 의미.

Defense is going to eat me alive.

피고측은 날 밥으로 알고 이용할거야.

- Don't do it, Tina, that woman will eat you alive.
  티나, 그러지 마. 그 여자가 널 잡아먹을 걸.

  No, no, those guys would eat you alive.
  아냐, 저 친구들이 널 밥으로 알거야.

eat sb alive는 '…를 잡아먹을 듯이 굴다,' '…를 밥으로 알다,' '…를 이용하다' 라는 뜻이다.

Well, I'm eating for two.

저, 난 임신했잖아.

- A: What? I'm eating for two. B: Well, do both of you want to be fat? A: 뭐라고? 난 임신했어. B: 글쎄, 너희 둘 다 뚱뚱해지고 싶니?

  You know, I guess I should stop eating for two.
  있잖아, 더 이상 임신은 하지 않아야겠어.

I'm eating for two는 '임신했다' 라는 의미가 된다. 즉, 나뿐만 아니라 배속에 있는 아이도 먹는다라는 뜻.

Let's eat something.

뭘 좀 먹자!

- We'll unpack later. Let's eat. 짐은 나중에 풀게, 먼저 먹자.
  Let's eat. I'll get the soup. 먹자. 난 수프부터 먹을 게.

let's eat something은 '뭘 좀 먹자' 라는 뜻이며 참고로 let's eat은 '(다 차려놓은 걸) 먹자' 라는 말.

So, are you a healthy eater like Louis?

그래, 넌 루이스처럼 건강에 좋은 음식을 먹니?

- I know who she is. She's a man-eating, scum-sucking whore!
  난 걔가 누군지 알지. 걔는 남자를 잡아먹는 사악한 창녀야!

  I'm a light eater. 난 소식하는 사람이야.

…eater는 '…하게 먹는 사람' 이라는 뜻으로 men-eater는 '식인종' men-eating은 '식인' 이라는 의미가 된다.

MORE EXPRESSION

eat out 외식하다
eat one's words 자기가 한 말이 틀렸다는 것을 인정하다
eat humble pie 굴욕을 참다(eat crow)
eat sb out of one's hand …가 하라는 대로 하다, …의 손에 놀아나다

E

» edge

 That would've put him over the edge. 그걸로 걔가 미치게 될 수 있었어.

He's always on edge.

그 애는 늘 위태위태해 보여.

- I'm a little bit on edge because I quit smoking.
  담배를 끊었더니 약간 초조해져.

  You seem on edge. 너 긴장돼 보여.

  I feel on edge. 초조하고 불안해.

be[seem, feel] on edge는 '불안초조하다' 라는 뜻이며 put sb on edge는 '…를 안절부절하지 못하게 하다' 라는 의미이다. edge가 칼날이라는 걸 떠올려보면 된다.

We're on the edge of breaking the case open.

우리는 사건을 거의 해결하기 직전이야.

- Jim was found on the edge of the woods.
  짐은 숲 가장자리에서 발견되었어.

  Dr. Kim is on the verge of a great discovery.
  김박사는 대단한 발견을 하기 직전이야.

be on the edge of는 '…의 가장자리에 있다' 라는 뜻으로 비유적으로 '거의 …할 뻔하다' 라는 의미로 쓰인다.

Likes to live on the edge, take risks.

위기 속에서 살면서 위험을 감수하고 싶어.

- Well, this is what happens when people live on the edge!
  굴쎄, 사람들이 위기 속에 살 때 이런 일이 생기는거야!

  I live on the edge. I can jump out if you want.
  난 벼랑 끝에서 살고 있어. 네가 원하면 뛰어내릴 수 있어.

■■■ live on the edge는 '위기 속에서[벼랑 끝에서] 살다' 라는 뜻이다.

I just needed something to take the edge off.

그냥 긴장을 풀어줄 뭔가가 필요했어.

- Hey, uh, you ladies want something to take the edge off?
  헤이, 숙녀 여러분 긴장을 풀어줄 뭔가를 원하나요?

  I'm sure that took the edge off your fear.
  그게 네 공포를 없앴다고 확신해.

■■■ take the edge off는 '긴장을 풀어주다,' '가라앉히다' 라는 의미. 단독으로도 쓰이지만 take the edge off sth 형태로 '…을 누그러뜨리다' 라는 뜻으로도 쓰인다.

That would've put him over the edge.

그걸로 걔가 미치게 될 수 있었어.

- Don't say her name. It'll push me over the edge.
  걔 이름 말하지마. 그러면 내가 미쳐버릴거야.

  When you interrogated him, you pushed him over the edge.
  네가 걔를 심문할 때 걔를 미치게 만들었어.

■■■ put sb over the edge는 '…를 미치게 하다' 라는 뜻이고 push sb over the edge하면 '…를 미치게 만들다,' '돌게 만들다' 라는 더 적극적인 표현이 된다.

They're edging you out.

걔들이 널 서서히 몰아내고 있어.

- They're totally edging me out. I didn't believe it but you're right.
  걔들이 완전히 날 몰아냈어. 난 믿지 않았는데 네가 맞았어.

  You'll just get edged out, blacklisted.
  넌 왕따가 되고, 블랙리스트에 오르게 될거야.

■■■ edge out은 '서서히 몰아내다' 라는 뜻으로 edge A out of B하면 A를 B에서 서서히 몰아내다, 그리고 get edged out하면 '서서히 밀려나다' 라는 뜻이 된다.

You are cutting edge. You are new. you are fresh.

넌 첨단이야. 새롭고 신선해.

- I don't know, you guys, you're really cutting edge, now.
  모르겠어. 이제 너희들 진짜 첨단이야.

  It's a brave new world, Doc, and we are at the cutting edge.
  의사선생님, 멋진 신세계네요 그리고 우린 그 선두에 있고요.

■■■ cutting edge는 '(최)첨단의' 라는 뜻이다.

MORE EXPRESSION

be[get] edgy 초조해하다, 긴장하다, 불안해하다.
on the edge of one's seat
몹시 흥분하여
edge one's way 서서히 나아가다

놓치면 원통한 미드표현들

- **put all one's eggs in one basket** 한 번에 모든 것을 걸다
  Don't put all your eggs in one basket.
  한 가지 일에 목숨 걸지마.

- **(have) egg on one's face** 망신, 체면구김

We're both going to have egg on our face.
우리 둘 다 망신을 당하게 될거야.

- **egg sb on** …를 부추기다, …를 꼬득이다
  You egged me on. 넌 날 부추겼어.

276

We've got an Amber Alert in effect. 앰버경보를 발령했어.

Words to that effect, yes.
뭐 그런 뜻의 말이지, 그래.

- My parents used words to that effect, yes.
부모님은 뭐 그런 비슷한 이야기를 하셨어, 맞아.

  She used words to that effect to describe the movie, yes.
걘 영화를 묘사하기 위해 뭐 그런 비슷한 말을 했어, 맞아.

  It sounded like thunder, or something to that effect.
그 소리는 천둥이거나 뭐 그런 비슷한 거였어.

We've got an Amber Alert in effect.
앰버경보를 발령했어.

- It appears that your treatments have taken effect after all.
네가 받은 치료가 결국 효과를 발휘한 것 같아.

  If playground rules aren't in effect, it's anarchy!
만약 경기규칙의 효력이 없다면 그건 무질서야!

What effect did that have on him?
그게 걔한테 어떤 영향이 있었는데?

- Do you think that this job has had any effect on your sex life?
이 직업이 너의 성생활에 어떤 영향을 미쳐왔다고 생각하니?

  Gibbs tends to have that effect on people.
깁스는 사람들한테 그런 영향을 미치는 경향이 있어.

You willing to sign a statement to that effect?
그런 취지의 성명서에 서명할 용의가 있다고?

- Ms. Donovan, do you have any proof to that effect?
도노반 여사, 그런 의미를 갖는 증거가 하나라도 있나요?

I have her personal effects to put into evidence.
난 그녀의 소지품을 증거품으로 가지고 있어.

- We retained the personal effects found with the body.
우리 시신과 함께 발견된 소지품을 보유하고 있었어.

  Prisoners left their personal effects on the table.
죄수들은 테이블 위에 개인소지품을 남겨놨어.

It's a weapon used by the Gurkhas to great effect.
이건 구르카인들이 아주 잘 쓰던 대단한 무기야.

- It's an old and venerable illusion that has been used to great effect.
이건 오래전부터 그리고 지금까지도 사람들을 속이는 대단히 오래된 환상이야.

  It's working, to great effect. 그건 대단한 효과가 있어.

■ **words to that effect**는 '뭐 그 비슷한 말이었어,' '그런 류의 얘기였어'라는 뜻이다. 앞에서 한 말과 비슷한 내용을 담고 있는 다른 말이란 뜻으로 바로 앞에서 한 말이 자신이 없을 때 덧붙여 사용한다. or something to that effect라고도 쓰인다.

■ **take effect**는 '발효하다,' '시행하다'라는 뜻으로 come[go] into effect, be in effect도 같은 의미. 한편 put sth into effect하면 '…을 발효시키다'라는 의미가 된다. 참고로 Amber는 90년대 실종된 아이의 이름을 딴 시스템으로 아동이 유괴되면 초기에 모든 인력과 장비를 총동원하는 것을 말한다.

■ **have effect on**은 '…에 영향이 있다'라는 뜻이다.

■ **to this[that, the] effect**는 '이런[그런] 취지로,' '이런[그런] 의미에서'라는 뜻이다.

■ **personal effects**는 '개인 소지품'이라는 뜻이다.

■ **to good[great] effect**는 '좋은,' '대단한'이라는 뜻이다.

MORE EXPRESSION

effective immediately 즉시 효력을 발생하는
side effect 부작용

I was somewhere else. 잠시 딴 생각했어.

You want to fight? You and who else?

싸우고 싶다고? 어련하시겠어?

- You think you can take him? You and who else?

  네가 걜 밟을 수 있어? 어디 믿는 구석이라도 있어?

  No way you'll win the match alone. You and who else?

  너 혼자 그 경기를 이길 수는 없어. 뭐 믿는 구석이라도 있어?

What more [else] can I do?

내가 뭘 더 할 수 있겠어?

- What else can I say? I love a big tip! 뭐라하겠어? 팁 많이 주면 좋지!

  Well, what else can I do? I love him. I have to go.

  글쎄, 내가 뭘 더 할 수 있을까? 난 걔를 사랑해. 가야겠어.

I was somewhere else.

잠시 딴 생각했어.

- I just looked away and pretended I was somewhere else.

  난 단지 다른 곳을 보았고 딴 생각을 하는 척했어.

  Let's get out of here. Let's go somewhere else. 가자. 다른 곳으로 가자.

He said I had to give to some charity, or else!

걔는 어떤 자선단체에 기부를 해야만 하고 안 그러면 안 된대.

- If that's true, he better hope he's dead, or else I'll kill him.

  만약 그게 사실이라면 걔는 죽는게 나을 걸, 안 그러면 내가 죽일 테니까.

  Said she had 24 hours to pay back the money, or else.

  걘 24시간 이내에 돈을 갚아야 한다고 했어, 아니면 안된대.

If nothing else, I felt sorry for him.

최소한 난 걔한테 미안한 감정을 느꼈어.

- Look, if nothing else, that environment is unhealthy for that little girl. 이봐, 최소한 저런 환경은 저 어린 여자애의 건강에 좋지 않아.

  If nothing else, you're a man of your word. 적어도 넌 약속을 지키는 사람이잖아.

You're something else, you know that?

넌 정말 예쁘게 생겼어, 넌 아니?

- Can we talk about something else? 우리 다른 것에 대해 얘기할까?

  We actually had something else in mind. 사실 다른 걸 마음 속에 두고 있었어.

Is there anything else?

무슨 다른 것이 있니?

- A : Anything else? B: Yes, I want you to apologize to me.

  A: 무슨 다른 것이 있니? B: 응, 나한테 사과해.

  All right, got it. Is there anything else? 그래, 알았어. 또 다른 건?

Don and I will always be a loose end. 돈과 내 관계는 항상 뜨뜻미지근할거야.

You can't really just hold a victim anywhere for days on end.

희생자를 어느 곳에서든 끝없이 데리고 있을 수는 없어.

- We shouldn't have to stare at your bank balance for days on end.
  매일같이 네 은행잔고만 들여다볼 필요는 없어.

  Lisa was angry at me for days on end. 리사는 날이면 날마다 내게 화를 냈어.

for days on end는 '날이면 날마다' 라는 뜻으로 '끊임없이' '매일,' '오래동안,' '끝없이' 라는 의미.

Got convicted and did his time. End of story.

기소당해서 옥살이를 했어. 그게 다야.

- I told him to throw it out, and he did. End of story.
  걔한테 버리라고 했는데 버렸어. 그게 다야.

  He came by this morning. Then he left. End of story.
  걔가 오늘 아침 들렀다가 갔어. 그게 다야.

end of story는 '이야기의 끝,' '그게 다야' 라는 표현으로 더 이상 덧붙여 할 말이 없다는 말씀.

You get money, you get laid. End of discussion.

돈이 있으면 섹스해. 더이상 말마.

- We're not moving, end of discussion.
  우린 이사가지 않을 거야. 더 이상 토론은 없어.

  Sorry, Lynette, but the menu is not changing. End of discussion.
  리네트, 미안하지만 메뉴가 바뀌지 않을거야. 더이상 왈가불가하지마.

end of discussion 또한 '토론은 끝,' '더 이상 토론은 없어' 라는 의미 혹은 '더이상 왈가불가하기 없기,' '더이상 말마' 라는 표현.

That was gonna be the end of the world.

그렇다면 세상의 종말이었을거야.

- Do you really think that this is the end of the world?
  이게 정말 종말이라고 생각하는거니?

  A positive test result isn't the end of the world.
  결과가 양성이라 해서 다 끝났단 소리는 아니야.

be the end of the world 는 세상의 종말이라는 말로 비유적으로 '종쳤다,' '망했다' 라는 의미.

Don and I will always be a loose end.

돈과 내 관계는 항상 뜨뜻미지근할거야.

- Jessica wasn't stabbed by accident. She was at a loose end.
  제시카는 우연히 칼에 찔린 게 아니었어. 걔는 빈둥거리고 있었거든.

  We've got a loose end to take care of.
  우리는 신경써야 할 미진한 부분이 있어.

a loose end는 '미진한 부분' 이라는 뜻이고 be at a loose end하면 '특별히 할 일이 없다,' '빈둥거리다' 라는 의미.

So, I just heard the tail end of that conversation.

그래, 난 그 대화의 끝부분을 방금 들었어.

- I'm hoping I can still get out of here to catch the tail end of dinner with my wife.
  난 여기서 나가서 아내와 저녁 마무리라도 할 수 있기를 아직 바래.

  I came in at the tail end of the movie.
  난 영화의 막바지에 들어왔어.

the tail end of는 '…의 끝부분' 이라는 의미.

E

The father struggles to make ends meet.

아버지는 수지타산을 맞추려고 노력하셔.

- Must be hard to make ends meet with a family of six.
  가족 6명을 위해 수지타산을 맞추기는 분명 어려울거야.

  I had to work very long hours just to make ends meet.
  난 수지타산을 맞추기 위해 아주 오랜 시간 일을 해야만 했어.

make ends meet은 '수지 타산을 맞추다' 라는 의미이다.

You really are the end.

넌 정말 큰일 났어.

- You're also the one person that can end it all right here.
  넌 여기서 모든 것을 끝낼 수 있는 유일한 사람이기도 해.

  Heather chose to end it all with Steve.
  헤더는 스티브와 모든 걸 끝내기로 했어.

end it all은 '자살하다,' '모든 것을 끝내다' 라는 뜻이고, 한편 You are the end하면 '넌 끝장이다' 라는 표현이 된다.

What'd you end up doing that evening?

그날 저녁 어떻게 끝났니?

- How did you end up here in this court?
  어떻게 이 법정에 오게 된거야?

  If you try and chase two rabbits, you end up losing them both.
  두 마리 토끼를 잡으려다 둘 다 놓치게 돼.

end up (with+N, ~ing)은 '결국 …되다,' '…결과가 되다' 라는 의미로 아주 많이 쓰이는 표현.

never-ending은 '끝이 없는' 이라는 뜻. 한편 low-end는 '저가의' 상품이고 반대는 high-end가 된다.

It's the never-ending battle.

이건 끝이 없는 싸움이야.

- Dan lifts up the sheets to check Steve's never-ending erection.
  댄은 스티브 거시기가 계속 서있는지 확인하려고 침대보를 걷어냈어.

  This has been a never-ending court case. 이건 끝나지 않는 소송이야.

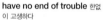

MORE EXPRESSION

have no end of trouble 한없이 고생하다
come to a sticky end 곤란하게 되다
to end all 최고
in the end 마침내

» enough

That's enough for now. 이제 됐어.

Okay, fair enough. It's your room.

좋아, 됐어. 이건 네 방이야.

- Fair enough. I'll leave you in peace. 좋아. 널 편안하게 놔둘게.
  Fair enough. When's your break? 됐어. 휴식시간이 언제니?

fair enough는 '좋아,' '됐어,' '이제 됐어,' '알았어' 라는 뜻으로 어떤 제안에 대한 답변을 할 때 사용한다.

Good enough!

좋아, 그만하면 됐어!

- That's good enough for me. 그건 나한테는 족해요.
  He's not good enough to raise a child. 걔는 애를 키우기에는 부족해.

good enough (for sb) to~ 는 '(…가) …하기에는 족하다' 라는 뜻이다. 단독으로 Good enough!하면 '충분하다,' '그만하면 됐어,' Sure enough는 '물론,' '말할 것도 없이' 라는 의미이다.

That's (quite) enough!

이제 그만! (됐어. 그만해!)

- All right, that's enough! 좋아, 이제 됐어.
  That's enough, Warrick. Let's go! 워릭, 이제 됐어. 가자.

That's (quite) enough는 이제 충분히 했으니 '이제 됐어,' '그쯤 해둬' 라는 의미의 표현이 된다. That will do와 같은 맥락의 표현.

It's not nearly enough.

이건 훨씬 부족해.

- A: How many drinks have you had? B: Not nearly enough.
  A: 몇 잔이나 마셨니? B: 아직 멀었어.

  No, what I gave him was not nearly enough.
  아냐. 내가 걔한테 준 건 아주 부족해.

not nearly enough는 '훨씬 많이 부족한' 이라는 의미로 much less than you need라는 뜻이다.

I've had enough of you.

이제 너한테 질렸어.

- Now we've had enough of you tonight. 우리는 오늘 밤 너한테 질렸어.
  Enough, enough, enough. I've had enough of your little games.
  그만 해. 너 허접한 수에 질렸어.

have had enough (of~) 는 현재완료로 지금까지 계속 충분히 넘쳤다는 말로 비유적으로 '…에 질렸다' 라는 의미가 된다.

Enough is enough!

더 이상은 안돼.

- Chris, enough is enough. 크리스, 적당히 좀 하렴.
  But enough is enough. You gotta talk to him.
  그러나 더 이상은 안 돼. 넌 걔한테 말해야 해.

Enough is enough는 '더 이상은 안돼' 라는 표현으로 충분히 했다라는 뉘앙스.

E

Enough said. Saturday night, what happened then?

알아들었어. 토요일 밤, 무슨 일이 생겼니?

- A: They only want one thing and it's a dirty thing they want.
  B: Enough said. A: 걔들은 단지 한 가지만 원하는데 그건 아주 더러운 거야. B: 알아들었어.

  Enough said, we need to hire you.
  그만 얘기해도 돼. 우리는 널 고용할거야.

Enough said는 다 이해했으니 더 이상 설명이 필요없다라는 의미. '알아들었어,' '그만 얘기해' 라는 뜻이다. 한편 enough on that하면 더이상 그거에 대해 얘기할 필요가 없다라는 말로 '이제 됐어,' '그만해' 라는 표현이다.

Can't get enough of this place, huh?

이 곳은 질리지가 않아, 응?

- My husband loves my body. He can't get enough of it.
  남편은 내 몸을 좋아해. 질리지가 않은 가봐.

  I can't believe how much I love her, I can't get enough of her.
  난 그녀를 너무 사랑해. 그녀는 전혀 싫증이 나지 않아.

can't get enough of~는 '아무리 …해도 싫증이 나지 않는다[질리지 않는다]' 라는 뜻이다. 질리는 대상은 예문에서처럼 사람, 사물이 다 올 수가 있다.

That's enough for now.

이제 됐어.

- I know he's there, so, that's enough for now.
  걔가 간거 알고 있으니 지금은 됐어.

  Y'know what? I think that's enough for now.
  너 아니? 이제 됐다고 생각해.

That's enough for now 는 '이제 됐어' 라는 표현으로 나중에는 어떻게 될지 모르겠지만 당분간은 괜찮을 것 같다는 뉘앙스.

I know we don't have enough for a warrant.

영장을 청구하기에 증거가 충분치 않다는 걸 알아.

- We don't have enough evidence to arraign her.
  그녀를 기소하기에 증거가 충분치 않아.

  We don't have enough to charge PJ with Jenna's murder.
  PJ를 제나 살인범으로 기소하기에 증거가 충분치 않아.

■ not have enough~ 는 '…가 충분치 않다' 라는 의미이고 not have enough+(명사) to[for~]의 형태로 쓰인다.

It's gone on long enough.

그만하면 충분히 하셨어요.

- This has gone on long enough. I'm gonna call a nurse.
  할만큼 했으니 그만 멈춰야 돼. 간호사를 부를 거야.

  Your Honor, this badgering has gone on long enough.
  판사님, 이 공갈은 그만 멈추게해야 합니다.

■ be gone on long enough 는 '충분히 오래 됐다' 라는 의미로 '이제 그만 멈춰야야 한다' 라는 뜻.

Just couldn't leave well enough alone.

그냥 지금에 만족할 수 없어.

- What were you thinking? Couldn't you leave well enough alone?
  무슨 생각을 하고 있었던거야? 그냥 내버려둘 수는 없었니?

  Why can't people leave well enough alone?
  왜 사람들은 그냥 내버려 두지 않는거야?

■ leave well enough alone 은 있는 그대로 놔두다로 '지금에 만족하다,' '긁어 부스럼을 만들지 않다' 라는 뜻이 된다.

I can't thank you enough.

뭐라고 감사의 말을 드려야 할지요.

- A: I can't thank you enough. B: I didn't do this for you.
  A: 뭐라고 감사해야 할지. B: 너를 위해서 한 것은 아니었어.

  A: I can't thank you enough. B: You don't need to thank me.
  A: 고마워서 어떻게 한대. B: 나한테 감사할 필요는 없어.

■ can't thank you enough 는 '뭐라고 감사의 말을 드려야 할지 모르겠다' 라는 의미로 I don't know how to thank you 또는 How can we ever thank you? 등도 유사한 표현.

MORE EXPRESSION

be good[kind] enough to do
…할 정도로 친절하다
Sorry's not enough. 죄송하다는 말만으로는 해결되지 않는다.
Do you have enough to~V?
…할 것이 충분히 있어?

» envy

 You're the one who's green with envy. 샘이 나서 죽을 지경인 사람은 바로 너야.

I envy you your childhood.

네 어린 시절이 부러워.

- I envy somebody who can be so in touch with their dreams.
  자신들의 꿈을 이렇게 이룰 수 있는 사람이 부러워.

  I envy you two. Not having to go to the clubs.
  난 너희 둘이 부럽다. 클럽에 가지 않아도 되고.

■ envy sb sth은 '…의 …을 부러워하다' 라는 뜻으로 I envy sb who~하면 '난 …한 사람이 부럽다' 라는 표현이 된다.

I envy you.
네가 부러워.

- Isn't she brilliant, Leonard? How I envy you!
  레나드, 걔는 정말 똑똑하지 않니? 네가 정말 부러워.

  You know, sometimes I envy you. 저기, 가끔 난 네가 부러워져.

  I don't envy you guys. 난 너희들이 부럽지 않아.

I envy you는 '부러워'라는 표현이다. How I envy you? '정말 부럽다'이고 반대로 I don't envy sb하면 '난 …가 부럽지 않아'라는 표현이 된다.

I knew it would be the envy of all my friends.
그건 내 모든 친구들이 부러움의 대상이 될 걸로 알았어.

- I'm the envy of every maintenance man in this hotel.
  난 이 호텔의 모든 관리인들의 부러움의 대상이야.

  Larry is the envy of his high school class.
  래리는 고등학교 자기 반에서 선망의 대상이야.

be the envy of sb는 '…의 부러움의 대상이 되다'라는 의미이다.

You're the one who's green with envy.
샘이 나서 죽을 지경인 사람은 바로 너야.

- He watches her with envy at getting a prime assignment.
  걔는 그녀가 중요한 임무를 받은 데 대해 부러운 눈으로 걔를 쳐다 보고 있어.

  I'm looking at your Porsche with envy.
  난 부러운 시선으로 네 포르쉐를 쳐다보고 있어.

with envy는 '부럽게,' '부러움을 가지고'라는 뜻으로, green with envy하면 '몹시 샘이 난'이라는 의미로 너무 부러워서 죽을 지경이라는 뉘앙스.

E

» establish

We haven't established that yet. 우린 아직 불확실한 사이야.

We haven't established that yet.
우린 아직 불확실한 사이야.

- Ms. Green would like to establish some ground rules.
  그린 씨는 약간의 기본 규칙을 세우려고 해.

  What, are you trying to establish an alibi?
  뭐, 알리바이를 세우려고 하는거야?

establish는 '설립하다,' '세우다'라는 뜻으로 written English에서나 볼 수 있을거라고 생각되겠지만 의외로 구어체에서도 비유적으로 사람들 관계 등을 '구축하다,' '만들다'라는 의미로도 많이 쓰인다.

But Jill and I are re-establishing our relationship.
그러나 질과 난 관계를 새로 정립하고 있어.

- I was hoping that I'd slowly establish a relationship with John.
  난 존과 관계를 서서히 가지기를 희망하고 있었어.

establish relations [links, contact] with sb는 '…와 관계[연계, 접촉]를 세우다'라는 의미.

I was trying to establish that you were coerced.
네가 강압받았다는 사실을 입증하려고 했었어.

- I guess we've established who's staying here with Diane.
  여기서 다이안과 누가 체류하고 있는지 알아낸 것 같아.

  We've established that he utilizes materials from the victim's domicile. 걔가 희생자 거주지에 있는 물건들을 이용한다는 것을 입증했어.

establish that~은 '…를 알아내다,' '입증하다'라는 뜻으로 establish sth하면 '…을 규명하다,' '…을 알아내다'라는 의미.

It's a well-established terrorist tactic.

이건 테러리스트가 사용하는 잘 알려진 전술이야.

- My awkwardness with my father is well established.
  내가 아버지하고 서먹서먹하다는 사실은 잘 알려진 사실이야.

  Morton's is a well established Hollywood restaurant.
  모튼네는 할리우드 식당으로 꽤 유명해.

We are not that kind of establishment.

우린 그런 류의 시설이 아니야.

- I've been sampling food at this establishment for years.
  난 이 가게에서 몇 년 동안 음식을 시식하고 있었어.

  I'm sorry sir, you need to leave this establishment.
  선생님, 죄송하지만 여기서 나가주셔야 겠네요.

■■■ well-established는 '기존의,' '확고한,' '잘 알려진' 이라는 의미. established fact는 '기정 사실' 이라는 뜻이다.

■■■ establishment는 통상 '기관,' '시설' 을 의미하나 '기득권층' 이라는 의미로도 사용된다.

MORE EXPRESSION

establish A as B …로의 지위를 확고히 하다
establish oneself 자리를 잡다, 자격을 확립하다

» **even**

 I believe things even out. 모든게 안정된다고 믿어.

I'll get even with you.

앙갚음 해줄 테야.

- Jane's just trying to get even with me. 제인은 나한테 복수를 하려고 해.
  You went back for the money. You got even with your dad.
  넌 돈 때문에 돌아갔어. 아버지한테 앙갚음을 한 거였어.

Scores are tied. We are even.

동점이야. 우린 비겼어.

- Well, then I guess we're even. 글쎄, 그럼 우린 비긴 거네.
  Okay, alright, you buy me a soda, and then we're even.
  좋아, 그래, 네가 음료를 사라 그러면 비긴 거야.

Even then, it's a constant battle.

그때까지도 그건 끊임없는 전투였어.

- Even then, he'll need to go easy.
  그렇다고 해도 걘 여유를 가질 필요가 있을 거야.

  Even then victory is doubtful. 그때까지도 승리한다는 것은 의심스러웠어.

I believe things even out.

모든게 안정된다고 믿어.

- I may lose100 grand. But the drinks are free, it all evens out.
  십만 달러를 잃을 수도 있지만 술이 무료라 거의 셈셈일거야.

  Do you think it evens out? 넌 그게 공평하다고 생각해?

■■■ get even with sb는 '복수하다,' '앙갚음하다' 라는 뜻.

■■■ We are even은 '비겼어' 라는 뜻이고, That's even은 '그래야 공평하지' 라는 표현이다.

■■■ even then은 '그때까지도,' '그렇다고 해도' 라는 뜻이다. 한편 even so는 '그렇기는 하지만' 이라는 의미.

■■■ even out은 '고르게 안정되다,' '공평해지다' 라는 뜻으로 level out이라고도 한다. 물론 부사로 쓰이는 be even out of~의 경우와는 구분해야 한다.

MORE EXPRESSION

break even 손익분기점을 맞추다

I hardly ever see her. 난 걔를 거의 보지 못해.

Have you ever been to prison?

감옥에 가본 적이 있니?

- You **ever been to** Flushing Meadow Park?
플러싱 메도우 공원에 가본 적 있어?

   You **ever been to** Thailand? 태국을 방문한 적이 있어?

■■ **have been to~**는 ···에 갔다 온 적이 있다는 경험을 말하는 것으로 Have you ever been to~?, I have been to~의 형태로 많이 쓰인다. have gone to 또한 현대영어에서는 have been to와 구분없이 쓰는 경우가 많다.

I hardly ever see her.

난 걔를 거의 보지 못해.

- I got another car. I **hardly ever** use the pickup.
새 차 뽑았어. 난 그 픽업을 거의 타지 않잖아

   Come on, I **hardly ever** get to see you. 왜 그래, 너 보기가 힘드네.

■■ **hardly ever**는 '거의 ···하지 않는다' 라는 표현으로 not very often과 같은 의미.

And they lived happily ever after?

그리고 걔들이 그 이후 행복하게 살았대?

- He succeeded, and they **lived happily ever after**.
걔는 성공했고 그 이후 행복하게 살았어.

   And everybody will **live happily ever after**.
그리고 모두 그 이후 행복하게 살거야.

■■ **live happily ever after**는 '···이후 행복하게 살다' 라는 뜻으로 happy ending 영화나 스토리를 마무리 지을 때 쓰는 표현이다.

She's driving faster than ever before.

걔는 그 어느 때보다 빨리 운전을 해.

- Technology's made it easier **than ever** to spy on anyone.
과학기술의 발전으로 사람들에 대해 감시하는 것이 그 어느 때보다 쉬워졌어.

   We can be closer **than ever**. 우리는 그 어느때보다 가까워질 수 있어.

   There's more competition **than ever before**. 그 어느 때보다 경쟁이 심해.

■■ **~ than ever**는 '···어느 때보다,' 그리고 than ever before는 '예전 그 어느 때보다도' 라는 뜻.

This is gonna go on forever, isn't it?

이건 영원히 계속될 거야, 그렇지 않니?

- Good Lord, this place **goes on forever**. 오, 주님, 이 곳은 영원할 거예요.

   It felt like it **went on forever**. 마치 영원히 계속될 것 같이 느껴졌어.

■■ **go on forever**는 '영원히 계속되다'라는 뜻이다. for ever는 '항상,' '영원히'라는 뜻으로 for good, for all time과 같은 의미이다. 또한 forever and ever 역시 '영원히 오랫동안' 이라는 의미.

MORE EXPRESSION

first-ever 생전 처음의
if ever there was one 분명히
ever since ···한 이래로 계속[줄곧]

놓치면 원통한 미드표현들

- **Either will do. (Anything will do.)** 둘 중에
어떤 것이든 되요. (어떤 것이든 되요.)
   Give me coffee or tea. Either will do.
커피나 차 줘. 아무거나 괜찮아.

- **either way** 어느 쪽[편]이나
   Either way, one of us should be insulted.
어느 쪽이라도 우리 중 한 명은 모욕을 받을거야.

- **me either** 나도 그래
   A: I don't know what to say. B: Me either.
A: 뭐라고 말해야할지 모르겠어. B: 나도 그래.

- **elaborate on** ···에 대해 더 자세히 말하다[상술하다]
   Could you elaborate on that?
그걸 좀 자세히 말해줄 수 있나요?

It would mean everything to her. 그건 걔한테 정말 소중한 걸거야.

So he comes in here every other week.

그래 걘 격주로 여기에 와.

- She comes down every other weekend. 걘 격주로 주말마다 내려와.

  They come up for air every so often.
  걔네들은 가끔 수면위로 숨쉬러 올라와.

> ■■ every so often은 가끔, 종종 every other는 하나 걸러서 라는 말로 격일, 격주, 격년 등을 말할 때 사용된다.

I'm every bit as stubborn as you.

난 너 못지않게 깐깐해.

- They're every bit as safe as hospital births.
  걔네들은 병원출산 못지않게 안전해.

  What you feel is every bit as important as what you think.
  네 느낌은 네 생각만큼 중요해.

> ■■ every bit as~ as~는 '…못지않게 …한,' 보통 as 다음에 말하고 싶은 형용사를 넣고 그 다음에 비교대상을 말하면 된다.

I'm pretty much peeing every which way.

난 사방으로 오줌을 많이 갈겼어.

- I've looked at this thing every which way there is.
  난 있는 모든 방향에서 이것을 바라보고 있었어.

  You did it every which way you could. 넌 사방팔방으로 다 해봤어.

> ■■ every which way는 '사방으로,' '가능한 모든 방향'이란 말로 여러 방향이란 걸 강조할 때 사용한다.

You mean everything to me.

넌 내게 소중한 사람이야.

- Your permission would mean everything to me.
  네가 허가해주면 내겐 정말 의미있는 걸거야.

  It would mean everything to her.
  그건 걔한테 정말 소중한 걸거야.

> ■■ be[mean] everything (to sb) …에게 모든 것이란, 다시 말해 가장 중요한, 소중한 것이라는 의미이다.

We have everything we need right here.

우린 지금 여기 필요한 건 다 갖추었어.

- We already have everything we need from the crime scene.
  범죄현장에서 필요한 것 이미 다 확보해.

  You really do have everything in there, don't you?
  너 그곳에 필요한 것들을 정말 다 갖추었구나, 그지 않아?

> ■■ have everything은 모든 것을 다 갖추다, 특히 필요하거나 바람직한 자질을 갖추었을 때 사용한다.

They have pictures and books and everything.

사진, 책 및 다른 것들도 있어.

- I thought I made it clear about all the extra work and everything.
  모든 추가작업과 기타 등등에 대해 명확히 한 걸로 아는데.

  You worked so hard for Yale and everything.
  넌 예일대 및 기타 대학에 들어가려고 열심히 공부했어.

> ■■ ~ and everything은 나열 할게 많거나 구체적으로 말하지 않을 때 기타 등등이라는 뜻으로 쓴다.

MORE EXPRESSION

one in every~ …중 한 명은
in every way 여러모로
Is that everything? 다른 것은?
have everything going for
sb …에게 모든게 잘 되어가다
everything but the kitchen
sink 필요이상으로 많은

You have to listen to the evidence. 증거에 귀를 기울여야 해.

The evidence says you killed your wife.

증거에 의하면 네가 아내를 죽였어.

- I don't care what the evidence says. 증거가 뭐라건 난 상관없어.
  Because the evidence points to him. 증거가 그 사람을 가리키거든.

> ■■■ evidence says~는 범죄물에 단골로 나오는 표현으로 '증거에 의하면' 이라는 뜻. 또한 the evidence points to~하면 '증거가 …를 가리킨다,' 즉 '증거에 의하면 범인은 …이다' 라는 의미.

You have to listen to the evidence.

증거에 귀를 기울여야 해.

- Believe me, I'd rather follow the evidence. 정말이지, 난 차라리 증거를 따라갈거야.
  As soon as we find some evidence, I promise. 증거 좀 찾는대로, 약속할게.

> ■■■ follow the evidence는 CSI 반장중 가장 과학적인 그리썸 반장의 철칙으로 '증거를 따라가라,' 즉 증거에 기반으로 두고 하나하나 풀어가다보면 범인을 잡을 수 있다는 말. 달리 listen to the evidence라고 해도 된다.

I'll need Ben to give evidence at the trial.

벤이 이번 재판에서 증언을 해야 돼.

- There's a rumor. I can't give evidence on this. 소문이 있지만 그걸 증언은 못해.
  Several witnesses gave evidence at the trial.
  여러명의 증인들이 재판에서 증언을 했어.

> ■■■ give evidence는 법정에서 증언하다(testify at the trial)라는 표현으로 '증거를 제출하다' 라는 give the evidence와 헛갈리면 안된다.

To my knowledge, there was no evidence of that.

내가 알기로는 그 증거는 없었어. .

- There isn't enough evidence to suggest it didn't. 안그렇다는 증거가 충분치않아.
  There is no evidence he has committed a crime. 걔가 죄지었다는 증거가 없어.

> ■■■ there is (no) evidence는 '증거가 있다, 없다할 때,' 그리고 the evidence will show~하면 '증거가 …을 나타내 줄거다' 라는 의미. 한편 physical evidence는 '물리적 증거'를 뜻한다.

E

Now if you'll excuse me, I have a date. 죄송하지만, 데이트가 있어서요.

Okay, Olivia, excuse me for sec.

좋아, 올리비아, 잠시만 실례.

- Excuse me, why is this stuff free? 저기요, 이게 왜 공짜예요?
  A: You will never have him. B: What? Excuse me?
  A: 넌 걔 차지하지 못할거야. B: 뭐? 뭐라고?

> ■■■ Excuse me는 상대방에게 실례를 구할 때 쓰는 표현. 사람들 헤치고 가면서 죄송하지만 길 좀 비켜주세요라고 할 때도 쓴다. 또한 올려서 Excuse me?라하면 상대방이 한 말을 못들었거나 상대방 말이 황당할 때 "뭐라구?"라고 받아치는 표현이다.

Now if you'll excuse me, I have a date.

죄송하지만, 데이트가 있어서요.

- If you'll excuse me, I'm gonna go down to the laundry room.
  괜찮다면 세탁실에 갈게.
  Now, if you'll excuse me, I gotta go to the john.
  실례합니다만 화장실에 가야되겠어요.

> ■■■ If you'll excuse me는 함께 있다가 자리를 일어나 다른 곳으로 갈 때 상대방에게 양해를 구하면서 하는 전형적인 표현. Now를 앞에 붙이는 경우가 많다.

Can you excuse us?
자리 좀 비켜주시겠어요?

- Would you excuse me for a second? 잠시 실례할게요.
  Can you excuse me for a minute? I got a quick phone call.
  잠시 실례할게요, 빨리 전화할데가 있어서요.

■ Would you excuse sb (for~)? 역시 함께 있다가 자리를 뜨면서 혹은 상대방에게 자리를 비켜달라고 할 때 사용하는 표현.

Could I be excused?
양해를 구해도 될까요?, 이만 일어나도 될까요?

- May we please be excused? 자리에서 일어나도 될까?
  You may be excused now. 이제 그만 가봐도 될 듯하다.

■ Could I be excused? 역시 대화중 자리를 일어설 때 사용하며, 반대로 You're excused 하게 되면 상대방보고 그만 일어나서 가도 된다라는 표현이 된다.

There's no excuse for what he's doing.
걔가 하는 행동에는 변명의 여지가 없어.

- I know you're temp nurses but there's no excuse for sloppiness.
  임시 간호사지만 실수하면 안 돼요.
  There's no excuse for your bad behavior. 너의 못된 짓엔 변명의 여지가 없어.

■ There is no excuse for sth은 변명꾼들에게 던질 수 있는 표현으로 '…에 대한 변명의 여지가 없다,' '변명할 구실이 없다' 라는 의미.

That's no excuse
그건 변명이 안돼.

- That's no excuse. I'm very, very sorry. 그건 말이 안돼. 정말 미안해.
  A: Because they're closing. B: That's no excuse.
  A: 걔들이 문을 닫아서. B: 이유가 안돼.

■ That's no excuse는 말도 안되는 변명을 늘어놓는 사람에게 따끔하게 일침을 가하는 표현.

You know what? I make no excuses.
저 말이야. 난 변명의 여지가 없어.

- I make no excuse for the choices I have made.
  내가 한 선택에 대해 변명의 여지가 없어.
  I make no excuse for the things my brother did.
  내 형이 한 짓에 대해 변명의 여지가 없어.

■ make one's excuses는 '변명을 하다' 라는 표현으로 변명은 for 이하에 적으면 된다. make no excuse (for)하면 '변명의 여지가 없다' 라는 말.

I have no excuses! I was totally over the line.
할 말이 없네! 내가 전적으로 도를 넘었어.

- I just ran out of excuses. 이젠 변명거리도 다 떨어졌어.
  That boy is running out of excuses to get near my breasts.
  저 애는 성적으로 접근할 구실도 다 떨어져가.

■ have no excuse는 역시 변명할 여지나 구실이 없다는 의미이고 '변명을 대다,' '이젠 변명거리가 떨어진다'고 할 때는 run out of excuse라 한다.

MORE EXPRESSION

That doesn't excuse any of it. 그걸로 모두 용서받을 수는 없어.
Excuse my appearance. 몰골이 말이 아니라서 죄송합니다.
Excuse me for living. 내가 죽을 죄라도 지었나, 면목없어요.

놓치면 원통한 미드표현들

- **engage in** …일을 하다
  They had actually engaged in physical intimacy. 걔들은 사실상 신체적 접촉을 했어.
  I believe they engaged in coitus.
  걔들이 성교를 했다고 생각돼.

- **be[get] engaged** 약혼하다

What, the girl he was engaged to was a Buckley?
뭐? 그 아이랑 약혼했던 여자가 버클리 집안 아이란 말야?

- **enjoy oneself** 즐기다, 놀다 Enjoy! 즐겨
  I'm (really) enjoying myself. 정말 신나게 놀고 있어.
  You're not enjoying this, are you?
  이걸 즐기는 것은 아니지, 그렇지?

It was the last thing I expected. 전혀 예상도 못했던거야.

I've been expecting you.

기다리고 있었어.

- Not the person I was expecting. 네가 올거라곤 생각도 못했어.
  I'm expecting a call from the crime lab. 범죄연구소에서 전화가 올거야.
  I didn't expect to see you here. 여기서 널 보게될 줄 몰랐어.
  I don't expect you to understand! 네가 이해하리라고 기대안해.

> expect는 기본적으로 sb, sth, 혹은 to+V를 목적어로 받는다. 또한 to~하는 주체를 별도로 표시하려면 expect sb to~라고 한다.

I'm expected to show up.

내가 오기로 되어 있어.

- The nurses say you're expected to make a full recovery.
  간호사들은 네가 완전히 회복될거라 말해.

  The funeral's tomorrow. And you're both expected to attend.
  장례식이 내일야. 둘다 참석해야지.

> be expected to는 …할 것으로 예상되거나, 기대되거나 그래서 어느 정도는 그렇게 해야 한다 등의 뉘앙스를 문맥에 따라 띄게 된다.

Wow! I honestly never expected this.

와! 정말이지 이건 전혀 뜻밖이네.

- Mindy broke her pattern in a way that she had never expected.
  민디는 자신도 전혀 예상못한 방식으로 자신의 패턴을 깼다.

  Never expected to ever see you in here again.
  여기서 널 다시 보게될 줄이야.

> never expected~는 전혀 예상하지 못한 뜻밖의 일이 벌어졌을 때 쓰는 표현으로 'I never expected that~' 하게 되면 '…하다니 전혀 뜻밖이네' 라는 말이 된다.

Am I expecting too much?

내가 너무 많은 걸 기대하나?

- I didn't expect much of you anyway. 네가 하는 일이 다 그렇지 뭐 .
  I just hope you don't expect too much from this relationship.
  네가 우리 관계에서 너무 많은 걸 기대하지 않기를 바래.

> expect a lot of~는 기대를 하되 넘 많이 기대를 하는 경우로 expect too much라고 해도 된다.

I heard Mary is expecting

메리가 임신했대

- Are you expecting a child? 너 임신었어?
  They expect the arrival to be a girl. 걔네들은 아기가 딸이길 바래.

> be expecting은 주어가 아이를 가졌다는 표현으로 그냥 목적어없이 쓰거나 혹은 a child를 넣어도 된다.

It was the last thing I expected.

전혀 예상도 못했던거야.

- Cause of death was cerebral hemorrhaging, as expected.
  사인은 예상대로 뇌출혈이야.

  So no money, as expected, but I did find this.
  예상대로 돈은 없지만 이걸 찾았어.

> be the last thing I expected는 전혀 예상도 못했을 때, 반대로 예상대로 일 때에는 as expected라 한다.

That's to be expected.
있을 수 있는 일이야.

- Your reluctance is to be expected. 네가 꺼려하리라 예상했어.
  Adversity is to be expected. Continue. 난관은 예상된거야. 계속해.

■■■ sth be to be expected 는 사물이 주어로 나오고 be to be expected가 결합된 것으로 주어가 예상되는 일이라는 의미가 된다.

So what do you expect me to do?
그래서 나보고 어쩌라고?

- What do you expect me to do, House? Quit? Cry?
  나보고 어쩌라고요, 하우스? 그만둘까요? 울까요?
  How do you expect me to stay calm?
  어떻게 내가 침착하기를 바라는거야?
  How do you expect me to respond to this stuff?
  내가 이 일에 어떻게 반응하리라 예상해?

■■■ What do you expect (sb) to+V~?는 단순히 무엇을 기대하느냐라는 의미지만 문맥에 따라 상대방에게 따지는 표현으로도 많이 사용된다.

MORE EXPRESSION

expectation of life 평균수명
I expect so 그러리라 예상하다
I expect not 그렇지 않으리라 예상하나
live up to one's expectations 기대치를 충족시키다
beyond one's expectation 예상외로

» explain

That explains it. 그럼 설명이 되네.

That explains it.
그럼 설명이 되네.

- That explains it, I told them to put it on my desk.
  그럼 설명이 되네. 내가 책상 위에 올려놓으라고 했거든.
  Well, that explains it. It was an inside job.
  그래서 그랬구나. 그건 내부범죄였구나.

■■■ That explains it은 '그럼 말이 되네,' '아 그래서 이런 거구나' 라는 표현. 반대로 설명이 안되는 상황이면 "That doesn't explain it"이라고 하면 된다.

Why don't I ever have to explain myself to you?
네게 해명을 할게.

- I just wanted to explain myself. 난 단지 해명을 하고 싶었을 뿐이야.
  No, you know what? I don't have to explain myself to you.
  아니, 저 말이야. 난 네게 해명을 할 필요가 없어.

■■■ explain oneself는 자기 자신을 설명한다는 말로 '속마음을 털어놓다,' 혹은 '자신의 행동에 대한 해명을 하다' 라는 뜻이 된다.

I got my eye on this guy. 난 이 애를 찍었어.

I'll keep an eye on him.
내가 걜 지켜볼게.

- He's gonna keep an eye on the apartment until I get there.
  내가 도착할 때까지 걔가 아파트를 잘 봐줄거야.

  Oh, don't worry, I'll keep an eye on it. 어, 걱정마. 내가 잘 봐줄게.

keep an eye on은 on 이하에 나오는 사람이나 사물이 다치지 않도록, 해가 되지 않도록 지켜본다는 의미.

I'll have to keep my eye on you.
네게서 눈을 떼지 않고 지켜봐야 돼.

- Keep your eye on her for the next few hours. Make sure she's okay. 앞으로 몇시간 동안 걜 잘 지켜봐. 아무 일 없도록 해.

  Keep your eyes on the woman in the red dress.
  빨간색 옷입은 여자를 잘 지켜봐.

keep[have] one's eye on sb는 my[your] eye를 써서 keep an eye보다 좀 더 적극적으로 지켜본다는 의미이며 또 한 단계 나아가 '경계하다' 라는 의미로도 쓰인다.

Keep your eye on the ball!
방심하지마!

- A: A little advice? B: Keep your eye on the ball.
  A: 조언 좀 주라? B: 방심하지마.

  I don't know, but I'm keeping my eyes peeled.
  잘 모르겠지만 눈을 부릅뜨고 경계하고 있어.

  Keep your eyes open. 잘 살펴봐.

  But it's vital that we keep our eyes open.
  하지만 두 눈을 부릅뜨고 경계하고 있는게 중요해.

keep[have] one's eye on the ball은 '경계하다,' '방심하지 않다' 라는 뜻이며 역시 좀 더 강조해서 눈을 부릅뜨고 경계한다고 할 때는 keep one's eyes peeled[skinned]라고 하면 된다. 좀 쉽게 말하려면 keep one's eyes open이라고 한다.

I got my eye on this guy.
난 이 애를 찍었어.

- I think Mrs Tishman's got her eye on you.
  티쉬먼 부인이 널 눈독들이고 있는 것 같아.

  She's got her eye on a beige chair. 걔 베이지색 의자를 탐내고 있어.

have (get) one's eye on sb[sth]는 어느 대상에 눈을 고정시키고 있다는 말로 갖고 싶은 욕심이 난다, '눈독들이다' 라는 뜻이 된다.

I only have eyes for you.
난 당신 뿐이야.

- Believe me, I only have eyes for one girl.
  정말야, 난 한 여자만 사랑할 뿐이야.

  But she only had eyes for you? 하지만 걔가 너만 사랑한걸까?

only have eyes for sb는 다른 사람에게는 눈길 한번 주지 않고 '오로지 …만을 바라본다' 는 의미로 오직 한 사람만을 사랑한다는 충성표현.

I couldn't take my eyes off you.
네게서 눈을 뗄 수가 없었어.

- He said he couldn't keep his eyes off me.
  걘 내게서 눈을 뗄 수가 없다고 말했어.

  He doesn't take his eyes off the TV. 걘 TV에서 눈을 떼지 않고 있어.

can't take one's eyes off sb는 '…에게서 눈을 뗄 수 없을 정도' 로 어떤 사물이나 사람에게 필이 아주 팍 꽂힌 경우. '…에게 뿅가다' 정도의 뜻.

E

She has an eye for it
걔가 그거에 대한 안목이 있어.

- You cops sure have an eye for detail.
  너희 경찰들은 정말 작은 것들까지 세세히 보는 눈이 있어.

  I tend to have a bit of an eye for these things.
  난 이런 것들을 보는 눈이 좀 있는 편이야.

have an[a good] eye for~는 우리말에도 '…을 볼 줄안 다' 라는 표현이 있듯이 for 이하에 대한 안목이 있다라는 의미.

This girl is making eyes at Chris, okay?
이 여자가 크리스에게 추파를 던졌다는거야, 맞아?

- He's making goo-goo eyes at my secretary.
  걘 내 비서에게 추파를 던지고 있어.

  I have somebody to roll my eyes at.
  난 작업걸 사람이 있어.

make eyes at sb는 '… 에게 추파를 던지다' 라는 의미로 make 대신 roll을 써도 된다. goo-goo eyes는 추파, 유혹의 눈길을 뜻한다.

We see eye to eye on this.
이 문제에 대해서 우리는 의견의 일치를 보았어.

- My roommate and I didn't see eye to eye at first.
  룸메이트와 나는 첨에 의견일치를 못봤어.

  They didn't always see eye to eye.
  걔네들이 항상 의견일치를 본 건 아니었어.

see eye to eye (on)는 눈을 마주본다는 말로 비유적으로 '의견일치를 보다' 라는 의미.

You have to have eyes in the back of your head.
넌 빈틈없이 철저히 경계해야 돼.

- What, do you have eyes in the back of your head?
  뭐야, 너 머리 뒤에도 눈이 달린거야?

  The soldiers have eyes in the back of their heads.
  군인들이 사방을 철저히 경계하고 있어.

have eyes in the back of one's head는 머리 뒤에도 눈이 있다는 말로 '사방으로 철저 히 경계하다' 라는 뜻.

I could do it with my eyes closed.
난 눈감고도 할 수 있어.

- I can do it with one hand! I can do it with my eyes closed!
  한 손으로 할 수 있고 두 눈 감고도 할 수 있어!

  Sara can finish the puzzle with her eyes closed.
  새라는 간단히 그 퍼즐을 쉽게 맞출 수 있어.

can do sth with one's eyes shut[closed]는 눈감고도 할 수 있다는 말로 아주 간단히, 쉽게 할 수 있다는 말씀.

Beauty lies in the eyes of the beholder.
아름다움은 보는 사람에 따라 다른거야.

- So in the eyes of the law, he is innocent until proven guilty.
  그래, 법적으로, 걘 유죄입증이 되기 전까지는 무죄야.

  In the eyes of Mr. Johnson, we failed.
  존슨 씨 보기에 우리는 실패했어.

in the eyes of는 '…보는 바에서' 라는 뜻으로 예로 in the eyes of law는 '법률상으로' 라는 뜻이 된다.

He believes that all eyes are always on him.

걘 항상 모든 시선이 자기를 향하고 있다고 생각해.

- So just know all eyes are on you. 모든 시선이 널 향해 있다는 걸 알아둬.

  All eyes are on the awards ceremony. 모든 시선이 시상식에 쏠려있어.

She turned a blind eye to the abuse.

걘 학대를 보고도 못 본 척 했어.

- I'm not gonna turn a blind eye, but I have to protect my son.
  보고도 못본 척하지는 않겠지만 내 아들은 지켜야 돼.

  The police turn a blind eye to the food carts.
  경찰은 노점상을 못 본 척했어.

Don't make eye contact with Elle.

엘과 눈 마주치지마.

- He never makes eye contact, just stares at people's asses.
  걘 절대 눈을 마주치지 않아, 단지 사람들 엉덩이를 봐.

  Not yet. Kid hasn't talked or made eye contact.
  아직. 애들이 말도 않고 눈도 마주치지 않아.

You just can't see it with the naked eye.

육안으로는 볼 수 없어.

- We want to see you take your clothes off! You big piece of
  eye candy! 옷벗는 거 좀 보자. 이 멋진 매력덩어리야!

  It's because you're not what I call eye candy.
  넌 내가 말하는 귀염둥이가 아니기 때문야.

■■■ All eyes are on~은 모든 시선을 받고 있다는 말로 'on' 대신에 watching이나 fixed를 써도 된다.

■■■ turn a blind eye (to)는 뭔가 안좋은 일을 보고도 '외면한 체 못 본 척한다' 는 표현.

■■■ make eye contact (with) 은 상대방과 서로 눈을 바라보는 것, 즉 눈을 마주치다라는 의미.

■■■ eye candy는 귀염둥이, naked eye는 벗고 보는 게 아니라 안경 등의 도구를 이용하지 않는 육안, 그리고 black eye는 맞아서 멍든 눈을 뜻한다.

E

MORE EXPRESSION

My eye[foot]! 맙소사!, 말도 안돼!
This is for your eyes only.
이건 너만 알고 있어야 돼.
get an earful from …에게 잔소리를 듣다
keep[have] one eye on …에서 눈을 떼지 않다
have eyes bigger that one's belly 과식하다
in the twinkling of an eye
눈깜짝할 사이에
I don't have good eye-sight.
난 시력이 좋지 않아.

- **say[talk] English** 우리말로 하다
  Speak English. 우리말로 해
  Okay you're talking doctor now George.
  Talk English.
  그래 넌 의사들 쓰는 말을 하잖아, 조지. 우리말로 해.

- **in (plain) English** 쉬운 우리말로
  How about we do this in plain English?
  이거 쉬운 우리말로 하자?
  In English, please. 우리말로요.
  English, please. 우리말로 해.

- **not speak a word of English** 영어 한마디도 못하다

She doesn't speak a word of English.
걘 영어 한마디도 할 줄 몰라.
She doesn't understand a word of English.
걘 영어 한마디도 이해못해.

- **go the extra mile for~** …을 위해 특별히 더 노력을 하다
  I'll go the extra mile for you.
  너를 위해서라면 내가 더한 것도 할게.

- **extra~** 추가의
  The sexual assault was just an extra humiliation. 성추행은 단지 굴욕이 하나 더 늘뿐이었어.

293

» face

I can't do this with a straight face. 난 웃지 않고 이걸 할 수 없어.

Why the long face?

왜 그렇게 시무룩해?

- Why the long face? Are you still sad Mom wouldn't let you go to Paris. 표정이 왜 시무룩해? 엄마가 파리 못가게 해서 아직도 화났어?

  Shirley realizes they try to save face.
  셜리는 걔네들이 체면을 세우려고 한다는 걸 깨닫고 있어.

■■■ long face는 슬프고 우울해 시무룩한 표정을 말하며 save face는 '체면을 살리다,' 반대로 '체면을 잃다'는 lose face라 한다.

I can't do this with a straight face.

난 웃지 않고 이걸 할 수 없어.

- Damn it! I was trying to keep a straight face. 젠장! 웃지 않으려고 했는데.

  I couldn't keep a straight face. 웃음을 참을 수가 없었어.

■■■ keep a straight face는 웃지않고 아무런 일도 없다는 듯이 태연한 얼굴 혹은 진지한 표정을 짓고 있는 것을 말한다.

And you told me right to my face.

그리고 넌 바로 내 면전에서 말했어.

- If you wanna say something about me, say it to my face!
  나에 대해 뭐 말하고 싶으면 내 앞에서 하라고!

  She lied right to my face. 걔는 내 면전에서 거짓말을 했어.

■■■ say sth to one's face는 얼굴에 대고 이야기한다는 것으로 '바로 면전에서 당당하게 말하는' 것을 뜻하며, say 대신에 tell, lie 등의 동사가 오기도 한다.

I intend to fly in the face of such thinking.

난 그런 생각에 정면으로 맞설려고 해.

- It flies directly in the face of Cheesecake Factory policy.
  그건 치즈케익 팩토리사의 정책에 정면으로 위배돼.

  That completely flies in the face of my master plan.
  저건 내 마스터 플랜하고 전혀 다른거야.

fly in the face of~는 어떤 규칙이나 상식에 어긋나거나 나아가 기존의 것을 무시하거나 맞서는 것을 뜻한다.

She vanished from the face of the earth.

걔는 행방이 완전히 묘연해졌어.

- She said your family had locked you out and you'd fallen off the face of the earth. 네 가족들이 널 가둬놔서 완전히 종적을 감췄다고 걔가 그런던데.

  But the employees didn't fall off the face of the earth.
  하지만 직원들은 완전히 잠수타지는 않았어.

vanish from the face of the earth는 지구상에서 완전히 사라진다는 것으로 '완전히 행방을 감추다'라는 뜻이다. vanish 대신에 disappear, fall off 등을 써도 된다.

Face the music.

떳떳하게 책임을 지라고.

- It's time for us to face the music. 우리가 당당히 책임을 져야 할 때야.

  When it's time to come home and face the music, she concocts a story that gets her sympathy.
  집에 와서 책임을 져야 할 때가 되면 갠 동정을 사려고 이야기를 지어내.

face the music은 피하지 않고 당당하게 자기가 잘못한 일에 대해 응분의 책임을 지거나 그 죄값을 받는 걸 뜻한다.

And face up to your problems whatever they are.

문제가 뭐든 받아들이라고.

- My point is you need to face up to what you're feeling with this breakup. 내 말의 요지는 이 이별로 인한 네 감정을 받아들여야 된다는거야.

  It's the time in my life where I should be facing up to my fears.
  이제 난 내 인생에서 내가 두려워하는 것들을 받아들여야 할 때야.

face up to sth은 자기가 현재 맞부딪친 힘든 상황을 받아들이는 것을 뜻하는 표현.

Get out of my face!

좀 꺼져!

- A: Bitch, get out of my face! B: Calm down. A: 이 년아, 꺼지라고! B: 진정해.
  Don't get in my face, Brian. 브라이언 내 앞에서 얼쩡대지마.
  Don't ever get in my face about money. 절대로 돈문제로 내 앞에서 얼쩡대지마.

get out of one's face는 '면전에서 사라지다,' 반대로 면전에서 감놔라배놔라 얼짱대면서 짜증나게 할 때는 get in one's face라 한다.

Let's face it.

현실을 직시하자.

- Let's face it, you're not good enough for him anyway.
  현실을 직시해, 넌 어쨌거나 걔한테는 턱없이 부족해.

  Let's face it. There's no pattern here. 현실을 직시하자. 아무런 패턴이 없어.

Let's face it은 관용문장으로 힘들고 험한 현실에 부딪혀 피하지 말고 '있는 그대로 받아들이다'라는 말.

I've been faced with an ethical dilemma.

난 윤리적인 딜레마에 직면해있어.

- But sometimes, you're faced with a cut that won't heal.
  하지만 가끔 치유되지 않을 상처에 직면하게 된다.

  When faced with a situation like this, the solution's obvious.
  이런 상황에 직면하게 되면 해답은 명백해.

when faced with~는 어떤 상황에 직면했을 경우에 사용하는 것으로 with 이하에 어려운 상황을 말하면 된다. 함께 많이 쓰이는 표현으로는 be faced with 가 있다.

F

I was just putting on a brave face.

난 그냥 태연한 척하고 있었어.

- He's putting on a brave face. But he's not doing so well.
  걘 태연한 척하고 있지만 그렇게 일을 잘하고 있지는 않아.

  Put your poker face on. You got it? 얼굴표정 좀 감춰라. 알겠니?

I'm saying she was a two-faced bitch.

내 말은 걘 위선적인 년이었다는거야.

- You're married to a selfish, two-faced liar who betrayed you?
  넌 이기적이고 널 배신한 위선적인 거짓말쟁이와 결혼한거야?

  But be careful around her, they say she's two-faced.
  하지만 걔 조심하라고. 위선적인 여자래.

■■■ put on a brave face에서 put on은 입다, 걸치다 등 실제의 모습을 감추는 것으로 put on a brace face하면 실제와 달리 당당한 표정으로 위장하는 것을 말한다. 즉, 태연한 척하는 것을 말하며 또한 poker face하면 '무표정한 얼굴'을 말한다.

■■■ two faced는 얼굴이 두 개라는 것으로 겉과 속이 다른 위선적인 사람을 말한다.

MORE EXPRESSION

show one's face 나타나다
(show up)
make face at sb 인상쓰다
Shut your face! 조용히 해!
what's his[her] face 누구더라
on the face of it 보기에는
can't face 감당못하다

» fact

Stick to the facts. Don't lie to me. 좋아. 사실에 집중해. 거짓말하지 말고.

That's just a fact of life.

그게 현실이야.

- Sad, but it's a fact of life. It's not a crime. 슬프지만 그게 현실이야. 죄는 아냐.
  She's 5. She's too young to understand the facts of life.
  걘 5살이야. 성에 관한 내용들을 이해하기에는 너무 어려.

Still, the fact remains.

그래도 여전히 사실은 변함이 없다.

- But the fact remains the police seized the fetus without asking
  my client. 하지만 경찰이 제 의뢰인에게 묻지 않고 태아를 데려갔다는 사실은 변함없습니다.

OK, stick to the facts. Don't lie to me.

좋아. 사실에 집중해. 거짓말하지 말고.

- My sister can never stick to the facts. 내 누이는 전혀 사실에 집중하질 못해.
  Let's stick to the facts. Were there signs of forced entry?
  사실에만 집중해보자. 강제침입의 증거가 있었나?

But the fact is, I'll need a support team.

하지만 사실은 지원팀이 필요할거야.

- The fact is you're an ungrateful spoiled brat!
  사실은 넌 배은망덕한 싸가지 없는 새끼야.

  Well, the fact is, you can't. 어, 사실은 너 못해.

■■■ a fact of life는 어쩔 수 없는 '현실상황'을 뜻하고 the facts of life는 아이들에게 알려주는 '성에 관한 진실,' 즉 성교육내용을 말한다.

■■■ The fact remains (that~)는 뭔가 앞에서 나온 결론에도 불구하고 여전히 해결되지 않은 사실이 있음을 말할 때 사용하는 표현.

■■■ stick to the facts는 '사실(fact)를 고집한다(stick)'는 뜻으로 사실을 집중한다는 의미.

■■■ The fact is~는 '사실은 …이다'라는 뜻으로 앞서 이야기한 내용과 상반된 것을 언급할 때 사용한다.

MORE EXPRESSION

facts and figures 정확한 정보
Is that a fact? 그게 정말야?
as a matter of fact 사실(in fact)

But to be fair, she's also hot. 하지만 제대로 말해서 걔도 역시 섹시해.

It's[That's] not fair.
그건 공평하지가 않아.

- **This is so unfair.** 이건 정말 너무 불공평해.
  No fair! 불공평해!, 이건 공정하지 않아!
  It's not fair to me! How could you do this? 불공평해! 어떻게 그럴 수 있어?
  It's not fair, you son of a bitch! 공평치않아, 이 개새끼야!

■■■ **be not fair**는 세상은 공평하지 않기 때문에 또 사람들도 객관적이지도 못하기 때문에 어쩔 수 없이 아주아주 많이 쓰게 되는 표현.

We get our fair share of sightings.
우린 볼만큼 관광을 했어.

- **Besides, I've done my fair share.** 게다가 난 내 몫을 했어.
  The criminal had more than his fair share of bad luck.
  그 범죄자는 정말 지지리도 운이 없었어.
  Hellen has had more than her fair share of heartbreak.
  헬렌은 정말 크게 상심했어.

■■■ **fair share**는 '적정량'으로 more than one's fair share of sth하게 되면 '적정량이상으로,' get a fair share하면 '당연히 받아야 할 것을 받다,' 그리고 do one's fair share는 '합당한 자기 몫을 하다'라는 의미가 된다.

But to be fair, she's also hot.
하지만 솔직히 말해서 걔도 역시 섹시해.

- **To be fair, I wrote that a long time ago.** 솔직히 말해서 오래전에 그걸 썼어.
  But to be fair, that's part of your charm. 하지만 정직히 말해, 그건 네 매력의 일부야.

■■■ **to be fair**는 '공정하게 말해서' 혹은 '정직하게 말해서'라는 표현.

You won fair and square.
넌 공평하게 이겼어.

- **I don't need it. I'm going to beat you fair and square.**
  난 그거 필요없어, 정정당당하게 널 이길거야.
  I don't think so. I earned it fair and square. 아냐, 난 정직하게 그걸 벌었어.

■■■ **fair and square**는 '공명정대하게,' '정직하게'라는 말로 앞에는 주로 win, beat 등의 동사가 주로 온다.

■■■ **play fair**는 정정당당하게 행동하고 승부하는 것을 말하며, 반대로 부정하게 속이는 행위는 play foul을 쓰면 된다.

Play fair
정정당당히 해

- **You know I don't play fair.** 내가 공정하게 행동하지 않는 거 너 잘잖아.
  I can be painfully vindictive and I do not play fair.
  내가 양심을 품게 되면 더티플레이 할거야.

MORE EXPRESSION

Fair's fair! 공정하게 하자!
Be fair! 억지그만떨어!
the fair sex 여성
by fair means or foul 수단과 방법을 가리지 않고
faith healing 신앙요법
keep faith with 약속을 지키다
an act of faith 소신있는 행동

놓치면 원통한 미드표현들

- **have faith in** …을 믿다 lose faith in 믿지 않다
  I have faith in you. 난 널 믿어.

- **good faith** 선의 in good faith 신념을 갖고
  You sneaky arrogant bad faith bastard!
  이 교활하고 거만하고 부정직한 놈아!

- **faithful to** 충실한 unfaithful 부정한
  I'd never be unfaithful to my wife.
  아내를 절대 배신하지 않을거야.
  I've been unfaithful. Many times.
  나 여러번 외도했어.

My life is falling apart. 내 인생이 엉망야.

But falling short of being certain?
하지만 확신할 수 없다면?

- Yet the advice of my wife fell short of its mark.
  하지만 내 아내의 충고는 성공하지 못했어.

  This new label frequently fell short of what was advertised.
  이 새로운 라벨은 종종 광고된 것보다 질이 떨어져.

  Katie fell victim to the violent drunken rage of a juvenile gang.
  케이티는 젊은 갱단놈들의 술주정 폭력의 희생자가 되었어.

■ fall short of는 of 이하의 목표나 상태에 모자르거나 미흡한 경우를 말한다. 또한 fall victim[prey] to는 '…의 희생자가 되다' 라는 의미.

It felt like everything was falling into place.
모든게 다 앞뒤가 들어맞는 것 같았어.

- The rest of it could just fall into place. 그 나머지는 그냥 앞뒤가 맞을 수 있어.

  I just thought once we found them, everything would fall into place. 난 우리가 일단 그것들을 발견하면 모든 게 다 분명히 이해될거라 생각했어.

  The idea of him falling into the clutches of another woman?
  걔를 다른 여자의 손아귀에 맡긴다는 생각야?

■ fall into place는 이해하기 어려운 상황이나 이야기가 딱 맞아떨어져 이해가 된다는 표현. '앞뒤가 맞다,' '분명히 이해되다' 라고 해석하면 된다. 한편 fall into the hands[clutches] of~는 '…의 수중에 들어가다,' 혹은 '…의 손아귀에 맡겨지다' 라는 의미.

Don't fall for it.
속아 넘어가지 마, 사랑에 빠지면 안돼.

- Your honor, don't fall for this. 재판장님, 그 말에 혹하지 마십시오.

  Come on, Ted. You always fall for that. 이봐, 테드. 넌 항상 그말에 넘어가잖아.

■ fall for는 상대방이 속이려는 의도하에서 말하는 거짓에 멍청하게 '속아 넘어가다,' 혹은 콩깍지가 씌워서 '사랑에 빠진 상태' 를 말하는 표현.

My entire body is falling apart.
온몸이 쑤셔.

- My life is falling apart. 내 인생이 엉망야.

  My world is falling apart and you're the only one who would understand. 내 인생이 엉망진창이 되어가고 너만이 이해해줄 유일한 사람이야.

■ fall apart는 다 갈기갈기 흐트러지는 것을 말하며 be falling to pieces라 해도 비슷한 뜻이 된다.

Look, so your date fell through.
이봐, 그래서 너 데이트를 못한거지.

- Actually, my plans for tonight just fell through. 실은 오늘밤 계획이 수포로 됐어.

  The deal fell through a month ago. He lost everything.
  그 거래는 한 달전에 무산됐고 걘 모든 걸 잃었어.

■ fall through는 끝까지 가지 못했다는 말로 계획, 거래, 일정 등이 '실현되지 못하거나 실패로 끝나다' 라는 뜻이 된다.

What day does Jasper's birthday fall on?
재스퍼의 생일이 무슨 요일이야?

- The national holiday fell on Monday. 국경일이 월요일이었어.

  Christmas falls on a Sunday this year. 금년에는 성탄절이 일요일이야.

■ fall on+날짜의 표현에서 날짜 자리에는 생일이나 공휴일 등 특정 날짜가 나와서 그날이 무슨 요일이라는 것을 말할 때 사용하는 표현이다.

■ take the fall for '…을 대신해 책임지다.'

Why is she trying to take the fall for you?
왜 걔는 너를 위해 책임을 지려는거야?

- You take the fall for Melinda and you go to jail. 네가 멜린다 대신 감방가.

  You let him take the fall for causing James Reed's death.
  넌 걔가 제임스 리드의 죽음을 초래한 책임을 지게 했어.

MORE EXPRESSION

fall into a trap 함정에 빠지다
fall from grace 신뢰를 잃다
fall into step 보조를 맞추다

» false

I should sue both of you for false arrest. 둘 다 불법체포로 고발해야겠어.

Never mind. False alarm.
걱정마. 잘못된 경보야.

- Is this just a false alarm? 이게 그냥 단순한 허위 경보일까?

  All complaints filed were false alarms. 접수된 모든 불만신고는 허위였어.

false alarm 거짓 경보라는 말로 장난이나 실수로 경보가 울리는 것을 말한다.

I can charge her with filing a false police report.
그 여자를 허위신고죄로 기소할 수 있어.

- It became our concern when you filed a false claim.
  네가 거짓 항의서를 제출했을 때 우리 일이 되었어.

  Filing a false kidnapping report, that's five years in prison.
  허위로 유괴신고하면 5년 징역형야.

file a false~ false 다음에 report나 claim 등을 붙여서 허위신고나 주장을 한다고 표현할 수 있다. 참고로 'file a claim for damage'는 손해배상 청구소송을 하다' 라는 뜻이 된다.

You brought me here under false pretenses.
넌 거짓정보로 날 이리로 데려왔어.

- You gained access under false pretenses. 넌 허위로 접근허가를 받았어.

  You entered the building under false pretenses.
  넌 거짓말로 건물에 들어갔어.

under false pretenses 에서 pretenses는 허위라는 뜻이고 여기에 false가 붙어서 false pretenses하면 '사기행위' 라는 뜻이 된다. 여기에 다시 under가 붙어 under false pretenses하게 되면 '허위로', '사기행위로', '거짓정보로' 라는 의미가 된다.

I should sue both of you for false arrest.
당신들 둘 다 불법체포로 고발해야겠어.

- I need to tell you that providing a false alibi is a felony.
  거짓 알리바이를 제공하는건 중죄라는 걸 알아야 돼.

  Nearly 10% of all rapes turn out to be false allegations.
  모든 강간의 약 10%는 거짓진술인 걸로 드러나고 있어.

false arrest는 불법체포, false alibi 거짓알리바이 그리고 false allegation 허위진술을 뜻한다.

F

» family

Lisa and I are about to start a family. 리사와 난 아이를 가지려고 해.

She's in a family way.
그 여자는 임신했어.

- You're in the family way. 임신중이군요.

  Any of your neighbors in the family way? 이웃 중에 임신한 분 있어요?

be in the family way는 '임신중이다' 라는 숙어로 전통적으로 family는 '부부+아이'를 뜻하기 때문이다.

Looks like hotness runs in the family.
섹시함이 집안 내력인가보군.

- I guess being a psychopath runs in the family. 사이코패스도 집안내력인가봐.

  You sure you got no cop in his family tree? 걔네 집안에 경찰없는게 확실해?

run in the family는 집안 대대로 내려오는 내력이 있다는 의미로 주어는 내력의 내용을 적어주면 된다. 또한 family tree는 집안 가계도.

Lisa and I are about to start a family.
리사와 난 아이를 가지려고 해.

- I'm ready to start a family. 난 아이를 가질 준비가 되었어.
  A: Does he have a family? B: Yeah. 걔 아이가 있어? B: 응.

 start a family는 '가정을 이루다' 라는 의미로 부부가 '아이를 갖다' 라는 의미로 많이 쓰인다. have a family는 '가정을 이루다,' lose a family는 '가족을 잃다' 가 된다.

Please don't kick me in the family jewels.
제발 내 고환은 차지마요.

- Somebody slit his throat, and sliced off the family jewels. 누군가 걔의 목을 길게 베고 고환을 잘라버렸어.

  She picks up a bat, thinks of everything that he's done to her, starts with the family jewels and ends with the family fortune. 걘 방망이를 들고 걔가 자기에게 여자껏 했던 짓을 생각하고 귀중품부터 집안재산들까지 뭉게버렸어.

family jewels는 집안의 귀중품, 보석류를 뜻하지만 속어로는 그만큼 소중한(?) 남자의 고환(nuts, balls)'을 뜻한다.

MORE EXPRESSION
be family 가족이다
How's the[your] family? 가족들은 다 잘 지내?
family name 이름 중 성
family man 가정적인 남자

» fancy

 What tickled your fancy? 뭐가 흥미를 갖게 해?

Fancy meeting you here!
이런 데서 만날 줄이야!

- Tim, fancy bumping into you here. 팀, 이게 누구야.
  Fancy that! 설마, 도저히 믿기지 않는다!

Fancy meeting you here는 예상못한 사람을 만났을 때 반가움을 나타내는 표현이고 Fancy that!은 뭔가 믿기지 않는 일이 생겼을 때 놀라면서 던지는 말.

What tickled your fancy? Girl on girl?
뭐가 흥미를 갖게 해? 여자들끼리 하는거?

- Bob's date tickled his fancy. 밥의 데이트 상대는 걔의 호기심을 자극했어.
  Eating cake tickles my fancy. 케익을 먹는게 내 흥미를 갖게 해.

tickle sb's fancy는 …의 상상이나 생각을 재미있게 한다는 말로 '…를 재미있게 하다,' '호기심을 자극하다' 등으로 생각하면 된다.

It's a fancy restaurant.
여긴 고급 음식점야.

- I make wedding cakes for a lot of fancy bridal shops. 많은 고급신부매장에 웨딩케익을 만들어 주고 있어.

  How would you like me to take you out to a fancy restaurant? 내가 고급식당에 데려가는거 어때?

fancy는 또한 고급의, 비싼이란 의미로 fancy price하면 비싼 가격이란 뜻이 된다.

MORE EXPRESSION
take[catch] one's fancy 맘에 들다
have[take] a fancy 좋아하다
fancy oneself (as)~ 실은 아닌데 …라고 믿다
fancy-free 자유로운

 놓치면 원통한 미드표현들

- **factor** 요인 decisive factor 결정적 요인
  I wasn't even a factor in his decision making process. 걔의 의사결정과정에서 난 고려대상도 아니었어.

- **factor in** 감안하다
  Oh, I didn't factor in the room tax. 방에 붙는 세금은 감안하지 않았어.

- **be[sit] on the fence** 중립적인
  I'm still on the fence. 아직 생각중야.

- **file for** 제기하다, 신청하다
  I'll file for a DNA search warrant. DNA 수색영장을 신청할거야.

How far did you go? 니네 진도가 어디까지 나갔어?

This is far and away the best.

이게 단연 최고야.

- He was also far and away the worst boss I ever had.
  그는 내가 겪은 사장중 가장 최악이었어.

  This is by far the drunkest I've ever seen you.
  여짓껏 네가 이렇게 취한 걸 본 적 없어.

> far and away는 훨씬, 단 연코라는 부사구이고 far and away the best하면 가장 뛰어난 것을 말한다. by far 또한 비교급 을 강조하는 부사구.

So she was single as far as you knew.

그래 네가 아는 한 그 여자는 미혼이었지.

- As far as I know, no one has been hurt. 내가 보기에 아무도 다치지 않았어.
  As far as I can tell, she didn't touch her soup or salad.
  내가 알기로는 걘 스프나 샐러드에 손도 안댔어.

> as far as I know는 '내가 알기로는,' '내가 보기에는' 그리 고 as far as I can tell은 역시 '내가 알기로는,' '내 판단으로는' 이라는 의미.

I think we're out of the woods as far as that goes.

우린 어느 정도 어려움에서 벗어난 것 같아.

- They've lost the scent. Might be as far as it goes.
  그들은 단서를 놓쳤어. 어느 정도 그럴거야.

  But as far as that goes, it's a dead end. 하지만 실제로는 막다른 골목길이야.

> as far as it goes는 '어느 정도,' 그리고 as far as that goes하게 되면 앞의 표현과 유사 하나 거짓말일 수도 있고 혹은 완전히 이해되지 않을 수도 있다는 의미에서 '실제로는'이라 는 의미를 갖기도 한다.

How far did you go?

니네 진도가 어디까지 나갔어?

- How far did you get? 어디까지 했어?
  How far away is the bus stop? 버스 정거장이 얼마나 멀어요?

> how far~ 혹은 how far away[from]~ 등의 형태로 얼마 나 멀리, 혹은 얼마나 멀리 떨어져 있는지 등을 물어볼 수 있다.

How far is it from here?

여기서 얼마나 걸려요?

- It's not far from here. 여기서 그리 멀지 않아.
  That's not far from the airport. 공항에서 멀지 않아.

> be far from here는 주어 가 여기서부터 얼마나 멀리 있는 지 물어볼 때.

You have gone too far.

네가 너무했어, 심했어.

- You go too far. 지나친 억측이야, 너무하는군.
  I have gone too far. 내가 너무 했어.

> go too far는 너무 많이 갔 다는 것으로 '너무 심했다'는 말. 또한 take[carry] sth too far는 '…을 도를 지나치게 하다'라는 말이 된다.

I won't go so far as to forbid it.

그걸 금지까지는 하지 않을거야.

- I even went so far as to follow older men around the store.
  난 가게 근처까지 노인네들을 따라가기까지 했어.

  I'll go so far as to say I'm not sorry he's dead.
  걔의 죽음이 유감스럽지 않다는 말까지 할거야.

> go so[as] far as to do sth은 주어가 상당히 '극단적으로 …까지 하다'라는 의미.

I'm far from being dead.
내가 죽기는커녕.

- A: What do you think, I'm stupid? B: Far from it.
  A: 어때, 내가 멍청해? B: 정반대야.

  Far from it, I just have to go. 정반대야, 난 그냥 가야 돼서.

far from sth[~ing]은 '…와 혹은 …하는 것과 전혀 다르다' 라는 그래서 '정반대' 라는 의미도 갖는다.

Guess I didn't go far enough.
내가 충분하지 못했던 것 같아.

- Oh everybody knows that doesn't go far enough.
  어, 그게 충분하지 못한 건 다들 알아.

  You'd better let him go far enough to charge him with attempted rape. 강간미수로 기소하려면 걔가 멀리 못가도록 해야 돼.

go far enough는 주로 부정문이나 의문문에서 '충분하다' 라는 의미. 물론 문맥에 따라 단순히 '…할 정도로 멀리가다' 라는 뜻으로 쓰일 수도 있다.

Oh far be it from me to speak ill of his future.
어, 걔의 미래에 대해 악담할 생각은 추호도 없어.

- Well, far be it from me to stand in the way of a young man's dream. 어, 젊은이의 꿈을 방해할 마음은 조금도 없어.

  If Emily said so, far be it from me to call her a liar.
  에밀리가 그렇게 말했다면 걜 거짓말쟁이로 부를 생각은 전혀없어.

far be it from me to~는 좀 어렵게 보이는 부사구로 내가 to~이하를 할 마음은 조금도 없다는 부정을 강조하는 표현법.

You're officially on leave until further notice.
넌 추후통보가 있을 때까지 공식적으로 휴가야.

- She just told me I was in charge until further notice.
  걘 추후통보시까지 내가 책임자라고 말했어.

  Classes have been canceled until further notice.
  수업은 다음 통지할 때까지 취소됐어.

until further notice는 '다음 통보가 있을 때까지' 라는 빈출표현.

MORE EXPRESSION

far and wide 널리
in so far as …하는 한에 있어
thus far 지금까지(so far)
so far so good 지금까지 괜찮은
That's far out! 정말 멋지다!

» fast

 I don't need to play fast and loose. 난 제멋대로 행동할 필요가 없어.

I don't need to play fast and loose.
난 제멋대로 행동할 필요가 없어.

- You're playing fast and loose because you've got a guilty conscience. 죄의식 때문에 넌 함부로 행동하는거야.

  You're playing fast and loose with the school fund money.
  넌 학교기금을 제멋대로 사용했어.

play fast and loose with는 '아무렇게 대하다' (treat~in a careless way), '무책임하게 행동하다' 라는 표현.

Not so fast. I'm not that easy.
서두르지마. 난 그렇게 쉬운 사람 아냐.

- Not so fast. It's not even five. 서두르지마. 아직 5시도 안됐어.

  Make your point and make it fast. 내가 이해하도록 잘 설명해봐 대신 빨리.

Not so fast는 '서두르지마' 라는 표현이고 반대로 빨리 하라고 할 때는 make it fast를 쓰면 된다.

MORE EXPRESSION

be fast asleep 폭 잘자다
fast 금식하다, 금식
fast and furious 정신없는
pull a fast one (on) 속이다
make a fast buck 벼락부자 되다

302

Dan, you're generous to a fault. 댄, 넌 지나칠 정도로 관대해.

It is my fault
내 잘못이야

- It's not your fault. 네 탓이 아냐.
  No, it's my fault for thinking that you might care.
  아니, 네가 신경쓰려고 생각했던 건 내 잘못야.

Through no fault of mine.
나도 어쩔 수가 없었어.

- They find themselves through no fault of their own, you know, kind of, addicted. 걔네들은 불가항력으로 자신들이 중독이 되었다는 것을 알게 되었다.
  I suddenly, through no fault of my own, became irresistible to her!
  난 갑자기, 불가항력으로 그녀에게 끌리지 않을 수가 없었어.

And you find fault with her?
그리고 넌 걜 비난하는거야?

- It's like your new favorite game is 'finding fault with Nancy.'
  네 새로운 취미가 '낸시흠집내기'인 것 같아.
  My new boss is always finding fault with me.
  새로운 사장은 늘상 날 비난해.

Dan, you're generous to a fault.
댄, 넌 지나칠 정도로 관대해.

- No. Eva is honest to a fault. 아니, 에바는 지나칠 정도로 정직해.
  She believes herself ready to a fault. 걘 지나칠 정도로 준비가 되었다고 믿어.

■■■ **be one's fault**는 잘잘못을 따질 때 쓰는 표현으로 잘못한 내용을 말할 때는 for ~ing 형태로 적어주면 된다.

■■■ **through no fault of one's own**은 좀 낯설지만 '…의 책임이 아닌데도', '불가항력으로'란 부사구.

■■■ **find fault with**는 '비난하다', '흠집내다'라는 아주 기본적 표현.

■■■ **to a fault**는 뭔가가 잘못 (fault)될 정도라는 말로 '지나치게', '지나칠 정도로'라는 의미.

F

at fault 잘못해서, 고장나서

 We the jury find in favor of the defendant. 배심원은 피고에게 승소 판결을 내립니다.

Could you do me a favor?
부탁 좀 들어주시겠어요?

- Can I ask you a favor? 부탁 하나 해도 될까?
  I have a favor to ask you. 부탁할 게 있어.
  She returns the favor and gives him a ride. 걘 호의에 대한 답례로 차태워줬어.

Do me a favor and keep an eye on Paul.
부탁인데 폴 좀 봐줘.

- Penny, do us a favor and stay here. 페니야, 부탁인데 여기 남아주라.

■■■ **do sb a favor**는 '…에게 호의를 베풀다', 그리고 ask sb a favor는 반대로 '…에게 호의를 부탁하다', 그리고 return the favor하면 상대방이 베푼 호의에 답례를 하는 것을 말한다.

■■■ **do sb a favor and+V**는 부탁하면서 동시에 부탁하는 내용을 함께 말하는 것으로 우리말로 하자면 '부탁인데 …좀 해주라'라는 의미.

303

Do yourself a favor.

너 스스로를 생각해야지.

- Do yourself a favor. Stay home and watch football.
  스스로를 챙겨야지. 집에서 축구나 봐.

  Do yourself a favor and think for yourself.
  스스로를 챙기고 너를 위해 생각해.

do oneself a favor는 자기 자신에게 호의를 베푼다는 말로 다시 말하자면 스스로를 챙기다라는 표현.

Can't you call in a favor?

도와달라고 전화도 못해?

- I called in a favor in order to borrow the money.
  난 돈을 빌리기 위해 도움을 청했어.

  Did you call in a favor to get these concert tickets?
  너는 이 콘서트 표를 얻기 위해 호의를 청했니?

call in a favor는 예전에 도와줬던 사람에게 도움을 청하다라는 뜻. call in favors라고 쓰이기도 한다.

We the jury find in favor of the defendant.

배심원은 피고에게 승소 판결을 내리는 바입니다.

- I'm ruling in favor of the defendant. 피고 승소 판결을 내리는 바입니다.
  Are you in favor of the death penalty? 너 사형제도를 찬성해?

(be) in favor (of)는 '…에게 유리하게,' '…의 입장에서' 그래서 '…에 찬성하다'라는 의미까지 갖게 된다.

All those in favor raise hands.

찬성하는 분은 모두 손을 들어주세요.

- So all those in favor of going ahead of this, say aye.
  이렇게 하기를 바라는 모든 사람은 '에이'라고 말해요.

  The vote is on the table. All in favor?
  투표를 해야 되는데 모두 찬성야?

All those in favor (of~)는 '(…에) 찬성하는 모든 사람들'이란 의미. 뭔가 찬반결정을 할 때 주로 사용되는 표현이다.

Dave wants to curry favor with his boss.

데이브는 사장에게 비위를 맞추려고 해.

- It's good to curry favor with your parents.
  부모님의 환심을 사려는 건 좋은거야.

  If you wanna curry favor with me, avoid discussions of other men's testicles. 내 환심을 사려면 다른 남자들의 고환얘기는 하지 말라고.

curry favor (with)는 with 이하의 사람에게 비위를 맞추거나 환심을 사려고 노력하는 것을 말한다.

MORE EXPRESSION

without fear and favor
공정하게

놓치면 원통한 미드표현들

- **flinch** 움찔하다, 주춤하다
  She flinched as if I'd hit her.
  걘 내가 자길 때리기라도 하듯 움찔했어.
  He didn't even flinch. 걘 조금도 주저하지 않았어.

- **whatever floats your boats** 네가 정 원하면(각자 취향이 다르니)
  Okay, whatever floats your boat.
  좋아, 네가 정 원한다면.

That's Hindi for whatever floats your boat.
네가 정 원한다면이란 의미의 힌두어야.

- **float** 생각을 내놓다, 제시하다
  Okay, let me float another plan.
  좋아, 내가 다른 계획을 내놓을게.
  So you float the idea of a threesome?
  그래 너 쓰리섬 하자고 하는거야?

I'm fed up with you! 너한테 질렸어!

I'm fed up with you!
너한테 질렸어!

- Chris was simply fed up with the paparazzi. 크리스는 그냥 파파라치 땜에 질렸어.
  Lily was so fed up with not getting anywhere.
  릴리는 아무런 성과도 얻지 못해 질렸어.

Do you know how to feed a baby?
아기 우유 어떻게 먹이는지 알아?

- I thought I was gonna have to breast-feed the baby.
  아기에게 모유를 먹여야 될 것 같아.
  Hannah feeds the baby like she's had a lot of practice.
  한나는 경험이 많은 듯 아기에게 우유를 먹인다.

They will bring in the bottom feeder.
걔네들이 그 밑바닥 인생사는 놈들을 연행해올거야.

- No, you're a bottom feeder. 아니, 넌 하류인생야.
- You've become a bottom feeder, Philip. 필립, 넌 막장인생이 되었어.

She breast-fed and bonded with this child.
걔는 모유수유를 했고 아기와의 유대감을 쌓았다.

- She breast-fed Chris for a year after he was born.
  걔는 크리스 생후 1년동안 모유를 주었다.
  I was not breast-fed enough as a child. 난 어렸을 때 제대로 모유수유를 못했어.

■ **be fed up with~**는 with 이하에 신경질 날 정도로 질린 상태를 말한다.

■ **feed a baby**에서 feed는 동물에게 사료를 줄 때 많이 쓰이지만 특히 '아기를 먹이다' 혹은 '가족을 먹여살리다' 라고 할 때는 사람을 목적어로 받기도 한다. 이때 feed a baby라고 하면 '우유나 젖을 먹이다' 라는 뜻

■ **bottom feeder**는 다른 사람들이 하지 않는 일을 하거나 다른 사람을 등쳐먹는 '밑바닥 인생,' '하류인생'을 말한다.

■ **breast-feed**는 '모유를 먹이다' 이고 과거형은 breast-fed 이다.

MORE EXPRESSION

feed the meter 미터기에 동전넣다
feed sb a line 거짓말하다
chicken feed 쥐꼬리만한 돈

F

I don't feel up to it. 못할 것 같아.

Feel free to ask.
뭐든 물어봐, 맘껏 물어봐.

- Please feel free to do it. 언제든 그렇게 해.
  A: Feel free to grab a snack. B: Thank you. A: 과자 맘껏 드세요. B: 고마워요.

I feel quite done in today.
오늘 정말 피곤하네

- I'm not feeling well. 기분이 별로 안좋아.
  I'm not feeling very good. 기분이 그리 좋지 않아.

■ **feel free to+V**는 …하는 데 자유롭게 느끼다라는 말로 '… 을 맘껏 하라' 는 뜻, 상대방을 배려하는 맘을 듬뿍 담아서 어떤 것을 허락(permission)할 때 쓸 수 있는 전형적인 표현.

■ **feel done**처럼 feel은 다음에 다양한 형용사나 분사를 넣어서 주어의 감정상태를 표현할 수 있다. feel done은 feel low와 같은 뜻으로 기분이 안좋을 때 쓰면 된다.

305

I don't feel right, either.

나도 맘이 편하지는 않아.

- I don't know. I mean, I don't really feel right. 몰라. 정말 기분이 이상해.
  Still, it doesn't feel right without him here. 여전히 걔가 여기 없으니 좀 이상해.

not feel right는 뭔가 제대로 되어 있지 않아 맘이 불편하거나 기분이 이상할 때 사용한다.

Don't feel so bad about it.

너무 속상해하지마.

- I don't feel so bad about sleeping with Jason.
  난 제이슨하고 자는데 기분상하지 않아.
  I feel so bad about this. It's all my fault. 정말 기분나빠. 모두 다 내 잘못야.

feel so bad about~는 기분이 더러울 때, 기분이 더럽게 상했을 때 사용하는 표현. '속상하다'라는 말로 about 다음에는 명사나 ~ing을 붙이면 된다.

Don't make me feel bad.

나 기분 나쁘게 하지마.

- You're supposed to make me feel safe. 넌 내 맘을 편안하게 해줘야지.
  It'll make you feel better. 그럼 네 기분이 더 좋아질거야.
  That makes me feel better. 그 때문에 기분이 더 좋아졌어.

make sb feel~은 '다른 사람의 기분을 …하게 만들다'라는 표현으로 특히 make sb feel better의 형태로 많이 쓰인다.

I feel for that kid. Gonna have a rough life.

저 아이가 가여워. 힘들게 살거야.

- I feel for you. You need to work it out. 네가 안됐어. 잘 해결해야 돼.
  Did you feel for a pulse on the patient? 환자의 맥박을 짚어봤어?

feel for sb는 '…을 동정하거나 가여워하는' 것을 말하며, 한편 feel for a pulse는 맥박을 짚어보다라는 뜻.

I feel like I ruined her life.

내가 걔 인생을 망쳐버린 것 같아.

- I feel like God has abandoned me. 신이 나를 버리신 것 같아.
  I feel like a monster. 내가 괴물이 된 느낌야.

feel like 다음에는 명사나 주어+동사의 절이 와서 '…같은 기분이다,' '…같다'라는 뜻으로 쓰인다.

I don't feel like it.

사양할래.

- I don't feel like chatting anymore, friend. 야, 더 이상 얘기하고 싶지 않아.
  I just don't feel like going to a mall. 쇼핑몰에 가고 싶지 않아.

feel like ~ing[N]는 지금 당장 '…을 하고 싶다'라는 의미로 반대로 하고 싶지 않을 때는 I don't feel like ~ing[N]라 하면 된다. 특히 I don't feel like it의 문장이 많이 쓰이는데 이는 뭔가 거절할 때 요긴한 표현.

I just wanna get a feel for what you want.

네가 뭘 원하는지 감을 잡고 싶어.

- I'd love to take a look around, get a feel for the area.
  주변을 돌아보고 싶어 주변감도 익히고.

get[have, give] a feel for~는 '…에 대한 감각을 익히다,' '감을 잡다'라는 의미. 특히 특정대상이 아닌 일반적으로 things를 써서 get a feel for things라고도 자주 쓰인다.

I don't feel up to it.

못할 것 같아.

- Do you feel up to talking now? 지금 얘기할 수 있겠어?
  You feel up to going for a drive? 너 드라이브 가고 싶어?
  I don't feel up to par this afternoon. 오늘 오후에 컨디션이 별로 안좋아.

feel up to sth[~ing]은 주어가 to 이하를 할 수 있는지 여부를 말할 때 사용되며, not feel up to par는 기분이나 컨디션이 별로 안좋다는 표현이 된다.

I got a feeling she's coming over.

걔가 올 것 같아.

- I get a feeling it's not Ashley who has the problem.
  문제가 있는 사람은 애슐리가 아닌 것 같아.

  I have the feeling you had something to do with it.
  네가 그거에 관련되어 있다는 느낌이 들어.

  I get the feeling that he's more interested in the video than me.
  걔가 나보다 비디오에 더 관심이 있는 것 같아.

■■ get[have] a[the] feeling S+V는 주어의 느낌을 말하는 것으로 '…인 것 같다', '…라는 기분이 들다'라는 뜻이 된다.

I have feelings for her.

난 걔를 좋아해.

- I mean, did you ever have any feelings for me at all?
  내 말은 날 조금이라도 좋아했었니?

  She was starting to have real feelings for Mike.
  걘 마이크를 정말로 좋아하기 시작했어.

  I'm sure you have no feelings for her anymore.
  걔한테 네가 더 이상 아무 감정이 없다고 확신해.

■■ have feelings[a feeling] for sb는 '…을 좋아하는 감정이 있다'는 말로 반대로 '별 감정없다'고 할 때는 have no feelings for라 한다.

Oh, I'm getting a bad feeling.

어휴, 점점 악감정만 생겨나.

- I got a bad feeling about this guy. 이 친구한테 감정이 안좋아.
  I got a bad feeling about this. 난 이것에 감정이 좋지 않아.

■■ get a bad feeling (about~)에서 bad feelings는 악감정으로 about 이하의 사람이나 사물에 감정이 안좋은 경우에 쓰인다.

I just wanted to say no hard feelings.

난 단지 악의가 없었다고 말하고 싶었어.

- I just want you to know, I have no hard feelings.
  내가 악의가 없었다는 걸 네가 알아만 주었으면 해.

  I dumped her and she said, "No hard feelings."
  난 걔를 찼는데 걘 '감정 안 상했다'고 말했어.

■■ no hard feelings는 상대방과 오해가 생길 수도 있는 상황에서 먼저 악의가 없음을 밝힐 때 혹은 기분 나쁠 수도 있는 상황에서 기분 나쁘지 않다라고 말할 때 사용한다.

I'm sorry I hurt your feelings.

네 감정을 상하게 해서 미안해.

- What did he do? Did he hurt your feelings?
  걔가 어떻게 했는데? 네 맘을 아프게 했어?

  I didn't want to hurt your feelings. 네 감정을 상하게 하고 싶지 않았어.

■■ hurt one's feelings는 …의 감정을 해치거나 마음을 아프게 하는 것을 말한다.

I know the feeling.

그 심정 내 알지.

- I know how you feel about him. 네가 걔한테 어떤 심정인지 알아.
  I know how you feel. My mother makes me crazy.
  그 심정 알겠어. 엄마도 날 미치게 해.

■■ I know just how you feel은 상대방을 위로할 때 사용하는 표현으로 상대방에게 '어떤 심정인지 알겠어,' '어떤 기분일지 알아,' '그 기분 이해해' 등을 뜻한다. I know the feeling도 같은 맥락의 표현.

MORE EXPRESSION

How (are) you feeling? 몸은 좀 어때?

What's your feeling about~?
…에 대한 네 의견은 어때?

feel nice 촉감이 좋다, 기분이 좋다

feel the need to~ 필요성을 느끼다

F

She'll go into V-FIB. 걘 심실세동이 일어날거야.

Look, I sorta told a fib.
이봐, 나 좀 거짓말했어.

- She's going to hell because she told a fib. 걘 거짓말해서 지옥갈거야.
  Okay, there's no camp. That was a fib on my part.
  그래, 캠프는 없어. 내가 거짓말한거였어.

■ tell a fib에서 fib은 '별로 중요하지 않은 사소한 거짓말'을 말하는 것으로 tell a fib하면 tell a lie처럼 거짓말하다라는 의미.

I understand fibbing on your resume.
네 이력서의 거짓말 이해해.

- No great skill in guessing you were fibbing there.
  네가 그거 거짓말하고 있다는 걸 추측하는데 별로 힘들지 않아.
  The little always fibs to her mom. 저 꼬맹이는 늘상 엄마한테 거짓말해.
  Don't you ever fib to me again! 나한테 다시는 거짓말하지마!

■ fib은 동사로도 쓰여 역시 '사소한 거짓말을 하다' 라는 의미.

She'll go into V-FIB.
걘 심실세동이 일어날거야.

- We've got V-fib. 여기 심실세동이 일어났어.
  He's looking bad. Put the defib pads on him.
  걘 안좋아보여. 제세동기를 걔한테 연결해.
  Defib! Get the pads! Give me the paddles and charge to 200.
  Clear. 제세동기 패드 갖고 와! 패드! 200으로 충전해. 클리어.

■ V-fib에서 ventricular fibrillation(심실세동)의 약자로 의학미드에서 많이 쓰이는 단어. 위의 fib하고는 다른 fib이지만 함께 알아두자. 참고로 defibrillation은 전기충격으로 심장을 다시 뛰게하는 제세동기로, 줄여서 defib이라고 한다.

The press is having a field day. 언론은 아주 신이나 들떠있어.

He's out in the field.
걘 현장에 나가 있어.

- She's out in the field somewhere collecting specimens.
  걘 어디 현장에 나가 표본을 수집하고 있어.
  A: Where are your technicians? B: They're all out in the field.
  A: 기술자들 어디 있어? B: 다들 현장에 나갔는데요.

■ be out in the filed는 현장에 외근나가는 것을 뜻하는 표현. 참고로 field kit하면 현장에 갖고 나가는 도구를 말한다.

He likes to play the field.
걘 여러 여자를 두루 만나는 걸 좋아해.

- I should play the field for a while. 한동안 많은 사람과 놀아야겠어.
  You know, at your age, you should be playing the field.
  네 나이 때는 많은 이성과 교제를 해야 해.

■ play the field하면 결혼에 정착하기 전에 이사람 저사람 두루두루 섭렵하는 것을 말한다.

The press is having a field day.

언론은 아주 신이나 들떠있어.

- Tripley's lawyers are having a field day with this.
  트리플리의 변호인단은 이걸로 아주 신나해.

  Press is gonna have a field day with this. 언론은 이걸로 아주 신나죽어.

 have a field day에서 field day는 운동회날이라는 말로 have a field day하면 특히 '다른 사람들에게 힘들어하는 걸로 아주 들떠 있는' 것을 말한다. 스캔들을 보도하는 타블로이드 언론을 떠올리면 바로 이해된다.

MORE EXPRESSION

in the field (of~) …의 분야에서
be one's field …의 분야이다

» filthy

 You're a filthy liar. 넌 아주 더러운 거짓말쟁이야.

She was filthy, like she hadn't bathed in weeks.

걘 불결했어, 몇주동안 목욕도 안한 것처럼.

- I had a cleaning service in. The place was filthy.
  청소서비스업체 불렀어. 너무 더러웠어.

  You're a filthy liar. 넌 아주 더러운 거짓말쟁이야.

  He's a cool guy, filthy rich. 걘 아주 멋진 친구야. 더럽게 부자고.

filthy의 기본적인 의미는 dirty이다. 어떤 장소가 더럽거나 불결할 때 사용하면 되는 단어. 혹은 불만스런 강조로 '더럽게 …한' 이라고 사용되기도 한다.

Shut up, you filthy whore, do you understand me?

입닥쳐, 이 더러운 창녀야, 내 말 알겠어?

- I hope this isn't out of line, but are you a filthy whore?
  좀 죄송하지만 혹시 추잡한 매춘부예요?

  I think you might be the prettiest girl I've ever seen outside of a really filthy magazine.
  내 생각에 넌 정말로 야한 잡지말고 본 여자중에서 가장 예쁜 여자애 같다는 생각이 들어.

filthy의 두 번째 의미는 특히 성적으로 추잡한 경우를 말한다. filthy language, filthy story, filthy joke 등처럼 쓰인다.

» fight

 You put up a good fight, Alex. 알렉스, 잘 싸웠어.

I feel like I'm fighting a losing battle.

난 지는 게임을 하는 것 같아.

- Jack, you're fighting a losing battle. 잭, 넌 뻔히 질 게임을 하고 있는거야.

  I'm fighting a losing battle with hemorrhoids here.
  난 여기 치질과 힘든 싸움을 하고 있어.

fight a losing battle은 '질게 뻔한 싸움을 하다' 라는 의미.

F

Dr. Mandell fought me tooth and nail.

맨델 박사는 나와 필사적으로 싸웠어.

- You fight me tooth and nail that he wasn't a con man.
  걘 사기꾼이 아니었다며 넌 나와 격렬하게 싸웠지.

  There's a fight to the death between Richard and Emily.
  리차드와 에밀리가 죽도록 싸웠어.

■ fight tooth and nail은 이를 악물고 죽을 힘을 다해 필사적으로 싸우는 것을 말하는데 더 쉽게 말하면 fight to the death 라 한다.

So fight fire with fire.

그래 눈에는 눈, 이에는 이야.

- You gotta fight fire with fire. 넌 그대로 앙갚음 해야 돼.

  You gotta get back at her, you gotta fight fire with fire.
  넌 걔한테 복수해야 돼, 받은대로 그대로 갚아야 돼.

■ fight fire with fire는 불로 불과 싸운다는 말로 우리말로 하자면 '이열치열하다,' '받은대로 그대로 앙갚음하다' 라는 표현이 된다.

You guys have a fight?

너희들 싸웠어?

- We had a fight. 우린 싸웠어.

  It's not nice to start a fight. 싸움을 시작하는 건 좋지 않아.

■ have a fight는 '싸우다,' start a fight는 '싸움을 시작하다.'

You put up a good fight, Alex.

알렉스 잘 싸웠어.

- You put up a good fight. Better luck next time.
  선전했어. 다음 번에는 더 잘 할거야.

  You put up a good fight for a freshman. 신입생치고는 선전한거야.

■ put up a good fight는 싸움에서 잘 싸웠다는 의미로 '선전하다' 라는 뜻. 또한 good을 bad[poor]로 써서 put up a bad fight하면 반대로 '고전[졸전]하다' 라는 뜻이 된다.

MORE EXPRESSION

fighting spirit 투쟁정신
fight like cats and dogs 심하게 싸우다
fight one's way 싸우며 나아가다

» figure

So I figured it out. 그래서 이유를 알게 되었어.

She's smart. She'll figure a way out.

걘 똑똑해. 탈출구를 찾아낼거야.

- I'm sure you can figure a way to put them to bed.
  걔들을 잠재울 방법을 네가 찾을거라 확신해.

  We're going to figure a way to go out and bring him back.
  나가서 걔를 데려올 방법을 찾아낼거야.

■ figure a way to는 '…할 방법을 찾아내다' 라는 뜻이고 figure a way out은 '빠져나갈 길을 찾다' 라는 말이 된다.

Go figure. No one else in the park.

설명 좀 해봐. 공원에는 아무도 없어.

- Go figure. Even though our marriage was crazy at times, it never got dull.
  생각 좀 해봐. 우리 결혼생활이 정상이 아닌 적도 있었지만 결코 지루하지는 않았잖아.

  His system's a bit of a breeding ground, go figure.
  걔의 시스템이 좀 온상인 것 같으니 확인해보자.

■ Go figure는 뭔가 설명하기에 이상하고 어려운 상황에서 던지는 말로 '설명해봐,' '확인해 보다' 라는 의미로 주로 명령문 형태로 많이 쓰인다. 달리 표현하자면 'Try to figure it out'와 같은 말로 '설명해봐' 정도의 뉘앙스.

So I figured it out.
그래서 이유를 알게 되었어.

- That much I've figured out. 그 정도는 예상했어요.
  Try to figure out what this guy's looking for. 이 친구가 뭘 찾으려는지 알아내.
  I think I've got it figured out. 내가 그것을 알아낸 것 같아.

That[It] figures.
그럴 줄 알았어, 그럼 그렇지.

- That doesn't figure. 앞뒤가 안맞아.
  A: He made bail. B: Yeah, that figures. A: 걔가 보석금 냈어. B: 그럴 줄 알았어.
  That's what I figured. 그럴 줄 알았어.

How can you eat like that and keep your figure?
어떻게 그렇게 먹으면서 몸매를 유지해?

- You had the baby and got your figure back in one day.
  넌 애를 낳고 하루만에 몸매를 회복하네.

▬ figure out는 머리를 굴려 '이해하다,' '생각해내다' 라는 빈출표현으로 달리 get it figured out이라고 해도 된다.

▬ That[It] figures는 상대방의 말에 맞장구치는 것으로 '당연하다,' '생각한대로이다,' '그럴 줄 알았다' 라는 표현.

▬ keep one's figure는 '몸매를 유지하다' 그리고 have a good figure는 '몸매 좋다,' '날씬하다' 라는 뜻이 된다.

MORE EXPRESSION

ballpark figure 어림잡은 수치
ballpark 어림잡다
ballparking it 어림잡아, 얼추
put a figure on …의 수를 정확히 말하다
a fine figure of a man 풍채가 당당한 남자

» fill

You're full of it! 뻥까지마!

He filled me in.
그 사람이 알려줬어.

- Please fill me in! 나한테 말해줘!
  Though, Jill hasn't really filled me in! 그래도, 질은 정말 내게 알려주지 않았어!

▬ fill sb in은 일어난 일에 대한 '상세한 정보를 …에게 알려주는' 것을 말한다.

Please fill it up.
가득 채워주세요.

- Don't fill up the tank. 가득 채우지 마세요.
  Fill it up with some stuff from the store. 가게에 있는 물건들로 가득채워.
  You better hurry, all the group are filling up.
  서둘러, 모든 그룹들이 다 채워지고 있어.

▬ fill it up은 주유소에서 기름을 가득 채우다라는 기본 표현. it 대신에 her을 쓰기도 한다. 물론 기름외의 물건을 가득채운다고 할 때도 사용된다. 혹은 자동사로 '가득차다' 라는 의미로도 쓰인다.

There's a form I need you both to fill out.
둘 다 작성해야 하는 서류가 있어.

- We just need to fill out the paperwork. 우린 서류작업을 작성해야 돼.
  Just fill out these papers authorizing the investigation.
  조사를 인가하는 이 서류를 작성해요.

▬ fill out는 '서류를 작성하거나 기입한다' 는 의미.

She's filling her head full of lies.
걘 자기 머리속에 거짓말을 가득 채우고 있어.

- He started filling the tub with ice. 걘 얼음으로 욕조를 채우기 시작했어.
  Your father's been filling your head with hate since you were a baby. 네 아빠는 네가 어렸을 때부터 네 머리에 증오를 가득 채웠어.

You're full of it!
뻥까지마!

- You just bought a house? You're full of it! 집샀다고? 뻥까지마!
  You're full of it! You never dated my sister! 말도 안돼! 넌 내 누나랑 데이트한 적 없어.

■■■ fill A B형태는 A안에 B를 가득채운다는 말로 그때 그때 상황에 맞게 이해하면 된다.

■■■ be full of it은 '헛소리마(bullshit),' '말도 안되는 소리마(I don't believe you)' 라는 의미의 표현으로 be full of crap과 같은 말.

MORE EXPRESSION

filling (음식의) 속
fill a post[position] 자리를 채우다
fill one's face 많이 먹다
eat one's fill 잔뜩 먹다
fill sb's shoes …을 대신하다

» find

She is a real find. 걘 정말 괜찮은 애야.

Where will I find you?
당신을 어떻게 찾죠?

- Where are you? How will I find you?
  어디예요? 어떻게 당신을 찾죠?

If you need me, you know where to find me.
내가 필요하면, 어디있는지 알지.

- A: You going home? B: Yeah. They know where to find me.
  A: 집에 가? B: 어, 나 어디있는지 걔네들이 알아.
  You change your mind, you know where to find me.
  맘바뀌면, 나 어디있는지 알지.

She is a real find. We'll do it again soon.
걘 정말 괜찮은 애야. 우리 곧 다시 만날거야.

- I hope there is a real find in this antique shop.
  이 골동품점에 진짜 괜찮은 게 있길 바래.
  Your new girlfriend is a real find. 네 새로운 여자친구는 정말 괜찮아.

I came to discuss my preliminary findings.
내 예비판결에 대해 토의하러 왔어.

- Were they aware of your findings? 걔네들이 네 연구결과를 알고 있었어?
  Preliminary findings have been inconclusive. 예비평결의 결론이 안났어.

■■■ Where will I find you? 는 약속장소를 정하면서 사용하는 표현으로 '당신을 어디서 찾죠?' 라는 말이다. where 대신에 how 를 써도 된다.

■■■ You know where to find me는 '내가 어디있는지 알지' 라는 말로 상대방이 나중에 보자고 할 경우 자신이 있는 곳이나 연락처를 알고 있으니 연락하라고 할 때 쓰는 표현.

■■■ a real find는 '가치있고 괜찮은 발견' 이라는 뜻으로 find가 명사로 쓰인 경우. 사물이나 사람의 경우에 다 쓰일 수 있다.

■■■ finding(s)는 '어떤 조사나 연구의 결과' 라는 뜻과 법에 관련되어서는 '법정 판결,' '평결' 을 뜻한다.

MORE EXPRESSION

lost-and-found 분실물센터
finder's fee 중개수수료
find one's feet 자립하다
find one's tongue[voice]
놀란뒤 입을 열다

Not to put too fine a point on it. 까놓고 말해서.

They're walking a fine line here.
걔네들은 지금 아슬아슬한 줄타기를 하고 있는 거야.

- There is a fine line between cowboy and outlaw.
  카우보이와 범법자는 종이한장 차이야.

  Sometimes there's a fine line between love and hate.
  때때로 사랑과 증오는 종이 한 장 차이야.

■ fine line은 가는 선을 말하는 단어로 walk a fine line은 위험한 일을 하는 것을 그리고 There's a fine line between A and B는 A와 B는 종이 한 장 차이로 구분이 쉽지 않다라는 뜻.

You're a fine one to talk!
넌 말할 자격이 없어.

- Linda is a fine one to talk to me about friendship.
  린다는 내게 우정에 대해 말할 자격이 없어.

  Tim's got no money. He's a fine one to talk about investing.
  팀은 돈이 없어. 걘 투자에 대해 말할 자격이 없어.

■ fine one to talk (about~)은 '(…에 대해) 말할 자격이 없다'라는 의미로 You don't deserve to talk과 같은 말.

Not to put too fine a point on it.
까놓고 말해서.

- Not to put too fine a point on it, but you are wrong.
  솔직히 말해서, 넌 틀렸어.

  Not to put too fine a point on it, but I was throwing you a bone.
  솔직히 말하지만, 널 돕는 척만 했어.

■ not to put too fine a point on은 '솔직히 말해서,' '까놓고 노골적으로 말해서'라는 표현.

I'm not saying it was my finest hour.
그때가 내 최고의 전성기는 아니지.

- Not my finest hour. I finished, but, I kinda had a lot on my mind.
  좋지 않았어. 마무리했지만 머릿속이 복잡했거든.

  I won my case in court today. Not my finest hour. Not even close.
  오늘 승소했지만 좋지 않았어, 전혀.

■ sb's finest hour는 sb가 최고로 잘나가는 전성기, 좋은 때를 뜻한다.

Everything will be fine.
다 괜찮아질거야.

- It's going to be fine. 괜찮아질거야.
  Everything is going to be fine. 다 잘될거야.
  I'll be fine in no time. 곧 좋아질거야.

■ ~ will be fine은 주로 주어로 사람이 올 뿐만이 아니라 it[that] 혹은 everything 등이 와서 사람이나 상황이 괜찮다고 말할 때도 사용한다.

That's fine with me.
난 괜찮아.

- Fine by me; hope she wins. 난 좋아. 걔가 이기기를 바래.
  I think anything that makes you happy is fine by me.
  난 널 기쁘게 하는 거라면 뭐라도 좋아.

■ be fine with[by]~는 상대방의 이야기가 좋은 생각이라고 동의할 때 사용하는데 with보다 by를 쓰는게 더 회화적이다.

F

You'll do fine.
너는 잘 할거야.

- I'm sure you'll do just fine. 너는 분명 잘 할거야.
  I've been doing just fine since you left me. 너 떠난 이후로 난 잘 지내고 있어.

do fine은 '잘하다' 라는 표현으로 do just fine의 형태로도 자주 쓰인다.

I'm not going to pay a fine.
난 벌금내지 않을거야.

- Your firm is fined $30,000. 귀사에게 3만달러 벌금을 내립니다.
  I don't wanna get fined for that. 그걸로 벌금맞고 싶지 않아.

pay a fine은 '벌금내다' 라는 말로 get[be] fined는 '벌금을 맞다' 라는 표현.

get sth down to a fine art
…하는데 달인이 되다
fine letter 작은 글자
fine print 작은 활자

» finger

Don't lay a finger on me! 나한테 손대지마!

I can't put my finger on it
딱 뭐라고 꼬집어 말할 수는 없다

- I can't quite put my finger on it. 단서를 쉽게 찾을 수 없네요.
  Nothing I could put my finger on. 확실히 얘기할 수 있는게 아무 것도 없었어.

put one's finger on은 '단서를 잡다,' '상황이 왜 틀렸고 이상한지 설명할 수 있다' 라는 의미. 우리말로는 '…을 딱 꼬집어 지적하다' 에 해당된다. 단 put the finger on하면 경찰 등에 '밀고하다' 라는 뜻이 된다.

Don't lay a finger on me!
나한테 손대지마!

- He won't lay a finger on you. 걘 네게 손대지 않을거야.
  I'm telling you right now my husband wouldn't lay a finger on Andy. 틀림없이 내 남편은 앤디에게 손대지 않을거야.

not lay a finger on은 부정형태로 on 이하의 사람에게 '해를 입히다,' '때리다' 라는 의미.

I got Jim wrapped around my little finger.
난 짐을 완전히 통제하고 있어.

- You think you got him wrapped around your little finger?
  넌 개를 완전히 통제하고 있다고 생각해?
  And he's got her wrapped around his little finger.
  그리고 개는 그녀를 통제했어.

get sb wrapped around one's little finger는 어려워보이지만 sb를 일정기간동안 통제하거나 영향력을 발휘하는 걸 뜻한다.

Don't be so quick to point the finger of blame!
너무 성급하게 비난의 손가락질을 하지마라!

- You always point the finger of blame at Charlie. 넌 늘 찰리에 손가락질해.
  The finger of blame has turned upon itself.
  남을 향해 비난의 손가락질을 했지만 결국 자기 자신에게 돌아왔어.

point the finger of blame [suspicion]은 '비난[의혹]의 손가락질을 하다' 라는 표현.

Could you stop giving me the finger?
내 욕 좀 그만 할테야?

- Did he just somehow give me the finger? 어쨌든 개가 날 욕했단 말이지?
  Be nice and don't give anyone the finger. 착하게 굴고 아무한테도 욕하지 마라.

give sb the finger는 우리가 잘 아는 바디랭귀지를 언어로 표현한 것. 화났을 때 가운데 손가락만을 세워서 상대방에게 드리는(?) 행위처럼 '욕이나 화를 내다' 라는 뜻.

You don't let that slip through your fingers.

그걸 떨어뜨리지마.

- He's frustrated that he let another sale slip through his fingers.
  걘 또다른 영업건수를 놓쳐서 좌절했어.

  If John's going to slip through our fingers, I need someone else to explain to her what went wrong.
  존이 빠져나가면 무엇이 잘못되었는지 그녀에게 설명해주기 위해 다른 사람이 필요해.

I'm not gonna lift a finger.

손 하나 까딱 안할거야.

- I would never lift a finger to anyone. 난 누구도 도와주지 않을거야.
  I never should have lifted a finger for you! 널 위해 손하나 까딱안했어야 했는데!

■■■ let sth slip through one's fingers는 손가락 사이로 sth를 미끄러지게 하다라는 말로 '뭔가 손에서 놓치다' 라는 의미. 그냥 slip through one's fingers하면 '기회를 놓치다,' '잃어버리다,' '도망치다,' '빠져나가다' 라는 말이 된다.

■■■ not lift[raise] a finger는 얌체처럼 남을 도와야 할 때 손가락 하나 까딱하지 않는 이기적인 못된 인간을 말할 때 사용하면 된다.

MORE EXPRESSION

have sticky fingers
손버릇이 나쁘다, 도벽이 있다
burn one's fingers
혼나다, 손해보다
snap one's fingers
사람주의를 끌다, 경멸하다
have a finger in every pie
모든 일에 간섭하다

» finish

I'm not finished with you. 얘기 다 안끝났어.

We are finished.

우리 관계는 끝났어.

- You are totally finished. 넌 이제 죽었다.
  It's a pity. His life is finished. 안됐네. 걔 인생은 끝났어.

I'm not finished with you.

얘기 다 안끝났어.

- Yeah, I'm finished with the job. 응, 일 끝냈어.
  We are almost finished with our investigation. 조사가 거의 끝났어.
  Are you finished with him? 너 걔랑 끝났어?

We've finished with all this unpleasantness.

이 모든 불화를 우린 끝냈어.

- When he's finished with her, heads for the bathroom.
  그가(범인이) 그 여자를 마무리하고 욕실로 가는거지.

She finished writing another book.

걘 다른 책 쓰는 것을 끝냈어.

- Lab finished analyzing the vomit from the crime scene.
  연구소는 범죄현장의 구토물 분석을 끝냈어.

  Where did he go after he finished talking to you?
  너와 얘기를 끝낸 후 걔가 어디간거야?

■■■ be finished "주어+be finished."의 경우, 즉 finished 다음에 전치사가 연결되지 않을 때의 의미는 주어의 상황이나 관계 등이 끝났다, 새됐다의 의미.

■■■ be finished with는 '일을 마무리했다' 는 말이며 단 with 다음에 사람이 오는 경우에는 문맥에 따라 '관계가 끝났거나,' 혹은 '그 사람과의 업무가 끝났다' 는 의미로도 쓰인다.

■■■ have finished with~ 역시 be finished with와 마찬가지로 '일을 끝내다' 라는 말이다.

■■■ finish ~ing '…을 끝내다,' '…을 마치다' 라는 의미로 무척 많이 쓰이는 기본표현.

F

Just a little finishing touches.

좀 마무리작업만 하면 돼.

- I put the finishing touches on my new board game.
  난 내 새로운 보드게임에 마무리 손질을 했어.

  She's putting the final touches on her lips.
  걘 입술에 마지막 마무리를 하고 있어.

put[add] the finishing [final] touches에서 finishing touches는 '마무리 작업'이라는 뜻으로 주로 put동사와 어울려 '…을 마무리하다'라는 의미로 쓰인다.

MORE EXPRESSION

a close finish 아슬아슬한 결승

» fire

I'm fired up, ready to go. 난 사기충천해 있고, 나갈 준비가 되어있어.

I'll just fire away.

바로 질문할게.

- Okay, "yes" or "no" only. Fire away. 좋아, '응' 아니면 '아니'로. 어서 질문해.
  A: It's my turn to ask you some questions. B: Fire away.
  A: 이제 내가 물어볼 차례야. B: 어서해봐.

Fire away!는 상대방이 질문이 있다고 할 때 '어서 물어봐'라고 하는 적극적인 마인드의 표현. 즉 fire away는 '질문을 퍼붓다'라는 말로 fire questions at sb와 같은 맥락의 표현.

I'm on fire.

잘 풀리고 있어.

- I'm on fire right now. 난 지금 잘 나가고 있어.
  What? The house is on fire? 뭐라고? 집에 불났다고?

sb be on fire는 활활 타오르는 불빛처럼 '잘 나가고 있다'는 표현. 사람이 아니라 사물이 주어로 오면 글자그대로 '불타고 있다'라는 의미가 된다.

You set me on fire.

너 때문에 열받는다.

- You set me on fire. And who's the girl in my bed?
  열받게 하네. 내 침대에 있는 여자 누구야?
  Set me on fire, push me off a cliff? 날 열받게하고, 절벽에서 밀어버릴려고?

set sb on fire는 sb를 불타게 한다는 것으로 비유적으로 '열받게 하다'라는 의미이다.

Where's the fire?

왜 그렇게 서두르냐?

- Slow down kids. Where's the fire? 애들아, 천천히 해라. 왜 그렇게 서둘러?
  Why was Tracey running? Where's the fire?
  왜 트레이시가 달리고 있었어? 어디 불나기라도 한거야?

Where's the fire?는 어디 불났냐?라는 말로 '왜 그렇게 서두르냐?'라는 말.

I'm fired up, ready to go.

난 사기충천해 있고, 나갈 준비가 되어 있어.

- Whoa, did you see how fired up she was?
  와, 걔가 얼마나 열광적인지 봤어?
  I don't feel that fire in my belly, I don't bring my A game to court.
  난 그런 열정이 없어서 경기장에서 내 최선을 다하지 못해.

be fired up은 '열정적으로 사기가 치솟다,' '열광하다' 그리고 'fire in one's belly'는 '야심,' '열정'을 뜻한다.

They get on like a house on fire.

걔들은 금세 친해졌어.

- Security said he ran out of his place like it was on fire.
  경비는 걔가 재빨리 자기 집에서 도망쳤다고 말했어.

■ like a house on fire는 목조집에 불이 났을 때를 생각해 보면 떠오르는 표현으로 '금세,' '순식간에' 라는 뜻. like it was on fire도 같은 의미.

Hold your fire! Don't shoot! We want him alive!

사격중지! 쏘지마! 생포해야돼!

- I repeat, hold your fire. There are civilians on the platform.
  반복한다, 사격중지. 플랫폼에 민간인이 있다.

  I would never pull out a gun and just open fire!
  난 절대로 총을 꺼내 쏘지 않을 거야!

■ hold one's fire는 범죄수 사물 미드에서 많이 듣는 표현으로 '사격중지' 라는 의미이고 반대로 '발포하다' 는 open fire.

I almost got fired today.

나 오늘 거의 짤릴 뻔했어.

- I got fired before the bankruptcy. 파산직전에 짤렸어.
  And I'm telling you you're fired, bitch. 그리고 넌 해고야, 나쁜년.

■ be[get] fired는 '해고되다' 는 의미로 get the ax, get the pink slip, get canned, get sacked와 같은 의미.

MORE EXPRESSION

be[come] under fire 맹비난을 받다
light a fire under sb 독려하다
play with fire 위험한 짓을 하다

» first

 I will first chair. 내가 수석변호사를 맡을게요.

You'll be the first to know.

너한테 제일 먼저 알려줄게.

- I'd be the first to go. 가장 먼저 내가 갈거야.
  I'm going to resign. Wanted you to be the first to know.
  그만둘려고. 네게 제일 먼저 알리고 싶었어.

■ be the first to~ to 다음에 동사를 붙여서 '처음 …한다' 라는 의미. 자주 쓰이는 I'd be the first to~는 '가장 먼저 내가 …할거야' 라는 뜻이 된다.

But one of you has to make the first move.

하지만 너희중 하나가 먼저 행동을 해야 돼.

- You wanna talk to her, you gotta make the first move.
  걔하고 말하고 싶으면 먼저 해야 돼.

  I thought one of us should finally make the first move.
  우리중 하나는 행동을 취해야 한다고 생각했어.

■ make the first move는 먼저 움직이다, 즉 먼저 행동을 시작하다라는 뜻이 된다.

You don't know the first thing about your own son?

자기 자식에 대해 아무 것도 모른단 말야?

- I don't know the first thing about seducing a woman.
  여자꼬시는 데엔 젬병이야.

  You don't know the first thing about architecture.
  넌 건축에 대해 아무 것도 모르잖아.

■ not know the first thing about~는 첫 번째 것도 모른다는 말로 '…에 대해 아무 것도 모르다' 라는 뜻.

First thing we have to do here is call the police.

가장 먼저 해야 할 일은 경찰에 신고하는거야.

- First things first. I think you need to talk to her.
  중요한 것부터 해야지. 네가 그녀에게 전화해야 될거야.

  First things first. What the hell is that? 중요한 것부터 하자. 이게 도대체 뭐야?

First thing we have to do is+V는 '우리가 우선적으로 해야 할 일은 …이다' 그리고 First things first는 '중요한 것부터 먼저 하자' 는 문장.

Drop it! You first!

내려놔! 너 먼저!

- You first. You're going to need her. 너 먼저 해. 네가 필요할거야.

  You want the truth? You first. 진실을 원한다고? 너 먼저 해.

You first는 '당신 먼저,' '먼저 하세요' 라는 말로 문맥에 따라 양보가 될 수도 있고 경계하는 상황이 될 수도 있다.

I'll first chair.

내가 수석 변호를 맡을게요.

- I hope you won't mind if Steve sits first chair.
  스티브가 수석변호를 맡아도 넌 괜찮겠지.

  You can't let him first chair this deposition.
  이 증언을 걔가 주도하게 하면 안돼.

  I was first chair clarinet. 난 수석 클라리넷 연주가였어.

first chair는 법적에는 '수석변호사,' 그리고 악단에서는 '수석연주자' 라는 의미. sit first chair라는 동사구로 많이 쓰인다.

It was love at first sight.

첫눈에 반한 사랑이었어.

- I believe in lust at first sight. 난 첫눈에 성욕을 느낄 수 있다는 것을 믿어.

  How can you believe in love at first sight?
  어떻게 첫눈에 반한 사랑을 믿을 수 있어?

at first sight는 문자그대로 처음 보자마자라는 의미로 love at first sight란 표현으로 유명한 문구이다.

I need it on my desk first thing in the morning.

낼 아침 일찍 내 책상에 올려놔.

- I'm gonna need you to pick it up first thing in the morning.
  네가 낼 아침 일찍 픽업해와.

  Okay, you guys check with the bank first thing in the morning.
  그래, 너희들은 낼아침 일찍 은행에 확인해봐.

first thing in the morning은 '(다른 어떤 일보다도) 아침 제일 먼저' 라는 뜻으로 그냥 first thing 이라고만 해도 된다.

First off, this is a strictly voluntary thing.

우선, 이건 엄격히 말해서 자발적인 일이야.

- First off, he found the security in my building deficient.
  먼저, 걘 내 빌딩 경비가 정신적으로 좀 모자란다는 것을 알아냈어.

  First off, what were you doing at those apartments?
  우선 말야, 너 저 아파트에서 뭘하고 있었어?

First off는 '우선,' '먼저,' '무엇보다도' 라는 표현.

That was her first and last day.

그건 걔의 처음이자 마지막 날이었어.

- He's a new tenant. Paid first and last in cash.
  그는 새로운 세입자인데 첨부터 끝까지 현금을 냈어요.

  Do you know the name of this girl, first and last?
  이 소녀의 성과 이름을 다 알아요?

first and last는 첨부터 끝까지라는 의미로 '완전히' 라는 뜻의 표현이 된다.

MORE EXPRESSION

from the (very) first 처음부터
first of all 무엇보다도, 우선
for the first time 최초로
in the first place 제일 먼저
first and foremost 다른 무엇보다도
at first 처음에는
at first light 동이 트자
first come, first served 선착순

318

There's something fishy about him. 개 좀 수상한데가 있어.

I feel like a fish out of water.
어쩔 줄을 모르겠어, 불편해.

- You always feeling like a fish out of water? 넌 항상 겉도는 느낌이야?
  I should let Dr. Ron gut me like a fish.
  론 박사님에게 생선속 발라내듯 내속을 들어내라고 해야겠어.

It's New York City. You know, plenty of fish in the sea.
여긴 뉴욕야. 알잖아, 남자가 어디 한둘야.

- Y'know what, there're other fish in the sea. 저기, 여자가 어디 한둘이야.
  You're my only match! There was a computer and there were 8 fish in the sea full of lesbians. 넌 내 천생연분이야. 컴퓨터에 8명의 레즈가 있었어.

We gotta go on a fishing expedition.
우리는 정보를 알아내러 가야 돼.

- I can't send you on a fishing expedition. 정보를 캐내도록 널 보낼 수가 없어.
  They are on a fishing expedition now. 걔네들은 지금 정보를 캐내는 중이야.

There's something fishy about him.
걔 좀 수상한데가 있어.

- I knew something was fishy. 뭔가 수상하다는 걸 알고 있었어.
  I didn't say it tasted fishy. I said it tasted like fish.
  비린내가 난다고 말한게 아니고 생선맛이 난다고 말한거야.

■■■ like a fish out of water 는 물밖의 물고기같다는 말. 연상해보면 의미가 유추될 것이다. 어떤 상황이나 자리에 어울리지 않아 겉돈다는 의미. feel like a fish out of water 형태로 자주 쓰인다.

■■■ there're plenty more fish in the sea에서 fish는 '이성'을 지칭하며 이 표현은 실연당한 친구에게 쓸 수 있는 표현으로 우리말 '어디 남[여]자가 한둘이냐'에 해당된다.

■■■ be on a fishing expedition 은 낚시를 하듯 비밀이나 정보 등을 캐내려고 한다는 의미.

■■■ fishy는 생선냄새가 난다는 것으로 일반적으로 '수상한'이라는 의미의 단어.

MORE EXPRESSION

cold fish 냉정한 사람
a big fish in a little[small] pond 우물안 개구리
kettle of fish 곤란한 상태
fish for compliments 칭찬하게끔 유도하다
I have other fish to fry. 더 중요한 일이 있어.

Well, if the shoe fits, wear it. 맞으면 맞다고 해.

That fits the bill.
그렇게 하면 돼.

- Then a ten-year-old kid really doesn't fit the bill.
  그럼 10살짜리 애는 정말 안돼.
  My guess is in this place you fit the bill. 내 생각으론 이 분야에서 네가 딱이야.
  It's perfect. Fits like a glove. 완벽해. 딱 들어맞아.

Everybody's a perfect fit for this job.
다들 이 일에 잘 맞아.

- That table setting's exquisite, like it's fit for a queen.
  저 테이블 세팅 정말 굉장할 정도로 아름다워.
  You try it on, but it's not exactly the right fit for you.
  입어봐, 하지만 너한테 정말 딱 맞는 것 같지는 않아.

■■■ fit the bill은 요구되는 조건이나 자질을 충족시켜준다는 말로 '딱 들어맞다'라는 표현이다. fit sb like a glove도 비슷한 표현.

■■■ fit for~는 '…에 어울리는'이라는 표현으로 강조하려면 fit for a king[queen]이라고 하면 된다.

F

You going to church? Well, if the shoe fits, wear it.
너 교회가? 음, 맞으면 맞다고 그래.

- People say Jen needs to diet. I say if the shoe fits, wear it.
  젠이 다이어트 해야 된대. 그게 사실이면 그렇게 해야지.

  Jim failed in school and became a bus driver. If the shoe fits, wear it. 짐은 학교생활 끝내고 버스운전사가 됐어. 사실이면 맞다고 해.

> ■ If the shoe[cap] fits, wear it은 '그게 사실이면 인정하라구' 라는 말로 단독으로 쓰이기 보다는 뭔가 얘기를 해놓고서 '그 말이 맞으면 인정해' 라는 형식으로 쓰인다.

She almost had a fit.
걔는 까무라칠 뻔했다.

- Betty said when she fired him, Brian threw a fit.
  베티가 브라이언을 해고했을 때 걔가 까무라쳤대.

  Alison would have a fit if she knew you were accompanying me to this party. 앨리슨은 네가 나를 이 파티에 데려오는 줄 안다면 까무라칠거야.

> ■ have[throw] a fit는 놀라운 소식을 듣고 분노와 충격 속에 '졸도하다' 라는 뜻. fit가 명사로 '졸도,' '발작' 이란 의미로 쓰인다는 점을 유의해둔다.

Randy said he killed Lindsay in a fit of rage.
랜디는 홧김에 린제이를 죽였다고 말했어.

- In a fit of anger, she picked up the statuette and swung.
  홧김에 걘 조각을 집어 휘둘렀어.

> ■ in a fit of 다음에 anger, rage 등을 붙여서 쓰면 '홧김에' 라는 표현이 된다.

I don't know if it's gonna fit in here.
이게 여기에 어울릴지 모르겠어.

- That thing you're packing is way too big to fit in that box.
  네가 포장한 저건 이 박스에 들어가기엔 너무 커.

  I thought I told you, that's just not going to fit in there.
  내가 말한 것 같은데 저거 거기에 안어울려.

> ■ fit in은 자연스럽게 '어울리다,' '들어맞는다' 라는 의미.

Scott was physically fit.
스캇은 신체적으로 건강해.

- Look for someone physically fit. 신체적으로 건강한 사람을 찾아봐.

  Let me know if and when he is fit to stand trial.
  그가 재판정에 나올 정도로 건강해지면 알려줘.

> ■ be fit에서 fit은 '건강한' 이라는 의미로 'be physically fit'의 의미이다.

Don't try to sweet talk me. I am fit to be tied.
나 꼬시지마. 엄청 화났거든.

- Mother was fit to be tied every time he used her for his business. 엄마는 걔가 사업에 자기를 이용할 때마다 엄청 화내셨어.

> ■ fit to be tied는 좀 생소하지만 매우 놀라거나 열받아 '매우 화난' 이란 뜻.

The crate was outfitted with explosives.
상자는 폭발물이 들어있었어.

- They outfitted a van to rape and murder girls.
  걔네들은 소녀들을 강간하고 살해하기 위해 밴을 개조했다.

  I love the plan but you need a better outfit.
  계획은 맘에 드는데 옷은 더 좋은 것으로 바꿔 입어야 돼.

> ■ be outfitted with는 '…로 갖춰지다' 이란 의미. 여기서 outfit은 특정 목적에 맞는 장비 등을 갖추는 것을 말한다.

MORE EXPRESSION

be fit as a fiddle 건강하다
fit for a king 최상의
see[think] fit (to do) …하는 것이 좋다고 생각하다

It will take a while to fix dinner. 저녁 준비하는데 시간이 좀 걸릴거야.

Now, you can fix me up with her.
그럼 그 여자를 나한테 소개시켜줘.

- You have to get Penny to fix me up. 페니가 날 소개팅시켜주도록 해.
  You want me to fix you up with Ryan? 내가 널 라이언에게 소개시켜줄까?

fix sb up with는 이성을 소개시켜준다고 할 때 단골로 사용되는 표현. sb에게 with 이하의 사람을 소개시켜주는 것을 말한다.

She'll fix it up.
걔가 처리할거야.

- Well then, go talk to Mike and fix it up.
  그럼 마이크에게 가서 얘기하고 일을 해결해.

fix it[things] up은 '일을 해결하다,' '처리하다' 라는 의미.

If it's broken, we'll get it fixed.
부러졌으면 우리가 고쳐드릴게요.

- A: I got a flat. B: Just, uh, trying to get it fixed. A: 펑크났어. B: 고쳐봐.
  My bed was broken. I have to make sure they fixed it.
  침대가 망가졌어. 걔들이 확실히 고치도록 해야겠어.

get it fixed는 '…을 수리하다' 라는 뜻. fix는 기본적으로 수리하다이고 fix (sth) up 또한 '수리하다' 라는 뜻이다.

My mom will fix dinner in an hour.
엄마가 한시간내로 저녁을 준비할거야.

- Should we fix dinner or go out to eat? 저녁을 준비해야 돼 아니면 외식할까?
  It will take a while to fix dinner. 저녁을 준비하는데 시간이 걸릴거야.

fix dinner은 저녁을 준비하다라는 뜻. fix가 의외로 다음에 식사관련 명사를 목적어로 받아서 '먹을 것을 준비하다' 라는 의미로 쓰인다.

Fix your hair before we leave the house.
우리가 집을 떠나기 전에 머리를 손질해라.

- I fixed her hair and I put a blanket around her. 걔머리를 손보고 담요 덮어줬어.
  Hold on, I need some time to fix my hair. 잠깐, 머리 손볼 시간이 필요해.

fix one's make up은 '화장하다,' 그리고 fix one's hair하게 되면 '머리를 손질하다' 라는 표현.

How long before you get a fix on him?
걔의 위치를 확인하는데 얼마나 걸려?

- Garcia couldn't get a fix on the call. 가르시아는 전화발신지 위치를 확인할 수 없었어.
  You really got a fix on this dive shop thing?
  이 다이브샵에 관한 걸 정말 이해한거야?

get a fix on은 '…의 위치를 확인하다' 혹은 어떤 상황인지 '분명히 이해하다' 라는 두가지 의미로 쓰인다.

MORE EXPRESSION

fix a date 날짜를 정하다
have a fixed idea 고정관념을 갖다
be fixing to~ …할 준비를 하다
be in a fix 곤경에 처하다

놓치면 원통한 미드표현들

- **fondle** 애무하다
  I think that's the guy who fondled me.
  내 생각에 저 놈이 날 애무한 것 같아.

- **foreplay** 성행위 직전의 전희

I'm not used to guys bailing on me in the middle of foreplay. 전희도중 날 차버리는 놈들에 익숙치 않아.

- **fornicate** 간통하다, 간음하다
  He was going to kill her, But first they fornicated.
  걘 그녀를 죽일려고 했어. 하지만 먼저 섹스를 했지.

» flame

He went up in flames. 걘 종적을 감추었어.

Couple of your old flames were there.

네 옛날 애인 두어명도 거기에 왔었어.

- There's a rumor that you're showing up with an old flame tonight.
  네가 오늘 밤에 옛애인하고 나타날거라는 소문이 있어.

  It's hard to turn up the heat with an old flame.
  옛 애인과 다시 열정을 피우는 것은 쉽지 않아.

■■ old flame은 옛애인, 즉 ex-girlfriend, ex-boyfriend를 말한다.

That's just adding fuel to the flame.

그건 문제를 더욱 악화시킬 따름이야.

- Don't argue with him. You'll just add fuel to the fire.
  걔하고 싸우지마. 넌 사태를 악화시키게 될거야.

  Helen added fuel to the fire when she left her husband.
  헬렌은 남편을 떠나서 사태를 더욱 악화시켰어.

■■ add fuel to the fire [flame]은 불길에 기름을 붓는다는 이야기로 '사태를 악화시킨다'라는 뜻이 된다.

I was like the moth to the flame.

난 불에 뛰어드는 나방같았어.

- John went to the bar like a moth to a flame.
  존은 불에 뛰어드는 나방처럼 본능적으로 바에 갔어.

  She always found trouble, like a moth to a flame.
  걔 있는 곳에 언제나 문제가 있어, 불에 뛰어드는 나방처럼말야.

■■ like a moth to a flame는 불을 보고 달려드는 나방처럼이라는 말로 비이성적으로 뭔가에 강하게 끌려드는 모습을 말한다.

He went up in flames.

걘 종적을 감추었어.

- His alibi just went up in flames. 개의 알리바이는 그냥 없어져버렸어.

  Oh, honey. Their marriage went down in flames.
  자기야 걔네들 결혼은 파멸됐어.

■■ go up in flames는 타서 재와 연기로 변해 날아간다는 말로 압축하면 '없어지다, 사라지다'라는 의미가 된다. up 대신 down을 써서 go down in flames해도 역시 불길에 쓰러진다는 말로 '파멸하다,' '못쓰게 되다' 라는 뜻을 갖는다.

» flash

Your life flashing before you. 너의 지나온 삶이 네 눈앞에 펼쳐칠거야.

My father's advice flashed through my mind.

아버지의 충고가 문득 머리에 떠올랐어.

- Panic flashed through his mind when he crashed his car.
  차사고 났을 때 공포감이 뇌리를 스쳤어.

  I hope the information will flash through my mind during the exam. 시험중에 이 정보가 머릿 속에 떠오르기를 바래.

■■ flash through sb's mind~는 '문득 머리에 떠오르다,' '머리를 스치다,' '뇌리를 스치다' 라는 의미.

Your life flashing before you.

너의 지나온 삶이 네 눈앞에 펼쳐칠거야.

- Gilligan's life flashed before his eyes as he tried to swim.
  갠 수영을 하려고 했을 때 길리건의 삶이 눈앞에 스쳐지나갔어.

  Her life flashed before her eyes as she died.
  걔는 죽을 때 눈앞에 자기의 살아온 삶이 스쳐지나갔어.

I'm flashing back.

난 과거를 회상하고 있어.

- A boy kisses a girl, and she flashed back to the abuse.
  한 소년이 소녀에게 키스하자 그녀는 과거에 학대당했던게 머리 속에 떠올랐어.

  For some reason, I'm flashing back to fourth grade.
  어떤 이유에서인지 난 4학년 때가 생각났어.

The man in the bushes just flashed Sally.

수풀 속에서 남자는 샐리에게 자기 몸을 노출했어.

- I was flashed by a girl in a bikini.
  비키니 입은 여자가 나한테 몸을 보여줬어.

  Jerry took off his clothes and flashed everyone at the soccer match. 제리는 옷을 다벗고 축구경기장의 모든 사람에게 벗은 몸을 보여줬어.

I'm telling you, I just got the news flash.

정말야, 속보가 있어.

- Here's a news flash for you, okay? 자 여기 뉴스속보 보라고, 알았어?
  Oh, thanks for the news flash. 오, 뉴스속보 고마워.

■ sb's life flashes before one's eyes는 한마디로 말해서 '…의 인생이 눈앞에 스쳐지나가다' 라는 말. 즉 힘들고 어려운 순간 혹은 죽음을 눈 앞에 둔 순간에 과거의 중요한 순간들이 기억나는 것을 말한다.

■ flash back은 '지난 과거의 순간이 머리 속에 스쳐지나가는' 것을 말하며 과거순간의 구체적 내용을 말하려면 to sth을 연결하면 된다.

■ flash sb는 '…에게 잽싸게 자기 몸을 살짝보여주다' 라는 의미로 노출증환자의 주업무. 이렇게 하는 사람은 flasher라고 한다. 통상 말하는 바바리맨.

■ news flash는 '뉴스속보' 로 breaking news와 같은 말이다.

MORE EXPRESSION

flash a glance[look] …을 보고 힐끗 보다
like[in] a flash 매우 빠르게
(quick as a flash)

F

» flat

That beer looks a little flat. 저 맥주는 좀 김이 빠진 것 같아.

I have a flat tire.

타이어가 펑크났어.

- His car has a flat tire. He's waiting for a tow truck.
  걔 타이어가 펑크나서 견인차를 기다리고 있어.

  House doesn't believe you got a flat tire.
  하우스는 네 타이어가 펑크났다는 걸 믿지 않아.

I'm flat now.

난 지금 빈털터리야.

- I'm flatter than a pancake. 완전히 빈털터리야.
  She left him flat, ten years ago. So, what?
  걔가 10년전에 두고 가버렸어. 그래서 어쨌다고?

■ have a flat tire는 '타이어가 펑크나다,' '타이어를 교체하다' 는 change a flat이라고 하면 된다.

■ be flat은 금전적으로 바닥이 난 상태인 '빈털터리' 를 말하는데 flat broke는 '완전히 바닥난,' leave A flat는 'A를 두고 떠나다' 라는 의미가 된다.

323

That's flat!
더 이상 왈가왈부하지마!

- I'm not going to your party, and that's flat.
  네 파티에 가지 않을거야. 더 이상 말하지마.

  We have one basketball, and that's flat.
  농구공이 하나뿐인데 빵구났네.

Lie flat on your back all the way.
쭉 등을 대고 누워있어.

- The doctors said the best chance of getting pregnant was being flat on your back with your legs in the air.
  의사들이 말하기를 가장 임신할 확률 높은 자세는 등을 바닥에 대고 공중에 다리를 올리는 거래.

My name would come up in five seconds flat.
내 이름이 5초도 안되서 나올거야.

- He ratted out Kincaid in two seconds flat.
  걘 킨케이드를 2초도 안돼 배신했어.

The comedian's jokes always fall flat.
그 코메디언의 조크는 아무런 반응도 없었어.

- You're gonna need it when you fall flat on your ass.
  엉덩방아 찧을 때 이게 필요할거야.

  Uncle Tom's wedding story fell flat with the guests.
  엉클 탐의 결혼이야기는 손님들에게 아무런 반응도 얻지 못했어.

They just flat out violated the policy.
걔네들은 죽자사자 그 정책을 위반했어.

- He didn't even hint. He just flat out told me.
  걘 힌트조차 주지 않았어. 내게 솔직히 다 말해줬어.

  She told me flat out she didn't wanna see me today.
  걘 오늘 날 보고 싶지 않다고 솔직히 말해줬어.

That beer looks a little flat.
저 맥주는 좀 김이 빠진 것 같아.

- I hope she wasn't anything like my flatmate from Boston.
  걘 보스톤의 룸메이트와는 전혀 다른 사람이기를 바래.

  She's flat. No implants.
  가슴이 자연산인데. 수술안했어.

  She's flat. She's eating ice cream watching TV.
  걘 지루해 TV를 보면서 아이스크림을 먹고 있어.

■ and that's flat은 자기가 이미 결정한 것은 아무리 남이 설득해도 번복하지 않을거라는 단호한 의지를 보여주는 영국식 구어체 표현. '더이상 말하지마,' '더이상 왈가왈부하지마' 라는 의미. 물론 원래의 flat의미가 살아서 '빵구난,' '편평한' 이라는 의미로도 쓰인다.

■ be flat[thrown] on one's back은 납작 등을 대고 누워있다는데서 출발하여 비유적으로 '완패하다' 라는 뜻으로 쓰인다.

■ minutes[seconds] flat은 육상경기에서 자주 듣는 말로 '빨리'라는 뉘앙스를 주면서 '몇분만에' 라는 뜻을 갖는다.

■ sth(joke, story) fall flat은 납작 떨어진다는 것으로 농담이나 이야기 등이 '아무런 호응도 못받고 실패로 돌아가다' 라는 의미. 한편 fall flat on one's face는 '엎어지다,' fall flat on one's ass는 '엉덩방아 찧다' 라는 말이 된다.

■ flat out는 부사구로 '죽기살기로,' '전속력으로' 혹은 '솔직한' 이라는 의미로 쓰인다. 특히 ask[tell] sb flat out는 '솔직하게 물어보다, 말하다' 라는 뜻이다.

■ flat이 음료와 결부되면 '김빠진,' 여성가슴을 묘사할 때 '자연산,' 또는 '지루한' 이라는 의미로도 쓰인다. 또한 명사로는 영국식표현으로 '아파트 방을 말한다. 그래서 flatmate하면 룸메이트가 된다.

MORE EXPRESSION

flats 굽없는 신발
lay flat 엎드리다
flat butt 열심히 앉아 일해 납작해진 엉덩이
flatline 죽다
flat soda 김빠진 소다

» flatter

Don't flatter yourself. 잘난 척 좀 그만해.

I'm very flattered.
과찬의 말씀이세요.

- I'm so flattered. 그런 말을 들으니 기분이 좋네요.

  I'm flattered, but technically, I'm not a celebrity.
  기분은 좋지만 엄밀히 말하자면 전 유명인이 아녜요.

  I'm tweeting about you. You should be flattered.
  트위터에 너에 관해 글올렸어. 기분좋아 해야 돼.

This is very flattering.
과찬의 말씀예요.

- It's flattering to be noticed by a woman like you.
  당신같은 여성이 알아봐주니 영광이죠.

  That one's good because it's flattering to the girl.
  그건 매우 좋아요. 여자에게 기분좋은 말이니까요.

Don't flatter yourself.
잘난 척 좀 그만해.

- You flatter yourself. 넌 자화자찬하고 있는거야.

  Don't flatter yourself. I'm just ignoring you. 착각마. 난 널 무시하고 있는거야.

■■ be flattered에서 flatter는 타동사로 다른 사람을 칭찬하다는 말. 여기처럼 be flattered하게 되면 '그렇게 말해주면 고맙지,' '뭘요,' '과찬의 말씀이세요,' '그렇지도 않아요' 등의 의미가 된다.

■■ be flattering은 능동형으로 '으쓱하게 하다'는 말로 it's flattering to~의 형태로 자주 쓰인다.

■■ flatter oneself는 스스로를 칭찬하거나 대견하게 생각한다는 말로 '착각하다,' 그래서 주제파악 못하고 '잘난 척하다'란 뜻에 가깝다.

MORE EXPRESSION

Flattery will get you nowhere.
아부해서는 아무것도 얻지 못하다.

F

» flight/ fly

Sarah passed with flying colors. 새라는 탁월한 성적으로 시험에 합격했어.

He could be a flight risk.
그는 도주할 가능성이 있어요.

- She has strong roots in the community. There is no flight risk.
  그 여자는 지역사회에 뿌리가 강해서 도주위험성이 없습니다.

  She's charged with attempted murder and is an obvious flight risk.
  그 여자는 살인미수죄로 기소되었고 명백히 도주위험성이 있습니다.

Look, I gotta fly.
이봐, 나 가야 돼.

- Oh, look at the time. I gotta fly. 어휴, 시간 좀 봐라. 가야 돼.

  I gotta fly to Boston right now. 나 지금 보스톤으로 비행기 타고 가야 돼.

Fish gotta swim and birds gotta fly.
물고기는 물속에, 새는 하늘에서 날아야 되는 법.

- Birds gotta fly, fish gotta swim. Will's gotta lighten up.
  새는 하늘에서 날고 물고기는 물에서 수영해야 되고 윌은 기운을 내야 돼.

■■ be a flight risk는 법정드라마에 많이 나오는 표현. 재판중 보석여부를 결정할 때 자주 나오는 것으로 '도주위험성이 있다'라는 의미.

■■ I must fly는 '빨리 가야 된다'고 자리를 뜨면서 하는 말. I've got to fly라고 해도 된다. 하지만 fly to~의 형태로 가면 '…로 비행기 타고 가야 돼'라는 말이 되니 구분해야 한다.

■■ Fish gotta swim and birds gotta fly는 당연한 세상의 이치를 말하는 문장으로 뭔가 당위적인 말을 하기에 앞서 먼저 던지는 말이다.

And he can't keep his fly zipped.

그리고 걘 바지지퍼를 잠그고 있을 수가 없어.

- What, my fly open? 뭐, 내 바지지퍼가 열렸다고?
  I thought you might want to know that your fly's open.
  네가 지퍼열렸다는 걸 알고 싶어할 것 같았어.

Wouldn't hurt a fly unless Charlie told him to.

찰리가 시키지 않는 한 누구도 괴롭히지 않을 사람이야.

- He couldn't bring himself to harm a fly. 걘 파리 한마리도 해치지 못할 성격야.
  For a year, they were dropping like flies. 일년간 개네들은 무더기로 병들었어.

I'm going to be a fly on the wall.

내가 조용히 지켜볼거야.

- I recently had the opportunity to be a fly on the wall.
  최근에 조용히 지켜볼 기회가 있었어.
  I'm here as an observer, a fly on the wall. 난 여기 조용히 지켜보려고 왔어.

Sarah passed with flying colors.

새라는 탁월한 성적으로 시험에 합격했어.

- I think I passed with flying colors. 좋은 성적으로 시험에 통과한 것 같아.
  They got through the audition with flying colors.
  개네들은 오디션을 성공적으로 통과했어.
  You better pass the exam with flying colors. 시험을 잘 통과해야 돼.

■ one's fly에서 fly는 명사로 '바지지퍼'를 말하며 XYZ하면 "바지지퍼가 열렸어요"라고 상대방에게 살짝 주위를 줄 때 하는 말이다. 풀어쓰면 Examine Your Zipper라는 말.

■ sb wouldn't hurt[harm] a fly에서 fly는 '파리'로 글자 그대로 옮기면 '파리 한 마리도 해치지 못하다'라는 의미. 의역하면 성격이 인자하고 부드럽다는 것을 말한다. 또한 by dying [dropping] like flies하게 되면 파리떼처럼 무더기로 죽거나 아프게 되는 것을 뜻한다.

■ be a fly on the wall은 벽에 붙은 파리로, 가끔 주변에 파리가 조용히 벽이나 천장에 붙어 있는 것을 봤으면 쉽게 이해되는 표현. 의미는 몰래 지켜보거나 관찰하는 것을 뜻한다.

■ flying colors는 휘날리는 깃발이라는 말로 비유적으로 승리나 성공을 뜻한다. 특히 pass with flying colors는 '탁월한 성적으로 합격하다'라는 의미.

MORE EXPRESSION

Time flies. 세월빠르다.
as the crow flies 일직선으로
fly the coop …에서 달아나다
fly solo 혼자가다
fly open 갑자기 열리다
make the sparks fly 야단치다

» fling

 It was just a fling. 그냥 한번 즐긴 거야.

I want to have a fling.

번색 좀 해야겠어.

- This whole thing with Robin was just a fling.
  로빈과 관련된 일은 그냥 한번 즐긴 것 뿐이.
  You had a fling with Jill, and then you dumped her?
  잘하고 즐기고 나서 버렸단 말야?
  I'm not covering for your stupid little fling anymore.
  난 더 이상 너의 어리석은 번색을 감싸주지 않을거야.

Apparently, he had flung himself elsewhere.

분명히, 걘 어딘가 다른 곳으로 가버렸어.

- She flung herself in front of an oncoming train last night.
  걘 지난밤에 달려오는 열차에 몸을 내던졌어.

■ have a fling fling은 심각한 관계가 아닌 부담없이 가볍게 만나 성적관계를 맺는 것을 말한다. 물론 one-night stand보다는 길게 가는 형태이며 주로 스트레스나 걱정 등을 성적으로 해소하기 위해 그러는 경우가 많다.

■ fling oneself fling이 동사로는 '화나서 던지다' 혹은 몸의 일부 등을 내밀다라는 뜻이 있어 fling oneself하게 되면 '움직이다 (move)'라는 의미가 된다.

MORE EXPRESSION

fling oneself into 몰입하다
fling sth at sb 화나서 말하다

» flip

I'm sorry for flipping out. 너무 화내서 미안해.

Let's flip a coin for it.
동전 던지기로 결정하자.

- OK, I'm flipping. Heads or tails. 좋아, 동전던진다. 앞면야 뒷면야.
  Then flip a coin 'cause I am staying so far out of this.
  그럼 난 별로 상관없는 일이니 동전던지기해.

> flip a coin은 '손가락으로 툭던지다' 라는 뜻으로 뭔가 결정하기 전에 동전을 위로 올려던지는 것을 말한다. 동전던지기는 flip of a coin, 앞면 혹은 뒷면이라고 할 때는 heads or tails라 한다.

Stop flipping channels.
채널을 이리저리 돌리지마.

- I was flipping the stations in the car. 난 차의 방송채널을 돌리고 있었어.
  Luke began flipping through the papers that Charles brought.
  루크는 찰스가 가져온 서류를 넘겨보기 시작했어.

> flip channel에서 flip은 기계버튼 등을 누르거나 돌리다는 의미. 또한 flip through는 주로 책장을 넘겨보는 것을 말한다.

I'm sorry for flipping out.
너무 화내서 미안해.

- Mom's flipping out about other things, too.
  엄마는 다른 일들에도 화를 내셨어.
  Stephanie is flipping out about closing the dorm.
  스테파니는 기숙사폐쇄에 화나 있어.

> flip out은 '무척 화를 내다' 라는 의미(become very angry)로 flip one's lid라고도 한다. 화난 이유를 말하려면 뒤에 about~을 붙인다.

Whatever happened to just flipping burgers, man?
도대체 햄버거 뒤집는 일에 무슨 일이 생긴거야?

- I'd still be flipping burgers at the Hamburger Heaven.
  난 아직도 햄버거 헤븐에서 햄버거나 굽고 있었을지 몰라.
  I'm not saying he'd ever work for NASA, but flipping burgers isn't out of the question.
  걔가 나사에서 근무할거라고 말은 못하지만 햄버거 집에서 일하는 정도는 가능하지.

> flip burgers는 햄버거를 뒤집다라는 말로 특히 정크푸드 판매점에서 적은 월급을 받으며 직장다니는 것을 말한다.

F

Now he flip-flops like an eel.
이제 걘 뱀장어처럼 요리저리 생각을 바꾸고 있어.

- I can't believe you got Bart to wear flip-flops.
  네가 바트에게 샌들을 신게했다는게 안믿어져.
  It's dangerous to drive in flip-flops. 샌들신고 운전하는 건 위험해.

> flip-flop은 동사로 '의견이나 태도를 갑자기 바꾸는' 것을 말한다. 명사로 do a flip-flop 형태로 많이 쓰이고 또한 flip-flops는 '샌들'을 뜻한다.

I'm not being flip.
농담이 아냐.

- I'm not being flip, I'm just pointing out a reality.
  악의는 없어. 그냥 현실을 지적했을 뿐이야.
  The government is not being flip about the economic problems.
  정부는 경제문제에 관해 진지해.

> be not being flip은 주어가 농담하는게 아니라 심각하고 진지하다는 의미.

MORE EXPRESSION

on the flip side 한편

He's such a flirt! 걘 정말 못말리는 바람둥이야!

I'm just flirting.

작업 좀 들어간 것뿐인데.

- Are you flirting with me? 내게 작업거는 거예요?

  You noticed she was pretty, but you didn't flirt with her.
  걔의 미모를 알아차렸지만 작업은 안 걸었어.

  That's absurd. He was not flirting with me. 말도 안돼. 걘 내게 작업 안걸었어.

> flirt with는 남녀관계에서 작업을 걸거나 히히닥거리는 것을 의미한다.

He's such a flirt!

걘 정말 못말리는 바람둥이야!

- They're terrible flirts here. 걔네들은 여기서 정말 끔찍한 바람둥이들이야.

  Jessica didn't really like Chris. He was just a big flirt.
  제시카는 크리스를 정말 좋아하지 않았어. 걘 정말 바람둥이었거든.

> a terrible[dreadful] flirt 는 flirt가 명사로 쓰인 경우로 '바람둥이'를 의미한다.

She is sending flirtatious glances to me.

걘 내게 추파를 던지고 있어.

- After one drink, she got a little flirtatious. 한잔하더니 걘 교태를 부렸어.

  He knew you were more than just a flirty engineer.
  걘 네가 단지 추파나 던지는 기술자 이상이라는 것을 알았어.

> flirtatious는 flirt의 형용사형으로 '추파를 던지는,' '히히덕거리는' 등의 의미. flirty는 '집적대는,' '경박한'이라는 의미.

 I know. I'm floored! 그래. 당황했어!

This is my floor.

저 내려요. 내려야하니까 좀 비켜주세요.

- We're almost at my floor so I'll summarize. 내릴 때 됐으니 요약을 할게.

> be one's floor는 엘리베이터에서 하는 말로 '…가 내릴 층이다'라는 표현.

His respiratory status is going through the floor.

걔 호흡상태가 급격히 떨어지고 있어.

- Oxygenation is through the floor and the lungs are full of fluid.
  산소첨가가 급속히 떨어지고 폐는 물로 가득찼어.

  Jack's grades went through the floor and he quit school.
  잭의 성적이 많이 떨어져서 학교를 그만뒀어.

> go[be] through the floor는 주식이나 가격, 혹은 성적, 호흡 등이 급격히 하락하는 것을 뜻하는 표현.

I know. I'm floored!

그래. 당황했어!

- A: That's a surprise, isn't it? B: I know. I'm floored!
  A: 놀랍다, 그치않아? B: 그래. 당황했어!

  Ten minutes ago, a line like that would've floored me. Now nothing.
  십분전엔 그런 말에 내가 당황했겠지만 지금은 전혀 안그래.

> floored는 바닥에 벌렁 녹다운될 때처럼 놀라거나, 당황한 상태를 말한다.

MORE EXPRESSION

take (to) the floor 춤추다
take the floor 연설하다
*the floor 회의에 모인 사람들

» flop

The party at Ben's house flopped. 벤의 집에서 열린 파티는 실패했어.

The strange new computer flopped with customers.
이상한 신제품 컴퓨터는 고객들의 호응을 얻지 못했어.

* The comedy show flopped with American viewers.
  그 코메디 쇼는 미국 시청자들의 인기를 얻지 못했어.

  I hope my date with Randy doesn't flop. 랜디와의 데이트가 잘되기를 바래.

  I think the new car's design is going to flop.
  이 신차 디자인은 대중의 외면을 받을 것 같아.

■ flop은 기본적으로 위에서 아래로 달려있는 상태로 너무 힘들어 털썩 주저앉다라는 말. 비유적으로 제품, 공연 등이 '실패하다,' '팔리지 않다,' '인기를 얻지 못하다' 라는 뜻으로 쓰인다.

That's the way the mop flops.
인생이란 다 그런거야.

* That's the way the mop flops. Some people are lucky.
  인생이 다 그렇지 뭐, 행운이 있는 사람들도 있어.

  His company failed, but that's the way the mop flops.
  걔 회사는 실패했지만 세상일이 다 그렇지 뭐.

■ That's the way the mop flops는 That's the life, That's the way cookie crumbles와 같은 의미로 '세상살이 다 그렇다' 라는 표현.

The actress had a lot of flop sweat during the play.
여배우는 공연중 많은 진땀을 흘렸어.

* Tom wiped away the flop sweat after talking to his boss.
  탐은 사장과 이야기나눈 후 식은 땀을 닦았어.

  We saw Kelly's flop sweat when she sang at the concert.
  켈리가 콘서트에서 노래부를 때 식은 땀을 흘리는 것을 봤어.

■ flop sweat는 특히 무대에서 배우가 긴장하여 흘리는 진땀, 식은땀이라는 표현으로 대중적인 표현은 아니다.

The hat was black, kind of shiny and floppy
모자는 검은색이었고 좀 빛나며 느슨했어.

* Forwarding address is in some flophouse in Chinatown.
  회송주소는 차이나타운의 싸구려 여인숙이야.

■ flop on[down]하면 주저앉다, flop house는 싸구려 여인숙, floppy hat은 느슨한 모자를 말한다.

F

» flunk

I'm gonna flunk out of Yale. 예일대에서 졸업못할거야.

I think I'll flunk SAT.
나 SAT시험 망칠 것같아.

* Can you flunk it? And if so, then what happens?
  낙제할 수도 있는거야? 그렇게 되면 어떻게 되는거야?

  Fate's gonna flunk me? 페이트가 날 낙제시킬까?

■ flunk는 '시험에 떨어지다,' '낙제하다' 라는 동사로 flunk 다음에는 시험이나 사람이 나온다.

She's gonna give me the boot if I flunk out.
걘 내가 졸업못하면 날 쫓아낼거야.

* Well she did flunk out. 저기 걘 졸업못했어.

  Now I can't study, I'm gonna flunk out of Yale. 공부안돼, 예일졸업못할거야.

■ flunk out (of)는 '(…학교에서) 낙제로 졸업못하다' 라는 표현으로 of 다음에 학교명을 써주면 된다. 또한 flunkout하면 낙제생이 된다.

» flush

We flushed your stash. 우리가 네 몫을 버렸어.

Flush it!
물내려, 원샷!

* You used the toilet, so flush it! 화장실 썼으면 물 내려야지
  Flush it when you are you are finished. 일 다봤으면 물내려.
  Come on man, flush that drink down. 야 이 친구야, 그 술 다 들이켜.
  Should we take a chance, or should we flush it?
  한번 해봐야 하나, 아니면 단념해야 할까?

flush it은 기본적으로 변기를 쓰고 버튼을 눌러서 물을 내리다라는 의미가 있다. 또한 과격한(?) 상상력을 발휘한다면 그렇게 쫙 물을 내리듯 '술을 원샷으로 마시다(Bottoms up!)' 혹은 다 떠내려가버리듯 '실패하다(fail),' '포기하다' 라는 속어로 쓰이기도 한다.

You might as well flush it down the toilet.
그런 건 완전히 없애버려.

* I flushed them down the toilet. 난 그것들을 없애버렸어.
  I want you to take this garbage and flush it down the toilet!
  이 쓰레기 가져가서 변기에 버려!
  Take the dead goldfish and flush it down the toilet.
  죽은 금붕어가지고 가서 변기에 버려.
  Don't take our relationship and flush it down the toilet.
  우리 관계를 완전히 버리지마.

flush는 또한 변기물을 내려버리다라는 뜻에서 '완전히 없애버리다,' '제거하다(get rid of)' 라는 비유적 의미로도 쓰인다. 참고로 flush the toilet하면 '변기물을 버리다,' the toilet don't flush하면 '변기물이 안내려간다' 라는 뜻이다.

Well, you could've flushed away evidence.
어, 넌 증거를 없애 버렸을 수도 있어.

* When the undertaker flushed out her blood, he also flushed away any toxins. 장의사가 피를 물로 씻겨낼 때 독도 다 함께 씻겨내버렸어.
  But once they wake up, all that memory will get flushed out.
  하지만 일단 걔네들이 일어나면 모든 기억들이 없어져버릴거야.
  Let's flush him out. 걔를 없애버리자고.
  What if we flush out the central relationship?
  우리가 가장 핵심적인 관계를 날려버리면 어떻하지?

flush out은 숨어지내던 곳에서 '쫓아내다,' 그리고 flush away는 '물이 쓸어버리다' 라는 의미이다.

I'm gonna flush those birth controls pills.
피임약을 갖다 버릴게.

* She promised me she'd flush the coke, but I caught her buying more. 걘 코카인을 버리겠다고 약속했는데 코카인을 사는 걸 잡았어.
  They shut down the water so we can't flush our contraband.
  물을 막아버려서 밀수품을 버릴 수가 없어

flush sth하면 단순하게 써서 '…을 버리다' 라는 뜻으로도 많이 쓰인다.

He might have flushed your stash.
걘 네 몫의 돈을 버렸을 수도 있어.

* How many times I took his stash and flushed it?
  몇 번이나 걔의 몫을 가져가서 버렸다고?
  You wouldn't stop using, so, we flushed your stash.
  넌 계속 써댔을거야, 그래서 우리가 네 몫을 버렸어.

flush one's stash는 '…의 몫을 버리다' 라는 의미.

We're not flush with cash right now.

우리는 지금 돈이 풍족하지 않아.

- She's still out there, flush with cash and a gun.
  걔 아직 많은 돈과 총을 가지고 바깥에서 돌아다녀.

  The gun was flush to the skull when it was fired.
  총이 발사될 때 총은 두개골과 수평의 높이였어.

Her face got flushed with embarrassment.

걔의 얼굴은 당황하여 붉어졌어.

- She was flushed and she was sweating.
  걘 얼굴이 붉어졌고 땀을 흘리고 있었어.

  She couldn't look at us. Her face got flushed.
  걘 우리를 바로 볼 수가 없었어. 얼굴이 빨개졌어.

  I suddenly feeling flushed. My heart rate is elevated.
  난 갑자기 얼굴이 붉어지고 내 가슴은 흥분되었어.

■■ be flush with cash는 '일시적으로 돈이 많아지다' 라는 의미. 또한 flush는 좀 의외지만 같은 높이이라는 의미로도 쓰인다.

■■ be[get] flushed는 '창피하고 당황하여 얼굴이 붉어지다.'

MORE EXPRESSION

be flushed with excitement
들떠 얼굴이 빨개지다
a flush of anger 치솟는 분노
a flush of sth 많은…
the first flush of youth 어렸을 때

» follow

Follow your heart. 하고 싶은대로 해.

Follow your heart.

하고 싶은대로 해.

- Be true to yourself, Tony. Follow your heart.
  토니야 자신에게 솔직해져봐. 하고 싶은대로 해.

  What do you say we just forget thinking and follow our hearts?
  생각은 그만하고 그냥 맘가는대로 하면 어때?

I'm sorry, I don't follow you.

미안하지만 무슨 말인지 모르겠어.

- I don't quite follow you. 네 말 전혀 이해못하겠어.

  Are you following me? 내 말 알아듣겠니?

We've talked to you once, but we need to follow up.

우리가 한번 이야기했지만 담 후속조치를 해야 돼.

- We can follow up and get additional witnesses.
  더 알아보면 추가증인을 찾을 수 있을거야.

  If Sam had that woman's report, why didn't he just follow up?
  샘이 저 여자의 보고서를 갖고 있다면 왜 후속조치를 하지 않았던거야?

I'll follow up on you.

너에 대해 좀 더 알아볼거야.

- You're gonna want to follow up on these. 넌 이것들 좀 더 알고 싶을게야.

  I actually need to follow up on a few things with you.
  실은 네게 몇가지 좀 알아볼게 있어.

■■ follow one's heart는 맘 가는대로 따라가라는 말로 '하고 싶은 대로 하다' 라는 뜻이 된다. heart 대신 nose를 쓰기도 한다.

■■ follow sb는 물리적으로 따라가는 것이 아니라 대화중 '상대방 말을 이해하다' 라는 표현.

■■ follow up은 앞서 한 내용에 이어 후속적으로 이어서 뭔가 한다는 것을 뜻한다. 명사로 follow(-)up하면 '후속조치' 라는 말이 된다.

■■ follow up on은 on 이하에 대해 추가적인 조치를 하거나 좀 더 알아보는 것을 말한다.

Follow up every lead you have on the shooter.
살해범에 대해 갖고 있는 모든 단서를 쫓아.

- Everyone. Follow my lead. 여러분들, 나를 따르세요.

  As long as she follows my lead, I can't foresee a problem.
  걔가 나를 따라하는 한, 문제는 없을거야.

Just follow the signs to the ER.
응급실까지 표지판을 따라가세요.

- She will follow each instruction to the letter.
  걘 각 지시사항을 그대로 정확히 따를거야.

  Sounded truly shocked that we didn't follow the rules.
  우리가 규칙을 지키지 않았다는 사실에 정말 충격을 받은 것 같아.

I'll follow suit.
나도 그럴게.

- I'd like to make sure Dr. Sutton doesn't follow suit.
  서튼 박사가 반드시 전례를 따르지 않도록 하고 싶어.

Did Steven follow in your footsteps?
스티븐이 너의 뒤를 따라왔어?

- She's been following in his footsteps her whole life.
  걘 평생 걔의 길을 따라왔어.

  Looks like Stern has a son who may be following in his footsteps.
  스턴에겐 아들이 있는 것 같은데 스턴을 본받는 것 같아.

■■■ follow up every lead에서 lead는 단서(clue)를 뜻해 follow up every lead하면 '단서를 쫓다'가 된다. 하지만 follow one's lead는 '…가 하는대로 따라하다'라는 의미가 된다.

■■■ follows the signs는 간판을 따라가다, follow the rules는 '규칙을 따르다' 그리고 follow the example하면 '본받다'라는 뜻이 된다.

■■■ follow suit는 원래 카드게임에서 방금 나온 카드패와 같은 짝의 패를 내다라는 뜻으로 '…을 따르다,' '전례를 따르다'라는 뜻으로 사용된다.

■■■ follow in sb's footsteps 도 역시 …의 발자국을 뒤따라간다라는 뜻에서 '…을 본받다'라는 뜻이 된다.

> **MORE EXPRESSION**

follow shortly 곧 …가 뒤따르다
be a hard act to follow 이기기 어려운 사람
follow the crowd 대세를 따르다
follow one's dream 꿈을 쫓다
as follows 아래처럼, 다음과 같이

» fool

You could have fooled me! 바보 될 뻔했잖아!

You can't fool me.
날 속이려고 하지마.

- You really think I'd let you fool me twice? 내가 정말 두 번 속을거라 생각해?
  Yeah, well, he didn't fool me. 어, 저기, 걘 날 속이지 않았어.

You could have fooled me!
바보 될 뻔했잖아!

- A: I wasn't sleeping on the floor. B: Could have fooled me.
  A: 난 바닥에서 안잤어. B: 이제 네 말은 절대 안 믿어.

I think you're just fooling yourselves.
너희들은 스스로를 속이고 있는 것같아.

- Don't worry. It won't last. You're just fooling yourselves!
  걱정마. 금방 끝나. 너희들은 스스로를 속이고 있는거야!

■■■ fool sb는 fool이 동사로 사용된 경우로 fool 다음에 나오는 사람을 속이고 사기치는 걸 말한다.

■■■ could have fooled sb에서 could have+pp는 과거에 그랬을 수도 있다라는 말. 따라서 could have fooled sb는 '…을 속였을 수도 있을 뻔했다'라는 뜻이 된다.

■■■ be just fooling oneself에서 fool oneself는 '자기자신을 속인다'는 의미로 주로 상대방을 비난하면서 You're just fooling yourself!의 형태로 자주 쓰인다.

Stop fooling around.
그만 빈둥거려.

- Stop fooling around and get back to work! 그만 빈둥거리고 일하라고!
  You were actually fooling around with her.
  넌 실제로 걔와 바람을 피고있었어.

I am nobody's fool!
날 쉽게 보지마!

- He is nobody's fool. 쟤는 빈틈이 없어.
  Chet was nobody's fool. 쳇은 빈틈이 없는 애였어.

■ fool around는 하는 일없이 빈둥거리거나 혹은 바람피우는 것을 말한다.

■ be nobody's fool은 누구한테도 당하지 않을 정도로 많은 것을 알고 있는 똑똑한 사람이라는 의미.

MORE EXPRESSION

live in a fool's paradise
바보처럼 환상속에 살다
make a fool of 놀리다
make a fool of oneself
바보짓을 하다
send sb on a fool's errand
헛걸음시키다
Any fool can~ 어떤 바보라도 …
할 수 있다
play[act] the fool 바보짓하다,
속이다

» foot

I'm getting back on my feet. 혼자 일어나서 걸어다닐 수 있게 되었어.

We got off on the wrong foot.
우리가 시작이 좋지 못했던 것 같아.

- You and I got off on the wrong foot. 너와 나는 시작부터 꼬였어.
  I just feel like I got off on the wrong foot here, and I want to start again. 난 여기서 잘못 시작한 것 같아. 다시 시작하고 싶어.

I got to put my foot down.
난 단호한 입장이야.

- I had to put my foot down. 난 단호한 입장을 취해야만 했어.
  I'm putting my foot down. I forbid it. 난 결사 반대야. 금지한다고.

I'm gonna stick my foot in your ass.
너 혼쭐날줄 알아.

- Sleep tight. And don't let the bed bugs put their foot in your ass. 잘 자라. 침대벌레들이 널 괴롭히지 않도록 해.
  If you don't finish it, dad will stick his foot in your ass.
  너 그거 끝내지 못하면 아버지가 널 혼내실거야.

I have two left feet.
난 몸치야.

- I'm afraid I have two left feet. 난 춤을 잘 못춰.
  I can't go to the dance. I have two left feet. 난 춤추러 못가. 춤을 너무 못춰.

I'm getting back on my feet.
혼자 일어나서 걸어다닐 수 있게 되었어.

- I'll be back on my feet in no time! 곧 괜찮아질 거예요!
  It took me 2 years to get back on my feet. 다시 일어서는데 2시간이 걸렸어.

■ get[start] off on the wrong foot는 상호간의 관계의 시작이 꼬이거나 잘못되었다는 의미.

■ put one's foot down은 두다리를 땅에 내려놓고(put down) 꽉 디디고 있다는 말로 주어의 단호한 의지가 나타나는 표현으로 '단호하다,' '결사반대한다'는 뜻으로 쓰인다.

■ put[stick] foot in one's ass는 진짜로 ass에 foot를 넣는다는 뜻이 아니라 give sb a kick in the pants처럼 '누가 잘못하면 혼내주겠다'는 의미.

■ have two left feet은 왼쪽 발이 두 개라는 말로 '어떤 운동이나 춤동작에 서투르다'(be not athletic)라는 뜻을 갖는다.

■ be[get] back on one's feet는 자기 두발로 다시 일어선다는 말로 주로 아프거나 나빠진 상태에서 회복된다고 할 때 사용한다.

F

I can stand on my own two feet now.

난 이제 자립할 수 있어.

- But she had to stand on her own two feet. 걔는 스스로 자립해야만 했어.

  I'm trying my hardest to stand on my own two feet.
  난 독립하려고 최선을 다하고 있어.

stand on one's own two feet는 역시 자기 두발로 일어서다라는 말로 '스스로 독립하다' 라는 의미가 된다.

C'mon I'm sweeping you off your feet.

이봐, 난 너의 마음을 바로 사로 잡을거야.

- This man came in and swept me off my feet.
  이 남자가 들어오더니 내 맘을 바로 사로잡았어.

  He swept you off your feet, and, uh, he let you fall.
  걔는 네가 자기를 정신없게 사랑하게 만들었어, 그리고 걔는 그렇게 빠지게 놔두었고.

sweep sb off one's feet는 두사람이 만났는데 주어가 'sb를 급사랑하게 하다,' 'sb의 마음을 바로 사로잡다' 라는 의미. sweep 대신에 knock이나 carry를 써도 된다. be swept off one's feet의 형태로 많이 쓰인다. 한편 be rushed[run] off one's feet는 '열심히 일하다' 라는 의미.

They'll probably never set foot in a church at all.

걔네들은 교회에 얼씬도 하지 않을거야.

- When I first brought you here, you didn't want to set foot in this room. 널 여기 첨으로 데려왔을 때 넌 이 방에 들어오려고 하지도 않았어.

  I hope this is the last time we'll force her to set foot in this courtroom. 난 이번이 걔 법정에 발을 들여놓게 하는 마지막이 되기를 바래.

set foot in은 어느 장소에 발을 들여놓다라는 의미로 in 대신에 on를 쓰기도 한다.

We're just getting our feet wet.

우리 이제 시작하는 단계야.

- Be a good chance for you to get your feet wet.
  네가 참가할 수 있는 좋은 기회가 되도록 해라.

get one's feet wet은 '발을 담그다' 라는 말로 방관자가 아니고 직접 참가하거나 시작하는 것을 말한다.

Jane really put her foot in her mouth.

제인은 본의아니게 큰 실언을 했어.

- I'd better take off before I put my foot in my mouth.
  내가 실수하기 전에 가는게 낫겠어.

put one's foot in one's foot는 '발을 자기 입에 넣는다는 말로 '실수하다,' '실언하다' 라는 의미. foot-in-mouth하면 '실언을 잘하는' 이라는 뜻.

» forget

 And don't you forget it. 그리고 그거 명심해.

Before I forget, I need you to write me a check.

미리 얘기해두는데 수표 좀 써줘.

- Before I forget, Cindy told me what she wants for Christmas.
  미리 말해두는데 신디는 크리스마스 선물로 뭘 원하는지 말해줬어.

  Before I forget, tomorrow morning, you're driving me to the dentist. 내 미리 말해두는데 내일 아침 나 치과에 데려다 줘.

before I forget은 '잊기 전에 말해두는데' 라는 의미로 급한 건 아니지만 나중에 잊을까봐 미리 얘기해둘 때 쓰는 말.

Don't forget to tip him.

걔한테 팁주는거 잊지마.

- **Don't forget to get me a present.** 내게 선물 사다주는 거 잊지마.
  Don't forget to e-mail me. 그럼 잊지 말고 이멜보내.

Forget about it!

잊어버려, 됐어.

- **Forget it! I want her locked up.** 잊어버려! 걔 가두어 둬.
  Forget it, I don't want to talk about it. 잊어버려, 얘기하고 싶지 않아.

And don't you forget it.

그리고 그거 명심해.

- **You're just a con artist, and don't you forget it.** 넌 사기꾼야, 그걸 명심해.
  A: I am a dentist. I'm not Rambo. B: And don't you forget it.
  A: 난 치과의사지 람보가 아냐. B: 그래 명심하고.

I knew I was forgetting something.

내가 뭔가 깜박했다는 걸 알고 있었어.

- **Aren't you forgetting something?** 뭐 잊은거 없어?
  Are you forgetting I've done this before? 내가 전에 이거 했다는거 잊었니?
  We're forgetting what's really important here.
  우린 여기서 정말 중요한게 뭔지 잊고 있어.

■ **Don't forget to+V**는 '잊지 말고 …하라'고 상대방에게 상기시킬 때 사용하는 기본표현.

■ **Forget (about) it**은 '신경쓰지마'라는 말로 자신이 앞에 한 말은 아무 것도 아니니 신경쓰지 말라고 할 때 혹은 상대방이 감사하다고 할 때에 그에 답으로 '별 것도 아닌데'라고 하는 말이다.

■ **~and don't (you) forget it**은 내가 인정할 수 없는 말이나 행동을 했을 때 혹은 뭔가 앞서 말한 일반적인 내용을 잊지말라고 할 때 사용하는 표현으로 문맥에 따라 '괜찮지', '잊지마'라는 뜻이 될 수 있다.

■ **be forgetting**은 과거형태로 쓰여 was forgetting하면 '깜빡했어,' 현재형으로 하면 '…을 잊고 있다'는 말로 특히 마지막 예문처럼 뭔가 놓치고 있다는 점을 캐치해서 경각심을 불러 일으킬 때는 We're forgetting~이라고 해도 된다.

MORE EXPRESSION

never forget 절대로 잊지 않다
clean forget 완전히 잊다
How should I forget? 어떻게 잊겠어?
Forget that noise! 그건 말도 안돼! 불가능해!
Forget you! 꺼져버려!(Beat it!)

» forensic

We gotta get CSU in here. CSU 불러.

There's no forensic evidence and she can't ID him.

법의학적 증거가 없으면 걔는 그의 신원을 확인할 수 없어.

- **The forensic evidence proves Tom didn't rape her.**
  법의학적 증거에 의하면 톰은 걔를 강간하지 않았어.

  No forensic evidence either Nina or Susie were in his apartment.
  니나 혹은 수지가 걔 아파트에 있었다는 법의학적 증거가 없어.

Has forensics had any luck?

과학수사 범죄팀이 뭐 알아낸 것 있어?

- **We'll give this to forensics, let them search for DNA.**
  이걸 과학수사팀에 주고 DNA검사를 해보도록 할게.

  Forensics won't find any defensive wounds. 감식반은 방어흔을 찾지 못할거야.

■ **forensic evidence**는 범죄수사물에서 꼭 나오는 표현으로 '범죄학적 증거'를 뜻한다.

■ **forensics**는 증거 등을 토대로 과학적으로 범인을 추적하는 과학범죄수사팀을 말한다.

F

We gotta get CSU in here.

CSU 불러.

- CSU's looking for the weapon at his place. CSU가 걔집에서 무기를 찾고 있어.
  CSU found the trunk key hidden under the carpet.
  CSU는 카펫트 밑에서 숨겨진 트렁크 열쇠를 찾았어.

■ CSU는 Crime Scene Unit의 약자로 경찰내 현장 조사 팀(police investigation team)을 뜻한다.

» foul

 No harm, no foul. 다친 사람도 없고 잘못한 사람도 없네.

It could be foul play.

타살일 수도 있어.

- The police didn't suspect foul play. 경찰은 타살이라고 의심하지 않았어.
  We're just trying to rule out foul play. 우리는 단지 타살가능성을 배제할려고.

■ foul play는 일반적으로 '반칙행위' 이지만 범죄수사물에서는 '살인행위' 를 말한다. 그래서 sign of foul play는 '타살흔적' 으로 No signs of foul play하면 '타살흔적이 없다,' Any sign of foul play?하면 '타살흔적이 있어?' 라는 문장이 된다.

She's in a foul mood again.

걘 기분이 다시 안좋은 상태야.

- You've been in a foul mood since I sat down. 내가 앉은후에 넌 기분이 안좋아.
  That means no outbursts and no foul language.
  그건 어떤 감정의 폭발이나 욕짓거리가 없었다는거네.

■ use foul language는 '욕을 하다' 그리고 in a foul mood [temper]하면 '불쾌한 기분' 을 뜻한다.

No harm, no foul.

다친 사람도 없고 잘못한 사람도 없네.

- You're on the rebound from the plumber. No harm, no foul.
  배관공으로부터의 실연을 극복하고 있잖아. 다친 사람도 없고 잘못한 사람도 없네.
  This is not a 'no harm, no foul' situation.
  이건 '다친 사람도 없고 잘못한 사람도 없는' 상황은 아냐.

■ no harm, no foul은 다치거나 손해보는 사람도 없고 또한 잘못을 저지르는 사람도 없다는 말.

» frame

 I didn't frame anybody. 난 아무에게 누명을 씌우지 않았어.

I didn't frame anybody.

난 누구에게도 누명을 씌우지 않았어.

- She framed Simon for the rapes, and I can prove it.
  걘 사이몬에게 강간죄를 뒤집어씌웠지만 난 그걸 입증할 수 있어.
  I didn't do nothing, man. He framed me.
  이봐, 난 아무짓도 안했다고. 걔가 날 누명씌운거야.
  I'm going to have this framed for the dining room!
  이거 액자에 넣어서 주방에 걸어놔야지!

■ frame은 동사로 '액자에 넣다' 그리고 미드용으로는 '누명을 씌우다' 라는 의미로 많이 쓰인다. 또한 be framed하면 '함정에 빠지다,' '누명쓰다.'

Ken was in a bad frame of mind after the fight.

켄은 싸움 후에 맘상태가 안좋았어.

- You're not in the best frame of mind to be having this discussion.
  넌 이 토론을 하기에 최상의 맘상태가 아냐.

  She wasn't in a right frame of mind when she spoke to the police. 걘 경찰에 말할 때 맘상태가 정상이 아니었어.

Decomposition fits the time frame.

부패정도가 시간흐름에 딱 맞아.

- You want a time frame for cuddling? 애무하는 시간길이도 정해놔?

  I could be wrong, but the symptoms and the time frame point to her. 내가 틀릴 수도 있지만 증상과 타임프레임이 걔를 가리키고 있어.

 frame of mind는 특정한 시기의 맘상태를 말한다.

 time frame은 어떤 일에 소요되는 시간의 범위를 말한다.

> **MORE EXPRESSION**

be in[out] of the frame (for sth) 참여하고 있다[있지 않다]
frame of reference 판단의 틀

» freak

I don't want to freak him out. 재를 놀래키고 싶지 않아.

Ok, I freaked out, a little bit.

좋아, 난 조금 기겁을 했어.

- Has John ever freaked out like this before?
  존이 전에 이렇게 화를 낸 적이 있어?

  If anything didn't go according to the plan, they would freak out.
  계획에 하나라도 어긋난다면 걔네들은 당황할거야.

I'm not freaking out.

안 놀랬어, 난 괜찮아.

- She started freaking out on me, so I backed off.
  걔가 내게 한바탕하길래 내가 물러섰어.

  Your dad is freaking out, so my dad is freaking out.
  네 아빠가 걱정하니까 우리 아빠도 걱정하시는거야.

She's gonna totally freak out!

걔는 완전히 핑 돌걸!

- Marriage is big. You're allowed to freak out. 결혼은 큰일이니 걱정되지.
  It's totally casual. I'm not gonna freak out. 평상시와 같아, 당황하지 않을거야.

You freaked out!

너 정말 굉장하더라!, 가관이었어!

- You just freaked out about our relationship. 넌 우리관계를 걱정을 한거야.
  Please don't freak out. 좀 진정해.

  Now don't freak out about getting us a present.
  우리에게 선물주는거 넘 걱정마.

 sb freak(ed) out (a little)
freak은 뭔가 정상과 평온한 상태가 아니라 놀라운 소식이나 상황에 접해 놀라거나, 흥분하거나, 기겁하거나, 안절부절못하거나, 화를 내거나 등 감정이 상당히 격해있는 상태를 말한다.

 sb be freaking out은
freak이 진행형으로 쓰이는 경우로 의미는 똑같이 걱정하다, 놀라다 등으로 문맥에 따라 다양하게 해석될 수 있다.

 sb is going to freak out
은 be going to와 freak이 결합된 것으로 회화에서 많이 쓰이는 형태이다.

 You freaked out (about)
이번에는 주어가 you로 쓰인 경우로 이때는 상대방이 you가 기겁을 하거나 안절부절하는 모습을 봤을 때 사용하면 된다. 또한 명령문 형태로 Don't freak out (about)~으로 쓰이면 흥분하는 상대방에게 진정하라고 하는 말.

F

I don't want to freak him out.

쟤를 놀래키고 싶지 않아.

- If we keep talking this way, aren't we gonna freak her out soon? 우리가 이런식으로 계속 얘기하면 걔 곧 칠겁하게 만들거야.
- Let me guess. My parents sent you here to freak me out. 내 추측으로는 부모님이 날 기겁하게 하려고 널 보냈겠지.

sb freak sb out은 다른 사람을 기겁하게 하고 걱정하게 하는 경우.

It'll totally freak her out!

그것 땜에 걔 정신없을거야!

- This is kind of startin' to freak me out a little bit. 이게 점점 날 좀 미치게 하네.
- A: Does it freak you out? B: No, not at all. A: 그거 땜에 미치겠어? B: 아니, 전혀 안그래.

sth freak sb out도 역시 다른 사람을 기겁하게 놀라게 하는 거지만 원인이 사람이 아니라 어떤 사물이나 행동이 되는 경우이다.

I got so freaked out.

나 정말 간 떨어질 뻔 했어.

- I got so freaked out that I hung up the phone. 넘 놀래서 전화를 끊었어.
- No wonder everyone's all freaked out. 모두가 정신없는건 당연해.

sb get[be] freaked out 은 수동형으로 주어가 무척 놀란 경우를 말할 때 사용한다.

He's obviously a freak.

걘 누가봐도 이상한 사람이야.

- We can all agree this kid's a freak! 이 애가 괴짜라고 우리 모두 동의할 수 있어!
- Yeah, he's kind of a control freak, huh? 그래, 걘 좀 통제광같더라, 그지?

a freak은 명사로 뭔가 평범함과는 거리가 있는 '괴짜'를 뜻하며 또한 a control freak은 통제를 해야지만 직성이 풀리는 '통제광'을 말한다.

MORE EXPRESSION

freaky 이상한

» free

She's just gonna get off scot-free? 걔가 처벌받지 않을거라고?

Are you free?

시간있어? 한가하니?

- Hey guys. Are you free tomorrow night? 야 다들 내일 저녁에 시간돼?
- Defendants are free on posted bail. 피고들은 보석이 되면 자유로워진다.

be free는 사람을 만날 혹은 다른 일을 할 수 있도록 시간이 여유가거나 혹은 억압되지 않고 자유로운 상태를 뜻하기도 한다.

There are no free lunches.

세상엔 공짜가 없는 법.

- He thinks the world is a free lunch. 걘 그냥 받을 줄만 알아.
- There is no such thing as a free lunch. 세상에 공짜는 없다.

free lunch는 말 그대로 공짜 점심이지만 보통 비유적으로 세상에 공짜가 없다는 사실을 강조할 때 많이 쓰이는 어구이다.

The killers of black children get off scot-free!
흑인아이들의 살해범들이 처벌받지 않고 풀려난다고!

- After all the things she's done, she's just gonna get off scot-free? 이 모든 짓을 해놓고도 걘 처벌받지 않을거라고?

  She gets put away for attempted murder, and he gets off scot-free? 걘 살인미수로 갇혀있는데 그 자식은 풀려난다고?

We had the get-out-of-jail-free card.
우린 어려운 상황을 빠져나갈 방법이 있어.

- She was excited. Thought she might have a permanent get-out-of-jail-free card. 걘 들떴어. 평생 '자유석방출소권'을 가졌다고 생각했어.

  Dying is a get-out-of-jail-free card. 죽는다는 것은 자유로의 석방카드야.

  You just used your "Get-Out-of-Jail-Free" card on this case. 넌 이번사건에서 '열외카드'를 썼어.

Coney Island isn't exactly a crime-free zone.
코니아일랜드는 범죄가 없는 지역은 아니야.

- So you're saying it's impossible for a teenager to have free will in a group? 그럼 넌 10대는 단체내에서 자유의지를 갖는게 불가능하다는거야?

  I'd like to propose a toast to a rare and wonderful Sheldon-free evening. 흔하지 않은 너무 멋진 쉘든이 없는 저녁을 위해 건배하자.

■ get off scot-free는 좀 어려운 숙어로 '벌받지 않고 풀려나다'라는 뜻이다. scot은 원래 '세금'을 뜻하는 단어여서 scot-free 하면 세금을 내지 않는 것을 말한다.

■ get-out-of-cancer-free는 보드게임의 일종인 모노폴리의 한 카드인 get-out-of-jail-free를 응용해서 만든 표현. get-out-of-jail-free 카드는 '어렵고 힘든 상황에서 빠져나갈 수 있는 수단'을 뜻하는데 여기서 jail을 cancer로 바꾼 get-out-of-cancer-free card는 '암에 걸리지 않는 수단'을 뜻한다.

■ free will은 '자유의지' 그리고 free fall은 '자유낙하'를 말한다. 또한 접미어로 –free형태로 쓰이면 '…이 없는'이라는 의미가 된다.

MORE EXPRESSION

for free 무료로
free of charge 무료로
free and easy 털털한, 캐주얼한
give sb free hand[rein] 재량권을 주다
make free with sb 착취하다
make free with sth 헤프게 쓰다
free up 풀어주다

» freeze

When hell freezes over. 절대로 아니야.

Freeze! Stop right there! Or I'll shoot.
꼼짝마! 거기서! 그렇지 않으면 쏜다.

- Freeze! On the ground, now! 꼼짝마! 무릎꿇어, 당장!

  Freeze! FBI! Get down on your knees. 꼼짝마! FBI다! 무릎꿇어.

When hell freezes over.
절대로 아니야.

- This way I will be nice when hell freezes over! 이런 식으로 난 절대로 괜찮치 않을거야!

  The possibility exists that Leonard could have a birthday party before hell freezes over. 레너드가 생일파티를 할 수 있을 가능성은 전혀 없지.

■ Freeze! 범죄수사물 단골어로 경찰이 용의자에게 던지는 '꼼짝마!'라는 말.

■ when hell freezes over는 지옥이 얼어붙을 때라는 말로 비유적으로 '절대로 그런 일이 없을 거'라는 뜻이다. 간단히 never의 강조문구로 생각하면 된다.

F

He does freeze my accounts, I'm guilty.
걘 내 계좌를 동결했어요, 유죄입니다.

- A: Freeze all his accounts. B: You got it, boss.
  A: 모든 자산을 동결해. B: 알았어요, 보스.
  He wanted to close his account. 걘 자기 계좌를 없애고 싶어했어.

I hope he freezes his ass off.
걔가 얼어붙었으면 좋겠어.

- They're about to freeze off. 걔네들은 얼어붙을거야.
  Let him move to Canada. Freeze his balls off. 캐나다로 보내버려, 불알이 얼어 떨어지도록 말야.

■ **freeze one's assets** 역시 범죄수사물에 자주 나오는 표현으로 돈이나 부동산 등의 자산을 용의자나 범죄인이 빼가지 못하도록 동결한다는 의미. 한편 close out one's account는 '...의 계좌를 없애다' 라는 뜻.

■ **freeze off**는 매우 춥다, 얼어 붙다라는 말로 속어로 강조해서 freeze one's ass off, freeze one's balls off 등으로 쓰인다.

» fresh

He got fresh with me. 걔가 내게 농짓거리를 했어.

I wanted a fresh start.
난 새로운 출발을 원했어.

- It was supposed to be a fresh start. 그건 새로운 출발이었어야 해.
  Let's start fresh. 새로 시작하자.

I was fresh out of med school.
난 의대를 갓 졸업했어.

- He's fresh out of the academy. It's his first assignment.
  걘 경찰대학을 갓 졸업했어. 그게 걔 첫 번째 임무야.
  How about that? I'm fresh out of ideas. 그건 어때? 난 아이디어가 떨어졌어.

He got fresh with me.
걔가 내게 농짓거리를 했어.

- I'll slap your face if you get fresh with me! 버릇없이 굴면 네 뺨을 갈길거야!

I told her to watch the Freshman 15.
걔한테 대학 1학년 때 체중이 늘어나는 걸 조심하라고 했어.

- She seemed a little heavier. We just chalked it up to the Freshman 15.
  걔가 좀 살이 찐 듯 보였어. 우린 대학 1학년생의 체중증가현상 때문이라 생각했어.
  I'm going through Freshman 15. I have to join the gym.
  신입생되더니 15파운드가 찐다는 말이 맞어. 헬스장에 가입해야겠어.

■ **a fresh start**는 과거를 다 잊고 새롭게 출발하는 것으로 어울리는 동사는 make[take]로 make[take] a fresh start라 쓴다.

■ **fresh out of sth**은 문맥에 따라 '...에서 갓나온,' 혹은 '...가 떨어진[부족한]' 이라는 의미의 어구이다. 보통 '갓구운,' '갓졸업한,' 혹은 '...을 다 써버린' 등의 의미로 쓰인다.

■ **be[get] fresh with sb**는 좀 색다르게 쓰이는데 문맥에 따라 '...에게 버릇없이 굴다' 혹은 '농짓거리를 하다' 라는 의미로 쓰인다.

■ **Freshman 15(fifteen)**은 대학입학하게 되면 15파운드 살이 찐다는데서 나온 말.

Where can I freshen up?

화장실이 어디죠?

- Let me just go freshen up. 좀 씻고 올게요.

  I'm gonna go to the restroom to freshen up a little.
  화장실가서 좀 씻고 올게요.

freshen up은 손이나 얼굴 등을 씻어서 깨끗이 하다라는 의미로 freshen oneself up이라고 해도 된다.

May I freshen your drink?

잔을 다시 채워줄까요?

- Let me freshen your drink. 술잔을 채워줄게요.

  Can I freshen your drink for you? 술잔 다시 채워줄까요?

freshen one's drink는 '…의 술잔을 다시 채우다'라는 말로 상대방의 술잔이 비어있을 때 쓰면 된다.

MORE EXPRESSION

fresh look 참신한 시각
as fresh as paint 생기가 넘친

» friend

I'm asking you as a friend. 난 친구로서 부탁하는거야.

Let's just be friends.

그냥 친구하자.

- She's friends with my brother. 걔는 형하고 친구야.

  Are you friends with Vanessa? 너 바네사와 친구야?

be friends (with) 그냥 be friends하면 '친구로 지내다,' 그리고 '…와 친구이다'라고 할 때는 with sb를 붙이면 된다.

Penny and I are just friends.

페니와 난 그냥 친구사이야.

- Well, for a long time, we were just friends.
  저기, 오랫동안 우린 그냥 친구였어.

  You have to admit things seemed simpler when we were just friends. 우리가 친구였을 때가 사정이 더 단순했다는 걸 인정해야 돼.

be just (good) friends는 조금 달라서 주로 연인관계는 아닌 그냥 단순한 친구사이라는 걸 말할 때 사용하는 표현이다.

Gee. Why can't Sheldon make friends?

맙소사. 왜 쉘든은 친구를 못사귀는거야?

- If you want to learn how to make friends, then just go out to a coffee shop or a museum. 친구사귀는 걸 배우고 싶으면 커피샵이나 박물관에 나가봐.

  We've been friends for a long time. 우리는 오랫동안 친구사이였어.

  Come on, dude, we've been friends for years.
  이봐, 친구, 우린 오랫동안 친구였잖아.

make friends (with)는 좀 더 적극적으로 친구를 사귀는 것을 뜻하며 have been friends는 현재완료형을 써서 오래전부터 친구사이로 지내왔다는 걸 표현할 때 사용한다.

I'm asking you as a friend.

난 친구로서 부탁하는거야.

- Are you asking as a friend or a forensic psychologist?
  친구로서 물어보는거야 아님 범죄심리학자로서 물어보는거야?

ask[say, talk] sb as a friend는 '친구로서 물어보거나 말하다' 그리고 유명한 문장인 What are friends for는 '친구 좋다는 게 뭐냐'라는 말.

What are friends for? 친구 좋다는 게 뭐야?

That's what friends are for. 그게 바로 친구좋다는 거지 뭐.

What's it between friends? 친구 사이에 그게 뭐 대수야?

Lily, we are Ted's best friends.
릴리, 우린 테드의 가장 친한 친구들이야.

- I thought I was your best friend. 난 내가 너의 가장 친한 친구인 줄 알았어.
  They're my best friends. I tell them everything.
  걔네들은 내 베프야. 난 다 얘기해.

  Peter, this is my bestie, sam. 피터, 내 가장 친구인 샘이야.

  They do besties better than anyone. 걔네들은 어느 누구보다도 친하게 잘 어울려.

best friend는 가장 친한 친구 그리고 bosom friend는 '흉금을 터놓을 수 있는 친구'를 말한다. best friend는 속어로 bestie라고 하며 do bestie하면 '제일 친한 친구로 지내다' 라는 의미.

MORE EXPRESSION

be no friend of sth
…와 맞지 않다, 우호적이지 않다

have friends in high places
상류층 친구들이 있다

» front

 Get paid up front. 선불로 받다니.

Smart. Get paid up front.
현명하군. 선불로 받다니.

- I respect hookers. At least they earn their money up front.
  창녀들이 존경스러워. 적어도 걔네들은 선불로 돈을 벌잖아.

  Why didn't Tina tell us up front that she wore those underwear?
  왜 티나가 그런 속옷을 입은 것을 우리에게 솔직히 말하지 않았어?

  She wants her money up front. It's 200 grand, nonnegotiable.
  걘 선불을 원하는데 2백만 달러이고 조정은 안된데.

up front는 돈에 관련되어서는 '미리 선불로 지급하는' 것을 그리고 뭔가 얘기할 때 up front가 쓰이면 '솔직한' 이라는 뜻이 된다. 그리고 up front money 하면 선불금이 된다.

Do you have a problem with full frontal nudity?
완전누드로 나오는 데 문제있어?

- In adults, the activity in the frontal lobe is higher.
  성인이 되면 전두엽의 활동이 더 많아져.

  It was a full frontal attack of the face. 그건 전면적인 정면공격이었어.

frontal은 '정면의' 라는 형용사로 frontal attack하면 정면공격, full frontal하면 완전누드, 그리고 의학미드에 자주 나오는 frontal lobe는 전두엽을 뜻한다.

MORE EXPRESSION

put on a front 겉치레하다

 놓치면 원통한 미드표현들

- **be a force of habit** 습관이라 어쩔 수 없다
  I'm sorry, it's force of habit. 미안, 습관이야.

- **join forces (with~)** (…와) 힘을 모으다, 협력하다
  I want to join forces with you.
  너와 함께 힘을 모으고 싶어.

- **force sb's hand** 강제로 더 빨리 …하게 하다
  He forced my hand. I'm telling you I had no choice. 걔가 날 윽박질렀어. 정말이지 선택의 여지가 없었어.

- **forgery** 위조
  It's a legal document. Forgery's a crime.
  그건 법률서류이고 위조는 범죄야.

» frustrate

 That's so frustrating. 진짜 너무 낙담케하네.

I was frustrated with you!
너한테 좌절했어!

- I'm frustrated because I'm a failure at everything.
  난 매사에 실패해서 절망하고 있어.

  You usually lash out when you're frustrated.
  넌 불만에 가득차게 되면 보통 비난하잖아.

▬ be frustrated with sb에서 frustrate는 좌절시키다라는 뜻으로 이처럼 수동태형으로 쓰이면 with 이하로 낙담하거나 좌절하는 것을 뜻한다.

But how is he? Bitter? Sexually frustrated?
걔 어때? 원통해해? 욕구불만야?

- And now I'm creatively and sexually frustrated.
  그리고 지금 난 창의력을 발휘하는 것도 잘 안되고 성적으로도 불만야.

▬ sexually frustrated는 성적으로 풀지 못하거나 제대로 풀지 못해 성적인 욕구불만으로 가득찬 경우.

That's so frustrating.
진짜 너무 낙담케하네.

- That must have been frustrating. 그게 좌절케했음에 틀림없어.
  Being a doctor, that must have been very frustrating for you.
  의사가 된다는게 너를 정말 지치게 만들었음에 틀림없어.

▬ frustrating은 원래 다른 사람이나 대상을 좌절케한다는 의미.

» fuck

 Why don't you go fuck yourself. 그냥 나가 뒈져라.

Oh, fuck! Oh, fuck! God damn it!
어, 빌어먹을! 젠장! 제기랄!

- Oh, shit! Fuck me! 어, 젠장! 입닥쳐!
  Fuck me! I didn't do my homework. 빌어먹을. 숙제를 안했네.

▬ fuck!은 그냥 뜻대로 안되거나 기분나쁠 때 그리고 fuck me!는 진짜 그렇게 해달라는게 아니고 '젠장!,' '입닥쳐,' '꺼져!'라는 의미. 외국인 회사 직장여상사가 화가나 "Fuck me!"라고 했다고 바로 "Right now?"라고 말하면….

Fuck you! You are just like them.
젠장! 넌 그놈들하고 똑같아.

- Fuck you. I'm not apologizing anymore.
  빌어먹을. 더 이상 사과하지 않을거야.

  Yeah, fuck you! Weren't you my friend?
  그래, 꺼지라고! 내 친구 아니였냐?

  So fuck you and your lawyers. 너와 네 변호사들 빌어먹어라.

  Fuck you and the horse your rode in on.
  엿먹어.(fuck you의 유머스런 표현)

▬ fuck you 역시 원래 의미는 없이 상대방이 분노를 표현하는 것으로 fuck it, fuck them이라고도 한다. '빌어먹을,' '젠장,' '꺼지라고' 등의 의미이다.

F

Fuck your mouth shut.

빌어먹을 아가리 닥쳐.

- A: Apologies. B: Fuck your apologies! A: 사과할게. B: 빌어먹을 사과하고 있네.
  Fuck your words, unless coupled with coin. 돈 아니면 말해봤자 의미없어.

fuck one's~는 one's 뒤에 나오는 명사를 강하게 부정하는 표현법.

Why don't you go fuck yourself.

그냥 나가 뒈져라.

- She told me to go fuck myself. 걘 나보고 나가 뒈지라고 했어.
  She wouldn't leave me alone, so I told her to go fuck herself.
  걘 날 혼자 내버려두려 않으려고 해서 난 걔보고 나가 꺼져라라고 말했어.

go fuck oneself 역시 분노의 표현으로 '나가 뒈져' 라는 의미.

Fuck me on the desk.

책상에서 해줘.

- Am I supposed to fuck you, right here? 내가 바로 여기서 널 해줘야 돼?
  Fuck me! Fuck me like there's no tomorrow. 해줘! 죽도록 해.
  You shut the fuck up and fuck me before my husband gets home.
  주둥이 닥치고 남편이 집에 오기 전에 해줘.

fuck sb는 fuck이 본연의 의미에 충실하게 쓰인 경우로 have sex with란 뜻으로 매우 상스러운 표현이다. fuck sb like there's no tomorrow는 fuck hard와 같은 말.

Hey, I'm not fucking around here.

이봐, 난 여기서 그냥 빈둥거리는게 아냐.

- And if you mess up, if you fuck around, you're out.
  그리고 네가 망쳐놓고 빈둥거리면 넌 끝이야.
  Must have thought you were fucking around on her.
  그 여자는 네가 자기를 속이는 줄 알았음에 틀림없어.

fuck around는 단독으로 쓰이면 '빈둥거리다'(fool around)라는 뜻이고 fuck around on sb 혹은 fuck sb around하면 '…에게 개수작을 부리다' 라는 의미이다.

Fuck off!

꺼져!

- Well, tell him to fuck off. 저기, 걔보고 꺼져달라고 해.
  I fucked up. I did not fuck off. 나 좆됐지만 도망치지 않았어.

fuck off는 'off'에서 힌트를 얻어야 한다. 상대방에게 '가라'(go away)는 의미로 아주 극단적으로 말하는 경우. 결국 '꺼져'에 해당된다.

You can't just come and fuck up my life.

네가 그냥 내게 와서 내 인생을 망칠 수는 없지.

- I fucked up so bad with Lara. 난 라라와 완전히 엉망이 되어버렸어.
  Let's figure out why they're so fucked up.
  걔네들이 왜 그렇게 엉망이 되었는지 알아보자.
  I won't see you fuck him up like you're trying to fuck me up
  right now. 네가 지금 날 망치려하듯 걜 망치게하는 걸 보고만 있지 않을거야.
  My life is so fucked up. 내 인생은 정말 망했어.

fuck sb[sth] up은 'sb의 신세나 상황을 망치다' 라는 의미이고 또한 fuck up처럼 목적어없이 쓰일 때는 '망치다'이고 be fucked up하면 '다 엉망이 되다,' '망치다' 라는 뜻이 된다. 명사형으로 fuck-up하면 '실패,' '얼간이' 라는 뜻이 된다.

I'm fucking with you.

장난친거야.

- Don't fuck with me, Veronica. 베로니카, 날 갖고 놀지마.
  Willow is fucking with my head. 윌로는 날 아주 혼란스럽게 하고 있어.

fuck with sb는 'sb를 가지고 놀다' 혹은 '놀리다,' '장난치다' 라는 의미. 또한 fuck one's head는 주어의 행동이 혼란스럽고 무섭다는 뜻이 된다.

Get the fuck out of my apartment!

내 아파트에서 당장 꺼지라고!

- Shut the fuck up. 입다물어.

  Where the fuck were you? 너 어디 처박혀있었어?

  I don't know what the fuck is happening.
  나 도대체 무슨 일이 있었는지 몰라.

■■■ the fuck은 분노의 표시로 원하는 문장에 추가적으로 강조하기 위해 사용하는 단어이다.

You fuckin' rule!

네가 최고야!

- Do not fucking speak! 젠장 말하지 말라고!

  You're fucking brilliant. I fucking love that idea! I fucking love you.
  넌 정말 머리 좋다. 그 생각 졸라 맘에 들고! 졸라 널 좋아해.

  I don't know. She's a fucking freak. 몰라. 걘 졸라 이상해.

  Don't fucking touch me! Get your fucking hands off of me!
  젠장 만지지마! 내게서 빌어먹을 손떼라고!

■■■ fucking 역시 강조어로 자신이 강조하고 싶은 단어 아무데나 품사에 상관없이 앞에 붙이면 된다. 이는 문맥에 따라 부정 혹은 긍정의 강조가 될 수 있다.

We're fucked.

우린 망했다.

- He's fucked. 그 사람 해고됐어, 끝장났어.

  And I knew I was fucked. 그리고 난 내가 엄망이 되었다는 걸 알았어.

■■■ be fucked는 수동태형으로 '몹시 화나다,' '끝나다,' '엉망이 되다' 라는 다양한 의미로 쓰인다.

Do not wake this little fucker up. I just got him down.

이 얼간이 깨우지마, 내가 방금 야단쳤거든.

- Hey, you fuckers! Who wants to see my tits?
  야 이 놈들아! 누가 내 젖꼭지 볼래?

  Ahh, this motherfucker's trying to kill me!
  아, 이 씨브럴놈이 날 죽이려고 하네.

■■■ fucker는 XX하는 사람이라는 말로 보통 싫거나 바보같은 놈 혹은 단순히 친구들사이에 허물없이 이 친구라는 의미로 쓰이기도 한다.

MORE EXPRESSION

Fucking A 대단하군, 굉장하군, 물론이지

Fucked if I know 죽어도 몰라, 정말 몰라

not give a fuck 전혀 신경안쓰다

F

» fun

What's so funny? 뭐가 그렇게 우스워?

It was fun having you.

같이 있어서 즐거웠어.

- It was really fun. 정말 재밌었어.

  Well, it was fun when we were kids.
  저기, 우리가 어렸을 때 재밌었어.

■■■ be fun ~ing는 '…하게 돼서 재미있다,' '즐겁다' 라는 표현으로 좀 더 정확하게 즐거운 이유를 말할 때는 be fun when~을 써도 된다.

Did you have fun?
재있었어?

- **Have (much) fun.** 즐겁게 지내

  So we are gonna go have fun for Lily.
  그래 우리는 릴리를 위해 가서 놀려고.

■■ **have (much) fun**은 '재미를 보다' 라는 말로 재미를 많이 보면 a lot of나 much를 fun 앞에 넣어주면 된다. 특히 '가서 놀아' 라는 의미로 'Go have fun' 도 많이 쓰인다.

We're having fun.
우린 즐겁게 지내고 있어.

- **Ignore him. He's just upset that we're having fun.**
  걔 무시해. 걘 우리가 재미있어서 화난거야.

  What a great disco. Are we having fun yet?
  멋진 디스코네. 다들 즐기고 있어?

■■ **be having fun**은 have fun과 같은 의미로 그냥 진행형으로 쓰인 경우. 또한 Are we having fun yet?은 '다들 즐겁게 지내고 있어?' 라는 의미.

You're making fun of me?
너 지금 나 놀리냐?

- **Don't make fun of me, okay?** 나 놀리지마, 알았어?

  People have poked fun at my brother his whole life.
  사람들이 내 형을 평생 조롱하고 있어.

■■ **make fun of**은 '놀리다' 라는 기본표현으로 poke fun at 이라고 해도 된다.

Sounds like a fun party.
재미있는 파티같아.

- **This sounds like fun out here.** 여기 이거 재미있는 것 같아.

  Causing you trouble sounds like fun to me.
  널 힘들게 하는게 내겐 재미있어.

■■ **sound like fun**은 '재미있는 것 같아,' sound like a fun+명사는 '재미있는 …같다' 라는 의미. sound like 대신 look like를 써도 된다.

Fun and games are over.
노는 시간은 이제 끝났어.

- **Why would she do that if this was all fun and games?**
  이게 기분풀이였다면 왜 걔가 그걸 하려할까?

  Well, this isn't fun and games. 그래, 이건 그냥 장난이 아니야.

■■ **fun and games**는 아이들이 좋아하는 것으로만 구성된 표현. 장난이나 즐거운 놀이 등을 뜻한다.

What's so funny?
뭐가 그렇게 우스워?

- **A: What's so funny? B: Oh, she's having a fit.**
  A: 뭐가 그리 우스워? B: 어, 걔가 경련을 일으켰나봐.

  Come on. What's so funny? 이봐, 뭐가 그리 우스운거야?

■■ **What's so funny**는 문맥에 따라 진짜 뭐가 웃기는 일인지 궁금해서 물어볼 수도 있고 아니면 반어적으로 상대방을 비난하면서 쓸 수도 있다.

That's funny.
거참 이상하네.

- **That's funny. Her bloody fingerprints were all over it.**
  이상하네. 걔의 피묻은 손가락 지문이 거기 도처에 있었어.

  Very funny, Wendy, now we know you watch porn.
  말도 안돼, 웬디, 이제 우리는 네가 포르노 본다는 걸 알고 있어.

  All right, very funny, you guys. 그래, 우습기도 하겠다, 너희들 말야.

■■ **That's funny**는 '거참 이상하네' 라는 말로 알고 있는 것과 다르게 돌아가는 상황이 뭔가 이상하다고 생각할 때 사용하는 말이고 또한 Very funny!는 '그래 우습기도 하겠다!,' '말도 안돼' 라는 뜻이 된다.

Don't make a fuss. 쓸데없이 소란피지마.

Dear, don't make a fuss.
자기야, 쓸데없이 소란피지마.

- So we made a fuss, and you were happy?
  그래 우리가 소란폈어, 좋아서?

  I can't believe the fuss they made over you.
  걔네들이 네게 보여준 애정이 믿겨지지 않아.

I just wanted to see what all the fuss was about.
난 이 모든 소란이 뭣 때문인지 알고 싶었어.

- She didn't understand what all the fuss was about.
  걘 이 모든 소란이 뭣 때문인지 이해못했어.

Why all the fuss over a dead pervert?
죽은 변태에게 왜들 호들갑야?

- Fine. Penny fussed a bit. 좋아, 페니가 좀 법석을 떨었어.

  He didn't even fuss when I put him to bed.
  걘 내가 걜 침대에 눕힐 때 소란떨지 않았어.

  Who needs the trouble? No muss, no fuss.
  뭐 어렵게 해? 간단히 하자고.

No. She was fussy sometimes.
아니. 걘 가끔 신경질적이었어.

- I find it a bit fussy. 난 그게 좀 복잡한 것같아.

  He's been really hot and fussy. 걘 정말 섹시하고 까칠해.

■ make[kick up] a fuss는 '불필요하게 야단법석을 떨다' 라는 말로 뒤에 about~이 붙으면 야단법석을 떠는 대상을, 그리고 over sb가 이어지면 '…에게 사랑한다는 관심을 보여준다' 는 의미가 된다.

■ see[understand] all the fuss over [about]는 …에 대한 소란이나 호들갑을 강조하는 표현.

■ fuss over는 fuss가 동사로 쓰인 경우로 '법석을 떨다,' be not fussed about하면 '호들갑을 떨지 않다' 그리고 No muss, no fuss는 '혼란스럽거나 소란스럽지 않다' 라는 관용문장.

■ fussy는 사람 성격이 까다롭거나 신경질적인 경우 혹은 사물일 경우에는 지나치게 복잡한 장식이 많은 경우를 각각 말한다.

MORE EXPRESSION

funny peculiar 괴상한
It's no funny. 웃지마 재미없거든.
(It's not funny)
just for fun 그냥 재미로
just for the fun of it 재미삼아

놓치면 원통한 미드표현들

- **be sb's forte** …의 강점이다, 전문분야이다
  They're not my forte. 그것들은 내 전문분야가 아냐.
  Okay, you know, that's not really my forte.
  좋아, 알잖아, 그건 정말 내 분야가 아냐.

- **foxy** 섹시한
  Find out how he got so foxy.
  걔가 어떻게 그렇게 멋져 졌는지 알아봐.
  Oh, Eric, you look so foxy.
  어, 에릭, 너 정말 섹시해보여.

- **it's one's funeral** …가 책임져야지, 그날로 넌 끝이야
  It's your funeral. 그날로 넌 끝이야.
  You can stay home, but it's your funeral.
  넌 집에 있어도 되지만 넌 끝장이야.

- **go to the funeral** 장례식에 가다 be at a funeral 장례식에 참석하다
  You decided to come to the funeral?
  장례식에 오기로 했어?
  We know why the unsub wasn't at the funeral. 왜 미확인용의자가 장례식에 안왔는지 이유를 알아요.

347

All New 미드영어표현사전

Supplements

A-F

I can accept that 그래 맞아

I can accept that.
그래 맞아.

- We are never gonna happen, OK. Accept that.
  우리 (연인으로) 안돼. 그래 받아들여.

  Why can't you accept me? 왜 나를 받아들이지 못하는거야?

  I accept all those flaws, why can't you accept me for this?
  나는 그런 거 다 참고 있는데, 왜 너희들은 내 흠을 인정해주지 않는 거냐구?

  I've decided to accept the fact that you're going out with her.
  네가 그녀와 데이트한다는 사실을 받아들이기로 했어.

> **accept sth**은 '···을 받아들이다,' accept sb는 '···을 받아들이다' 그리고 '···라는 사실을 받아들이기로 결정했어'라고 하려면 I've decided to accept the fact that~라 하면 된다.

She accepted a date with me.
걘 나와의 데이트를 승낙했어.

- Thank you for accepting my last minute invite.
  내가 막판에 한 초대에 응해줘서 고마워.

  And so she accepted a date with Len.
  그래서 걔는 렌하고의 데이트를 승낙했어.

  I got accepted to Yale. 나 예일대에 합격했어.

  Your high school told us you were accepted to Princeton.
  네 고등학교에서 그러는데 너 프린스턴에 합격했다며.

> **accept a date with**는 '···와의 데이트를 승낙하다,' get[be] accepted to+대학명은 '···에 붙었다'라는 뜻.

How do I address you? 어떻게 부를까요?

How do I address you?
어떻게 부를까요?

- The headmaster is on stage addressing the audience.
  교장이 연단 위에서 청중에게 연설을 하고 있어.

  They got into a huge fight in the middle of the commencement address. 걔들은 졸업식 연설도중에 큰 싸움을 벌였어.

  Hello everyone. I'm pleased to be here addressing you today.
  안녕하세요, 여러분. 전 오늘 여기서 연설하게 되어 기쁩니다.

> **address**는 주로 공식적인 행사에서의 연설을 말하고 일반적인 연설은 speech라고 한다.

This is addressed to Mrs. Braverman downstairs.
이건 아래층 브레이버만 여사 앞으로 온거야.

- They delivered it to the wrong address again!
  개들이 또 다른 주소에 그걸 배달했어!

  Here's my card. My e-mail address is on the back, and my cell.
  여기 내 명함이야. 이메일 주소하고 휴대폰 번호가 뒤에 있어.

> **address**는 기본적으로 주소를 의미하며 return address는 '반송주소,' forwarding address는 '전송주소,' address book은 '주소록'을 말한다. address가 '주소를 적다,' '···의 주소로 발송하다'라는 동사로도 사용된다.

There was no return address on the envelope.
봉투에 반송 주소가 없었어.

Susan throws the letter addressed to Edie into the mailbox.
수잔은 에디에게 온 편지를 우편함에 넣었어.

Let's start off by addressing the division of assets.
(이혼변호사가) 먼저 재산분배문제부터 시작하죠.

■ address는 '어떤 문제에 접근하다,' '해결하다'라는 의미로 deal with와 같은 의미.

- Well, before we answer that, I think we should address the more important question.
  거기에 답하기 전에 좀 더 중요한 문제를 다루어야만 한다고 생각해.

  I was planning on addressing it with you this weekend.
  난 이번 주말에 너와 그 문제를 해결할 생각이었어.

>> amaze

You look amazing! 너 정말 멋져보여!

You look amazing!
너 정말 멋져 보여!

■ be amazed at[how, that~/to see~]은 '…에 대해 놀라다' 또는 '놀랄 따름이다'라는 의미로 사용된다.

- Really I'm always amazed at their advancements.
  걔들의 발전에 대해 난 항상 놀랄 뿐이야.

  You're gonna be amazed at how time flies once you're there.
  네가 거기에 있으면 얼마나 시간이 빨리 지나가는지 놀라울거야.

  I'm amazed at how calm you're acting.
  네가 차분하게 행동하고 있는게 정말 놀라워.

Her talents never cease to amaze me.
걔의 재능은 날 끊임없이 놀래키고 있어.

■ never cease to amaze sb는 '끊임없이 …을 놀래키다'라는 뜻으로 주어는 사물이나 it이 나온다.

- One after the other. It never ceases to amaze me.
  돌아가면서 계속 나를 끊임없이 놀래키고 있어.

  It never ceases to amaze me the damage one human being can inflict on another.
  한 인간이 다른 인간에게 끼칠 수 있는 피해에 대해 난 놀랄 수밖에 없어.

First of all, you look amazing!
무엇보다도, 너 정말 멋져 보여!

■ You're amazing은 '넌 놀라워'라는 표현이며 You look amazing하면 '넌 멋지게 보여'라는 의미. 또한 Isn't it amazing?은 '대단하지 않냐?,' '정말 놀랍구나!'라는 뜻이며 This is amazing은 '이건 놀라워'라는 표현이다.

- She looked so amazing in her uniform. 걔 유니폼이 너무 잘 어울리더라고.
  Not that big a deal? It's amazing. 별일이 아니라니? 이건 놀라운 일이야.
  This is amazing. I mean, how, how did this happen?
  너무 뜻밖이야. 도대체 어떻게 된거야?

  Wow, this is amazing. Thank you so much, This is gonna be incredible. 세상에. 굉장히 멋지네. 정말 고마워. 굉장한 선물이 될거야.

We're taking some time apart 우린 당분간 떨어져 지내기로 했어

We're taking some time apart.
우리 잠시 떨어져 지내고 있어.

- I think time apart will help us. 좀 떨어져 지내는게 우리에게 도움이 될거 같아.

  You don't think some time apart would do us good?
  좀 떨어져 지내는게 우리에게 도움이 될거라 생각하지 않아?

  So we decided to spend some time apart to decide whether
  we were gonna get married or split up.
  그래서 우리는 결혼할건지 아님 헤어질건지 결정하기 위해 잠시 떨어져 지내기로 했어.

It appears you've been busy.
너 바쁘게 지내는 것 같아.

- It appears to be some sort of Asian hooker.
  아시아계 매춘부인 것처럼 보여.

  It appears that your son is taking my granddaughter to the ball
  tonight. 오늘 밤 무도회에 네 아들이 내 손녀를 데려가는 것 같아.

You appear to be bugging me, Taylor.
테일러, 네가 날 도청하고 있는 것 같아.

- People aren't always what they appear to be, kid. Remember
  it. 사람들은 보이는 것과 항상 똑같지 않아. 애야, 내 말 명심해.

  The problem appears to be unsolvable. 문제는 풀 수 없을 것 같아 보여.

They look like cops by appearance.
걔들은 외모를 보니 경찰같아.

- Honestly, I don't really have a problem with your appearance.
  솔직히 네가 어떤 옷을 입든 상관없어.

  She just had to make an appearance at the other party.
  걔는 다른 파티에 단지 모습을 나타내야만 했어.

  So maybe if I put in an appearance, she'll let you go.
  그래, 만약 내가 나타난다면 걔는 널 가게할거야.

  Well, guess who's demanding we all make an appearance at
  lunch? 글쎄, 점심에 우리 모두 나타나야 한다고 누가 주장하는지 알아?

You're in a restricted area.
넌 제한구역에 들어와있어.

- Now we're into a gray area. Not having sex was holding us
  together. 이제 우리는 애매한 상황에 놓이게 되네. 섹스를 하지 않아 우리가 함께 했었는데.

  Fortunately I have a lot of experience in that area.
  운좋게도 난 이 분야에서 많은 경력이 있어.

  Are any of these cultures, per chance, in the tri-state area?
  이 근처 주에도 그런 문화가 있을까요?

■ **take some time apart**는 연인이나 부부가 '서로 좀 떨어져 자기만의 시간을 갖는다'라는 뜻이다. 다시 합칠지 아니면 헤어질지는 아직 모르는 단계. need some time은 그런 떨어지는 '시간이 필요하다,' (some) time apart는 그렇게 '떨어지내는 시간'을 말한다. take 대신에 spend를 써도 된다.

■ **It appears that~**이면 '…처럼 보인다'라는 의미이며 It appears so라 하면 '그렇게 보여'라는 의미.

■ **appear to do**하면 '…하는 것처럼 보인다'라는 뜻으로 be 동사나 be+~ing 형태가 오기도 한다.

■ **appearance**는 '외관,' '외모,' '겉모습'이라는 뜻. to all appearances는 '어느 모로 보나,' by[in] appearance는 '외관상'이라는 뜻으로 사용된다. 또 make an appearance는 '모습을 나타내다' 즉, '…에 참석하다라'는 의미로 사용되는데 put in an appearance도 같은 의미의 관용어구로 사용된다.

■ **gray area**는 '중간지대,' '애매한 영역,' restricted area는 '제한구역,' in this[that] area는 '이[저] 분야에서,' 그리고 tri-state area는 3개 주에 걸치는, 즉 '3개 주가 맞닿은'이라는 의미이다.

He's gonna ride my ass for the rest of my life.

갠 날 평생 괴롭힐거야.

- Shut up and stop riding my ass. 닥치고 나 그만 좀 괴롭혀.
  I made mistakes because he was riding my ass.
  걔가 나를 힘들게 해서 내가 실수를 했어.

  They'll get upset if you keep riding their asses.
  네가 계속 걔네들을 괴롭히면 걔네들 화낼거야.

ride one's ass는 주어가 'one을 괴롭히거나 힘들게 하다'라는 뜻. 그래서 이 문장을 쉽게 써보면 He's going to try to cause trouble for me forever가 된다.

>> black. bleach

 ### *She blacked out last night* 걘 어젯밤에 필름이 끊겼어

She blacked out last night.

걘 어젯밤에 필름이 끊겼어.

- I think I blacked out there for a minute!
  난 거기서 잠시 정신을 잃었던 것 같아!

  The entire city is blacked out! 도시 전체가 다 정전됐나봐!

black out은 '전기가 나가다'라는 뜻도 있지만 주로 비유적으로 '의식을 잃다.' '필름이 끊기다'라는 의미로도 쓰인다. have a blackout이라고 해도 된다.

She's got a black eye, a broken arm.

걘 눈에 멍이 들었고 팔은 부러졌어.

- He bloodied my nose, gave me a black eye.
  걔가 나 코피나게 했고 눈도 멍이 들게 했어.

  Somebody gave her one hell of a black eye.
  누군가 걔 눈을 엄청 멍들게 만들었어.

have[get] a black eye는 '눈에 멍이 든 것'을 의미한다. 또한 give sb a black eye는 '눈에 멍이 들게 하다'라는 의미.

I think I'm being blackmailed.

내가 협박을 받고 있는 것 같아.

- You still have the blackmail note? 너 아직도 협박 편지를 갖고 있니?
  He blackmailed me into saying we were together when Ben was killed. 걘 벤이 살해당했을 때 우리가 같이 있었다고 말하도록 날 협박했어.

blackmail A into B는 'A를 협박해서 B를 하게 하다'라는 의미의 표현.

It smells like bleach.

표백제 냄새가 나.

- The bottle of bleach was used in both crime scenes.
  표백제가 양쪽의 범죄 현장에서 사용되었어.

  Why don't you tell me why we found bleach on every surface of your house. 네 집안 바닥 곳곳에 왜 표백제가 발라져 있는지 말해 줄래?
  Someone tried to bleach it clean. 누군가 그걸 깨끗하게 표백하려고 했어.

  The whole place was wiped clean with bleach.
  집안 전체가 표백제로 깨끗하게 씻겨져 있었어.

  So that's right, dude, meet me at the bleachers.
  그래, 맞아, 친구야. 옥외 관람석에서 나와 만나자.

bleach는 '표백제'라는 뜻으로 미드에서는 주로 살인현장을 깨끗이 닦는데 사용하는 물건으로 등장한다. bleach는 동사로 '표백하다.' '탈색하다'라는 의미로도 쓰인다. bleached 하면 형용사로 '탈색한'이라는 뜻이 된다. 참고로 bleachers는 bleach와 비슷하여 헷갈릴 수 있는 단어로 이는 '경기장의 옥외 관람석'이란 뜻한다.

You're bored out of your minds 네가 아주 지루한가보다

I never even blinked.
난 눈 하나 깜박하지 않았어.

- He didn't even blink at the crime scene photos.
  걘 범죄현장 사진들을 보고도 눈 하나 깜박하지 않았어.

  Life as we know it can change in the blink of an eye.
  인생은 우리가 알고 있듯이 한 순간에 변할 수 있어.

  Superman can fly around the entire planet in the blink of an eye. 수퍼맨은 눈 깜박할 사이에 지구를 한 바퀴 날 수가 있어.

  In the blink of an eye, I've become an old man!
  한순간에 난 나이가 들어버렸어!

> **not (even) blink**는 '눈 (하나) 깜박하지 않다'라는 뜻으로 '전혀 놀라지 않다'라는 비유적 의미로 사용된다. in the blink of an eye는 눈 한번 깜박할 사이, 즉 '순식간에'라는 의미이며 또한 before you could blink는 '눈을 깜박하기도 전에'라는 의미에서 '매우 빨리'라는 표현이 된다.

It's on the blink.
고장났어.

- A: Can I watch TV? B: Uh, it's on the blink, I'm afraid.
  A: TV 좀 볼 수 있니? B: 아, 고장이 난 것 같아.

  The Internet is on the blink again. 인터넷이 다시 고장났어.

> **on the blink**는 '고장이 난(out of order)'이란 의미.

You're blowing this out of proportion.
넌 지나치게 부풀리고 있어

- And you're the one who blew it out of proportion.
  그리고 그걸 지나치게 부풀린 건 바로 너야.

  I'm probably just blowing this out of proportion.
  아마 내가 너무 지나치게 부풀리는거 일 수도 있어.

  I know you think I'm blowing this out of proportion.
  넌 내가 과장하고 있다고 생각하고 있다는 걸 난 알고 있어.

> **blow sth out of proportion**은 별도 아닌 '사소한 일을 지나치게 부풀리다,' 즉 '과장하다'라는 의미이다.

You're bored out of your minds.
네가 아주 지루한 모양이구나.

- He was bored. He wanted to get out and have some fun.
  걔는 지루해서 나가서 좀 즐거운 시간을 보내고 싶어 했어.

  Don't you ever worry you're gonna get bored?
  네가 지루하게 될거라는 걱정은 하지 않는거야?

  You think that you might get bored?
  넌 네가 지루해질지도 모르겠다고 생각하는거야?

> **be bored out of one's mind**는 '너무 지루하다'라는 뜻으로 be bored to death 또는 be bored to tears도 같은 표현이다. 그래서 bore sb to death[tears]는 '···를 아주 지루하게 하다'라는 표현이 된다. 한편 get bored 역시 '지루해지다.'

She's boring the life out of me.
쟤 정말 지겨워 죽겠어.

- Every guy over there is just a boring stiff!
  저기에 있는 모든 남자들은 진짜 따분해!

  I know this gala tomorrow night seems boring.
  내일 밤에 있을 갈라 쇼는 지루할거야.

> **boring**은 형용사로 '지겨운'이라는 뜻을 갖는다. the life out me는 참고로 '진을 다 뺄 정도'라는 강조어이다.

Think outside the box 창의적으로 생각해봐

Think outside the box.
창의적으로 생각을 해봐

- You've got to be more imaginative, you know? Just think outside the box here.
  넌 좀 더 상상력을 발휘해야 돼, 알았어? 창의적으로 생각을 해보라고.

  Castle can be a pain in the ass, but he thinks outside the box.
  캐슬이 골칫덩어리가 될 수 있지만 창의적으로 생각을 하잖아.

■ think outside the box는 기존 틀에서 벗어나 새롭게 생각을 해보라고 상대방에게 조언할 때 자주 쓰이는 표현이다. 그렇게 '창의적으로 하다'는 go outside the box라 한다.

Cut me a break.
좀 봐줘.

- Come on, Han, cut us a break. We're working two jobs, we got two hours of sleep. 이봐, 한, 우리 좀 봐달라고. 두 가지 일을 하고 잠도 두 시간 잔다고.

  They're gonna cut me a break if I turn him in when he contacts me. 걔가 나에게 접촉할 때 밀고하면 나를 좀 봐줄거야.

  Why don't you cut me a break, huh? 나 좀 봐주라, 어?

■ Cut me a break는 상대방에게 '한번 더 기회를 달라'고 사정하는 표현. 다시는 그런 실수를 반복하지 않을 테니 '한번 봐달라'는 의미. give sb a break와 거의 같은 의미.

You're up bright and early this morning.
오늘 아침 너 일찍 일어났구나.

- A: Yeah. We start work tomorrow. B: Mm, bright and early.
  A: 그래. 우린 내일 일을 시작해. B: 흠, 아침 일찍.

  I'm gonna be there bright and early Monday morning.
  난 월요일 아침 일찍 거기에 갈 거야.

■ bright and early는 '아침 일찍'이라는 뜻이다.

Look on the bright side.
긍정적으로 생각해.

- Hey, come on, Fez, look on the bright side.
  헤이, 그러지 말고, 페즈, 긍정적으로 보라고.

  We destroyed everything. On the bright side, I don't live here.
  우린 모든 것을 파괴했어. 긍정적인 면은 난 여기에 살고 있지 않다는거야.

  Look on the bright side, she might turn out to be a nice, beautiful girl. 긍정적으로 봐라, 걘 예쁘고 좋은 여자애일 수도 있잖아.

■ look on the bright side는 '밝은 면을 보다'라는 뜻으로 비유적으로는 '긍정적으로 보다'라는 의미로 쓰인다.

What brought that on? 어쩌다 그렇게 된거야?

What brought that on?
어쩌다 그렇게 된거야?

- You're quitting? What brought that on? 그만둔다고? 어쩌다 그렇게 된거야?

  What brought that on? Explain it to me.
  어쩌다 그렇게 된거야? 내게 설명해봐.

■ What brought that on?은 뭔가 안좋은 일이 일어났을 때 '어떻게 하다 그렇게 되었는지' 그 이유를 물어보는 문장이다.

Look, I don't know what brought this on, but I'm really busy right now. 이봐. 어쩌다 이렇게 되었는지 모르겠지만 난 지금 엄청 바빠.

He's just bursting with ideas.
걔는 아이디어가 그냥 넘쳐나.

- The class was bursting with ideas today.
  오늘 수업시간에는 아이디어가 넘쳐났어.

  Earlier today, I burst into tears. 오늘 아침 난 울음을 터트렸어.
  Brad suddenly burst into the room. 브래드가 갑자기 방안으로 뛰어 들어왔어.
  Sorry to burst your bubble, Castle. 캐슬. 네 환상을 깨버려서 미안.
  I hate to burst bubbles, but you're both wrong.
  기대를 깨트려서 미안한데 너희 둘 다 틀렸어.

■ burst with는 '…으로 넘쳐나다,' burst into는 '갑자기 …하다,' 그리고 burst the bubble은 '환상을 깨다'라는 의미.

Let's bury the hatchet.
오랜 불화를 끝내자.

- Let's bury the hatchet. 오랜 불화를 끝내자. (싸움을 그만두자.)
  And that's how Tammy and I buried the hatchet.
  그렇게 해서 태미와 내가 오랜 불화를 끝냈어.

  Jessica looks at the blood on the hatchet.
  제시카는 그 손도끼에 묻은 피를 쳐다보았어.

■ bury the hatchet에서 hatchet 는 '손도끼'라는 무기로 이를 땅에 묻자는 이야기는 '불화를 끝내다'라는 표현 이 된다. 또한 bury one's difference 하면 '의견차이를 해소하다'라는 뜻.

This woman deserves a proper burial.
이 여인한테는 적절한 장례식을 치뤄줘야 해.

- The burial suggests an affection for the victims.
  장례식은 희생자들에 대한 애정을 표시하는 자리야.

  She was still alive at the time of her burial.
  걔는 매장 때까지 여전히 살아있었어.

■ burial은 '매장,' '장례식'을 의미하 며 burial ground는 '장지'가 된다. 한 편 burial chamber는 '묘실'을 뜻한 다.

He's trying to butter up her boss.
걔는 사장에게 아부하려고 해

- I'm in no way trying to butter you up.
  난 절대로 네게 아부하려고 하지 않을거야.

  Is there anything I can do to, you know, butter him up?
  Anything he really likes? 내가 저기 걔한테 아부하기 위해 뭐 할게 있어? 걔 뭐 좋아하는거 있어?

■ butter up은 '아부하다,' '아첨하 다'라는 의미.

>> call. case. catch. change. chapter

 I'll make some calls 전화 좀 해볼게

I'll make some calls.
전화 좀 해볼게.

- Uh, make some calls, uh, try to figure out where she is.
  어. 전화 좀 해봐. 걔가 어디 있는지 알아내봐.

  I'm gonna make some calls to help you.
  널 도울 수 있도록 몇 군데 전화 좀 넣어볼게.

■ make some calls는 필요한 정 보를 구하거나 뭔가 확인할 게 있을 경 우 아는 사람이나 필요한 곳에 '전화를 해보다'라는 의미이다.

I can make some calls, see if we can get you transferred to
another hospital. 전화 좀 해보고 널 다른 병원으로 전근시킬 수 있는지 알아볼게.

Do you mind looking after her for a minute? I gotta make some
calls. 잠깐 걔 좀 봐줄테야? 전화 좀 해야 해서.

She never brought a single case home.
걘 한번도 승소하지 못했어.

- He has made it clear to her that if she doesn't bring this case
  home, she's gonna be reassigned.
  걘 그녀가 이번 사건을 해결하지 못하면 다른 곳으로 발령내겠다는 것을 그녀에게 분명히 했어.

  Just remind yourself that usually I bring the case home.
  보통 내가 사건을 해결한다는 것을 상기하라고.

■ bring the case home은 '사건을 해결하다' 혹은 '사건으로 야기된 문제점들을 해결하다'라는 의미이다.

There's always a catch.
항상 뭔가 있기 마련이야

- Be careful. There's always a catch. 조심해. 항상 뭔가 있기 마련이야.

  I don't trust this contract. There's always a catch.
  · 난 이 계약을 믿지 못하겠어. 늘상 뭔가 있기 마련이야.

  There's always a catch. Nothing is for free.
  항상 뭔가 있기 마련이야. 공짜란 없어.

■ There's always a catch는 뭔가 할 때 예상 못한 문제점이나 어려움이 있게 마련이라는 세상의 이치를 말하는 문장.

You want to catch me up?
무슨 일인지 말해줄래?

- Come on. I'll catch you up. 이봐. 내가 네게 무슨 일인지 말해줄게.

  Why don't you catch us up? 우리에게 무슨 일인지 말해봐.

  I'll catch you up when you return. 네가 돌아오면 무슨 일인지 말해줄게.

  Now that I have a second, I should catch you up on your new
  friend Charlie. 내 잠깐 시간이 되니까. 네 새로운 친구 찰리에 대해서 말해줄게.

■ catch me up은 me가 없는 사이에 있었던 일이나 정보를 말하다라는 의미로 You want to catch me up?은 상대방에게 '무슨 일인지 말해 달라'고 하는 의미이다.

Keep the change.
거스름돈은 가져요.

- Here's your change. 자, 여기 잔돈이요.

  I have to be downtown in 10 minutes. Thank you. Keep the
  change. 10분 안에 시내에 가야 돼요. 고마워요. 잔돈은 가지세요.

■ make change는 '(돈을) 거스르다'라는 의미로 give sb change면 '…에게 잔돈을 주다,' Keep the change하면 '잔돈은 가지세요'라는 뜻. 또한 small change는 '잔돈'이라는 뜻.

Now go get changed.
이제 가서 옷을 갈아 입어라.

- Go upstairs and get changed. 위층으로 가서 옷을 갈아입어라.

  I still have to race home, get changed.
  난 집으로 달려가서 옷을 갈아입어야 해.

  Now go get changed because everybody's ready.
  다들 준비되어 있으니까 이제 가서 옷을 갈아입어라.

■ get changed는 주로 '옷을 갈아입다'라는 의미의 표현.

There was no option but to file for chapter 11.
파산을 선택할 여지밖에 없었어.

- Won't these costs be covered by chapter eleven?
  이 비용은 파산법에 의해 보전되지 않니?

■ file for chapter eleven은 법인이 '파산신청을 하다'라는 표현이며 반면에 개인이면 go chapter seven(파산신청을 하다)라는 표현을 사용한다. chapter eleven은 연방파산법의 제11조를 의미한다.

Many businesses filed for chapter eleven in this economy.
요즘 경기에 많은 회사들이 파산신고를 해.

She began a whole new chapter of life.

걘 삶의 새로운 장을 시작했어.

- He opened an entire new chapter. 걔는 완전히 새로운 장을 열었어.
  How about a whole new chapter in crime solving?
  범죄 해결에 완전히 새로운 장을 열면 어때?
  After the divorce, Mark began a whole new chapter of life.
  이혼 후, 마크는 삶의 새로운 장을 열었어.

■ a whole new chapter는 '완전히 새로운 장'이라는 뜻으로 개인의 인생이나 역사의 흐름을 언급할 때 많이 사용된다.

>> cheer. chill. clear. close

 This will cheer you up 이게 기운나게 해줄거야

This will cheer you up.

이게 기운나게 해줄거야.

- Cheer up! 기운 내! (힘내)
  Why don't you do something tonight to cheer her up?
  걔 좀 기운 나게 오늘밤 뭔가를 좀 해봐.
  Well, maybe this will cheer you up. 글쎄, 아마도 이것 때문에 기운이 좀 날거야.

■ cheer up은 '기운을 내다,' cheer sb up하면 '…을 기운나게 하다'라는 격려의 의미를 갖는 표현이다.

Thanks, cheers!

고마워, 건배!

- A: Oh, okay, good luck. B: Thanks, cheers.
  A: 좋아, 행운을 빌어. B: 고마워, 건배.
  Cheers to getting Cindy back to where she belongs!
  신디가 소속된 곳에 돌아가게 된 것에 대해 축배를!

■ Cheers to~는 '…를 응원하다,' '격려하다'라는 뜻이지만 주로 술자리에서는 '…를 위해서 건배'라는 의미로 많이 쓰인다.

I want you to both chill out.

너희 둘 다 진정하길 원해.

- I just need to chill out for the next few days.
  앞으로 며칠간 난 열을 좀 식히고 싶어.
  We'll chill out first, have a drink, watch the stars.
  우리, 우선 흥분을 가라앉히고, 한잔 하면서, 별을 보자고.

■ chill out은 '열을 풀다,' '진정하다'라는 의미의 표현이다.

I got such a chill.

아주 오싹한 느낌이야.

- When we get a chill, goose bumps. When we get excited, adrenaline. 추울 때는 소름이 끼치고 흥분하면 아드레날린이 나오지.
  Hm. I'm feeling a chill from the north. 흠, 북쪽에서부터 오는 한기가 느껴지네.

■ a chill은 '냉기'라는 의미도 있지만 '오싹한 느낌'이라는 뜻도 가지고 있다.

You need to get clear on this right now.

이걸 확실히 짚고 넘어가야 돼

■ get clear on은 '…을 분명하게 하다,' 즉 '확실히 짚고 이해하고 넘어가다'라는 뜻이 된다.

- Chris, can I get clear on something here?
  크리스, 여기서 내가 뭐 좀 확실히 짚고 가도 되겠어?

  You need to get clear on this right now. I am in charge of this project. 넌 지금 당장 이걸 확실히 짚고 넘어가야 돼. 내가 이 프로젝트를 책임지고 있다고.

>> come

I didn't see that coming 그럴 줄 몰랐어

I didn't see that coming.

그럴 줄 몰랐어.

- Didn't see that coming. 그럴 줄 몰랐어.

  The victims never see it coming because they think they're getting lucky. 피해자들은 운이 좋다고 생각해서 전혀 그렇게 될 줄 모르고 있어.

  What? You didn't see that coming? 뭐라고? 그럴 줄 몰랐다고?

■ I didn't see that coming은 예상하지 못한 일이 일어난 거에 놀라며 할 수 있는 표현. 보통 일어난 일은 바람직하지 않은 경우가 많다.

Why does it come to this?

어떻게 하다 이렇게 된거야?

- We are all fighting. Why does it come to this?
  우리 다들 싸우고 있네. 어떻게 하다 이렇게 된거야?

  Why does it come to this? What is the point?
  어쩌다 이렇게 된거야? 말하려는 요점이 뭐야?

  Why does it come to this? Does it have to be so hard?
  어쩌다 이렇게 된거야? 이렇게 힘들어야 되는거야?

■ Why does it come to this? 역시 뭐가 부정적이고 바람직하지 않은 일이 일어난 후에, 그 원인이나 이유를 물어보는 문장이다.

Let's hope it doesn't come to that.

그렇게 되지 않기를 바라자.

- We may run out of food. Let's hope it doesn't come to that.
  음식이 떨어질지 몰라. 그렇게 되지 않기를 바라.

  I might have to quit my job. Let's hope it doesn't come to that.
  내가 회사를 그만 둬야 될지 몰라. 그렇게 되지 않기를 바라자고.

  They say the economy is about to fail. Let's hope it doesn't come to that. 경제가 곧 무너질거라고들 해. 그렇게 되지 않기를 바라자.

■ come to that[this]는 뭔가 '나쁜 상태로 되다'라는 의미로 이 문장은 반대로 '그렇게 되지 않기를 바라자'라는 문장.

What has come over you?

왜 그런거야?

- You bought a dog? What has come over you?
  강아지를 샀어? 왜 그런거야?

  What has come over you? Why are you acting strangely?
  왜 그런거야? 왜 그렇게 이상하게 행동하는거야?

  What has come over you? I don't understand what you're doing. 왜 그러는거야? 네 행동이 이해가 안돼.

■ What has come over you? 는 상대방이 이해할 수 없는 이상한 행동을 할 때 그 이유나 설명을 요구하는 표현.

It's no concern of you 간섭하지마

It's no concern of you.
간섭마.

- It's none of your concern. 네가 상관할 일이 아냐.
  What's going on with Stevens is none of your concern.
  스티븐스 일에 대해서는 참견하지마.

  Safety is my primary concern. 안전은 내 주된 관심사야.
  Your happiness is my only concern. 네 행복이 내 유일한 관심사야.

> be my concern은 '내 관심사이다'라는 뜻. only concern, primary concern은 각각 '유일한 관심,' '주된 관심'이라는 의미이다. 한편 cause for concern하면 '우려요인'이라는 의미.

That's what concerns me.
바로 그게 내가 걱정하는거야.

- Here's what concerns me. 이게 내가 걱정하는거야.
  But what concerns me is the evolution of the kills.
  그러나 내가 걱정하는 것은 살해방법의 진화야.

  I got your e-mail concerning the situation.
  그 상황에 관한 네 이멜을 받았어.

  Concerning this matter, I must rescue myself.
  이 문제에 대해 난 스스로 살길을 찾아야 돼.

> sth concern sb는 '…가 …를 우려케하다', '…때문에 걱정이 되다'라는 뜻이다. 또한 concerning은 '…에 관하여'라는 뜻이고, as far as I'm concerned하면 '나에 관한 한'이라는 표현이 된다.

He was concerned about your teeth.
걘 네 이에 대해 걱정하고 있었어.

- I'm concerned about my client's health, Your Honor.
  판사님, 전 의뢰인의 건강에 대해 우려하고 있습니다.

  We're all just a little concerned, that's all.
  우린 모두 약간 걱정하고 있어, 그게 다야.

> be concerned about[with]은 '…에 대해 관심을 갖다' 또는 '…에 대해 우려를 하다'라는 뜻이다.

To whom it may concern,
담당자께,

- To whom it may concern, I feel that my murder is imminent.
  담당자께, 내가 살해될 날이 임박했다고 느껴요.

  To whom it may concern, I hope I'm not writing this letter in vain. 담당자께, 이 편지가 의미를 갖게 되기를 바랍니다.

  To whom it may concern, I am quitting today.
  담당자께, 오늘 그만둡니다.

> to whom it may concern은 '담당자께'라는 표현으로 주로 편지나 이메일을 받는 사람이 분명치 않을 때 사용하는 표현.

Don't jump to conclusions.
속단하지마.

- Don't jump to conclusions. 속단하지마.
  Then just hope nobody jumps to the conclusion.
  그리고 다만 아무도 속단하지 않기를 바래.

  Don't jump to the conclusion that I'm cheating.
  내가 부정을 저지르고 있다고 속단하지마.

> jump[rush] to the conclusion은 '속단하다,' '급하게 결론을 내다'라는 의미. 한편 come to[draw, reach] a conclusion은 '결론을 내리다'라는 표현이다.

In conclusion, gentlemen, I resign.

여러분, 결론적으로 전 사임합니다.

- And in conclusion, I look forward to working with you.
  결론적으로 난 당신과 함께 일하기를 기대해요.

  In conclusion, I think we need to try harder.
  결론적으로 우리는 더 열심히 해야된다고 생각해.

in conclusion은 '결론적으로,' at the conclusion of~하면 '…의 결론부에서'라는 의미가 된다.

That's a foregone conclusion.

그건 필연적인 결과야.

- I mean everything we do, the kissing, the fondling, the foreplay, nyah nyah - all of it, it leads up to that one, ultimate, foregone conclusion.
  우리가 하는 모든 것, 키스, 애무 및 전희 등은 몽땅 한 가지 궁극적인 결론으로 향하고 있지.

  In politics, nothing is a foregone conclusion.
  정치에서 필연적인 결과인 것은 아무 것도 없어.

  Now, you're going to jail. That's a foregone conclusion.
  이제 넌 감방에 가야 돼. 그건 필연적 결과야.

foregone conclusion은 '필연적인 결과[결론]'이라는 뜻.

>> cord.cover.crack.cramp

 I got this covered 내가 알아서 할게

You want to cut the cord?

넌 관계를 끝내고 싶어?

- It's time to cut the cord with your parents.
  넌 네 부모로부터 독립해야 될 때야.

  So I told Sue it's time to cut the cord.
  그래서 난 수에게 관계를 끝내야 될 때라고 말했어.

  You need to cut the cord with Chris. 너는 크리스와의 관계를 끝내야 돼.

  We have to cut the cord at some point.
  우리는 적절한 시점에서 관계를 끝내야 돼.

cut the cord는 선을 자르다라는 말로 하던 일을 멈추거나, 연결되어 있는 관계 등을 '끝내다'라는 의미로 쓰인다.

I got this covered.

내가 알아서 할게.

- We've got it covered, Zach. Don't worry. 우리가 알아서 처리했어. 걱정마.
  A: Let's talk bachelorette party. B: I got that covered, don't worry. A: 처녀파티 얘기 좀 하자. B: 내가 알아서 처리했으니 걱정마.

  Don't worry, bro. I got you covered on that.
  친구야, 걱정마. 내가 너 대신 그거 처리했어.

get sth covered는 어떤 문제나 일을 '알아서 처리하다'라는 의미.

Why do you get first crack at her?

왜 내가 걔한테 처음으로 시도하는거야?

- You'll get first crack at buying the car.
  내가 다른 사람들보다 먼저 차를 사게 될거야.

  I want to get first crack at solving the problem.
  내가 처음으로 그 문제를 풀어보고 싶어.

get[have] first crack at~은 '…을 처음으로 시도하다'라는 의미의 표현으로 여기서 crack은 '시도'라는 뜻.

Hang on a sec. Why do you get first crack at him?
잠깐만. 왜 네가 걔한테 처음으로 시도하는거야?

I got a cramp in my neck.
목에 경련이 일어났어.

- My foot is cramping. 발에 경련이 나고 있어.
  My hand keeps cramping up. 손에 계속 쥐가 나고 있어.
  Cramps. I think I'm getting my period. 경련이 나. 생리가 나오는 것 같아.
  I got a cramp. Wanna rub it out for me?
  쥐났는데 날 좀 마사지해줄 수 있어?
  I'll be in there in a second. I got a bit of a cramp. 곧 갈게. 좀 쥐나서.

신체+cramp는 '…경련이 나다'라는 뜻이며, 또한 cramp up하면 '경련이 생기다,' '뭉치다'라는 의미가 된다. have[get] a cramp는 '쥐가 나다'는 표현이다.

But these quarters are very cramped.
그러나 이 지역은 매우 비좁아.

- All the stores in New York are so cramped.
  뉴욕 모든 가게들은 아주 비좁지.
  I know it's a little more cramped than we're used to.
  이곳은 과거에 비해 좀 더 갑갑하다는 걸 알아.

be cramped는 '갑갑하다,' '비좁다'라는 뜻이다.

>> crap.crave.cunt.curiosity.cuss.custody

 He cussed me out 걘 내게 욕을 했어

She doesn't take crap from anyone.
걘 쉽게 당하지 않아.

- My grandma didn't take crap from anybody.
  할머니는 어느 누구에게서도 당하지 않으셨어.
  I don't have to take crap from you. 너의 못된 언행에 내가 당할 필요가 없어.
  Don't take crap from those idiots. 그 멍청이들 언행을 참지 말라고.

not take crap from anyone은 숙어로 누구도 주어에게 함부로 대하게 하지 못하게 하다는 의미. 참고로 take a crap은 '똥을 싸다'는 뜻이다.

I got a craving that I can't put off.
도저히 누를 수 없는 열망이 있어.

- And this unsub craves that same immortality.
  이 미확인용의자는 그와 같이 불멸의 존재가 되길 갈망하고 있어.
  It gives him feelings of power and purpose that he craves.
  그게 걔가 갈망하던 통제력과 결단력을 주고 있어.
  I am having a serious craving for herbal tea.
  난 허브차에 대한 강한 열망을 가지고 있어.
  I have a terrible headache and a sudden craving for chicken
  wings. 머리가 무지 아프고 갑자기 닭 날개가 되게 먹고 싶은 생각이 들었어.

crave는 '땡기다,' '갈망하다(want to do sth eagerly)'라는 뜻이다. have a craving for는 '…를 열망[갈망]하다'라는 의미의 표현이다.

Oh, I'm gonna miss you, you little cunt.
이 더러운 년아, 보고 싶을거야.

- Get out of here, you little cunt! 이 더러운 년아, 꺼지라고!
  You little cunt, I'm going to kill you! 이 나쁜 년. 난 널 죽일거야!

cunt는 '여성의 성기'란 의미로 같은 계열의 pussy, vagina보다 가장 상스런 단어이다. 여기서는 '멍청하고 경멸스러운 사람'을 비유적으로 뜻한다.

I don't give a fuck what that little cunt said to him.
저 한심한 년이 걔한테 뭐라고 했든 신경안써.

It was probably done out of curiosity.
이건 아마도 호기심에 기인한 거였어.

- He opens up human bodies out of curiosity.
  걔는 호기심에서 사람의 몸을 해부했어.

  Just out of curiosity, do we still have hot dogs?
  그냥 호기심인데, 아직도 핫도그 있니?

■ (just) out of curiosity는 '(단지) 호기심에서'라는 뜻이며 with curiosity는 '호기심을 가지고'라는 표현이다.

Curiosity leads to guilt.
호기심 때문에 범죄를 저지르기도 해.

- I wanna see what he's like. And satisfy my curiosity.
  걔가 어떻게 생겼는지 단지 알고 싶었어. 그리고 내 호기심도 채우고.

  I read the Bible to satisfy my curiosity.
  호기심을 만족시키고자 성경책을 읽었어.

■ satisfy one's curiosity는 '…의 호기심을 채우다,' '만족시키다'라는 뜻으로 Curiosity killed the cat은 '호기심이 신세를 망치다'라는 관용표현.

He cussed me out.
걔는 내게 욕을 했어.

- The old man cussed us out on the bus.
  그 노인은 버스에서 우리에게 욕을 했어.

  I cussed them out when they wouldn't leave.
  걔네들이 가려고 하지 않았을 때 난 걔네들에게 욕을 했어.

  Whenever she ran into him upstairs, she'd cuss him out.
  걘 그를 이층에서 만날 때마다, 그에게 욕을 해댔어.

■ cuss out은 숙어로 화가 나서 '…에게 욕을 하다'(swear)라는 의미.

Don't cuss at me!
내게 욕하지마!

- I don't like it when people cuss at me.
  난 사람들이 내게 욕하는 걸 좋아하지 않아.

  She got angry and cussed at everyone.
  걘 화가 나서 모두들에게 욕을 해댔어.

  We left when Jim cussed at us.
  짐이 우리에게 욕을 하자 우리는 자리를 떠났어.

■ cuss at은 '…에게 욕을 하다'라는 표현.

She's suing me for sole custody.
걘 단독양육권을 얻으려 소송을 걸거야.

- Until then, your children will be in the custody of the state.
  그때까지, 당신 자녀들은 주정부 보호하게 있게 될 것입니다.

  Do you still have custody of your daughter, Kerry?
  너는 딸, 케리의 양육권을 아직도 갖고 있어?

  Zoe wanted to make sure she got sole custody of Emma.
  조는 엠마의 단독양육권을 확실히 갖기를 원했어.

  Matt Kramer filed for custody of Tommy.
  맷 크레이머는 타미의 양육권소송을 제기했어.

■ custody는 '보호하게 데리고 있다'라는 의미로 sole custody는 '단독양육권'을 뜻한다.

We have a suspect in custody.

용의자를 구금하고 있어.

- We've still got him in custody. 우리는 아직 그 남자를 구금하고 있어.

  I heard you had a suspect in custody. 용의자를 구금하고 있다며.

  How long have they been in custody? 그 사람들 구금한지 얼마나 됐어?

> **have[get] sb in custody**는 죄를 지은 사람을 '구류나 구금하고 있다'는 의미. take sb in custody는 '수감하다,' '구속하다'가 된다.

>> dibs.debt.direct.disaster.dispute

 He paid his debt to society 걔 죄값을 치뤘어

I called dibs on her at that party!

난 파티에서 걔를 찍었어!

- I call dibs on using the computer. 내가 컴퓨터 사용할거야.

  No one called dibs on riding in the passenger seat?
  아무도 조수석에 타겠다고 찜한 사람이 없었어.

  She called dibs on the last piece of cake.
  걔 마지막 케익조각을 먹겠다고 찜해뒀어.

> **call dibs on**은 '…을 찜해두다,' '찍어두다'라는 뜻으로 call 대신에 get을 써도 된다.

Looks like it took a direct hit from the knife.

칼이 명중한 것 같아.

- Five direct hits. The other two were found in a wall.
  5발 명중. 나머지 두발은 벽에서 찾았어.

  All of the victims are direct descendants of Eva Staller.
  희생자 모두는 에바 스텔러의 직계 후손이야.

> **direct**은 형용사로 '직접적인'이라는 의미.

I'm under direct orders from the FBI.

난 FBI 직속이야.

- I gave her a direct order. 난 걔한테 직접 명령을 하달했어.

  Look, we can't disobey a direct order.
  이봐, 우리는 직속 명령을 따르지 않을 수 없어.

  You have ignored a direct order of the court.
  넌 법원의 명령을 무시했어.

> **direct order**는 '직접 주문' 또는 '직속 명령'이라는 뜻. give sb a direct order to~하면 '…에게 …하라는 직속명령을 내리다,' disobey a direct order하면 '직속명령을 거부하다'라는 뜻이 된다.

How can I direct your call?

어디로 연결시켜 드릴까요?

- Department of Housing and Development. How may we direct your call? 주택개발부입니다. 어디로 연결시켜드릴까요?

  Sillmont Healthcare. How can I direct your call?
  실몬트 건강관리센터입니다. 어디로 연결시켜드릴까요?

> **direct one's call**은 '…의 전화를 연결시키다'라는 전화관련 표현이다.

Can I get some directions?

길 좀 가르쳐 주시겠어요?

- You printed out directions to St. Anne's on MapQuest last night. 넌 어제 맵퀘스트를 통해 세인트 앤즈로 가는 약도를 출력했어.

> **directions**는 '약도,' '방향,' '지침 내용'을 의미한다. 참고로 directory는 이름, 상호 등이 알파벳으로 정리된 책자나 사무실 건물로비에 붙어있는 부서별 위치나 연락처 등을 말한다.

And the driver asked for directions. 운전자가 방향을 물어봤어.

It's a disaster.
이건 재앙이야.

▬ sth is a complete disaster는 '…는 완전히 재앙이야[망쳤어]'라는 표현이다. recipe for disaster는 '재앙의 도화선'이라는 뜻으로서 '망하는 길'이라는 의미도 된다.

- This is going to be a disaster. 이건 재앙이 될거야.
  Come on, let's get out of here, this night's a disaster.
  이봐, 여기서 나가자. 오늘 밤은 재앙일거야.

  Unbelievable. That is just a recipe for disaster.
  믿을 수가 없어. 이건 그냥 망하는 지름길이야.

  You've insisted that we medicate him without psychotherapy. That is a recipe for disaster.
  걔를 심리요법없이 약만 투약하는 걸 년 주장하고 있어. 이건 망하는 지름길이야.

These facts are not in dispute.
이건 양측이 모두 동의한 사실이고요.

▬ be in dispute는 '논의 중에 있다,' be open to dispute는 '논쟁의 여지[소지]가 있다,' be beyond dispute는 '논의의 여지가 없다,' 그리고 domestic dispute는 '부부싸움'을 말한다.

- Same sex marriage has been open to dispute.
  동성결혼은 논쟁의 소지가 있어.

  We got four domestic disputes at the Andrews' residence.
  앤드류의 집에서 네 차례나 부부싸움이 있었어.

She can't dispute the will.
그녀는 유언장에 이의를 제기할 수 없어.

▬ be involved in a dispute는 '논쟁에 연루되다,' settle[resolve] a dispute는 '논란을 해결[해소]하다,' 그리고 dispute는 '반박하다,' '이의를 제기하다'란 의미이다.

- He's not the type to settle disputes with violence.
  걔는 논쟁을 폭력으로 해결하는 타입이 아냐.

  Tell me, what's your plan when Emily comes forward to dispute everything you've said?
  말해봐, 에밀리가 네가 말한 것을 전부 반박하면 너 어떻게 할거야?

  I dispute the findings of the police. 난 경찰의 조사결과에 이의를 제기해.

>> do

Look what you've done! 너 무슨 짓을 한거야!

You know what you can do with it!
알아서 해!

▬ You know what you can do with it!을 직역하면 '넌 그걸 어떻게 해야 할 줄 알잖아!'라는 뜻으로 비유적으로 '알아서 해!', '집어치워!', '꺼져버려!'의 의미를 갖는다. 논쟁 중 상대방에게 반대하면서 던지는 말이다.

- Here is the ring back, and you know what you can do with it!
  여기 반지 돌려줄게. 알아서 해!

  Take your money! You know what you can do with it!
  네 돈 가지고 가! 꺼져버려!

  This is the gift you gave me. You know what you can do with it!
  이거 네가 준 선물이야. 알아서 하라고!

Look what you've done!
너 무슨 짓을 한거야!

▬ Look what you've done!은 글자 그대로 상대방보고 상대방이 한 일이 뭔지 보라는 명령문이 아니라 상대방이 뭔가 대단한 일을 해서 놀라거나 혹은 뭔가 큰 실수를 해서 당황한 상태에서 던지는 문장이다.

- Look what you've done! Everything is ruined!
  너 무슨 짓을 한거야! 다 망쳐났네!

You spilled the coffee! Look what you've done!
너 커피를 흘렸어! 이게 무슨 짓이야!

Look what you've done! You've pissed off everyone!
너 무슨 짓을 한거야! 모두를 열받게 했네!

Do you have to do that?
꼭 그래야 돼?, 그건 안하면 안돼?

- Your humming bothers me. Do you have to do that?
  네 콧노래 짜증난다. 꼭 그래야 돼?

  Do you have to do that? People are staring at us.
  꼭 그래야 돼? 사람들이 우릴 쳐다보잖아.

  Do you have to do that? Can't you wait for later?
  꼭 그래야 돼? 나중에 하면 안돼?

■ **Do you have to do that?**은 상대방이 뭔가 짜증나고 신경질나는 일을 하고 있을 때 좀 그만두기를 바라는 마음에서 요청하는 표현이다.

You're gonna have to do a lot better than that.
그거 갖고는 턱도 없어.

- That sucked. You're gonna have to do a lot better than that.
  그거 참 엿같았어. 그거 갖고는 턱도 없어.

  You're gonna have to do a lot better than that. You need to improve. 그거 갖고는 턱도 없어. 넌 더 향상해야 돼.

  I really want to help you out, but you're gonna have to do a lot better than that. 정말로 널 도와주고 싶지만 넌 그 정도로 해서는 턱도 없어.

■ **have to do a lot better than that**은 '그것 이상으로 잘해야 한다'라는 의미로 뭔가 제대로 하려면 지금의 노력이나 성과로는 부족하다라는 의미를 갖는다.

What have I done?
내가 무슨 짓을 했는데?

- Are you upset with me? What have I done?
  나한테 화났어? 내가 뭘 어쨌는데?

  Oh, my god. What have I done? What the fuck am I doing?
  맙소사. 내가 무슨 짓을 한거야? 내가 지금 뭐하는거야?

  What have I done? I should've done this myself.
  내가 무슨 짓을 한거야? 내가 직접 이걸 했어야 했는데.

■ **What have I done?**은 여러가지 의미로 쓰이는데 가장 기본적인 뜻은 '자기는 누구에게도 해가 되는 어떤 짓도 하지 않았다'고 말하거나 혹은 스스로 자기가 한 일에 놀라면서 '내가 무슨 짓을 한거지?'라는 탄식조로도 쓰인다.

I'd never do anything to hurt you.
절대로 너한테 해를 끼치지는 않을거야.

- We would never do anything to hurt Dan.
  우리는 댄에게 해칠 짓은 절대로 하지 않을거야.

  You can blame me all you want but I would never do anything to hurt Marissa.
  네 맘껏 날 비난해도 좋지만 난 절대로 마리사에게 해를 끼치지는 않을거야.

  I would never do anything to upset you or to hurt you.
  난 절대로 너를 화나게 하거나 혹은 해를 끼치지는 않을거야.

■ **I'd never do anything to~**는 '결코 …할 어떤 일도 하지 않을거야'라는 의미.

Don't drag this out! 질질 끌지마!

It's just a rough draft.
그냥 대충 쓴 초안이야.

- I haven't finished it yet. It's just a rough draft.
  아직 끝내지 못했어. 그냥 대충 쓴 초안이야.

  A: What are you gonna do? B: Draft a plea bargain.
  A: 뭘 하려고? B: 양형거래 초안을 쓰려고.

  The first draft of my new manuscript was due yesterday.
  내 새 원고의 최초 초안은 어제가 시한이었어.

■ **draft**는 '초안을 쓰다'라는 말로 draft a motion하면 '동의서에 초안하다' draft a contract하면 '계약을 초안하다'라는 의미가 된다. 한편 first draft는 '최초의 초안,' final draft면 '마지막 초안'이라는 말.

He was drafted in 2014.
걘 2014년에 선발되었어.

- He was drafted in 2014. He was only 18 years old.
  개는 2014년에 징집되었어. 단지 18세였지.

  He was a college basketball star. He's about to be drafted into the NBA. 개는 대학 농구 스타였는데 NBA로 선발되어 갈거야.

  I'm concerned you've been drafted into a ring of high-class hookers. 네가 고급 창녀조직에 뽑혀간 것 같아 걱정이 돼.

  Waitress! A draft beer here! 언니! 여기 생맥주 좀!

■ **the draft**는 '징집,' '드래프트(스포츠)'라는 뜻이다. be drafted into는 '…로 선발되다'라는 의미이다. draft beer는 '생맥주'를 의미한다.

Don't drag this out.
질질 끌지마.

- It's taking too much time. Don't drag this out.
  너무 많은 시간이 걸린다. 질질 끌지마.

  Don't drag this out. I'm in a hurry. 시간 끌지마. 나 바쁘다고.

  Don't drag this out. People are getting upset. 질질 끌지마. 사람들이 화내고 있잖아.

  Thank you, even if I did have to drag it out of you myself.
  고마워. 물론 억지로 얘기하게 만들었지만서도.

■ **drag sb out**은 '…을 끌어내다,' drag sth out은 '꺼내다,' 혹은 '…을 질질 끌다'라는 의미로 필요한 시간 이상으로 시간끄는 것을 말한다.

We should exhaust every possibility 모든 가능성을 검토해야 돼

I'm exhausted.
난 지쳤어.

- How you holding up? I'm exhausted. 어떻게 버티고 있어? 난 지쳤어.
  Why don't you get some sleep? You look exhausted.
  잠 좀 자라고. 너 지쳐보여.

  I know how exhausting your life is. 네 삶이 얼마나 지쳤는지 알아.

■ **be exhausted**는 '지치다'라는 뜻으로 exhaust oneself와 같은 의미. 참고로 exhausting는 '지치게 하는'이라는 뜻.

We should exhaust every possibility.

우린 모든 가능성을 검토해야 돼.

- I'm not giving up until I exhaust all my options.
  난 내 모든 옵션을 검토하기까지는 포기하지 않을거야.

  The defense has exhausted their appeals.
  변호인은 걔네들의 항소를 충분히 검토했어.

  I won't be satisfied until you exhaust every effort to find out where she's been.
  걔가 어디에 있었는지 알아내는데 네가 모든 노력을 기울이기 전까지 난 만족하지 않을거야.

■ exhaust every possibility는 '모든 가능성을 검토하다.' exhaust a subject는 '문제를 충분히 검토하다' 라는 의미.

>> **face.fail.fall.fashion.fear**

They always fear the worst 개네들은 늘 최악의 경우를 걱정하고 있어

How dare you throw it back in my face?

어떻게 내 뒤통수를 치는거야?

- How dare you throw that back in my face? I said that because I trusted you. 어떻게 내 뒤통수를 칠 수 있는거야? 난 널 믿고서 말한건데.

  I told you the truth and you threw it back in my face.
  난 네게 솔직히 말했는데 넌 내 뒤통수를 쳤어.

  She listened to his confession and then threw it back in his face. 그녀는 개의 고백을 듣더니 개를 비난했어.

■ throw sth back in sb's face 는 '···의 얼굴에 ···을 되던지다'라는 뜻으로 비유적으로 의역하면 '과거에 잘 해준 사람에게 비난을 하다.' '뒤통수를 치다'라는 의미가 된다.

I failed to protect it.

난 그것을 보호하지 못했어.

- You have failed to meet the requirements for graduation.
  학생은 졸업필요요건을 맞추지 못했어.

  You know, it never fails. 알잖아, 그건 절대 실패하지 않아.

  Pasty and frail never fail. 힘이 없는 자는 절대 실패하지 않는다.

  Don't fail me. 날 실망시키지마.

  It was awful, Casey's definitely gonna fail me.
  끔찍했어, 케이시는 날 실망시킬거야.

■ fail to~는 '···하지 못하다.' courage never fails처럼 주어에 용기, 의지 등이 오면 '절대 용기가 꺾이지 않는다.' '실패하지 않는다' 등의 의미로 쓰인다. 또한 fail sb는 '···을 실망시키다'가 된다.

How did he fall in with those guys?

걘 어떻게 개네들과 친하게 된거야?

- I fell in with some students with similar interests.
  난 취미가 같은 몇몇 친구들과 친하게 지냈어.

  Don't fall in with those guys. They are bad.
  개네들하고 사귀지 마라. 나쁜 애들이야.

  I went to prison when I fell in with mobsters.
  내가 깡패들하고 어울렸을 때 난 감방에 갔어.

■ fall in with sth은 '···에 찬성하다,' fall in with sb하게 되면 '···와 친해지다'라는 의미.

Emerald was still the fashion.

에머랄드는 여전히 유행이었어.

- Some things never go out of fashion. 어떤 것들은 절대 유행이 지나지 않아.

■ be the newest fashion은 '최신유행이다.' go[be] out of fashion 은 '유행이 지나다.' 그리고 be fashionable은 '유행하다'라는 뜻이 된다. 한편 fashion은 동사로는 '만들다'라는 의미로 쓰인다.

Yes. He's always very fashionable. 어. 걘 항상 유행이야.

We have fashioned wings, to raise us higher.
우리는 더 높이 날기 위해 날개를 만들었어.

No fear!
걱정마. 문제 없어!

- I assumed as much. But never fear. 그정도일거라 가능했어. 하지만 걱정마.

  We put the fear of God into 'em, at least for a while.
  우리는 적어도 한동안은 걔네들에게 겁을 잔뜩 줬어.

■ No[Never] fear!는 '걱정마.' 그리고 put the fear of God into sb는 '…에게 겁을 많이 주다.'

They always fear the worst.
걔네들은 늘상 최악을 걱정하고 있어.

- I feared the worst, immediately called 911.
  최악의 상황을 걱정하여, 즉시 911에 전화했어.

  We feared the worst after the car crash.
  우리는 자동차 사고 후에 늘 최악의 상황을 걱정했어.

■ fear the worst는 '최악의 상황을 걱정하다.'

>> final.fire.fish.fit.force

 We've got bigger fish to fry 우린 더 중요한 일이 있어

And that's final.
이걸로 얘기 끝내자.

- No party and that's final. 파티는 안돼. 이걸로 얘기 끝내자.

  Jack and I are going to take you to the doctor, and that's final.
  잭과 난 너를 병원에 데려갈건데, 그게 끝이야.

■ That's final은 이걸로 얘기 끝내자라는 의미로 더 이상 얘기하지 말라고 단호하게 거절할 때 사용한다.

Stressed about finals?
기말고사 때문에 스트레스 받아?

- He once missed my field hockey finals. 걘 내 하키 결승전을 한번 놓쳤어.

  They wanted to blow off steam before finals.
  걔네들은 기말고사 시험전에 스트레스를 풀고 싶어했어.

  I've got finals coming up. 기말고사가 다가오고 있어.

  Who cares if I'm pretty if I fail my finals?
  기말고사에 낙제하면 내가 이뻐도 누가 상관하겠어?

■ final은 명사로 '기말고사,' 혹은 '결승전'이라는 의미.

He was firing on all cylinders.
걘 최선을 다했어.

- We hope the project will be firing on all cylinders soon.
  우린 그 프로젝트가 곧 효과적으로 가동되기를 바라고 있어.

  Jack was firing on all cylinders when he was on the TV game show. 잭은 TV 게임프로에 나왔을 때 최선을 다했어.

■ fire on all cylinders는 '최선을 다하다.' '전력을 다하다'라는 표현.

We've got bigger fish to fry.
우린 더 중요한 일이 있어

- Cops don't bother us because they have got bigger fish to fry.
경찰들은 더 중요한 일이 있어 우리를 귀찮게 하지 않고 있어.

I'm leaving. I have got bigger fish to fry. 나 간다. 더 중요한 일이 있어.

This is a waste of his time. He has got bigger fish to fry.
이건 시간 낭비야. 걘 더 중요한 일이 있어.

■ have got bigger fish to fry는 '더 중요한 일이 있다'라는 의미.

I'll help you in any way I see fit.
내가 적절하다고 생각한 방법으로 도와줄게

- I'll use the money any way I see fit.
내가 적절하다고 생각한 방법으로 돈을 사용할거야.

Kevin didn't see fit to attend the funeral.
케빈은 장례식에 참석하는게 적절하다고 생각하지 않았어.

Why didn't you see fit to protect him?
걔를 보호하는게 왜 적절하지 않다고 생각했던거야?

■ see fit은 '적절하다고 생각하다, '…가 맞다고 생각하다'라는 의미의 표현. 또한 see fit to+V하게 되면 '…하는게 적절하다고 생각하다'라는 뜻이 된다.

He forced himself on her.
걘 그녀를 성폭행했어.

- That bastard forced himself on her. 그 나쁜 자식이 걔를 성폭행했어.

He broke into their apartments while they slept and he forced himself on them. 그는 걔네들이 자는 동안 아파트에 몰래 들어가서 걔네들을 성폭행했어.

I begged him not to, but he forced himself on me.
난 그에게 하지 말아달라고 빌었지만 날 성폭행했어.

■ force oneself on sb는 sb의 의사와는 상관없이 강제적으로 성관계를 맺다. 즉 '성폭행하다'라는 말이 된다.

>> fork.forward.fret.friend

Don't fret! 걱정마!

Fork over some cash.
현금을 좀 내.

- Come on everybody, fork over your cash. 자 여러분, 현금을 쓰세요.
I had to fork over thousands in taxes. 난 세금으로 수천 달러를 내야 했어.
You're not going to fork over the money you owe me?
나한테 빌린 돈 돌려주지 않을거야?

■ fork over는 돈을 쓰다[내다]라는 의미로 fork it over라고도 쓴다.

I'm really looking forward to it.
난 정말 그걸 기대해.

- Chris is looking forward to meeting you.
크리스는 널 만나길 학수고대하고 있어.

I'm actually looking forward to Friday night dinner.
난 정말 금요일 저녁식사가 기다려져.

I thought you were looking forward to this trip.
난 네가 이 여행을 기대하고 있다고 생각했어.

■ be looking forward to+N [~ing]는 '…하길 기대하다'라는 의미.

She didn't leave a forwarding address.
걘 새 주소를 남기지 않았어.

- I forwarded the image to their lab. 난 그 이미지를 연구실에 전송했어.
  We can fast-forward it. 우리는 그걸 앞으로 감을 수 있어.
  You know, since I moved last year, not all my mail has been forwarded. 저 말이야, 작년에 이사를 해서, 내 모든 우편물이 다 내게 오지 않았어.

■ forward는 동사로 '전송하다.' 따라서 forwarding address하면 '우편물을 새로 보낼 주소'라는 뜻이 된다. 참고로 fast-forward는 '앞으로 감다.'

Don't fret!
걱정마

- Honey, don't you fret about that deposit. 자기야, 보증금은 걱정마.
  And fret not, I'm looking for the cars, too.
  그리고 걱정마. 나도 차들을 찾고 있어.

■ fret about은 '걱정하다' 그리고 Don't fet!은 '걱정마!'로 Fret not이라고 쓰기도 한다.

I'll friend you on Facebook.
페이스북에 친추할게요.

- I friended several people on the Internet.
  난 인터넷에 여러 사람들과 친구를 맺었어.
  Who did you friend on Facebook today?
  오늘 페이스북에서 누구와 친구 맺었어?
  You can friend whoever you want. Don't worry.
  난 원하는 사람 누구든지 친구 맺을 수 있어. 걱정마.

■ friend가 동사로 쓰인 경우, 인터넷상에서 '…와 친구하다'라는 의미.